国家社科基金后期资助项目

诗人翻译家穆旦(查良铮)评传

王宏印 著

2016年·北京

图书在版编目(CIP)数据

诗人翻译家穆旦(查良铮)评传/王宏印著. —北京:商务印书馆,2016
ISBN 978-7-100-12667-0

Ⅰ.①诗… Ⅱ.①王… Ⅲ.①穆旦(1918—1977)—评传 Ⅳ.①K825.6

中国版本图书馆 CIP 数据核字(2016)第 245520 号

所有权利保留。
未经许可,不得以任何方式使用。

诗人翻译家穆旦(查良铮)评传
王宏印 著

商 务 印 书 馆 出 版
(北京王府井大街36号 邮政编码100710)
商 务 印 书 馆 发 行
北 京 冠 中 印 刷 厂 印 刷
ISBN 978-7-100-12667-0

2016年12月第1版　　开本 787×1092　1/16
2016年12月北京第1次印刷　印张 36½
定价:95.00元

国家社科基金后期资助项目
出版说明

  后期资助项目是国家社科基金设立的一类重要项目,旨在鼓励广大社科研究者潜心治学,支持基础研究多出优秀成果。它是经过严格评审,从接近完成的科研成果中遴选立项的。为扩大后期资助项目的影响,更好地推动学术发展,促进成果转化,全国哲学社会科学规划办公室按照"统一设计、统一标识、统一版式、形成系列"的总体要求,组织出版国家社科基金后期资助项目成果。

全国哲学社会科学规划办公室

目　录

序言：以诗的名义 ………………………………………………… 1

第一部分　永不停息的生命

第一节　少年早慧 ………………………………………………… 35
第二节　清华幽园 ………………………………………………… 49
第三节　西南联大 ………………………………………………… 57
第四节　生死战场 ………………………………………………… 84
第五节　动荡岁月 ………………………………………………… 106
第六节　赴美留学 ………………………………………………… 121
第七节　南开精英 ………………………………………………… 140
第八节　文革劫难 ………………………………………………… 164
第九节　多事之秋 ………………………………………………… 176
第十节　夕阳熠熠 ………………………………………………… 193

第二部分　二十世纪桂冠诗人

第一章　新诗创作研究（一） …………………………………… 209
　第一节　创作研究：分期与分类 ………………………………… 209
　第二节　作品研究：结构与特色 ………………………………… 230
第二章　新诗创作研究（二） …………………………………… 248
　第一节　主题研究：扩充与关联 ………………………………… 248
　　一、劳苦大众 ………………………………………………… 249
　　二、民族命运 ………………………………………………… 254
　　三、战争思考 ………………………………………………… 260
　　四、浪漫爱情 ………………………………………………… 268
　　五、自我追寻 ………………………………………………… 280
　　六、自然景色 ………………………………………………… 286
　　七、精神信仰 ………………………………………………… 292

八、文明反思 ·· 302
　　九、理念世界 ·· 307
　　十、诗歌艺术 ·· 313
第二节　动因研究：高潮与消退 ·································· 317
　　一、前期创作：高峰体验 ····································· 317
　　二、中期创作：艰难抗争 ····································· 321
　　三、晚期创作：走向象征 ····································· 323
　　四、回声：走出冬季 ·· 329

第三部分　译诗者，另一种诗人

第一章　俄罗斯在召唤 ·· 335
第一节　从翻译《文学原理》开始 ································ 335
　　一、关于查良铮学习俄语和准备俄语翻译的追溯 ········· 335
　　二、翻译《文学原理》与当时国内文艺学三部著作的评论 ·· 338
　　三、《别林斯基论文学》：寻求一种编译的方式 ············ 344
第二节　学会沉默：《丘特切夫诗集》 ··························· 349
第三节　像普希金钟情《奥涅金》 ······························· 357
　　一、普希金抒情诗的翻译与修改 ···························· 359
　　二、《献辞》与长篇叙事诗的翻译原则 ····················· 365
　　三、多方重现《奥涅金》精神 ······························ 367
　　四、不断逼近"奥涅金诗节" ································ 375

第二章　随拜伦漫游：回到浪漫派 ···································· 383
第一节　英诗翻译：浪漫主义风潮再起 ························· 384
　　一、雪莱：当西风漫卷的时候 ······························ 385
　　二、在济慈的艺术之瓮上精雕细刻 ························· 390
第二节　哀希腊："忧患意识"的回响 ··························· 395
第三节　不朽的丰碑：《唐璜》的译竟 ··························· 413
　　一、"不让我工作，就等于让我死" ························ 414
　　二、"千万端机缘和你的火凝成" ··························· 416
　　三、《唐璜》："中国译诗艺术走向成熟的标志" ············ 420

第三章　现代派译诗先驱 ··· 427
第一节　现代派诗歌：从头谈起 ································· 427
第二节　叶芝：我们知道了他的梦 ······························ 432
第三节　艾略特：《情歌》与《荒原》 ··························· 436
第四节　奥登的诗：让历史作我的裁判 ························· 448

第四部分　诗论家，谈诗论艺的人

第一节　独特的诗论：拒斥风花雪月与"抒情的放逐" …………… 465
第二节　诗家谈译诗：要注意思想，也要表现旋律和风格 ………… 469
第三节　秋冬之交谈艺录：在关注现实与把握规律之间 …………… 473
第四节　文学批评：从现实主义上升到浪漫主义 …………………… 477

补遗　穆旦诗：自译、他译及双语写作

第一节　自译、创作与修改 …………………………………………… 487
第二节　灰色地带：可能的双语写作 ………………………………… 494
第三节　他译：诗歌变体与传播 ……………………………………… 503

结束语：诗人身后

附　录

一、穆旦（查良铮）生平年谱 ………………………………………… 520
二、穆旦（查良铮）著译编目 ………………………………………… 527
三、穆旦新诗意象小辞典 ……………………………………………… 529
四、穆旦（查良铮）怀念诗选 ………………………………………… 563

主要参考书目 ……………………………………………………………… 570

序言:以诗的名义

中国在发展,中国文学在发展,中国的新诗在发展。

然而,许多事情,许多人物,和中国的文学和诗歌,以及和中国的发展密切相关的,其中有许多却被渐渐地淡忘了。

曾几何时,著名的诗人穆旦,"九叶诗派"的中坚,在不少现当代中国文学史书上,已经看不见了。穆旦的名字,在新诗和现代诗歌的历史书上,出现的已经很少了。在各种各样的诗歌选本中,已经很难找到他的诗歌了。

而翻译家查良铮,他的名字,还能在俄罗斯文学的译本中见到,还能在英国诗歌的译本上见到。不过许多时候,往往是和普希金或者拜伦的名字一起出现,才被人们谈起。作为翻译家,他的名字被单独提起的机会,越来越少了。

在天津的南开大学,查良铮曾经居住过的校园里的房屋已经被拆除。当年穆旦写完一首诗出来散步的小树林,或小河边,也已经整治得面目全非了。

在查良铮曾经讲过课的课堂上,问起今日的南开外文系的学生,已经没有几个人知道穆旦就是查良铮,而且曾经就是这个学校的教员了。

在诗人翻译家查良铮(穆旦)工作过的图书馆,如今还有多少人借阅他当年在这里白天打扫厕所、晚上回家背着家人偷偷翻译、直到他死后多年才得以出版的英、俄著名诗人的诗歌呢?

为了这本来就已经很难很难的纪念,至少部分地是由于这个原因,我于2000年来到这所著名的大学任教,一面拜访他的家人和同事,搜寻他的资料和作品,想给这位著名的诗人和翻译家写一部传记,来纪念他,也让许多热爱他的诗和他译的诗的人们记住他,从而更加热爱他和他的诗,至少不要这么快和这么容易地就忘了他的诗和为了诗才活过一生的这位真正的诗人。

如今十几年过去了,在翻译和出版了穆旦现代诗的英汉对照选注本以后,在写了几篇纪念诗人翻译家的文章以后,为穆旦撰写传记的准备工作也基本就绪了。接着,在经过了几年的准备和写作过程以后,这件事终于能如愿以偿了。

又经过几年的修改,数易其稿,一部厚重的书稿终于成型了。

此时,面对透过书房窗口的七月早晨的阳光,一部诗人翻译家的传记就要寄出了,然而,作者却恋恋不舍。因为在这一段时间里,由于阅读和写作的缘故,作者已经和诗人穆旦、翻译家查良铮,结下了不解之缘。可以说,较之以前任何时候,我更了解穆旦(查良铮)了——更了解他的为人、他的遭遇、他的诗歌和他生命的意义了。并且通过他,通过他生活的时代和社会,通过他的诗性智慧和诗化人生,我也更加了解中国和世界,以及中国和世界上的诗人了。

于是,中国近百年的艰苦历程,中国新诗的依稀景象,伴着诗人活动的身影,就一幕一幕地浮现在眼前了。

一、硝烟散去,我穿越新诗的长廊

无论就中国现代诗歌史还是诗歌翻译史来说,诗人翻译家查良铮(九叶派诗人穆旦)都是一个不容忽视的人物。每当我们企图改写中国现代文学史并把翻译文学作为其中一个重要部分的时候,每当我们讨论现代诗及其在中国的发展走向的时候,穆旦的身影就在我们的脑海里活跃起来了。我想,我们今天纪念穆旦,不仅意味着研究,而且意味着翻译,更应该意味着创作。只有让穆旦和他的新诗主题与精神在现代诗歌的行进中留下新的印痕,才能真正继承中国新诗和"九叶"诗派的精髓,让新诗园地在新的时代熠熠生辉。

三十多年前一个普通的日子,南开大学外文系副教授(时任学校图书馆管理员)查良铮先生因腿部摔伤住院医治拖延,引起心脏病并发医治无效,不幸逝世。约五十年前,正值反右扩大化之风劲吹之时,查良铮受到政治上的不公正待遇,而他翻译的普希金长诗《欧根·奥涅金》出版问世。约六十年前,解放战争的第二年,穆旦自费出版了他的第三本诗集《旗》,圆了一个年轻诗人的诗歌梦。约六十五年前,抗日战争的烽火烧得正旺,热血青年查良铮参加中国远征军入缅作战,经历野人山原始森林的九死一生,幸免于难,后来写了《森林之魅》等不朽诗篇。约七十年前,清华大学外文系增加了一名热情好学的优秀学子。后来,西南联大的墙壁上贴出了一首《野兽》,揭开了中国现代诗"野兽派"的序幕。九十多年前,也就是1918年4月5日(阴历二月廿四日),查良铮出生于天津市西北角老城内恒德里3号。他的祖籍是浙江省海宁县袁化镇,而查家是名满大江南北的望族,自然有一段不平常的历史。

1996年,中国文学出版社出版了"20世纪桂冠诗丛"之一《穆旦诗全集》。整套丛书包括了"本世纪世界各大语种一流诗人",穆旦是唯一入选的中国当代诗人,其"创作实绩和献身诗歌艺术的精神无愧于'桂冠'的荣誉"。(见"20世纪桂冠诗丛出版说明",即该书封面的书眉上)这个集子的出版,不仅"具有填补空白的性质",而且奠定了穆旦在中国现当代诗歌史上作为桂冠诗人的独一无二的地位。今天,对于诗人穆旦的创作研究,已成为一个至关重要的研究课题。一般认为,鉴于穆旦的大部分创作活跃于1938年到1957年这一时段,而高峰时期则和"九叶派"诗歌运动相联系,因此广义地可归入"九叶派"的诗歌风格,属于20世纪40年代那样一种诗歌运动的范畴。当然,这样的归属,就有可能忽略了穆旦在解放后的诗歌创作,尤其是其晚年的诗风的改变。这是需要指出的一点。

中国现代派的诗歌创作,毫无疑问是受了西方现代诗歌风气的影响,但要完整地理解中国现代诗,还要把她置于中国诗歌发展的宏大的历史之中。中国是闻名世界的诗歌大国。以《诗经》《楚辞》为渊源,以唐诗宋词为代表,她的古典诗歌和诗论曾经达到过世界诗歌的顶峰。到了现代,受到中国古典诗词哺育的西方现代派诗歌反哺回来,以西学东渐的新的姿态,通过"五四"以来中国新文化新文学运动的内在机制,中国新诗的诞生和发展又找到了新的契机和动因。这就是20世纪40年代异军突起的新诗高潮。就其中的现代派诗歌的艺术程度而言,这一新诗高潮所达到的高度,是一个迄今为止仍然难以企及和不敢轻言超越的高度。后来又经过了几十年的传统的断裂年代(台湾的新诗运动暂且不算在内),以至于到了20世纪80年代"朦胧诗"的崛起,才接续上了这样一个现代派诗歌的脉络。

> 40年代现代主义新诗在整个中国新诗史上占有高峰地位。它意味着中国新诗开始与世界诗潮汇合,为中国新诗走向世界做了准备。在40年代以前中国新诗的主要方向是从语言和感情、意识上摆脱古典诗词的强大影响。反叛、创新,以古典语言和思想感情,走向现代化是五四文学运动后新文学的创新总倾向。但一直到40年代,才因为形势的发展新文学获得突破,走向普遍的成熟。(郑敏:《诗歌与哲学是近邻——结构-解构诗论》,北京大学出版社,1999年,第224页)

实际上,作为一个现代主义运动所推向的诗歌高峰,如果在时间上再宽泛到前十年,即包括少数20世纪30年代诗人到20世纪40年代或稍后些,这样更容易看出中国当时的新诗是对中国和世界诗歌传统的一个总继承,或者说是当时中国种种矛盾的一个小缩影——都浓缩在以内外战争为背景的苦难深重的中华民族和她的知识分子的挣扎、感受与呼救中。其杰出的代表人物在懂外语这一共同的语言基础上,分别继承了中外古今的诗歌传统而又各有侧重:偏重于继承中国古典诗词而又融合了某些现代主义写法的如卞之琳,偏重于借鉴继承法国象征主义诗歌传统而略有文言味的如稍早的李金发,偏重于继承德国浪漫主义和奥地利玄思派的如冯至,偏重于从英美浪漫主义过渡到现代主义的如穆旦,偏重于现实主义传统的现代主义如唐祈、杜运燮等。在这一代新诗精英中,穆旦无疑是其中最有才华、最有成就的后起之秀。至于穆旦新诗的语言艺术风格,谢冕教授有一段十分中肯的描绘:

> 但穆旦更大的辉煌却表现在他的艺术精神上。他在整个创作趋向于整齐一律的规格化的进程中,以奇兀的姿态屹立在诗的地平线上。他创造了仅仅属于他自己的诗歌语言:他把充满血性的现实感受提炼、升华而为闪耀着理性光芒的睿智;他的让人感到陌生的独特意象的创造极大地拓宽和丰富了中国现代诗的内涵和表现力;他使疲软而程式化的语言在他的魔法般的驱遣下变得内敛、富有质感的男性的刚健;最重要的是,他诗中的现代精神与极丰富的中国内容有着完好的结合,他让人看到的不是所谓"纯粹"的技巧的炫示,而是给中国的历史重负和现实纠结以现代性的观照,从而使传统中国式的痛苦和现代人类的尴尬处境获得了心理、情感和艺术表现上的均衡和共通。(谢冕:《一颗星亮在天边——纪念穆旦》,见《穆旦诗全集》,李方编,中国文学出版社,1996年,第22-23页)

穆旦在中国新诗创作上的最大贡献,在我看来,就是塑造了"被围者"形象(详见穆旦诗《被围者》),使得中国现代诗歌史上与"倦行者"和"寻梦人"三足鼎立的格局得以形成。"被围者"是一个人群,他真实地记录了抗日战争中的中国孤立无援的状态,以及急于突围得救的生存意识与消沉涣散的民族存在状态。"被围者"是一个自我,他生动地写出了中国知识分子处于强大的社会和文化传统的包围中而不得出的狂躁心态和沉沦过程。"被围者"是一种文化,他不写实体也不写关系,而是写一种个体群体在时间和空间化一的旋转和沉没的惯性中肉体无法自救、灵魂无法拯救的悲惨处境和悲剧氛围。在这个意义上,诗人穆旦获得了巨大的成功。他的"被围者",较之"倦行者"和"寻梦人"深刻得多,普遍得多。联系到中国在亚洲大陆的地理位置和内陆型国家的生态环境,作为一个基本上是封闭性大陆民族的地理特征和心理状态,特别是中国历史与文化的发展所受地理位置和自然形态的局限,以及近世以来在不同的国际形势下一再被包围的状态和欲突围而不得出的文化窘态,"被围者"形象确实具有深刻的隐喻色彩和文化心理意义:

  一个圆,多少年的人工,
  我们的绝望将使它完整。
  毁坏它,朋友!让我们自己
  就是它的残缺,比平庸更坏:
      (穆旦:《被围者》)

  作为智慧型诗人,即使一生未能杀出重围——身体的、环境的和心理的重重包围与围困,穆旦也很少流露出倦行的老态和寻梦的幻灭,倒是显示了始终如一的荒原意识。这是诗人穆旦一生新诗创作能保持形上高度和独立品位的文化心理动力学上的基本定位所使然,也是至今读他的诗仍然使人能在强烈的冲击和震撼之余感到"丰富和丰富的痛苦"的文化心理内涵的奥秘所在。也就是在这个意义上,我每年都会找一个时段,把《穆旦诗全集》拿来重读一遍或几遍,从中寻求新诗的动力并恢复对诗的敏感——意识的灵感和艺术的灵感。

  穆旦诗歌的创作,虽然有很大的精神含量和情感动力,客观上记录了诗人一生经历的若干历史时期和重大事件,例如抗日战争(包括西南联大)、解放战争(国统区)、"反右"扩大化运动和"文化大革命";但另一方面,与民族的命运和历程相一致,却是在这些诗篇中有相当一部分都真实地反映了诗人成长和成熟以及不断追寻自我、改造自我和发展自我的基本历程。这是穆旦诗歌的双重意义所在。当然,就全部创作而言,也不限于这两个主题,而是具有更其广阔而丰富的思想内容,更其深刻而持久的文化内涵。

  对于这些论题的追索和论述,就成为一个不断可资研究和探索的项目。

二、追寻穆旦:心路历程与主题探索

  然而,穆旦之于我,作为一个诗歌和翻译的爱好者,完全是一个由偶然引发的学习和发现的过程,以至于成为一个精神的存在,持续地产生了影响。能说明和记录这种影响的,毋宁说是诗歌本身,尤其是我的诗歌创作,还有诗歌翻译,虽然是断断续续地和穆旦发生联系的,但考究起来,也有一段难忘的历史。这里简要回顾一下自己初识穆旦诗歌的际遇和此后的研究

路径,也许是不无意义的吧。还是先提一下我的《穆旦印象》的开篇:

> 想象中的你
> 从绿色的诗句中渗出
> 凝重而清新——好酷
> 如今来到你曾是的所在
> 冬日里你的形象
> 反而这般模糊
>
> 每一片叶子都留有你的踪迹
> 风,却不指点迷津

这首诗写于2000年12月26日,我初到南开大学的那个冬天。当我在南开园散步,看到路旁的冬青树,想起穆旦的"绿色的火焰"的诗句,于是写了这首诗。早些时候,那年夏天,我准备了一段时间的中国现代诗歌研究以后,在西安解放路图书大厦的顶层见到了绿色封面的《穆旦诗全集》,那是我第一次知道穆旦这个名字,由此开始了对穆旦诗歌的研究历程。老实说,穆旦的现代诗的确不好懂。相比之下,甚至比英美的现代派诗歌,庞德和艾略特,还要难懂。此后,在初到南开大学的岁月里,我花了更多的时间,反复阅读穆旦诗集中的146首(组)诗作,实际上是按照所谓的"解释学循环",从局部推断整体,又从整体推断局部,这样一步一步展开理解的。后来,在基本搞懂的基础上,我从中挑选出六十多首,译成英文,并加详细的注释和解读,于2004年由河北教育出版社出版了《穆旦诗英译与解析》。就是在这本书的前言里,我提出自己对穆旦诗歌创作与翻译的研究分期,并提出"被围者"形象问题。另外,就穆旦新诗的翻译问题,还提出了三点意见:一是现代汉语直接通向英文语言的总体翻译策略,二是穆旦诗连贯多于中断的写作风格的保持方法,三是意象组合与时空调度上的分行分节和语序安排基本不做变化的考虑。关于第三点,不妨引录一段文字:

> 在意象组合和时空调度上,诗歌的意义布置和心理接受的前后顺序具有关键性的作用,因此,译文尽量尊重原诗的分行分节和语序安排,除非有绝对理由,一般不做较大幅度的语序调整,即便忍受不太通顺和转折突兀也在所不惜,因为这是新诗的特点之一。(王宏印著译:《穆旦诗英译与解析》,河北教育出版社,2004年,"前言"第5页)

从 2000 年冬我调到南开大学以后,读穆旦的诗就成为我日常功课的一部分,须臾不能离开了。此后许多年,我每年都要从头阅读穆旦的诗作好几遍,从中寻找感觉和理念。在经过一段时间的系统研究以后,我将穆旦一生的诗歌创作和翻译活动,做了一个大致的分期论述:

第一时期(1934-1937)尝试期:主要是南开中学阶段,开始在《南开中学生》上发表诗作和文章,已经显示出早慧和诗才。

第二时期(1938-1948)高峰期:从清华到西南联大,再到解放前夕出国留学为止,穆旦的大部分诗作属于这一时期的作品,在创作思想、语言风格上最具代表性。是著名的"九叶派"诗人之一。

第三时期(1951-1957)受挫期:从解放初留学归国到"反右"运动,以《九十九家争鸣记》招来大祸,结束了这一时期艰难的适应和很难适应的创作实践。一般说来,这一时期的创作成就不很高,数量也不大,但有些诗作具有很强的资料和研究价值。

第四时期(1958-1977)翻译期:1958 年接受机关管制,不能发表诗作,诗人以本名查良铮(实际上翻译活动开始于 1953 年)发表大量翻译作品,包括苏联文艺理论、普希金、丘特切夫等俄国诗歌以及拜伦、雪莱等英国浪漫派诗歌。特别值得一提的是,晚年翻译了英国现代派诗歌选集。其翻译成就无论在数量上还是质量上都为译者赢来当代中国最优秀的翻译家之一的荣誉。翻译活动一直继续到 1977 年诗人去世。

第五时期(1975-1976)圆熟期:晚年的诗歌创作复兴,自 1975 年只有一首《苍蝇》戏作,诗人重新拿起诗笔,1976 年诗人有近 30 首(组)诗作,其思想和艺术达到了圆熟老到、炉火纯青的很高境界,与前期诗风有明显不同。

一个要说明的情况是:上述最后一个时期,即诗人翻译家最后两三年的创作,和翻译活动几乎是并肩而行的,而创作到了最后一年,就已经停止了。因此这里所说的圆熟期,显然只能指诗歌创作,连同尝试期、高峰期和受挫期(包含政治上的受挫),可以用来说明诗歌创作的总体情况,而第四期的翻译期,则涵盖了很长一段时期,直到生命的终结。这样,原本在时间段上可以包含在第四时期的第五时期,却因为创作活动需要一个特殊的命名而分离出来了。当然,与此同时,各分期的命名原则,在逻辑上也就不完全统一了。

一个必须要说明的情况是,作为诗人和翻译家的穆旦和查良铮,在现实中是一个人,而在名义上,却是被分隔为两种印象和两种面孔。这一方面是说,作为一个统一的个体,在不同的时代和不同的个人境遇下,他的活动和身份是现实的、实在的、真实的、无须怀疑的;但另一方面,随着创作与翻译活动的阶段性的更替,活动方式的变换,个人身份的变换,以及对外名称(作品署名)的变换,也是一种文化人的适应和应对策略,是一种作家和翻译家对于个人生存的抉择,以及诗人和另类诗人(翻译家)实现自我价值的一种调整。关于这一问题,新近出版的《穆旦评传》的作者易彬有另一种表述:

> 进一步说,将"穆旦"与"查良铮"放置在一起,在材料并不充裕的情形下可提出的预设是:"穆旦"与时代之间大致是紧张→放松、投入→新的紧张;"查良铮"与时代之间则从一开始就具有一种良性关系:热切投入→为时代所接纳,出版机制转轨虽一度中断出版,但最终还是顺利接上。当"穆旦"犹疑、受批判的时候,"查良铮"却自如地游走于时代之中——积极地参与到新中国的文化建设之中,"穆旦"与"查良铮",境遇相对立的两张脸孔,却为同一个人所享有——与他共患难的妻子、一些熟悉他的友人和文化界人士自然也是知晓的,但在更广大的读者群、更大的时代空间里,形象分离已不可避免。(易彬:《穆旦评传》,南京大学出版社,2012年,第392-393页)

就每一个传记作者的动机而言,穆旦和查良铮,也可能给予分别的着重的关注,甚至分别写出诗人和翻译家两个不同的传记来。但就诗人穆旦而言,他的作品和心路历程,似乎可以较为容易地从他的诗歌创作的分期和代表作中看出一个大致的线索。从《穆旦诗全集》所收录的诗歌来看(当然,这一"全集"尚没有达到全部收录的程度),诗人一生共创作诗歌146首(组),出版诗集8部(生前3部:《探险队》1945,《穆旦诗集》1947,《旗》1948),翻译作品25部。此外,还写有少量论文和文艺评论,而其诗歌理论则反映在为数不多的书信和译文序跋中。如果把诗人第四时期的翻译期从整个创作过程中拿出来的话,那么,穆旦的诗歌创作便可有四个时期。各个时期的代表作,或许不止一种,兹列举如下:

第一时期(1934-1937)肇始或崛起期:《更夫》《野兽》

第二时期(1938-1948)丰收或高峰期:《合唱二章》《赞美》《诗八首》《森林之魅》

第三时期(1951-1957)适应或转型期:《葬歌》《九十九家争鸣记》

第四时期(1975-1976)成熟或衰退期:《苍蝇》《智慧之歌》

虽然这些分期和命名带有武断的性质,但若以穆旦一生的诗歌创作成就而论,则第二时期最具代表性,即代表了穆旦新诗的最高成就和最典型的诗风。那就是后来被称为"九叶派"时期的穆旦,也是和20世纪40年代中国新诗高潮难分难舍的穆旦之所以著名的主要原因。

现代诗歌研究，除了其他方法之外，也可以按主题把一个诗人的全部诗作归结为若干类别，从中可以看出一个诗人创作的广度和思考的深度，也可以洞见其时代精神和社会人生诸种问题，称为"主题研究"。穆旦的诗歌创作，经历了抗日战争、解放战争、和平建设十七年时期、"文化大革命"十年动乱。到了粉碎四人帮的年代，诗人却因心脏病突发而撒手人寰，留下了一笔未来得及精雕细刻的译文（例如《奥涅金》的完全韵体修改刚过半而未及完成），和一个未能如愿以偿出版的诗集（穆旦有一个出版计划，但未来得及实现）。

大体说来，穆旦的诗歌可以分为以下十大类别。

1. 劳苦大众

劳苦大众，是中国历史上儒家所谓的"民本"思想的一个延伸，也是各个时期民族命运的一个缩影，在中国革命史上，尤其在那个动荡的年代，具有特殊的关注的意义。在解放前，劳苦大众生活在水深火热中，那个时代所关注的，主要是农业和都市体力劳动者，卖报人、洗衣工、打更人，对于这些，知识分子出身的穆旦都有描述，其中的打更人（《更夫》），具有较为明显的象征意义，也代表那一阶段个人创作的水平。

2. 民族命运

民族命运的主题，是近世以来许多有志之士共同关注的问题，也是动荡年代的诗歌创作和翻译的主旋律，英国诗人拜伦一部《哀希腊》的翻译，客观上记录了"五四"以来几代中国知识分子的感情经历和心路历程。穆旦的《饥饿的中国》等诗篇，不仅产生了重大的影响，而且曾经翻译为英文在海外发表。解放以来，这个问题似乎解决了，但实际上并未完全解决，反而以其他的形式变得较为隐蔽，引起更加深层的思考。

3. 战争思考

穆旦经历了抗日战争，亲身赴缅甸参加了中国远征军的征战，亲眼目睹了野人山大撤退的惨剧，贫困交加，差点饿死。作为诗人，他是写战争的高手，其中的《出发》《森林之魅》等名篇，将永久辉耀诗坛。关于战争，在没有战争的和平年代，和平与发展将成为主题，但是，不排除关于战争的思考，以及关于边境冲突的认识。

4. 浪漫爱情

爱情是人类生活的现实问题，也是诗歌创作的永恒主题。在古代文人那里，香草美人具有理想隐喻的性质，而在后来不同的时代、不同的个人那里，会有不同的表现和不同的观点。在穆旦的笔下，爱情虽然具有与战争相联系的性质,例如,他写了《一个战士需要温柔的时候》,但他的《诗八首》则是对爱情的形而上学的探讨,所达到的高度至今无人能比。郑敏等人都曾解读过这八首诗,笔者也曾对他的《诗八首》做了详尽的解析。

5. 自我追寻

一般认为,中国人的自我观念不如西方人,但在现代,这一看法可能要发生转变。关于自我的追寻,在穆旦那里是和现代人的生活联系在一起的,并和体制内的个人成长史相表里,体现为个人意识长期被压抑的状态和心理宣泄的诗性表征,同时,他善于采用现代派诗人的立场和角度,加以诗意的表现,其中不乏借助翻译和仿拟进行的准创作,例如《我》《自己》《沉没》。

6. 自然景色

自然在穆旦那里是与社会对立的存在,具有本体论的意义。所以探索自然之奥秘成为他的诗歌主题之一,例如《自然底梦》《海恋》《云》,均有本体论探索的明显意图。只有《春》是一个例外,以抒发青春情感为对象。至于晚年所写的《苍蝇》,明显地是拟人,以诗人自己为感情投射的对象。及至以四季为题的诗作《春》《夏》《秋》《冬》,则具有明显的象征色彩,受到丘特切夫的影响颇多,而且在其中灌注了诗人本人的人生经历和生命哲理。其中又以《秋》《冬》最为著名。

7. 精神信仰

通过《隐现》和《祈神二章》等诗篇,我们知道基督教信仰在穆旦的诗作中占有突出的地位,尽管我们不能因此就称诗人为基督徒,因为诗歌中的信仰与日常生活中的信仰是不同的。诗人具有借助任何文化现象营造诗歌氛围的权利和能力,以便表达他心目中的情感世界和信仰世界,例如,面对社会的混乱和道德沦丧,诗人可能借助宗教信仰的高度,反思人类文明。这正是穆旦所做的,而且十分成功。

8. 文明反思

在某种意义上,诗歌是对现实的关注与文明的反思,缺乏这个高度的诗人是没有出息的诗人。但不同时代的诗人,具有不同的反思倾向,受到同代人的影响是一个外在的直接的原因,个人生活的遭际所导致的深度体验是其内在的动因。穆旦的诗歌,具有逃脱现代文明和反思人类文明两个维度,前者以《森林之魅》为代表,后者以《诗四首》为代表。《甘地之死》则是地方文明的一种探索维度。一般说来,具有宗教高度的反思,高于艺术的反思,若是就事论事地抱怨人生和社会,那就是诗歌的世俗化了。而文明的反思,可落实为不同的层面。

9. 理念世界

所谓理念世界就是一个人用概念可以认识或表达的世界。在穆旦那里,以概念为标题的诗作皆可以反映这样的理念:《理想》《友谊》《爱情》《理智与情感》《良心颂》《暴力》《牺牲》《胜利》,如此等等。因为用诗写抽象的概念,有可能沦为说教或枯燥,所以这一类写法,只是诗人的创作理念的一个证明,而不能说明他的创作水平。

10. 诗歌艺术

每一个诗人都会写一些诗,但他的内心追求的却只有一首诗,那就是一首完美无缺的符合他的审美理想的形而上学的诗,即观念的诗。在理论上,这应当就是"纯诗"。所以,诗人会有一些诗,直接写出他对于诗歌的认识和对于真诗的追求。穆旦此类诗作不少,单以《诗》命名的就不止一首。

这十大主题,集中到一个中心,就是中国知识分子所具有的对于国事民生最高的精神关注,即"忧患意识",借来一个临近学科的翻译术语"心态史学",可以把它归结为一种"心态诗学",或者按照一种更新的说法,称为"文化诗学"。无论如何,这种诗学"心态",或"文化",由于兼顾了中国人所谓的内化了的大我与小我,显然有别于西方诗人艾略特的"非个人化"观念,当然,在文化上,也绝非美国人价值观中的个人主义。这样,一方面,由于受到西方现代派诗潮的影响,特别是语言因素和写诗法的影响,它有了西化的成分;另一方面,又由于它毕竟是汉语写作的表现方式并具有中国文化的写作内容,又具有明显的中国特色。要而言之,落实到穆旦的诗歌创作动因,可以说,诗人以一种纯真而复杂的心态,体验人生,对待社会,在那个特定的天翻地覆的时代,在中国诗学和政治的纠缠不清的关系,即诗教与讽喻交织的传统中,诗人因其诗歌创作得以丰富,也因其诗人责任而倍感痛苦。这就是典型的中国式的现代派诗歌理念,同时也是现代诗人的使命感所使然。

  可那不屈的灵魂
  和诗性的智慧一道
  早已飞上九天的高度
  一颗星在天边闪烁
  闪烁着新诗的桂冠
  多少年来
  仍然难以有人企及
  无论是在诗坛
  在译苑

这便是《穆旦印象》的后半,那首于 2000 年 12 月 26 日,我初到南开大学的日子里写的诗。

"诗坛",我们说了一些,而"译苑",又怎么样呢?

我想,有三个话题需要交代一下。

第一个十分重要的话题,便是查良铮的诗歌翻译,从主题、活动和诗学意义上,继承了"五四"以来中华民族救亡图存的伟大使命。特别是拜伦诗歌《唐璜》中《哀希腊》这一首诗歌的翻译,在中国翻译文学的历史上,集中体现了一代翻译家的远见卓识,并以其独特的贡献,接续了一条丰富而痛苦的现代翻译文学链条。廖七一教授这样总结这一传统:

> 经过几代学人的译介和构建,拜伦连同他的《哀希腊》在本土化的过程中,其影响早已超越了文学的范畴而融入近代民族精神的建构,成为民族的集体意识和符号象征。《哀希腊》的翻译,从梁启超到查良铮,从来就没有试图用"率直的真实代替象征性真实"。一百多年以来,《哀希腊》在中国的译介更多的是"直觉观念的表达",是一种"(情感)参与的工具",是中国历史语境中翻译家对公共叙述的表征和建构。可以确信,在民族救亡、民族复兴或个人意志遭到漠视的关键时刻,总会有人重新翻译《哀希腊》,《哀希腊》也总能给国人带来希望、信心和勇气。(廖七一:《中国近代翻译思想的嬗变》,南开大学出版社,2010 年,第 304—305 页)

当然,查良铮的诗歌翻译,主要集中在浪漫派诗歌的翻译上,而且集中在俄语和英语诗歌(主要是英国诗歌)的主要成就上,但就其翻译本身而言,则呈现出新的时代的面貌和明显的个人风格。与港台和海外诸多诗人翻译家相比,查良铮的语言清新、自然、硬朗、有表现力和弹性,可谓中国新一代文学语言的代表。这也是需要说明的。但我们必须明白,查良铮所处的时代是一个翻译的时代,而文学翻译在那个年代,却是一个纯粹的个人的业余行为,甚至是干私活,因而许多问题,都要回到那个特殊的年代才能理解:

> 查良铮所处的时代,是一个翻译的时代。而查良铮自己,由于天分、努力和机遇,当然,还有和那个时代格格不入的望族出身和他热情而倔强的个性,使他成为那个时代文学翻译特别是诗歌翻译的佼佼者,取得了令人赞叹的成就。解放以来,经过了"文化大革命"一直到改革

开放初期,许多事业百废待兴。中国的文学翻译,基本上是在一个没有和国际接轨,也没有严格组织的条件下自发地进行的。换言之,这是一个对翻译版权要求不严格的时代,许多译作打上"内部参考"的字样,就可以秘密地或公开地发行和销售。这也许是查良铮一代翻译家的大幸。另一方面,由于各种政治运动频繁,自由创作受到限制,特别是历史与现行的各种问题和罪名的罗织,迫使一部分有创作能力的作家转而从事翻译事业,在翻译领域做出了重要的贡献。对于查良铮来说,翻译事业几乎是他后半生个人全身心投入的事业和个体生命的全部意义。假若没有诗歌的翻译日夜陪伴着他,很难想象他还有活下去的希望。事实上,有些诗歌的翻译过程,是在连家人也不知情的情况下秘密地进行和完成的。以至于直至翻译家去世以后,出版社寄来稿费,家人才得知又有一部诗作的翻译问世。(王宏印:《不屈的诗魂,不朽的译笔——纪念诗人翻译家查良铮逝世三十周年》,载《中国翻译》2007年第4期)

第二,诗歌翻译的工作状态,以及与之有关的诗歌翻译本身,使我们认识到,查良铮的诗歌翻译,暂且以普希金诗歌的翻译为例,同样居于文化诗学前沿的意义。这里涉及一个靠近中国问题的话题,那就是中国近世知识分子觉醒与俄罗斯知识分子优秀传统的复杂的家族相似关系。毫无疑问,俄罗斯的知识分子和中国知识分子所面临的命运有相似之点,那就是在历史上都有反抗暴政和黑暗、追求自由与解放的天性和天职。时至今日,每每赏读查良铮译的普希金抒情诗,例如《自由颂》《假如生活欺骗了你》,我们时时能感受到诗中跳跃的激情与灵性。虽然翻译科学至今还无法使我们全部洞悉诗歌翻译隐秘的过程,但我们相信,译诗需要非凡的语言天赋。当然,还不止此。查良铮的诗人气质,开阔的视野、深厚的艺术素养,对诗歌语言的悟性,使翻译家能深入诗的世界,透彻理解原诗的内涵,表达得充分且富有诗意,让源自普希金的非凡的才华充分表露,让俄语诗歌在汉语的精彩体现中获得第二次生命。

> 于是思潮在脑中大胆地波动,
> 轻快的韵律驾着它的波涛跑开;
> 啊,手忙着去就笔,笔忙着去就纸,
> 一刹那间——诗章已滔滔地流出来。

这是《秋》中的一节。诗中思绪、韵律、手和笔、笔和纸,一直到诗如泉涌,环环相扣,一气呵成,生动地展现了诗人的创作过程。我们设想,在查良铮的翻译中,一定也会出现类似的情况,出现思绪奔涌、难以遏止的激动人心的瞬间,那就是翻译过程中的"高峰体验"。这一首诗及其译文,不仅让我们窥见诗人的创作状态,也让我们大胆地猜想,翻译中也会出现类似的状态。对于视诗歌为生命的诗人翻译家及其传记作者而言,这一经验也许是十分宝贵的。

查良铮翻译俄罗斯诗歌是在 20 世纪 50、60 年代,后来他一直在不断地修改和增添。到了 1976 年,当他已经持续了多年艰苦的努力,终于完成了《唐璜》的翻译后,又转过头来,拖着伤病之躯,集中修改普希金抒情诗的译稿。1976 年 4 月到 6 月,查良铮在给朋友的信中几次写到修改普希金抒情诗的情况。这便是他的主要翻译历程。

第三,诗人改变翻译,翻译也改变诗人。在翻译的过程中,查良铮变成了普希金、丘特切夫、拜伦、雪莱、济慈、艾略特、奥登、叶芝……尤其是晚年,翻译现代诗不仅使诗人穆旦离开浪漫派的惯性,回到了现代派的阵营,而且对于翻译家查良铮来说,既是一种才能和人格的考验,又需要面对现实的新的勇气。在某种意义上来说,天才的诗人,或者翻译家,选择了介入与隐逸的双重策略:慎独,中国儒家的入世精神,和现代派诗人的处世哲学,在他身上融合为一体了。

下面一个生活细节,出自诗人晚年的一位年轻朋友的回忆(见孙志鸣:《诗田里的一位辛勤耕耘者——我所了解的查良铮先生》,载《一个民族已经起来——怀念诗人翻译家穆旦》,1987 年,第 189-190 页),对于我们了解诗人翻译家的自我认识和自我评价,具有不可替代的重要作用。

> 先生坚持这样一种看法:越是有才能的人,就越要学会驾驭自己的才能,要耐得寂寞,这在眼下非常重要。……
>
> 他曾对我说:"历史可能有这样的误会,才华横溢的人也许终生默默无闻,一些不学无术的笨伯反而能煊赫一时,而且显得像煞有介事似的。"
>
> 我说:"对一个人最后的公正定论也许只有等到了上帝那里才能做出。在天堂的筵席上,上帝款待诗人时,紧挨着他、坐在荷马前面的竟是一位田纳西的皮鞋匠。"我想起了马克·吐温的一篇小说。
>
> 苦笑。沉默了片刻之后,先生拿出他刚译好的奥登的《诱惑之三》,边读边讲:

> 于是他对命运鞠躬,而且很亨通,

不久就成了一切人之主；
可是，颤栗在秋夜的梦魇中

他看见：从倾圮的长廊慢慢走来
一个影子，貌似他，而又被曲扭，
它哭泣，变得高大，而且厉声诅咒。

面对这样一个尴尬的场面，一种残酷的影射，我们还能说些什么呢？

1981年11月17日，穆旦逝世数年之后，他的骨灰安放仪式在天津市烈士陵园举行。

这一年，当历经政治运动遭受迫害的诗人中的幸存者重新"归来"，拿起笔投入写作的时候，有两部诗人合集曾相继出版。一部是由绿原、牛汉编选的《白色花》，收录了受胡风事件牵连的与《七月》有关的共二十位诗人的作品。一部是《九叶集》，包括了穆旦在内的属于"九叶诗派"的九位诗人的诗作。而穆旦的诗作，作为最斑斓的一片叶子，在饱经风霜之后，牢牢地粘贴在现代诗圣堂的门楣上。而诗人的个体生命，它的消失，则使得穆旦如同"九叶"之树上第一片飘落的叶子，过早地离去了。为了纪念穆旦之死，笔者后来写了这样一首诗：

第一片叶子落下

爆裂不是你的声音
你无数次地让它炸毁在内心
而这一次，你是第一片
飘落的叶子，当前一年
地动山摇的震撼渐次平息

你的血肉化作微尘渗入泥土
那回归生命本源的逻辑
又一次挥动它的魔杖
而你被缓慢地沉痛思念着
像丝丝神经抽离出一个时代

（2009年12月10日清晨
于龙兴里寓所床头）

三、影响与继承:诗魂之再生

然而,穆旦不仅仅是诗人和翻译家,他还是一位诗论家和文艺理论家。2006年,我写了《被遗忘的诗论家,谈诗论艺的人——试论查良铮的诗歌评论与文艺学观点》,在穆旦学术研讨会上发言,并刊登在《诗探索》2006年第三辑(理论卷),由时代文艺出版社2006年12月出版。这是我写的第一篇关于穆旦的论文。2007年,我参与指导的博士生商瑞芹完成了她的博士论文《诗魂的再生——查良铮英诗汉译研究》,我写了《诗性智慧的探索》(代序),系统地论述了穆旦诗歌的特点及其翻译问题。此书由南开大学出版社2007年12月出版,引起了一定的反响。2007年,我在《中国翻译》第4期发表了一篇文章《不屈的诗魂,不朽的译笔》,纪念诗人翻译家查良铮逝世三十周年。由于杂志的性质要求,该文着重叙述了穆旦在英俄两国翻译文学上的重大成就,以及穆旦作为诗论家在文学理论和翻译理论两方面的突出贡献。

2009年,我的书稿《诗人翻译家穆旦(查良铮)评传》,获得国家哲学社会科学规划办后期资助项目立项,于是开始了旷日持久的修改工作。在此期间,才可以说是真正地开始了穆旦新诗及其文艺学思想的系统研究,以及他的英语和俄语诗歌翻译的系统研究。(关于这些研究和本书稿的写作,详见下文。)然而,有一个疑问却一直存在于我的头脑中,盘旋不去。终于,有一天,记得是2011年11月,我有一个机会光顾了穆旦的祖籍浙江的海宁。

> 杭州开会期间,一个偶然的机会,我得到一辆车子和一天空闲的时间,于是,决定去海宁作一天的行旅。主要是想去看一看穆旦(查良铮)的故居,因为我有一个国家项目要完成,为穆旦写一个评传,要修改,早就有此想法,但一直不能成行,今日得宽余,即使不见穆旦故居,至少也可以感受一下海宁的风物人情,感受那里一个文人诞生和人文荟萃地的特殊氛围,来满足一个长久的好奇。
>
> 何以海宁这个并不太大的地方,在很短的时间里就诞生了王国维、徐志摩和穆旦三代不同的诗人,而他们在各自的领域里,都做的最好不过。一个是古典诗词大家,一个是浪漫派先锋,还有一个,就是现代派的桂冠诗人。难道这里有诗的灵魂在游荡,游荡在濒临于现代文明的街道上,或者伴随着观潮的人流,有皮革草编的现代工商业,又一次引领了商业的主潮?
>
> ……

王国维和徐志摩的故居,成为拜谒的对象,而穆旦,却因为虽然祖籍海宁,但他出生在天津,更加之一生与时局的悖谬,命运的不济,而且后人皆移居海外,在这里已经一无所存了。不过,同样是本家的金庸,却有"金庸书院",辉煌地建立,发扬一种武术和小说的文化,供游人来往游览。小桥流水,倒也值得一看。而感慨的,却是一个家族,两个文人,两种待遇,悲夫!

(《朱墨诗集》(续集):《海宁·嘉兴游(组诗):小引》,世界图书出版公司,2014 年)

但这次出游查访,也不是一点收获也没有。至少关于查家的蛛丝马迹,找到了一点线索。那就是查家的先祖诗人查慎行的一首诗,还是在徐志摩故居查到的——俨然是老态诗人的心态了。原打算置于穆旦传记的开篇,未遂,故在这里一展。

也园雅集次韵

溪山佳处榻常悬,
暇日追陪乐境偏。
灵运赋中行采药,
康衢歌里看耕田。
厌逢俗室谈时事,
闲与乡人结善言。
雨坐风襟无恙在,
画图容易著神仙。

(【清】查慎行)

当然,查慎行的时代,是所谓"维民所止"的时代,是一个传统文人和皇族政治纠葛不清的时代。这一页要翻过去了。

毕竟,一个人的诗歌创作和翻译,都不能脱离他的时代。我们曾经说过,20 世纪以降,经历飘摇与稳定,穆旦的时代适逢翻译的时代。那么,在穆旦逝去 30 多年之后,进入到我们这一代人,进入到 21 世纪,究竟会面临一个什么样的时代呢?

毋庸讳言,这是一个和平与发展的时代,在革命战争与民族战争都已结束的时代,在政治运动与社会动荡业已过去的时代,我们迎来了一个相对比较安定、社会发达、经济发展、人们生活相对提高而物质享受放到了第一位的时代。总体来说，这样一个时代，在中国历史上是一个黄金时代，在世界历史上，则是中华民族觉悟与崛起的时代。当然，这样说也不是没有问题的，而问题也不是表面的和轻易可以克服的。

在改革洪流与经济大潮面前，这是一个物欲横流的时代。物质主义被推崇，拜金主义被赞成，人们比赛工资待遇、洋房汽车等物质享受，也有出国旅游等兼顾经验与购物的活动。虽然对于任何国家和个人，这些基本的物质享受和适度追求无可厚非，但若形成了一个社会的主要价值取向，一种单一的价值导向，就会导致一系列的问题。

与轰轰烈烈的战争年代相比，这是一个相对平庸的时代，缺乏创造力和建功立业的志向，缺乏奋斗精神和安身立命的概念，甚至缺乏自我约束和人生目标，不能说不是一种平庸状态。虽然少数人为理想而奋斗，多数人为利益和生存而奔忙，但是，在总体上，在精神上，又是一个因袭和守旧与变革并存的时代，一个复古和从众更甚于创造与进取的时代。

就中国历史来看，相对于传统社会的治乱模式和安定和平，即所谓的礼仪之邦，这是一个道德失范的时代。有些人追求自我和自我享乐，不顾公德和公共利益、公共形象，缺少相互忍让、相互帮助的精神，动辄恶语相向，拳脚相加，甚至导致欺骗和犯罪时有发生。少数人的道德自律被置于脑后，而个体的权力和利益被无限夸大，甚至到了难以限制的地步。

就世界范围而言，这是一个发展与和平的时代，但也是一个混乱与恐怖的时代。一面是各国首脑的频繁来往与多极多元外交活动，人们寄予希望和期待，但是各国之间，贫富之间，民族之间，宗教团体之间，动辄结怨，互不相容。尤其是欧美国家，人们没有了安全感，只有相互的警惕和无尽的抱怨，有事则示威游行，无事便刺探对方，彼此警惕如同间谍，边疆与领土争端不断，自杀式爆炸比比皆是，在机场，在饭店，在领馆，在一切有公共集会的地方。

就生态环境而言，这是全球性污染的时代。雾霾经久不散，空气严重污染，河道断流，沙漠化严重，工业废水排泄无度，造成水污染，生产管理不善，市场经营不善，导致食物污染，地沟油泛滥；还有外层空间垃圾增加，臭氧层受到破坏，极地冰雪消融，气候出现异常，加上核武器禁止不了，核泄漏日益严重，导致海洋污染，鱼类大量死亡，有些物种濒临灭绝，人类的健康和生命受到威胁，整个地球的生存链出现危机。

就文化形态而言，这是一个后现代的时代。所谓"后现代"，就是继西方现代主义之后的后工业后结构时代，所谓的"后现代"其文化心理症状就是物欲横流下的颓废心态泛滥，摩天大楼被撞毁，中心和权威轰然倒塌，边缘侵入核心，意识形态被泛化，宗教和信仰被嘲弄，导致伦理道德失范和艺术庸俗化，作秀与模仿成风，缺乏高雅行为和高雅艺术的导引和典范作用，致使平民主义泛滥，草根横生，通俗与流行文化盛行，破碎的偶像，破碎的语言，破碎的舞台，破碎的人生记忆与惶惶不可终日之流浪颠簸，追求无所谓的人生价值，失去崇高与美好的精神追求，纵然是一盘散沙和一无是处，也不在乎。

那么，在这样一个时代，面临这样一种文化状态，诗歌有何作用呢？诗人有何作为呢？

其一，与传统诗歌的社会交往功能相比，现代诗人中只有写传统格律诗的人，而且在用这种诗歌进入到社会交往过程中的人，是在继承和利用诗歌的交往功能，取得学人之间、友人之间、社会名流之间的唱和与沟通。而新诗，尤其是现代派诗作，或者甚至浪漫主义的诗作，则基本上退出了社会交往功能，或者缩回到个人自娱自乐的狭小天地，在书斋里，"取诸怀抱，悟言一室之内"，或者集中发表于杂志或出版于个人或多人诗集中。在前者尚有人阅读，如同书展画展，若没有人看到，则形同虚设；在后者则是一种潜在的发表，除了少数名诗人之外，很难有仔细的阅读了，更不用说读者群了，至于评论，就更谈不上了。

其二，诗的现代功能，由于和歌相分离，其地位较之歌曲要惨得多。歌词谱上曲子，可以上台演唱，出唱片，一夜间流行于世，引起很多粉丝围观、追捧；而诗则孤单起来，古淡起来，很少有朗诵的机会，即便朗诵，也很难有场外和事后的效用。何况官方组织的朗诵，例如媒体上的朗诵会，多适合歌功颂德的主旋律，从选材到朗诵方式，都是适合朗诵的一类（朗诵诗），而现代诗则很多已经不能朗诵，或者根本不适合朗诵了。现代诗，只适合阅读，许多是私下里阅读，不出声的默读，慢慢地体悟，仔细地咀嚼，方能品出点儿味道来。囫囵吞枣地阅读，甚至不能引起兴趣，很多时候，甚至引起反感，以至于嗤之以鼻，美其名曰，新诗，给我钱我也不读。读不懂！

其三，那么，对于诗人本人，写诗有什么用处呢？那要看对谁而言，对广大业余作者而言，至少可以利用业余时间，从事文学创作活动，避免自己失去自我反思的机会，或者迷失在现实中而难以自拔。对于专业的诗人而言，写诗就是必须的了。但是如今的诗人，也和传统的文人中的诗人不同了，文人不写诗，仍然是文人，琴棋书画，足可以娱乐和养心修身，而今的诗人，不写诗，几乎就没有事情可做了。在体制内，在作协里，要写诗，要是没有别的文学手段或文化生活作为后盾，则写诗就会成为一种技能或习惯。这自然既有好处，也有不好处。好处是可以探索和提高诗艺，不好处是容易养成套路和习气——甚至养成怪癖,与社会脱离,成为孤独的或古怪的诗人一群。

其四,对于诗歌本身,那又怎么样呢?诗歌当然要有人来写,没有人写诗,诗也就不存在了,无法发展了,更遑论诗歌的完美与诗艺的精湛。在这个意义上,每一个时代应当有自己的诗人和诗作,就此而论,也不应当有所谓的不适合写诗的时代,更不能以"国家不幸诗人幸"的时代错位作为借口或代价,为自己的诗才不足诗艺不精做辩护。假若写诗是一件个人的事情,只要有个体存在,就有写诗的可能和必要。当然,社会的变化,战争与和平,混乱与秩序,进步与落后,愚昧与文明,都有可能影响到诗歌的创作和诗人的状况与命运,从而影响到诗歌的主题、形式以及在社会上发表与接收的状况,当然也就影响到人们(包括当代和后世)对于诗歌的接受和评论,无论是专业的还是业余的。

就诗的性质而论,在每一个时代,诗的性质是不变的,变化的是其状态。它不像哲学那样执着于概念和逻辑思维,也不像历史那样专职事实的回忆和记叙,更不想像宗教那样信仰一个上帝或神灵而排除所有其他的超自然力及其作用。它甚至不像一般的艺术那样偏重于单一的感官印象及其形象的塑造,例如绘画之于视觉,音乐之于听觉,雕塑之于触觉,等等。诗是一种综合的然而又是间接的借助于语言文字的塑造艺术,它有娱乐的功能,但是建立在深层理解的基础上。对于诗人来说,诗是个人经验的汇聚和重新组织;对于社会来说,诗是集体记忆与想象力的高度集中和凝练。没有一个个人可以没有诗性思维,没有一个社会可以没有诗性智慧,没有一个时代可以没有诗性感觉。所以,社会即便并不阅读诗篇或计较其文字,但它不能不具有一种综合与想象的直觉能力,借以来把握现实和时代精神,导引或影响人们的精神向前进。

其五,那么,对于社会而言,有没有诗歌,又会怎么样呢?当然,没有诗歌的社会是没有的。这里只是假设,没有诗歌,社会也不至于会解体,因为诗歌对于社会并没有直接的支配性的作用,假若我们不强调文艺的绝对的社会功能,或政治功能,或教化功能的话。当然,诗歌在社会交往中,在政治运动中,在民众教育中,均能体现出一定的功能。由此形成社会学意义上的或社会本体的诗歌观念。这或许是中国传统的尤其是儒家的诗学观点,而道家和佛家,则有不同的观点。至于西方文论中的诗歌,就是另外一个诗学传统了。

按照文艺本体的诗歌观念,换言之,就诗歌本体而言,诗歌是自我存在的、不依赖于其他条件而生存的艺术形式,如同绘画、音乐一样。只是由于诗是语言的艺术作品,所以人们往往就把意义看作十分重要的了。其实,诗歌的意义,即文本意义,远不及散文或小说那样直接和重要。换言之,诗歌的存在,具有美感、真理和向善三个层面或三种要素,或者说是三种要素的结合状态。在这个意义上,诗歌更接近于艺术,一首诗,如同一幅画、一首歌、一尊雕塑、一件手工制品等,对于读者,重要的是感受、理解或领悟,而不是分析、评判或拒斥。

　　回到和时代与诗歌有关的传记作家的问题上,我们不难想到这样一个问题,那就是穿越时代的历史性理解的问题。关于这一点,著名史学家陈寅恪先生早就提出"同情的理解"作为历史学的要旨,他的传记名作《柳如是别传》也许最为真切地灌注了他的思想营养;而美国传记家弗兰克·万德维尔则强调指出,"同情是传记家最完美的品德",他进一步说:

> 时代,事物和思想在变化,观念、迷信和偏见在改变,但是传记作家和传主之间相互的作用依然具有魅力——通过传记艺术,证明了一个时代能够理解和接触另一个时代,也能够被另一个时代所理解——因此它能够长存。(转引自杨正润:《现代传记学》,南京大学出版社,2009年,第202页)

　　基于这样的认识,不难发现,处于一个时代的诗人,都会有某些相同或相似的品质。

　　关于个人的诗歌创作,除了时代因素作为环境的影响之外,经过一段时间的研究,特别是出版个人诗集《朱墨诗集》创作卷(2011年)和续集(2014年)以后,我终于有了一些比较明晰的认识。概括起来,有下列几点:

1. 情感方式和写作方式上有强烈的民间色彩和地方色彩;
2. 知识分子写作的倾向,哲学玄思与艺术的讨论等;
3. 从生活中随意抓取意象,纳入诗歌中,加以表现;
4. 有些诗的创作,可以说利用了个人学术研究的边角料。

　　这里面已经有了一些穆旦的影子。但我承认,有些诗歌的创作和学术研究具有比较直接的关系。例如,关于张爱玲的研究,从文学到翻译,大约是随着博士生的开题报告和论文写作,一直伴随着一种阅读和思考,少说也有两三年的时间,到了学术毕业答辩的时候,一首题为《张爱玲:就是这个问题》的长诗就写成了,而且做了博士毕业答辩的礼物,当场朗诵了一下。后来,这首诗给拦腰斩断,以不足一半的篇幅,刊登在《天津现当代诗选》上,却有了一个意想不到的肯定的评价。这大概是我的诗歌第一次受到公开的研究性的评价:

外国文学研究专家、翻译家王宏印,受奥登的"谈话风"和艾略特的"非个人化"理论洗涤,在《张爱玲:就是这个问题》中实现了文体革命,它在心理运行中将有关张爱玲的经历、遭遇、性情以及自己对之的看法渐次推出,像戏剧独白,又像小说的意识流,还像散文的实体叙述,以诗向其他文体的借鉴,拓宽了情绪幅度和内涵容量,虽显芜杂却亲切随意,不失为一种新的探索。(罗振亚《序》,《天津现当代诗选》,天津市鲁藜研究会编,青海人民出版社,2010年)

至于所受个人影响,实际上是多方面的。但我自己比较明确的认识,是受了英美诗人艾略特、奥登的知识分子写作和以学问入诗的影响;在诗的结构的单一性上和静态的玄思方面,则受到奥地利诗人里尔克的影响;在乡村风光和民间意识上,则受到美国乡村诗人弗罗斯特的影响。当然,最为明显的中国现代诗人,则是穆旦的持续的影响,特别是诗歌主题和语言方面的影响。这种影响,尤其明显地感觉是在初到南开大学的几年里,特别是联系到南开大学校园生活的时候。

南开园的一草一木、一书一字,至今留存着诗人的足迹,尚未远去。

毋庸讳言,作为一名教师,大部分时间还是在校园和书斋里度过的,所以相对稳定的生活和平静的心态,会孕育不同的诗篇。这一现象,和穆旦晚年的诗歌创作的环境相类似。若将这些诗篇归纳分类,也可以看出一个大致的主题。这些主题,虽然并不直接来源于穆旦的诗歌创作的十大主题(实际上,这些主题并没有过时,许多甚至是永恒的),甚至也不一定直接受其影响,但在总体上,仍然可以视为一种时代主题的变换与扩充,转移与融合。它们是:1.人物素描,各类史传人物和文学人物的描写;2.民族风情,来源于国内少数民族地区习俗与风物;3.异国情调,出国讲学旅游与跨文化交际;4.社会百态,各种社会现象和价值观;5.乡土情结,思乡情结和乡土文学;6.艺术天地,书法绘画雕塑舞蹈以及文学艺术本身的探索;7.经典阐释,主要指中国文学经典如《红楼梦》《水浒传》等主题与人物阐释;8.语言探索,指对语言以及诗歌语言的形上学的探索;9.山水虫鱼,自然的一部分,但只包括和文人生活关系密切者;10.环境保护,水土空气等环境污染以及核泄漏等严重污染事件;11.生命现象,指生活升华为生命想象,包括死亡意识的探索等。也许这些主题变奏可以从一个侧面说明后穆旦时代的诗歌创作状况吧。

2011年10月5日凌晨,我靠卧在南开大学龙兴里小区寓所北房小卧室的床上,写了一首《南开园即景:或幻想曲》。后来,此诗在2013年南开大

学外国语学院迎新大会上朗诵。在我的心里,我总想让如今的南开学子懂得我心目中的穆旦。其中的第二部分是这样的:

> 穿过古典文学的长廊
> 新诗在硝烟散去的凄风中
> 饮泣,谁定了谁的格律
> 经不住,一团朦胧的意象
> 消融如宣纸上的墨迹
> 而你仍然在雕像中沉思
> 森林之魅萦绕着你,智慧之歌
> 诗八首,如何能唱得毕
> 生前孤独,死后也孤独
> 我们甚至不知道献你什么花
> 东村你住过的房子还在吗?
> 诗魂,东艺楼的琴箫缠绵
> 你听到了吗?权作你
> 梦中的琵琶;图书馆,是新
> 是旧,还不是一个样
> 那楼梯下方的小书店
> 才是一个值得的去处

四、诗人评传:一种尝试性的创作

本书的书稿,是出于一种激情开始写作的。但,也是一种承诺。那就是第一次也是最后一次见到周与良先生的时候,我所说的一句话:"我要为穆旦写传记。"无论如何,这项工作完成得异常艰难,前后经历了八年的艰苦历程。作为一项国家级的研究项目,历时五年,其修改和出版,也经历了一个值得纪念与思考的过程。如今回忆起来,还是有许多话要说。

2009年,我申请获准国家后期资助项目《诗人翻译家穆旦(查良铮)评传》立项。穆旦是中国现代派诗人"九叶派"的代表,也是从事英、俄两种语言翻译的著名诗歌翻译家。他生于天津,工作在南开大学,是天津的骄傲。他的诗名远播海外,被誉为"20世纪桂冠诗人"。穆旦诗创作与翻译研究,已经形成一个专门的领域和重大的研究课题。关于穆旦诗歌创作的全国性研讨会,已召开过两次,甚至海外的有关研究取得的重大进展,也尽可能反映在此项研究中。

当时,该项目书稿实际字数为22万字,包括穆旦生平、新诗创作、诗歌翻译等,计划修改后为23万字。实际上由于新资料的发现和利用,以及生平与诗歌创作的深入研究,修改的量在加大。书稿修改的主要内容,首先是按照专家评审意见,进行文字修改和加深研究,而扩充的内容,既有新资料的发现和利用,也是诗歌创作本身的深入研究使然。

1. 关于西南联大(穆旦是毕业后留校任教)的背景材料的扩充和挖掘,不仅为中国现代教育史提供了丰富的范例,而且为穆旦研究提供了深刻的背景性陈述;2. 关于中国远征军在缅甸对日作战(穆旦任翻译,亲历野人山战役)的资料的公开披露和利用,融合到了穆旦从军的环境描写和战争诗歌的理解之中;3. 关于20世纪40年代中国新诗在大陆(后称为"九叶派")及后在台湾等相关资料的收集和深入研究,特别是巫宁坤等人的资料,为穆旦政治生活与新诗研究增加了深度。最后成果变动情况如下:前两项主要在生平部分"第三节 西南联大""第四节 生死战场",第三项则在"新诗创作研究(二)"中添加了"动因研究:高潮与消退",对于穆旦诗歌创作的深层动因和时代精神做了深入的探究和总结。

本书稿的主要特点简述如下:

1. 诗史互证研究:运用陈寅恪先生所发明并擅长的诗歌和历史互证的研究方法,利用现有的文学创作和翻译文本作为文本资料,与作者生平及背景史料进行相互推证、双向证明和深度阐释。这样可以得到传主准确的生平事迹和心路历程的摹写,起到一般堆积史料所难以达到的效果。尤其是第一部分生平历程和第二部分诗歌创作的研究,有明显的效果,但不限于这些方面,而是贯穿于全书的一种研究方法和叙述方法。这种方法,大大突破了前人有关传记不懂诗歌和把诗歌作为装饰的写法,满足了学界关于要一部深入到诗歌里面的诗人穆旦评传的要求,并通过同时代诗人的资料穿插,力求体现一代诗人的历史命运。

2. 综合性分期研究:作为诗人翻译家的个人传记,对穆旦一生的诗歌创作和翻译(包括作品出版情况)进行分期研究,因为穆旦一生的创作和翻译活动在时间上既有交叉又有中断和分离,而他的早期诗作就有作者自费出版的三个诗集,但主要译著则是身后十多年才得以出版。作者力图避免简单的结论而综合创作、翻译、修改、出版等各种情况说明分期的根据,对于说明时代与诗歌创作的密切关系,以及从译介学角度说明一个诗人的诗歌翻译生命与时代的相对独立关系,至关重要。特别值得一提的是,扩充的创作动因部分,结合穆旦一生的诗歌创作的早期、中期(常被人忽略)和晚期(诗歌转向与定性),做了诗歌创作心理动力学的分析,发前人所未发。

3. 诗歌创作主题研究:穆旦诗歌的创作,有很大的精神含量和情感动力,客观上记录了诗人一生中经历的若干历史时期和重大事件。另一方面,这些诗篇中有相当一部分,都真实地反映了诗人成长和成熟以及不断追寻自我、改造自我和自我发展的基本历程。这是穆旦诗歌的双重意义所在。当然,可以按主题把他的全部诗作归结为十大类别:(1)劳苦大众;(2)民族命运;(3)战争思考;(4)浪漫爱情;(5)自我追寻;(6)自然景色;(7)精神信仰;(8)生存处境;(9)文明反思;(10)诗歌艺术。这十大主题,集中到一个中心,就是中国知识分子对于国事民生最高的精神关注,即"忧患意识",也可以把它归结为一种"心态诗学",或者称为"文化诗学"。

4. 穆旦新诗意象的专题研究:穆旦的诗歌创作是典型的现代派诗歌创作,而且具有意象派的典型风范,在后期则有象征派的特征。为了理清这样一份必须继承的遗产,作者从其诗歌全集中逐字逐句地爬梳整理出数百个文学意象,然后按照词条列出,加以阐释,不仅解释其微妙的意义差别,而且举例说明在不同诗歌中的变化情况。这项研究成果,对于穆旦新诗创作研究具有奠基的作用,而且在国内其他诗人的同类研究中,也未见到。作为附录,对于方便读者和研究人员的进一步阅读,将会是十分珍贵的,也会为本传记增色不少。

以上是我2012年12月10日向全国社科规划办公室调研处做的一个结项申请报告的初稿。由于健康原因并考虑到工作进度,还一度有过分传记与新诗创作研究部分(已详细修改过)和翻译研究(尚需详细修改)分别结项和分期出版的想法,未获批准。这样,为了后一部分的仔细修改,事实上,又花了约两年的时间。这样,从2009年年底算起,到2014年5月,实际上经历了五年时间,才得以最后完成。总体说来,修改的内容大致如下:

关于传记和新诗创作部分,有三点较大的修改:

1. 关于西南联大(穆旦是毕业后留校任教)的背景材料的扩充和挖掘;2. 关于中国远征军在缅甸对日作战(穆旦任翻译,亲历野人山战役)的资料的公开披露和新近利用;3. 关于20世纪40年代中国新诗在大陆(后称为"九叶派")及后在台湾等相关资料的收集和深入研究。最后成果变动情况从新旧目录对比中大体可以看出:前两项主要在生平部分"第三节 西南联大""第四节 生死战场",第三项则在"新诗创作研究(二)"中添加了"动因研究:高潮与消退"。就其内容和分量而论,这一部分作为上卷已经完成定稿,可以出版。

其余部分,包括俄语翻译与英语翻译、谈诗论艺等部分(可称为第二部分),大约有如下扩充和变动:1. 俄语和英语文学翻译部分,将原先过于注重诗歌翻译技巧,转变为注重其社会背景和翻译文学史意义,以适应新的研究兴趣和读者的阅读需求;2. 添加原先未能包括的穆旦诗歌新诗发现和自译的内容,因为这是近年来诗歌翻译的热点;3. 更为重要的是,在穆旦英语诗和汉语诗创作与翻译的交互关系中,深入探求其诗歌创作与翻译的关系。

在写作的过程中,我经历了如下的过程或阶段,并有如下要说明的方方面面:

围绕着传记的写作和修改,我阅读了大量的传记作品和传记研究作品。首先是杨正润教授的《现代传记学》,给我以系统的理论的营养,以及大量的中外传记资料。其次,阅读了大量的人物传记。印象最深的是这样几件事:在南大校园一家称为"悦读时光"的小书店,我预购到了凡·高传《渴望生活》,让我感受到后印象派画家苦难和奋斗的历史,感人至深。在大连的一个傍晚,一家靠海的书店里,高高的书架上,萨特的《波德莱尔》映入我的眼帘,让我兴奋了一段时间。这本存在主义哲学著作,也是一本心理学著作,精深的诗人的精神现象学分析,是进入人物心灵的钥匙。侨居美国的俄罗斯诗人托多罗夫的同名传记,是一本研究性的诗人传记名著,是一次离开上海前几小时,在一家庞大的诗人书店的书堆里找到的。还有,在津南新居观看的传记电影作品,有《明亮的星》(济慈传)、《时时刻刻》(沃尔夫传)、《成为简·奥斯丁》、拜伦的《唐璜》、普希金的《奥涅金》,还有王尔德、兰波与威尔伦等,特别是莎剧四大悲剧,有的是歌剧(例如《奥赛罗》)。这些作品,帮助我建立起传记,特别是艺术家和诗人传记的感性系统,为理解穆旦其人和修改穆旦评传营造了很好的氛围,起到了很好的作用。

由诗歌又一次转换为诗人,这样类似的思路,倒逆了由诗人转向诗歌的初衷。于是,我开始思考这样一个问题,诗人穆旦的评传,在最后的定型过程中,究竟该成为一个什么样的作品?由此想到了穆旦的一生,身份的多样性和变动性,可以列一个简单的单子:

1.名门之后?历史和家族史,给他以什么样的影响?我们对于海宁那个出文人和诗人的地方,有一种特别的好奇。但由于种种原因,这一问题,至今没有得到深入的研究。

2.学生身份?学习现代诗的过程,以及经历文学的过程?有点神童,算不上。

3.小职员?经历奔波,失业和痛苦?编辑文学丛刊,办报纸,扩大社会认识面。本书的观点,虽然穆旦在解放前,特别是从缅甸回国以后和出国前的一段时间,处于为生活四处奔波到处寻找工作的慌乱状态与复杂心境,但并不认为"小职员"是一个"大诗人"的主要身份,而且和他的创作与翻译的关系,有十分了不起的决定关系。这两者之间也并不矛盾。

4. 军人?出国远征,经历战争与死亡;做随军翻译?懂得生命和尊严。军旅生涯,是穆旦十分重要的经历,战争的所见所闻,对于他的世界观的形成至关重要,因而他的战争诗篇可能是最为精彩的作品之一。包括对于战争与和平的理解,对于人生意义和死亡的感悟,都远在同时期其他诗人之上,在当代诗人中独树一帜,无人可以比肩。

5. 教师?其实,我们对他的教学了解很少。只知道他在译诗,上文学课。有的资料甚至反映出穆旦并不是一个很喜欢上课的教师。

6. 诗人?当然啦。一生,不过可以分为两个阶段,前期现代,后期象征。

7. 翻译家?当然啦。半生,从事英语和俄语翻译,还有自己诗歌的自译。但有一点必须说明,在那个时代,查良铮的诗歌翻译,一直是业余的,而且很多时候,背上了地下翻译的罪名。至少,没有得到当时其所在单位的认可和肯定。

8. 诗论家?半个啦,没有系统的论述,只有书信和谈话。但有价值,因为他没有陷入当下的理论话语和理论套路。

9. 普通人?为人父人子人夫,更兼诗友和人师。

在这些方面,我们发现:穆旦是一个普通人。他作为诗人,并没有典型的诗人行为,如流浪、出走、性格怪异、精神分裂。他一生也没有脱离一个普通人的生活常轨,就连其死亡,也是正常死亡,没有任何的豪强壮举和豪言壮语(这使他的传记不好写,过于平淡)。他收拾好自己的作品,销毁那些残稿和不需要的,整理出一个清单,收藏好自己的译稿,并且嘱咐儿女身后事——慈父、孝子和好丈夫、好朋友而已。

这一发现令我惊喜,因为他与穆旦个人的想法十分吻合。请见诗人写于晚年的两首《冥想》中的第二首:

> 把生命的突泉捧在我手里,
> 我只觉得它来得新鲜,
> 是浓烈的酒,清新的泡沫,
> 注入我的奔波、劳作、冒险。
> 仿佛前人从未经临的园地
> 就要展现在我的面前。

> 但如今,突然面对着坟墓,
> 我冷眼向过去稍稍回顾,
> 只见它曲折灌溉的悲喜
> 都消失在一片亘古的荒漠,
> 这才知道我的全部努力
> 不过完成了普通人的生活。①
>
> （1976年5月）

好一个"普通人的生活"!

穆旦没有像许多现代诗人那样,着重或强调自己的诗人身份,虽然他十分重视自己的诗歌作品,包括创作与翻译作品的保存、修改和留存。这一点,俨然有了一种隐隐的伤痛——隐隐地上通到魏晋时期陶渊明的常人诗人风范。然而"一从陶令平章后,千古高风说到今",谁能说陶渊明这样的大诗人不是一个普通人?

至此,关于这个传记的写法,我也要交代一下。

先是相关传记的出版,给了我新的资料、借鉴和新的压力。

第一本是陈伯良先生的《穆旦传》(浙江人民出版社,2004年),是查英传赠给我的。时在2005年12月,应是穆旦诗歌研讨会上所见。也是在会上,我结识了陈伯良先生,传记的封面上还有"海宁市政协文史资料委员会编"字样。这本传记,资料充实,文笔朴实,感情真挚,照片很多,是典型的传记写法。

第二本是易彬的《穆旦评传》(南京大学出版社,2012年),兼顾了史料性、历史性和评论性,是学术性人物传记的写法。按作者自己的说法,即"广阔的传记知识背景","各种外在的资料",以及"以时间先后为序,逐一推进"的写作格局,仍然是传统的。总的印象,还是史料搜集的翔实,阐释的分寸感,以及与当时环境的密切联系,而诗歌方面,也十分注意新发现的作品,并在和社会关系的意义上,有历史而客观的评论。

与此同时,我在不断地阅读传记学的资料和理论,结合这几方面的思考,也更加体会到作为传记作品要达到信史着实不易,概而言之,受到以下诸多因素的影响在所难免:

社会习俗和利益驱动所造成的种种忌讳或美饰;

---

① 本书中所摘录的穆旦诗,均参考了李方编的《穆旦诗全集》(中国文学出版社,1996年)和《穆旦诗文集》(人民文学出版社,2006年)。

统治意识形态按照自己的需要对传主的形象和历史事实进行修改；

传记需要的轶事和细节无法核实，在流传过程中不断被夸大、补充，以至张冠李戴，以讹传讹；

记忆中的遗忘及记忆本身的特点如故事化、理想化、模式化特点以及思维的互文性所带来的失真；

传记家对传主的移情，把自己的思想、感情和心理活动移植到传主身上。

（杨正润：《现代传记学》，南京大学出版社，2009年，第189页）

由此带来的问题，就是一本理想的诗人翻译家传记和它的实际的呈现样式之间，到底有着怎样的距离和默契？也许，作为传记作者，我们只能尽量说明一些创作的意图、文本的结构以及可能的影响因素以及实际起作用的程度和方式。

毋庸讳言，乍一进入穆旦，我的本意却是在诗，不在人。而这本传记，顾名思义，作为《诗人翻译家穆旦（查良铮）评传》，从一开始，虽然在诗人和翻译家两个方面做文章，但都集中在一个"诗"字上。如今看来，它的品格和基调在于兼顾传记性，即对于新的资料的搜集和利用，对传主的了解和同情；文学性，即叙事性和艺术性，以及文史哲打通的写法；还有诗歌性，史诗互证，以诗论诗和就诗译诗等追求。这样的写法，尤其是诗人传记的写法，也是在一次会议上，听到一位与会者提到要有一本诗人传记的说法，至今铭记于心的。但就其效果而言，究竟达到没有，不敢妄下结论。

关于本书的结构，基本上，是多重的进路：

第一部分，传记生平。按时间线索分十个专题写出诗人的人生和整个时代，以主要的事件和人物穿插进行，突出的版块有西南联大（中国教育史上一段辉煌的传统）、生死战场（写出抗战全景和战争诗篇精粹）、南开岁月（写出南大诗人和翻译家群体及其命运）。在这样的大背景下，钩沉爬梳，连缀铺叙，让沉默的穆旦，时隐时现，又无所不在，虽死犹生，在诗中重生和复活。

第二部分，桂冠诗人。结合穆旦新诗研究，分两章写出新诗创作的分期和分类、形式结构和艺术特点，先做一宏观的艺术心理学的研究和叙述。继而就穆旦创作的十大主题列举其社会学意义的分析，并深入到诗人的创作动因，说明诗歌创作的心理动力学原理，及穆旦诗歌创作三个阶段的具体表现。

第三部分，诗歌翻译。分浪漫派和现代派，分头叙述其翻译成就。浪漫派诗歌翻译分俄语和英语。俄语以普希金为主，突出作品《奥涅金》及"奥涅金诗节"的翻译问题,兼顾丘特切夫诗歌翻译;而《文学原理》的翻译,重在说明我国文艺学建立初期的理论准备与学术争论。英语诗歌以拜伦的《唐璜》为主(其中的《哀希腊》使其与中国现代诗歌翻译传统、救亡图存情结以及新诗诞生结成纽带),兼顾雪莱、济慈等诗人的翻译及评论。现代派诗歌的翻译则兼顾爱尔兰的叶芝,以艾略特的《荒原》为主题,旁及奥登的诗歌创作与翻译,重在探讨新诗翻译规范的建立问题。

第四部分,诗歌理论。是把穆旦作为诗论家来讨论的,同时也作为翻译理论家来讨论。这一方面虽然比较枯燥,但只要照顾到诗人早期和晚期的诗歌理论的不同,注意到翻译理论与译诗的效果的关系,就不难写得生动传神;加之利用诗人晚年的书信,与诗歌创作结合起来进行讨论,不仅说明了在具体的语境下,现实主义文艺思潮何以能和现代派诗歌理论相契合,而且开出了灿烂的诗论之花,也有利于表现诗人的内心境界和时代精神。

除了大的结构以外,本书的写法,基本上是叙事性与论说性的交替出现,背景性与主体性的互相隐现,分析性与鉴赏性的相得益彰。这里重点说明一下具有一定创作性的文艺性元素的应用问题。

1. 关于清华大学的求学经历和环境描写,借用了朱自清散文《荷塘月色》的段落,既写了美丽的清华园景色,说明了求学生活的美好,又暗示了青春和爱情的双重主题,可谓一箭双雕。而当时抗战事件和西南联大教育氛围的营造,则借助清华校歌和名家诗词(陈寅恪、吴宓等),时代感极强。出国的航船上,为了展示辽阔的心境和美丽的海上景色,同时也为了调节阅读的时间和节奏,使其有张有弛,借用了穆旦的诗《云》,抒发了诗人幻想和浪漫诗意,寄托了美好的向往和远大的理想。

2. 在人物关系的处理上,为了避免叙述的单调和交代的琐碎,根据确证的史料和人物关系,经过改写或虚构,处理成对话效果,例如,根据周与良女士的回忆文字,改写成二人在农村田野相会和说话的场景,使这一对患难夫妻关系的叙述带有戏剧性,给人以身临其境的感染效果。还有,诗人和女友万女士在联大迁徙途中分别时的对话,则是根据吴宓日记的记载,对当时双方心理和话语的一种推测性虚构,有一种无常的暗示。

3. 将其他文学作品纳入场景,借以描写传主的心情和感受。例如,在穆旦得知被宣判为历史反革命的一瞬间,为了突出他受打击的心理,引用了雪莱的诗句:

　　我倒在人生的荆棘上,遍体血污。

在"文革"晚期,当有了适度的个人行动自由的时候,穆旦到文庙里闲逛,购买一些鲁迅著作和古典文学作品,这时,他突然有了和鲁迅类似的感受,于是鲁迅的诗句(《悼杨铨》)便脱口而出,使人百感交集:

  岂有豪情似旧时,
  花开花落两由之。

  这里的创作根据,不仅有友人的回忆文字,而且有穆旦自己一生中几次提到鲁迅作为"鲁迅情结"存在的根据。放在此情此境中,使人同时想到鲁迅和穆旦,两个意象叠加,两重命运重合,人生意义的多重暗示,再贴切不过了。

  说句老实话,在传记写作的最初计划里,是有一个穆旦的梦境描写的,而且是最先想到的。当时觉得,要写诗人,必须写他的心灵,而潜意识和梦境是其最深刻的东西,若能创作出来,则有利于扩展和加深我们对于诗歌和诗人灵魂的认识。可是,遗憾的是,这一精神的构思一直未能成形,以至于最后不了了之。能否写一部纯粹的文学传记,超脱具体资料的束缚,写一部关于诗人的纯粹的精神传记?一直还在脑子里盘算。

  好了,为了诗歌,不再啰唆了。但不能没有致谢。

  这部传记,在正文之外,附录中的穆旦年表,参考了李方编写的"穆旦(查良铮)年谱简编";著译目录和怀念诗选,也参考了有关出版物。在此一并表示谢意。

  当然,我还要感谢积极鼓励和推介此书稿的几位教授,感谢国家社科项目的管理部门允许我一再地推迟,正是这种难得的延迟,使我有机会反复地修改初稿和修改稿,但也使得书稿的行文和风格发生了微妙的变化——特别是"前言"的数易其稿,显示出一个大厦立就而门楣未修的艰难的行程表。最后,我还要感谢为此书的出版做出努力的商务印书馆的同志们,正是由于他们的敬业精神和不懈努力,使本书经历艰难曲折而后能终于问世,呈现出一个理想的版本面貌。他们功不可没。

  在此书稿的修改过程中,两年前的十月,我个人经历了九死一生的磨难。好在疗救与恢复,还是经历了,过来了,使得写作与修改,虽然时断时续,修修补补,但,终于圆满地完成了。这一过程,伴随着人生的一个甲子,即将进入退隐的阶段,回首往事和往日岁月,更是有一番滋味在心头。而我的学术生涯、教学生涯,也许要逐渐地让位于诗歌的翻译了。

  我愿把本书献给崇敬的诗人翻译家,献给一切热爱诗歌并关心诗歌发展的善良的人们。

古诗云:"心之忧矣,我歌且谣。"

以诗的名义,致敬!

王宏印(朱墨)
2004 年 10 月 5 日
2009 年 5 月 7 日
2011 年 3 月 13 日
2012 年 12 月 16 日
2014 年 5 月 4 日
2014 年 7 月 14 日改定

第一部分
永不停息的生命

另一个世界招贴着寻人启事,
他的失踪引起了空室的惊讶:
那里另有一场梦等他去睡眠,
还有多少谣言都等着制造他,
这都暗示一本未写出的传记:
不知我是否失去了我自己。

(穆旦:《自己》)

诗人兼翻译家查良铮（穆旦）的一生，是勤奋学习、努力工作、拼命挣扎、不断超越的一生，也是经受苦难、体验苦难、描写苦难和反映苦难的一生。他的创作和翻译，不是在平静的书桌上进行的，而是在生活里孕育，在战场上淬火，在智慧中磨炼，在激情伴随下成形的辉煌的人生诗篇。

古人云："生于忧患，死于安乐。"

而穆旦，可以说生于忧患，死于忧患。

第一节　少年早慧

穆旦,本名查良铮,于1918年4月5日(阴历二月廿四)生于天津市西北角老城内恒德里3号。其实,这里不是查家最早的居住地。大约是曾祖时迁居天津,在此以前,由于为官和经商的缘故,查家中的一支于清代从海宁迁至宛平,即北京、天津一带,定居下来。

海宁,良渚文化发源地之一。春秋战国时属吴越之地。建安八年,陆逊在此任海昌屯田都尉并领县事。吴国始置盐官县,元代改为海宁州,1912年始称海宁县。立足海宁,东南一望杭州湾,钱塘江大潮奔涌。西北方向有杭州,南宋王朝曾于此建都(史称"临安"),从此繁华兴盛,为"人间天堂"。东北有嘉兴,直通上海。越京杭运河,莫干山在其北,西北遥望太湖,水天一色。海宁这个地方,位于长江三角洲杭嘉湖平原,素有"天下粮仓"之称,不仅是内陆杭嘉湖漕运的枢纽中心,也是贯穿钱塘江南北两岸的交通要道。海宁属海洋性气候,冷暖气流交会于此,风云变幻,旱涝风灾不断。这里设有坚固的海防工事和海塘工程,抵抗倭寇的侵扰和抢掠,亦防海水倒灌酿成水患。这里还曾是太平天国革命的经济命脉与物资大本营。同治二年,发生过极其惨烈的海宁保卫战,太平军将领蔡元隆弃城投降,海宁城沦为一片废墟。

海宁自古民风淳厚,经济发达,学风昌盛,是人文荟萃、人才辈出的地方。近人梁启超曾有如下的描述:

> 杭属诸县,自陈乾初而后,康熙间有海宁陈莲宇(世琯)师事梨洲,亦颇提倡颜李学。道(光)、咸(丰)、同(治)则海宁张叔未(廷济)、海宁蒋生沐(光煦)颇以校勘名。光绪间海宁李壬叔(善兰)精算学,译西籍,徐文定后一人也。最近则余杭章太炎(炳麟)治声音训诂之学,精核突过前人,学佛典亦有所发明。(转引自窦忠如:《王国维传》,百花文艺出版社,2007年,第7页)

海宁,自然也是诗人辈出的地方。远的不说,至少近代以来,就出了王国维、徐志摩、穆旦三位大诗人,分别代表了古典词作的高峰、浪漫主义诗歌的遗韵和现代派诗风的劲强。穆旦的祖上,也有大诗人查慎行,以《敬业堂集》传世,清代以来享有盛名——不仅是古典诗歌的晚期典型,而且也是文人命运的晚近典型。

查家的祖籍是浙江省海宁县袁花镇。袁花镇上的查家祠堂，曾悬挂着清朝康熙皇帝亲笔题写的一副楹联："唐宋以来巨族，江南有数人家。"

查家既然是名满大江南北的望族，自然有一段不平常的历史。

> 查姓原为姬姓，周封八百诸侯于各地，姬姓封于查地，查地后来称做婺源县，原属安徽，现属江西，后代人以地为姓，改称查氏了。查氏在繁衍中，不少人从群山环抱的封地里分散走出，另谋生路。其中有一支来到浙江海宁，以务农垦盐发家，从此，"以儒为业"并"诗礼传家"，通过科举步入仕宦之途，到明清两代有极大发展，重臣迭出，北来京津落户。虽然移居北方，但俗称他们这一支仍为"南查"。（周骥良：《怀念诗人穆旦》，载《丰富和丰富的痛苦》，北京师范大学出版社，1997年，第200页）

南查中的文人，多由科举进入仕途，根据吴梁先生的统计，仅明清两代起数目就十分可观：

> 明代：进士6人，举人17人
> 清代：进士14人，举人59人

不仅堂堂须眉，英杰辈出，一时有"一朝十进士，兄弟三翰林"的美称，就连闺阁丽人，也是代有才人出，南查前后少说也有女诗人八人，为这个名门望族增添了光彩。

> 明清以来，当地百姓说到大姓，就有"查祝许董周"之称。查家子孙繁衍，确是出了不少知名人物。如明代嘉靖年间曾疏劾严嵩、严世蕃父子的名臣查秉彝；明末清初著名的历史学家（明史《罪惟录》的作者）查继佐；清代雍正年间因"文字狱"而全家遭难的查嗣庭；被置于我国古代十大诗人之列的查慎行，以及著名书法家查昇等人……（陈伯良：《穆旦传》，浙江人民出版社，2004年，第3页）

查家的鼎盛时期，特别是诗歌的鼎盛时期，可以先辈查慎行为其代表。

> 查慎行，字悔余，海宁人。少受学黄宗羲，于经邃于易，性喜作诗，游览所至，辄有吟咏，名闻禁中。康熙三十二年举乡试。其后圣祖东

巡,以大学士陈庭敬荐,诏旨行在赋诗;又诏随入都,直南书房。寻赐进士出身,选庶吉士,授编修。时族子昇以谕德直内廷,宫监呼慎行为"老查"以别之。帝幸南苑,捕鱼赐近臣,命赋诗,慎行有句云:"笠檐蓑袂平生梦,臣本烟波一钓徒。"俄宫监传呼"烟波钓徒查翰林"。时以比"春城寒食"之韩翃云。充武英殿书局校勘,乞病还。……慎行著《敬业堂集》、《周易玩辞集解》,又补注苏诗行于世。(《清史稿文苑传》,转引自《敬业堂诗集》(下),上海古籍出版社,1986年,第1767页)

查慎行号"初白",名所居曰"初白庵",故苏轼诗的补注便曰《初白庵苏诗补注》。他的诗词宗苏轼和陆游,受其影响颇大。对于前者,他花了数十年时间进行研究和注释,以补救施元之注释的疏漏。至于后者,当时诗坛泰斗王士禛在为《敬业堂诗集》作序时评论道:"以近体论,剑南奇创之才,夏重或逊其雄;夏重绵至之思,剑南亦未之过,当与古人争胜毫厘。"后人赵翼更是于诸家之中,独标初白,评曰:"惟查初白才气开展,工力纯熟,鄙意欲以继诸贤之后。……要其功力之深,则香山、放翁后一人而已。"(《瓯北诗话》)而查慎行的诗论,一如其诗,则继宋人高格,可谓高论:"诗之厚,在意不在辞;诗之雄,在气不在直;诗之灵,在空不在巧;诗之淡,在脱不在易。须辨毫发于疑似之间。"(《初白庵诗评十二种》)

然而,在封建社会专制统治之下,无论他多么慎行,文坛政界的遭际却不时凭空而来,给这位正直而有才华的诗人以打击和摧残。平生最大的打击有两次。

一次是他还年轻的时候在枢臣纳兰明珠家里教读,国丧期间参加了演出洪昇的《长生殿》的宴集,于是遭到革斥监生驱逐回原籍的薄惩。关于这一事件,田晓菲有一段切题的评论:

……查慎行原名查嗣琏,他改名之由来,就是因为受到了洪昇在康熙二十八年(1689)国丧期间演出《长生殿》的牵连,被开革国子监学籍。而"国丧"云云,不过是借口而已,《长生殿》作者和其友人遭到厄运的真正原因,乃是因为剧中的兴亡之叹,以及《长生殿》中对胡人安禄山侵略中原的否定性描写。更有人认为,当时南北党争激烈,洪昇属于南党,其时北党多满人,为首人物便是不通汉语的大学士明珠,所以难免对多汉人的南党借机打击报复。(田晓菲:《留白:写在〈秋水堂论金瓶梅〉之后》,天津人民出版社,2009年,第238页)

这一次变故,迫使他放弃祖上传下的命名系统,改名为"慎行";而第二次的变故,几乎要了他的命。那是查慎行晚年所遭遇的文字狱。一说是雍正初年,查慎行的胞弟查嗣庭于雍正四年派任江西乡试主考官,考题有"维民所止",被言路参劾说是"雍正无头"。实际上也可能是因为查嗣庭著有《维止录》,其中记载康熙诸子情事,而且他曾依附被视为奸逆的隆科多,因而获罪。查氏一门阖族遭逮,是年冬,77岁的查慎行以年长失教入都诣刑部狱,来年夏,奉赦出狱南归,至秋,郁郁而终。

查慎行的诗歌,虽说主要"以旅途见闻感受与自然风物为多,诗风宏丽稳惬,亦有沉雄踔厉处"。(《中国历代诗歌选》(下编(二)),林庚、冯沅君主编,人民文学出版社,1979年,第963页)例如:

咏史八首(之八)

大廷一意注安危,充国金城事不疑。
滇海有人闻鬼哭,棘门此外尽儿嬉。
古来成败原关数,天下英雄大可知。
莫道书生无眼力,与君终局试论棋。

查慎行的诗,在当时就很出名。他的后人武侠小说大家金庸,在《鹿鼎记》中的回目,就全部出自查慎行的诗句。例如,第四十三回"身作红云长傍日,心随碧草又迎风",便是取自查慎行在南书房承值时写的诗句。可是,当今的金庸读者怎能知晓,后来病卧家中的查慎行,在不能如前觐见天颜奉旨写颂诗的时候,便将这句诗化在另一首诗作中了:

身作红云长傍日,心如白雪渐成灰。

此中的凄苦和寂寞,便昭然了。

查慎行为海宁查氏第十二世,与二十二世查良铮同出四世祖查实(孚庵)之后。查良铮祖辈诗人的巨大成就和出奇的人生遭遇,对于查良铮俨然是极为重要的诗教传统,例如有清一代不盛行唐诗而重宋诗传统的继承,仍然有追求诗歌潮流和扎实功底的遗风。到了查良铮的时代,他毅然选择现代派诗歌作为创作的基础,一生不曾改变。另一方面,祖辈的遭际也潜在地滋养着一种道德感和命运感,即诗人与社会人生之间的复杂而微妙的关系。而查良铮一生的政治遭际,与祖上的命运也诸多巧合之处。此为后话。

无论如何,到了查良铮出生的1918年,查家大多已在仕宦与盐贾两途中衰败下来。这种衰败,可以说起自他祖父查美荫那一辈。而查家迁居天津,也很可能是祖父查美荫随父辈一起过来的。

穆旦的祖父查美荫在北方任职时间则较长,他曾"署易州、直隶州知州,天津、河间等府盐捕同知,张家口厅、围场厅抚民同知,兼理万全县知县"等职。不幸的是在五十多岁时,因存款的银号突然倒闭,一生积蓄,尽付东流,他本人忧急而死,家道也因此骤然中落。(陈伯良:《穆旦传》,浙江人民出版社,2004年,第3-4页)

到了他父亲查燮和一辈,更是每况愈下了。

父亲查燮和(1891-1977)排行为六,老实简朴,不善交际,写得一手好毛笔字。他担任小职员,工作断断续续,生活时常拮据,有时甚至不得不靠变卖家中旧物为生。但是,勤俭持家和简朴节约的美德,却成为传家宝。母亲李玉书(1892-1974)虽是妇道人家,倒是精明强干。初不识字,一朝为人妻,则坚持学习,乃逐渐识文断字,不仅待人热情大方,而且处事果决。在这样一个大家庭中,丈夫不强,被弟兄们看不起的情况下,女主人只有依靠自己好胜好强,持家教子,要子女自立自强。这种情况,对于年幼的查良铮,自然留下了终生难以磨灭的印象。他幼小的心灵,也便滋生了人生要争一口气的志向。

我在1918年二月廿四日(阴历)出生在天津城内一个没落的封建家庭里,祖父(原籍浙江海宁)做过前清的县官,死后留下一所房子由各房儿子合住,还有一笔不大的财产。父亲在天津法政大学毕业,在天津地方法院做书记官有廿多年,收入微薄,以此养活一家人。母亲未受教育。我家共有父,母,一姐,一妹,和我自己。大家庭中有祖母,叔伯数人,姑姑,堂兄弟等人合住,经济各自独立……大家庭的生活方式是封建式的,敬神,尊长,重男轻女,这一切都使我不满,但还有更深刻的原因使我不快乐。父母经常吵架,生活不宁,父亲的粗暴使我对他愤恨,母亲经常受压迫,啜泣度日。还有,在大家庭中,我们这一房经济最微寒,被人看不起,这给我留下深刻的印象,我当时即立志要强,好长大了养活母亲,为她增光吐气。我的向上爬,好与人竞争,对于权威、专制和暴虐的反抗,崛起的个人主义,悲观的性格,便都在这种环境中滋生起来。(转引自易彬:《穆旦评传》,南京大学出版社,2012年,第16页)

这一段摘自穆旦档案的自述文字,称为《历史思想自传》,写于 1955 年 10 月,基本上反映了穆旦的出身家境和少年心情,至于志在超越与独立个性的流露,以及反抗精神与悲剧情结的自我检讨,大概也与此有关。透过那个时代特有的话语方式,我们仍然可以感觉到穆旦深沉内敛的性格基调和凝练明快的文字功夫。然而,更重要的,则是穆旦自我认识中所流露出的诗人气质及其文化遗传基质。

考较起来,查家的世风和诗教,为诗人查良铮的成长提供了必要的远因:我们可以设想,先辈查慎行的诗书传家,即使在穆旦幼年仍然极受重视,这是难得的文化物质基础。何况查家气象即便难比昔日,但后人读书的志向和习惯却不减当年,乃构成一种蓬勃向上的心理动力。或许,家道中落造成社会地位的显著差距,反而有利于激发个人志向,丰富对社会的认识。而传承中的人文因素,则可能促进了诗人的早慧和读写的尝试,乃是必要的人文造化。

查良铮属马,他喜欢马。时常画一匹高头大马,作为自己的图腾崇拜。在他后来写的诗里,马也是一个突出的意象,和少年的往事相联系:

> 小时候常爱骑一匹白马
> 走来走去在世界的外边,
> 那得申的日记和绿色的草场
> 每一年保护使我们厌倦。
>
> 《世界》

不仅是马,就连各色人物,也不在话下,三笔两笔,就能勾画得活灵活现。随着年龄和阅历的增长,查良铮能画成套的连环画。他曾经画过《血魂》,抒发爱国情怀,画过《摇篮》,歌颂黄河精神,画过《子巷》,表达对家乡的热爱之情。艺术的想象力,对于他日后的诗歌创作与翻译成就,想必是有直接的关联的。

少年查良铮就显示出早慧的迹象。1924 年初,由邓颖超等人在天津创办了《妇女日报》,其中有一个刊登儿童作品的"儿童花园",其目的无非是想听到"儿童花园里的天真歌声",给小朋友们"一个愉快的生活"(邓颖超:创刊号《第一天》)。当时正在天津城隍庙小学读二年级的查良铮,就在当年 3 月 16 日的报纸上发表了他的第一篇作品:《不是这样的讲》。

以下是应之的回忆和评论:

> 此文记述一个叫"珍妹"的小女孩与母亲在大街看见一辆汽车驰过

的情景。虽仅百余字,却有情节、对话,有人物情态的描述;并通过稚气的语言,透现出一个少年第一次看见汽车时的天真想法,隐含着对能坐汽车的有钱人家的讥讽。可说是一篇颇有意味的"微型小说"。(应之:《"儿童花园"与查良铮》,原载《天津日报》1985年5月29日,转引自《一个民族已经起来》,江苏人民出版社,1987年,第109页)

1929年,查良铮11岁,考入天津南开学校。

这是一所什么样的学校呢?要是我们翻看20世纪30年代的刊物,也许会碰巧看到这样一篇署名"建吾"、叫作《南开印象记》的文章。

> 天津人一提到八里台子,无人不晓。这一半是因为从前火车没有通行的时候,此处原是一条南北交通的孔道;同时,何况这里还有乾隆皇帝几次驻留过的"望海寺",是远近闻名的呢!可惜现在已是萧条冷落,无复当日的盛概了!目前所使人注目的,也就只有这座刚在少壮时期,新鲜活泼的南开大学了。洋车夫爱称它为"八里台子大学",假使你雇车说:"到南开学校",他也许毫不犹疑地拖你到南开中学去。因为南开中学,比大学历史长久,印象还要深入人心哩!(载《互励月刊》第二卷第3、4期合刊,1935年8月南京出版)

原来"南开学校"是一个笼统的称呼。它的前身是天津教育家张伯苓和严范孙于1904年(清光绪三十年)创办的"天津民立中学堂",地点在西北角文昌宫以西四棵树严宅偏院,后改为"私立敬业中学堂",又改名为"天津私立第一中学堂"。1906年,邑绅郑菊如捐助天津西南水闸旁空地15亩,张伯苓向德国人汉纳根开设的大厂公司交涉,换成南开洼一块十多亩空地,在那里兴建新校,第二年落成,遂改为"私立南开中学堂"。辛亥革命那一年,直隶提学使傅增湘将北洋客籍学堂和长芦官立中学堂并入南开中学,1912年1月改为"南开中学"。后又陆续并入直隶省立工业专门学校和北洋法政学校附设的中学堂,南开中学遂成为学生逾千人的大学校。后来,张伯苓和严范孙又赴美考察,于1919年在南开中学南部空地上建筑一幢校舍楼,设立文理商三科,学生逾百人,教员多留美归国青年才俊,遂宣告了南开大学部的成立。1922年,大学部在八里台购得700亩地,并于1923年9月迁入八里台新校址,于是就有了"八里台子大学"的称谓,这便是今天的南开大学了。

1913年,15岁"有志于学"的周恩来随伯父从沈阳来到天津,上了南开中学。他和同学发起了"敬业乐群会",在《敬业》第一期发表了他的早期诗作：

> 极目青郊外，
> 烟霾布正浓；
> 中原方逐鹿，
> 博浪踵相踪。

1919年，周恩来留日归来，又上了南开大学，度过了他青年的"翔宇"时代。十年后，少年查良铮所上的，也是南开中学，而他后来工作的地方，则是南开大学，这是后话。

查良铮是品学兼优的学生，已经有了"小才子"的称号。与此同时，视野的扩大，个性的发育，使查良铮从养家糊口和孝顺父母的传统道德中生发而出，逐渐造就了诗人独立不移的个性品质和激进明朗的爱国情绪。

查良铮的南开老同学赵清华回忆起那些难忘的岁月，至今记忆犹新：

> 1929-1935年良铮和我共在南开中学同窗6年。初入校时，一年级有9个班，约450余人，临到毕业时只剩下125位"精英"了。6年间这些班有分有合，我记得我和良铮同过两次班。……那时他已喜爱诗歌了。（赵清华：《忆良铮》，载《丰富和丰富的痛苦》，北京师范大学出版社，1997年，第192页）

关于南开中学当时的课程，特别是高中班的国文课，可以列表如下：

序号	课名	任课教师
国文一	诸子百家	叶石甫
国文二	古代文学	孟志荪
国文三	现代文学	赖天缦　吴组缃　余冠英
国文四	应用文	关键南

张伯苓先生开创的南开学风是中西兼通、文理并进的传统。因此，国文之外的另一种课程——外文课，在学校教学体系中举足轻重。其中特别值得一提的是英文课教员李尧林。李先生是作家巴金的三弟，伯仲之间，关系很好。巴金来津时，经常住在李尧林的宿舍里，开怀畅谈。

李尧林先生戴着一副深度的近视眼镜，西装笔挺，风度翩翩，教态和蔼可亲,一派民主作风。讲课时,他爱两手按在桌上,微微向前倾身,操着一口流利的英语,娓娓动听,真把我们引入了一个英语世界。他教的由辜鸿铭老前辈翻译的《赠卫八处士》,尤为良铮、泮文、言声、正华和我等所喜爱。(赵清华:《忆良铮》,载《丰富和丰富的痛苦》,北京师范大学出版社,1997年,第193页)

事实上,这样的中英文语言教学和中外文学熏陶,为一位翻译家和诗人的成长奠定了良好的基础。然而,更加令人难以忘怀的,还是那指点江山、激扬文字的同学少年,面对国破家难表现出的一腔报国热情和一种牺牲精神。穆旦就读南开的时间,正是一个多事之秋,国家有难,学生们自然要首当其冲。

学校迭次在瑞庭礼堂召开大会,一次又一次地纪念"九·一八""一二·八",纪念"热河事变",接着又出现了"塘沽协定""何梅协定",说明华北已处在风雨飘摇中了。每逢集会,师生同登讲台,或慷慨陈词,或长歌当哭,无不义愤填膺。每当这时,我们望着垂悬在礼堂舞台两侧的一副"莫自馁,莫因循,多难可以兴邦;要沉着,要坚毅,立志必复失土"的长联,思索着祖国和个人的命运,往往泣不能抑。(赵清华:《忆良铮》,载《丰富和丰富的痛苦》,北京师范大学出版社,1997年,第194页)

据赵清华回忆,当时学校军训,他们班就在天津近郊的韩柳墅。每晚集体出操,大家齐声高唱岳飞的《满江红》,真是"悲凉激越,响彻云霄"。查良铮和大家一样,身穿绿色军装,头剃得光光的,一股气冲霄汉的爱国豪情,互相感染,动人心魄。

穆旦自幼有一种反抗世俗的精神,这种精神和爱国热情结合为一,就表现在他的言行之中,使他显得气格不俗。他的妹妹查良铃曾回忆说:

我还记起另外两件印象深刻的事。每逢过年(春节)大家庭中要祭祖先,摆供桌,子孙们要磕头,轮到他,他就不磕头。又如抵制日货时,他就不允许母亲买海带、海蜇皮(当时都是日本进口的),要是买来,他不但一口不吃,后来还把它倒掉。家庭中伯父们就议论良铮是"赤色分子",都怕他一筹。可是在兄弟,姐妹,侄子们当中,哥哥的威信很高。(查良铃:《怀念良铮哥哥》,载《一个民族已经起来——怀念诗人翻译家穆旦》,江苏人民出版社,1987年,第145-146页)

当然,学生的天职是读书。良铮爱读书,一读起书来,饭可以不吃,觉可以不睡。他也喜欢讲故事。白天在学校里上学,晚上回家,就把学校的见闻和自己的经历讲给妈妈和姐妹听。他喜欢读书,尤其是读历史故事,读得最多记得最熟的莫过于《西游记》《三国演义》《水浒传》。于是就把这些故事讲出来。"讲到孙悟空时,他说,他也会变,飞出去,为国家,为爸爸争口气,让母亲享福。"(查良铃:《怀念良铮哥哥》,载《一个民族已经起来——怀念诗人翻译家穆旦》,江苏人民出版社,1987年,第145页)

不难想象,在接触世界文学之前,中国古典文学的熏陶,当是少年查良铮最好的文学养料了。古典小说,《古文观止》,姑且不论,单是唐诗宋词,就构成他的一个小小的读书领域。根据查良锐的回忆,把律诗读成长短句,就是查良铮的一种"创造性阅读"。例如,杜牧的《清明》原是一首七言绝句,而他的读法却造成了几行长短句:

清明时节雨,
纷纷路上行人,欲断魂;
借问酒家何处,
有牧童遥指杏花村。

读毕,小良铮不禁得意地笑了:"真又是绝妙的一首好词,多美啊!"

从1934年开始,16岁的查良铮便开始创作并刊登文学作品了。

由此开始,查良铮,或用真名,或用笔名"良真""慕旦",以及后来广为知名的"穆旦",发表了不少诗歌作品,震撼了旧中国的诗坛文坛。

当时的南开中学,有一份新创刊的杂志《南开高中生》,是由查良铮的两个同级同学周珏良和董庶(兼撰稿人)任主编的,查良铮是主要撰稿人之一。周珏良回忆说:

"穆旦的诗才从十几岁时就显露出来,而且非常敏捷。""当时他是写稿人的两大台柱子之一,主要写诗,也写些散文……每到集稿时,篇幅不够,我总是找他救急,而他总是热心帮助,如期拿出稿子来。"(转引自李方:《穆旦(查良铮)年谱简编》,载《穆旦诗全集》,中国文学出版社,1996年,第369页)

1934年到1935年,查良铮在《南开高中生》这份刊物上发表了4篇散文和8首新诗。

这四篇散文,有探讨事业与个人努力的关系的,如《事业与努力》,有抒发关于梦的感受的,如《梦》,有研究时事关注人类发展和命运的,如《亚洲弱小民族及其独立运动》,有研究中国古典文学的,如《诗经六十篇之文学评鉴》。虽然这些研究和探讨尚处于探索阶段,见解难免幼稚,但也可以看出这位年轻人广泛的兴趣、不俗的见解和努力的方向。

抒发少年壮志强调实干精神的《事业与努力》,指出知识与经验是成功的标志:

> 上述的两个事体,知识和经验,可以说是在我们希望成功某种事业前的两大努力的目标,二中是不可缺一的。我想在现在中国这种情况下,一般人,犹其是青年,我们需要有野心,更需要用我们底最大的努力来满足它!在这暴风雨的世界里,我们要各人努力准备自己将来的事业,维持这老大的中国!更需要在这"埋头干"的口号下,振作起来,用我们最大的努力来干,干!(穆旦:《事业与努力》,载《南开高中生》1934年春季第1期,转引自《穆旦诗文集》(第2卷),人民文学出版社,2006年,第6页)

以下引述的文字,来源于那篇和诗人一生关系密切的《梦》:

> 人生本来是波折的,你若顺着那波折一曲一弯地走下去,才能领略到人生的趣味,正如你喜欢做一个美妙或险恶的梦一般,过后也总能寻出些滋味罢!

> 如果生活是需要些艺术化或兴趣的,那你最好便不要平凡地度过它。你正在尝着甜的滋味也好,苦的滋味也好,但你须细细地咀嚼它,才能感出兴趣来。由此着想,你现在若处境苦恼,那是你一生中自然的转变;正如你在做了一个恶梦一般,过后想起一定要觉得更有趣味。这岂不是在生活中,应该有的一件事!因为你知道了苦恼,方能感到不苦恼的乐趣所在,所以你若要生活不平凡一点,有兴趣一点,总要有些不过于偏狭地爱好"梦"的心理才对;比如你常安适地过活,最好也要尝些苦的滋味;你常平静的心里,也叫它受些惊险;常按着轨道的生活也叫它变迁一下……这样,你可以减少些平凡的苦恼,正如好梦恶梦一般,回想起来都一样的有意思。(穆旦:《梦》,载《南开高中生》1934年秋季第4、5合期)

从这些近乎幼稚的文字里，不仅能看出小穆旦对于梦的意见，而且预示了他对平庸的拒斥和对苦难的感受。然而，不幸的是，穆旦的一生，苦难和变迁，甚至惊险和惊吓，太多了，也许，他的这些过早的言论和见解，从内在气质上预设了他苦难而丰富的一生。

在研究《诗经》的文章中，穆旦不仅企图寻找文学的起源，而且把《诗经》中的诗歌按照实际内容分为下列七大类，其中每一类又有详细的讨论：

   ⅰ. 关于两性的诗
   ⅱ. 关于亲子的诗
   ⅲ. 悲于世乱的诗
   ⅳ. 祝贺诗
   ⅴ. 叙事诗
   ⅵ. 思友诗
   ⅶ. 劝兄弟友善之诗

这些材料证明，穆旦从小对中国文学有较为浓厚的兴趣和扎实的功底，这为他以后的创作和翻译提供了必要的准备和基础。此外，在《南开中学学生毕业录》(1935年)中，还保留了穆旦的《谈"读书"》一文，也可以看作早期一篇比较成熟的散文。

儿时发表的诗作，题材也比较广。一个突出的主题便是对穷苦人民的同情和对人类苦难的关注。以下是他的第一首诗《流浪人》的第一小节：

   饿——
   我底好友，
   它老是缠着我
   在这流浪的街头。

那第一个"饿"字，不仅切中当时内忧外患的中国一个突出的问题，而且为后面的力作《饥饿的中国》开了先河。同样，《一个老木匠》也可以说为稍后(1936年)发表的《更夫》，以及20世纪40年代陆续发表的《洗衣妇》《报贩》等同情劳动人民的短诗，奠定了一个基础，一齐汇入《不幸的人们》那样一首带有综合性质的诗歌的主题。甚至可以说，关注现实，同情人民，构成了穆旦一贯的创作主题。

揭露阶级对立的社会现实的《两个世界》，可以视为这一时期的一首代表作。

诗的开头一句"看她装得像一只美丽的孔雀",先以贵妇人的轻歌曼舞描写上层社会的豪华轻浮虚荣冷酷,然后以对照手法写缫丝女工的劳作的苦不堪言,诗人发出了不平的呐喊:"生活?简直把人磨成了烂泥!"

最后,在经历了各自两个小节的充分描述之后,诗人用一个小节,借助"血"与"衣"的依附关系,巧妙地揭示了两个世界的对立统一,触目而惊心:

> 美的世界仍在跳跃,眩目,
> 但她却惊呼,什么污迹染在那丝衣?
> 同时远处更迸出了孩子的哭——
> "妈,怕啊,你的手上怎么满铺了血迹?"
> 　　　　　　　　　　《两个世界》

1935年发表的唯一的一首诗《哀国难》,应当说是诗人第一阶段创作的一个高潮。假如不考虑诗人后来翻译《哀希腊》作为对"五四"以来中国知识分子这一仪式化哀悼形式的继承关系,单就诗人所处的时代氛围和处理战争的重大主题来说,穆旦的《哀国难》也是一首不容忽略的诗。在这首诗中,诗人不再使用前面用过的单个形象的白描写法,也不用对比处理和对称结构,而是采用了比较复杂的暗示和象征的手法,同时,也更多地注意到角度的变换和主题的深化,虽然总免不了直呼反问和强烈呐喊等比较直露的写作倾向。

诗的主体场景似乎是要写敌机的轰炸和铁蹄的践踏:

> 眼看祖先们的血汗化成了轻烟,
> 铁鸟击碎了故去英雄们的笑脸!
> 眼看四千年的光辉一旦塌沉,
> 铁蹄更翻起了敌人的凶焰;
> 　　　　　　　　《哀国难》

然而一开头却用了"一样的青天一样的太阳,/一样的白山黑水铺陈一片大麦场"巧妙地点明并照应了第一小节结束时的国旗和东北沦丧的国难大背景。然而,诗人并不直接抒写自己看到的景色,却让飞鸟惊呼这场变故。同样地,第二小节也让"坟墓里的人也许要急起高呼",却又哀叹"可惜黄土泥塞了他的嘴唇,/哭泣又吞咽了他们的声响"来加强悲剧效果。

面对这一切,诗人又该如何呢?

在几次重复"我洒着一腔热血对鸟默然"之后,诗人发现"站在那里我像站在云端上,/碧蓝的天际不留人一丝凡想"。面对祖国一片大好河山,诗人运用较大的篇幅抒写眼前美景,目的是用眼前的美景反衬那想象中的可怖景象。而整首诗作则终于以象征手法打破了面前的沉寂,也以幻想的手法获得了矛盾的解决:

> 寂静——寂静——
> 蓦地几声巨响,
> 池塘里已冲出几只水鸟,飞上高空打旋。
>
> 《哀国难》

一想到这毕竟是一位十六七岁的中学生的作品,便觉得那已经是相当富于探索的精神和具备新诗的模样了。

关于穆旦早期的诗歌创作,穆旦的同学周珏良先生后来有一段评论。那是他发现有两位南开大学图书馆的同志竟然找到了穆旦最早的诗文并写了评论文章以后,有感而发的评论:

> 我多年来认为他这时期的创作已无可踪迹了,没想到最近居然有人找到,还写了文章。从文章所提到的可以看出,他这时的诗内容是充实的,艺术上也有一定水平,已表现出自己风格,他关心国家命运,关心人间的疾苦,也探求人生的哲理,可以看出一颗正直而敏感的心灵在痛苦,颤动,寻求。(周珏良:《穆旦的诗和译诗》,载《一个民族已经起来——怀念诗人翻译家穆旦》,江苏人民出版社,1987年,第19页)

在关于世道人生的探索中,《神秘》算得上是一首少年老成的诗。乍一看,这首诗的开头没什么:

> 朋友,宇宙间本没有什么神秘,
> 要记住最秘的还是你自己。
> 你偏要编派那是什么高超玄妙,
> 这样真要使你想得发痴!

可是到了结束的时候,却发现有出人意料的结局:

> 你要说,这世界真太奇怪,

人们为什么要这样子的安排?
我只好沉默,和微笑,
等世界完全毁灭的一天,那才是一个结果,
暂时谁也不会想得开。

我们的小诗人不仅故作成熟地"沉默,和微笑",而且提出了"世界完全毁灭"的问题,使人想起美国诗人弗罗斯特的《火与冰》。这也许可以说明,穆旦一生有彻底地追问形而上学的可贵的探索勇气。

事实上,除了宏大叙事和主题重大的诗歌以外,年少的诗人也有活泼乐观的一面,如《夏夜》所反映的那样。此外,更加具有书生意气的作品,还要算那首为了理想不惜燃烧自己、牺牲自己的《前夕》。也许可以说,《前夕》是一则寓言,它预示了诗人穆旦为理想而献身的不平坦的一生。诗是这样结束的:

这时,我将
永远凝视着目标
追寻,前进——
拿生命铺平这无边的路途,
我知道,虽然总有一天
血会干,身体要累倒!
　　　　　(《前夕》)

四十三年后,穆旦的话不幸言中。

第二节　清华幽园

20世纪20、30年代的清华校园,到处传唱着汪巩庵作词的清华老校歌:

西山苍苍,东海茫茫;
我校庄严,巍然中央。
东西文化,荟萃一堂;
大同爱跻,祖国以光。
莘莘学子来远方,莘莘学子来远方,

春风化雨乐未央,行健不息须自强。
自强,自强,行健不息须自强。

……

器识为先,文艺其从;
立德立言,无问西东。
孰介绍是,吾校之功;
同仁一视,泱泱大风。
水木清华众秀钟,水木清华众秀钟,
万悃如一矢以忠,赫赫吾校名无穷。
无穷,无穷,赫赫吾校名无穷。

(转引自黄延复:《水木清华——二三十年代清华校园文化》,
广西师范大学出版社,2001年,第484-485页)

  清华园是中国教育史上一块令人向往的知识圣地。
  清华园的历史,可以追溯到清康熙时期的行宫"熙春园"。道光初年,熙春园被一分为二,西部为"近春园",东部仍为"熙春园";咸丰帝即位以后,改名为"清华园"并亲笔题写了园名,其楷书大匾即悬挂于"二宫门",即后来的工字厅大门之上。1860年八国联军入侵北京,火烧圆明园,近春园亦被殃及,几近毁灭。后来几代皇家王公居住,仍是宫廷园林。1908年,中美庚子赔款"退款办学"事成,清华园被选为游美预备学校校址,始兴建新校舍,1911年春首批校舍建成,同年4月29日,肄业馆开学,取名"清华学堂"或"清华国立学堂"。
  清华学堂一开始是具有仿美性质的殖民色彩浓厚的学校,学制八年,分中、高两等,毕业生全部放洋留美,旨在"帮助这些中国未来领袖去改善我们困苦国家之命运",因此,不仅办学方针、课程、教材、教法等一律模仿美国教育体制,而且其"四大建筑"——大礼堂、图书馆、体育馆、科学馆——的设计蓝图全部出自外国建筑设计师之手,甚至有些建筑材料也是远涉重洋的舶来品。"五四"运动以后,中国的教育出现了"改大潮"的运动风气,清华学堂遂有国立自办的意图。1924年,清华"大学筹备委员会"成立,1925年4月,在原留美预备部(旧制)基础上增设大学部(新制)和国学研究部,三制并存,尤其是清华国学研究院四年的历史,清华四大导师(梁启超、王国维、陈寅恪、赵元任)的崇高声望,使得清华大学蜚声海内外。又经过了罗家伦（1928年起任校长）和梅贻琦（1931年起任校长）两任校长的苦心经营，清华大学进入了现代发展的"黄金时期"。1931年到1937年，其发展达到高潮。

正在这个时候，17岁的查良铮以优异的成绩考入清华大学。时在1935年9月。根据当时的教育体制，一名考生可以同时报考多所院校，而查良铮同时为三所学校录取，最后经过考虑，他选定了清华大学外文系，读英语语言文学。一说先入地质系，半年后转入外文系。其实，根据查良铮在清华时的同学周珏良教授的回忆，仍然是外文系才对：

> 按清华大学的规定，读人文学科的新生，入学第一年要修自然科学的若干课程，且要修满一定学分。查入清华后，可能主要选读了地质方面的课程，我则选修了化学与生物方面的课程。（转引自李方：《穆旦（查良铮）年谱简编》，载《穆旦诗全集》，李方编，中国文学出版社，1996年，第369-370页）

清华的学术传统，是追求古今会通、中西会通、文理会通，在一个较高的层面上，就是培养"博雅之士"。自1911年辛亥革命建校，到1952年院系调整为止，四十多年间，清华大学人才辈出，共同的校园、共同的生活，使他们有一个共同的目标，这就是以学问求解放、以教育求富强的坚强信念。特别是1927年，在新旧文化激烈的冲突中，王国维先生以50岁的学术盛年自沉昆明湖以后，陈寅恪先生"独立之精神，自由之思想"的题词，乃成为清华人的座右铭。沿着这一思想，清华大学逐渐形成了一种独特的情趣和风貌，可以称其为"清华学派"。这一学派的倾向，可以从当时所开设的课程和教授们的治学之道中窥见一二：

> 这一学术思想的潮流，实际上乃是这个学派大多数学人的共同倾向。例如吴宓先生教授西洋文学，陈岱孙先生教授西方经济学，金岳霖先生、贺麟先生教授西方哲学，但他们的中学素养都是极为深厚的。朱自清先生、闻一多先生教授中国文学，但都深入研究过西方文学。尤其是在当时新旧文学界的畛域之分还很深剧、老死不相往来的时候，两位先生都是兼通新旧两个领域的大师。（徐葆耕：《清华学术精神》，清华大学出版社，2004年，第6页）

动荡的岁月里，查良铮和其他同学一道，惜时如金，奋发求学。

当时外文系的课程，自然是分为语言类和文学类。在语言类课程中，不仅有现代的欧洲语言如英语、法语、德语、意大利语，还有俄语和日语，值得一提的是开设了所谓西方的"古典语言"，包括希腊语和拉丁语。而在现代语言中，选择英语作为主修的学生是大多数，一般要学四年。穆旦也在其中。其他作为二外选修一两种，只需读两年。另一类课程，是文学课程，包括文学史和按体裁区分的文学类别。在查良铮所钟情的英国诗歌中，浪漫主义的诗歌占有十分突出的地位。周珏良先生回忆说：

> 在清华大学和西南联大我们都在外国语文系，首先接触的是英国浪漫派诗人，然后在西南联大受到英国燕卜荪先生的教导，接触到现代派的诗人如叶芝、艾略特、奥登乃至更年轻的狄兰·托马斯等人的作品和近代西方的文论。（周珏良：《穆旦的诗和译诗》，载《一个民族已经起来——怀念诗人翻译家穆旦》，江苏人民出版社，1987年，第19-20页）

在动荡的时代，清华学生们始终没有中断学业，更没有中断爱国活动。在后来定名为"清华文艺会"的进步团体中，就有新生查良铮的加入。

据查良铮的南开同学赵清华回忆，查良铮曾经参加了中国共产党领导的"一二·九"学生爱国运动。

> 良铮来信告诉我："一二·九"那天，清华、燕大的师生冒着严寒，高唱聂耳的《毕业歌》"同学们！大家起来，担负起天下的兴亡！"庄严地列着队向西直门走去，竟被紧闭着的城门阻于城外，当即惨遭军警驱赶和镇压。随后，国民党的冀察当局对平津学生运动开始了大规模的镇压和搜捕。……几乎所有教授，其中包括冯友兰、朱自清、闻一多和张申府等进步教授，都在支持他们……（赵清华：《忆良铮》，载《丰富和丰富的痛苦》，北京师范大学出版社，1997年，第195页）

这些珍贵的信件，包括其中夹杂的"照片和即景抒情的诗歌"，可惜都没有保存下来。

学业的进步和社会的活动，激发了年轻的思想，诗歌在血液中澎湃。年轻的诗人穆旦，虽然还没有出个人诗集，但他写诗的消息，在同学中已不胫而走。

> 我们是同班。从南方去的我，注意到这位瘦瘦的北方青年——其

实他的祖籍是浙江海宁——在写诗,雪莱式的浪漫派的诗,有着强烈的抒情气质,但也发泄着对现实的不满。我当时也喜欢诗,但着重韵律、意象、警句。那时候,我们交往不多。(王佐良:《穆旦:由来与归宿》,载《一个民族已经起来——怀念诗人翻译家穆旦》,江苏人民出版社,1987年,第1页)

这一时期查良铮的诗作,按量来说是不多的,但是其质却有明显的提高。如果把1937年1月在西南联大创作的《野兽》算作穆旦诗的一个新起点,那么,从1935年读清华大学起到此时为止,他在北京发表的仅有三首新诗,不妨视为一个诗歌创作的预备期。在这一阶段,穆旦的诗风还具有浓厚的浪漫派气息。

1.《更夫》,载《清华周刊》第45卷第4期(1936年11月)
2.《玫瑰的故事》,载《清华周刊》第45卷第12期(1937年1月25日)
3.《古墙》,载《文学》(月刊)第8卷第1期(1937年1月)

《玫瑰的故事》是一篇从散文小品改写的诗歌,原文"The Rose"是当时清华大学一年级英文课本上的文章。穆旦把它改写成比较规整的每节四行的叙事诗体,可以说是介于创作与翻译之间的一种尝试。同时也可以看出,这是在紧张的学习之余年轻的诗人不想中断创作的一种顽强的努力。

诗前有作者的一节说明,兹引录如下:

> 英国现代散文家 L. P. Smith 有一篇小品 The Rose,文笔简洁可爱,内容也非常隽永,使人百读不厌,故事既有不少的美丽处,所以竟采取了大部分织进这一篇诗里,背景也一仍原篇,以收异域及远代的憧憬之趣。至于本诗能够把握住几许原文的美,我是不敢断言的;因为,这诗对于我本来便是一个大胆的尝试。想起在一九三六年的最后三天里,苦苦地改了又改,算是不三不四的把它完成了;现在看到,我虽然并不满意,但却也多少是有些喜欢的。
>
> 二十六年一月忙考时谨志

《玫瑰的故事》和《古墙》之间,有一个不太一致的地方:虽然两首诗歌都采用了四行押韵的分节体制,《玫瑰的故事》韵脚的布置一般并不规则。也许诗人觉得这样便于操纵语言,同时也能够容易地扩充成长篇从而利于叙事或抒情。《古墙》的押韵模式比较规整,采用的是西洋诗歌中才出现的环抱韵式,即 abba 结构。这里也可以看出穆旦初期创作中借鉴西方诗歌体式上的一种较严格的追求。

在内容上,《古墙》所表现的,显然是和当时的现代化都市上海相比,北平故都所具有的一种被遗弃的历史沧桑感,是某种静态怀古而又有点儿伤时的混合状,对于青年诗人穆旦而言,甚至是学子思维的一种少年老成的表现吧。这样的诗歌体制,显然不属于典型的浪漫派或现代派,倒是有一点儿怀古诗的味道,在"五四"以来新诗的探索中也有据可寻。但是,另一方面,从意象和倾向上来说,却可以看出古城意象和荒原意象之间有着某种借鉴关系,而这一借鉴本身,则要早于穆旦——可以追溯到 20 世纪 30 年代以卞之琳、何其芳为首的北平的"前线诗人"一派了。

在北平的现代主义诗作中,"古城"、"古都"、"荒城"等意象的出现频率相当高。这类意象既与"荒原"精神相通,又保持了鲜明的民族特色和独特的文化性格。因为,"荒原"是抽象的,而"古城"具体真切;"荒原"是带有西方宗教色彩的,而"古城"纯然脱胎于东方历史文化氛围。这就是说,"古城"意象并不是对"荒原"精神的机械模仿,而是一种带有民族性的创造。(张洁宇:《荒原上的丁香:20 世纪 30 年代北平"前线诗人"诗歌研究》,中国人民大学出版社,2003 年,第 107 页)

虽然穆旦的"古墙"与前线诗人的"古城"一字之差,还是可以看出一些奥妙的:"古城"是一个现成的词,而"古墙"却是一个拼合的词;前者有可能混同于整个北京古都这个城市,而后者却偏于古老的长城意象,作为英文翻译词语 the Great Wall 的回译。

现摘录几节《古墙》,以观其貌(括号里的数字是诗节的序号):

一团灰沙卷起一阵秋风,
奔旋地泻下了剥落的古墙,
一道晚霞斜挂在西天上,
古墙的高处映满了残红。 (1)

野花碎石死死挤着它的脚跟,
苍老的胸膛扎成了穴洞;
当憔悴的瓦块倾出了悲声,
古墙的脸上看不见泪痕。 (4)

时光流过了古墙的光荣,

狂风折倒飘扬的大旗,
古代的英雄埋在黄土里,
如一缕浓烟消失在天空。　(6)

晚霞在紫色里无声地死亡,
黑暗击杀了最后的光辉,
当一切伏身于残暴和淫威,
矗立在原野的是坚忍的古墙。　(10)

　　值得注意的是:这种四行体在穆旦一生的作品中都有表现,到了他老年的诗作中甚至有点返回,只是更加清醇朴素,更具代表性。不过,同样是四行押韵诗体,《古墙》的写法有点不同。同以前的几首诗相比,《更夫》不仅在题材上挖掘较深(可能和前面同类题材的写法《流浪人》《一个老木匠》相继有关,也可能和《冬夜》作为相关题材的准备有关),而且在形式上也更加具有西方诗歌的味道,尤其表现在诗歌句式的错落颠倒、诗句跨行与节与节之间的隐性连接上。

　　我们不妨先回顾一下只有两小节的《冬夜》(载《南开高中生》1934年秋季第2期):

冬夜

更声仿佛带来了夜的严肃,
寂寞笼罩在墙上凝静着的影子,
默然对着面前的一本书,疲倦了
树,也许正在凛风中瑟缩,

夜,不知在什么时候现出了死静,
风沙在院子里卷起来了;
脑中模糊地映过一片阴暗的往事,
远处,有凄恻而尖锐的叫卖声。

　　《更夫》的写法不仅在细节和结构上有《冬夜》的特征,而且在意象和情绪上也与之同调,不过更加集中凝练、纯熟圆通而已。

更夫

冬夜的街头失去了喧闹的
脚步和呼喊,人的愤怒和笑靥,
如隔世的梦;一盏微弱的灯火
闪闪地摇曳着一副深沉的脸。

怀着寂寞,像山野里的幽灵,
他默默地从大街步进小巷;
生命在每一声里消失了,
化成声音,向辽远的虚空飘荡;

飘向温暖的睡乡,在迷茫里
惊起旅人午夜的彷徨;
一阵寒风自街头刮上半空,
深巷里的狗吠出凄切的回响。

把天边的黑夜抛在身后,
一双脚步又走向幽暗的三更天,
期望日出如同期望无尽的路,
鸡鸣时他才能找寻着梦。

每当读到这首诗的时候,我们仿佛可以想象到:在旧中国沉沉的黑夜里,一根微弱而敏感的神经在颤抖,一个直面人生、关怀生灵的灵魂在哭泣。一个新生的诗人正孕育在艰苦的探索中——如这黑暗里手执灯火巡夜的更夫,他要守候一个黑暗的时代,直到黎明。

《更夫》之所以在穆旦前期的诗歌创作中具有重要的位置,主要基于以下几点:

1. 从中可以看出诗人就单个意象的写法已经成熟。
2. 独特的西化格式和晦涩情调都依稀可以看出。
3. 诗风具有在描写现实的题材中沉雄的基调。

青年是恋爱的季节。清华园里,曾孕育了青年诗人穆旦的恋情。
穆旦的初恋,是一个叫万卫芳的姑娘,她是燕京大学的借读生。

青春年少,花前月下,清华园里,该有多少值得回忆的时刻。特别是秋天的傍晚,二人相约走出教室,看一轮圆月从天际升起,照在美丽的校舍上,照在荷塘的碧波上,能不心旷神怡?

> 月光如流水一般,静静地泻在这一片叶子和花上。薄薄的青雾浮起在荷塘里。叶子和花仿佛在牛乳中洗过一样;又像笼着轻纱的梦。虽然是满月,天上却有一层淡淡的云,所以不能朗照;但我以为这恰是到了好处……塘中的月色并不均匀,但光与影有着和谐的旋律,如梵婀玲上奏着的名曲。(朱自清:《朱自清散文选集》,蔡清富编,百花文艺出版社,2004年,第108页)

后来,姑娘和穆旦一起随校南迁,经过了丰富而浪漫的三千里漫游,可惜没有走完这个历程。在人生的关键阶段,两个人分了手。虽然这是一个早已被人们淡忘的故事,但这件事对于穆旦,却产生了难以述说的影响。而对于女方,更是一生的不幸,包括了过程和终结。

第三节　西南联大

1937年7月7日,卢沟桥头响起了枪炮声,"七七事变"爆发。

东瀛之国日本在占领了东北以后,越过长城,进犯冀中和中原,中国军队英勇抵抗。枪炮声把中华民族从沉睡中震醒。

北京市民惊醒了,全国人民惊醒了,青年学子们惊醒了。

天津是北京的门户。天津的海光寺驻扎着日军司令部,就在南开大学和南开中学部之间,虎视眈眈,不可一世。寂静平和的南开校园首先接受了战争的洗礼。

可是,这是一座怎样宁静而充满活力的校园呢?我们且看一段写于1935年的文字,也就是遭受日军轰炸两年以前的南开校园的景象。

> 这座大学很奇怪,天然地爱浸在水里。只要(从)海光寺沿河边大路直走,不过三里多路,就可以看到丛丛密密的树林,拥抱着圆顶和平顶的红砖洋楼,东一座,西一座的矗立着。一进门,是一条深不见底的长道,旁边排列(着)新栽的树,新种的花向你招手欢迎哩!活跃的男和女,就在这花间树丛来往穿梭着。"噹!噹!噹!"的钟声一响,从幽丛

百树村中走出来夹着皮包的教授,从两座大宿舍蜂拥出潮水似的男生,从芝琴楼姗步出来长发高跟的姑娘(半农先生语)。这班人们,有的到秀山堂去上十九世纪的散文,或者经济思想史,有的到思源堂去听物理化学和 xy 的原理,有的到实验室把玻璃试管拼命的摇动,看有什么化学作用,有的到工场里去,提起铁锤使劲地敲;还有的到图书馆"书矿"里去发掘他们的"黄金屋和颜如玉"去了。等这班人一个个地隐没到洋楼里,这世界又由嘈杂中寂静下来。先前惊得高飞的麻雀,也重新落到树丫间,啾啾的互相唱和着歌祝它们世界的降临!(建吾:《南开印象记》,载《互励月刊》第二卷第3、4期合刊,1935年8月南京出版)

1937年7月29日和30日,日军连续用飞机大炮轰炸南开大学、南开中学、南开女中以及南开小学。31日,在日军飞机轰炸之后,百余名日本骑兵和数辆军车满载汽油悍然开进南开大学校园,将图书馆、教学楼、教师住宅及学生宿舍肆意焚烧,三分之二校园被毁,教学仪器和设备破坏殆尽。

消息传到了时在南京的张伯苓那里,蒋介石对他说:"南开业已为中国牺牲了。只要中国存在,南开也会存在。"此后不久,南开大学即收为国有。校长张伯苓就南开校园被炸事件发表讲话说:

> 敌人此次轰炸南开,被毁者为南开之物质,而南开之精神,将因此挫折而愈奋励。故本人对于此次南开物质上所遭受之损失,绝不挂怀,更当本创校一贯精神,而重为南开树立一新生命。本人惟有凭此种精神,绝不稍馁,深信于短期内,不难建立一新的规模。(张曼菱编撰:《照片里讲述的西南联大故事》,人民文学出版社,2003年,第15页)

然而,短期内重建一所学校谈何容易。倒是一个更大的教育联合体迅速地建立了。

是年10月,北京的北京大学、清华大学,和天津的南开大学,三校联合,组成西南联大,撤出京津,转移到大西南,先到湖南长沙(起名为"国立长沙临时大学"),后到云南的蒙自,然后再到昆明(正式更名为"国立西南联合大学",简称"西南联大"),在祖国西南的大后方,继续上课,继续办学。

当时师生一同上路,经历了离乱和劫难。陈寅恪、冯友兰、吴宓都有诗记载这次行动及当时的心情。兹抄录吴宓的《大劫》一首:

> 绮梦空时大劫临,西迁南渡共浮沉。
> 魂依京阙烟尘黯,愁对潇湘雾雨深。

西南联大从一开始就是中国教育史上的一个奇迹。它的校歌歌词是罗庸填写的一首《满江红》,语气坚定,至今仍然可以感觉到岳飞《满江红》的磅礴气势,更具有催国人奋进的力量。其中隐喻了将大树良材("桢干质")移植到荒僻的边土("绝徼"),为国家和民族寄托了努力复兴和未来建设的希望。

> 万里长征,辞却了五朝宫阙。
> 暂驻足衡山湘水,又成离别。
> 绝徼移栽桢干质,九州遍洒黎元血。
> 尽笳吹弦诵在山城,情弥切。
>
> 千秋耻,终当雪,中兴业,须人杰。
> 便"一成""三户",壮怀难折。
> 多难殷忧新国运,动心忍性希前哲。
> 待驱除仇寇复神京,还燕碣。
>
> (张清常:《忆联大的音乐活动——兼忆西南联大校歌的创作》,
> 载《联大岁月与边疆人文》,南开大学出版社,2004 年,第 181 页)

如前所述,"西南联大"的名称是到达昆明时才确定的。在此之前,师生们步行先到达湖南长沙,当时叫"长沙临时大学",实际上是设在南岳衡山。由于战争进展出乎意料地迅速,到 12 月 13 日,南京陷落,武汉震动,危及长沙,日机时来轰炸骚扰,南岳衡山也很快变为前线。"长沙临时大学"实际上只存在了三个月,就又继续迁移到大后方云南。

> 西山苍苍,滇水茫茫。
> 这已不是渤海太行,这已不是衡岳潇湘。
> 同学们,莫忘记失掉的家乡,莫辜负伟大的时代,莫耽误宝贵的辰光。
> 赶紧学习,赶紧准备,抗战建国都要我们担当,都要我们担当。
> 同学们,要利用宝贵的时光,要创造伟大的时代,要恢复失掉的家乡。
>
> (张清常:《忆联大的音乐活动——兼忆西南联大校歌的创作》,
> 载《联大岁月与边疆人文》,南开大学出版社,2004 年,第 181 页)

这是冯友兰先生的新体诗。实际上,这一歌词作为西南联大的校歌,不

仅有曲谱,而且还不止一个版本。不仅如此,冯友兰先生还强调了长沙临时大学十分重要的意义和留给人们的深刻印象:

> 我们在南岳的时间,不过三个月,但是我觉得,在这个短时期,中国的大学教育,有了最高的表现。那个文学院的学术空气,我敢说比三校的任何时期都浓厚。教授学生真是打成一片。有个北大同学说,在南岳一个月所学的,比在北京一个学期还多。(冯友兰:《回忆朱佩弦先生与闻一多先生》,载《文学杂志》第3卷第5期,1948年10月)

穆旦有一篇重要的文章,其中一段文字,记载了西南联大前身长沙临时大学的情况。

> 三校曾经在长沙复课,但到达长沙的学生和教职员总共不过七八百人而已,于是组成长沙临时大学,借用长沙之圣经学校,衡湘中学,四十九标营房等为校址,其工学院暂附于湖南大学中,文学院之一部则在南岳半山中。当时借读于长沙临大者很多,全国大学学生几乎都有,表面虽似混乱,而实皆为一种国难期间悲壮紧张空气所包围。学校于十一月间正式上课,不三月而学期结束。(穆旦:《抗战以来的西南联大》,原载《教育杂志》第31卷第1号,署名"查良铮",转引自《穆旦作品新编》,李怡编,人民文学出版社,2011年,第242页)

长沙临大到西南联大,中间经过了一次重要的长征。穆旦也记录了这一过程:

> 一九三八年二月中旬,长沙临大分两批离湘:一批海行者,经广州香港海防而抵滇;另有同学教授等约三百人,自湘经黔步行而抵昆明,凡三千三百里,费时六十八日。抵滇后,长沙临时大学易名西南联合大学,于同年五月,正式在滇上课。(穆旦:《抗战以来的西南联大》,原载《教育杂志》第31卷第1号,署名"查良铮",转引自《穆旦作品新编》,李怡编,人民文学出版社,2011年,第243页)

实际上,穆旦写上述文字时,"西南联大已经两年多了"。这一过程是追忆而写成的。

《吴宓日记》(第6册)(三联书店,1998年版)覆盖了1936年至1938年这三年之中的主要事件和个人经历,记载了由北京到长沙的一路艰辛。虽然是一些片段印象(下引出自该卷第239-269页),但也可见当时之实际情景,就史料价值而言,不可谓不珍贵:

十月二十七日,星期三,阴。

自昨夕到此,见企孙与他人接洽校务,所谈学校情形,业已明了。中夜即自决定南行。今晨告企孙,亦谓宜行。

十一月八日,星期一,晴。

晨9:00至清华同学会。在企孙处,领到校中所给旅费$140。又预支薪金$60。

十一月十日,星期三,晴。

贺麟、汤用彤等,以及地质调查所杨钟健、卞美年二君,亦同乘海口舟,但直往香港。等窓原登驳船No 3,不误。

十一月十二日,星期五,阴。

是日下午4-6,舟在威海卫停泊,窓等皆未登岸。窓偶亦出舱面,舱板上坐卧皆满。此种乘客中,北平各大学学生甚多,亦有相识者。

十一月十三日,星期六,晴。

到青岛后,得悉,前三四日,日军已轰炸济南,但胶济火车仍如常开行。

十一月十四日,星期日,晴。

下午6:00,抵济南。……

9:00津浦南行车到,即登车。车为木架式,甚坚硬而窄狭。且中国兵甚多。窓等挤聚一处,未能安寝。

十一月十六日,星期二,阴,小雨。

下午4:00再出,在近旁一小馆晚餐。5:30携随身行李,同至平汉车站候车。时小雨迷濛。车站月台上,人多如山,拥挤充塞,喧哗纷扰,盖皆难民及流氓,以及各路旅客。其情形甚可怖。

十一月十七日,星期三,阴,雨。

下午2:00,抵汉口大智门车站。雨不止。窓等投住江汉路之福昌旅馆,乘马车往。

十一月十八日,星期四,阴,小雨。
10:00渡江,至武昌,登黄鹤楼眺览。然楼已不存,奥略阁亦不能入内。

十一月十九日,星期五。
下午1:30抵长沙车站,下车,遇邵森棣迎候。……
到此始悉临时大学文学院现设于衡山(南岳)圣经学院。今日开学,并上课。故宓等尚须赴衡山云。

十二月一日,星期三,晴。
上午10:00,至黎宅,兼访陈寅恪夫妇(现寓黎宅楼上)。

十二月六日,星期一,晴。
自昨晚直候至今晨9:00过后,晴日煦烁,南行车方到。……
10:00车开,正午12:00过株洲后,乘客下车者多,而空袭亦不足忧矣。
天仍晴朗,下午约近4:00,抵衡山站。……入城已晚(6:00),觅旅馆,不得。(皆已住满。)卒于县署近旁之松柏旅馆(即董氏宗祠,又办一小学校)。得二室。宓与宁、博居其一,又一室则慈、婉与万卫芳(燕京借读女生,查良铮偕来此)。居之。(万终未与宓识面。)

这里的万卫芳,就是穆旦的女友,后来在途中分手了。

就这样,从北京到长沙后,不久,再从长沙到云南,又一次大的行动,举校搬迁,兵分三路,长途跋涉,抵达昆明。

1938年2月,长沙"临大"决定:师生分水陆三路正式迁滇,一路沿粤汉铁路经广州、香港,过安南(越南)进入云南;一路沿湘桂公路经桂林、柳州、南宁,过安南入云南;另一路组成"湘黔滇旅行团"(简称步行团)徒步横跨湘黔滇入昆明。(张曼菱编撰:《照片里讲述的西南联大故事》,人民文学出版社,2003年,第18-19页)

这一说法,和穆旦的上述说法不太吻合,而穆旦的说法似乎是更常见的说法——"兵分两路",即只有第一路和第三路的水陆两路。前者包括女生、教职员和部分身体较差的男生,水陆兼程,但比较方便且快速;后者由大部分师生共同组成步行队伍,艰难曲折,而一路风光无限。(第二条路线则有冯友兰、朱自清、陈岱孙等教授,坐汽车到达河内,再由滇越铁路进入昆明。不幸,冯友兰在车子通过凭祥隧道时探臂窗外而遭骨折。朱自清和陈岱孙只好在河内陪他养伤,直到冯友兰弟弟冯景兰赶来护理。)无论如何,第三路都是人数最多,影响最大的一路主力,是由年轻力壮的教师和男学生组成的步行军。据穆旦的同时代人著名诗人杜运燮回忆,作为主力军的步行团,其行军过程是这样的:

> 1938年2月底至4月底,由北大、清华、南开三个大学联合成立的长沙临时大学(即后来的西南联大)西迁,师生中有约300人主要靠步行,横越湘黔滇三省,全程3500里,历时68天,除乘舟车、休息、阻滞外,实际步行40天,行程2600里。这就是当时抗战后方一支著名的知识分子小"长征"。(杜运燮:《穆旦著译的背后》,载《一个民族已经起来——怀念诗人翻译家穆旦》,江苏人民出版社,1987年,第112页)

这是一次名副其实的文化长征——说它是一次知识分子的"小长征",说小了一点儿——假若把1934年到1935年间中国工农红军从南方到北方的战略大转移称作是一次成功的军事长征的话。在这次"文化长征"中,西南联大师生们也是身着军装,军容整齐,列队行进,那是从长沙出发时,时任湖南省主席的张治中将军发给联大师生们的。而进入云南境内的时候,云南省主席龙云亲自安排人开着汽车为师生们运送行李。而步行团的团长,则是由原东北军师长黄师岳中将来担任的。当黄团长在昆明圆通山下,将一本联大花名册郑重其事地交给梅贻琦常委的时候,就正式宣布了西南联大"文化长征"的完成。时在1938年4月28日。

可见这次长征,从组织和领导上,都带有某些军事化的性质。

1938年,正是抗战硝烟弥漫祖国大地之时,在湘、黔、滇三省的崇山峻岭和崎岖路上,正行进着一支两百多人的队伍。远远看去,他们似乎是一支军队,因为他们个个穿着一色的黄军装,戴着黄军帽,还绑着裹腿。但走近一看,却又不像军队,因为他们既没有背枪,也没有佩刀,每人只背了一把油纸伞。不少人还戴着眼镜,胸前别着钢笔,年轻而瘦削的脸上透着斯文和睿智。原来这是一支由于学校遭沦陷而被迫南迁的大学生队伍。此时,他们正迈着疲惫的步伐,从长沙徒步走向昆明。(刘重来、邹鸣鸣:《三千五百里采风记》,载《联大长征》,张寄谦编,新星出版社,2010年,第97-98页)

这正是穆旦所在的步行团。穆旦和其他成员一样,身着军装,头戴军帽,打着绑腿,脚上一双布鞋,腰里扎着皮带。每人一只水壶,一把雨伞,还有一件棉大衣,白天行军做成行李,晚上睡觉就是铺盖,很是方便。一开头,大军分为两队,前后相随,沿路边走,后来,大家觉得不习惯,不知是谁先打破了军纪,碍于法不压众,终于得到许可,于是有说有笑,自由组合,化整为零,到达目的地当然也就有早有晚了。

  行军是不分天晴和落雨的,除了在较大的城市,为了顾及同伴们考察,多停留一二天之外,哪怕是下着倾盆大雨,当集合的号音吹响之后,也只得撑开雨伞,让雨滴飘洒在衣服上出发了。穿着草鞋的两只赤脚浸在泥泞的污水里,怪难受的,而且雨天的草鞋下半天总会生出来一些难看的胡须,"乞叉、乞叉"地把泥水溅到绑腿上,成为一大块乌黑的斑点,有时甚至飞溅到裤腿上,这真使人觉得烦恼。(向长清:《横过湘黔滇的旅行》,载《联大长征》,张寄谦编,新星出版社,2010年,第23页)

但也不是时时都阴雨连绵,个个都垂头丧气。艰苦是艰苦,乐观的调子还是有的,至少有这样的诗句可以证明:

> 总共换上第几支草鞋了
> 沉着的行脚仍然
> 和云彩一样轻快
> 眼底是几重山水
> 无从问朝随烟霞
> 暮从归鸦
> ……
>
> (《艾山诗选》,澳门国际名家出版社,1994年,第62页)

实际上,这一支师生们组成的军队,不仅和数年前赤脚穿草鞋的红军的长征十分相似,而且和红军的长征部队在行军路线上也有一些局部的重合。

当年在临时大学读中文系二年级的向长清,在《横过湘黔滇的旅行》的后记里,有这样的讲述:

> 在晃县龙溪口,我们听到了很多红军长征行经此地与国民党军队英勇作战的故事。在娄山关,我们还凭眺了当年红军在此打败国民党军队的战场。经过长途跋涉,历时两月有余,我们终于到达了西南重镇昆明市。(向长清:《横过湘黔滇的旅行》,载《联大长征》,张寄谦编,新星出版社,2010年,第30页)

在文化上,西南联大更是一次名副其实的长征。师生们一面实行迁校运动,一面沿途考察民俗民情,收获确实不少。他们提出的口号是:"借以多习民情,考察风土,采集标本,锻炼体魄,务使迁移之举本身即是教育。"

既然是考察,又出自不同的专业和经历,就会有不同的见闻和见解。当年长沙临时大学土木系二年级学生杨式德(后赴美留学获哈佛博士,1949年回国后任清华土木工程系主任),在他的《湘黔滇旅行日记》里记录了一个工程技术人员的独特观察。下面引录的是其当年同学张一中为此书作的序言:

> 式德对事物之观察及描述不仅是事物易见之表面,而是以工程师之眼力深及内在结构运作之理。例如对湘西农人提取河水灌田所用转轮构造之分析及对利用水力磨木浆机构之研考,该机构变水轮旋动为木干往复直动,一反蒸汽开火车机理。又对黄果树瀑布之流量及流速作估计,以测其发电能力。更对公路建筑升降高山所用之"之字湾"加以考究,指示"之字湾"角度与车速关系。(转引自《联大长征》,张寄谦编,新星出版社2010年,第202-203页)

另一位见证人,不,是亲历者,则这样记述了当时的文化考察活动和师生之间的友谊。

> 闻一多先生是步行团领导组成员,也是民间歌谣采访组的指导。我是采访组负责人,经常利用与闻先生同行的机会汇报采访工作情况,也常看到穆旦与闻先生伴行。老诗人与青年诗人相遇自然是谈诗了。穆旦对闻先生很尊敬,虚心学习,闻先生也很器重穆旦。他的《现代诗钞》中就选取了穆旦十一首诗,足证这位老诗人很欣赏穆旦的才华和作

品。(刘兆吉:《穆旦其人其诗》,载《丰富和丰富的痛苦》,北京师范大学出版社,1992年,第186页)

记录这段文字的刘兆吉,当时是南开大学哲学教育系三年级学生,为了搜集民歌,更是深入苗寨土巷,走上山头田间,不顾语言的阻隔和旅途的劳累,有时甚至误了吃饭,忘了休息,白天奔波,晚上还要挑灯夜战。

然而,苍天不负有心人。当旅行团68天的旅行结束时,刘兆吉共采集到湘西、黔东、滇南各民族的民歌、民谣2000余首,后筛选七百余首汇编成《西南采风录》,由商务印书馆出版。刘兆吉采集到的这些诗歌,记录了当时湘黔滇地区民众的真实生活状态。这本蔚为大观的《西南采风录》曾被当时西南联大师生誉为"现代的诗三百"。(贾长华主编:《品味南开》,百花文艺出版社,2004年,第164页)

其中有这样一首民歌,关于人类的野性有最原始性和原生态的表述,受到了闻一多的赞扬:

吃菜要吃白菜头,跟哥要跟大贼头;
睡到半夜钢刀响,妹穿绫罗哥穿绸。

可是,年轻的刘兆吉还不太理解这样一首上山当土匪的诗歌,闻一多在《西南采风录》的序言里回答了他的问题。闻一多的观点和尼采的文明史观具有异曲同工之妙:

你说这是原始,是野蛮。对了,如今我们需要的正是它。我们文明得太久了,如今人家逼得我们没有路走,我们该拿出人性中最后最神圣的一张牌来,让我们那在人性的幽暗角落里蛰伏了数千年的兽性跳出来反噬他一口。……干脆是人家要我们的命,我们是豁出去了,是困兽犹斗。……还好,还好,四千年的文化,没有把我们都变成"白脸斯文人"!(转引自刘重来、邹鸣鸣:《三千五百里采风记》,《联大长征》,张寄谦编,新星出版社,2010年,第112页)

关于"困兽犹斗"的思想,使我们想到穆旦稍后的诗《野兽》,可以说是对先生的一个继承。或者说,是先生的思想,对后来年轻诗人的一种预表。

至于穆旦个人,在万里长征中更有一个了不起的行动。关于那近乎残酷的字典"消耗战",朋友们是这样回忆和记述的:

> 在这支队伍中,有一个原是清华大学外文系的学生,有个举动引起周围同学的特别注意:他每天从一本小英汉词典上撕下一页或几页,一边"行军",一边背单词及例句,到晚上,背熟了,也就把那词典的一部分丢掉。据说,到达目的地昆明时,那本词典也就所剩无几了。他就是穆旦,在学校里绝大多数同学只知道他叫查良铮。(杜运燮:《穆旦著译的背后》,载《一个民族已经起来——怀念诗人翻译家穆旦》,江苏人民出版社,1987年,第112页)

穆旦作为护校队成员,和同行的师生一道,不仅经历了文化洗礼和向社会学习的机会,而且养成了一个习惯,一个学习外文就背字典的习惯。数年以后,当他留学美国的时候,他就用这个背词典的老办法,学会了俄语,为他尔后成为英语俄语兼通的大翻译家打下了基础。

在那个如火如荼的战争年代,西南联大这个教育奇迹发生了。许多事件由此发生,许多人物由此诞生,许多诗篇由此萌生。青年诗人穆旦,也为这一奇迹的诞生历程写了两首诗,均以"三千里步行"作为副标题。一首是《出发》,一首是《原野上走路》,先后发表于1940年10月的《大公报·综合》(重庆版)上。

让我们摘录一些句子:

> 千里迢遥,春风吹拂,流过了一个城脚,
> 在桃李纷飞的城外,它摄了一个影:
> ……
>
> ……
> 一扬手,就这样走了,我们是年青的一群。
> ……
> 我们宿营地里住着广大的中国的人民,
> 在一个节日里,他们流着汗挣扎,繁殖!
>
> 　　　　《出发——三千里步行之一》

> 我们终于离开了渔网似的城市,

> 那以窒息的、干燥的、空虚的格子
> 不断地捞我们到绝望去的城市呵!
>
> ……
> 我们走在热爱的祖先走过的道路上,
> 多少年来都是一样的无际的原野,
> (噢! 蓝色的海,橙黄的海,棕赤的海……)
> ……
>
> 这不可测知的希望是多么固执而悠久,
> 中国的道路又是多么自由而辽远呵……
>
> 《原野上走路——三千里步行之二》

青年的热情姑且不论,这里有对自然的热爱、对城市的厌倦、对人民的关切、对责任的思索。在激情燃烧的时代,自然有激情燃烧的诗篇。

下面,有必要说一下蒙自分校的情况与诗歌活动。

师生们初到云南昆明,因为校舍不足,文学院和法学院暂时安排在云南的边陲小城蒙自,合称"西南联大蒙自分校",由郑天挺主持校务。这是一个颇有意思的地方。

蒙自是一个远离昆明的小镇,距离越南(法属安南)倒是不远,不少少数民族在此聚居。"两院"共同落脚的蒙自城外的海关大院旧址原是法国领馆和银行,再加上临街的希腊人歌胪士开的洋行(此时早已歇业),才解决了图书馆、教室及男教师和男生宿舍的问题。女同学则借住在当地一位士绅家里,美其名曰"听风楼"。这里不仅庭院深深,街景相邻,而且有南湖在旁,风景优美,在战争年代,确实是一个难得的僻静去处。

随着抗战局势的稳定,校中课业的进行也积极起来。课室中同学们都专心听讲了,实验室就是在暑期中也都从早到晚,而图书馆,则是永远挤满了人。学校各处的墙壁上都贴满了壁报,讨论着有关政治、经济、法律、历史、社会、时事等等问题,不下二三十种。而课外活动方面,举凡各种社会事业,如演剧、下乡宣传、响应寒衣募捐、防空救护等,西南联大都是热心活动的一分子。然而你会想到吗?这一切都是正为饥寒所迫的同学们做出来的!(穆旦:《抗战以来的西南联大》,原载《教育杂志》第31卷第1号,署名"查良铮",转引自《穆旦作品新编》,李怡编,人民文学出版社,2011年,第244-245页)

在这里,穆旦不仅写下了《我看》和《园》,还曾饱含深情地朗诵过惠特曼的名诗《当紫丁香最近在庭院开放》,寄托了他对战争与死亡的理解:

> 此刻我坐在白天眺望,
> 在黄昏的霞光里,在春天的田野里,农人们在准备耕作,
> 在我巨大沉睡的陆地上,湖泊成群,森林绵延,
> 在天空的绝美之中,(在狂风暴雨过后,)
> 在匆匆过往的午后的苍穹之下,传来妇女和儿童的声音,
> 在汹涌的海潮中,我看船舶怎样航行,
> 丰裕的夏天来临,田地里到处是繁忙劳作,
> 无数分散的房舍,家家在忙着做饭和日常琐事,
> 大街的脉搏跳动,城市窒息了——看,就在那时那里,
> 阴霾出现了,拖着长长的黑色尾巴,
> 降临在他们所有人之上,弥漫于所有人之中,包裹了我和他们,
> 我认识了死亡,它的思想,和关于死亡的神圣知识。

(惠特曼:《当紫丁香最近在庭院开放》)

而著名学者陈寅恪,更是触景生情,将蒙自对比古都北京的景色,怀着对历史的深沉思索,将蒙自南湖的当下境遇和中华民族的长久命运相联系,发出了"南渡"与"北归"的感叹:

蒙自南湖

> 景物居然似旧京,荷花海子忆升平。
> 桥边鬓影还明灭,楼外笙歌杂醉醒。
> 南渡自应思往事,北归端恐待来生。
> 黄河难塞黄金尽,日暮人间几万程。

当时主持"两院"事务的郑天挺教授曾写有《滇行记》,里面回忆了他和陈寅恪先生的交往,以及在蒙自时的一些活动,使人倍感亲切。

寅恪先生系中外著名学者,长我9岁,是我们的师长。其父陈三立

先生与先父相识。此前数年三立先生尚为我书写"史宦"之横幅,我郑重挂于屋中。抗战不久,因北平沦陷,先生乃忧愤绝食而死,终年85岁。寅恪先生到蒙自稍晚,未带家属,经常和我们一起散步,有时至军山,有时在住地附近。当时他身体尚好,我们一起去过蒙自中学参观图书。临离开蒙自时,即7月23日,大家曾去该地之黑龙潭游玩,往返15里,历时数小时。(郑天挺:《滇行记》,载《联大岁月与边疆人文》,南开大学校史研究室编,南开大学出版社,2004年,第22页)

历史有时有惊人的灵验。谁知多少年后,当祖国的大好河山都已归于人民的时候,陈寅恪,这位洞悉历史命运的文化巨人,却始终没有北归。无论是否由于"催归北客心终怯",还是由于"南渡饱看新世局",他毕竟没有北归。这可谓是终生的遗憾了。

战时的学术、教学和研究,也有自己的特点,除了基础和训练以外,在科研的题目上则直接针对当时战争现实所引发的课题进行研究。教授清史和目录学史的郑天挺教授讲了自己的研究情况:

> 从1938年起,我在联大即讲授清史研究、中国目录学史等课程。当时年轻的学生激于爱国热情,都要更多地了解中国的近世史,尤其瞩目明清时期,每次选修该课的多达一百数十人,情况前所未见。清代的满洲发祥于我国的东北,而此时东北早已沦陷,且建立伪满洲国。为了针对日本帝国主义侵占我国东三省制造的"满洲独立论"等谬说,我在这一时期先后写出了《清代皇室之氏族与血系》(1943)、《满洲入关前后几种礼俗的变迁》(1942)等论文。以后我又写出十余篇清史方面的论文,合为一集,名《清史探微》,于1946年初在重庆出版。(郑天挺:《南迁岁月——我在联大的八年》,载《联大岁月与边疆人文》,南开大学校史研究室编,南开大学出版社,2004年,第10页)

同时,诗歌的事业仍然在活跃地继续。其中一件重要的事情,莫过于组织诗社了。

> 到蒙自之后,我们便积极筹建蓄志已久的诗社。因校舍面对蒙自南湖,便取名为"南湖诗社"。由"南湖诗社"创办的刊物定名为《南湖诗刊》。除邀请原来已同意当指导的闻一多先生外,又邀请了朱自清先生

为指导。随后我和向长清分头发展诗社社员。我首先征求穆旦的意见,他不只同意,而且热情地和我握手,脸笑得那么甜,眼睛睁得那么亮,至今我记忆犹新。(刘兆吉:《穆旦其人其诗》,载《丰富和丰富的痛苦》,北京师范大学出版社,1992年,第186页)

谁能想得到,半个世纪以后,经历了风风雨雨的人们企图恢复他们学子时代的业绩南湖诗社,当那位"名誉社长"满怀希望地寻找当年穆旦那张可爱的笑脸时,得到的竟然是穆旦夫人寄赠的一本诗人逝世十周年纪念文集《一个民族已经起来——怀念诗人翻译家穆旦》。

联大文、法学院于1938年5月4日开学,6日上课,到6月中旬就传闻有迁校之说:由于战争形势的急剧变化,原在柳州的空军学校要进驻蒙自,在这里建造机场,保卫滇缅公路。这时,西南联大在昆明也已建造了新宿舍,学校便提前考试,从8月1日起就开始放假,文、法两院的师生,在8月底暑假期间迁到昆明。这是他们继从北平迁到南岳,又从南岳迁到蒙自之后的第三次大搬家。(陈伯良:《穆旦传》,世界知识出版社,2006年,第51页)

这一次大搬家,奠定了西南联大的最后基地,直到1946年5月4日,西南联大完成了自己的历史使命,举行了最后一届结业典礼。

考究起来,西南联大之所以是中国现代教育史上的一个奇迹,原因乃是多方面的。三校的领导都是著名教育家,应当说是一个关键性的因素。由此组成的西南联大的常务委员会,应当说是史无前例的。

1938年9月,蒙自分校的师生又迁回昆明。这里西南联大已正式成立。学校没有校长,由三校校长蒋梦麟、张伯苓、梅贻琦任常委,采取常委共同负责制。但张伯苓一直留在重庆;蒋梦麟亦不常在校,对一些事也不大管;学校一般事情多由梅贻琦处理,他是西南联大的常委会主席。(郑天挺:《南迁岁月——我在联大的八年》,载《联大岁月与边疆人文》,南开大学校史研究室编,南开大学出版社,2004年,第9页)

教育家当家和优秀的教师队伍,显然具有居于首位的重要性。

让我们列出一个单子,看一下西南联大的院级领导班子,以及主要的教

授(其中许多名字至今还可以读到):

院级领导:
  训导长 查良钊   总务长 沈屦   教务长 潘光旦
  理学院院长 吴有训 叶企孙   文学院院长 冯友兰
  工学院院长 施嘉炀   法商学院院长 陈序经
  经济学院院长 陈岱孙

主要教授:
  文科:罗常培 陈寅恪 朱自清 吴晗 吴宓 闻一多 贺麟
     金岳霖 芮沐
  理科:吴大猷 华罗庚 江泽涵 王竹溪 赵忠尧 李继侗 杨石先
     曾昭抡 陈省身 周培源 赵九章

说到教授们,当时有好事者写了一首打油诗,拿教授们的名字连缀成一首有意义的七言诗。这里抄录如下,一者可见当时文人之间的和睦气氛,二来也可欣赏中国文人的雅趣奇志和文字技巧:

  冯友雅趣竟如何(冯友兰),闻一由来未见多(闻一多);
  性缓佩弦犹可急(朱自清),愿公超上莫蹉跎(叶公超);
  鼎沈泗水是耶非(沈有鼎),秉璧犹能完璧归(郑秉璧);
  养士三年江上清(浦江清),无忌何时破赵国(柳无忌);
  从容先着祖生鞭(容肇祖),未达元希扫房烟(吴达元);
  晓梦醒来身在楚(孙晓梦),皑岚依旧听鸣泉(罗皑岚);
  久旱苍生望岳霖(金岳霖),谁能济世与寿民(刘寿民);
  汉家重见王业治(杨业治),堂前燕子亦卜荪(燕卜荪);
  卜得先甲与先庚(周先庚),大家有喜报俊升(吴俊升);
  功有朝廷光史册(罗廷光),停云千古留大名(停云楼)。

这首诗的背景是1937年11月西南联大由长沙迁至南岳,文学院设在南岳圣经书院分院,当时吴俊升任文学院院长,叶公超任西洋文学系主任。大家同住在山上的停云楼。容肇祖教授苦中作乐,写了这首诗,将停云楼居住的教授们的名字(甚至包括了外籍教师燕卜荪)连缀成句,表达了复兴国运的深远思想。

名师出高徒。有一流的教授,就有一流的学生。在西南联大的学生中,单就诗歌领域而言,已经有两位小有诗名,后来在外国文学和翻译领域成就斐然。张怀瑾先生回忆说:

  有两位学长在西南联大学生时代,即初有诗名。一位是南开大学外国文学系查良铮先生,笔名穆旦,又是五十年代初最早翻译前苏联莫斯科大学季莫菲耶夫《文学原理》的译者。一位是南京大学中国文学系教授赵瑞蕻先生,在联大外文系求学期间,也是勤于学习,工于写诗,是外国文学名著《红与黑》最早的译者,两人并称青年诗人。(张怀瑾:《联大岁月拾零》,载《联大岁月与边疆人文》,南开大学校史研究室编,南开大学出版社,2004年,第236页)

与和平的安宁的教育常常是虚荣而又"多产"的时期相比,首要的一点形成强烈反差的,就是战争中的联大人具有健康乐观幽默进取的精神,虽然物质的条件实在是太过差了。战争状态下的西南联大,校舍的简陋,物质的贫困,图书的缺乏,都是不难想象的。一个突出的例子,就是西南联大的校舍极为简陋。地面泥土,满是泥坑。窗户没有玻璃,风雨扫将过来,桌上书本一片狼藉,非用重物镇压不可,否则鸡飞狗走。那些用马口铁做成的教室屋顶(至今有一间还保留在云南师范大学的校园里),平时冷热倒也罢了,每逢天公不作美,下起大雨来,雨点敲打在铁皮上,发出叮叮当当的响声,教学过程就无法进行了。有一次,一位教授干脆高声宣布:"现在停课赏雨!"

联大的图书馆不仅简陋,而且座位太少,去的晚了根本就找不到座位阅览读书了。师生们于是就近利用方便条件,走上街头,比如凤翥街、青云街、珠玑街,进入一家茶馆,要一杯茶,找一个座,拿出书来,就埋头读下去。李政道回忆说:老板娘给你放上水,再在炉子上坐上茶,就悄然离去,不打扰你看书。一坐就是一天,也没有人赶你走。杨振宁回忆说,有时候,他们教师们先泡茶馆,读书聊天,余兴未尽,再回宿舍继续讨论,甚至躺到床上,还要起身点烛翻书印证,方才罢休。这就是西南联大的学习条件,这就是西南联大的治学风气。

为了了解当时教授们的生活,让我们从冯文潜教授(南开大学历史、哲学系主任)的日记中,摘取1944年(他当时49岁)的一天,看一看他丰富而有趣的生活,品味一下那时的教授广泛的兴趣和广博的学识。

  一月四日 星期二 七时许起床,早点后,八时哲史课,路遇莘田,同去北区。课后去哲学系办公室,九时半返寓,休息,看报及 American Digest 二十七期。伯蕃稍坐即去。午饭,书房翻阅《容斋随笔》。扶去云逵处。五时前外出购得清道人临礼器、曹全碑各八十元。晚饭前后翻阅《艺舟》及《广艺舟》双楫(午后看诸生笔记)。看西洋上古哲史选读。十一时就寝。(冯文潜:《联大八年(1938~1945)》,载《联大岁月与边疆人文》,南开大学校史研究室编,南开大学出版社,2004年,第140页)

在极为艰苦的物质生活条件下,全校师生团结一致,克服困难,乐观向前。著名核物理学家赵忠尧,生活无计,竟然要在昆明乡下制造肥皂来维持;著名文学家朱自清,无棉衣御寒,竟然身披赶马人的毛毡,走过街市去上课;为了生计和抗战,校长梅贻琦的妻子身着蓝布裙子,提篮卖糕,不愿人说她是校长的妻子;语言学家王力的妻子为美军刺绣,为大户人家打毛衣,以补家用;江泽涵教授的妻子摆地摊支持丈夫搞科研和教学。

为了解决大批贫困学生的生活问题,也为了支援地方的教育发展,西南联大与当地社会力量联合开设中学、小学,许多学生到校外兼课,担任家庭教师,或者到外县教书。真可以说是"八仙过海,各显其能"。

联大同学在外面兼差的,据不完全统计,在二分之一以上。(他们进入社会的各个阶层,担任起形形色色的职务,其中最普遍的是中学教员和家庭教师。)其他像报馆跑外勤的,商店当师爷的,电台播音的,在电影院里当广告员或是翻译说明的,作电灯匠的,作小本经营的,机关里当科长、秘书的,作邮务员的,甚至于从前昆明鸣午炮的……莫不有联大的同学。(张曼菱编撰:《照片里讲述的西南联大故事》,人民文学出版社,2003年,第64页)

事实上,西南联大的师生们的到来,他们的言行举止,学者风范,深深地影响了昆明市民的生活习惯。大户人家的太太小姐收起了绫罗绸缎,换上了蓝布衣衫;老板伙计上了门板争先去听南大教授的讲演。每逢下雨,斗笠替代了雨伞;移风易俗,妇女缠足之风立断。

谈到西南联大当年的景况和学习热情,王佐良先生如是说:

联大的屋顶是低的,学者们的外表褴褛,有些人形同流民,然而却一直有着那点对于心智上事物的兴奋。在战争的初期,图书馆比后来的更小,然而仅有的几本书,尤其是从外国刚运来的珍宝似的新书,是用着一种无礼貌的饥饿吞下了的。这些书现在大概还躺在昆明师范学院的书架上吧:最后,纸边都卷如狗耳,到处都皱叠了,而且往往失去了封面。(王佐良:《一个中国诗人》,载《蛇的诱惑》,曹元勇编,珠海出版社,1997年,第2页)

另一个重要的因素是容人,而不一定只是网罗人才。试想一想,在整个华北容不下一张书桌的时候,抗战的后方大西南的一隅昆明,却容纳了当时中国几乎最优秀的文化精英和著名学者:一生和政治结下不解之缘的哲学家冯友兰、在破庙里写了《国史大纲》的史学家钱穆、孤独而热情的中国比较文学的奠基者吴宓、"何妨一下楼"型学者兼诗人闻一多,以及当时已经诗名大盛晚年独领风骚的现代派诗人卞之琳,等等。这些人,有着非常大的各个方面的差异,甚至可以说,正是因为这些特立独行的个性品质,他们终于成为卓有成就的栋梁之材。

还有,教授们之间相互请益,共同探讨学问追求真理的精神,更是感人至深。郑天挺教授终身记得他曾写了一篇文章,然后向诸教授请教,获益匪浅的事迹。

记得当时我读《新唐书·吐蕃传》,疑发羌即西藏土名 Bod 对音,于是参阅诸书草成一文名《发羌释》。写完后随即就正于陈寅恪、罗常培、陈雪屏、魏建功、姚从吾、邵循正、邱大年诸公。罗将文章题目改为《发羌之地望与对音》,并补充一些材料;邵又据波斯文正以译文;陈寅恪又为订正对音及佛经名称多处,并对文中意见表示赞许。这对战时只身飘零在外的我来说,真是一种极大的鼓舞和安慰,是平时极难得到的一种相互学习的机会。(郑天挺:《南迁岁月——我在联大的八年》,载《联大岁月与边疆人文》,南开大学校史研究室编,南开大学出版社,2004年,第8页)

就是这样,在云南乡村的油灯下,哲学史家冯友兰完成了他的巨著《贞元六书》;在昆明郊区的村舍里,潘光旦写出了《优生原理》,编译了霭理士的《性心理学》;在跑空袭警报的人群中,成长起来二十年后在爆炸原子弹命令书上签字的邓稼先;在躲避敌机轰炸时背诵陆游诗句"铁马冰河入梦来"的杨振宁,后来荣获诺贝尔物理学奖。而这些成就的取得,多半得益于西南联大的自由风气和学术自由。

当然,有了有独特研究的高水平的教授,就能开出有独到见解的高水平的课程。时任西南联大数学教授、晚年返回南开大学定居的数学大师陈省身先生在《联大六年(1937～1943)》一文中,记述了他和华罗庚等当年开设的数学课程:

> 联大数学系主任先后由江泽涵、杨武之先生担任。三校联合,教员不缺,所以我有机会开高深的课,如"李群"、"圆球几何学"、"外微分方程"等。我也曾同华罗庚先生、王竹溪先生合开"李群"讨论班。李群的理论后来在数学和物理方面都有重大的发展和应用,我们总算在早期便有相当认识。(陈省身:《联大六年(1937～1943)》,载《联大岁月与边疆人文》,南开大学校史研究室编,南开大学出版社,2004年,第175页)

在文科方面,联大的课程比较广泛,选课也有较大的自由。以文学专业为例:

> 在课程上,有的同学选读柳无忌教的英国文学史,罗皑岚教的西洋小说或罗庸教的唐诗,穆旦则上了吴宓教的欧洲文学史(每周西洋文学史和欧洲名著选读各三小时,欧洲古代文学两小时),叶公超教的大二英文课,还旁听了冯友兰教的中国哲学。至于燕卜荪先生所开的两门课,莎士比亚和英国诗,则不仅是穆旦,几乎所有外文系的同学都听了,而且得益匪浅。(陈伯良:《穆旦传》,浙江人民出版社,2004年,第22页)

说起联大的上课,谁也忘不了吴宓月下讲文学与人生的精彩场面:1940年10月13日,一个最不吉利的日子,23架(据冯文潜日记为27架,11时许二次紧急警报后)日军飞机飞临昆明上空,以云南大学和西南联大为重点,进行狂轰滥炸。《吴宓日记》记曰:"……投弹百余枚。雾烟大起,火光迸烁,响震山谷。较上两次惨重多多。"第二天,但"见房屋毁,瓦土堆积。难民露宿,或掘寻什物"。联大校内,"门窗破倾,瓦砾尘土堆积","众人惶惶无所归宿"。

第三夜,吴宓趁月色开堂讲授《文学与人生》。大图书馆外,月下团坐从容,二三子,大师说古论今。他讲授的是希腊哲人柏拉图的思想,其师苏格拉底,遭奸人陷害,而能辩护自如,视死如归,饮鸩而亡。今之雨僧先生就近取譬,如"由警报而讲述世界四大宗教哲学对于生死问题之训示",是以高超之文化态度,笑对人生苦难,乃博雅之士,君子之风,行于水上。

校歌云,"尽笳吹弦诵在春城",或可言曰:"我中华民族血脉永续,文明不绝之谓也。"

> 惜秦皇汉武,略输文采;唐宗宋祖,稍逊风骚。
> 一代天骄,成吉思汗,只识弯弓射大雕。
> 俱往矣,数风流人物,还看今朝。

1944年的一天下午,联大中文系学生张怀瑾在云南大学校门围墙外的靛花巷通往联大教工宿舍的路上,才入巷中,见右侧锅炉房的墙壁上,黑烟熏处,墙皮脱落,但有一块干净墙面,上书有一首《沁园春》。"不知是谁所作,使我大为惊讶!"

> 我驻足良久,反复看了几遍,想把他背下来,当时即已认定,在豪放词一派,足与东坡词"大江东去"和武穆词"怒发冲冠"相比肩,不类明、清词。我回校以后,反复记诵,颇觉神往,恐记忆有误,次日下午,带着纸笔,前往抄录一份带回保存。事过十年,五十年代中期,《毛泽东诗词》发表,我才知道这是毛泽东词,使我大为感奋!然而是谁写在一间陋室的墙壁上,字体毛笔行草,稍显倾斜,笔力雄浑,颇见功力,克服了墙壁书写的不便因素,我至今不知是谁所书。(张怀瑾:《联大岁月拾零》,载《联大岁月与边疆人文》,南开大学校史研究室编,南开大学出版社,2004年,第238-239页)

穆旦就是在这样的文化和文学氛围里,接受他所喜欢的诗歌教育和训练的。除了上午上课学习以外,多少个下午,他们穿着破旧的服装,喝着极普通的茶水,有时甚至混迹在农民和小商贩的嘈杂声中,一面谈论着旧诗的缺点和传统、新诗的模型和细节,一面观察着真实的中国的社会和生活。一方面,穆旦和一批青年学子一起,受到当时正在兴起的中国新诗的影响。这些新诗既是五四以来新诗传统的一部分,也是前辈诗人戴望舒、艾青、冯至等人积极探索的结果。另一方面,他们也受到西方现代派诗人里尔克、叶芝、艾略特等人的影响,而这些诗人则是浪漫派的叛逆者,其中就包括当时正在那里执教的英国现代派诗人燕卜荪的直接影响。

燕卜荪是位奇才:有数学头脑的现代诗人,锐利的批评家,英国大学的最好产物,然而没有学院气。讲课不是他的长处:他不是演说家,也不是演员,羞涩得不敢正眼看学生,只是一个劲儿往黑板上写——据说他教过的日本学生就是要他把什么话都写出来。但是他的那门《当代英诗》课,内容充实,选材新颖,从霍甫金斯一直讲到奥登,前者是以"跳跃节奏"出名的宗教诗人,后者刚刚写了充满斗争激情的《西班牙,1937》。所选的诗人中,有不少是燕卜荪的同辈诗友,因此他的讲解也非一般学院派的一套,而是书上找不到的内情、实况,加上他对于语言的精细分析。(王佐良:《穆旦:由来与归宿》,载《一个民族已经起来——怀念诗人翻译家穆旦》,江苏人民出版社,1987年,第1-2页)

燕卜荪确实是难得的诗人。早在1930年,他就出版了《歧义七型》,其后还有《复杂语辞的结构》以及莎士比亚和弥尔顿研究等作品,又被视为现代英国文学批评的奠基人之一。他于1937年来到中国,正值中国抗战。他先在北京大学任教,后并入西南联大,一路转折颠沛,只有一架打字机做伴,书籍奇缺,他就凭借记忆背诵诗篇,讲授英语诗歌。1939年秋他取道美国,第二年1月返回英国。又于1947年重回北京大学讲学,至1953年。直到1983年,历尽苦难的巫宁坤在英国访学,还探视过燕卜荪。

按照王佐良先生的说法,与燕卜荪的晦涩诗风相比,当时的学生更加喜欢接受奥登的影响。因为奥登是艾略特之后最重要的英国诗人,他的诗歌比较容易理解和接受。事实上,不仅如此,奥登思想更为激进,1937年赴西班牙支持其反法西斯战争,发表长诗《西班牙》,1938年来中国,写过战时中国的十四行诗《战争时期》。不过,当时中国的青年诗人,基本上仍然属于英美浪漫派的崇拜者,其中有些正在由浪漫派向现代派过度。在这一方面,穆旦可以说是一个典型。另外,当时在北京任教的还有瑞恰兹,在清华大学出版了《科学与诗》一书,颇有影响。

在由浪漫派向现代派转变的过程中,穆旦一方面通过课堂教学直接受到西方现代派诗歌的影响,思考现代派文学的社会基础和基本主张是否合理,一方面研究当时国内著名诗人的创作情况,在文学批评中提出自己的诗歌观点,同时也在理论探索的基础上,摸索自己的诗歌创作道路。

在穆旦为数甚少的文艺批评方面,一个值得注意的现象,就是在1940年3月和4月的《大公报·综合(香港版)》上,穆旦连续发表了两篇诗歌批评的文章。一篇是《〈他死在第二次〉》,一篇是《〈慰劳信集〉——从〈鱼目集〉说起》;前者是关于艾青的,后者是关于卞之琳的。

《他死在第二次》是艾青的一首诗,穆旦以此为核心和题目,撰文肯定了艾青的诗歌创作道路,文章有三点值得注意:

1.在歌颂祖国的意义上，穆旦把艾青的诗和惠特曼的相比较，认为艾青的进步性和深沉感优于惠特曼的盲目乐观和自足的心态。在艾青的诗歌中，年轻的批评家说："这里，我们可以窥见那是怎样一种博大深厚的感情，怎样一颗火热的心在消溶着牺牲和痛苦的经验，而维系着诗人的向上的力量。"

2.他肯定了诗人艾青写作中的土地情结，认为这是"中国的"和"本土上的"风格。他说："作为一个土地的爱好者，诗人艾青所着意的，全是茁生于我们本土上的一切呻吟，痛苦，斗争和希望。他的笔触范围很大，然而在他的任何一种生活的刻画里，我们都可以嗅到同一'土地的气息'。"

3.最后，在语言上，在诗意的表述方式上，穆旦赞成"新鲜而单纯"的"朴素的口语"和"诗的散文美"。他认定了一条现代的创作道路："因为我们终于在枯涩呆板的标语口号和贫血的堆砌的辞藻当中，看到了第三条路创试的成功，而这是此后新诗唯一可以凭借的路子。"

在第二篇评论中，穆旦在肯定卞之琳引进西方现代诗歌技巧的同时，直言不讳地批评了卞之琳诗歌《慰劳信集》中缺乏"新的抒情"成分的缺陷。他在认清西方文明及其文学衰落的真相以后，结合中国自己的国情和需要，围绕所谓的"新的抒情"概念，复以艾青的诗歌创作为例，提出了一系列的诗歌美学主张：

1.在穆旦那里，"新的抒情"，并非是"旧的抒情"的截然对立的概念（后者指"自然风景加牧歌情绪"），但他要求"关心或从事着斗争"，"为了表现社会或个人在历史一定发展下普遍地朝着光明面的转进，为了诗和这时代成为一个感情的大谐和，我们需要'新的抒情'"。

2."新的抒情"，不应拘泥于"几个意象的范围，而是诗人生活所给的范围"，他"可以应用任何他所熟悉的事物，田野，码头，机器，或者花草"构成意象（也可以写景，但景色要"化进战士的生活背景里"），关键是这些意象要使人能"感觉出情绪和意象的健美的糅合"，能"充分地表现出了战斗的中国"。

3."新的抒情"要求理性，要求诗人"有理性地鼓舞人们去争取那个光明的一种东西"。"因为在我们今日的诗坛上，有过多的热情的诗行，在理智深处没有任何基点，似乎只出于作者一时的歇斯底里，不但不能够在读者中间引起共鸣来，反而会使一般人觉得，诗人对事物的反映毕竟是和他们相左的。"

毫无疑问，穆旦的上述主张，作为理论准备，为他的诗歌创作奠定了基础，确定了方向，而他在创作实践上的进步，特别是个人风格的形成，虽然这时已见端倪，但仍然有待于几年的创作实践才臻于成熟。赵毅衡先生认为，发表于两年后的穆旦的代表作《诗八首》，是穆旦个人风格和中国现代诗成熟的一个标志。

　　1942年,24岁的穆旦写出情诗组《诗八首》,出现了特有的穆旦风格,中国又有了一个成熟的现代诗人。中国现代情诗,从汪静之康白情到徐志摩何其芳,一向是很浪漫的。到穆旦才真正变成"非个人化"的现代诗。(赵毅衡:《穆旦:下过地狱的诗人》,载《作家》,2003年第4期,第23页)

"非个人化"作为一种诗歌主张,自有其深刻的道理,然而,诗人的个人经历,却不可能不在他的创作中留下痕迹。换言之,诗人的个人情感生活,也不能不在他的诗歌语言中有所流露。穆旦与恋人(万卫芳)的分手,就是在联大行进途中的一个插曲。

　　"穆旦,家里……叫我回去。"
　　"怎么?有什么事吗?"穆旦着急地问。
　　"家里来电报说,母亲病重。"望着天边飘浮的白云,她低声说:"要我马上回去。"
　　"会不会另有原因呢?"穆旦注视着姑娘的脸,"再想想,呵。"
　　"我也舍不得你,可……,也扭不过家里呀。"她转过身去,盯着自己的脚尖。
　　"那,好自为之吧!"穆旦合上了书,起身丢在路旁石头上。
　　"你……"哽咽的她,眼里噙着泪水。

不远处,那渐渐聚浓的夜色中,一场别开生面的汉苗联欢晚会正在热闹处。

　　吹芦笙,男女相随,载歌载舞,是苗民的大礼,每年春秋祭祀必行之。或当清风明月之夜,柳荫婍娓,陌上草香,青年男女,相集场上,踏月相欢,芦笙吹出幽悦动人的声来。正是:"晓妆斜插木梳新,斑驳花衣紧贴身,吹动芦笙铃响处,陌头踏月畅怀春。"
　　舞毕继之歌唱。音调忧郁,尾音高而长。至傍晚尽欢而散。(钱能欣:《西南三千五百里——从长沙到昆明》,载《联大长征》,新星出版社,张寄谦编,2010年,第62页)

女子回去了,再也没有回来。

她和燕京大学的一位同学结了婚。原来她一直有婚约在先。

穆旦听说此事,他的心绪烦躁到了极点。他第一次尝到了受骗的滋味。诗人的自尊心受到了伤害。爱的纽带斩断了。

你底眼睛看见这一场火灾,
你看不见我,虽然我为你点燃;
唉,那燃烧着的不过是成熟的年代,
你底,我底。我们相隔如重山!

《诗八首》

失恋使智慧成熟,却使单纯减少,生活的经验累积起来,作为反嚼的材料。

几年以后,同样在美国留学的穆旦,知道了她的婚姻的不幸,但他们没有再见面。

然而,穆旦的诗,有更多抽象与概括的哲理,虽然他的情感激烈而观察锐利。

不难想象,穆旦的诗歌理论与创作实践,正是西南联大的学术氛围与教育传统的一种反映。不仅如此,他还是当时诗歌活动的积极分子,直接参与和影响了学校的诗歌和文学活动。关于西南联大的学风与学术氛围,以及当时师生们的诗歌活动情况,著名诗人和诗论家袁可嘉先生有一段描写,可谓具体而翔实:

> 联大校园内的空气是活跃而自由的。青年诗人们既读卞之琳的《十年诗草》和冯至的《十四行集》,也看意象派诗选和奥登的《战场行》。他们有的参加诗社,也办壁报,不少新作在当地的《文聚》杂志以及桂林的《明日文艺》、香港《大公报·副刊》等报刊上发表。闻一多先生在《现代诗钞》中收了他们的作品,更是对他们的极大鼓舞。(袁可嘉:《诗人穆旦的位置》,载《一个民族已经起来——怀念诗人翻译家穆旦》,江苏人民出版社,1987年,第16页)

这里要重点介绍一下文聚社,这个十分重要的文学社团,以及《文聚》杂志这份重要的文学刊物。

1942年初,西南联大文聚社创办,主持人是林元。在此之前,早于1938年就成立了联大地下党领导的外围群众团体"群社",产生了很大的影响。但到了1941年皖南事变，群社被迫停止活动，此后群社一些成员，再加上冬青社的成员，就参加了文聚社的活动，并构成了文聚社成员的大多数。《文聚》刊物的创办，是在1942年2月16日，以西南联大文聚社的名义出版的，而在1941年底，随着皖南事变随后的白色恐怖的逐渐缓和，联大的学生，包括杜运燮、汪曾祺，以及地下党员王铁臣等人就商量着创办文艺刊物。当时已经留校任助教的穆旦，从学生时代起就参加冬青社、南荒社等进步学生文艺社团的活动。此时，他"不但自己积极写稿支持，还出主意和帮助组织稿件"。文聚社在众多著名教授作家诗人——包括朱自清、冯至、金克木、赵萝蕤、袁水拍、方敬、杨刚等人——的支持下，共出版了《文聚丛书》10种，发挥了积极的作用。穆旦的第一部诗集《探险队》就是作为该丛书之一，于1945年1月出版的。

而穆旦发表于《文聚》上的诗歌，则可以列表如下：

作品篇名	卷号期号
赞美	1,1
春底降临	1,2
诗八首	1,3
诗三章	1,5-6
合唱	2,2
线上	2,3

当然，以上这些，只是穆旦这一时期所发表诗作的一小部分，还有不少诗作先后发表在香港、重庆、桂林出版的《大公报》，以及《青年文艺》等进步刊物上。据林元同志回忆说，穆旦的诗作一发表，就"如宝石出土，便放出耀眼光辉，当时就受到不少读者赞美"。

显然，这一时期是穆旦创作的开端期和繁盛期，因为穆旦的诗，一开始就来势凶猛，质的起点高，产量也很可观。但是我们无法——顾及，只能通过两首诗，重点说明他这一时期的诗歌主题。一首是大约作于1937年的《野兽》，另一首是发表于1940年的《还原作用》。前者是与抗战直接有关的一首诗，也可以说是诗人的成名之作；后者，据诗人自己说，则是他脱离浪漫派写作手法"仿外国现代派写成的"的第一首现代派诗作。

关于第二首诗，即《还原作用》的创作意图，穆旦后来曾有过这样的回忆和说明：

在三十多年以前，我写过一首小诗，表现旧社会中，青年人如陷入泥坑中的猪（而又自认为天鹅），必须忍住厌恶之感来谋生话,处处忍耐,把自己的理想都磨完了,由幻想是花园变为一片荒原。（查良铮：《致郭保卫的信》（四），载《蛇的诱惑》,曹元勇编,珠海出版社,1997年,第228页）

然后,再来看穆旦笔下的《野兽》,已具有了一些象征派的诗风：

> 黑夜里叫出了野性的呼喊,
> 是谁,谁噬咬它受了创伤？
> 在坚实的肉里那些深深的
> 血的沟渠,血的沟渠灌溉了
> 翻白的花,在青铜样的皮上！
> 是多大的奇迹,从紫色的血泊中
> 它抖身,它站立,它跃起,
> 风在鞭挞它痛楚的喘息。
>
> 《野兽》

一声号叫,叫出了一个时代的诞生。在那种战争的惨烈的岁月,是谁？谁用了如此惨烈的词语,来塑造自己祖国的形象,于苦难中,于挣扎中,于喘息中？看,中华民族在血泊中呻吟,挣扎,像一头发疯的野兽。

> 在黑暗中,随着一声凄厉的号叫,
> 它是以如星的锐利的眼睛,
> 射出那可怕的复仇的光芒。
>
> 《野兽》

一声号叫,叫出了一个诗人的诞生,在天地之间,在黎明的血色中,穆旦的名字在闪现,按照一个中国诗人的愿望,他改造布莱克的《虎》和里尔克的《豹》,在真正的中国的野兽派的名义里,一个新诗人诞生了！听,一首诗,就是一个宣言。

或许,穆旦的《野兽》,作为宣言,可以追溯到一个更早一点的宣言,那就是《牧野》。《牧野》是1933年1月诞生于北平大学校园的一个文学刊物,由北大的李广田和邓广铭任主编,前线诗人中的"汉园三诗人"为其主要撰稿人。从《牧野》创刊号上的《题辞》的第一节,即可看出《野兽》的蛛丝马迹：

> 我们常四顾茫然。如置身无边的荒野中，只听得狗在噪，狼在叫，鬼在号啕，有时也可以听到几声人的呼喊，却每是在被狗群狼群和魔鬼的群所围困所吞噬着的时候。多么样的荒凉，多么样的凄惨啊！于是感到了孤立无援的惊悚。（转引自张洁宇：《荒原上的丁香：20世纪30年代北平"前线诗人"诗歌研究》，中国人民大学出版社，2003年，第105页）

可以说，穆旦这一时期的创作，带有双重的借鉴：一方面借鉴外国现代派的诗歌传统，另一方面，则借鉴中国现代诗的直接经验。这二者的结合，使得穆旦一开始就有较高的起点。但是，和"前线诗人"相比，穆旦有一个显著的不同，那就是，前线诗人一方面借鉴西方现代派的诗歌创作理念，另一方面则回溯到晚唐诗歌传统中去寻找营养，这使得他们的诗多少带有古人的味道。而穆旦则是直接深入现实生活，同时借鉴西方写法，而不愿意回到中国诗歌传统中去。这使得他的现代诗，更纯，更火。

第四节　生死战场

战争是男人流血女人流泪的勾当。谁能想到，寻章摘句的诗人，竟会与战争有缘呢？诗人想必与战争无缘，而与自然，与爱情常在，这是常例。但事实上呢？综观世界文学史波澜壮阔的画卷，却发现诗人与战争结下了不解之缘，特别是那些浪漫主义的爱国诗人。匈牙利爱国诗人裴多菲，参加了反抗俄奥联军的战斗，最后"牺牲在哥萨克兵的矛尖上"。英国浪漫派诗人拜伦，先后参加意大利烧炭党抗击奥国占领的战争和支援希腊民族独立反抗土耳其入侵的战争，最后死于希腊军中。

1937年"七七事变"以来，祖国的大西南后方云南，在抗日的版图上显得日益重要。在大片国土沦丧以后，尤其是毗邻东南亚、有滇越铁路联通出海口的昆明，承担了艰巨的抗战任务。在极短的时间里，开辟滇缅公路，为中国抗战提供一个大动脉，开通"驼峰航线"，使飞虎队能够飞越喜马拉雅山，打破国际封锁。及至稍后，于1945年，中印公路和中印输油管道的开通，更是为支援抗日的国际化提供了巨大的交通支持。

1937年10月，在南开大学校园遭受日军轰炸两个月之后，云南掀起了抗日救国的高潮：

> 1937年10月，云南子弟兵三万人组成国民革命60军，誓师出征，

于次年 4 月血战台儿庄,给日军以重大打击。在台儿庄战役中,滇军有二百余人为国捐躯。(张曼菱编撰:《照片里讲述的西南联大故事》,人民文学出版社,2003 年,第 100 页)

中国现代诗人穆旦,生活在中国抗日战争的火热斗争中,他的西南联大情结和随军作战的经历,使他与云南和东南亚地区结下了不解之缘。

事实上,西南联大在它的千里行程和逐渐的形成中,一路上风雨兼程,经历了无数次的骚扰和无以名状的艰辛,而到了云南之后,甚至在有了相对固定的校园以后,更是经历了多次的轰炸和破坏。西南联大的领导,北大校长蒋梦麟,以文雅的文笔,记下了昆明城市遭轰炸后的惨状:

> 昆明是滇缅公路的终点,俯瞰着平静的昆明湖,城中到处是敌机轰炸后的断垣残壁,很像庞贝古城的遗迹。我在这边城里冥想过去的一切,生病所经历的事情像梦境一样一幕一幕地展现在眼前;于是我捡出纸笔,记下了过去半世纪中我亲眼目睹的祖国生活中的急剧变化。(蒋梦麟:《西潮》,转引自《照片里讲述的西南联大故事》,张曼菱编撰,人民文学出版社,2003 年,第 52 页)

青年学生穆旦则以纪实的文笔,详细记述了西南联大及周边地区被日军轰炸的惨状,以及联大师生坚持学习和抗战的行为。

> 西南联大被轰炸已经两次了。一次是在一九三八年九月二十八日,西南联大所租用的昆华师范里落了十几枚杀伤弹,死了方由天津来的同学二人。一次是在一九三九年十月十三日,日人在西南联大一带投了不下百余枚轻炸弹,意欲根本毁灭了这个学校。师范学院全部炸毁,同学财物损失一空;文化巷文林街一向是联大师生的住宅区,也全炸毁了;在物质方面,日人已经尽可能地给了打击。然而,就是轰炸的次日,联大上课了,教授们有的露宿了一夜后仍旧讲书,同学们在下课后才去找回压在颓垣下的什物,而联大各部的职员,就在露天积土的房子里办公,未有因轰炸而停止过一日。(穆旦:《抗战以来的西南联大》,原载《教育杂志》第 31 卷第 1 号,署名"查良铮",转引自《穆旦作品新编》,李怡编,人民文学出版社,2011 年,第 245 页)

他的诗作,进一步用艺术家的眼光和诗人的笔法,真实地记录了这些轰炸和躲避轰炸的体验。在写于 1939 年 4 月的《防空洞里的抒情诗》里,诗人

以分裂的和多重身份转换的"我",书写了战争带来的新奇而痛苦的感受:

> 他向我,笑着,这儿倒凉快,
> 当我擦着汗珠,弹去爬山的土,
> 当我看见他的瘦弱的身体
> 战抖,在地下一阵隐隐的风里。
> ……
>
> 谁胜利了,他说,打下几架敌机?
> 我笑,是我。
> 当人们回到家里,弹去青草和泥土,
> 从他们头上所编织的大网里,
> 我是独自走上了被炸毁的楼,
> 而发见我自己死在那儿
> 僵硬的,满脸上是欢笑,眼泪,和叹息。
> 《防空洞里的抒情诗》

到了同年9月,在《从空虚到充实》里,诗人则从正面写出了战争的规模、残酷,和死亡的逼迫感:

> ……
> 战争!战争!在轰炸的时候,
> (一片洪水又来把我们淹没,)
> 整个城市投进毁灭,卷进了
> 海涛里,海涛里有血
> 的浪花,浪花上有光。
>
> ……
>
> 然而这不值得挂念,我知道
> 一个更紧的死亡追在后头,
> 因为我听见了洪水,随着巨风,
> 从远而近,在我们的心里拍打,
> 吞噬着古旧的血液和骨肉!
> 《从空虚到充实》

1940年8月,穆旦从西南联大外文系毕业,留校任教,分派在新建的叙永分校。

事情是这样的。战争的形势急转直下。日军突然进攻越南,使得云南从大后方顿时转为前线。立足未稳的西南联大接到重庆方面的命令,要再度南迁入川,时局难料,移动不便,只好在叙永小城建一分校,从尚未沦陷的广大地区招收新生。这些学生中,就有后来成为巴金夫人和穆旦好友的萧珊女士。

叙永位于云、贵、川三省交界,永宁河穿城而过,将这座小城分为东西两半,校舍就是分散东西的各处庙宇。外文系教授一年级英文课程,培养文学和翻译人才。系主任陈嘉,教师有杨周翰、王佐良等,穆旦也是其中一教员。但是叙永的寿命不长,只有一学年多一点的时间,到1941年8月底,就奉命撤销了。随后,穆旦回到了昆明本校。

第二年,南开大学在云南昆明成立了边疆人文研究室,出版了《边疆人文》杂志。实际上,这项任务是云南地方当局直接委托给南开大学的,但和西南联大也有一定的关系,对于支援当地战时经济建设和推动西南地区的文化人类学研究,具有不可磨灭的开拓作用。

> 20世纪四十年代初,云南地方当局计划修筑一条由石屏通往佛海的省内铁路,并决定从筑路经费中抽出一笔专款,委托一个单位进行调查研究,为筑路提供沿线的社会经济、民情风俗、语言及地理环境和有关实际资料。1942年4月云南省建设厅龚仲钧厅长致函张伯苓,委请南开大学担任此项工作,并资助专款3万元。同年六月,在黄钰生、冯文潜等人积极筹划下,南开大学边疆人文研究室成立,聘陶云逵为研究室主任,主持全面业务工作。后来黎宗巘、黎国彬、邢庆兰(邢公畹)、高华年等人相继加入,南开大学边疆人文研究室初具规模。(梁吉生:《陶云逵与南开大学边疆人文研究室》,载《品味南开》,贾长华主编,百花文艺出版社,2004年,第145-146页)

在有限的时间内和战时极为艰苦的条件下,南开大学边疆人文研究室的研究人员从昆明出发,经过玉溪、峨山、新平、元江、金平,沿红河而下,对红河哈尼、彝族、文山苗族、傣族、纳素等兄弟民族的语言、民俗、社会经济、地理等做了大量的调查工作,取得了辉煌的成就。

陶云逵与研究室同人克服困难,顽强地工作,取得了大量社会调查的珍贵资料。他们对于鲁勉山纳西族的社会组织与宗教、傣族的人文地理、纳西语言与文学、石佛铁路沿线社会经济、澜沧江河谷地区土地利用、彝族社会组织及宗教、手工艺术等都做了大量调查工作,把大量少数民族口头流传的历史语言记录下来,并收集了许多文献和文物,撰写了大量有价值的论文。(梁吉生:《陶云逵与南开大学边疆人文研究室》,载《品味南开》,贾长华主编,百花文艺出版社,2004年,第146-147页)

《边疆人文》杂志不仅是边疆人文研究室的机关刊物,而且吸引了西南联大的许多著名教授在上面发表文章,如罗常培、游国恩、罗庸、向达、马学良、袁家骅等。闻一多先生的《说鱼》和《伏羲考》等重要论文,就是发表在《边疆人文》上的。虽然年仅四十岁的陶云逵先生于1944年突然逝世,造成巨大的损失,但是边疆人文研究室的工作,以及《边疆人文》的出版发行,一直继续到抗战胜利西南联大完成其历史使命和南开大学复校以后的一段时间。可以说,在这一几乎伴随着昆明西南联大全过程的较为漫长的时期,边疆人文研究室和《边疆人文》杂志对于西南地区的学术研究和西南联大的人文学科的发展,起了不可估量的推动作用。

让我们返回到1941年底的昆明,其时正值国际事态变化迅速,抗日战争如火如荼。

国际上,1941年6月,希特勒已占领波兰、丹麦、挪威、荷兰、卢森堡、比利时和法国全境,分三路进攻苏联,苏德战争爆发,很快便打到斯大林格勒,苏联全面防御。12月,日军偷袭珍珠港得手,太平洋战争爆发。随后,日军逐渐占领菲律宾、越南、马来西亚、泰国和中国香港,东南亚沦陷,形成了中国抗日战场以外的美英军队撤退的大格局。

国内,西南一带,抗日热情空前高涨,同时,国际联盟进一步形成。

10月30日,西南联大学生报名参加战地服务团译员训练班,外文系集会欢送新同学。

12月10日,西南联大和云南大学五千学生走上街头,举行抗日示威大游行。

12月20日,日军飞机空袭昆明。美军"飞虎队"在昆明上空迎战,击落日机四架。

12月23日和25日,中英签订了《中英共同防御滇缅路协定》和《中英军事同盟》,决定中国派出军队进入缅甸战场,支援英美盟军作战,维护同盟国的利益。

这一切的背后,有一个复杂的中国战区与美国的军事关系,其关键人物就是在缅甸战场上至关重要的史迪威将军。

  1941年12月太平洋战争爆发。1942年1月,经美国总统罗斯福提议,商得英、澳、荷、新(西兰)的同意,成立了同盟国中国战区(包括中国、泰、越及缅甸的一部分),由蒋介石任中国战区统帅。蒋介石要求罗斯福指定一名美军高级将领任中国战区盟军参谋长,在美参谋总长马歇尔的推荐下,史迪威被选中,他的头衔是:美国援华物资监督和统制官,美国政府驻华军事代表、驻华美军司令、缅甸盟军司令、中国战区参谋长。(邓蜀生:《美国历史与美国人》,人民出版社,1993年,第403页)

  史迪威将军于1942年3月到达中国战区,领导了两次中国远征军的对日作战,直到1944年离开中国,一直处于和蒋介石与美国总统极为复杂的关系中,使这位只懂军事不懂政治的英雄无用武之地。

  1942年的1月中旬,日军进攻缅甸,迅速占领全境,切断了滇缅公路的战争供给,直逼昆明,威胁国民党陪都重庆。实际上,中国抗日战争能否有效坚持,很大程度上取决于国际的战略物资供应,而中国的国际交通线路至此已全部中断。第一条,经香港转广州的粤汉线,1938年以来广州、武汉陷落,香港又新败,无法通行。第二条,西北出新疆而抵苏联的公路,因日军占领东北,苏德战争新近爆发,已无路可通。第三条,从昆明经滇越铁路外通越南海防,在1940年9月法国退出和日军入越,也已中断。第四条,就是通到缅甸首都仰光的滇缅公路,1941年被日军占领,难以恢复了。唯一活动的空间是尚未被占领的印度,而能联合的力量上似乎只有美英盟军了。不得已,美军陈纳德将军组建"飞虎队"飞越喜马拉雅山"驼峰航线",以巨大的牺牲和有限的供应维系艰难于一线。

  面对如此急迫的形势,全民总动员,已迫在眉睫,无数热血青年报名参战。

  西南联大校级领导纷纷送子参军,其他人员岂能落于人后?张伯苓的儿子早已参加了空军飞行队伍,做了抗日战争的急先锋。蒋梦麟之子蒋仁渊志愿应征入伍,当了战斗部队的随军翻译人员。梅贻琦的长子梅祖彦自愿入伍,做了美军翻译,其长女梅祖彤,任军中看护。另外,西南联大训导长查良钊,也送儿子查瑞传参加了汽车部队当了驾驶兵,上了前线。

  返回昆明不久,穆旦就报名参加了中国远征军开赴缅甸的抗日部队。

  穆旦曾说:"国难日亟,国亡无日,不抗战无法解决问题,不打日本鬼子无法消除心头之恨。"

早在几年前,在描写《一九三九年火炬行列在昆明》一诗里,穆旦就以充沛的爱国激情,描写到抗日战争的各个侧面:

> 这是正午!让我们打开报纸,
> 像低头祭扫远族的坟墓——
> 血债敌机狂炸重庆我守城部队
> 全数壮烈牺牲难民扶老携幼
> 大别山洪大山脉歼敌血战即将
> 展开!……
> 让我们记住死伤的人数,
> 用一个惊叹号,作为谈话的资料;
> 让我们歌唱起来,不愿做奴隶的人们

(《穆旦诗文集》(第 1 卷),人民文学出版社,2006 年,第 195 页)

从那时起,穆旦的心里就产生了从军报国的抱负。他的散文化的诗句,曾经这样描述了青年学生奋起投笔从戎,投入到抗日战争洪流中去的激动人心的场面:

> 从你们的朱古力杯起来,从你们的回忆里起来,从你们的锁链里起来,从你们沉重的思索里起来,从你们半热的哭泣的心里起来,
> 脱下你们的长衫,忘去你们高贵的风度,踢开你们学来的礼节,露出来你们粗硬的胡须,苦难的脸,白弱的手臂
> 我需要我们热烈的拥抱,我需要你们大声的欢笑,
> 我需要你们燃起,燃起,燃起,燃起,
> 向黄昏里冲去。

(《穆旦诗文集》(第 1 卷),人民文学出版社,2006 年,第 196 页)

如今,穆旦自己穿上军装,拿起武器,投入到武装抵抗强敌的战争中去了。十多年后,已经是新中国的 1955 年 10 月,穆旦在《历史思想自传》里交代了自己当年投笔从戎的心理动机,不过,他需要另外一套话语方式,而且语调也平和多了:

> 1942 年 2 月,由于杜聿明入缅甸作战,向西南联大致函征求会

英文的教师从军,我从系中教授吴宓得知此事,便志愿参加了远征军。当时的动机为:校中教英文无成绩,感觉不宜教书;想作诗人,学校生活太沉寂,没有刺激,不如去军队体验生活;想抗日。于是我便和反动军队结了缘。在杜军中被派往军部少校翻译官,给参谋长罗又伦任翻译。当时和英军及美军官常有联系,他们要了解远征军作战情形,我即为之翻译。(转引自易彬:《穆旦评传》,南京大学出版社,2012年,第130页)

他先在第一路司令部杜聿明手下任翻译,后来被调到第五军,担任少校英文翻译官,经历了抗日前线火与血的洗礼。所谓"少校",实际上是一个文职官员,并不是正规的军人,也不是军官。根据亲历远征军任翻译的罗达仁的回忆,当时随军翻译由于没有明确的军衔,或者军衔过低,曾经引起中国军中的翻译和外国军队各种人员之间的歧视和误会。因此,第二次出兵缅甸的中国远征军翻译人员曾集体要求给予说明和澄清。当时一位姓黎的秘书曾经给予这样的说明:

但是据我所知,你们的愿望不可能全部实现。外事局属军委直接领导,按军委规定,大学应届毕业生应征入伍者定为三级译员,驻印军队中的译员待遇相当于少校,是非军职的文职人员。如要得正式的军衔,这个变动相当大。(罗达仁:《亲历中印缅抗日战场》,中国文联出版社,2005年,第74页)

军队中的翻译,固然是中英美军人之间极为重要的沟通中介,特别是军官之间与官兵之间的谈话与文字的来往,离开了翻译是无法想象的,甚至可能因为翻译的出错和缺场造成严重的后果。但是,与此同时,翻译也处于各种民族的、阶级的、个人的偏见与误会之中,需要高超的沟通技巧和很好的理解,语言的能力当然是无须强调的——特别是战争期间的军事翻译,各种关系错综复杂,人们心里都很敏感而脆弱,矛盾往往一触即发。

毕业于美国军校的孙立人将军,初次接见远征军的随军译员时,说过这样的话:"同美国人打交道要不卑、不亢、不怕,有事找我。"这就是当时的外交政策了。

由于我们的传主的沉默,穆旦参战缺乏详细的个人资料,但值得大书特书的倒是:他曾经亲历了一场鲜为人知、罕为听闻的战争,九死一生,才得返回这平常的人间生活。由于历史的尘封,对于这场战争的去蔽,已经不限于个人历史问题的澄清了。

何况在战争年代,诗人参战,知识分子战死,自然用不着格外地惊奇。因为参战的不只是穆旦一人,战死的也不仅仅是读书人。穆旦的特殊性在于,他的特殊经历,和这一次战役的始末以及中华民族的抗日战争的命运共始终,并将这一过程记载到他的诗歌创作中,产生了伟大的战争诗篇。

那就是著名的中国远征军在缅甸的抗日战役和令人难以忘怀的悲惨结局。

这是"甲午"战争以来,中国军队第一次出国作战,也是一次十分悲壮而残酷的战争。

> 大风起兮云漫漫,安得猛士兮守西南。
> ——于右任

早在 1942 年 1 月,一部分中国军队已开始集结于英国统治下的缅甸边境。几乎与此同时,日军也集中三个师团的兵力,由泰国一侧进攻缅甸。3月 12 日,在日军已经攻占了缅甸首都仰光的第四天,英军发出呼吁,要求中国军队参战,支援盟军。根据《协定》,十万远征军遂迅速入缅作战,受到当地老百姓和华侨的热烈欢迎。此前,蒋介石一面派杜聿明前往调查,自己也亲临缅甸腊戍视察,在名义上,把这次战争的总指挥权交给了中国战区的参谋长史迪威将军,至少有印缅战区的第五军和第六军(后来是新一军和新六军),但实际的指挥权当然是中国的元首蒋介石。英缅军司令史莱姆也不听史迪威。中国远征军第一路司令长官部由罗卓英(第十九集团军总司令)和杜聿明(第五军军长)分别担任正、副司令长官。卫立煌将军作为中国远征军第一司令长官部司令长官,要到第二次出征才赴任。

日军进攻缅甸的目的是明确的,一在于切断中国抗日的国际通道滇缅公路,一在于威胁和震慑英国占领下的印度。而中方的出兵缅甸则是全力以赴地保卫国际大通道,否则国内的战争物资最多只能维持三个月。滇缅公路,这是一条中国抗战的生死线,"试想没有血脉的躯体,没有油管的机器"(杜运燮:《滇缅公路》):

> 就在粗糙的寒夜里,荒冷
> 而空洞,也一样负着全民族的
> 食粮;载重车的黄眼满山搜索,
> 搜索着跑向人民的渴望;
> 沉重的胶皮轮不绝滚动着

> 人民兴奋的脉搏,每一块石子
> 一样觉得为胜利尽忠而骄傲;
> 　　　　(杜运燮:《滇缅公路》)

　　每一块石子,就是每一个兵。可是,中国的出兵,已经有点儿迟了。
　　在丧失了保卫仰光出海口和滇缅铁路出海口的有利时机以后,战斗首先集中在仰光和曼德勒之间的重镇同古(东瓜)。在中国远征军出兵到达腊戍,继续向同古进发的途中,大批英军已从卑谬一线溃败。3月19日清晨,皮尤河大桥一声巨响,沉落江底,宣告了中国军队伏击日军战役的开始。在首战告捷重创敌军之后,我军第二〇〇师由师长戴安澜率领,与飞机掩护下的日军第五十五师团王牌军在同城正面交锋,开始了顽强的抵抗战。战斗从18日一直打到30日,异常残酷,也很英勇。由于侧翼的英军突然不告而退,致使我军阵线暴露于敌军正面,加之制空权丧失,军需补给困难,坚守已到最后关头。而此时,日军第五十六师团远道急来增援,已入城中,形成分割包围之势,而我新二十二师也在救援途中。这样,我第二〇〇师在歼敌5000余,坚守12天之后,不顾史迪威的反对,奉杜聿明将军之命主动放弃同古城,于30日拂晓渡河转移,顺利撤出战斗。这就是著名的"同古保卫战"始末。
　　在英军集结的西路,形势不妙。4月14日,英军第一师放弃马革威,改守仁安羌,被日军迅速包围,截断退路,弹尽粮绝,危在旦夕。中国远征军闻讯,派孙立人师长率领的新三十八师第一一三团(团长刘放吾)连夜赶赴前线,经过两天激战,双方形成对峙局面,以我军为仰攻之势:

> 　　4月17日天还没亮,中国军队就发动猛攻。左翼部队迅速攻占敌军前线阵地,战斗转入山地。日军不顾一切疯狂反扑,中国军队已得的阵地三失三得。在敌人优势兵力的压迫下,中国远征军处处设置疑兵,分散敌人注意力,以山炮、轻重迫击炮和轻重机枪的火力作掩护,穿越尸堆火网,进行肉搏血战。从早上四时拼杀到下午三时,终于将敌第三十三师团完全击溃,日军丢下1200多具敌尸,退出阵地。但我方一百十三团不到千数的战斗人员也伤亡了一半,最后终于胜利完成任务,将英军7000多人,包括英军司令亚历山大等,从敌人的虎口中救了出来。
> (陈伯良:《穆旦传》,世界知识出版社,2006年,第84页)

　　这就是震惊世界的"仁安羌大捷"。实际上,据最新统计,当时歼敌4000人,救出的远不止7000英军,还有随军传教士、新闻记者等500人也一起获救。

英军在史迪威将军率领下,由我三十八师剩余部队掩护,沿海岸线安全撤到印度境内。1992年4月下旬,适逢仁安羌战役50周年纪念,撒切尔夫人在美国芝加哥看望旅居美国的刘放吾,向他当面致谢。两年后,刘放吾在洛杉矶逝世,享年95岁。

然而,这是一场从一开始就注定是分崩离析的战争。在盟军一方,缺乏统一的指挥和默契的配合,缺乏空军的支援和当地的向导,在英军单方面撤离缅甸之后,收复仰光早已不可能,而原先计划的"曼德勒会战",由于中美意见不一,实际上也化为泡影。蒋介石从重庆发来急电,令放弃曼德勒会战,改为纵深防御,保卫腊戍,御敌于国门之外。于是,大规模的撤军开始了。由于指挥的失误、军队的腐败与拖延,真正的惨剧和伤亡,恰恰就发生在我军撤离的过程中。

中国远征军的撤离,由于采取了不同的路线,就有了完全不同的命运。倘如按照第一路司令长官罗卓英的命令,选择积极退守印度之道,一路虽经丛山峻岭,但只半月路程,在雨季来临之前,就可顺利到达印度。强支病体的史迪威将军率领的百余人的步行团(原本中美军人40多,后沿途增加英国医护人员、新闻记者、传教士、缅甸难民,乃为114人),就是这样到达印度的。但杜聿明请示并接受了蒋介石的命令,不准进入印度。于是,第五军遂选择了印度和缅甸交接地带的野人山一带,进入军事上的死地,葬送了大量的官兵性命。正是:

> 十万大军下缅甸,
> 四万残兵侥幸还。
> 一万忠烈死疆场,
> 五万冤魂葬深山。
>
> (卢洁峰、蒋大宗编著:《中国驻印军印缅抗战》(上),
> 团结出版社,2009年,第33页)

当时力主打一仗再撤,而且绝不进入野人山的新三十八师师长孙立人将军回忆说:

> 归路已绝,财物与部队都无法撤出了。只得改向北走,而那是高山密林,全无居民。他们翻越绝地,又逢雨季,于是他们饿死、淹死、病死、被土蛮杀死、自杀死,不知其数,以五万之众,归者不过数千人而已。……第二次我们反攻时,经过他们所行之地,真是白骨成堆,惨不忍睹。(卢洁

峰、蒋大宗编著:《中国驻印军印缅抗战》(上),团结出版社,2009 年,第 33—34 页)

历史的见证人,莫过于中国远征军副司令杜聿明将军自己。起先,穆旦在杜将军的司令部任随军翻译,后来则参加了罗又伦将军任师长的二〇七师。1942 年 2 月,是穆旦参军的时间。当年 5 月至 9 月(据穆旦(查良铮)年谱简编),准确地说,应当是 6 月至 7 月,他亲历了缅甸战场与日军战斗,随后就进入了所谓的大撤退的过程。

这一切都发生在那个叫作"野人山"的地方,或者说是胡康河谷,缅甸语称为"魔鬼居住的地方"。而洪水季节到来,江水暴涨横溢,就是杀人的眼泪。胡康河谷位于缅甸北端,北面是冰雪覆盖的喜马拉雅山,东西两面是高耸入云的横断山脉。这一带重峦叠嶂,林莽如海,沼泽遍地,瘴疠横行,蚊虫肆虐,蚂蟥更是吸血的魔鬼。这方圆百里的无人区,就是传说中野人出没的地方,故而又称为"野人山"。

所谓的"野人山战役",实际上就是我军消极撤退,越过已被日军封锁的孟拱——死亡之谷的入口处,进入胡康河谷地带,然后便是日军穷追,在原始森林中人类大面积死亡的惨剧。

这一年的雨季来得出奇地早,而我军奉命弃车入川,恰投入日军的围歼和自然界掩杀的双重的灭绝之网。

杜聿明将军《中国远征军入缅对日作战述略》,记录了这次罕见的战事:

> 各部队经过之处,多是崇山峻岭,山峦重叠的野人山及高黎贡山,森林蔽天,蚊蚋成群,人烟稀少,给养困难……自六月一日以后至七月中,缅甸雨水特大,整天倾盆大雨。原来旱季作为交通道路的河沟小渠,此时皆洪水汹涌,既不能徒涉,也无法架桥摆渡。我工兵扎制的无数木筏皆被洪水冲走,有的连人也冲没。加以原始森林内潮湿特甚,蚂蟥、蚊虫以及千奇百怪的小巴虫到处皆是,蚂蟥叮咬,破伤风病随之而来,疟疾、回归热及其他传染病也大为流行。一个发高烧的人一经昏迷不醒,加上蚂蟥吸血,蚂蚁啃啮,大雨侵蚀冲刷,数小时内即变为白骨。官兵死伤累累,前赴后继,沿途白骨遍野,令人触目惊心。(转引自《穆旦诗全集》,李方编,中国文学出版社,1996 年,第 378 页)

老天在杀人之前,先让人类自己上演一出惨烈的自杀剧。

在决定要转移的时候,千余伤兵成为无法解决的"问题"。于是,为了不拖累军队弟兄们,这一千名为国负伤的将士,将自己关在茅屋里,用汽油点燃,集体自焚了。

冲天的浓烟和刺鼻的焦味,首先祭奠了这场不测的转移。

后续的部队含泪而过,悲恸地离别,英灵不散,老天也要落泪。

穆旦在第五军做随军翻译。他随第五军撤退的殿后部队进入密支那地区,日军尾随在后,穷追不舍。由杜聿明将军率领的残部,疲惫不堪,且战且走,就这样被迫进入野人山地区。大雨过后是洪水,洪水过后是瘴气、蚂蟥和蚂蚁,钻进人的眼里、鼻子里。还有惊人的饥饿。一开始,把少许的米和野菜塞进竹筒里,在火上烧,然后吃。再后来,没有了米,没有了菜,喝的水里也有毒。用树叶接一些老天赐给的雨水吧,为了活着。倒下的就起不来,一会儿即被吞没,成为死尸,成为白骨。许多人相互搂抱成一团,哭泣而死。白骨成堆,一条抗日将士的白骨铺成的路,穿越原始森林和沼泽的死亡之地,曲曲折折地指向回国的方向。

事实上,为了保卫滇缅公路的畅通而入缅作战的中国远征军十万人,到这时仅剩下四万人,其中三万余人撤退回国,九千多人进入印度,再辗转回到国内。(参见《中国远征军在缅北》)当时远征军第五军军部和新编第二十二师,约有一万五千人,经过野人山进入印度的,只有三四千人。随军部撤退的四十多名女战士和家属,生还到印度的,只有四人。(参见《野人山余生记》)

一位姓孙的女兵,才十六七岁,人们不记得她的名字,只知道她是湖南人,温柔而羞怯。她在行军的路上,染上了疟疾,高烧不止,只能拼命地撕扯衣服,直到嘴唇干裂,滴水不进。在不堪忍受痛苦的时候,在一个清晨,她撕破全身的衣服,赤露着身体,奔向山崖,纵身跳下。

新二十二师护士,唯一活着的女兵,今年80岁的老人,讲述了这一段催人泪下的故事。

但是最痛苦的经验却只属于一个人,那是一九四二年的缅甸撤退,他从事自杀性的殿后战。日本人穷追,他的马倒了地,传令兵死了,不知多少天,他给死去战友的直瞪瞪的眼睛追赶着,在热带的毒雨里,他的腿肿了。疲倦得从来没有想到人能够这样疲倦,放逐在时间——几乎还有空间——之外,胡康河谷的森林的阴暗和死寂一天比一天沉重了,更不能支持了,带着一种致命的痢疾,让蚂蟥和大得可怕的蚊子咬着。而在这一切之上,是叫人发疯的饥饿。他曾经一次断粮到八日之久。但是这个二十四岁的年青人,在五个月的失踪之后,结果是拖了他的身体到达印度。虽然他从此变了一个人,以后在印度三个月的休养里又几乎因为饥饿之后的过饱而死去,这个瘦长的,外表脆弱的诗人却有意想不到的坚韧,他活了下来,来说他的故事。(王佐良:《一个中国诗人》,转引自《蛇的诱惑》,曹元勇编,珠海出版社,1997年,第2-3页)

穆旦说,他看到一双靴子,准确地说,是一具穿着靴子的白骨。他认出来,那是他的战友。

多少年后,穆旦的长女查瑗,在美国接受采访时,讲述了一个不为外人知的故事:

在野人山战役的大撤退中,穆旦病倒了。

杜聿明拿出一粒药,告诉他的翻译官:我只有两粒药。给你一粒,可以治拉肚子。你要是命大,扛得过去,就活下来,要是活不了,我也就尽力了。

穆旦吃了长官给的药,活下来了。

这件事,大概是穆旦讲给女儿和家人的。

其实,穆旦并没怎么讲他自己的故事。他是诗人,不是讲故事的人,不善于编故事。他的故事要别人来讲,有声有色地讲。大概是他不屑于加工出自己的英雄主义——他太不注重功名了,他作起诗来,很狂放,而说起话来,甚至有点儿腼腆。

只有一次,被朋友们逼得没有办法了,他才说了一点,而就是那次,他也只说到他对于大地的惧怕,原始的雨,森林里奇异的,看了使人害病的草木怒长,而在繁茂的绿叶之间却是那些走在他前面的人的腐烂的尸身,也许就是他的朋友们的。(王佐良:《一个中国诗人》,转引自《蛇的诱惑》,曹元勇编,珠海出版社,1997年,第3页)

王佐良先生的这些真实的记录和及时的报道,最早是刊在英国的 *Life and Letters* 1946年6月号上的,后来刊在北京的《文学杂志》1947年8月号上。在《穆旦诗集》(1939-1945)出版时,作为附录收入,而在穆旦的诗文选集《蛇的诱惑》于1997年出版时,则成为代序置于卷首。

关于穆旦担任翻译工作的具体细节,至今已经无从考察,我们只能借助于一些间接的资料,了解中日缅甸战争状态下的翻译的工作状态。

案例一 二十六日夜,胡康河谷战地指挥所:

大家的注意力集中于日文翻译官。这位二十五岁的青年,戴着高度近视眼镜,一手抚着额头短发,一手正在弹药箱上执笔疾书。现在他的工作是翻译一份敌件。过去留学东京的七年内,他已经把满纸的假名弄得烂熟;所以,现在他毫不费力地工作着,一转眼间,已经写下了一大篇:

"师团以歼敌于孟关附近之目的,决将主力转移至孟关以南……"

（黄仁宇:《缅北之战》,新星出版社,2007 年,第 15—16 页）

案例二 白日,我们的炮兵群在施行效力射,指挥官放下耳机,大声喊道:

"翻译官,快通知炮兵指挥官,第一线前进了,炮弹妨碍他们,要他们延伸射程!"

翻译官带着消息回来:"现在炮兵集中火力于第五第七两号目标,他们先射击两发烟幕弹,请你看看弹着如何?"

（黄仁宇:《缅北之战》,新星出版社,2007 年,第 83 页）

第二〇〇师师长戴安澜(1904—1942),安徽无为人,黄埔军校三期毕业,曾参加长城古北口抗战、台儿庄大战、武汉保卫战、长沙保卫战,赢得昆仑关大捷,战功赫赫。此次出兵缅甸,伏击日寇于皮尤河畔,抗击强敌于同古城中,克复棠吉,扬威国外。如今接受撤退的命令,担任突围的艰巨任务。他率部退却,绕东枝过八莫,后奉命向缅中北转进,在敌军两条大江、三道公路封锁线之间,穿插突击,以野菜充饥,坚持游击。5 月中旬,大雨滂沱,据闻由于当地向导误导,接应的部队未能接应,致使该师陷入日军伏击圈,一次突围,损失已经过半。他们激战一天,从东边杀出一条血路,且战且退,向着尖高山方向聚合。

一排罪恶的机枪子弹,击中师长的胸腹部。战士们抬着他们负伤的师长,怀揣着生的希望艰难地转移,泣不成声。

下旬,退守在缅甸北部的山地里,数千人,十余日,困苦坚卓。少医药,粮将绝。战士捧来一碗稀粥,未喝几口,将军左右顾之,泪流如注。

残阳如血。一个黄昏,这曾经威震敌胆的英雄,在身经百战之后的弥留之际,在缅北的茅邦村,眺望远方,相信那是祖国的所在——目光,凝结成渐次灰暗的一团血色。

一代名将,饮恨异国,马革裹尸,大勋未集,惜哉!

7 月 15 日,他的遗体被运回昆明,血衣覆盖着遗体,万人公祭,人们哀悼英灵的归来。

27 日,贵阳市民设供路祭,素烛鲜花,长街哭声震天。

1943年4月1日,广西全州香山寺,为这位37岁的英雄举行了隆重的追悼会。国共两党的领袖都表示崇高的哀悼之意。毛泽东赋诗一首,纪念"海鸥将军千古"。

挽戴安澜将军

外侮需人御,将军赋采薇。
师承机械化,勇夺虎罴威。
浴血东瓜守,驱倭棠吉归。
沙场竟殒命,壮士也无违。

野人山兵败的惨剧,震动全国,也为世界所瞩目。

戴安澜将军是获得美国国会"丰功"勋章的第一位中国军人,第二位就是孙立人将军。

这位于1927年在美国弗吉尼亚军校毕业的孙立人将军,原来是清华大学土木工程预科毕业生,后来考取了官费留学,在美国弗吉尼亚军校接受正规的军事科学教育和训练,骁勇善战,屡建战功,是史迪威的得力干将。这时,虽然接受了蒋介石的撤退命令,但鉴于中国军队仍然比日军多一倍,孙立人竭力主张与日军争夺密支那,又迫于副司令长官杜聿明的撤退命令,孙立人便率部新三十八师等万名官兵,担任殿后与相机杀敌的使命。他于5月10日成功阻击敌军于温佐,然后思索如何动作。

> 他要走应该走的路,即以112团在温佐殿后,他带师直属队和114团先向北撤与在杰沙的113团靠拢。113团从9日起已与日军56师团迂回过来的部队激战于杰沙。孙带114团走到半路,得知殿后的112团在温佐被困,未能摆脱日军。孙立人即电令113团从杰沙向西自行向印度撤离;而他自率师直和114团赴向温佐解救112团。出敌意外,我们112团和114团里应外合击溃日军一个步坦联合部队,救出112团,我们即从温佐倒拐,直向印度英帕尔奔去。(罗达仁:《亲历中印缅抗日战场》,中国文联出版社,2005年,第119-120页)

有追兵来,乃设伏断敌,并于沿途收容英缅军残部与难民一两千人。中途,1942年5月12日晚,与日军遭遇,我军毫无畏惧,奋力拼搏,经过

40 分钟的激战，撕开一道血口，成功突围。然后一路向西，抵达印度边境。

可恨英国东方警备军团团长艾尔文不许入境，后来，曾被我军在仁安羌战役解救的史莱姆将军闻讯赶到，讲明真情，才得以入境。我军全副武装，以整齐的军容，在友军礼炮的欢迎下，开进印度的利多。

后来，这支不足 3000 人的中国部队，经过扩充而为 7000 人。在史迪威将军的训练和美国武器的装配下，在印度境内的蓝姆伽基地经过严格训练，成长为一支三个师的铁血部队。1943 年 10 月，这支中国驻印军，以史迪威和卫立煌为总指挥，重新开赴缅甸，对日作战。新三十八师在孙立人将军的指挥下，重返野人山，大败日军十八师团，先克新平洋，至年底，攻克于邦，称为"于邦大捷"。1944 年 2 月，我军攻克太白加，3 月中旬，迫使日军逃出胡康河谷，新三十八师第一一三团与二〇二师两面夹击，29 日攻克坚布山天险，向孟拱前进。孙立人见机行事，纵深穿插，切断日军退路，7 月，胡康河谷战役结束，我军伤亡 1.1 万，歼敌 2.8 万。此后，8 月初，中美联军攻克密支那，结束了反攻缅北的第一期战斗。再后来孙将军率新一军为东路，与西路配合，沿途克敌制胜，打通中印公路（中印公路是在滇缅公路中断以后重新修建的一条公路），消灭中印缅三国边界全部日军，彻底驱逐恶魔于邻国，赢得最后的胜利。

关于这一场扫荡日寇的战争，也有当时的新诗为证：

  在血腥的火线上，
  在弹药的烟味中，
  我们夺回了太洛，
  攻占了孟关，
  险恶的杰布班山隘——
  昨又突破了，
  我们必得跟踪追击，
  向卡马英，
  向八莫

  向那亲切的密支那。
  ……

  那边有我们熟悉的乡情，
  那边可以瞭望祖国的原野，

> 新的滇缅路，
> 需要染上新的血，
> 追击吧——英勇地，
> 莫使敌人有喘息的机会。
>
> （卢洁峰、蒋大宗编著：《中国驻印军印缅抗战》（上），
> 团结出版社，2009年，第93-94页）

1944年，在安葬了戴安澜将军的第二年，反清名士、国民党元老、著名诗人于右任先生特填词一首，以充沛的诗意和崇敬的感情，纪念野人山战役死难的烈士：

暗香　野人山下一战士

> 野人山下，有荷戈战士，歌声相亚。
> 白骨夕阳，废垒幽花自开谢。
> 于役而今至此，依依是，孤怀难写；
> 但盼得，血洗关河，百战作强者。
>
> 歌罢！倚征马。
> 见照耀丛林，星月如画。
> 几番泪洒，想念流亡岁寒也。
> 展望光明大路，愁万垒，皇天应讶！
> 等怎时，才赐与，白云四野。

可以看一看穆旦的诗了。从形式上来说，穆旦的诗是新诗；从诗人角度看，穆旦是当事人。

其实穆旦的诗，有一大部分发表于40年代，其中又有一大部分与抗日战争有关。抗战初期，当他还在南开中学就读的时候，就发表了《哀国难》；在西南联大，又发表了著名的《野兽》。此后，八年抗战，几乎年年都有关于抗战的诗作发表。1945年5月，欧洲战场胜利。他在当月就发表了《给战士——欧战胜利日》。

1945年8月，日本投降，中国抗日战争获得胜利。于右任一夜未眠，写下《中吕·醉高歌》十首表达"中华民族争相贺"的喜悦心情。9月，穆旦即写下了著名的《森林之歌——祭野人山死难的兵士/祭胡康河上的白骨》一

诗,起先发表在《文艺复兴》第一卷第六期(1946 年 7 月),到后来收入《穆旦诗集》(1939-1945)时,才改为现名,并对内容做了修改。这就是我们目前看到的这一首奇特的杰作。

从《森林之歌》到《森林之魅》,一字之改,经历了一次脱胎换骨的变化。

"魅",精怪也。古人云:物老成魅,集成魑魅魍魉,荒野幽魂。

韩非子曰:"鬼魅,无形者,不罄于前,故易之也。"(《韩非子》)

王充曰:"三者皆鬼也,或谓之鬼,或谓之凶,或谓之魅,或谓之魑。"(《论衡》)

鲍照曰:"木魅山鬼,野鼠城狐,风嗥雨啸,昏见晨趋。"(《芜城赋》)

用《森林之魅》做标题,来祭奠胡康河谷的英烈,野人山林的冤魂,再合适不过了。

《森林之魅》是以诗剧的形式写的,但只有森林(魅)与人的对话,以及最后的葬歌部分。

一开始是森林的自语,以缓慢的节奏、低沉的声音、阴森的词语诉说着:"没有人知道我,我站在世界的一方。"一句道明了这不为人知的森林,仍然属于世界上真实的存在,好像是说:"我在这里,请注意我。"

以下分三层诉说:

我是博大,一片绿色的海,狰狞,一个可怖的灵。

森林伸出宽大的叶子,轻轻摇摆,在威风中起舞,像露出千万条长牙;它笑,而无声,腐烂了,倒下了,滋养着自己的内心,延续着一种无以言状的存在。

我是原始,生命的源泉,是自然,死亡的深渊。

森林"出自原始,重把原始的秘密展开"。在秘密展开的过程中,"仙子早死去,人也不再来"。只有森林,这原始的形态,在自然的深渊里等待,长久地等待,死亡。

我是生命,隐藏而不动,我是遮盖,遮盖不住的静。

那毒烈的日头,深厚的雨,那飘过头顶而又不去的白云,统统是遮盖,但终究遮盖不住我的存在。我,森林,是"多重掩盖下的"一个生命,"隐藏而不能移动"的生命。

于是,展开了森林和人,这两种生命之间的对话。

人说:"离开了文明,是离开了众多的敌人",可见文明本身,也有许多值得思考的地方。而在进入自然之后,"世间的声音"的死去,又暗示了死亡,寂静中的死亡,和对这一切的感受。感受是一个过程,被组织在人的心理感受的分类里,成为各种知名的和不知名的花鸟草虫、飞禽走兽,水里的、陆上的,或是天空的、爬行的、飞翔的、行走的,等等。这一切,在这特殊的相遇的遭遇下,从最初的瞬间的好奇只能引起持久的更大的恐惧,虽然它以自然之名义,"全得到自然的尊奉",而对于人,此刻又是"无始无终,窒息在难懂的梦里"。

这一场人与自然的心理遭遇战,给写得惟妙惟肖,惊心动魄。在人一方,他知道:"我不和谐的旅程把一切惊动。"

"欢迎你来,把血肉脱尽。"森林的友好,是死亡的召唤,包裹在礼貌的接待里。

人显然是听到了森林的言语,但出于本能,反应是机警:

> 是什么声音呼唤?有什么东西
> 忽然躲避我?在绿叶后面
> 它露出眼睛,向我注视,我移动
> 它轻轻跟随。

最初的感觉是黑暗,是沉默,是压抑,是窒息。一种想逃离的感觉,继而是机体本身的需要,是饥饿,是头晕,渐渐地恢复了理智和清醒:

> 像多智的灵魂,使我渐渐明白
> 它的要求温柔而邪恶,它散布
> 疾病和绝望,和憩静,要我依从。
> 在横倒的大树旁,在腐烂的叶上,
> 绿色的毒,你瘫痪了我的血肉和深心!

森林回答了。

是我,没法朝你走近,然而,"我要把你领过黑暗的门径"。但得通过一片黑暗中的美丽,或美丽中的黑暗。在这里,"你无目的眼"、"无言的牙齿",都是异常清晰的意象,来象征死亡(骷髅),而写作技法则是用美来反衬丑,来激发对丑的厌恶和对死的恐惧。

> 从此我们一起,在空幻的世界游走,

空幻的是所有你血液里的纷争，
一个长久的生命就要拥有你，
你的花你的叶你的幼虫。

这里，诗人不仅借助自然的语言写出了死亡的空幻，而且借助死亡的空幻意象，大大地揭示了生命的空幻——世事纷争的空幻。这是一次了悟，是生命的大彻大悟。有了这个高度，就可以享有永恒：为"一个长久的生命"所拥有，甚至再生（如你的花、叶、幼虫）。

从另一个角度来讲，英文的 enchantment（附魅），是一个充满魅力的字眼，相当于中文的"灵魂附体"，而使人神魂颠倒，陶醉其中。在这里，进入原始森林，经过这场销魂的对话，就意味着森林之魅依附在活人的身上，因此，死亡便发生了。人的肉体，附上林的魂而成为魅，自然与人文合一，森林之魅的过程便完成了。于是，永恒变为可能，可以无限地享用了。

至此，就可以写葬歌了，可以听葬歌了。

有了人与自然对话的形式，有了生与死交往的经历，葬歌就不是一般的了，就有形象了，就有思想了。

先唱出烈士死亡的过程。那不是一般的过程，是凄美得令人难忘的过程。在阴暗的树下，在急流的水边，在无人的山间，时间，是六月和七月，已经逝去了。而那时，在那地，你

你们的身体还挣扎着想要回返，
而无名的野花已在头上开满。

最后一刻留给你们的是，那饥饿的刻骨，那冲击的山洪，那噬咬的毒虫，那夜晚的痛楚，

你们受不了要向人讲述，
如今却是欣欣的林木把一切遗忘。

也许，当你们抱头聚首痛哭的时候，disenchantment（祛魅）发生了，森林之魅已离你们的肉体而去，而将你们孤单地留在这里，白骨绕着灰烬，结束了你们的抗争、抗战和抗日的日子，在凄风苦雨中。

如今，你们对死的抗争虽然过去，你们为人民生存的抗争却不会忘记。虽然你们已经长眠在自然运行的周期里，无知无觉，不能听闻，然而，你们的

生命将融入自然的大树,化作新的营养而赐福后代。这是一个物质化的过程吗?抑或是你们 materialize 的过程?

也许,由于这些特殊原因而死亡的将士,就连他们为之献身的祖国也无法为之树碑立传进行纪念,或者由于时间的流逝他们的形象会逐渐淡漠。然而,英灵啊,我相信,一个著名诗人所写的一首诗足以纪念你们,一个曾经与你们一起战斗过的幸存者的一首诗足以永恒你们。

某个忌日,当 re-enchantment(复魅)的时机来临时,你们,也许将在这里复活,如古人所描写的那样,"木魅山鬼,野鼠城狐,风嗥雨啸,昏见晨趋"。但我之所见,不过如此:

> 静静的,在那被遗忘的山坡上,
> 还下着密雨,还吹着细风,
> 没有人知道历史曾在此走过,
> 留下了英灵化入树干而滋生。

我们读过许多战争的诗,有惨烈的,有壮美的,很多是平庸的、伤感的,往往是毁灭人性的,多数是煽动仇恨的,甚至直接就只是关于复仇的痛快的。可是,我们可曾读过这样一首好像在写人与自然对话,在讨论死亡的诗吗?生命,在这里以死亡的题目被谈论;文明,在诗中被赋予了毁灭的终极的关注;而战争呢,战争在哪里呢?敌人,敌人在哪里呢?我们不得不说,这,才是一首真正的诗,一首关于战争的真正伟大的诗篇。

因为,穆旦,他亲历了战争,而又在诗中始终没有离开过对战争的真切的体验,但由于不俗的品质,他没有局限于个体的生命体验,也没有仅仅用民族的眼光来看这场战争,而是换了人类的眼光——诗人的阳光在照耀诗篇啊。当然,还因为,他没有把战争的经历变成廉价的博取功名的口头演说,廉价地出卖给一般好奇与猎奇的听众,即便是最好的朋友。他讲给朋友的,只有一次,但那既不是故事,也不是诗,而是一场噩梦 —— 一场纠缠了诗人一生的噩梦。

而穆旦,首先是一位诗人。一位驱赶噩梦的诗人,似巫师用咒语驱赶群鬼。

穆旦,他能把战争写成诗,借助了诗的魔力,诗的"摩罗诗力"!

诗人,让战争在诗中永驻,而不朽!

魅,媚也,妩媚也,文媚也,媚道也。

穆旦，正是以媚道之笔，写下了这篇世界现代战争史上的绝唱。

《离骚》中的"山鬼"，妩媚无比，为多少艺术家所神往，为之写诗、作画。屈子之南方鬼狐文学瑰丽的奇思遐想，营造在南蛮之地与倭寇在野人山谷的人鬼之战中，穆旦，沟通了中国古典诗词的祭奠精魂和现代诗自我告白与对话的坦诚和狂喜迷醉，以如椽大笔，写下了不朽的诗篇。

不仅如此，诗人乃以祛魅（disenchantment）之勇气，除旧布新，赋予现代中国诗以新的灵魂（enchantment），又让这个灵魂在新的时代不断地复活（re-enchantment），不断地歌唱（chant）——那一曲《葬歌》，贯穿了整整一个时代——一个有了桂冠诗人的时代。

第五节　动荡岁月

动荡的岁月，动荡的人生。无论是对于灾难深重的中华民族，还是对于当时穆旦等热血青年，动荡是生活的主题。动荡，动荡，一切莫不如此。

摆脱动荡的一种常见的结局，是陷入日常的平庸。

对于从前线回来的人来说，战争已经结束了，但是动荡并没有结束，平庸和混乱蜂拥而至，在新的更大的动荡来临之前。

穆旦参加的第一次远征军赴缅甸作战，是在1942年春天，撤军在这一年的秋天。

1942年7月6日，孙立人将军接到蒋介石赴印度受训的电令："新三十八师着改为独立师，由罗卓英长官指挥，即开赴比哈尔邦之蓝伽整训。"中国驻印军从此成立。到了1943年，在中国远征军首战败退印度于蓝姆伽训练基地接受训练和修整的关键时期，在史迪威将军急需从知识分子中征兵扩军以便为第二次入缅作战夺取全面胜利准备条件的时候，中国大陆大批知识青年从军入伍的行为，就纳入了学校正常的管理日程之中，在昆明，则得到了西南联大校方的支持和承认。

1943年10月教育部下令征调应届四年级男生入伍为美军翻译。梅贻琦常委宣布：四年级同学服役期满发给毕业证书。低年级同学志愿应征期满返校，可免修一个常年的学分。为保卫国土，西南联大奉献出一大批有为青年。

为配合盟军作战，西南联大前后有八百名壮士投笔从戎。除了保卫昆明,他们还参与了当时中国唯一的外援通道"驼峰航线"的危险飞行。(张曼菱编撰:《照片里讲述的西南联大故事》,人民文学出版社,2003年,第77页)

这八百从军抗日的壮士的姓名,从此镌刻在西南联大纪念碑上。
综合两次中国军队出征缅甸作战,西南联大为战争输送的学生兵员,至此有了一个统计数字和比例:

> 我们西南联大(北大、清华、南开在昆明联合成立)八年在校生八千人中先后投笔从戎奔赴抗日战场的就有一千一百二十九人,占全校在校生百分之十四,其中最集中的一次是在1943年至1944年之间,全1944级应届毕业生除女生和有病残者外,全体男生被征调去做美军译员,我就是其中一个。(罗达仁:《亲历中印缅抗日战场》,中国文联出版社,2005年,"前言"第1页)

在参加中国驻印军的人员中,有一位在南开大学念土木工程到大二的学生,投笔从戎,报名应征,作为战地记者参加了中国驻印军和在缅甸的反攻。他亲历了第二次远征缅甸的战争,写了十几篇战地报道,发表在当时的《大公报》等报刊上,成为继诗人穆旦之后最引人注目的战争记录者。他就是后来移居美国,成为著名历史学家的黄仁宇(1918-2000)。

> 一九四三年春,中国驻印军队的补给、训练大致完成,反攻缅甸,打通中印公路的时机业已成熟。二月的一天清晨,黄仁宇和一群军官作为先遣部队,飞过"驼峰"到达印度的蓝伽,设立新一军的总部,此后一年半他就参与了反攻缅甸的行动,并且成为一名前线观察员,当起了战地记者,一边服役一边写了十余篇文章,投到当时最负盛名的《大公报》及其他报章。一九四五年三月结集后由上海大东书局出版,成为黄仁宇的第一本著作。(林载爵:《序:战地记者黄仁宇》,《缅北之战》,黄仁宇著,新星出版社,2007年,第1-2页)

我们没有篇幅全面介绍这次战争和黄先生这部书的内容,我们只能从中摘出一个片段,来说明关于这场战争的一种认识,作为我们的传主穆旦的战争观的一种补充和扩展。如果说,作为现代派诗人,穆旦更多地流露出自己是一个具有民族主义立场的和平主义者和世界主义者,那么,作为有世界文明史视野的现代历史学家,黄仁宇则更多地显露出他是一个关注人类命运的人道主义者。下面,就是原载《黄河青山:黄仁宇回忆录》中的一个片段:

> 在孟拱河谷的第二天,我在桥下看到一具日兵的尸体。他的右手似乎握紧喉咙,以倒栽葱的姿态俯卧在河里。他的双脚张开,头浸在水里。我赶上距离不过两百码的前线部队时,连长邱上尉告诉我,死者官拜上尉,一个小时前被我们巡逻兵开枪射死,邱上尉拿走了死者的手枪,他给我看死者的军徽为证。死者身旁还有一张地图及一本英日字典,两件物品都湿了,被邱上尉放在树丛上晾干。
>
> 毋需多久,我就发现死者和我有许多共通点,属于同样的年龄层,有类似的教育背景。在死前一天,他还努力温习他的英文!谁敢说他不是大学学生,脱下黑色的学生装,换上卡其军装?想想看,要养大及教育他得花多少心力,接受军事训练得花多长时间,然后他在长崎或神户上船,经过香港、新加坡、仰光,长途跋涉的最后一程还要换搭火车、汽车、行军,最后到达在他地图上标示着拉班的这个地方,也就是已经烧毁的卡吉(Kachin)村,千里迢迢赴死,喉咙中弹,以残余的本能企图用手护住喉咙。种种事由之所以发生,是由于他出生在黄海的另一边。否则他将和我们在一起,穿我们的制服,吃我们配给的食物。在孟拱河谷这个清爽的4月清晨,蝴蝶翩翩起舞,蚱蜢四处跳跃,空气中弥漫着野花的香味。而这名上尉的双语字典被放在矮树丛上,兀自滴着水。(黄仁宇:《缅北之战》,新星出版社,2007年,第222—223页)

何等深入的观察和感人的人文关怀!显然,这里有着精深的思想在优美的散文笔调里,也可以和穆旦的现代诗有一个比较,甚至可以和于右任的古体词有一个比较。战争文学,在中国的文学史上,原本是渊源有自的,例如楚辞里的《国殇》,李白的《关山月》,而今有了国际的战争,更有了国际主义的人道主义的意境,自然可以按照这一个路子去思考和想象了。

黄仁宇本人,在战争结束以后,在面临各种工作、读书的抉择的时候,也曾经想过要回到南开大学读新闻学专业。但他后来又放弃了,事情的原委是这样的:

> 我曾听当时流亡昆明的南开大学副校长说,一旦下一年他们在天

津复校后，计划设置新闻学系。我把自己登在《大公报》的简报，并附上在《抗战日报》时工作的概况，以及投到其他地方的文稿（有一篇登在香港的刊物上）一起寄到注册组去，希望可以换得一些学分，或至少确认我换主修学科时，不会丧失太多资格。（黄仁宇：《缅北之战》，新星出版社，2007年，第234页）

但他终于还是没有去南开大学。他收到了学校的回复，显然觉得学校没有考虑他的这些经历和作品，作为入学的优惠条件。黄仁宇后来经过各种曲折，在美国的密歇根大学获得历史系博士，在大洋彼岸，留下了《万历十五年》《中国大历史》等重要著作，享誉史学界。

1944年，适逢美国大选。罗斯福总统面临共和党人的挑战。中国战区情况复杂，形势万变，而史迪威对蒋介石及其军队的状况十分不满。早已对史迪威欲除之而后快的蒋介石趁机施加压力，终于迫使罗斯福于10月19日令马歇尔致电召回了史迪威，由魏德迈取而代之。

  史迪威离开了中国，但没有脱离反法西斯战场。1945年又担任了在麦克阿瑟指挥下的美军第十军军长，在太平洋战区继续打击日本侵略者，指挥了攻占冲绳岛战役，在日本战败后，他接受了太平洋地区10万日军的投降。（邓蜀生：《美国历史与美国人》，人民出版社，1993年，第408页）

他还希望应邀参加在华日军的受降仪式，但此夙愿未能实现，诚为憾事。

让我们回到1945年的昆明。战争结束，前线下来的官兵都是长命的。返回国内的译员被通知到昆明外事局办理"遣散"手续。每个人多发三个月的工资就是遣散费，三级译员是来去的待遇，而"少校"从此不再属于你。数百名译员拥挤在外事局的大厅里，排长队等候自己如何发落。然后，是设法寻找一份工作。于是人们走出大厅，分散在街头巷尾，聊天，打听各种消息，或者急匆匆地奔走于四处。

西南联大四四届毕业生、从前线回来的罗达仁讲了自己的有趣经历：

  一年多后，抗日胜利，译员被遣散后，我找不到工作，流浪在昆明街头。一天突然对面一位西装革履的人走到我面前，行了一个军礼，喊了一声"翻译官"，我一下蒙了。望见来人闪亮的彩色领带，梳得油光的头,愣住了。我盯着他发着红光的圆脸,突然认出了他就是我们在当译员时服侍我们的勤务兵呀!(罗达仁:《亲历中印缅抗日战场》,中国文联出版社,2005年,第77页)

其实,穆旦回国的时候,抗日战争还没有结束。抗战结束要等到第二批参军的译员从前线回来以后。穆旦返回昆明,昆明正处于十分危险的境地和难以存身的时候,而返回就意味着返回生活,返回老百姓的生活。也许首先就是要找工作,没有工作就没有饭吃呀。

王佐良曾生动地记叙了当时青年学子初参加工作时的生活状况。

> 但是对于他们,生活并不容易。学生时代,他们活在微薄的政府公费上。毕了业,作为大学和中学的低级教员,银行小职员,科员,实习记者,或仅仅是一个游荡的闲人,他们同物价作着不断的、灰心的抗争。他们之中有人结婚,于是从头就负债度日,他们洗衣,买菜、烧饭,同人还价,吵嘴,在市场上和房东之前受辱。他们之间并未发展起一个排他的、贵族性的小团体。他们陷在污泥之中,但是,总有那么些次,当事情的重压比较松了一下,当一年又转到春天了,他们从日常琐碎的折磨里偷出时间和心思来——来写。(王佐良:《一个中国诗人》,载《蛇的诱惑》,曹元勇编,珠海人民出版社,1997年,第2页)

本来,西南联大毕业后,查良铮是留校做过一段教员的。相比之下,学校的教书生活,也许会安定些。但在国难当头的时代,年轻的诗人终于不能安心做学问和教书,一介书生,选择了投笔从戎,报效祖国的道路,投身到抗日战争中去了。

"位卑未敢忘国忧。"于是有了前面那胡康河上惨烈的吞噬和著名的一首诗。

1942年秋冬,穆旦九死一生,撤离野人山战斗后,在印度的加尔各答养病。期间曾与杜运燮相遇。杜运燮是穆旦的同学、好友,当时也在印度,时任中国驻印军训练中心翻译。在印度,穆旦写下了这样的诗句:

> 我要回去,回到我已失迷的故乡,
> 趁这次绝望给我引路,在泥淖里,
> 摸索那为时间遗落的一块精美的宝藏,
>
> 　　　　　(《阻滞的路》)

1943年初,穆旦返回国内,开始了颠沛流离的生活。

他先在昆明闲居,三个月无事可做。后来给原远征军第五军汽车兵团团长罗又伦教英文,接着给杜聿明的"干训团"手下当英文秘书。都是很短的时间,实际上没有固定的工作。

这一时期,他先后辗转于昆明、重庆、贵阳、桂林、沈阳等地,当过职员,做过翻译,办过报纸,先后供职于中国航空公司、重庆新闻学院、西南航空公司等处,可以说受尽了苦难和屈辱,流尽了汗水和泪水。

在航空公司的时候,他曾经认识一位姓曾的姑娘,是金陵女子大学毕业的。两人是同事,接触较多,也有好感,但关系没有进一步发展。

这些经历,包括生活上的挫折和感情上的压抑,除了压在心底作为生活的原生态的体验,就是写成诗,抒发一下当时的心境,表现战争归来者的悲惨处境。

穆旦是一个孝顺的儿子和负责任的哥哥,他要不断地给家里写信,寄钱,报告自己的进展,以便宽慰亲人。

据妹妹查良铃回忆说:1943年以后的几年中,为了接济家中父母姐妹(当时居天津)的生活,穆旦多次变动工作,生活极不安定,但他没有忘了给家中写信和寄明信片。

> 记得在抗战年代,他在大后方,每半个月准时给母亲寄来一张明信片,写得密密麻麻的蝇头小楷,内容丰富,读来十分过瘾。每年除夕夜,他总要写一张,准时准点。当时我和母亲唯一盼望的就是哥哥的明信片,它带给我们幸福、愉快,两遍三遍地看也看不够。(查良铃:《怀念良铮哥哥》,载《一个民族已经起来——怀念诗人翻译家穆旦》,江苏人民出版社,1987年,第146页)

然而,游子的来信虽有定期,生活却不稳定,诗仍然未中断。

1945年1月,穆旦在贵阳,一面在航空公司任职,一面写诗。

当时任《大公报》"阵地副刊"主编的诗人方敬,介绍了穆旦这一时期的情况:

> 1945年初我编《阵地》不久,他忽然来到贵阳,在航空公司任职。他的工作似乎不很重,而诗兴却很浓,勤于写诗读诗,也喜谈诗,正要出第一本诗集。每每周末,他忍耐着坐他不乐意坐的落后的旧式马车到花溪来找我,边玩边谈诗。……往往他亲手把他的诗稿交给我,近水楼

台,喜先得月,欣然在副刊上发表过好几首。(方敬:《回忆〈阵地〉》,载《新文学史料》1992年第4期,第106页)

不知道是否在这个时候穆旦萌生了自己办报纸的念头,总之,到了1945年10月,大约是黄仁宇联系南开大学想读新闻专业的时候,穆旦已经在东北的沈阳。他要筹备办报纸了。

大约在这一时期,在他随青年军返回北平的一路上,穆旦还写了四篇《还乡记》,受到时在北京的沈从文和冯至的赞许。

这四篇《还乡记》的目录和发表情况,兹列表如下:

1.《从昆明到长沙——还乡记》,写于1945年末,"十二月四日于长沙",1945年12月24日发表于《独立周报》第五期第三版,署名"本报特派记者查良铮"。

2.《岁暮的武汉》,写于"一九四五,除夕",1946年1月24日发表于《独立周报》第七期第三版,署名"本报特派记者查良铮"。

3.《从汉口到北平》,1946年1月24日发表于《独立周报》第七期第三版,署名"本报特派记者查良铮"。

4.《回到北平,正是"冒险家的乐园"》,1946年2月1日发表于《独立周报》第八期第三版,署名"本报特派记者查良铮"。

后面两篇,没标明写作日期,大约是一面写作,一面就发表了,没有拖延吧。

《还乡记》是一系列真实的记录和有感而发的随笔。第一篇记载了穆旦和L师长乘吉普车从昆明出发,一路上的观感,特别是湘黔滇公路,那是他们步行团走过的路;他写了终点站长沙,那里曾因国民党焦土政策引发了长沙大火,此时是长沙人民的战后恢复景况:

> 从湘西芷江宝庆,湘潭一带走过,所有的县城全毁了。湖南人正在忙着恢复。公路上熙熙攘攘,不是挑担运货的就是回乡的,大小地方都在搭盖房屋,生气融融。地方富,外表上看着可嘉。长沙的人们也都日渐返来了。八角亭一带的大商店又都开了张,湘江上又织满了船桅,岸上散发着鱼腥臭。到处都是人,人,老的生活又回来了。几个日本俘虏在街上东张西望,他们像感到已湮没在他们曾践踏的人们之中。(《还乡记》之一,见《穆旦作品新编》,李怡编,人民文学出版社,2011年,第252页)

在第二篇,穆旦写了武汉,那曾是武汉大会战的战场,如今却依然是"繁华"一派。

> 这里,跳舞厅,影戏院,辉煌的饭店和百货公司,一样都没有毁掉,糜烂生活可以围在旁边滋生,而妓女暗娼更是多得惊人。英美法的旗子像孤岛似的在高楼大厦上飘扬,使你觉得租界的气氛尚没有完全去掉。新来的机关,如空军第X分队司令部,海军司令部,什么什么特派员公署等等,也都安置在辉煌的大厦里,却又空空无人,门庭冷清,看惯了重庆那样紧张严肃,就觉得这里的生活太懒散无聊了!(《还乡记》之二,见《穆旦作品新编》,李怡编,人民文学出版社,2011年,第253-254页)

穆旦写了华北大平原,那抗日战争最残酷的地方,也是人民战争最富于智慧的地方:

> 华北大平原是神秘的。你从飞机中俯视,下面是无际的原野,静静的原野,为厚厚的白雪盖上的原野。下面是银白色的,在冬日的阳光下闪闪发光,金光刺眼。下面是村庄点点,道路纵横,笔直的田垄在雪中画了一个整齐的棋盘。你想像这一面平原就是敌人八年中密密层层包围里的华北,你想像那下面的每一小块地方就是游击区,而现在,这一片静静的农村和田野就是国际间的一个严重问题,你想像那小得看不见的人正在下面拆除铁轨,敌意正在下面坚固的存在,和飞机中的人正是两方面,你想像这就是国家的宝藏,我们血战八年所由来的,所渴望回转的人民的故乡……(《还乡记》之四,见《穆旦作品新编》,李怡编,人民文学出版社,2001年,第258页)

最后,穆旦写了飞机降落后的北平,那抗战胜利后的北平,一个严寒而混乱的地方,一个适合投机的"冒险家的乐园",而我们的视野回到了和《古墙》一样的画面:

> 宽宽的柏油路,矮矮旧旧的平房向后退去。迟缓的,冬日街上的行人向后退去。风吹沙土,长长的旧红墙和红墙里的大院落向后退去。北平仍是以前的北平,不过更旧了一点,更散漫了一点。北平的严寒是依旧的,雪和尘土一样的堆积不肯离开,寒风刺骨,使在南方住久的人

感觉真有点"吃不消"……(《还乡记》之四,见《穆旦作品新编》,李怡编,人民文学出版社,2011年,第259页)

当然,面对抗战后复杂的局面,穆旦也写了他对于战争的感受和认识——包含了对时局的担忧和对战争的思考。

我不知道战争有什么意义。自然,战争的意义很多,可是当你看到人们不言不语的回来在废墟上盖着茅草房子,而日本兵穿着破旧的衣服,也在街上拉着破碎砖瓦,扫清街道,修桥铺路;等你看到仇敌和朋友都一起来收拾着一场破烂,而大家的情形都更穷,更苦,更可怜,你就会想到既有今日,何必当初?何必大家要把好的破坏,而后再来共享坏的?为什么非要这样才能解决问题?其结果岂不是问题更多?今日的国事,是不是又要依赖在这一个老方法上?难道目前的教训还不够使人作痛吗?(《还乡记》之一,见《穆旦作品新编》,李怡编,人民文学出版社,2011年,第251页)

在这里,诗人呈现出完全不同的双重人格:一个是勇于参战的热血青年和抗日战场上的英雄,一个是面对战争的多愁善感和深入思考战争的哲人。在前一种意义上,诗人穆旦是战士,是战前"不灭倭寇,难泻我心头之恨"的勇士,是战后"我要报复,即使是一点点泄愤"的至情至纯的人,是一个民族主义者;而在后者,诗人穆旦又幻化成哲人,幻想战争以外解决人类问题的可能性,也可以说,他是一个和平主义者。正是因为一方面是民族主义者,一方面又是和平主义者,造就了诗人穆旦哲理和情感并重的思考习惯,造成了他战争诗篇的特殊地位和价值。

此前,穆旦曾写过不少战争的诗,包括5月纪念欧战胜利和8月日本投降的诗,还有那首《森林之魅:——祭胡康河上的白骨》,写于1945年9月。也许是受到战争残酷经历的强烈刺激,也许是这次战争经历融入了太多的感情的汁液,总之,从这首《森林之魅》以后,穆旦基本上结束了他关于战争的诗篇。至少在这一年,他只写了一首毫无关系的小诗《云》(1945年11月),而且在他的诗全集中是根据家属所提供的手稿确定的。此后,一直到这一年年底,穆旦就只有这一首诗。

1946年一年没有诗。

到了1947年,在1月份的《时感四首》之后,就是一首《他们死去了》(写于2月):

> 可怜的人们！他们是死去了，
> 我们却活着享有现在和春天。
> 他们躺在苏醒的泥土下面，茫然的，
> 毫无感觉，而我们有温暖的血，
> 明亮的眼，敏锐的鼻子，和
> 耳朵听见上帝在原野上
> 在树林和小鸟的喉咙里情话绵绵。
>
> 　　　　　　　《他们死去了》

一年多过去了，穆旦才把意识从那些死难的同胞们的回忆中移开，将目光投射到现实的土地上，写了《荒村》(3月)和非常重要的《饥饿的中国》(8月)。而《饥饿的中国》企图将《时感四首》包括在内，体现了复杂的编排结构和动机因素的组合，以及更加重大的问题的探索(包括《暴力》《胜利》《牺牲》等抽象的主题)。此后，穆旦便于8月写了长篇的《隐现》，显然诗人此时已全面转向了宗教题材；紧其后，便有一首《我想要走》(10月)，加强了这个超脱现实的"出世"效果。

不过，抗战的硝烟和烈士的阴影并没有完全挥去。

在《荒村》中反复地问："他们哪里去了？""他们哪里去了？"

然后，就是十分隐晦的描写，一种阴魂不散的感觉：

> 也曾是血肉的丰富的希望，它们张着
> 空洞的眼，向着原野和城市的来客
> 留下决定。历史已把他们用完：
> ……
>
> 　　　　　　　《荒村》

也许还包含着对于新的战争的思考和担心：

> 所有的炮灰堆起来
> 是今日的寒冷的善良，
> 所有的意义和荣耀堆起来
> 是我们今日无言的饥荒，
> 然而更为寒冷和饥荒的是那些灵魂，
> 陷在毁灭下面，想要跳出这跳不出的人群；
>
> 　　　　　　　《牺牲》

可见,战争的伤痛是缓慢地从内心消除,而眼泪是在时光里风干的,尽管目光投射到现在,但现在也是思考的现实和对可怖记忆的挖掘:

> 一切丑恶的掘出来
> 把我们钉住在现在,
> 　　(《牺牲》)

现实,当下的问题是工作,办报?但穆旦需要考虑。

事实上,北京大学外文系曾邀请穆旦担任讲师,但他关心时事和创作似乎更甚,加之老上司青年军二〇七师师长罗又伦再三恳请他去东北办报,他又特重友情,于是,便去了东北,创办起《新报》来。关于办报的想法,穆旦在解放后有这样的回忆:

> 罗又伦当时战事匆忙,只简略告诉我们要办一个老百姓的报纸。我和徐露放也是这个意思,不愿意把它办成军报或党报,只要使它成为一个社会型的报纸。我觉得在当时东北,关于国家大事的言论自然是不自由的,无宁多在社会新闻及读者来函上着重发展。(穆旦:《我的历史问题交代》,1956年4月22日)

穆旦回忆说,徐露放是二〇七师的政工队员,当时在北京中茶公司。又据知情人邵寄平的回忆,记载了他和穆旦一起在沈阳办报的情况:

> 在沈阳,他和一位西南联大同学办起一家报纸:《新报》,于1946年6月正式出版。先是四开小报,不久即改成对开大报,是当时东北四大报之一。我开始在编辑部做他的副手。在这个时期,他很少写诗。《新报》副刊上甚至没发表过他的文章。报纸三版左上角有一专栏《日日谈》,文章不超过三四百字,大部由穆旦执笔,不署名,发表过不少犀利的时事评论。和他认识的人,只有袁水拍(马凡陀)给寄来一些讽喻时事的"新山歌"。此外他的社交活动也很少。(邵寄平:《穆旦二三事》,载《丰富和丰富的痛苦》,北京师范大学出版社,1992年,第203页)

在旧中国,缺乏新闻自由的概念,任何人要办一张报纸,都十分困难。穆旦的《新报》,其实一开始就潜藏着危机。穆旦首先想到的,当然是邀请自己的同学一起努力创业。南开中学时的同学赵清华后来说,他和穆旦一起到了沈阳,"经过我实地考察,了解到报纸的实权操纵在思想反动的'笑面虎'主笔王某手里",于是打了退堂鼓,还劝穆旦也作罢。穆旦碍于罗又伦和一帮远征军战友的面子,自然要一意孤行,于是,就有了一段"东北办报"的经历。

这是一份民间联办的《新报》。总编穆旦,总主笔王先河,总经理徐露放。三人都是西南联大时的同学,抗战期间从军在青年军二〇七师任翻译或秘书。前师长罗又伦就是董事长,《新报》的赞助者也是二〇七师。但这不是一份军方报纸,而是一份具有革新精神的新报。

这是一份名副其实的"新报"。它的报社设在沈阳,长春设有分社。面向民众,倾向民主是它的立场。它"以敢言,敢揭露黑暗著称,首创《每日谈》《读者来函照登》等栏目,公开针砭,颇惹了不少麻烦"。

而穆旦本人呢?他在思想上倾向民主,与俄中友协人士多有接触,加上他俄语讲得好,不少人认为他"左倾"或者是"民盟"成员。由这样的人来办报,会有什么样的思想倾向和办报宗旨,自然是不难猜想到的。事实上,他主持的这份报纸,针砭时事,揭露黑暗,宣传进步,鼓吹光明。他的矛头,甚至直接指向了当时东北贪污腐化的官场和一些政府要人。

事过境迁,风雨飘摇,我们已无法直接获取有关《新报》的丰富的原始资料。好在发表在《新报》1947年4月22日上的"《新报》周年纪念特刊",刊载了一篇《为本报一年言论作总答复》的文章,而它的正标题,却是《撰稿和报人的良心》。这是到目前为止,我们找到的唯一一篇关于穆旦新闻思想的文章。它给我们以极为宝贵的思想启发和珍贵的行动证明。文章开宗明义陈述了报纸一年来所经历的毁誉和风浪:

> 本报的一年来,在毁誉交加中长大,一方面是赞誉和责备,但另一方面也饱受了谴责的风浪。赞誉我们的人,也许不知道在他赞誉的子民上,我们正受到如何的打击;而责备我们的,固然同样值得我们虔诚感谢,却往往不需明白我们的内衷和困难。本来,在当前,一个报纸想发挥它独立的性格是不很容易的事,更何况过去本报自身并不是没有缺点。已发见的缺点,自然需要加以注意和修正,这是一年来我们不断做着的事;但我们也需要声明,需要辩解,需要向各方面呼吁维护我们报纸的独立的性格。(穆旦:《为本报一年言论作总答复》,见《穆旦诗文集》(第2卷),人民文学出版社,2006年,第60页)

从这篇文章的开头的气势来看,俨然要从正面阐述自己的观点,为自己的办报立场辩解,似乎有一点"独立宣言"的意思。关于这篇文章的要点,我们可以摘要如下：

1. 一份报纸，如同一个人，其独立的个性最为可贵。"新报之所以为新报，应该是不同于别的报纸，然后才有它存在的价值；而它的成功与否也应该以其是否发展了它的独特风格而定。"（第60页）

2. "攻击贪污，揭发舞弊，攻击官僚资本，揭发不合理的现象，这些都是本报以十分勇气做过了的。在这些地方我们希望得到当局的一个谅解：这样做，不是有害于政府，而正是有利于政府的。"（第62页）

3. 在此基础上，作者公然提出："我们认为：报纸的言论不能也不必和政府的意见时常一致。"然后，列举了一系列的证据，试图说明政府对于时事与外交的一些问题，例如对待美国和苏联的态度，在有些时候，可以"利用民意喉舌的报纸"达到有利的目的。（第62页）

4. 从新闻自由的角度来看，穆旦的思想，还是倾向于英美传统和做法的。"英美政府除了任由报纸贡献民间的意见，不怕批评外，还有议会，是专门为听反对党的责骂的。在他们这是制裁与平衡（check and balance）。因为只有如此，民主政治才能走上轨道。"（第63页）

5. 对于旧中国报纸语言的积习，特别是阿谀奉承官吏的恶习，提出尖锐的批评。作者声言，"一年来看了不少的新闻稿"，时常看到"某某局长亲临致训"，"听众无不动容"，"经某市长如此改善，民众无不感激零涕云"。（第63页）

6. 最后，作者提出报人的三种品质，作为全文的结束："要报人富有良心，明智，和勇气，三者不可缺一，然后才可以真有'替老百姓说话'的报纸。本报同人愿意本着这个目标，与本市报界同人共勉之。"（第64页）

关于《新报》当时遇到的复杂的问题和实际的困境，从中也可以窥视几则，略加陈述。

其一，《新报》开办了一个读者来函栏目，"意思是由读者自己向社会报导，借以揭发隐情，改正恶端"。但有少数传闻不实，故意中伤的消息来源，"惹来了不少麻烦，甚至恐吓"。

其二，至少有一次，《新报》"第一次揭发某路局贪污的时候，我们立即得到当局的指摘和各方面的干预"。

又一次，"我们批评过政府'一面倒'外交的不当，也立即引起当局的不满，认为有'应和异党'的嫌疑"。这还了得！

终于办不下去了。

1948年秋，国民党辽宁省政府主席徐箴，借口《新报》"替共军夸张四平战役"(实际是因《新报》揭露他贪污),下令封闭《新报》。停刊后不久,他就南下了。(邵寄平:《穆旦二三事》,载《丰富和丰富的痛苦》,北京师范大学出版社,1992年,第203页)

因为事情来得突然,穆旦当时不在沈阳,报社几位与有关当局交涉,没有结果,只好通报全国新闻界:"《新报》系无理查封……本报四平战役报道,来源为中央社及电台外电稿。"

所谓"南下",就是前去广州,那可是赵清华落脚的地方。赵清华描写了他们在广州的会面和穆旦新的打算:

> 1948年冬天,良铮翩然莅临羊城。我在一家粤式餐馆里,既为他接风,又与他依依话别。良铮告诉我他转港去美留学的打算。我对他的出国深为理解:一个学外语的大学生,经过抗战洗礼,不想跻身官阶,同流合污,无疑出国深造不失为最佳出路。他说,几年后,那时的中国局面必然是澄清的了,他还是要回到祖国,从事他的文学事业。(赵清华:《忆良铮》,载《丰富和丰富的痛苦》,北京师范大学出版社,1992年,第196-197页)

如果说,作为办报人,穆旦是一个失败者,几年奔波,他的"新报",终于破了产。但作为诗人,穆旦却有异常丰厚的收获,靠了在社会上的跌跌撞撞,四处碰壁,靠了自己的勤奋写作,在"新诗"的道路上艰苦探索。

他这几年的诗歌创作,多数发表在天津的《益世报》、香港的《大公报》、北京的《文学》杂志、上海的《中国新诗》《民歌》等刊物上。至于他的诗集,当然是由诗人自费出版。

1945年1月,昆明文集出版社出版了穆旦的第一本诗集《探险队》,收入了他写自1937年到1941年的诗作25首。

应《文聚》之邀,诗人穆旦为此撰写了一篇颇有意思的"自述":

> 最大的悲哀在于无悲哀。以今视昔,我倒要庆幸那一点虚妄的自信。使我写下过去这些东西,使我能保留一点过去生命的痕迹的,还不是那颗不甘变冷的心么?所以,当我翻阅这本书时,我仿佛看见了那尚未灰灭的火焰,斑斑点点的灼炭,闪闪的、散播在吞蚀一切的黑暗中。我不能不感到一点喜。(穆旦:《关于〈探险队〉的自述》,《穆旦诗文集》(第2卷),人民文学出版社,2006年,第59页)

1947年5月,穆旦在沈阳自费付印了《穆旦诗集》(1939-1945),收入了他在这一时期的诗作66首。

1948年2月,上海文化生活出版社出版了他的第三本诗集《旗》,收入了他的诗作32首。

穆旦已经是一个蜚声诗坛的著名诗人了,而且是"九叶诗派"的中坚。

> 1947年,诗人臧克家和杭约赫(曹辛之)在上海组成星群出版社,出版了《诗创造》月刊,还出版了《创造诗丛》十二种。1948年,杭约赫与臧克家等星群社的同人因艺术观点发生分歧,就和辛笛、陈敬容、唐祈、唐湜等诗友另行创办了《中国新诗》。这时,穆旦等已经回到北方的、原来出身西南联大的诗人,包括他自己、杜运燮、郑敏和袁可嘉,与在南方的杭约赫等人形成了一个新的诗歌流派——中国新诗派(后因出版诗合集《九叶集》,又被称为"九叶诗派")。(陈伯良:《穆旦传》,浙江人民出版社,第93页)

虽然20世纪40年代的"九叶诗派"并非是一个有组织有领导的文艺团体,甚至诗人各自的创作个性也极不相同,但他们具有以现代主义关注现实问题的美学追求,有吸收外国现代派诗风开创中国新诗的诗学勇气,有融会观察、感悟与哲理沉思于间接化表现技术的创造能力。因此,"九叶诗派"作为一个有影响的诗派,不仅不同于"前线诗人""新月派""象征派",而且这些诗人作为个体存在,也具有突出的值得关注的诗学特点。

> 他(穆旦)是"九叶诗人"中最具现代诗风的一个。……他把现实置于宇宙时空之中来表现,或将生命的冲动和抽象玄思有机交溶于一体。他的诗冷峻中有热烈,睿智中有野性,富有凝重深沉的特点。但也有不易理解之处。(王圣思选编:《九叶之树长青——"九叶诗人"作品选》,华东师范大学出版社,1994年,"前言"第8页)

穆旦要走了。这一年,穆旦路经北平赴南京。他在联合国粮农组织(FAO)救济署工作小组工作了一段时间。入秋,穆旦曾随同该组织工作组前往泰国曼谷。他已经先行地又一次出国了。

穆旦要走了。10月,穆旦考取了自费留学赴美,他要离开沈阳了。

一篇写于10月30日的《送穆旦离沈》的文章,刊在了报纸上。作者是《新报》的一位热心读者。文章说:

两年来,东北不知有多少来的人,有多少走的人,算不了什么,你穆旦无非是万万千千中的一个。两年之前和两年后的现在,你来,你走,这中间,你经历着兴衰样的变化,是你个人的,也是整个东北的,张大的说一说,也是中国的,也是世界的。你办成的报纸,它出现,它蓬勃,它消失,在人们的眼前,更在个人的生命上。(亚珍:《送穆旦离沈》,载天津《益世报》,1947年11月22日)

若说穆旦办报是成功的,我想并不一定真实,而说他是失败的,也不尽然。它至少不一定是个人的失败,而是社会和新闻的失败,在旧中国那样的情况下,在一个没有新闻自由的国统里。而在文学上,诗人要走了,他是成功的么?

诗人要走了,他的理由是什么呢?

穆旦的诗作《我想要走》,我想,给出了诗人的理由:

> 我想要走,走出这曲折的地方,
> 曲折如同空中电波每日的谎言,
> 和神气十足的残酷一再的呼喊
> 从中心麻木到我的五官;
> 我想要离开这普遍而无望的模仿,
> 这八小时的旋转和空虚的眼,
> 因为当恐惧扬起它的鞭子,
> 这么多罪恶我要洗消我的冤枉。
>
> (《我想要走》)

这首诗写于1947年10月,也发表在《益世报》11月22日的《文学周刊》上,好像是对《送穆旦离沈》的一个回答。但不是一个礼节性的应答。它后来又发表于1948年6月《中国新诗》杂志上。

要不了多久,穆旦就要离境赴美了。

第六节　赴美留学

20世纪30年代和40年代的中国现代派诗人,继承了"五四"以来的知识分子的传统,是民族的新锐,他们放眼看世界,对现实具有批判精神。这一批诗人,可以毫不夸张地说,几乎个个都受过西方现代派诗歌的影响,其中许多人或先或后留学英美法德诸国，直接接受了西方现代艺术和文学思潮的熏陶和影响。就其客观条件而言，最为重要的影响就是动荡的时代和变化的社会，尤其是内外战争的影响。

历史上的日本，是游离于亚洲本土的一群蛮荒岛屿，曾吸取过中国的古文化和欧洲的现代文化。谁知道会有一天，在经历"甲午"海战的交手之后，它以入侵者的面目进入中国这一片广袤的土地，大兴杀戮与破坏之举，似乎一时没有了天敌，侥幸得繁衍猖獗之武士之道，令人发指。抗日战争期间，敌占区的多数知识分子，例如孤岛上海、古城北京和国统区的知识分子，一面本能地逃离战火和死亡，一面却在进行着或积极或消极的抗战活动，以直接的或间接的、文化的或政治的手段。抗战的烟雾未散尽，内战的乌云又迅速凝聚起来。历史学家黄仁宇写了当时一些知识分子的感受和担忧：

> 更烦人的是，战争可能尚未结束。中国可能卷入新的战事，也就是国民党和共产党间的内战。每天点点滴滴的消息都指向我们最害怕的事：紧接抗战而来的内战，似乎无可避免。华北爆发零星的战事，但真正的麻烦在东北。苏联阻挡国民党军队进入东北，但共产党军队却以步行和破烂的车队急速抢进。众所皆知，我们不能再承受任何战事，这个可怜的国家已经被战争蹂躏得差不多了。（黄仁宇：《缅北之战》，新星出版社，2007年，第232页）

抗日战争胜利以后，随着解放战争的进展，敌我双方区域边界不断推移，解放区的青年学生和知识分子，经历了延安岁月或革命战争的洗礼，配合前线的胜利，进入大城市，欢欣鼓舞地迎接解放；而徘徊于国统区的知识分子，则各自怀着比较复杂的心情，一方面对即将灭亡的蒋家王朝满腹牢骚，失望透顶，一面对共产党的政权和军队缺乏了解，心怀疑惧，于是就在天翻地覆的变革的前夜，各自谋求出路。其中一批现代诗人，本来就受到西方文化的熏陶，此时又无更好的依托，又不愿意追随国民党去台湾，便先后离开战乱中的祖国，出洋留学。一来可以暂避一时，寻求退身之道，为将来生活留有余地；一来也可以充实学业，更新自我，为毕生事业打下基础。这一批人中的多数，到了解放初期，又陆续返回祖国的怀抱，经历了不同的人生境遇。

穆旦，就是这些解放前夕出国留学又于解放后迅速返回国内的青年诗人群体中的一个。客观地说，他出去的并不是最早，而回来的也不算最晚。

还得从穆旦送女友出国的事情说起。

1948年3月，穆旦的未婚妻周与良女士从上海起程赴美留学，穆旦从南京专程抵沪为之送行。

穆旦和与良是在清华园相识的。那时候,他们一起参加学校的舞会,也在与良的二哥周珏良的家里见面。据说在他们的牵线人中,就有才女林徽因。但要真正确定恋爱关系,还是过了一段时间。

穆旦的夫人周与良后来回忆说:

> 我和良铮是1946年在清华园相识的。当时我二哥珏良是清华大学外文系讲师,每逢周末我经常去二哥家玩,良铮是二哥的同学,他也常去。周末清华园工字厅有舞会,我经常参加,有时良铮也去。(周与良:《永恒的思念》,载《丰富和丰富的痛苦》,北京师范大学出版社,1992年,第152-153页)

后来,穆旦从沈阳回到北京,常来燕京大学找与良,周末也一起去市内与良的叔父家。

每逢学校放假,他们也在天津的家中相见。周家也是望族,父亲周叔弢,是著名的实业家、藏书家,有学问,思想进步。家里常办舞会,兄弟姐妹的同学相聚,叽叽喳喳,好不热闹。

渐渐地,与良对这位身材中等偏上,脸庞稍圆,有着一对动人的大眼睛的热情青年产生了好感,见面的机会也越来越多。就这样,知识分子的爱情,多半时间是在与读书有关的谈论里,在王府井的书店里,在言说《傲慢与偏见》里,在讨论《战争与和平》里,也沉醉在巴金和茅盾的小说里,渐渐地成熟了。

可是事情不是一帆风顺,小插曲总是会有的。周与良回忆起这样一件小事:

> 有一次他忽然向我要一张相片,他说要给母亲看。我说没有。他说去照一张。我有些不高兴,我想我认识好几位哥哥的同学,人家都没有要相片。不过去美国以前,我还是送给他一张相片。(周与良:《永恒的思念》,载《丰富和丰富的痛苦》,北京师范大学出版社,1992年,第153页)

与良是大家闺秀,生得端庄大方,性格活泼开朗,一头剪短的秀发,显得格外干练。

与良知道,本来良铮是可以和她一起出国的,之所以要推迟,主要还是由于经济的问题。一方面他要照顾家里母亲和妹妹的生活,负担他们的生活费用,即使出国也要留足够的费用给家里;另一方面,出国本身也要花钱,因为当时是自费出国留学,要赚够钱购买官价外汇,才能搭乘出国的轮船。而穆旦的家道和经济条件根本无法和与良相比。对于这些,与良自然是理解的。

就这样,一对恋人只好暂时分开,天各一方,等待来日再重逢。

一声汽笛长鸣,"戈登将军号"邮轮就要启程了。

良铮一直把与良送到船上,叮咛嘱咐再三,才依依不舍地挥手告别。

回过头来,走在返回的路上,查良铮不得不思考自己的处境和出路了。

他知道,与良一走,自己将要面临新的困难,顿时觉得自己就像一只断了线的风筝,过四处漂泊无定的生活。事实上,正是如此。

自从1947年冬天,从东北办报失败以后,他先是考取自费留学的项目,离开了沈阳。到了1948年初,已是而立之年的穆旦,到上海和南京办理出国留学的手续,没有结果,只得滞留在上海的亲戚家里。这时,经人介绍,穆旦找到了一份在上海中央通讯社当英文编辑的差事。本来这也是十分不容易的,但穆旦不能适应这种与主流意识形态过分靠近且政治性很强的工作,于是,不到一个月,他就不干了。

没有工作就没有了饭碗。万般无奈,穆旦写信求助西南联大时的同学杨苡。杨苡的哥哥是天津大银行家的公子、尔后成为大翻译家的杨宪益,他说一个外国大使馆有一个空缺。当穆旦十万火急从上海赶到南京时已经是下午,这个空缺早就在上午被人占去了。

后来,好不容易在南京找到一份在联合国世界粮农组织救济署工作小组翻译和打杂的工作,待遇也不错,但毕竟是事务性的工作。这时,杨宪益又介绍他去美国新闻处当英文编辑,他的同事中还有经杨宪益介绍的地下党员。但穆旦还是不十分乐意,又是不到一个月就借故离开了。无奈之下,又回到了联合国世界粮农组织救济署工作小组,直到这个组织离开南京为止。

看来穆旦的工作不好解决。他是一个诗人,有思想,有个性,喜欢自由,不喜欢事务性的工作,更不喜欢和政治关系密切的工作。他讨厌给国民党政府工作,也不喜欢给美国人工作。有时几位朋友凑在一起闲聊,他就流露出这样的意思。有人去解放区,他表示赞同,只是自己年龄大了,家里又有父母姊妹要照顾,当然,他对共产党也缺乏了解。实际上,他连出国也不是十分情愿的。可是与良已经去了美国,在读学位,他想自己迟早也要去。

1948年12月,穆旦随联合国粮农组织撤离南京,前往泰国曼谷,继续从事救济署工作组的翻译工作。临行前,好友赵瑞蕻、杨苡邀请他到家里吃饭。元旦过后,唐湜还到他的临时住处彻夜长谈。唐湜比穆旦小两岁,毕业于浙江大学外文系,也是"九叶派"诗人之一,后来还写了《论穆旦》等研究文章和纪念性诗文。

到了曼谷,穆旦在工作之余,每周都抽空给与良写信,告诉她泰国的风土人情、气候物产。穆旦告诉与良,只等赚够路费,就前往美国。他还寄去他在曼谷的照片。其中一张在朱拉隆功大学拍的照片,一派东方佛国风光,生长茂密的亚热带植物,有拱廊的白色建筑,院子的长凳上坐着年轻潇洒的译员。

许多信和照片,与良一直珍藏到"文革",可惜还是被迫烧掉了。

只有一张照片,当年在朱拉隆功大学拍的,幸免于难,还是从"文革"后退还给与良的杂物中找到的。此时良铮从南京抵沪送与良上船时送给与良的,就是这一张照片,同时送给她的还有几本书。

照片的背面写着这样几行诗:

> 风暴,远路,寂寞的夜晚,
> 丢失,记忆,永续的时间,
> 所有科学不能祛除的恐惧
> 让我在你底怀里得到安憩——

穆旦写诗,除了写给好友王佐良先生的孩子出生的那一首《摇篮歌》,大概是没有应酬诗的。其实那一首,写得也不像是应酬诗——太真了。就连这一首赠给恋人的,也是一首现成的诗的片段。

这几行诗,选自《诗八首》的第七首的第一节。写于1942年2月,后来曾收入《穆旦诗集》(1939-1945)和闻一多编的《现代诗钞》,以及诗人自费出版的《旗》,并改《诗八章》为《诗八首》。

穆旦的《诗八首》,是关于爱情的组诗,但不是传统意义上抒发个人感情的"抒情"诗,而是超越个人经验,或者说是把个人经验上升为普遍的爱情思辨的"哲理"诗。八首诗构成一个完整的恋爱序列,以新诗的形式述说爱情的全过程,具有十分丰富的意义和高超的表现手法,是一套设计精良、制作精细的爱情艺术珍品。其中男女主人公的设定,既是一定的角色又有普遍的意义。而恋爱过程的一致性和各阶段的划分和连接,又是合乎情理的,不露痕迹而又清晰可辨。最重要的是上帝的显露和隐藏,使整个组诗具有一个形而上的高度和统一性的连续。至于抒情与哲理的交融化一,戏剧化处理的巧妙,以及语言艺术上的高超造诣所造成的现代诗歌的艺术效果,就更值得研究了。

与良走后,穆旦写的诗很少。可能是恋爱中的情书和照片,花去了一些时间和精力。

1948年,是一个关键的年份,无论对于爱情,还是战争。

2月里穆旦只写了《甘地之死》。在4月里,穆旦写了《世界》《城市的舞》《诗》和《绅士和淑女》等四首诗。其中与等待和爱情有关的,只有下面几节:

> 劳苦、忍耐、热望的眼泪,
> 正像是富有的人们在期待:
> 因为我们愚蠢而年轻,等一等
> 就可以踏入做美好的主人。
> (《世界》)

> 爱情探索着,像解开自己的睡眠
> 无限地弥漫四方但没有越过
> 我的边沿;不能够获得的:
> 欢乐是在那合一的根里。
> (《诗》)

关于战争的诗,大约要到这一年的8月。8月里,穆旦写了《诗四首》。那"迎接新的世纪来临"的诗篇,不仅是诗人离开大陆前的最后一首诗,而且可以说是最后一个漂亮的亮相了。

> 迎接新的世纪来临!痛苦
> 而危险地,必须一再地选择死亡和蜕变,
> 一条条求生的源流,寻觅着自己向大海欢聚!
> (《诗四首》)

其时,正是20世纪的中叶,并不是一个新世纪的开端。不过,当时的中国大地,正在发生着激烈的内战。那是中国大地上无数次内战中的一次,虽然延续时间不是很长,但却是少数几次决定中国政权更替和国家前途的战争之一。在这个时候,在中国已经和国际有了较为频繁的接触之后,出国,对于知识分子就不仅仅是一种可能,而且也是一种可以实现的愿望了。

何况,一代学人,面向大海寻求知识和前途的努力,已经近乎现实了。

更何况,诗人的爱人已经先行在大洋彼岸的校园里,等候他的来临了。1949年8月底,在天津已经解放半年多之后,穆旦终于实现了赴美留学的愿望。他从曼谷登上了去美国的轮船,扬帆远航了。

穆旦,作为"九叶诗派"的一分子,他以及他们那一代诗人在20世纪

30、40年代的诗歌创作和成就,连同他们的《诗创造》和《中国新诗》,在这块战乱频仍的大地上将会留下什么样的影响和意义呢?

> 但对于中国而言,他们只能像一个幻想型的彗星那样闪光。就在他们呼唤艺术的繁复的时刻,隆隆的炮声已经自遥远的北方平原响起,烽烟散落之后,行进的脚步声已经沿着津浦线和大运河排山倒海般地向华东和华南而来。中国的历史将掀开新的一页,中国的艺术、文学和诗歌也将有一个新的起始。(谢冕:《新世纪的太阳》,中国人民大学出版社,2009年,第187页)

那时候的航行,从亚洲到北美,在海上要花去几十天的时间。穆旦乘坐的美国邮轮,设备十分简陋,木质的扶手椅,上面铺着帆布,就是不错的席位了。旅客们在聊天与读书之余,时而走出船舱,来到甲板上,阳光下,让海风随意吹拂,呼吸潮湿的空气,欣赏海景和天空,舒缓一些身心,也放纵一下想象力。

在漫长的航程中,诗人凭栏眺望辽阔的海洋,目送着成群的海鸥上下翻飞,看那云团滚滚,向天边飘游卷舒,诗人的心也随之飞舞,向着他心目中的美利坚和众国,那个大洋彼岸爱人所在的地方,那个被无数的年轻人想象成自由与民主的天堂的国度。

此时此景,云的意象,又油然升起在心中:

> 凝结在天边,在山顶,在草原,
> 幻想的船,西风爱你来自远方,
> 一团一团像我们的心绪,你移去
> 在无岸的海上,触没于柔和的太阳。
>
> (《云》)

仰俯苍茫云水间,穆旦不能忘怀,身后的祖国,风暴还没有过去,让欧风美雨播洒在这贫瘠而干涸的土地上,是一代人的使命,还远没有完成。为了这个目标,诗人要远涉重洋,向更高更远处飞翔:

> 是暴风雨的种子,自由的家乡,
> 低视一切你就洒遍在泥土里,
> 然而常常向着更高处飞扬,

随着风，不留一点泪湿的痕迹。
《云》

轮船抵达旧金山港，那蔚蓝色的海湾在阳光下一片灿烂，使人顿生心旷神怡之感。

在旧金山，穆旦见到了周与良的哥哥周珏良，他也是穆旦的同窗好友。周珏良已经获得了芝加哥大学文学硕士学位，应清华大学之聘即将回国任教，途经旧金山。异乡他国遇知己，两人都十分高兴。穆旦谈了自己的打算，还把随身带的几十个美元托同学带给在北京的母亲。

与良后来回忆了穆旦初到美国的事情：

良铮1949年8月抵美，在旧金山遇到珏良二哥回国，他把身上的几十美元托二哥带回北京给他母亲。他本来打算去纽约哥伦比亚大学英文系就读。当时他更喜欢哥大。在芝加哥停留一周，就去了纽约。……他去纽约只呆了三天，又回到芝加哥，在芝加哥英国文学系就读。（周与良：《永恒的思念》，载《丰富和丰富的痛苦》，北京师范大学出版社，1992年，第154页）

穆旦之所以想去哥伦比亚大学读书，是有原因的。原来，哥伦比亚大学和南开大学有一定的渊源关系。南开大学奠基人张伯苓校长的弟弟张蓬春，早年曾在哥伦比亚大学研究文学和戏剧，把西方戏剧引入天津时，易卜生戏剧的演出人员中就有后来成为大剧作家的曹禺，而曹禺也和南开大学有缘分。又据著名诗人柳亚子的公子、任教于南开大学多年的外国文学教授柳无忌先生回忆，他在1946年春携家人赴美时，他的弟子之一"曹鸿昭正好在纽约哥伦比亚大学读完硕士学位"。此后，由哥伦比亚大学毕业返回国内在南开大学任教的当不止曹先生一人。而穆旦向往哥伦比亚大学大约也是受到类似的影响，或者有他人的推荐，也未可知。

穆旦虽然没有机会进哥伦比亚大学读书，但他毕竟去了一趟纽约。在纽约，穆旦第一次看到了自由女神像，看到了西方世界最繁华最喧闹的大都市。同旧中国那破败残缺的形象相比，"文化震惊"是必然的，但物质的享受似乎并不是他的追求，他更关心的是美国的社会问题和教育制度。

当时，周与良已经在芝加哥大学生物系读完硕士学位，正准备博士生的资格考试，不能换学校，二人又不愿意分开。这样，查良铮就只能回到芝加哥大学英文系读文学了。

芝加哥是一座有历史文化内涵的名城。她位于伊利诺伊州的东北端，其得名，据说是因为当地出产一种气味浓郁的"野洋葱"，其在印第安语中的发音是"切卡哥"，就是英语中的"芝加哥"了。

作为美国中西部工业大都市，芝加哥还是个人运动的策源地，"五一"国际劳动节和"三八"国际劳动妇女节的诞生地。著名诗人桑德堡曾写诗这样描述这座城市的形象：

  供应世界猪肉的屠夫，
  工具匠，囤积小麦的搬运工，
  条条铁路的指挥，运输货物的管理人，
  乱哄哄，闹嚷嚷，一片沸腾，
  啊，这双肩宽阔的城市……
      （桑德堡：《芝加哥》）

芝加哥有发达的交通设施、机场和港口，有多家著名的银行和石油公司，有世界上最高的超过100层的建筑，有世界上最大的公园系统，还有各种博物馆、艺术馆、水族馆以及美国最早的天文馆等。尤其是博物馆和艺术馆，成了穆旦经常光顾的地方。穆旦喜欢现代派绘画，特别是对凡·高更情有独钟，经常在画展前流连忘返，细细品味。事实上，诗人和画家，在艺术的敏感上是相通的。

伊利诺伊州人杰地灵，出过许多名人，是作家海明威的出生地和林肯总统活动的地方。1858年，林肯曾与道格拉斯就废奴问题转战本州七个城镇，连续进行了七场辩论。海明威于1899年出生于芝加哥附近的奥克帕克村，自幼跟父亲打猎、钓鱼，跟母亲学绘画、音乐。40年代初，海明威作为战地记者，曾来到中国报道中国的抗日战争，可以说，和诗人奥登的贡献相互呼应——当时正值中国的现代诗蓬勃发展的时候。在穆旦离开伊利诺伊州回到祖国的第二年，即1954年，海明威以"精通现代叙事艺术"而获得了诺贝尔文学奖。

有情人终成眷属。在基本上安定下来以后，穆旦和与良的婚礼就要举行了。

异国的婚礼别有一番风味。他们一行人开车一直向东，穿过几个州，到了大西洋沿岸的佛罗里达州的一个小镇——杰克逊维尔，在那里举行了婚礼。

1949年12月，我们坐火车，去佛罗里达州的一个小城结婚。当时我五哥杲良在那里一个研究所做博士后。结婚仪式很简单。在市政厅登记。证婚人是杲良和另一位心理学教授。我穿的是中国带去的旗袍,良铮穿的是一套棕色西服。一般正式场合都要穿藏青色,他不肯花钱买,就凑合穿着这套已有的西服。杲良订了一个结婚蛋糕。参加仪式的还有几位他的同事。我们住在大西洋岸边的一个小旅馆一周,然后返回芝城。(周与良:《永恒的思念》,载《丰富和丰富的痛苦》,北京师范大学出版社,1992年,第155页)

新婚之后,年轻的夫妇又投入到紧张的学习生活中去了。

留学的生活,文科和理科是有些区别的。相对而言,理科经费比较充足,生活比较规律。与良在实验室工作,每周二十多小时,晚上也可以工作。文科就要艰苦些、自由些、动荡些、悬殊些。良铮在邮局干临时工,出力大挣钱少,但比在学校里打工稍好一点。每小时报酬为两个多美元,而学校里的工作一般不到一美元。加上可以在夜间干活,不太影响上课,还是很划算的。晚上回来,已是深夜两三点,路过黑人区。他认为,黑人绝不像一般所认为的那样幸福和平等。他们受教育的机会不好,影响了工作和生活的状况。

穆旦的留美生涯,首要的就是勤工俭学,他自己的生活也格外简朴。初到美利坚,穆旦住在靠近地铁的一家小旅店,房间很小,房租当然比较便宜,与人合用卫生设备。每天的伙食,无非是炼乳、面包、花生酱,有时也买一点碎牛肉罐头。水果要吃最便宜的,橘子啦、葡萄啦,当时大约是十几美分一斤吧。5美分一个"热狗",就是他的午餐了。

婚后的生活有些变化。但由于经济原因,仍然得与人合住一套房子。值得欣慰的是,穆旦夫妇的房子,有一间卧室空着,便约了西南联大时的老同学巫宁坤前来合住。这一年多的共同生活,进一步加深了他们的友谊,也是后来穆旦夫妇进入南开大学工作的重要原因。有家的人自然不同于单身生活。一度社会应酬多了一点儿,但主要还是与良的——与良很爱玩儿,只要穆旦不干涉就行。朋友来往较多,周末常有聚会。

据周与良回忆,有两个人特别值得一提。一位是数学大师陈省身先生,当时在芝加哥大学数学系任教。因为都是南开来的,他们就常去陈家,聊天,打桥牌,然后美餐一顿,享受一番。

陈省身早年由清华研究院资送出国,1936年在德国汉堡大学读得博士学位,曾在巴黎短暂工作,于1937年返回国内,任西南联大数学教授。后来,经过曲折的道路,陈省身来到美国。

我应普林斯顿高级研究院邀请,前往访问。1943年7月离开昆明,乘美国军用飞机经印度、非洲、南美洲去美。在印度作了些演讲后,于8月初抵美国迈阿密。(陈省身:《联大六年(1937~1943)》,载《联大岁月与边疆人文》,南开大学校史研究室编,南开大学出版社,2004年,第176页)

陈省身晚年返回国内,定居南开大学,捐款数百万美金,于1985年建立南大数学研究所,落叶归根,功德圆满,于2004年12月3日逝世,享年93岁。

另一位就是穆旦的老上司罗又伦将军。二人曾一起随中国远征军出兵缅甸,生死与共。

> 1950年春天,原抗日远征军的将领罗又伦夫妇忽然来芝加哥访问。我们共同参观了芝大校园,芝城博物馆,美术馆等。那时我和良铮非常喜欢印象派画,芝加哥美术馆有许多印象派画家的画。良铮最喜欢荷兰画家梵高的画。……我们还去参观了芝加哥一个屠宰场(全美最大的),在中国餐馆共进午餐。良铮和罗又伦谈得最多的是中外诗歌,并建议他多看些古诗,如陶渊明、李白、杜甫等。(周与良:《永恒的思念》,载《丰富和丰富的痛苦》,北京师范大学出版社,1992年,第155页)

异国他乡,故人相见,不知道有多少话要说,然而,这次会面,也未能尽兴。罗又伦只是来美短期旅游,还要返回台湾。从此海峡两岸,天各一方,音信杳然了。

照例说,所谓回国,当然是返回中国大陆,而且是新中国的大陆。这里有关于著名数学家华罗庚的一则回忆:

> 1950年,华罗庚回国,在芝加哥途中,清华同学会给他送行。梅贻琦说了一句名言:"大学者,不是有大厦,而是有大师之谓也!"他鼓励华罗庚回国后,去清华当一名普通教授。(华罗庚:《说旧话》,载《清华校友通讯》复12期,1985年)

可是,华罗庚并不满足于当一名普通的教授。他后来服从于国家的需要,任中国科学院院士,在数学领域为新中国争得了显赫的荣誉。而他克服重重困难的回国之举,为那整整一代由海外回国的科学家,树立了一个难以企及的榜样。

在美期间，除了广泛接触社会，认识社会，查良铮的学业也是抓得很紧，虽然他并不特别看重学院式的教育和研究方式。他一面主修英国文学课程，同时考虑到回国以后，要从事翻译，向中国读者介绍俄国文学的发展情况，便很自觉地选修了俄国文学课程。查良铮的俄语，本来就有基础，在西南联大时，他师从刘泽荣教授，而刘泽荣教授是国内主编第一部《俄汉大辞典》的俄语专家。到国外了，查良铮又最能用功，特别是背单词。据同班同学说，他的俄语学得不错，"是班上最优秀的学生"，在课堂上经常做示范阅读，比美国学生学得还好。其中的诀窍之一，可能就是他那背字典的老办法。事实证明，查良铮的这个决定，这种做法，是很有远见的。

上课之余，社交之余，穆旦得空坐在校园美丽的草坪上，双手撑着湿润的花草，蚂蚁偶尔爬到手背上，也会遐想未来，思考现实。他来美国不久，对于美国社会，自然有许多新鲜的感受，但总觉得与自己的旨趣不甚吻合。西方的文明，他更加倾向于文学的艺术的感受，无论是古典与现代，而对于现实的考察，甚至社会科学理论，反不甚注重。有时他望着那些高楼大厦，绿树红房，车水马龙，看那些少男少女，吃着热狗喝着咖啡；音乐声中，湖光山色一片凄迷，在阳光下反射着白光，就像一副印象派的画，斑斑点点，五颜六色，总是看不透亮，像是隔着一层雾气；与人谈话，也不能自由和深入，颇有些不爽快，不解气。

最近的一件事，使穆旦的心情格外沉重起来。

姓万的姑娘，自从联大路上回家去，再也没有回来。近日听说，她起先向男方提出结了婚就随同去美国的条件，于是和丈夫双双来到美国。可是不知道为什么，那男的竟然患了精神分裂症，不久便死去。留下她和两个孩子，日子艰难倒也罢了，谁知那女的也在精神错乱中，杀死了自己的亲生骨肉，酿成了家庭的悲剧。穆旦听说此事，心里十分矛盾，也十分痛苦。他本应前去见一面，安慰一番，但终于没有回复，也未能成行。可这件事，郁积在穆旦的心里，很久，很久。

面对异国的现实，回想中国的留美潮和华人出海谋生的经历，穆旦的心思也像潮水一样，此起彼伏，不能平静。

记得途径旧金山时，听说过那里有一座"天使岛"。从 1910 年起，岛上建立了移民边境检查收留站，到 1940 年撤离，先后关押过 175 000 名由广东来美的华工。他们远涉重洋，本欲淘金，却沦为囚徒，被关押在木屋里，经年累月，思念家乡，悲愤难平，不少人用刀子在墙壁上刻下了诗篇。1931年，有华工抄录下 92 首，集成《秋蓬集：集弱者之心声卷》，配以英译和注释，并在上海撰文披露这一段屈辱的华工流亡海外史,遂震惊海内外。

> 埃仑此地为仙岛,
> 山野原来是监牢。

清末,在帝国的残阳里,康有为、梁启超国内变法失败,为逃避清廷追捕,流亡日本;孙中山、严复等人,一代先驱,或避难海外,积蓄革命的力量,或周游欧美,考察民情和社会制度,或寒窗苦读,翻译和介绍西方经典,争取民族的革新和社会的变革。其中也包括后来留法留德勤工俭学的一族,他们宣传阶级觉悟、武装革命,相信苏联十月革命的道路,遂回国进行武装暴动,推翻旧的政权,建立新的秩序。虽然发力见效于国内,但考其思想渊源,无不肇事于海外风潮。

近世以来,更多的读书人睁眼看世界,想望东方复兴;"甲午"以来,注目日本维新之成功,转而师法东瀛邻国。考究起来,面临国难家仇,蹈海以惊世人之爱国心者,有留学生陈天华;轻生而弃字画于苍茫大海者,有诗僧苏曼殊;弃医而从文,卓然有成者,有文豪鲁迅、郭沫若;或广见闻以开启民智民心者,如社会活动家梁启超;从事政治而有大成者,如开国贤相周恩来;有学习音乐美术,超越艺术而成为一代宗教领袖者,如弘一法师李叔同。知识分子,百人百性,命运不同,得失自见,不能一律也。

然而在此之中,有一人不能不提。那就是著名诗人李金发,他几乎走完了出国——回国——再出国的全过程。他于1900年出身广东梅县,早年经香港到达欧洲,于1919年在法国留学,后经德国,周游欧洲,受惠希罗,沐浴欧风,卓然有成。他以雕塑家和诗人的名义于1937年返回国内,以笔做武器,投入抗日战争,怒斥汉奸,曾为蔡元培做秘书,致力于民族复兴和教育事业。终于心灰意懒,于50年代初,在驻外使节的位置上,滞留海外,后转移到美国,经营农场盛衰,飘零笔墨余生,而于1976年逝世于美国,埋骨异乡。

而穆旦一族(包括留学法国,研究美术,归国而成为一代翻译大家的傅雷),基本上属于战乱中离开大陆,在解放初陆续回到祖国怀抱的一代知识分子。其中又以50年代克服重重困难毅然归国,投身国防建设的著名科学家钱学森为典范,他的回国,甚至成为中美外交史上神秘而精彩的一笔。对于他们来说,许多人甚至有西南联大的经历,向往光明,追求进步,乃是一项永久的事业。当时革命的任务已经完成,迎接他们的主要是建设祖国、保卫祖国的任务,富强与文明乃是他们的信念。这是一个许多人所面临的共同处境和谈论的共同话题。

当时在芝加哥大学研究生院的,就有后来荣获诺贝尔物理学奖的李政道、杨振宁,学文科的则有邹谠、卢懿庄等人。他们都是穆旦和周与良的好朋友,经常讨论国内外大事,抒发救国强国的壮志。在他们中间还成立了"研究中国问题小组",研究国内的形势和动向,考虑中国的发展和兴旺。其中穆旦和好友巫宁坤,是主张及早回国的。事实上,巫宁坤于1951年应燕京大学电聘,先行回国,后来到南开大学,也介绍穆旦夫妇来南开任教,才有了一段患难与共的经历。这是后话。

关于穆旦在美国的学习情况和学业成绩,一直都不太清楚,家人和亲朋也没有仔细吐露过。人们只是模糊地知道他学的是英美文学,而且也花了不少时间学过俄语和俄罗斯文学,至于他的结业成绩,甚至毕业的确切时间都不得其详。后来得知《新民周刊》2006年12月6日发表了张新颖的文章《芝加哥的穆旦遗迹》,从中读到这样一些珍贵的文字。

> 我的行李里面放着两卷精装的《穆旦诗文集》(人民文学出版社,2005年),虽然是讲课的需要,但也并不是非带不可。我希望在客居的空闲时间重读穆旦诗文,更希望,我能够趁在芝加哥大学的2006年秋季学期,找到穆旦的硕士论文。穆旦一生写的文章很少,诗和译诗之外的各类文字,仅编成一册,首篇是小学二年级时候的几句话短文。倘若能够找到穆旦在芝加哥大学研究生毕业时候的论文,一定很有价值吧。(张新颖:《芝加哥的穆旦遗迹》,载《新民周刊》2006年12月6日)

作者怀着这样的愿望去找穆旦的线索。他先是按图索骥,即按照穆旦夫妇的一张照片显示的背景找到了Jackson公园,穿过去就是63街,那是穆旦当年留学居住的区域,也是他每天打工清晨三四点回来要冒险穿过的地方,地域偏僻,安全成问题,食物也便宜,常常买5美分一个的热狗来充饥。

> 很容易就找到了61街穆旦和周与良婚后租住的一处公寓,6115 Greenwood Ave;他们在这里没有住多久,就搬到了5634 1/2 Maryland Ave。我从东亚系的办公室走出来,找到后面这个有点奇怪的门牌号,也不过10分钟。正拍照的时候,租住在这里的两个年轻人回来了。我说,你们知道这里曾经住过一个中国诗人吗?这两个美国人一听,非常兴奋,其中一个马上背了几句中国诗,我猜想,那可能是英译的中

国古典诗。(张新颖:《芝加哥的穆旦遗迹》,载《新民周刊》2006年12月6日)

照例,硕士学位论文在学校的图书馆藏就有,只要打开电脑查阅一下编目就可以找到。但是,没有,又到英文系去找,也没有找到,连学生材料都翻遍了,还是没有穆旦的信息。怎么办呢?张新颖没有放弃,几经周折,终于有了线索。

还好,多方周折之后,在图书馆特藏部找到了一本学生住址本 Students Directory 1950-1951,上面有穆旦1950年到1951年的住址,即我已经看过的 5634 1/2 Maryland Ave;又找到一本毕业典礼活动安排 Convocation Programs 1951-1954,在1952年6月13日于洛克菲勒纪念堂举行的毕业典礼的硕士学位授予名单上,写着穆旦的名字。但是论文还是一点影子都没有。(张新颖:《芝加哥的穆旦遗迹》,载《新民周刊》2006年12月6日)

还好,功夫不负有心人。一位热心的女同学帮助了他。她从登记注册处(Office of Registrar)找到了穆旦的成绩单,原来穆旦没有做学位论文,他选择的是考试的毕业方式,拿到了学位,属于 Degree of A. M. conferred Jun 13, 1952 without thesis. 那么,他的成绩怎样呢?

穆旦的成绩并不算好,这个英文系的学生,英文系的课程都是B;但是他却一连三个学期选修俄语课,第一学期是B,后面两个学期都是A,还选修了一门俄国文学,也是A。他在西南联大时期就学过俄语。芝加哥时期的穆旦一心想着回国,他对俄语和俄国文学的热情和对新中国的热情存在着紧密的联系。(张新颖:《芝加哥的穆旦遗迹》,载《新民周刊》2006年12月6日)

这份成绩单还纠正了一个重要的日期,那就是穆旦毕业于1952年6月13日,而不是一般认为的毕业于1950年底。这样,穆旦毕业和周与良拿到生物学博士学位(1952年夏初)就是同一个时间了。

诗人是要写诗的,但是在美国的几年中,也许由于新婚生活和紧张的学习,也许由于异国的事物不容易入诗,总之,穆旦的诗很少。严格说来,只写了两首诗,而且都是写于 1951 年。

一首是《感恩节——可耻的债》,讽刺美国白人进入北美后对印第安土著的杀戮和灭绝,同时也连带着讽刺了资产阶级的"腐朽的玩具——上帝"。兹录作者原注,权当是一篇短文:

> 美国习俗,每年十一月的最后一个星期四为感恩节,家家吃火鸡来度过欢乐的节日。这节日源起于一六四二年,最初从欧洲到普来茅斯的移民们,生活极困苦,幸得当地红种人的帮助,得以安居并学得耕作的方法,因而感谢上帝。但此后的历史,成了白种人屠杀红种"土人"的历史,以致今日,红种人快要绝灭尽了。美国资产阶级的这一套办法,现在岂非也在向世界的各民族开刀?(《穆旦诗全集》,李方编,中国文学出版社,2006 年,第 278 页)

另一首就是《美国怎样教育下一代》,其中可以看出穆旦对于美国儿童教育的不满。诗中假托了一个小彼得,如果不考虑儿童的因素,便俨然是一个恶少:

> 小彼得,和他的邻居没有两样,
> 腰里怀着枪,走路摇摇摆摆,
> 每天在街上以杀人当游戏,
> 说话讲究狠,动作讲究快,
> 妈妈的规劝是耳边的风,
> 姐妹看见他都害怕地躲开:
> 且不要相信他是个英雄,
> 谁打倒他,他便绝对地服从。

诗人进一步把儿童的不良教育归结到美国社会,诸如宗教的欺骗性和商业、色情与财富刺激人的欲望等。于是,一副美国社会的风情讽刺画就展开在眼前:

> 报纸每天宣扬堕落和奸诈,
> 商业广告极力耻笑着贫穷。
> 你怎么活下去?怎样快掘金?
> 怎样使出手段去制服别人?
> 自私的欲望不得不增长,

> 你终于是满意还是绝望,
> 夸张的色情到处在表演,
> 使你年青的心更加不平衡。

诗人以戏拟的手法,揭露宗教的虚伪和阴暗,还有各种思潮对生活信心的毁灭:

> 黑衣牧师每星期向你招手,
> 让你厌弃世界和正当的追求;
> 各种悲观哲学等在书店里,
> 用各样的逻辑要给你忧愁;

最后,他甚至揭露美帝国主义的战争和侵略的本质,警告人们不要做无谓的牺牲:

> 最后一只手要抓住你不放,
> 那只手呀,正在描绘战争的蓝图,
> 那图上就要涂满你的血肉!

虽然这两首诗要留到回国以后才发表,但作为"九叶派"诗人,穆旦的诗才已经为外国学人所赏识,一如林语堂的英文为外国同行所激赏。

有一位外国人对与良说:"你丈夫的诗写得非常好,他会成为大诗人。"

> 当时他的诗作在美国已小有名气,已发表过数篇,他很可以多写诗,靠写作过更好的生活,可是他总说在异国他乡,是写不出好诗,不可能有成就的。(周与良:《怀念良铮》,载《一个民族已经起来——怀念诗人翻译家穆旦》,江苏人民出版社,1987 年,第 131 页)

当时,赫伯特·克里克莫尔(Herbert Creekmore)主编的《世界名诗库》(*A Little Treasury of World Poetry*),1952 年在纽约出版,其中收了穆旦的两首诗。一首选自《饥饿的中国》第二章和第五章(From Hungry China),一首是《诗八首》中的第八首(There Is No Nearer Nearness)。署名是真名查良铮(Cha Liang-cheng),其实是诗人自译为英文的。当时入选的只有两位中国诗人,另一位是中国诗人何其芳。

让我们读一下穆旦用英文自译的《饥饿的中国》的片段（括号里是中文原诗，写于 1947 年 8 月），再想象一下在当时美国读者心中它可能产生的效果：

> I see Hunger watching at every house door,
> Or else, his contented brother, Crime.
> Nowhere could we escape from the staring
> Of his eyes, the eyes of our valuable education.
>
> Gradually he is coming between us, my dear,
> For good nature can never hold his steps.
> Our every weakness is being tried, I am glad—
> Till Fear transforms us into stones.

（我看见饥饿在每一家门口
或者他得意的兄弟，罪恶；
没有一处我们能够逃脱，他的
直瞪的眼睛：我们做人的教育，

渐渐他来到你我之间，爱，
善良从无法把他拒绝，
每一弱点都开始受考验，我也高兴，
直到恐惧把我们变为石头，）

饥饿的中国，穆旦就要回去了——
回到饥饿与中国去，因为这是祖国。

年轻的穆旦没有想得太多，但他一定知道，近百年来，内忧外患，祖国已经历了前所未有的阵痛和新生，新的政权已经建立（他甚至仔细阅读了毛泽东的《新民主主义论》），江山归于一统，这意味着革命的胜利和解放的实行。而这场革命，或者解放，他并不熟悉，甚至没有很好地考察过，但他相信，革命的成功会导致饥饿的消除和人民的解放，解放了的人民需要建设，建设需要人才和知识。而他理所当然地相信，他属于这一代祖国所需要的知识型人才。

作为自由知识分子，穆旦对于自由的渴望，无疑寄托于民族的解放和革命的成功。

然而，不错，在英文中，"解放"（liberation）与"自由"（liberty）同根同源，但毕竟还是有所分的。

革命指向"自由和新开端"时,革命意指人从一种旧制度中的解放。"解放和自由不一样;解放或是自由的条件但绝不自动导向自由。"暗含在解放(liberation)中的自由(liberty)观念是消极的,解放的意图也迥异于对自由的渴望。如果人们常常遗忘了这些自明之理,那是因为"解放"总是迫在眉睫,而"自由"的创立即便不是彻底徒劳,也总是不可确定。(魏朝勇:《民国时期文学的政治想像》,华夏出版社,2006年,第104页)

自由,这人类文明的最高的价值,虽然必须经过解放而获得,却不会自行到来。

在历史上,非洲黑人经历千辛万苦被贩卖到美洲,在种植园做奴隶,在南北战争中,赢得了人身解放;然而,在这片陌生的土地上,种族歧视的消除,道德自由的获得,却花费了更多的时间,走着更为曲折而漫长的道路,其中就包括马丁·路德·金为自由付出的生命。

犹太人,曾经是上帝的子民,但他们失去了祖国,在世界各国漂泊、谋生,受到歧视和排挤,特别是在第二次世界大战中,遭到纳粹德国大规模的屠杀和惨无人道的迫害,因为他们没有祖国,也就没有了自由。

穆旦常说:"祖国和母亲是不能选择的。"

如果说回国不需要更多的理由,但其过程却并非一帆风顺,免不了争论和思考。

就实际的方面看,回国可以说是必然的,自然的。其中的影响因素是多方面的。一个是好友巫宁坤已先行回国在大学任教,而且力荐穆旦尽快回国从事教育工作;一个是穆旦的岳父时任解放后的天津市副市长,何况母亲一直牵挂在外的游子早日归来。更为重要的是,妻子与良已拿到了博士学位,夫妻俩可以一道回国服务了。

穆旦回国的打算,甚至早已有之。据夫人周与良回忆:

我们婚后,良铮就准备回国,动员我不必读了,回去算了。我不同意,甚至说"你要回去先走,我读完学位就回去。"当时美国政府的政策是不允许读理工科的博士毕业生回国,文科不限制。良铮为了让我和他一同回国,找了律师,还请我的指导教师写证明信,证明我所学与国防无关。在1950年就开始办理回国手续。良铮的意思,是我拿了学位就立刻回国。可是美国移民局一直没有批准,直到1952年才批准回香港。(周与良:《永恒的思念》,载《丰富和丰富的痛苦》,北京师范大学出版社,1992年,第156-157页)

其实,单就其夫人与良的说法,当时也有许多机会和理由留在国外工作。下面摘引数条:

在有些人看来,立即回国的理由似乎并不充足。多数留美同学持慎重和观望态度。"学理科的同学主要顾虑国内的实验条件不够好,怕无法继续工作;学文科的更是顾虑重重。"

再说,工作机会并非没有。首先,在美国本土工作,并非不可能。芝加哥大学就是首选。"当时芝加哥大学研究生院萃集了许多中国优秀的人才,如学物理的李正道、杨振宁等人",找一份工作并不困难。

美国南方的机会也很多。"美国南部一些州的大学经常去芝大聘请教授,如果我们去南方一些大学教书,很容易。"

去印度教书也行。"良铮的二哥(查良钊)在印度,欢迎我们去印度工作,印度德里大学一并聘请我们二人去任教,他都回绝了。"

甚至有提议去台湾工作的。"后来有朋友邀请我们去台湾任教。"

何况与良当时已经有一份临时的工作了。

当时许多同学和朋友都在劝阻,回国什么时候都行,何必如此匆忙?

而我们的主人公却是归心已定,不容更改。在去留问题上,查良铮经常和同学们争论,说中国人要有爱国心和责任感,甚至有人认为他是共产党员,所以才如此激进。

人生的选择如同择路,一念之间,确定了今后的方向,而对于穆旦来说,也许这是不用多想的,因为祖国和母亲是用不着选择的。这使我们想起了美国诗人弗罗斯特的名诗《另一条路》:

> 此后不知何年何月置身何处,
> 我也会长叹一声把此事诉说:
> 林中有两条路歧出,而我——
> 我竟把人迹罕至的一条选受,
> 一念之间已经是岁月蹉跎。

第七节　南开精英

1952年一个特殊的日子,查良铮和周与良,这一对爱国知识分子,怀着一腔报国热情,坐邮轮离开了美国,朝着祖国的方向行驶。周与良这样回忆当时离开美国的情形:

"当时留学生拿的都是国民党政府的护照,又正值朝鲜战争时期,美国反华反共情绪正盛,且我(周与良)为理科博士毕业生,美国政府根本不批准回中国大陆。"……"后找到一位犹太律师,花钱代向移民局疏通,加上我(周与良)的导师 B. Palser 教授向移民局写介绍信,证明'此人所学与生化武器无关,对美国国防没有危害',加之我们夫妇称回国是定居香港,才最终获准回香港。而国内亲属已替我们办好香港入境手续。"……"实际上我们根本没有进入香港,直接由中国旅行社接回深圳。"(李方:《穆旦(查良铮)年谱简编》,见《穆旦诗全集》,李方编,中国文学出版社,1996年,第388-389页)

1953年1月,他们终于经深圳到广州,再到上海,回到了祖国的怀抱。

1953年前后的中国,正经历着一场翻天覆地的巨大变化,涉及国际和国内的复杂形势。

在国外,新生的红色政权面临着美帝国主义为首的联合国军队进攻朝鲜半岛的严峻事实,中国决定出兵。"抗美援朝"战争在艰苦地拼杀和熬煎,最后以"三八线"上的谈判而告终。前线的牺牲(包括毛泽东的长子毛岸英)和国内的游行,提高了大国民反对美帝国主义和盘踞在台湾的蒋介石集团作为"人民公敌"的意识。

在国内,新中国在1950年春消灭"土匪、间谍、流氓和恶霸"以及肃清国民党特务的工作效果明显,获得了初步的稳定以后,从1951秋开始,开始了"三反"(反贪污、反浪费、反官僚主义),"五反"(反行贿、反偷税漏税、反盗窃国家财产、反偷工减料和反盗窃经济情报)运动。人们士气高昂,运动如火如荼。

一个更加切题而严峻的事实,是对待知识分子的政策,也就是思想改造运动的兴起。它基本上是以延安整风为楷模,以城市知识分子作为主要的改造对象,尤其是那些在西方接受过教育的人,以便加强其与党的一致,根除资产阶级思想的侵蚀和影响。从1952年夏天开始,资产阶级成为无产阶级革命的主要对象了。

知识分子被区别对待。他们要被清除掉资产阶级思想,尤其是个人主义、亲美主义、客观主义(漠视政治)和"针对劳苦大众的自命清高"。这些论题都要经过小组讨论,其参加者都要做一层深似一层的反复的自我批评,直到与毛的正统理论不相容的任何比较独立的思想都

被清除掉为止。（〔英〕菲力普·肖特：《毛泽东传》，仝小秋、杨小兰、张爱茹译，中国青年出版社，2004年，第352页）

对于这些，穆旦周与良夫妇即便稍有所知，也无充分的精神准备。作为"海归派"，对于许多事情的严重性，他们是逐渐接触和认识到的。

在上海，他们先看望了与良的姑母。与良留学的费用，多是这位姑母提供的。接着，良铮上学时的好朋友，巴金先生的夫人萧珊女士，热情地接待了他们，欢迎他们回到新中国，为祖国的文化建设做贡献。按照"一边倒"的外交政策，当时全国都在学习苏联老大哥。萧珊听说良铮也学了俄语和俄国文学，就鼓励他多搞俄语翻译，还推荐书籍给他。良铮呢，其实早有翻译俄国文学作品和文艺理论的打算，二人意见可谓不谋而合。

一回到北京，还在教育部招待所等待工作的时候，查良铮就夜以继日地投身到季摩菲耶夫《文学原理》的翻译中去了。到了五月，查良铮终于来到了南开大学外文系任教了。

南开大学原本是一所私立大学，创办于1919年，如今再次收为国有。

南开大学的"校父"是捐资办校的严范孙（1860-1929），而他的实际创办人是著名的教育家南开大学校长张伯苓先生（1876-1951）。

张伯苓于1876年出生于天津，父亲善骑术，能射箭，弹琵琶，家道没落，所以极为重视儿子的教育。少年张伯苓考入北洋水师学堂，后来参加了甲午战争。甲午海战中国惨败于日本，他在"同济"号上，目睹了一件重要的事。中国海军基地威海卫于1895年被日本人占领，在将"同济"号交还中国的第二天，又眼看着它被转交给英国。两天之内，这艘战舰三易其手，给年轻的海军军官以极大的刺激：

> 我正在那里，并且我看见威海卫的旗子两天之内换了三次。我看见龙旗替下来太阳旗，第二天我又看见龙旗被英国旗代替了。悲楚和愤怒使我深思。我得到一种坚强的信念：中国想在现代世界生存，惟有赖一种能够制造一代新国民的新教育。我决心把我的生命用在教育救国的事业上。（转引自胡适：《张伯苓先生传》，见《胡适传记作品全编》（第三卷），东方出版中心，2002年，第44页）

这所建于天津"南开洼"的大学，以"允公允能，日新月异"为校训，奉行"文以治国，理以强国，商以富国"的办学理念，不仅文理商学并举，而且十分重视外文人才的培养,从一开始就开设了外文课程。1930年南开大学文科改为文学院,聘来了在美国乃普拉斯加大学毕业典礼上被称为"桂冠诗人"的陈逵先生任英文教授。1932年,著名南社诗人柳亚子之子,美国耶鲁大学毕业的柳无忌也来到南开园任教。1934年,司徒月兰、罗皑岚相继返回应聘南开英文系。到1935年4月创刊《人生与文学》时,编辑部除了前面几位,还有戏剧家张蓬春、诗人梁宗岱等。一时南开英文系人才济济,学风依依,其盛况确实空前。此外,还经常邀请文学界名人朱自清、孙大雨、罗念生等人,前来南开讲学。每逢周末,更有"星期聚餐会",大家欢聚一堂,谈诗论艺,对月吟唱,真是其乐融融。

著名诗人柳亚子曾赋诗一首,赞美南开大学美丽的校园和幽静的环境:

汽车飞驶抵南开,水影林光互抱怀。
此是桃源仙境界,已同浊世隔尘埃。

1937年"七七事变"以后,南开大学与北大清华一起组成西南联大,远赴云南,漂泊八年,直到1945年8月日本投降,举国欢庆。当时任教于西南联大的著名学者陈寅恪以诗记下了那个民族难忘的欣喜日子,和诗人难忘的复杂心情:

乙酉八月十一日晨起闻日本乞降喜赋

降书夕到醒方知,何幸今生见此时。
闻讯杜陵欢至泣,还家贺监病弥衰。
国仇已雪南迁耻,家祭难忘北定诗。
念往忧来无限感,喜心题句又成悲。

随着八年抗战的胜利结束,西南联大的使命也迅速告罄。在经历了无限怀恋与痛苦的决绝之后,联大师生们终于迎来了西南联大结业典礼的到来。

1945年8月,抗日战争最终以中国人民的胜利而宣告结束。联大师生兴高采烈。多年来重返北方校园的愿望即将实现,人人喜形于色,归心似箭。经过种种筹划,1946年5月4日,联大师生举行结业典礼,

梅贻琦代表联大常委宣布,西南联大正式结束。(《南开外语历程》(1919-2004),肖福堂主编,2004年,第33页)

西南联大完成历史使命,三校分头撤出昆明的过程中,原先的西南联大师范学院就独立出来,成为国立昆明师范学院,也就是现在的云南师范大学的前身。留在原先校址的昆明师范学院,其院长和附属中学和小学的主任,都由前西南联大的训导长查良钊先生担任。

三校在撤离昆明的前夕,感谢云南省暨昆明市各界八年来的关心和支持,赠送了"惜别屏联",作为回赠,云南和昆明各界也向三校分别赠送屏联。给南开大学的屏联如下:

> 天教振铎泽被南滇看到满门桃李正开时为金碧湖山平添春色,
> 夜话避戎事同西土列诸欧洲文艺复兴史愿乾坤抖擞早放曦光。
> (《云南师范大学校史稿》,载《云南师范大学学报》
> 1988年校庆增刊,第144页)

随着西南联大的结束,南开大学的复校之事便日益急迫地被提到议事日程上。

实际上,早在1942年2月17日,也就是穆旦应征入伍中国远征军出兵缅甸的时候,张伯苓就专门致函蒋梦麟、梅贻琦,提出在战争结束后复校的问题。

> 太平洋战争爆发,暴日徒自速其败云,我与同盟国之最后胜利为期当不在远;而我抗战停止之时,即我三校复校之时。展望将来,弥感兴奋。关于敝校复校事,拟先作人事上之准备。(《西南联大时期相关信函》,载《联大岁月与边疆人文》,南开大学校史研究室编,南开大学出版社,2004年,第507页)

1943年8月,即抗战胜利两年之前,张伯苓就预计到日本必迅速败北,中国必迅速获胜的结局,考虑了复兴南大的计划与收罗人才的重要。他在8月23日致西南联大教员冯文潜教授的信中这样写道:

> 国势好转,盟国胜利指日可待。建国大业当能突飞猛进。思念及次,精神感觉异常振奋,想弟亦同之也。苓现正擘划复兴南开工作与扩

展南开事业范围,急宜预储人才。闻吾弟身体较前康壮,尚希加意珍摄,将来仰赖吾弟大力臂助之处正多也。(冯文潜:《联大八年(1938～1945)》,载《联大岁月与边疆人文》,南开大学校史研究室编,南开大学出版社,2004年,第137页)

抗日战争胜利前夕,1945年4月24日,张伯苓即迅速致函黄钰生,建议其出国考察,为回天津重建南大准备条件。其思虑之切,溢于言表。

年来南大在昆,深承弟等艰苦主持。倘有机会,极望均能出国一游,俾将来在学术上,及对南开复校工作,有更多之贡献也。勉仲做事负责,又系南开学生,将来定约彼为南开服务。如须现时决定,请即以此意告之,为幸!(《西南联大时期相关信函》,载《联大岁月与边疆人文》,南开大学校史研究室编,南开大学出版社,2004年,第507页)

为确保这一任务顺利完成,张伯苓特推荐黄钰生做天津市教育局局长,黄不就,所以张伯苓让人写信给黄钰生,信中说:"天津教育局长事,校长虽不愿勉强吾兄屈就,唯为南开计,校长以为兄若能帮助干五、六个月,实为两便。"(《南开外语历程》(1919-2004),肖福堂主编,2004年,第200页)

黄钰生是湖北人,早年考入南开中学,就学于清华大学,后留学美国芝加哥大学。1925年回国,在南开大学任教,教授教育学和心理学。"七七事变"后,南开校园遭日军轰炸,黄钰生与杨石先(解放后任南开大学校长),负责疏散撤退,"沉着应付",最后撤离校园。黄在西南联大任建设长八年,更是功不可没。在昆明初建,一无所有,黄为联大在西大门外低价购得荒地120亩,盖起土坯草顶校舍,奠定了西南联大的校园基础。

这次负责恢复南开大学的校园和教学秩序,当然非他莫属。黄于是派喻传鉴先行,代管天津教育局。他本人在结束了西南联大的事情后,回到天津,随即筹备南开大学复校工作,成立复校筹备处。按照筹备处的计划,复校工作开始:收回八里台原校舍853亩,接收六里台敌产中日中学、农场、综合运动场、苗圃等110亩。这样,沿卫津河南北二里,东西一里许均为南开大学校园。这一举动,奠定了今日南开大学的基础。黄钰生本人任南开大学秘书长多年,1952年任天津图书馆馆长,1986年退休后任名誉馆长。这是后话。

1946年10月17日,南开大学在天津南开区八里台举行复校仪式,11月20日正式上课。

  1946年下半年复校上课后,外文系在八里台上课,男生每天从六里台宿舍步行,穿过荒凉的七里台,来到八里台教室。那时"秀山堂"(捐资人是北洋时期江苏督军李纯,字秀山——作者注)、"木斋图书馆"(捐资人是卢靖,字勉之,号木斋——作者注)早已成一片废墟,硕果仅存的是"思源堂"(捐资人是河南人袁述之——作者注)以及作为女生宿舍的"芝琴楼"。条件虽然不好,但那时外文系教师关系和睦,师生感情融洽。(《南开外语历程》(1919-2004),肖福堂主编,2004年,第36-37页)

  这一年,"汉园三诗人"之一卞之琳也来到南开。第二年,1947年,罗大冈与夫人齐香一起从国外回来,加盟了南开外文系。这是南开外语迅速恢复和良性发展的时期,表现出和谐与互助的良好气氛。

  然而,校园之外的社会并非一团和气,内战时期的斗争异常复杂,而南开人与社会密切相连,外文系继续着光荣的革命传统。

  1946年12月11日,司徒月兰、卞之琳等与清华北大共194位教授上书蒋介石,要求改善待遇。1947年5月18日,南开大学虹光剧艺社演出《凯旋》,遭到特务殴打,周基堃老师怒斥暴徒,大义凛然。5月20日,北京、上海学生进行的反饥饿、反迫害、反内战民主运动,南开学生也走上街头示威游行,遭到反动军警镇压,十多人受伤,学生自治会六名理事被捕。南开外文系有不少共产党地下组织领导或影响的积极分子和爱国志士,其中的周福成是傅作义将军的女儿傅冬菊的入党介绍人和恋人,在动员傅作义将军转变思想,进行谈判,和平解放北平上做出了重大的贡献。

  1949年1月15日,天津解放,由军管会接管。南开大学翻开了新的一页。

  1949年10月1日,全国解放,中华人民共和国成立,举国欢庆,亿万人民扬眉吐气。

  1949年9月,李霁野教授来南开大学外文系任教。1951年8月9日,校常委会同意外文系主任罗大冈教授辞职。在外文系继任人选未确立前,由教师周基堃兼外文系秘书,办理系务。同年10月18日,校委会通过李霁野任外文系主任的议案。1952年1月15日,教育部批复同意李霁野任外文系主任。自此以后,李霁野教授任外文系主任一职近三十年。(《南开外语历程》(1919-2004),肖福堂主编,2004年,第42-43页)

  李霁野(1904-1997),安徽霍邱县人,1924年谒见鲁迅先生,次年入未名社。1935年出版译作《简·爱》,后旅欧诸国及苏联。抗日战争时期,先后在北京、天津、重庆等地教书并从事文学翻译,成就斐然。1945年赴台湾编译馆任编辑,后转台湾大学外文系教书,风闻当局逮捕,遂途经香港,于1949年5月1日前回到天津。李霁野任南开大学外文系主任多年,影响很大。1982年退休,1997年逝世。

1951年2月14日,南开大学创始人张伯苓先生突患中风,不能言语,于23日与世长辞。弥留之际,他留下遗言,成为南开大学的一份珍贵的遗产:

> 一八九七年,余愤于帝国主义之侵略,因严范孙先生之启发,从事教育,五十年来,矢志未渝。凡余所致力而未遂之科学教育、健康教育、爱国教育,以允公允能,日新月异,与我同学共勉者,今将在人民政府之下,一一付诸实施。余所尝效力之南开大学、南开中学、重庆南开中学,在人民政府之下,亦将积极改造,迅速发展。……凡我友好同学,尤宜竭尽所能,合群团结,为公为国,拥护人民政府,以建设富强康乐之新中国。无限光明远景,余将含笑待之。友好同学,务共努力。(《城市快报》,2004年10月14日,百年南开纪念特刊,88版)

周恩来总理于次日亲赴天津吊唁,花圈上写着"伯苓师千古",落款"学生周恩来敬挽"。

这是可以理解的,在将私立大学改为国立大学的过程中,张伯苓的地位难免要起变化,他的吊唁活动,作为总理的身份,已经不便于出面了。更何况在国民党统治的晚期,也曾将南开大学收归国有,而且张伯苓校长还曾出任过旧政府的教育部要职呢。

周恩来以总理身份视察南开大学,那是在1959年5月28日。总理不仅视察了学校的图书馆、实验室、资料室、运动场、职工食堂,还走进外文系的教室,听同学们读外文,甚至还帮她们纠正发音。如今,南开大学的校园里,主楼前,朝南竖立着周恩来的白色全身立像。基座前面写着周恩来的手笔:"我是爱南开的"。

实际上,在1952年,中国各大学就开始了院系调整,模仿苏联的教育经验和办学模式,基本上奠定了目前教育体制和学校与学科的格局。组织机构变化之外,外语教师队伍也在扩大。

1952年10月,李宜燮教授来南开任教。同年,西南联大毕业后又留美归国的巫宁坤、张万里也先后加盟南开外文系。巫宁坤不仅是查良铮西南联大时的同学,在美国芝加哥大学二人又同住一套房子,他们之间早已结下了牢固的友谊,何况巫宁坤回国本身以及后来的遭遇更是十分典型,因此,这里要着重介绍一下:

> 巫宁坤受业于芝加哥大学新亚里士多德学派的克莱恩(R. S. Crane)和奥尔森(Elder Olson);1951 年,他正在克莱恩的指导下撰写博士论文,研究艾略特的文学理论,却因为燕京大学西语系主任赵萝蕤——著名诗人兼考古学家陈梦家的夫人——的力邀,放弃即将到手的博士学位,应聘燕京大学任教。52 年,燕京、辅仁等教会大学按政策规定并入北大、清华、北师大等校,巫宁坤被改分发到天津的南开大学。(李有成:《翻译家查良铮》,载《思想》第 13 期,联经出版事业股份有限公司,2009 年 10 月)

1953 年 5 月,查良铮从美国芝加哥大学获得英美文学硕士学位后,与夫人周与良一起来到南开大学任教。查良铮在外文系开设英国文学课,周与良博士在生物系任教。从此开始了这一对年轻教师的艰难的历程和痛苦的劳作,也考验了他们一种在非常时代的奉献和虔诚:

> 你向我走进,从你的太阳的升起
> 翻过天空直到我日落的波涛,
> 你走进而燃起一座灿烂的王宫:
> 由于你的大胆,就是你最遥远的边界,
> 我的皮肤也献出了心跳的虔诚。
>
> (穆旦:《发现》)

新中国的学生们不知道,他们的文学老师查良铮,就是穆旦,那早已在 40 年代闻名遐迩的"九叶派"诗人。他的诗,拿给学生看,他们不懂。诗人懊悔地说:"他们读得头疼,读不懂,不知所云。"这更激发了他的好奇心。他本来就有诗人的敏感和好奇,加之出国回来,天翻地覆,世事大变,许多东西不熟悉,不理解。什么都很新鲜,很陌生。他需要适应,而适应需要智慧,还有耐心和意志。

有人回忆说,当年的查良铮,年轻,潇洒,文静,深沉,有思想,有教养,像里尔克一样,往往坐在一旁听别人高谈阔论,偶尔开腔发言,谈诗论艺,语惊四座。这就是穆旦,那个内心包藏着火一样热情的青年教师、诗人、翻译家。来南开才一年,他就以查良铮的真名出版了好几本翻译的书。他的夫人周与良回忆说:

> 1953年5月,他(查良铮)被分配到南开大学外文系任教。除了完成教学任务外,业余时间坚持搞翻译。1953年12月,上海平民出版社①出版了《文学概论》(《文学原理》的第一部),第二部《怎样分析文学作品》和第三部《文学发展过程》先后由平民出版社在1953年12月和1954年2月出版。后又汇总为《文学原理》出版(平民出版社,1955)。当时的发行量很大,许多大学都以此书为文学理论课的教材。(周与良:《怀念良铮》,载《一个民族已经起来——怀念诗人翻译家穆旦》,江苏人民出版社,1987年,第132页)

说起诗人翻译家,从穆旦到查良铮,确实走过了一条不得已的历程。由于政治气候的变化和人身自由的减少,他是逐渐从诗人变成翻译家的。其实,早从回国以后,穆旦的诗歌创作就开始减少,他把主要的精力用在翻译上。除了一开始的文艺理论的翻译和出版以外,他后来持续多年,坚持翻译了普希金、丘特切夫等俄国诗人的作品,以及拜伦、雪莱等英国浪漫派和少数现代派诗歌。其中又以普希金的《欧根·奥涅金》和拜伦的《唐璜》最具代表性。

1954年,是查良铮翻译大丰收的一年。

> 1954年4月,查译《波尔塔瓦》、《青铜骑士》、《高加索的俘虏》三部长诗单行本同时出版,10月,诗体小说《欧根·奥涅金》问世,12月,包容了160首诗的《普希金抒情诗集》上市发行,初版印数达38000册。②一年五本书,由平明出版社独家出版同一个译者,同一个诗人的代表作,这大概是空前绝后的文学现象。(谷羽:《普希金超越时空的知音——查良铮与普希金》,载《普希金与中国》,张铁夫主编,岳麓出版社,2000年,第152页)

如果说,60年代中期俄罗斯文学的巨大影响,经过查良铮翻译的生花妙笔,在中国第一次出现了普希金冲击波,那么,在其后的数年中,查良铮以

---

① 应为"平明出版社"。
② 据查,《欧根·奥涅金》应为1955年5月首印,初版印数为25000册,当年11月第四次印刷时总印数达38000册。

他特有的速度和质量所创造的英语和俄语文学汉译史上的奇迹,就更令人叹为观止了。从 1954 年到 1958 年这五年间,除了上面提到的 5 本译著之外,再加上 1955 年汇总出版的《文学原理》,以及《加甫利颂》《普希金抒情诗二集》《别林斯基论文学》等俄语汉译本,还有《拜伦抒情诗选》《布莱克诗选》《济慈诗选》《雪莱抒情诗选》等译自英语的译著,查良铮共出版了 17 本书。他的译事以严谨、全面而著称。为了帮助中国读者更好地了解外国文学作品和文艺理论著作,他在正文的翻译之外,往往加有前言、后记和注释。因此,他的译作,到今天仍然拥有众多的读者。

夫人周与良这样描述了查良铮当时的翻译状况:

> 那时是良铮译诗的黄金时代。当时他年富力强,精力过人,早起晚睡,白天上课,参加各种会议,晚上和所有业余时间都用于埋头译诗。为了诗的注释,他跑遍各大学图书馆和北京图书馆等处去查阅有关资料。(周与良:《怀念良铮》,载《一个民族已经起来——怀念诗人翻译家穆旦》,江苏人民出版社,1987 年,第 132-133 页)

从此开始了查良铮翻译事业的辉煌时期。先是俄罗斯文学理论和诗歌作品的翻译,继而是英语浪漫派和现代派诗歌的翻译。然而,使人痛心的是,这样的翻译活动(以及间断的诗歌创作活动)几乎始终伴随着政治上的运动和精神上的压力,直到他生命的终了。

毋庸讳言,穆旦刚回来的时候,是充满希望和信心的。作为一代艰苦创业的诗人翻译家,穆旦对于生活条件,原本要求不高。1953 年底,国家发行公债,穆旦积极购买,支援国家建设。那时候,穆旦由岳父家搬到南大公寓楼,紧邻有巫宁坤在旁,串门聊天,十分方便。得空还和好友一起骑车逛南市,欣赏民间艺术。1954 年,他新分得东村 70 号房子三间,翻译和教学更加勤奋。他甚至还自学了法语,已经可以阅读法语书籍了。为了全力以赴搞翻译,穆旦甚至中断了诗歌创作。

可是,与此同时,事情也在悄悄地发生变化。实际上,变化是两个方面的。首先是政治气候的变化,有一个逐渐加剧的过程,而穆旦的不适应,也有一个逐渐自我发觉和日益难以适应的过程。到了 1954 年,他给巴金夫人萧珊的信中,已经表现出明显的抱怨了。当时,唯一使他不快和忧郁的,是感到缺少人情的温暖,缺少朋友之间相互信任与思想沟通。还有太多的政治学习。"同学乱提意见,开会又要检讨个人主义,一礼拜要开三四个下午的会。每到学期之末,反倒是特别难受的时候,很没有意思,心在想:人生如此,快快结束算了。"穆旦已从政治气候上预感到对他的不适,认为"这是一个沉闷的时期"。

虽然穆旦的反应只是限于单位的同事之间，也只是凭着对政治的敏感而预感自己的不适，但是也不能掩盖建国以来整个诗学界所面临的困境，特别是"九叶诗派"在解放以后的命运。虽然"九叶派"没有作为主要的批判对象，毋宁说受到的是一种文化的政治的冷遇，但事实上，"九叶"中的唐湜和唐祈后来还是被打为右派，而"九叶诗派"的恢复，则和它的命名一起，是在文革结束以后的新时期才可能的事，并和"七月诗派"形成了双峰突起的新局面。尽管如此，在当时，在50年代中期，当关系还没有那么紧张的时候，也还是有一些空隙地带或漏网之鱼，或者说，即使在运动的间隙，也还有一些松动的时间，让诗歌这只活泼的小松鼠在历史的铁轨之间赢得短暂的喘息。

1955年，是海峡两岸的诗人都能感受到的一段可共同享受的短暂的幸福时光。

1955年的端午节，新中国举行第一次诗人节，穆旦不但参加了，还和杜运燮一起拜访读清华大学时的老师林庚。甚至在1957年《诗刊》筹备期间，臧克家等联系新老诗人多人，当时穆旦也在其中。《诗刊》的发起人徐迟，还设法在天津会见了几位诗人，其中也包括穆旦。当时他正在抓紧时间翻译普希金的诗歌。可见诗歌界和文艺界还是有一定的凝聚力和影响的，气氛也不完全是政治化的，至少不是唯政治论的。

同宗同祖的华夏文化，诗人屈子的精神是共同的。1955年的端午节，也是台湾的诗人节。这一天，远隔海峡的祖国宝岛，诗人于右任正在赴诗人大会的台南道中。这位辛亥革命的国民党元老，时年77岁的老诗人浮想联翩，赋诗颂之：

诗人节赴台南道中

海山苍翠色，助我以诗情。
远大先民迹，精勤万井耕。
采兰歌屈子，有酒礼延平。
道树熟芒果，山禽少弄声。

老诗人余光中曾说，文化把中华民族团结成一家。然而，政治却在制造着不同的东西。

正是在1955年的"肃反"运动中，穆旦被列为肃反对象。原因很简单，就是由于他曾参加中国远征军出兵缅甸对日作战，直接在杜聿明、罗又伦的领导下做翻译工作。因此，要他交代"历史问题"，说他是国民党员。其实穆旦从来没有加入过国民党。他不知道要交代什么,感到十分苦恼。

穆旦不会想到,也许他至死也不知道,当年在缅甸指挥"仁安羌大捷"的新三十八师师长,获得"东方隆美尔"之称的孙立人将军(1900-1990),就在这一年,1955年,由于部下的牵连,竟然被蒋介石以"密谋犯上"罪名软禁起来。一关就是33年,直到1988年获释。当孙将军的同学吴文藻的夫人著名作家冰心老人,看到从台湾带来的孙将军晚年的照片时,那已近耄耋之年的老人的憔悴面容,怎么也难以接受——那就是当年叱咤风云的少帅啊!"百岁老人"冰心老泪纵横,挥笔写下一首绝句,来舒展心中的郁结:

    风云才略已消磨,其奈尊前百感何;
    吟到恩仇心事涌,侧身天地我蹉跎。

在那个政治挂帅的年代,一切都和政治挂上钩。穆旦一介书生,从未参与政治,但却屡屡受到不公正的待遇,究其背后,也有更为现实的"政治"的原因可以追寻。这就是所谓的南开大学"外文系事件"。

据有关同志回忆,事情是这样的:

> 穆旦是1953年到南开大学外文系任副教授的,第二年底,在一次有关《红楼梦》的讨论会上,有些人的过激发言冒犯了当时的领导人,穆旦虽未发言,但因穆旦和那几个发言人过从较密,加以领导人的心胸狭隘,不容"异类",竟以"准备发言"的罪名,被罗织进"反党小集团"。这就是所谓的"外文系事件",在校园里曾引起过震动。从此同事们的私下交往明显地减少,说话也多慎于言,而穆旦参加"远征军"的历史问题则因此受到追查。(来新夏:《怀穆旦》,载《南开校友通讯》,2000年23期,第162页)

事情当然不会如此简单。事实上,问题不但早已发生,而且和穆旦本人毫无关系。

起因是"去年(1954年)11月外文系发生了少数教师联合签名挽留陈逵先生和反对系领导的事件"。外文系有人将此事告到了中共中央办公厅,"反映南开大学'外文系事件'处理不当"。学校的调查和答复上级的报告说,"本着'坦诚相见,辨明是非,坚持原则,团结全体'的解决问题的方针",开了六次座谈会,"发言相当踊跃,揭发出不少事实,展开了批评和自我批评,问题基本上得到了澄清,有关人员作了初步检讨",还说"外文系问题的性质'不是从改进外文系工作出发的',而是'从某些严重的个人主义的目的出发'"。

报告接着说:本来是要召开全系教师大会解决问题的,有些人却在"《红楼梦》研究座谈会上对李霁野先生(同时也是对学校)进行进一步的恶意攻击"。但尽管如此,结论也只是"报告里提出对其中两名当事人给予口头警告处分"。(参见《南开外语历程》(1919-2004),肖福堂主编,2004年,第46页)

这就是官方报告里的"外文系事件"的始末。

而"外文系事件"的直接结果,对于学科建设来说,却是1955年3月19日接到高教部通知将南开大学外语系俄文专业的停办,和1955年8月10日高教部来函通知"南开大学外语系停办"。(近一年后方恢复)

另一个更加严重的后果,是学术环境的破坏,造成人才的严重流失。

> 由此至60年代初,由于各种原因,离开外文系英语专业的教授、副教授有司徒月兰、杨善荃、张镜潭、巫宁坤、张万里、查良铮、陈逵等。颜毓衡教授在此前于1953年去世。而在此期间从外面调入的英语教师中,没有一位是教授、副教授。(《南开外语历程》(1919-2004),肖福堂主编,2004年,第47页)

虽然他没有发一言,"英语系副教授查良铮先生,在肃反运动中受过审查,'按一般历史问题'结论,外文系事件中受到牵涉"。(《南开外语历程》(1919-2004),肖福堂主编,2004年,第47页)到了1956年,本来按照"一般历史问题"已经做了结论,可是紧接着,"大鸣大放"运动开始了。一切都变得不确定。在新的政治形势下,"事情正在起变化"。

一会儿是鼓励人们讲真话,对党交心,一会儿是"百花齐放,百家争鸣"。

到了这一年的夏天,异乎寻常的宽松了的政治气氛,产生了少有的新奇效果:

> 这种宽松的最显而易见的效果,就是给中国人日常生活的那种刻板严峻的简朴节制抹上了一笔新的色彩与活力。年轻妇女开始穿上花布裙。外国人报道说,传统式的中国长裙,用于正式场合中的旗袍,精巧地剪裁到膝盖上两三公分的地方。舞会也允许举行了,可以播放格什温和施特劳斯的舞曲。《人民日报》从四版扩至八版,刘少奇告诫中

国记者们少做枯燥无味的报道。（〔英〕菲力普·肖特：《毛泽东传》，仝小秋、杨小兰、张爱茹译，中国青年出版社，2004 年，第 352 页）

1957 年 1 月，《诗刊》创刊号发表了毛泽东诗词 18 首（后来增加到 19 首单独出版，并翻译发行到国外），是由毛泽东本人审定的。群众排队买《诗刊》的热闹场面，和学习古体诗词的热潮相继而来，显然增强了毛泽东个人的权威性。然而，毛泽东觉得旧体诗不易学，束缚思想，在青年中不宜提倡，但也并不喜欢新诗，更不愿意看，他说"我反正不读新诗，除非给一百块大洋"。

紧接着的几个月，在毛泽东本人的鼓励下，在党报和各级干部的督促下，"大鸣大放"的鼓励和引诱不断升级，到了 5 月份，学术界的非党人士、文艺界、民主党派、企业家，还有工人和农村基层干部，都已经动员起来，大家下定决心要说出对党的意见了。

一位受过美国教育的英语教授巫宁坤在精英聚集的党校教书，据他回忆说，他的一位年纪较大的同事曾接近过他，在系里召开的几次会议上抱怨说，"好像没人愿意表达出观点……抖落出来的全都是鸡毛蒜皮的小事"。在几经进一步的鼓动之后，巫最后说道："我没有理由怀疑他们的诚意，所以我发了言。"（〔英〕菲力普·肖特：《毛泽东传》，仝小秋、杨小兰、张爱茹译，中国青年出版社，2004 年，第 372 页）

这正是和穆旦在美国同住一屋的巫宁坤。也就是这个巫宁坤，曾经力荐穆旦夫妇回国来南开大学任教的。

"反右"时巫宁坤刚调到北京，穆旦曾在他家里彻夜闲谈。穆旦听说老同学在会上鸣放，就很为他担心，劝他要谨慎从事。巫宁坤没有想到，他的这一番夜谈，经过一位在场的"朋友"的报告，也成为一桩罪行。第二年，巫宁坤被流放到北大荒，妻子受到牵连，分配到合肥。1962 年，巫宁坤来到合肥，当了一名临时工。"文革"期间，连临时工都当不成了。一家老小被遣送到农村安家落户，成了"不给出路的政策"的典型牺牲品。穆旦曾多次寄钱给他们，帮助渡过难关。后来，巫宁坤在台湾出版了他的回忆录《一滴泪：从肃反到文革的回忆》（台北：允晨，2007 年），而在此之前，他的回忆录就以各种语言发表，在西方社会流行起来。那已经是穆旦身后三十年的事情了。

巫宁坤曾用一句话概括了他三十年的"牛鬼"生涯："我归来，我受难，我幸存。"在某种意义上，这是那一代归国知识分子的命运。虽然相比之下，穆旦的遭遇没有他的好友那么惨，但他也没有幸存得那么久。

这一段时间,查良铮自己也陷入了新的困境。为了积极配合运动,应《人民日报》副刊主编袁水拍的约稿,他写了《九十九家争鸣记》,登在1957年5月7日《人民日报》副刊上。这首诗,后来被定为"向党进攻"的"毒草",遭到批判。尽管他事后做了反省(穆旦:《我上了一课》,发表于1958年1月14日《人民日报》),尽管他以重新做人的姿态时时在解剖和要求自我,命运仍然像沉重的磨石,压在他的身上,和心上。

这首招祸的诗的开头,这样写道:

百家争鸣固然很好,
九十九家难道不行?
我这一家虽然也有话说,
现在可患着虚心的病。

我们的会议室济济一堂,
恰好是一百零一个人,
为什么偏多了一个?
他呀,是主席,单等作结论。

等所有的人都发了言——不管是诚心的还是无意的——之后,一直临到散会的时间,主人公仍然没有发言,就是因为前面所说的那个虚心/心虚。

最后两节诗是这样的:

就这样,我挨到了散会时间,
我一直都没有发言,
主席非要我说两句话,
我就站起来讲了三点:

第一,今天的会我很兴奋,
第二,争鸣争得相当成功,
第三,希望这样的会多开几次,
大家更可以开诚布公⋯⋯

很显然,这首诗活生生地描写了当时开会的情况和"作者"的发言动机,经历过那个年月政治运动和参加过各种会议的人,都会理解这种表态式的言不由衷的发言。

至于刊登这首诗的理由,诗人在附记中说,不要把它当作文学典型,因为记录的不是当时的样子,已经时过境迁了。这当然是一种防卫机制,但之所以要拿出来发表,无非是如下的理由:

> 在九十九家争鸣之外,
> 也该登一家不鸣的小卒。

人们不会忘记,在解放后,在新时代,政治和意识形态领域的运动频繁,斗争时起时伏从未停息过。1950 年至 1951 年的批判电影《武训传》的斗争,1954 年至 1955 年对于俞平伯《〈红楼梦〉研究》和胡适资产阶级学术思想的批判,1955 年对胡风"反革命集团"的斗争,以及 1957 年反右期间对丁玲、冯雪峰"反党集团"的批判斗争。特别是教育和文艺领域,一直就是新生政权"团结、利用、改造"知识分子的重要阵地。当然,和国家机关宣传机构相比,校园倒是一个相对平静的地方。

1957 年,西南联大 1945 届毕业生金隄(小穆旦三岁),由《中国建设》杂志社编辑和翻译的位置上离开北京,来到南开大学,任教并从事翻译。金隄曾在美国驻华新闻处做过翻译,1949 年北平和平解放,他参加解放军随四野工作团南下,不久回到北京在中央军委机关任编译。此时,他离开了只干了两年的对外宣传机关,加入到教师的行列里。后来,金隄历时 16 年完成《尤利西斯》的翻译,享誉世界,此是后话。

> 在北平期间,曾与当时任北京大学助教的袁可嘉、金隄"商量组织成立一文艺团体'寻路人社',拟以商务出版的《文学杂志》为发表文章之处。只谈了两三次,即不再有何活动"。(转引自易彬:《穆旦评传》,南京大学出版社,2012 年,第 230 页)

这则消息,录自穆旦的《历史思想自传》。其中"寻路人社"的说法,从未见于任何其他资料,但穆旦和金隄有交往,却有了一个明显的证据。这也为南开翻译家群体的形成添加了一点信息,虽然穆旦写《历史思想自传》的 1955 年,金隄还没有来到南开大学。金隄到南开大学,是 1957 年的事情。

第二年,毛泽东本人便来到了南开大学。

1958 年是毛泽东对物质与精神都同时备感兴趣、极富热情的一年,"精神变物质"是这一年大规模滚荡喧嚣的大跃进运动的哲学基调;1958年又是毛泽东对粮食、钢铁和诗歌都同时投注情感与意志的一年,而以民歌提头掀起一场震古烁今、惊世骇俗的伦理革命和诗歌革命,将是"共产主义新村"——人民公社的思想与制度革命的一个最重要的审美内容和宣教内容。(张育仁:《鲲鹏之梦:毛泽东诗化哲学评传》,沈阳出版社,2003年,第387页)

1958年8月13日上午,毛泽东主席亲临南开园,指示"现在是要工厂、农村办大学,大学办工厂,所以人人都要成为有知识有技术的劳动者"。

南开园闻风而动,立即掀起"大搞科技,大办工厂"的运动热潮,夜以继日,许多人带病上班,每天坚持干18个小时。

在50天的"大搞科研,大办工厂"运动中,外文系师生进行了60多项研究工作,参加了建立工厂的工作。国庆后,根据校党委的安排,外文系进行了师生的社会主义和共产主义教育学习,组织师生参加了大炼钢铁运动和参加农场劳动。到11月20日,外文系随全校一起转入专业教学工作。(《南开外语历程》(1919-2004),肖福堂主编,2004年,第49-50页)

作为一个时时要改造的"旧知识分子",诗人穆旦有相当长一段时间已经没有写诗了。

早在1951年在国外写的两首有政治倾向的诗(关于这两首诗的写作时间,有异议),一首是《美国怎样教育下一代》,另一首是《感恩节——可耻的债》,都是讽刺和批评美国社会的,至少说明了穆旦的留学,并没有融入西方的主流社会,甚至还和新政权的主流意识形态有某种配合。然而作为诗人,他还是保持着一种独立的观察和思考的习惯。到了1957年的时候,两首诗都拿来发表在《人民文学》第7期上。发表在同期《人民文学》上的,还有歌颂祖国建设的和参加政治学习的两首,一首是《三门峡水利工程有感》,一首是《去学习会》。

同样的,在热火朝天的建设和生产运动中,在新生活和新事物应接不暇的时候,诗人并没有丧失对周围环境的敏感和对生活的理性的分析,他运用《"也许"和"一定"》作为标题,表达了他对历史的必然和偶然性的看法。他以"也许"和"一定"为关键词,在诗的句法上偏于"也许"所造成的委婉的批评,表达了诗人对欢腾的时代的冷静观察和透过繁荣而进行的深入思考：

  也许，这儿的春天有一阵风沙，
  不全像诗人所歌唱的那般美丽；
  也许，热流的边沿伸入偏差
  会凝为寒露：有些花瓣落在湖里；
  数字底列车开得太快，把"优良"
  和制度的守卫丢在路边叹息；
  也许官僚主义还受到人们景仰，
  因为它微笑，戴有"正确"底面幕；
  也许还有多少爱情的错误
  对女人和孩子发过暂时的威风，——
  这些，岂非报纸天天都有记述？
      （《"也许"和"一定"》）

  也许正由于此，与此同时，而且是在同一期上，还刊登了反映诗人思想矛盾的诗篇。

  在《问》里，诗人表达了想继续写作，可是难以操纵自己手中的笔的苦恼：

  生活呵，你握紧我这支笔
  一直倾泻着你的悲哀，
  可是如今，那婉转的夜莺
  已经飞离了你的胸怀。
      （《问》）

  在《我的叔父死了》这首诗里，诗人表达了一种苦闷的矛盾的心情：

  我的叔父死了，我不敢哭，
  我害怕封建主义的复辟；
  我的心想笑，但我不敢笑；
  是不是这里有一杯毒剂？

  在泪水与希望之间，诗人找到了一种平衡：

  平衡把我变成了一棵树，

它的枝叶缓缓伸向春天,
从幽暗的根上升的汁液
在明亮的叶片不断回旋。

(《我的叔父死了》)

关于这一首诗,除了使今天的人们晓得旧知识分子在当时的可悲处境之外,我们确实没有多少要说。但是,关于这首诗中的一个句子"平衡把我变成了一棵树",在后来知道了当时人们认为它文理不通,"资产阶级文学真是不可救药云云",倒是有人有话要说。赵毅衡先生讲了他对这一句话在中国现代诗歌史上的意义的评价:

> 但是这句诗却像魔咒似地抓住我,怎么也忘不了,像古人的名句一样,有一种超出文字的神秘魔力。什么原因,我弄不清,只知道读中国新诗,从来没有这样的效果。一直到七十年代末,我开始钻研现代文论,这句诗帮助我体味现代批评家所谓"张力",所谓"非同质"(艾略特语:像闻一朵玫瑰似地感到思想),这些几乎难以捉摸的概念。这篇文字应当轻松一点,就免谈这些理论。我只想说,这句诗,远远超过中国诗歌在八十年代中期以前的最高水平。穆旦的诗,才是中国古典诗与西方现代(诗)结合的产物。(赵毅衡:《穆旦:下过地狱的诗人》,载《作家》,2003年第4期,第22页)

我们姑且不去评价穆旦这句诗中的"树"的意象与"平衡"概念如何结合到了完美无缺的地步,所以赵毅衡先生才有如此高的评价。我们只是感到,在那样一种政治压力和不利的社会环境下,作为一个知识分子,穆旦做了最大的努力,要跟上时代的脚步。他以诗人特有的诚实和新颖的艺术形式,为自己写了《葬歌》。

《葬歌》是欧美文学史上经常采用的一种诗歌形式。可能是读现代派诗人艾略特《荒原》时,注意到诗人所受17世纪英国剧作家韦伯斯特《白魔鬼》中的《葬歌》的影响,穆旦写了《葬歌》。但穆旦把它用来表达一种新的自我意识和自我改造的意识。他像他所崇拜的鲁迅先生那样,严于解剖自己,希望改造旧我而为新我。

《葬歌》包括三部分。第一部分写了时代的变迁和个人的处境(括号内的数字表示该部分的诗节序号):

>   历史打开了巨大的一页,
>   多少人在天安门写下誓语,
>   我在那儿也举起手来:
>   洪水淹没了孤寂的岛屿。(6)
>
>   我看过先进生产者会议,
>   红灯,绿彩,真辉煌无比,
>   他们都凯歌地走进前厅,
>   后门冻僵了小资产阶级。(8)

第二部分以角色化的戏剧手法,表现诗人内心的矛盾。其中有"希望""回忆""爱情""信念"等角色,分别都在争取诗人,这就使得诗人陷入矛盾中而不能自拔。

>   "哦,埋葬,埋葬,埋葬!"
>   我不禁对自己呼喊;
>   在这死亡底一角,
>   我过久地漂泊,茫然;
>   让我以眼泪洗身,
>   先感到忏悔的喜欢。(8)

第三部分是一个完整的诗节,表达了诗人决心革心洗面,过新生活的愿望:

>   就这样,像只鸟飞出长长的阴暗甬道,
>   我飞出会见阳光和你们,亲爱的读者;
>   这时代不知写出了多少篇英雄史诗,
>   而我呢,这贫穷的心!只有自己的葬歌。
>   没有太多值得歌唱的:这总归不过是
>   一个旧的知识分子,他所经历的曲折;
>   他的包袱很重,你们都已看到;他决心
>   和你们并肩前进,这儿表出他的欢乐。
>   就诗论诗,恐怕有人会嫌它不够热情:
>   对新事物向往不深,对旧的憎恶不多。

> 也就因此……我的葬歌只算唱了一半，
> 那后一半，同志们，请帮助我变为生活。

然而，穆旦的至诚不仅没有感动那个时代的领导，反而受到了更大的误解和曲解。究其原因，因为在那个政治挂帅高唱凯歌的时代，他既不属于歌颂派而大唱颂歌，也不属于战斗派而高唱战歌。他要埋葬自己的旧我，而自我，在意志一律的时代，是不允许存在的啊。谈起这件事，谢冕教授有一段发人深思的评论：

> 这位抗战时在西南联大崭露头角的诗人，其超逸的才情和智慧受到了时代的冷淡。50年代他抛掷旧我的一曲《葬歌》发于至诚而终于误解，可说是当代诗界的悲剧事件。当然，受到误解的不止穆旦，是整整一代真诚面对历史和现实的诗人。穆旦本身在掩埋的时代变成了掩埋物。（谢冕：《20世纪中国新诗：1949—1978》，载《当代学者自选文库：谢冕卷》，安徽教育出版社，1999年，第470页）

另一位见证人，和穆旦一起经历过那个时代的南开大学教授来新夏，却向诗人更内心的方向寻求解释。他认为穆旦的《葬歌》说明了另一种现实，表达了中国知识分子的真诚和坚韧：

> 穆旦在这十几年的艰难日子里，忍受着心神交瘁的煎熬，仍然写出《葬歌》那样的长诗，真诚地抒写"我们知识分子决心改造思想与旧我决裂"的热望。他没有任何怨悔，没有"不才明主弃"的咏叹。穆旦只是尽自己爱国的心力，做有益于祖国和人民的事，他代表了中国真正知识分子坚韧不移的性格。（来新夏：《怀穆旦》，载《且去填词》，天津古籍出版社，2002年，第176页）

然而，即便这样"苟安平静的生活"也难以维持下去。现实的问题姑且不论，历史的"负债"在不公的清算下则变为更大的重负。

1958年12月，突然收到法院的判决书，查良铮被定为"历史反革命"，"接受机关管制，监督劳动三年"。这位南开大学外文系最有才华的青年教师，从此离开他心爱的课堂，被分派到南大图书馆接受监督劳动。

查良铮拿着判决书，呆呆地站在那里，一动不动。他的内心在剧烈地翻腾。他难以接受这不公的事实。因为南开大学"反右倾运动"要放一颗卫星,就要把一名曾经出生入死英勇抗敌的知识分子,打成历史反革命,让他承受终身的煎熬和折磨。他想不通。

面对个人的不幸,他不敢回家,也不敢告诉妻子儿女,怕他们难过、伤心,增添他们的痛苦。思虑再三,查良铮找到了岳父,告诉了这件事。他想征询老岳父是否有上诉的可能,可是,最终的决定,却是"上诉无门"。

事情的远因还是几年前就已经发生的,而现在的表现不同了:

> 在1959年的"反右倾"运动中,外文系党总支书记刘祖才同志因为所谓的信任和重用"政治上有问题的人",把政治表现好,"靠拢党、作风正派、工作积极"的人当作重点批判或确定为"白旗",对几起案件处理不当,对系主任的作用贬低、态度傲慢等右倾错误进行了批判,由党委组织部写出材料报学校处理。英语系教师查良铮,因为远征军的"历史问题",被定为"历史反革命",接受机关管制,逐出教师队伍,到图书馆监督劳动。(《南开外语历程》(1919-2004),肖福堂主编,2004年,第52页)

这一文字材料,和查良铮家人的陈述是一致的:

> 良铮1958年被调离南开大学外文系,1959年被戴上"历史反革命"的帽子,机关管制3年,在南大图书馆监督劳动。1962年解除了管制,降职降薪,在图书馆留用为一名小职员,直到1977年离世。在管制的3年内,良铮除了去图书馆劳动外,晚间回家一言不发,只是写交代材料,看报看书,很少和我和孩子们谈话。他变得痛苦的沉默,一句话也不愿意说。(周与良:《怀念良铮》,载《一个民族已经起来——怀念诗人翻译家穆旦》,江苏人民出版社,1987年,第134页)

关于当时的工作状况和环境,南大图书馆的编目人员王端菁回忆说:

> 我们在一个大屋子,查良铮就坐在那个角上不言不语地打……当时每天工作8个小时。8点来上班,上午8点到12点,下午2点到6点。当时图书馆是很严格的,打铃,签到,墙上有一个签到纸,名字都写上……(转引自易彬:《穆旦评传》,南京大学出版社,2012年,第404页)

穆旦在编目股,编目的书籍包括原版书和影印书。编目和打印之余,他就抽空躲在书架之间,看外文书。在那个政治挂帅的年代,外文书是不许看的,更不用说在政治学习时间了。于是,就有工作人员悄悄地提醒他:

老查,以后别看了。有人盯着你呢。(同上)

人言可畏,人眼可畏呀!

这一次,穆旦是真正地被击倒了。穆旦,那个自幼幻想着做一匹大马,长大了驰骋疆场的少年,此刻成了一匹蹇足的良骥,徘徊,迟疑,蜗居在狭小的斗室。然而,"老骥伏枥,志在千里"。不羁的灵魂,在荒野上流浪,水草不进,痛苦不堪;那个在抗日战争的关键时刻,抛却了书斋生活的安宁,毅然出征异国,效命疆场的随军翻译官,此刻背上了沉重的十字架,步履维艰,在人生的泥淖中深深地下陷,下陷,拼命地挣扎,挣扎;那个四处颠沛,到东北办报,揭露官场黑暗,针砭时事弊端,企图以新闻救国的青年知识分子,此刻被一页文件判定了该死的命运,诗人深深地低下了他高贵的头,破衣烂衫,低眉顺眼,走路说话都得看人的脸色;那个怀着满腔热情出国留洋,刻苦攻读俄语和英语文学,放弃了国外优越的生活条件和体面的工作机会,毅然归国,立志报效新社会的热血青年,在人生四十的不惑之年,正当他在教师光荣的地位上发挥其作用的时候,却被痛苦的雷电击倒了:

我倒在人生的荆棘上,
遍体血污。
——雪莱

穆旦的心里在流血,他像一头被猎人长距离追赶的受伤的野兽,扑倒在地,舔舐着苍白的伤口,默默地承受和忍受命运的矢石交攻。谁人愿意忍受生活的重负、事业的挫折、世人的冷遇?更何况他是一名自尊和敏感的诗人。然而,更加让他不能忍受的,是被逐出了神圣的讲堂。从此以后,他再也不能站在讲堂上宣讲真理,讴歌自由了。他失去了他的可爱的学生,他的熟悉的黑板,他的习惯性地用粉笔书写的动作,以及他提高了嗓门准备朗诵人间最美的诗歌的权利!

这不是个人的问题,那整个一代人随国民党军队抗日的,只要活着回来,活到那个时代,就会遭受同样的命运。在暴风骤雨施虐生命和尊严的年代,整个的生命之树失去了平衡。你要尊严地追寻真理和正义,也许是不智的行为,甚至是不应有的想法。历史的两极,无法在这里相遇,也无法达到谅解，即使在世人的眼光里，一个民族是一个统一体，尤其是在对付外来侵略的时候，尤其是当这种对付已经胜利，甚至是胜利者拥有话语权的时候——于是，诗人早已预言的一切终于灵验了：

> 这不过是我，设法朝你走近，
> 我要把你领过黑暗的门径；
> 美丽的一切，由我无形的掌握，
> 全在这一边，等你枯萎后来临。
>
> 《森林之魅》

第八节　文革劫难

教师是灵魂的工程师，而诗歌是灵魂的事业。

离开了宣扬真理和知识的讲堂，又被剥夺了写作和发表作品的机会，诗人只好把精力全部转移到翻译上。在那个知识分子遭到打击，知识变得越来越廉价的时代里，翻译是唯一可以寄托情志的事情了。

好在那个时代，版权问题还没有严肃地提出来。但即便是翻译，也和创作一样，不会一帆风顺。在那多风多雨的年代，一部《唐璜》的翻译，倾注了查良铮多年的心血，也留给了他终身的遗憾。

事情还得从查良铮与萧珊的友谊说起。查良铮和萧珊是西南联大的同学，二人的关系一直很好，讨论文学，问寒问暖，多年通信不断。有一次，良铮收到萧珊寄来的《拜伦全集》英文版，他高兴异常。这正满足了他要翻译拜伦诗歌的愿望。

1957年，新文艺出版社出版了署名"梁真"的他翻译的《拜伦抒情诗选》。这是一个准备，是翻译《唐璜》的前奏。事实上，《唐璜》的翻译，正式开始于查良铮被贬到图书馆之后。翻译家的子女回忆说：

> 1962年，父亲解除了管制，在图书馆留用为一般职员。这时他开始了他的最大的一项翻译计划——《唐璜》的翻译工作。白天他要劳动和汇报思想，只能把晚上和节假日都用于翻译。几年含辛茹苦，废寝忘食地工作，到了1965年，这部巨著终于译完。正当父亲把译稿修改完毕，准备抄寄给出版社时，"史无前例"的浩劫开始了。（英明瑗平：《忆父亲》，载《一个民族已经起来——怀念诗人翻译家穆旦》，江苏人民出版社，1987年，第141页）

1966年,"文化大革命"爆发了,全国人民卷入了一场为时十年之久的大浩劫之中。其结果是,人际关系异常恶劣,国民经济濒临崩溃,文化和教育一败涂地。

1966年5月25日,北大哲学系聂元梓等七人在校内贴出"第一张大字报",矛头直指北京市委。6月2日,《人民日报》全文转载,并发表评论员文章《欢呼北大第一张大字报》,煽起造反革命的熊熊烈火。全国各地立即响应,掀起了"斗黑帮"的狂潮。

仿效北京大学等学校的做法,南开大学也开展起"文化大革命"。6月2日,有些人在第三食堂贴出矛头指向校党委的大字报,称"六·二风暴"。6月3日校党委召开全校师生员工文化革命动员大会。会后,立即出现"乱箭齐发"式的大字报热潮,至下午两点,全校就贴出大字报815份。学校的一些党政干部被诬为"黑帮"、"三反分子",一些教授、教师被诬为"牛鬼蛇神",并开始受到批斗和迫害。外文系持续多天在主楼五层中厅贴出了不少大字报。(《南开外语历程》(1919-2004),肖福堂主编,2004年,第59页)

如同清华、北大一样,没过多久,南开大学的校园就成了大字报的海洋。从东门进来,一眼可以看到,沿大中路两侧搭满了席棚,用黑色的笔墨刷着大幅标语,密密麻麻地贴满了大字报。大礼堂、教学楼和学生宿舍内外,无一例外也贴满了大字报和标语,揭露某某系主任"走资本主义道路"的问题,打击某某"反动学术权威"的嚣张气焰。一时间,乌烟瘴气,人人自危。

在那个人斗人的运动中,谁能想得到,曾经整过别人的,一夜之间又被人斗。

到了7月底,外文系主任李霁野和校长吴大任等八人被列为全校被批斗的重点人物。作为第一战役的攻击目标,要在8月15日以前完成。接着是第二战役,由全校转入各大队对"走资本主义道路的当权派"和"资产阶级反动学术权威"进行批斗。"游街一大串,劳改一大片",广大教师成为被批斗的对象,遭受的人身攻击和精神折磨,令人发指。

8月12日,南开大学造反派成立了"卫东战斗队",刮起"第一次红色风暴",12日,教工干部成立了"八一八红卫兵"。到了1967年,随着造反的风暴从校园席卷到社会,京津与上海遥相呼应,南开大学的派系斗争也由"文攻武卫"很快演变为12月17日的大规模武斗。18日凌晨3时35分,周恩来总理亲自指示双方立即停止武斗,次日10时15分,天津驻军派3000名战士徒手进驻南开大学,隔离开两派的斗争。

文化大革命,却走上了武装斗争的道路,发人深思啊!
然而,文的斗争也没有结束。时而是风潮,时而是暗流。

> 1966年发生了文化大革命,大有没顶之势,当然想不到什么译著了。但为了苟全生命,总要抓一把"最后的稻草"。我写了约三十万字的大小字报和外调材料,我曾戏称之为"墙头文学"。这些除招来一点不大不小的灾难外,只好作为引火的材料了。(《李霁野文集》(第一卷),百花文艺出版社,2004年,"总序"第9页)

校园里,黄昏后,在熙熙攘攘观看大字报的人群消散之后,偶尔,一个孤单的身影便会闪现出来,站在这铺天盖地的大字报的海边。他在仔细地阅读当天的新报以后,掏出一个不大的本子,撕开,将事先准备好的一张张的小字报贴在专栏上。于是,在这阵容壮阔的大字报的集团军中间,也会看到用钢笔写的几张小字报,夹杂在其中,好像大理石砌成的巨大建筑物之间有几只瓷质的花瓶夹杂其中,被挤压而随时成碎片似的。这些小字报,看得出来,总是企图对有关的历史事实加以澄清,或者力求表明自己的某种态度。毫不奇怪,这些小字报常常被用红笔圈起来,写上"大毒草"等字样,或者打一个大叉,表示主流运动对另一种力量的压制。

查良铮,曾经有过"历史问题"且早已离开了教师队伍的翻译家,如今被降格到南开大学图书馆里打扫厕所。诚然,劳动是光荣的,可是,当把体力劳动看作是对脑力劳动者的一种惩罚时,劳动的价值变了。严格的说,两种劳动在人类活动的天平上都失去了原有的重量——毫无疑问,脑力劳动贬值了,而体力劳动也不再光荣,而是一种耻辱了。

杨绛,钱钟书的夫人,写了下面一段文字,说明她在文革中打扫厕所的感受:

> 我自从做了"扫厕所的",就乐得放肆,看见我不喜欢的人干脆呆着脸理都不理,甚至瞪着眼睛看人,好像他不是人而是物。决没有谁会责备我目中无人,因为我自己早已不是人了。(转引自田晓菲:《隐身衣和皇帝的新装:从杨绛回忆录看"文革"中对透明度的追寻》,载《留白:写在《秋水堂论金瓶梅》之后》,天津人民出版社,2009年,第139页)

诚然,杨绛是因为打扫厕所,而被一个她原本喜欢的小女孩认为是坏人,从此不再理她,因此伤了自尊心。而查良铮则没有说过他被哪个人不理的事,不过,我们可以想象,在那样的年月,一个人被贬为"扫厕所的",那些革命群众,还会有谁去理你呢?既然如此,而你,又何必去理别人呢?

尽管查良铮小心谨慎,不敢乱说乱动,但也难逃"文革"的劫难。

这位国民党抗日军队的小翻译,像任何在那个时候的"历史反革命"一样,在面临又一次暴风骤雨的时候,只能硬着头皮顶着,想着能够像历次运动一样,不说谎,重表现,以不变应万变,希望能过得了这一关。然而,在那个人斗人和几乎是人人过关的运动中,批斗还是不可避免地来临了。知识分子最难堪的,自然是自己觉得很丢人,但是又不愿意说违心的话,做违心的事,相比于挨批,总是比违心地批别人要好受一些吧。在沉默的穆旦最沉默的时候,杨绛却说出了自己当时的感受:

> 当初坐在台下,唯恐上台;上了台也就不过如此。我站在台上陪斗,不必表演;如果我坐在台下,想要充当革命群众,除非我对"犯人"也像他们有同样的愤怒才行,不然我就难了。说老实话,我觉得与其骂人,宁可挨骂。因为骂人是自我表演,挨骂是看人家有意识或无意识的表演——表演他们对我的心意,而无意中流露的真情,往往是很耐人寻味的。(转引自田晓菲:《隐身衣和皇帝的新装:从杨绛回忆录看"文革"中对透明度的追寻》,载《留白:写在〈秋水堂论金瓶梅〉之后》,天津人民出版社,2009年,第135页)

1966年8月的一天深夜,经过了一天的批斗,查良铮精疲力竭地回到家里。而这个家,已被红卫兵糟蹋了一个晚上,火光熊熊,映着墙上写着的"打倒某某某"的大标语,成堆的书籍和稿纸被随便地翻捡着,然后扔到火里。红卫兵撤走了,翻译家回来了,望着那满屋子的椅倒箱翻,书散纸飞……

> 此时他看着满地的碎纸,撕掉书皮的书和散乱的文稿,面色铁青,一言不发。……突然,他奔到一个箱盖已被扔在一边的书箱前,从书箱里拿出一叠厚厚的稿纸,紧紧地抓在发抖的手里。那正是他的心血的结晶《唐璜》译稿。万幸的是,红卫兵只将它弄乱而未付之一炬!(英明瑗平:《忆父亲》,载《一个民族已经起来——怀念诗人翻译家穆旦》,江苏人民出版社,1987年,第142页)

劫后有余生的稿件,是查良铮一个最后的阵地,让他能够重整旗鼓,坚守生命。

然而,一次一次的批斗,一次一次的查抄,译稿既不能带在身上,也无处可藏,总觉得是朝不虑夕,终难保存。

1966年6月文化大革命的发动中,毛泽东出京南巡。从1966年5月5日到6月15日在杭州,途径长沙,于17日到韶山滴水洞,住了11天,6月28日赴武汉。在这次南方出行(踏芳枝)的途中,他化用岳飞《满江红》诗句,凭阑静听潇潇雨歇,孕育即将来临的风暴。这时候,一首题为"有所思"的律诗在这颗惯于叱咤风云的头脑里酝酿成熟了:

七律　有所思

　　正是神都有事时,
　　又来南国踏芳枝。
　　青松怒向苍天发,
　　败叶纷随碧水池。
　　一阵风雷惊世界,
　　满街红绿走旌旗。
　　凭阑静听潇潇雨,
　　故国人民有所思。

在严格的意义上,这应当说是毛泽东所写的最后一首诗。

毛泽东是大政治家、军事家、大诗人。半个世纪叱咤风云,战争年代和建国初期,他写下很多激荡风云、流芳后世的诗词,其中包括一些和读报有关的政治讽刺诗,讽刺帝修反。1966年以后,他只改写过唐人的诗,讽刺林彪的叛逃;到晚年,也是改写宋人的词,寄托对董必武等老一辈的哀悼。他再也没有提笔写诗的兴致了。

然而,毛泽东本人对于现代诗的观点,则以下面一段话最具有代表性(据穆旦1969年2月18日的日记摘抄):

　　中国诗的出路:第一条民歌,第二条古典,在这个基础上产生出新诗来,形式是民歌的,内容应当是现实主义和浪漫主义的对立统一。太现实了就不能写诗了。现在的新诗不成形,没有人读。我反正不读新诗,除非给一百块大洋。(成都会议讲话,1958年)

文革动乱十年,出于各种原因和借口,在"破四旧,立四新",反对"帝修反",打倒一切"牛鬼蛇神",打倒党内"走资本主义道路的当权派"等口号下,对于各种人群反复的批判和揪斗,造反派内部也出现分裂的派系和文斗武斗,知识分子和各级干部被关押牛棚,下放劳动,各种不实之词和人身攻击与非人的侮辱,在人类文明史上也是骇人听闻。就南开大学外文系而言,师生遭受的各种折磨和迫害,至今不能尽述。

原系副主任陈有信被诬陷为"反革命分子",1968年8月19日被逮捕法办;林震宇、任玉璋含冤而死……。在外文系的118名教职工中,正式有文字结论,或者虽无文字结论但遭到严重打击迫害的就有42人,占教职工总数的近36%,一些受到株连而被审查过的还不包括在内。(《南开外语历程》(1919-2004),肖福堂主编,2004年,第64页)

覆巢之下,岂有完卵?履历表上"家庭出身"一栏写着"小资产阶级","本人成分"为"伪军官"的查良铮,自然无法逃脱这一层雪上加霜的遭遇。既然是"历史问题",他也没有什么可以辩解和澄清的。只是不断地遭到批斗、抄家,脖子上挂着"牛鬼蛇神"的牌子,头发被剃成半有半无的"阴阳头",精神和肉体的折磨是非人的,也是非常人能够忍受的。高贵的出身,教师的尊严,一概被打倒在地,"文革"破天,斯文扫地。好在他有一个九死一生的战争经历和一个文学翻译的崇高事业在支撑他的理想。他的经验,他的信念,让他能够在屈辱中活下去,在被人误解和漠视中活下去。

穆旦大概不会知道,至少他从来也没有给人讲过,那些与他曾经在缅甸抗日战争中出生入死的战友,或者素不相识但却具有共同命运的中国军人,从最高的军官到最基层的战士,除了那些还苟活在暮年的余晖中而无处诉说的生者,就是那些早已在异国化为鬼魂的死者,即使在他们身后,也很难能有一块可以安息的土地了。

遥想1923年与孙立人同船赴美攻读军事的齐学启将军,第一次赴缅甸作战时任新三十八师少将副师长。在第二次出兵缅甸作战,掩护部队转移中,身负重伤,被日军俘虏,囚于仰光战俘营,时为1942年5月19日。日伪政权派人多次劝降,坚贞不屈,严辞拒绝:"中国军人可杀不可辱,速毙我,勿多言。"1945年3月8日,在日军逃离缅甸前夕被奸人用刀刺穿其腹部,因日军阻挠,医不能治,至13日壮烈死去。有华侨冒死将其遗体偷运出来葬于仰光之郊。抗战胜利后,孙将军用飞机运回其遗骸,重新安葬于烈士家乡湖南长沙岳麓山之阳,与蔡锷、黄兴之墓相邻。

文革期间,齐学启将军的墓地被破坏,淹没。直到1989年,孙立人将军在台湾恢复自由,乃筹借6000美金托旧部回大陆,与当地联络协商,于1990年1月7日将其墓园整修恢复。在孙将军为其写的《重修齐学启将军墓园志》的末尾,我们读到这样感人的文字:

> 余闻之:朋友之墓有宿草而不哭焉,余则过时而悲。呜呼!死生陵谷,公与诸公俱往矣,神骑箕尾!名在日月,故将与麓山湘水同乎不朽,而余以老耋能执笔为文,有深幸焉,而亦不能不有深恸也。
>
> 公元一九八九年八月吉日
舒城　孙立人敬撰并书

又及,1945年新一军回国进驻广州受降,所建新一军征缅阵亡将士纪念公墓,则在文革中被彻底破坏,无从恢复了。

中国远征军印缅抗战,中国军队共献出多少万年轻的生命,他们的英魂如何安顿!

半个世纪零两年之后,战争的硝烟早已散去,而穆旦也已作古二十年。这一年,在缅甸,当年同盟国和日军发生激战的土地上,发生了一件并不惊人的事情:

> 在缅甸,9名英国老兵和21名日本老兵访问了沿缅甸铁路修建的盟军战争公墓,并以和解的姿态参加了2月份举行的一个纪念活动,以共同纪念在战争中死亡或被强迫劳动的3.7万名英联邦士兵以及在缅甸战役中死亡的19万日本士兵。(〔英〕马丁·吉尔伯特:《二十世纪世界史》(第三卷,下),陕西师范大学出版社,2001年,第926页)

1968年6月的一天,东村70号,穆旦一家的住房,被一个有造反派支持的生物系的职工强行占领。此前,这个三间一套的房子,已被占去了一间。两间房子,住六口人,厨房卧室客厅书房无法分开,已经是沙丁鱼一样的拥挤了。可是此时此地,又有什么道理可讲呢?被反复抄家之后所剩不多的东西,仅存的家具和被褥,早已抛在露天,书籍杂物堆积,纸页散飞,整整一天,无人理睬,无法处置。

一家人被扫地出门,顿时无立锥之地!

偌大的天地,高等学府,竟然容不下一介书生,悲夫!

一直挨到天黑,周与良才从八里台找来两辆三轮车,两位好心的工人师傅帮他们一家人,车拉人搬,终于搬到南大13宿舍3楼337室,那个只有17平方的西晒的小屋里。

两张床,一张桌,两代人同住一室,书桌和案板合一的处境,就是这一对大学教授的待遇了。书籍和其他东西,只好堆放在楼道里,堆放在隔壁的厕所里。在这里,一家六口,经夏秋而至冬春,挨过了五年难熬的光阴。

祸不单行。1968年12月的一天,周与良突然被人抓走,关押在生物系教学楼一间阴面的房子里,经受"隔离审查"。此前,丈夫穆旦已经被集中起来,"清理阶级队伍"了。四个未成年的孩子,自身都不能照料,却要每天做饭,给父亲母亲送去。在半年的时间里,周与良长夜被提审,盘问,交代那些莫须有的问题。威逼之下,这位坚强的女性,产生了轻生的念头。可是一想到可怜的孩子,和丈夫的事业,她又获得了活下去的勇气。

"牛棚"生活,是"文革"的一种特殊产物,许多知识分子都经历了。北大教授季羡林,甚至写有《牛棚杂忆》。关于这一段难忘的生活,南开大学历史系教授,穆旦的"棚友"来新夏先生有一些回忆,成为我们了解这位诗人翻译家生活和心灵的难得的第一手资料。

文化大革命一开始,我和穆旦都是南开大学"牛棚"第一期的学员。开始,牛鬼蛇神在一个队专门打扫校园的街道和厕所,因为人数多杂,休息时蹲坐在地上,彼此不知底细,说的大多是天气如何哈哈,以莫谈国事为主旋律。我是说话较多的一人,而穆旦则常常一言不发,看着别人说话,神情忧郁寡欢,可能他想着自己还背着"法定"的历史包袱而非常小心谨慎。他只对我说过一句话,悄悄地嘱咐我少说话。(来新夏:《怀穆旦》,载《且去填词》,天津古籍出版社,2002年,第176页)

在那个人人自危的时代,多说一句话就可能被打小报告,而穆旦则冒险去劝告连几句话都没有说过的"棚友",要善于保护自己。果然,不幸而言中,来新夏教授因为说话太多而受到批判。他后来"就学着他的样子做,免去了很多无谓的羞辱"。而穆旦的态度是,"这是为群众劳动,不是怕谁"。在这一来一去的话语中,穆旦的身上又闪烁出胆气与利他的光辉。

不久,来新夏和穆旦被分配去清洗打扫游泳池,因为只有两个人,比较安全，而且在游泳池开放时能有较多的空隙，所以他们交谈的机会也就多起来，甚至谈起过穆旦的诗和译作。直到1970年，二人才分手。来新夏到天津郊区插队，而穆旦则被送到天津南郊的大苏庄农场。四年以后，回到学校，二人见面，仍然只能"颔首微笑，相对无语"。就这样，来新夏教授回忆说，一直到"1977年初，穆旦过完了新旧两个年，带着沉重的历史包袱，含恨离开了他一直眷恋的祖国和人民"。

> 后来当我读到他的全集时，那种才华横溢的诗才与他在游泳池劳动相处时的形象怎么也合不起来，他有诗人的气质，但绝无所谓诗人的习气。他像一位朴实无华的小职员，一位读过许多书的恂恂寒儒，也许这是十来年磨练出来的"敛才就范"。（来新夏：《怀穆旦》，载《且去填词》，天津古籍出版社，2002年，第177页）

是啊，谁能想到，每天从你眼皮下经过的躬身劳作的小职员，身着蓝色的旧棉袄旧棉裤，头戴破旧棉帽子的半老年男子，竟然就是享有世界声望的20世纪的桂冠诗人呢？

如今，打问南开大学的老教师，穆旦当年是怎样的，许多人都说不记得了，没有什么印象。只有当年在南大老图书馆和穆旦抬头不见低头见的工作人员，还能记得他照旧很礼貌地对每一个人打招呼的样子。另有一位当年的南开大学的学生，穆旦的邻居，在谈话中，以不屑的语气描述了他眼中的诗人穆旦：

> 嘿哟，糟老头一个！打我小时候起，每天看见他破衣烂衫，靠着墙角走路，不抬头看人。以前还在图书馆抄卡片，现在扫街扫厕所。头发都快掉完了，问他几句，话都说不清！（赵毅衡：《穆旦：下过地狱的诗人》，载《作家》，2003年第4期，第22页）

可是在妻子的眼里，诗人翻译家不过是平常的人。他既不伟大，也不卑贱，穷通如一，生死如一。丈夫毕竟是丈夫——患难中的丈夫，仍然是大丈夫。

据夫人周与良回忆，1970年（应为1969年10月底），随着林彪"一号通令"下来，南开大学的一切"牛鬼蛇神"连同他们的子女统统下放农村，名曰"战备疏散"。外文系教工被从蓟县召回，疏散到河北完县，分散在三个生产大队。查良铮去了一个大队，周与良带着四个孩子去了完县的另一个大队，相互隔绝几十里，但有信息来往。

这一时期的穆旦日记,改变了抄写毛主席讲话和诗词的习惯,也不再是长篇大论的思想汇报的底稿,诗人尝试以极为简略的形式,近乎电报式的语言,记录下每一天的真实生活。这里抄录一段连贯的十几天的日记(其中的"与"是妻子周与良,"王春旭"是诗人杜运燮的妻子):

  3.31 二 生日,喂猪,掏粪,吃菏勒。
  4.1 称体重:123 市斤。接与信,借 5 元。
  4.2 下午雨,又生炉火,冷。
  4.5 日 开批斗现反六人会,清明,晴。
  4.6 接与信并复。
  4.8 接王春旭信(4.1 日写来)。
  4.9-10 写 11 日的思想汇报,对运动的看法和自己极左影响。
  4.12 日 晴,下午休息,买布袋(.87)。
  4.13 接与 8 日信,收到雨鞋肥皂等。
  4.18 收到汇款 20 元,昨晚挨批。
  4.19 日 写思想汇报,给与信。
  4.22 收与 17 信。买一包肥皂粉(.37),挑了 26 担尿 2 担水。上午在元素所弄粪,晚小雨,列宁诞辰 100 年。

      (《穆旦诗文集》(第 2 卷),人民文学出版社,2006 年,第 283 页)

  不久,学校开学了,孩子们回到天津,而夫妻二人仍然天各一方,不准见面。快到春节的时候,一天,查良铮冒着严寒和危险找到了夫人所在的村庄。患难的夫妻见了面,双方在伤心地落泪。
  "收到了孩子们的信,都很好。"丈夫开口说。
  妻子见丈夫又黄又瘦,精神疲惫,很难过,只是流泪。
  丈夫安慰她说:"事情总会过去的,要有耐心。"
  妻子点点头,脉脉地注视着寒风中的丈夫。
  丈夫负罪地说:"我是罪魁祸首,不是因为我,一家人也不会这样。"
  妻子赶紧说:"我也是特务,应该受到惩罚。"
  一对负罪的人,争着承担责任,像挣脱某种束缚,让对方多一些解脱,和安慰。
  临别了,丈夫从口袋里掏出一包花生米和几块水果糖,塞到妻子手里。
  妻子不要,丈夫说:"你晕了,吃块糖会好些。"
  妻子说:"身体还可以,也不想吃零食。"

丈夫说:"要多注意身体!"

说完,就走了。

妻子望着丈夫50岁出头的身影,远远离去,俨然一个老迈的形象了。

回来等她的,是一场不可避免的批斗:"你们传递些什么情报?老实交代!"

妻子牢牢地保守着谈话的"秘密",保守着包袱里的礼物,如磐石坚。

1971年,周与良回到天津。穆旦则被遣送到南开大学的"五七干校"参加劳动改造。那个天津郊区大苏庄,曾是劳改犯人的农场。

1972年,"五七干校"劳改结束,查良铮回到南开大学图书馆继续劳动改造。除了每天繁重的整理图书、查抄书签之外,还要求他每天早上提前半小时上班,自愿打扫厕所。

此时,承蒙学校"革委会"开恩,答应借给查良铮一间学生宿舍楼里紧挨水房的小屋,虽然又冷又潮湿,但他和次子查明传能晚上单独存身,特别是有了一个地方可以单独地搞翻译,就已经万幸了。

每天一大早,查良铮照样起得很早,去新开湖畔的图书馆打扫厕所,然后再上班。

一天,在图书馆整理书籍的穆旦,走进了堆放查抄来的物资的仓库。书生的本能使他机械地翻检这一切的同时,想要寻找那些久已相违的书籍和稿件。突然,他眼前一亮,在堆积如山的书籍稿件中,竟然发现了一本《拜伦全集》英文版,那正是萧珊赠给他的,还有他的《唐璜》译稿,还在。翻译家的眼睛湿润了,如同久别重逢的老朋友,他不能相信自己的眼睛。偷偷地,把它们带回家中,如获至宝一样。

8月,传来萧珊病逝的消息,查良铮陷入极大的悲痛中。

萧珊真名是陈蕴珍,与查良铮在西南联大时期初识。那是1940年,查良铮毕业,留校任教于西南联大的叙永分校,萧珊刚上学。文革期间,萧珊跟巴金一样,受尽屈辱,和查良铮的通信也一度中断。1972年8月,萧珊因肠癌医治无效而撒手人寰,对晚年的巴金打击很大。巴金的《随想录》里收有《怀念萧珊》的长文,记录了爱妻萧珊患病到弃世的过程,其真挚凄切,诚然是感人肺腑,催人泪下。

萧珊对于查良铮是不同寻常的好友。不仅回国初期他在翻译和出版上受到巴金夫妇的关照,而且在困难中收到萧珊惠赠的《拜伦全集》英文版,得以成就他翻译《唐璜》的夙愿。萧珊去世,如雷击顶。为了排遣心中的悲愤,同时也是为了纪念这位一生的好友,查良铮把心思都投入到整理和补译《唐璜》的工作中去了。那些丢失的章节,需要补译,而整部译作,需要增加注释。此外,在这一过程中,拜伦其他的诗歌的译稿,查良铮也做了修改。

> 那时,父亲除8小时的图书馆劳动外,还有"牛鬼蛇神"劳动。每天下班很晚,回家后匆匆吃了晚饭,很少与我们坐在一起休息一下,总是马上就骑车去那间宿舍工作。小明(次子查明传)10点多去那里睡觉时,总是看见他仍伏在那张黑木饭桌上,在昏暗的烛光下工作(当时因电力不足常常停电)。有时他深夜醒来,看见父亲还坐在那里沉思或是在写着。(英明瑗平:《忆父亲》,载《一个民族已经起来——怀念诗人翻译家穆旦》,江苏人民出版社,1987年,第142-143页)

经过了艰巨而细致的工作,他终于完成了《唐璜》译稿。在这部书稿的封页上写着一行字:"1972年8月7日起三次修改,距初译约11年矣。"

这一年,周与良的五哥周杲良从美国回来探亲。为了体现政策,一家人终于允许搬回了东村70号。这也算是一个大大的优待。

11月2日,得到"分房"的消息;5日,刷浆;10日,正式搬回东村70号。

一排红砖砌成的平房中的一间,门框上贴着红色的对联。破碎的砖块,散落在门前的水泥斜坡上,夹杂着绿色的苔藓和黄色的落叶向前延伸,和砖头铺成的路面并不分明。不知谁家的三轮车,后配着木质的拖车,斜放在路边。门口一棵树,身高超过了房顶,傲慢地直指天空。靠墙放着一辆自行车,几只破花盆,本应吐出生命的红绿,此刻却被水泥板覆盖着。一支铁制的烟筒嘴,像是一个由内向外的喇叭,从开了一个洞的窗框里伸出,吐着黑色的浓烟。这是那个时代一种典型的知识分子家居方式,没有什么特别吸引人的地方。

然而,这间普通的房子,他的主人却不平凡。还因为这间房子里,有一只特殊的箱子。

一只褪成淡青色的小帆布箱子,棕色的皮包角和提手还算完好,右手的金属锁子早已坏了。这就是翻译家查良铮的宝库,里面装满了他用多年心血翻译的诗歌译稿,其中最大最厚的一部就是《唐璜》。一部千余页的粗糙的纸稿,每页都画满了密密麻麻的字迹,和反复修改的符号的痕迹。这部近乎完成的《唐璜》译稿,是查良铮最挂牵的了。

又是一年过去了。1973年,《唐璜》最后的定稿,包括修改和注释,终于全部完成了。稿子寄到出版社,一压就是三年,石沉大海,杳无音信。直到

1976年12月,托北京的朋友打听,得知稿子仍然健在时,诗人激动地在日记中写下这样一行字:

  76.12.9,得悉《唐璜》译稿在出版社,可用。

两个月后,翻译家查良铮在天津逝世。
《唐璜》,仍然在等待中。

第九节　多事之秋

  世事沧桑,变化无常。天津,北京的门户,是一个奇特的地方。
  六百年前,大海退位了,露出了津沽,码头生活的繁忙庸碌,加上军事防卫的遗留。
  一百年前,皇帝退位了,皇室和贵族移居天津,经受西方风潮的冲刷,天津成为开放之港。

  天津滨临渤海,地处五河下梢,内联"三北"腹地,外通五洲四海,又兼拱卫京畿,四方商贾辐辏,久而久之形成北方重要商埠。……1860年天津开埠以后,随着近代工业的迅速发展,刺激商业更趋繁荣,同时随着帝国主义经济侵略不断深入,租界内开设了许多银行、洋行、商店、饭店,进出口贸易也日益兴旺,成为促进天津商业发展的特殊历史条件。(《近代天津图志》,天津市政协文史资料研究委员会等编,天津古籍出版社,2004年,第102页)

  天津不仅是古代港口和海防重地、商业发达、万国货云集,而且是近代殖民的典型和革新的先声,海光寺签署《天津条约》,丧权辱国,养牲园强攫中国领土,建赛马场。至此,各国租界层次,教堂庙宇林立,大悲院闪现石涛和弘一法师的踪影,大沽船尽显北洋水师的英姿;武备学堂,霍元甲挥拳义愤抗倭寇;辛亥先声,孙中山三莅津门播火种,铁肩道义,李大钊求学法政学堂;小站种稻,袁世凯复辟演练新兵;《国闻汇编》上,严复首次发表《天演论》;"画眉店"里,王襄率先发现甲骨文;梁启超饮冰室著天下雄文,周恩来南开园闹学府风潮;两度火烧望海楼,震惊西方世界,百年传播《大公报》,留得鸿雁泥痕。

清代诗人梅小树曾为建于明代的鼓楼撰写了这样一副楹联:

高敞快登临,看七十二沽往来帆影;
繁华谁唤醒,听一百八杵早晚钟声。

在只有六百年历史的天津卫,文庙是一处算得上古迹的去处。

这所建于明正统元年(1436年)的"卫学",不仅是一所旧式学堂,而且是祭祀孔子的寺庙。70年代,这偌大的院子,繁华荣贵早已褪去了昔日的辉煌,却像一个遗弃的旧货场,随处摆放着不为人所注意的旧书、破画、瓷器,那个年代统统叫作"四旧"的各种文物。在"文革"后期劫后的余生中,倘能够存活下来,即便在一个没有浓厚的读书习惯的商业化的直辖市,也未尝不是一种幸运。

"文革"后期,查良铮有了去文庙旧书店游逛的自由和条件,有时候还和同事邻居一起去。

他喜欢去文庙,那里似乎有他一些值得记忆的事情,和一些值得向往的事情。至少离开一下那是是非非的破败的校园,悠闲地骑着自行车来到一个僻静的去处,忙中偷得半天闲,说不上是文人的情怀,也是一种临时的解脱。

一个有正常思维和健全头脑的人,特别是经历了一些磨难以后,当他有了一些空闲时间,一个人走在天津的街道上,回想近几年发生的大大小小的事情的时候,也许会想一下,究竟什么是"革命"。

自然,革命是发生在思想文化里的变化,但是思想的变化,未必都是革命;

革命有时候离不开暴力,尤其是改朝换代的时候,但暴力导致的未必全是革命;

当然,革命是对传统的颠覆,和对现状的不满,可是难道一切造反都是革命吗?

这样想着,查良铮就穿过那镌刻着"德配天地"和"道冠古今"的过街牌楼。

他还是没有想清楚,也许革命总要导致进步和文明罢。这时,他走进一所院子,打量着破旧失修的"櫺星门",眼看着文化凋敝,斯文尽丧,心头说不上是什么滋味。但又不能不来,文庙,那个封建社会中国知识分子向往的地方,也许是他最喜欢去而又最不愿意看见的地方了。每一次光顾,他都要买一些文学书籍回来,有鲁迅的杂文,陶渊明、李白、杜甫的诗歌,还有一些英文书。在现代文学家中,穆旦曾多次说,他最喜欢逆境中坚贞不屈的鲁迅。

查良铮走着,看着,一面回顾自己半生的艰辛和不顺,不觉又想起了鲁迅,还有那首起首不凡的《悼杨铨》:

> 岂有豪情似旧时,
> 花开花落两由之。

是的,鲁迅也有心烦和消沉的时候,在文化"围剿"的苦斗中,他一度把心思放在读佛经的寂寞里。近来的查良铮,甚至买了一些《封神演义》《清史演义》《说岳》《说唐》,这些通俗的历史小说,原来是不读的,也成了他排遣心中郁积的读物。他感到自己的肉身正一步步沉入物质的深渊。

> 曲折、繁复、连心灵都被吸引进
> 日程的铁轨上急驰的铁甲车,
> 飞速地迎来和送去一片片景色!
>
> 呵,耳目口鼻,都沉没在物质中,
> 我能投出什么信息到它窗外?
> 什么天空能把我拯救出"现在"?
>
> (《沉没》)

地球在转动,如一个阴阳体(或者如晚年的毛泽东所说,像一个大西瓜),东西半球的转变运行,也反映在国际的人事变迁里。

1972年2月,在周恩来总理和美国国务卿基辛格博士从中周旋、精心策划下,美国总统尼克松得以成功访华,在古老的北京城,在强支病体的毛泽东的书房里(尼克松后来回忆说:"这房间看上去更像是一位学者的隐居处,而不像是世界上人口最多的国家的全能领导人的会客室"),和这位年迈的东方政治家谈了一个小时。谈话的内容,神秘得不为人知,但在这个大背景下,中美关系解冻了,对于知识分子的态度也有了一些改变。

这一年,穆旦夫妇回到了天津,搬回了东村70号。孩子们有的插队在外地,有的在寻找工作,或在准备考学。生活似乎有了一些安定,也吐露出一丝松动。

1973年2月16日,周与良获准出差广州。早春湿润的南国的空气里,有高大的红棉树和遍地的芳草,使人呼吸芬芳。她是参加有关《生物志》的会议的,3月11日才回来。

4月29日，美籍华人数学家王宪钟夫妇携女儿回国访问，来到南开大学。他原本是穆旦西南联大时期的同学，出于人之常情，王宪钟自然想见在学校的老同学一面。为了体现政策，表现组织的大度，学校安排穆旦、周与良夫妇和小女儿查平去天津饭店第一分店会见王氏一行，共进晚餐。还有两位校方人士出席始终，坚持陪同。

那一晚，两家人热情而好奇地谈了两个多小时。临别时，穆旦把1957年出版的译著《欧根·奥涅金》赠送给王先生。这一对被分隔在大洋两岸30多年的老知识分子彼此依依惜别，互道珍重。

世道是无情的。王先生怎么也不会想到，一个著名的诗人，会因为一段抗日的经历而遭受迫害，被剥夺了教书和写诗的权利，转瞬间成为人下人。人生是有常的。谁又能否认，经过了痛苦的思索和艰苦的努力，诗人穆旦会逐渐成为一个成果丰硕的诗歌翻译家呢？

自从1948年他写下《诗四首》那准备迎接新时代的诗篇，穆旦于1949年赴美留学，1953年返回祖国，进了南开校园成为一名人民教师。这年年底，有了第一个儿子。开始了一种完全不同的崭新的生活。在这中间，他经历了新的社会的巨大变迁和个人心理上的艰难适应，经历了1957年的政治运动，于1958年接受机关管制、监督劳动和监督使用，又经历了"文革"期间的批斗、抄家、关牛棚。这一切，屈辱和痛苦，似乎要过去了，成为历史，翻过那沉痛的一页。

回想着自己的前半生，穆旦苦涩地笑了。

回到家，东村70号，一个小小的波澜，却在无形中涌动了，甚至形成一个冲突，不完全是"代沟"的冲突。

"美国生活那么好，为什么父亲当年一定要回来，做'牛鬼蛇神'？"

"看人家王先生从美国回来，像贵宾一样受到尊贵的待遇。可是父亲'劳改'结束都一年了，还要每天提前上班扫厕所，何苦呢？"

穆旦觉察了孩子们的情绪，也发觉了他们的议论。他把孩子们叫到一起，做了一番推心置腹的长谈。

"孩子啊，你们知道吗？美国的物质文明是发达，但那是属于蓝眼睛、黄头发的人的，而我们是黄皮肤、黑头发。物质，总不能代表一切，人不能像动物一样的活着。总要有一点抱负，一点精神的追求。"

"可是中国这么穷，这么乱，什么时候是个头呢？"

"中国再穷，也是自己的国家。我们不能去依附他人，做二等公民呀！"

过了一会儿，他看孩子们不说话了，就接着讲下去："你们要多学知识，将来国家的建设需要许多有知识的人，一定会尊重知识的。你们千万不要把时间浪费掉了啊!"

在严酷的现实面前,孩子们虽然不能完全理解父亲的观点,但觉得父亲一定是有道理的。他们一定会努力学习的。父亲一生正直,勤奋,有才学,遭受不幸,但从不气馁,也不外露。孩子们知道,父亲的压力,比谁的都大。他所受的不公正的待遇,长时间瞒着他们,一个人扛着,怕别人为他担心,为他受连累。每次批斗回来,母亲问他,都说没事儿,说红卫兵没有什么过激的行动。他翻译诗歌,一个人坚持多年。有些事儿,连母亲都不知道呢。

在孩子们的眼里,父亲永远是高大的,慈祥的,他爱他们。60年代,在自身不是很自由的时候,父亲常常躲着年幼的他们,关起门来伏案工作。但有时也拗不过孩子们的"死缠",带他们去上街,常常是去书店,买书和杂志给他们看。孩子们回忆说:

> 父亲喜欢看杂技,有时也带我们去看杂技或曲艺。他很少去大剧场,都是去劳动人民聚居的南市一带的小剧场。父亲非常关心国家经济的发展,他常常把报纸上或书籍上的有关中国的钢产量、石油产量、铁路建设等资料收集起来,并将前后进行比较。他让我们也这样做,说:"这些报纸上的小资料很有用,积累起来就是一个小百科全书。"(英明瑷平:《忆父亲》,载《一个民族已经起来——怀念诗人翻译家穆旦》,江苏人民出版社,1987年,第140页)

"除了书是他的爱,良铮对孩子们也很关心。"与良总是这样说,对丈夫的性格和心事,她在心里最清楚。一个家庭不容易,当家理财的最明白。

长子小英自小聪明好学,成绩优异。他爱无线电,良铮为他买《无线电》杂志,一直多少年,就连他后来在内蒙古"插队落户"几年,也不间断为他购买各种生产书籍,希望他在农村好好干,成为一个有用的人。1973年,公社研究让他入党,还推荐上大学,但因为父亲的问题,终未能如愿。良铮从此不再吃鸡蛋,都留给儿子回来吃。他的旧毛巾用了多年也不换,要留到儿子回来再用新的。

次子小明自幼身体不好,经常低烧,良铮到处打听,中西医结合都试过。60年代是吃豆腐渣的时代,粮食奇缺。他营养不良,浮肿得厉害,可是配给他的一斤红糖,当父亲的一口也不吃,全都留给了小明。1972年借来的一间宿舍小屋,父子俩相依为命,互相照顾。良铮后来摔坏了腿,也是小明在身边照顾最多的。

长女小瑗喜欢学英语。11岁那年,做饭送饭劳累,晕倒在公共厕所里,被人救起，喝了邻居的一杯糖水，才醒过来。1974年的秋天，初中毕业，分到天津第十二塑料厂当学徒，工作环境污染很厉害。良铮选择了英文版的《林肯传》，教她学英语。后来，还特地翻译了《罗宾汉的故事》，边译边教女儿英语，给她做教材。

小女小平他最喜欢。她爱音乐，良铮特地托人从上海为她买来红木琵琶，鼓励她坚持练习，希望她在文艺上有出息。练音很嘈杂，哥姐们不乐意，当父亲的就叫小平在他工作的房间里练习。有空的时候，斟一杯淡酒，听女儿弹奏一曲，就是做父亲的最大的人生享受了。

与良坚信，再大的困难，一家人都能挺过去，国家发展的道路是不会改变的。

可谁能想象得到，在经过了1976年的冬季，迎来了一个新的充满希望的春天之后，在这一年一个乍暖还寒的日子里，良铮却突然撒手人寰，丢下了那一百四十多首诗和一腔重重的心事，丢下了那一整箱翻译手稿和一个渺茫的发表的希望，萧然离去。

时间倒回到1975年，5月或6月的某一天。

上午，某个时刻，诗人翻译家照样坐在窗前，白色的台灯一盏，竹质的笔筒一个，一叠稿纸，一支笔，暂且搁下。繁忙的工作之余，一瞬间的小憩，依在有破旧的黑色皮垫但无扶手的木椅的靠背上，抬起头来，诗人目睹了一个不平常的事件。从敞着窗帘透着阳光的窗框的缝隙里，一个蠢蠢蠕动的身体吸引了他的注意力。不知道是一种什么样的力量或动机，促使这幼小的生命，从那狭小的缝隙艰难地爬进了人的居室。弹指间，这幼小的生灵滚落在那三抽两斗的办公桌上，爬行在沉沉一线从左到右开裂到底的桌面上，然后飞快地腾飞而起，在有限的空间里盘旋。

    苍蝇呵，小小的苍蝇，
    在阳光下飞来飞去，
      （《苍蝇》）

"嗡嗡的你"，语气中充满仁慈的关照和亲切的爱护。饱经风霜的老人啊，莫非牵动了你的心思，你询问这小小的生灵，一日三餐是怎样的寻觅？如何躲避昨夜的风雨？

    世界是永远新鲜，

> 你永远这么好奇，
> 生活着，快乐地飞翔，
> 半饥半饱，活跃无比，
> 东闻一闻，西看一看，
> 也不管人们的厌腻，
> 　　　　《苍蝇》

艰苦的生活，乐观的情绪，好奇的心理，不倦的追飞，更有那"自居为平等的生命"的平等意识，和"对你有香甜的蜜"的独特的审美情趣，连同那把幻觉当理想，因而"也来要歌唱夏季"的歌者的精神，无一不是诗人人格的"客观对应物"和诗性鉴赏的召唤结构。

诗的感兴发动了，诗性的智慧运作了。一首小诗就这样在不经意间成形了。

然而，这美妙而可爱的飞翔和自由化的想入非非给打断了。当这小小的苍蝇不识世务，竟然"飞进门，爬进窗"，进入了"人"的居室，哪怕是为理想所吸引，或为幻觉所诱惑，又岂能不遭受灭顶之灾？

苍蝇，你来到世上，是注定要"承受猛烈的拍击"的呀！

虽然注定是悲剧，而且美只是一瞬间，然而也不是毫无意义。似乎在一个有点松动的季节里，被压抑太久的尘世的生命，和这飞翔的苍蝇（也许还有苏格拉底的马虻和伏尼契的牛虻），和着诗歌的韵律一起，也要来显示一番，表明自己的存在了。

那一天夜里，诗人梦见自己变成一只苍蝇，嗡嗡地四处乱飞。

关于这一天，诗人穆旦，或者翻译家查良铮，后来在写给好友杜运燮的一封信里说："我忽然在一个上午看到苍蝇飞，便写下这篇来。"这便是被诗人称为"戏作"的《苍蝇》。

自从1957年写了《九十九家争鸣记》那篇招祸的诗篇后就已"封笔"，《苍蝇》是一直到1975年才自行恢复写作的第一首诗，也是这一年穆旦写下的唯一的一首诗。

然而，就是这一首诗，却可以进入历史，因为它代表劫后余生那个漂泊的诗魂的归来。

就在这些"自白"式的对那段异常岁月里的生存状态的描述中，归来的诗人总是有意无意地表现着明晰的社会历史的光影。他们从自己出发介入现实，揭示历史。在人的情感和精神的矛盾状态的揭示中，也同时展现着历史悲剧性的矛盾状态。这种个人生命与社会历史在诗中的融合,既体现在逆境中不屈追求和渴望的内容里,也同样存在于历史和个人出现新的转机的欣喜的表现中。(张炯、邓绍基、樊骏主编:《中华文学通史》(第八卷),华艺出版社,1997年,第282页)

1975年,对于穆旦,是一个有了一些机会和希望的年份,许多事情出现了。

这一年的夏天,良铮借故去北京看"反击右倾翻案风"的大字报,结识了东方歌舞团青年演员郭保卫(杜运燮儿媳的弟弟),经老友杜运燮介绍,二人成为忘年交。后来,保卫来津拜访良铮,二人之间有了更多的交往。在晚年的良铮那里,有了一个可以谈论诗歌和人生的青年朋友,也可以帮助他修改一些新诗(郭保卫当时也在写诗)。甚至有些译稿的处理,也和郭保卫商量。在郭保卫那里,留下了良铮一生中极为宝贵的29封书信(可能有一两封遗失),其中多数是关于诗歌写作和翻译的,还有几首极端重要的新作,也留下了人生几次偶然相遇竟成为终身难忘的一段回忆。

这一段回忆,包含了二人之间的三次晤面:

  1975年夏,他到北京演乐胡同16号看我,这是初晤。
  1975年秋,他来京参观,抽空又来看我,也是晚上七八点钟。
  1976年3月末,我到天津南开大学东村70号,他的老房子,住了四天。(郭保卫:《穆旦,假如……》,载《丰富和丰富的痛苦》,北京师范大学出版社,1992年,第210页)

郭保卫如此回忆说。而后来,查良铮这样写道:"自古诗人以愁绪为纽带,成了知交。"(1976年3月8日致郭保卫的信)

时间仍然停留在1975年,那个"山雨欲来风满楼"的年代。

这一年,从10月份起,他给老友巴金和杜运燮写信,寄去一些食品。

10月6日,在美国留学时期的芝加哥大学的两位好友邹谠、卢懿庄一起回国,穆旦和他们在天津饭店共进晚餐,叙谈良久。

11月6日,内兄周杲良又从美国回来,10日在穆旦家里和他们夫妇叙谈。海外的消息似乎多了起来,气氛也宽松些了。

这一年的年底,他的英美现代派诗歌的翻译告一段落,又转向普希金长诗《欧根·奥涅金》的修改、补译和重抄。他甚至注意中国古典诗词,想探索新诗与传统结合的路子,可是终于没有可能。

1976年,一些平常的和不平常的日子,穆旦《日记手稿》(4)记下了如下的文字:

  1.19 晚骑车赴德才里摔下,伤右腿,不能动。
  2月4日 照X光相,右股骨颈外面骨折。须三个月休养。
  7.28 凌晨3时大地震。
  10.19 右腿不好,须开刀,心甚烦。
  10.21 全市"除四害"游行,小英前日来信,招工在邮电管理局。
  11.15 晚九时五十分地震,7.1级。
  12.9 小英由津赴内蒙,到地质队报到,结束了他六年多的农村插队。今并得悉"唐璜"译稿在出版社可用。
  (《穆旦诗文集》(第2卷),人民文学出版社,2006年,第306页)

1976年,无论是对于一生经历坎坷的穆旦本人,还是对于多灾多难的中国,都是一个多事之秋。

对于形势未稳的中国,1976年是一个悲痛的年份。在几个月之内,周恩来总理、朱德委员长、毛泽东主席相继去世,使得风雨飘摇的感觉愈益沉重。全国人民的心头压上了一层难以承受的重量。海外的华侨也不例外。1月8日周恩来总理的去世,就牵动了当时在美国的华人诗人、诗词专家叶嘉莹女士的哀痛。她为周总理纪念馆写了一副挽联。后来,得知北京长安街出殡的盛况和天安门纪念的哀切之后,诗人更是感怀万千,再加上粉碎"四人帮"的喜悦,又写了一首《金缕曲》,寄托了海外游子对这位世纪伟人的哀思:

金缕曲 周总理逝世周年作

万众悲难抑,记当年,大星陨落,漫天风雪。
伫立街头相送处,忍共斯人长诀。况遗恨跳梁未灭。
多少忧劳匡国意,想临终滴尽心头血。有江海,为鸣咽。

而今喜见春风发。扫阴霾,冰澌荡尽,百花红缀。
待向忠魂齐献寿,怅望云天寥阔。算只有姮娥比洁。
一世衷怀无私处,仰重霄万古悬明月。看此际,清光澈。

对于穆旦来说,1976 年更是艰辛备尝的一年。大地震、腿摔伤和诗翻译三件事交织在一起,奏响了这一年的命运交响曲的多重主题,使得生命的感觉的低音愈益沉重。

1976 年 1 月的一个晚上,他骑自行车,摔倒在灯光昏暗的学生宿舍区,致使股骨骨折。他因怕连累家人,延误了手术的时机,导致了第二年最后的手术前心脏病突发而身亡。

在那个红太阳照耀的年代,许多中国知识分子的非正常死亡,甚至可以说都是正常的。有学者认为:

> 穆旦与他们不同,在黑暗年代他举着"旗"呼唤光明,而当光明到临的时候,他却从未享受过它的温暖与馈赠。即使是他表达对于光明的向往,也受到粗暴的拒绝。他终究只是一个被掩埋的天才而长存于诗火之中。(谢冕:《20 世纪中国新诗:1949—1978》,载《当代学者自选文库:谢冕卷》,安徽教育出版社,1999 年,第 471 页)

在一开始的时候,伤势并不重,可是多方面的情况,加上他自己的原因,逐渐地汇集到一起,增加了事件的严重程度。穆旦在给巴金的信里,详细地介绍了自己的伤势和当时的情况。

> 我的腿是股骨胫骨折,开始是嵌插在一起,生长好,就不必动手术,可惜我耽误了,没有按照规定养,前一个多月照 X 光,看到又裂一缝,因为这一裂纹,便不能用力,所以现在用拐支撑走路,必须进医院开刀,钉钉子进去。现在又因地震不断,医院不收,必须等地不震才行。今冬明春是天津地震期,过了这个时期,也许可以住院。如果那时还不行,我想移地治疗,也考虑去上海,那时再说了。现在不是卧床,而是在室内外和院内活动,只是变成用双拐的瘸子。(《穆旦诗文集》(第 2 卷),人民文学出版社,2006 年,第 137 页)

地震的来临,是在 1976 年 7 月 28 日凌晨 2 时许,唐山突然天地震动,一瞬间,几十万人的城市被夷为废墟,死伤无数,悲痛至极。天津近在咫尺,有强烈震感,也有破坏和伤亡。8 月 15 日,在室外临时搭起的小屋里避难的穆旦,给巴金写信,详细地描述了当时的情况:

> 这样大震大概是继 1644 年以后的河北第一次大地震。我当时正醒在床上,忽觉地动(事先没有警告)赶紧起来,但因半年多前右腿骨折

未痊愈,行动不便,跑至门洞未得出门。震得很厉害,先是上下跳动,然后东西摆动,以后又是南北摆动,幅度之大,好似在大浪的海船上。当时屋子吱吱地响,灰土下落,电线发出火花,外面响声雷动,在这约一分钟的大混乱中,我心中想,"我这回大概完了"。幸而屋子没塌,三间屋子都裂了纹,屋上的烟囱倒了,砖头落下,如果跑出太快,倒许被落砖打死。全家都安全出了屋子,外面还下着小雨。(《穆旦诗文集》(第2卷),人民文学出版社,2006年,第134-135页)

求生乃人之本能。一开始,穆旦觉得小平房还是可以的,后来看到别人都在户外搭起临时小屋,就和邻居合伙搭起一间小土屋。他甚至还买来一张小方桌,准备应付不时之需,甚至有点暗自庆幸,似乎安全有了保证。可是,一天夜间突下暴雨,户外的小土屋根本无法安睡,被褥淋湿,地面泥泞,而且雪上加霜,还有不断的谣传,"八级震""强烈震""震中就在天津"等,一时人心惶惶,也不知是否要在户外过冬,这个冬天如何熬得过去。

更加不堪的是,一家人病号增多了。

在穆旦行动不便的时间里,周与良患上了风湿性关节炎,很长时间卧床不起,不能动弹。

女儿查瑗受了工伤,伤在脚上,回来在家休息。

"我不能再给家人添麻烦了!"穆旦似乎是发誓地说。

受伤的诗人翻译家,一拐一瘸地在室内室外活动,自己料理自己,也帮着料理家务。但他首要的事情,却是坚持翻译诗歌,一天也没有停止过。

每天早晨,他从防震的小土屋里起来,回到那残破的危房里,那个灵魂和事业的小中心,立即开始他的翻译事业。他说:"不让我工作,就等于让我死。"

在腿折后,我因有大量空闲,把旧译普希金抒情诗加以修改整理,共弄出五百首,似较以前好一些,也去了些错,韵律更工整些,若是有希望出版,还想再修改其他长诗。经您这样一鼓励,我的劲头也增加了。因为普希金的诗我特别有感情,英国诗念了那许多,不如普希金迷人,越读越有味,虽然是明白易懂的几句话。还有普希金的传记,我也想译一本厚厚的。(复巴金信,1976年11月28日,见《穆旦诗文集》(第2卷),人民文学出版社,2006年,第137页)

他似乎知道自己的时间不多了。在他生命的最后两年,穆旦像百米冲刺的运动员一样使尽了最后的力气,写着,译着,一刻也没有懈怠。直到去世前两天,还坚持将《欧根·奥涅金》的修改稿抄写工作全部完成。可谓生命不息,译事不止。

我无意讨论在普希金和拜伦之间他对谁最钟情,或者在俄国诗和英国诗之间谁个更迷人。然而不可思议的是,晚年的查良铮,一面在翻译,或者更准确地说,在整理译稿,一面又恢复了写诗。就在1976年,那个粉碎"四人帮"的十月的前前后后,也可能是由前一年那首"戏作"引发,自1957年就没有写诗的他,突然萌发出强烈的诗兴,竟然写了27首(组)诗。可是,这是诗人最后的诗篇了。

其中,有的诗篇和当时的重要事件及诗人的心情有关。

致郭保卫的信中,也不断地反映出当时的事件和诗人的心情。

下面摘出一些词句,后面给出写信的日期:

> 你的来信早已收到了,过了几天,就遇到主席逝世,全国沉痛。
> 1976年9月16日

> 收到来信已几日,这些天发生的大事,令人高兴,想你在京感受最多,可以有更多可谈的。新的历史一页翻开了,……
> 1976年10月16日

在1976年10月30日的信中,穆旦涉及三件事:
1. 关于粉碎"四人帮"的既高兴又谨慎的态度;
2. 谈到他重读鲁迅关于文艺与政治的关系,但态度暧昧;
3. 寄给郭保卫他当时无法发表的新诗《停电之夜》。

关于第一点,穆旦说:"来信收到,看来你很兴奋,不是木石,焉能不喜于除四害?可是也不要太介入,现在言论纷纷,有点像五七年,要看一看再讲话。"

关于第二点,穆旦说:"我近来读鲁迅,看到《集外集》有一篇《文艺与政治的歧途》(1927),其中有些话很有意思,不知如何理解。"

关于那首诗,穆旦说:"昨晚停电,今早看见蜡台,有感而成一打油诗,抄寄你一看":

停电之夜

太阳最好,但是它下沉了。
拧开电灯,工作照常进行。

> 我们还以为从此驱走夜，
> 暗暗感谢我们的文明。
> 可是突然，黑暗击败一切，
> 美好的世界消失、灭踪。
> 但我点起小小的蜡烛，
> 把我的室内又照得光明：
> 继续工作，也毫不气馁，
> 只是对太阳加倍地憧憬。
>
> 次日睁开眼，白日辉煌，
> 小小的烛台还摆在桌上。
> 我细看它，不但耗尽了油，
> 而且残留的泪挂在两旁：
> 那是一滴又一滴的晶体，
> 重重叠叠，好似花簇一样。
> 这时我才想起，原来一夜间
> 有许多阵风都要它抵挡。
> 于是我感激地把它拿开，
> 默念这可敬的小小坟场。

在收入《穆旦诗选》和《穆旦诗全集》（李方编）时，这首诗有不少修改，并改名为《停电之后》。

这是一首非常简单又非常复杂的诗，只要一联想到当时的形势和诗人特定的境遇，那多重的深刻的含义就会显示出来。在有风之夜过后那挂泪、默念、花簇、坟场构成的语境中，那对太阳的下沉和憧憬与点亮蜡烛所影射的黑暗与光明的交织的矛盾态度，那悼念流泪的蜡烛成灰的象征含义和有关自我身世的自悼的隐秘情绪，几乎是难分难辨地含混在诗意中。

也许是有感而发，也许是歪打正着，这首诗的写作动机，几乎可以直接从下面写于诗后的文字中解读出来：

> 文学本来有两类题材，一类是写"应该如何"，这是描写理想人物和世界，是把现实美化，是浪漫主义；另一类是写"事实如何"，这是现实主义，描写实际上的情况，不加以美化。咱们现在缺乏的就是这一种。过一百年，人们要了解我们时代，光从浪漫主义看不出实情，必需有写实

作品才行。……

　　[附言]
　　你们那里有大字报吗？
　　　　　　　良铮
　　　　　　　30 晚

1976 年 11 月 10 日写的信，全文如下：

保卫：
　　7 日给你一信，想已收到。
　　今天忽动诗思，写了一首"退稿信"，是由于看到对"创业"的批示而有感。想到今后对百花齐放也许开放一些了吧。前十多天在听到"大批判组"的垮台后，写了一首"黑笔杆颂"，这两首看来是可以发表的，但我自己已无意发表东西，想把它们送给你，由你去修改和处理，如果愿送《诗刊》（我想是可以送《诗刊》），那就更好，那就是你的东西，由你出名字，绝不要提我。你看行吗？
　　如果你觉得不好送出，那就看后一笑置之。我也许再给你寄些以后针对发表而写的东西。这有无兴趣，还得以后看。
　　　　　　　良铮
　　　　　　　10 日

信中附的两首诗，都是反映诗人对于当时的文艺思想和政治形势的看法的，具有极强的政治倾向性，可以说是十分成熟的政治讽刺诗。而诗人的态度，除了不想以自己的名义发表以外，对于现实，已经没有任何退让和妥协的迹象了。这种情况，和五六十年代诗人企图改造自我、追赶形势的情况大不相同。因为对于文艺专制的反抗和对"四人帮"一系列行为的不满，已经具有代表人民意志的性质，而不是抒发个人的一己之私见了。

《退稿信》虚拟了一个杂志社或出版社的编辑对于所退稿件的高见，其口吻完全是四人帮时期文艺专权者思想的表现，反映了文艺要"高大全"地塑造英雄形象的文艺标准，和只能歌功颂德粉饰现实的绝对要求。今日读之，令人啼笑皆非，忍俊不禁。

退稿信

您写的倒是一个典型的题材,
只是好人不最好,坏人不最坏,
黑的应该全黑,白的应该全白,
而且应该叫读者一眼看出来!

您写的故事倒能给人以鼓舞,
要列举优点,有一、二、三、四、五,
只是六、七、八、九、十都够上错误,
这样的作品可不能刊出!

您写的是真人真事,不行;
您写的是假人假事,不行;
总之,对此我们有一套规定,
最好请您按照格式填写人名。

您的作品歌颂了某一个侧面,
又提出了某一些陌生的缺点,
这在我们看来都不够全面,
您写的主题我们不熟稔。

百花园地上可能有些花枯萎,
可是独出一枝我们不便浇水,
我们要求作品必须十全十美,
您的来稿只好原封退回。

  第二首诗是《黑笔杆颂》,后来收入进了《穆旦诗全集》中,加了副标题"赠别'大批判组'",而且在文字上,也有一些改动。这里根据《穆旦诗全集》中的修订稿,全文抄录,略加评论,以见当时文化专制主义的所作所为,更见出诗人的非凡智慧。

  这是一首典型的政治讽刺诗,讽刺了"大批判组"在文革时期在四人帮统治下,尤其是"批林批孔"和"反击右倾翻案风"中的各种罪恶和倒行逆施的行为。在列举一桩桩荒谬事件和荒唐借口的时候,最为绝妙的是诗人的讽刺语气,明褒暗贬、一语道破的逻辑力量,确实具有拜伦政治讽刺诗的锐利和鲁迅式的深刻与幽默。

黑笔杆颂
——赠别"大批判组"

多谢你,把一切治国策都"批倒",
人民的愿望全不在你的眼中:
努力建设,你叫作"唯生产力论",
认真工作,必是不抓阶级斗争;
你把按劳付酬叫作"物质刺激",
一切奖罚制度都叫它行不通。
学外国先进技术是"洋奴哲学",
但谁钻研业务,又是"只专不红";
办学不准考试,造就一批次品,
你说那是质量高,大大地称颂。
连对外贸易,买进外国的机器,
你都喊"投降卖国",不"自力更生";
不从实际出发,你只乱扣帽子,
你把一切文字都颠倒了使用:
到处唉声叹气,你说"莺歌燕舞",
把失败叫胜利,把骗子叫英雄,
每天领着二元五角伙食津贴,
却要以最纯的马列主义自封;
吃得脑满肠肥,再革别人的命,
反正舆论都垄断在你的手中。
人民厌恶的,都得到你的欢呼,
只为了要使你的黑主子登龙;
好啦,如今黑主子已彻底完蛋,
你做出了贡献,确应记你一功。

应和了又一次治乱更替的节律,在"大快人心事,粉碎四人帮"的日子里,诗人穆旦又一次以他敏锐的诗才和出奇的直率,介入了这一多事之秋,虽然是隐秘的、间接的、延迟的。但这一次,他凭着政治的敏锐嗅觉,有了百分之百的把握。

这样,像蜜蜂一样,劳苦和痛苦了一生的诗人,发出了他最后的拼命的一击。

> 因为日常的生活太少奇迹,
> 它不得不在平庸中制造信仰,
> 但它制造的不过是可怕的空虚,
> 和从四面八方被嘲笑的荒唐:
> 　　让我们哭泣好梦不长。
>
> 　　　　　　　　(《好梦》)

1993年,诗人早已含恨离开了当时尚未从混乱中整理过来的世界。这一年的8月25日,为了纪念诗人穆旦七十五岁冥寿,香港《大公报》文学副刊发表了两首他写于1976年但生前未曾有机会发表的诗。一首是上面节选的《好梦》,另一首是《"我"的形成》。总标题是《穆旦遗作两首》。《编者按》这样写道:

> 今年是著名诗人、翻译家穆旦(查良铮)七十五岁冥寿,本刊特发表他的遗作二首以为纪念。诗稿承穆旦夫人周与良教师提供,杜运燮先生誊录,谨此致谢。(《穆旦诗全集》,李方编,中国文学出版社,2006年,第345页)

也就在香港发表穆旦遗诗的这一年,自1948年起在台湾和海外已漂泊45年之久的著名诗人和诗词专家叶嘉莹回到南开大学,创办了"中国文学比较研究所"(自1999年改为"中国古典文化研究所")。这位历经磨难和不幸,而今誉满全球被授予"加拿大皇家学会院士"称号的学者,捐出自己退休金的一半,10万美金,设立了"驼庵奖学金"(为纪念她的恩师)和"永言学术基金"(为纪念她的长女),用以吸引和培养国内优秀人才,从事中国古典诗词的教学和研究工作,实现了她叶落归根、书生报国的夙愿。80年代,叶嘉莹首次归国讲学情结南开园时,曾写了一首七绝,表达了一位诗人的报国之志:

> 构厦多材岂待论,谁知散木有乡根。
> 书生报国成何计,难忘诗骚李杜魂。

第十节 夕阳熠熠

诗歌,历来有刺世的,或为人的,有修身的,或为己的。

后一类诗,即更具灵智性和自白性因而也就更富于诗性的诗,穆旦也在写。

奇怪的是,经过了这么多年,诗才竟然没有退化,只是诗风大变:少了些奇奇怪怪的别扭,多了些圆熟和澄明。穆旦第二期的诗歌创造高潮来到了!

1976 年 3 月,穆旦写了那首著名的《智慧之歌》,无论在思想上还是艺术上,都达到了一个高峰:人诗俱老,淡泊而富于诗意,充满了生活的哲理和人生的感悟。爱情、友谊、理想,都已经不再属于他,而只有智慧之树,用生命的苦汁滋润的智慧之树,永远常青。

《智慧之歌》是穆旦的代表作,尤其是后期的代表作,写于 1976 年 3 月那个尚未解冻的春天里。孤独中的诗人,一个任意的日子,怀着满腹的向往,却沿着似曾相识的思绪,由东村 70 号那红砖砌成的平房,走出南开校园东门,走向荒芜的墙边路径,过了八里台的大十字;他彷徨了一会儿,接着往前走,也许是要去水上公园,或者已经不知不觉间走到了林间,懵然地,停止脚步。一个扑面而来的句子,横在面前:

> 我已走到了幻想底尽头,
> 这是一片落叶飘零的树林,
> 每一片叶子标记着一种欢喜,
> 现在都枯黄地堆积在内心。
>
> (《智慧之歌》)

那深沉和从容,那坦率和真诚,那圆润和熟通,在经久磨难的人生体验之后,诗人正漫步在落叶飘零的林间,满目萧瑟,意象与韵律的谐和,思想与情感的交融,别有一番滋味在心头。

此时,爱情,那曾经给过诗人欢喜和灵感的青年时代的爱情,如梦幻般飞落消散。"有的不知去向,永远消逝了,/有的落在脚前,冰冷而僵硬。"

友谊,那曾经一度喧腾的同学少年,那如花似玉的豆蔻年华,"不知道还有秋季",有霜冻,有寒风凛冽,唉!"社会的格局代替了血的沸腾,/生活的冷风把热情铸为实际。"

那迷人的理想呢?那如战旗在高空飘扬的自由的象征,那垂死的战友直瞪瞪的目光里闪烁的希望,曾经"使我在荆棘之途走得够远",而今我仍然是锲而不舍,甘愿为之付出牺牲,忍受痛苦。可是,"为理想而痛苦并不可怕,/可怕的是看它终于成笑谈"哪!

> 只有痛苦还在,它是日常生活
> 每天在惩罚自己过去的傲慢,
> 那绚烂的天空都受到谴责,
> 还有什么色彩留在这片荒原?
> 　　　　　　　(《智慧之歌》)

这里,也许有深深的忏悔,也许有深深的自责,而痛苦,那丰富的痛苦,和痛苦的丰富,之于诗人,较之那些心灵干枯如荒漠的人,较之那天空般绚烂而虚幻的,不也是一种幸运,一笔财富?又有什么可灰心的呢?何况,还有那智慧,啊——

> 但唯有一棵智慧之树不凋,
> 我知道它以我的苦汁为营养,
> 它的碧绿是对我无情的嘲弄,
> 我咒诅它每一片叶的滋长。
> 　　　　　　　(《智慧之歌》)

在哲学家那里追求最高的智慧,而在诗人那里,智慧却只能滋养痛苦。多少次,诗人由痛苦想到了自己的命运,以至于人类的命运。也许他想起了莎士比亚关于人是万物的灵长的说法,也许他想起了荀子关于人有灵性因而高于其他动物和植物的说法。他想起了密尔顿,那《失乐园》的作者,还有叶芝,那《茵尼斯逍遥岛》的向往者,他说:"我要起身离去,去茵尼斯逍遥岛,……"但他无处可去,只有校园,他的出发点和归宿,他只有校园——即便他失去了课堂,还有教师的名分。

他在校园里散步,缓缓地,若有所思地,走过马蹄湖畔那失修的石铺小径,观望着湖里凋谢的残荷,那独立支撑的长长的茎,有的已经倒下了,卧在冰冻的池面上。他走到那棵巨大的法国梧桐跟前,他要情不自禁地停下来,像往常一样,抚摸她粗糙的树干,在她的庇荫下沉思,徘徊,舒缓一下生命的重负,呼吸一下高洁的气息。

这是一棵巨大的落叶乔木,学名"二球悬铃木",别名"英桐",是法桐与美桐的杂交种。那还是1950年从南京移植到南开大学校园里的,比穆旦来南大工作还要早三年。如今已经是参天大树了。胸径1米许,树高近20米,冠径也有20多米。在已经枯黄的草地上,背景是几排破旧的小砖楼,再远处是铅灰色的天空,那坚实的树干扎在深深的土壤里,隆冬时分,没有几片叶子,白晃晃的光滑的枝干像无数的臂膀伸向天空,显示出遒劲而曲折的延伸倾向。天空,是生命所向往的,但谁也离不开大地。穆旦想,一面依依不舍地喃喃地说,好像对自己,又好像对那株高大的植物。稍许,诗人的目光离开那高悬的树梢,盯住了那灰蒙蒙的天宇。

又一次,当他终于要面对一颗无名的小树的时候,诗人惯常的嘲讽却化作面对死亡的勇气,还有疑问:

> 为什么万物之灵的我们,
> 遭遇还比不上一棵小树?
> 今天你摇摇它,优越地微笑,
> 明天就化为根下的泥土。
>
> (《冥想》)

诗人啊,莫非你那永不满足的心啊,也要在痛苦中渐渐老去。

渐渐老去固然是一种说法,谁知老去的体验却在一瞬间来临得突然而强烈。

1976年1月的一日,诗人骑着自行车外出,不小心一个急转,突然跌倒在地。车子离开了人的掌握,人也失去了车子的依托。诗人躺在街上,一群人围着,七言八语地说:

"这位老大爷岁数可不小啦,摔得够重的。"

"可不是吗?还是不出来的好。嘛事!"

诗人听着心里老大不舒服,心里想我怎么那么老?于是对他们说:

"同志们走吧,我自己会起来的。"

可是怎么也起不来。

"这是一个信号:的确年老不行了。快完蛋了。"

诗人在心里说。

这一年,分明已觉老迈之年的诗人,拖着受伤的躯体,他要移动:

> 到市街的一角去寻找惆怅,

因为我们曾在那里无心游荡，
年轻的日子充满了欢乐，
呵，只为了给今天留下苦涩！
（《老年的梦呓》）

4月的一天，穆旦站在天津老城厢的街道上，浮想联翩，幻觉油然而生，便有了那首符号化了的《城市的街心》：

大街伸延着像乐曲的五线谱，
人的符号，车的符号，房子的符号
密密排列着在我的心上流过去，
……

诗人莫名地站在街心，感叹时光的流逝，世事的虚幻，"感到自己的心比街心更老"。

数日后，也许是受到了叶芝的启发，他写了《听说我老了》这首著名的诗。但是，他不服老，自我在内心沸腾：

人们对我说：你老了，你老了，
但谁也没有看见赤裸的我，
只有在我深心的旷野中
才高唱出真正的自我之歌。
（《听说我老了》）

也许又从这一首诗，变出了《老年的梦呓》。

他还写了自我的诗，写了四季的诗。穆旦喜欢秋天，但他也写了最不喜欢的夏天和严酷的冬天，以及那早年就写过的如今已日渐遥远的春天。

在穆旦最后一个阶段的诗歌创作中，自我的主题得到延伸；在《智慧之歌》中，他把对自我问题的探索升华为以痛苦为营养的智慧。另外，死亡主题作为自我主题的变奏也出现在他这一阶段的诗歌中。他把死亡比作"冰冷的石门"(《友谊》)、比作"无边的黑暗与寒冷"(《老年的梦呓》)。但他并不被死亡所压倒，他依然歌唱生命，沉思生命，直至生命的最后一息。（曹元勇：《编后记》，载《蛇的诱惑》，珠海出版社，1997年，第276-277页）

在生命的最后的日子里,到了1977年初的时候,穆旦就没有再写诗,但还是写了书信,信中讲了自己的病情,疗救的希望,以及割舍不下的《拜伦诗选》,还有他所喜欢的秋天。

> 我的腿不能自由走动,架拐走,不能太远,在这种情况下,只有守在天津。也想,如果天津治不了(地震不收),那我也许到春三月就去北京治疗,那时我们就可以见面了。我也可以把我弄出的《拜伦诗选》给你带去一看。你看如何?同信附一诗是我写的,请看后扔掉,勿传给别人看。我对于秋冬特别有好感,不知你在这种季节下写了什么没有?(查良铮:《致郭保卫的信》(二十二),载《蛇的诱惑》,珠海出版社,1997年,第259页)

这封信写于1977年1月3日。

这一年(一说是1976年),某一天,在南开大学执教和翻译已有20年的金隄(56岁),结束了下放劳动的岁月,欲返回学校时,因得不到妥善的安排,不得已而离开了南开大学,去了天津外国语学院。

第二年,金隄应邀试译爱尔兰现代派小说家乔伊斯的名著《尤利西斯》,初见成效,于1981年发表了第二章。1987年,金隄赴美从事《尤利西斯》翻译和研究,长期侨居美国,先后在耶鲁大学、弗吉尼亚大学、俄勒冈大学以及英国的牛津大学等名校做客座教授或研究员,翻译与讲学之外,参加各种会议,接触广泛的资料,于译事多有助益。1993年,台湾九歌出版社出版了金隄翻译的《尤利西斯》上卷;三年后,于1996年,金译《尤利西斯》全译本(两卷本)由人民文学出版社出齐,此后在台湾、大陆相继获奖。至此,金译《尤利西斯》,与年逾八旬始译《尤利西斯》的老作家翻译家萧乾(1910-1999)、文洁若全译本(三卷,译林出版社,1994年出全)适成双璧。

金隄晚年定居天津,数次回南开大学做学术演讲(笔者有幸主持了几场演讲)。2008年11月7日,金隄不幸病逝于天津,享年87岁。

1977年春,59岁的诗人翻译家穆旦走到了他苦难而丰富的生命的最后一程。

这一年,行动不便的穆旦,挂着拐杖进进出出,时而接见一些喜欢诗歌的青年,谈诗论艺;但在很多时间里,还是不断地写信,给老友,给青年,叙述旧年情意,讲述文学的要义。他的思想,一点也没有离开周围的现实,虽然他满怀着更其遥远的梦想。

1月12日，在给郭保卫的信中，穆旦寄上了他写于前一年4月的一首诗《演出》。一个直接的契机似乎是为了应和这位年轻人的一首诗《歌手》，但实际上则可以看作是诗人对于现实的批评的同时对于艺术的批判的余兴未尽——这一次，也是最后一次，诗人以极为在乎的态度，观看和评论了可笑的独角的舞台上那可笑的滑稽的表演。

> 慷慨陈词，愤怒，赞美和欢笑
> 是暗处的眼睛早期待的表演，
> 只看按照这出戏的人物表，
> 演员如何配制精彩的情感。
> 　　　　（《演出》）

觉得连莎士比亚都不够深刻的诗人穆旦，如何能够忍受这样拙劣的表演，他含泪地批评那些台上台下都已习惯了的伪装和平庸，和费尽心机造成的对于艺术的中伤。诗人是有品位懂鉴赏的批评家，也是有礼貌而不迎合的观察家。在观众席上，他感到了如此表演的无聊和无效：

> 却不知背弃了多少黄金的心
> 而到处只看见赝币在流通，
> 它买到的不是珍贵的共鸣
> 而是热烈鼓掌下的无动于衷。
> 　　　　（《演出》）

人生的戏看尽了，信也快写完了。在舞台上可以指责演出缺陷的他，在书信中可以提供有益建议的他，一直以来就特别固执地关注内心追求的诗人，在这生命的最后驿站，更加频繁而深刻地返回到自己的内心。

诗人这时的内心体验，就要和自然的节律相融合了。

在这一"向死而生"的特殊时期，穆旦写了不少咏四季的诗，其中有几首名作。

春天似乎已经遥远，可是又要光顾了，像个不值得信赖的故人：

> 多年不见你了，然而你的伙伴
> 春天的花和鸟，又在我眼前喧闹，

> 我没忘记它们对我暗含的敌意
> 和无辜的欢笑被诱入的苦恼;
>
> 《春》

夏天,太喧腾了,太刺激了,太不值得回味了:

> 绿色要说话,红色的血要说话,
> 浊重而喧腾,一齐说得嘈杂!
> 是太阳的感情在大地上迸发。
>
> 《夏》

穆旦最喜欢秋天。1976年9月,他一连写了三首秋天的诗,还有两首没有注明写作时间的,被作为秋的"断章",也收入了《穆旦诗全集》。这里只选第一首加以评析。

与《春》的回忆中的缠绵与相遇中的警惕相比,再与《夏》的浮躁、空洞、嘈杂和装腔作势相比,《秋》要显得淡泊、清澈和深邃得多。而诗人的诗兴,也在秋天很容易引发出来。

蔚蓝的天空仿佛醉汉恢复了理性,而大街却为秋凉笼罩了一层肃静。田野变得井井有条,谷物归仓,泥土休憩,吹来好一阵清爽的秋风。秋之神,仿佛陷入了沉思,回忆起那狂乱的夏季,从中汲取一些哲理,加以宣讲。当然,诗的语言比这要有趣得多:

> 一整个夏季,树木多么紊乱!
> 现在却坠入沉思,像在总结
> 它过去的狂想,激愤,扩张,
> 于是宣讲哲理,飘一地黄叶。
>
> 《秋》

萧瑟秋风中,灵魂仿佛是获得了片刻的安宁,那关注人生的秋之眸子,清澈如同一池秋水,反映出一幅荷兰派风景画,显得静穆而深远:

> 死亡的阴影还没有降临,
> 一切安宁,色彩明媚而丰富;
> 流过的白云在与河水谈心,

它也要稍许享受生的幸福。
　　　　　　《秋》

中国古代的文人和诗人,也是常以秋兴为题著文写诗的,但他们没有写到这种地步——即便是以沉雄和悲愁为代表的杜甫的《秋兴八首》。这一则是相对划一的主体心态所使然,一则也是古体诗的形式束缚所使然。而现代诗人的写法,特别在今天这种时代背景下写秋,若没有特殊的体验和写诗的才能,是极容易写得平庸的。

但有一点似乎古今相同:那就是中国文人的秋之气息的体验中所反映的悲愁的生命意识,却像一条不尽的漂浮着落叶的河流,从古流到今。

虽然是抱着生的希望,然而诗人的心,已经接近了早有预感的死亡。此时,在生命最终返回自身的运作中,诗人以自己独特的方式,以一个现代诗人对生命的敏感,渐渐地进入了冬的体验:

　　我爱在淡淡的太阳短命的日子,
　　临窗把喜爱的工作静静做完:
　　　　　　《冬》

工作到了四点钟,诗人独斟一杯酒,自斟自饮,慢慢品味,突然感觉到老之将至,于是发出由衷的感叹:"多么快,人生已到严酷的冬天。"

　　我爱在枯草的山坡,死寂的原野,
　　独自凭吊已埋葬的火热一年,
　　　　　　《冬》

望着冰河下面涌流的河水,诗人不觉感到:生命的流动也如那冰层下的冰水,虽然听不清它的语言,却知道也有生命"跳动在严酷的冬天"。

　　我爱在冬晚围着温暖的炉火,
　　和两三昔日的好友会心闲谈,
　　　　　　《冬》

此时,屋外是北风吹着门窗沙沙作响,而我们回忆往事,回忆儿时的无忧无虑、天真烂漫,顿时感到"人生的乐趣也在严酷的冬天"。

> 我爱在雪花飘飞的不眠之夜，
> 把已死去或尚存的亲人珍念，
>
> 　　　　　《冬》

　　诗人心潮起伏，面对这冰雪覆盖的白茫茫的遗忘的世界，他由自己的亲人推及他人，由身边的世界推及更广漠的世界，似乎一种济世的责任油然而生。于是诗人激动而热情地说："我愿意感情的热流溢于心间，/来温暖人生的这严酷的冬天。"

　　这是一组抒情性很强的诗，也是穆旦最后的诗篇。它象征着诗人度过的不算长的人生的最后一个季节的结束，虽然他的艺术人生靠了他的诗而不朽。

　　然而，人的死亡不可能像写诗一般浪漫，它的真实的面容要么狰狞，要么平淡。

　　早春二月，在生之大限来临的时候，诗人穆旦做了些什么呢？

　　根据家人的回忆，在临住院准备手术的前夕，穆旦一个人待在房间里，整理他的诗稿。

　　完了。当家里人进去的时候，发现了整整一纸篓撕碎的稿纸。他们也许还未明白，诗人像一位严格的画家，检视自己一生的作品，将未成品的或达不到标准的画作一律销毁。

　　穆旦最后给妻子说："我已经译完了普希金和拜伦的值得介绍给中国读者的诗篇。"

　　也许，作为翻译家的诗人是没有缺憾的，在已经译完了值得翻译的诗的意义上。

　　后来，在诗人去世以后，家里人发现了一张纸，上面写满了诗的标题。他们仔细地研读这些信息，发现在这晚年的60首诗作中，有些是有作品的，而其余的，则没有作品。后来，他们把这些晚年的诗作，仅残存的21首，放到了《穆旦诗全集》里，其余大多数，则永远地消失了。

　　于是我们得知，诗集如同人生，是不可能没有缺憾的。

　　诗歌是缺憾的艺术，人生是缺憾的明证。

　　即便总体上是一个成功！

　　关于穆旦最后的时刻，我们已经无从得到准确的消息，只有从长子查英传为其父亲补写的日记（"一本小而薄的学生用笔记"）中，窥见到一些片段：

77年2月25日　上午由小明接回家洗澡换衣准备手术。

25日　中午,上午和小平老师、吕老师、李津、老姑(铃)谈话,吃饭晚了,加上回家等八路汽车,午1点吃过半碗饭,就感胸痛、躺床上。下午4点半在家做心电图,查明是心肌梗塞,下午6点,由南大校车送一中心医院,住院在抢救病房,夜11点做心电图,说好转。

2月26日　凌晨3点50突转坏,抢救无效,妈妈、小瑗、小英在场。

3月1日　火化,存放在东郊火葬场26室648号内。

(《穆旦诗文集》(第2卷),人民文学出版社,2006年,第307页)

穆旦的突然离世,使他的妻子悲痛欲绝,也后悔不已。在穆旦最后的日子里,在"四人帮"倒台的消息传来以后,穆旦曾希望能重新拿起笔来写诗,而妻子却为了安全计,劝告诗人放下笔:"咱们过些平安的日子吧,你不要再写了。"他无可奈何地点点头。

我后来愧恨当时不理解他,阻止他写诗,使他的夙愿不能成为现实,最后留下的20多首绝笔,都是背着我写下的。他去世后,在整理他的遗物时,孩子们找到了一张小纸条,上面写着密密麻麻的小字,一些是已发表的诗的题目,另外一些可能也是诗的题目,没有写成诗,也许没有写,也许写了又撕了,永远也找不到了。(周与良:《永恒的思念》,载《丰富和丰富的痛苦》,北京师范大学出版社,1997年,第161页)

作为丈夫的诗人,还答应过妻子要去旅游,要去看朋友,可是,已经没有机会了。

可是,再没有机会了。良铮回国20多年,过的多半是受屈辱受折磨的日子。没有好好休息过,当然更没有游览黄山的机会,连他去世前答应要去北京、山西看看老朋友,也没有去成。他走时,只有59岁呵!如果天假以年,现仍健在,他又能写多少诗,译多少好书,更不要说与我畅游黄山了。一想到这里就不忍再想下去了。(周与良:《永恒的思念》,载《丰富和丰富的痛苦》,北京师范大学出版社,1997年,第163页)

1981年11月17日,穆旦逝世数年之后,他的骨灰安放仪式在天津市烈士陵园举行。只是在这时,一位代表校方的副职官员宣布:"1958年对查良铮同志做出了错误的决定,1980年经有关部门复查,予以纠正,恢复副教授职称。"

这一年,当历次政治运动中受迫害的诗人中的幸存者重新"归来",拿起笔投入写作的时候,有两部诗人合集相继出版。一部是由绿原、牛汉编选的《白色花》,收录了受胡风事件牵连的与《七月》有关的共二十位诗人的作品;另一部是《九叶集》,收录了包括穆旦在内的属于"九叶诗派"的九位诗人的诗作。

这部副标题为"四十年代九人诗选"的诗集,写着这样的献词:

> 在编纂本集时,我们深深怀念当年的战友、诗人和诗歌翻译家穆旦(查良铮)同志,在"四人帮"横行时期,他身心遭受严重摧残,不幸于一九七七年二月逝世,过早地离开了我们。谨以此书表示对他的衷心悼念。
>
> 辛笛　陈敬容　杜运燮　杭约赫
> 郑敏　唐祈　唐湜　袁可嘉
> 一九八○年一月　北京

1985年5月28日,穆旦骨灰安葬于北京香山脚下的万安公墓。按照夫人周与良先生的意思,一部查译《唐璜》陪伴着这位卓有成就的译者。"诗人穆旦之墓"刻在墓碑上。

诗人穆旦,翻译家查良铮,将永垂史册而不朽!

> 他躺着,头靠高枕,
> 面容执拗而又苍白,
> 自从宇宙和对宇宙的意识
> 遽然离开他的知觉,
> 重新附入麻木不仁的岁月。
>
> (里尔克:《诗人之死》)

十七年以后,2002年的5月1日,穆旦夫人周与良女士在美国逝世。第二年9月21日,子女将其骨灰迁回北京,与诗人穆旦合葬于万安公墓。一对患难夫妻,饱经了尘世的沧桑,终于安眠在祖国的故土里。

这使人想起了那一年,献给穆旦的一副挽联:

> 坦荡荡玉壶冰心,
> 血热热耿介忠魂。

中国人喜欢谈论家谱,相信人死以后灵魂会归入祖先的族谱,似乎个人在冥冥之中其命运也受制于一个家族的命运。广而言之,他无论如何也是中华民族的子孙,本来也可以沾一点龙图腾的飞黄腾达的光。可惜穆旦的命运不济,可以说,他的一生,战争也赶上了,动乱也赶上了,地震也赶上了,伤病也赶上了。

然而,不尽如此。在穆旦的家族里,至少在他们那一代,还有不同的人物,具有不同的命运。为了公平起见,我们不妨回忆一下本传的开始,并且把查良铮实属"北查"而仍称为"南查"的历史,和他的同宗另一个或两个真正的南查后嗣的命运放在一起,做一番省察和比较。

他的本家哥哥查良钊(1897—1982),早年留学美国,回国后从事教育与社会救济工作,抗战期间在西南联大做过训导长,三校复校北方后,留在国立昆明师范学院做院长。1948年赴印度德里大学任职。1954年去了台湾,任台湾大学心理学系教师及训导长、考试院委员及顾问等,在平静的生活中度过晚年,于1982年病逝于祖国的宝岛,那个像一只小船,在月夜里飘摇的绿色的小岛。

他的另一位本家金庸(1924—),早年求学,活泼,爱自由,1948年始做《大公报》编辑和翻译,解放初欲回大陆不成,乃在香港经营报业,颇有成就,后来转而进行小说创作,与梁羽生一起成为新武侠小说的创始人。他有感于世道如江湖争斗不息,创造了武侠小说品类和以《笑傲江湖》为代表的系列作品,"飞雪连天射白鹿,笑书神侠倚碧鸳"。金庸一生婚姻三变,身份也多,至今仍活跃在文艺圈子里,功成名就,享誉海内外。

独有查良铮(1918—1977),笔名"穆旦",顾名思义,注定了一生要追随太阳与光明。西南联大长征路,出征缅甸抗倭寇;九叶诗人称桂冠,译贯英俄甲美欧。穆旦于解放后几年内回到祖国大陆,在教育战线上经历了一系列的运动和摧残,百炼成钢,老而弥坚,成为一代杰出诗人和诗人翻译家,成就斐然,获得了"桂冠诗人"的礼赞,饮誉文坛。

也许赵毅衡先生有感于此,特别是有感于穆旦的命运不堪,写下了下面这样一段话:

> 查氏世家,有南北二宗。查良铮拆"查"字为木旦,穆旦;同宗查良镛,拆"镛"为金庸。浙江海宁查氏,历史上似乎一直被文字狱牵累(康熙年《明史》案牵涉查继佐,雍正年查嗣庭成为考题案主角),天津查氏,到了20世纪终于也难逃文字狱。中国历史延续性之顽强,有时真让人

惊叹。(赵毅衡:《穆旦:下过地狱的诗人》,载《作家》,2003年第4期,第23页)

面对这样的历史的人生的惊叹,我们还能说写什么呢?

> 返回的路已不存在。
> 日子伫立在门前,
> 你们已能感到夜里的风:
> 清晨却不会再来。
> 　(布莱希特:《抵抗诱惑》)

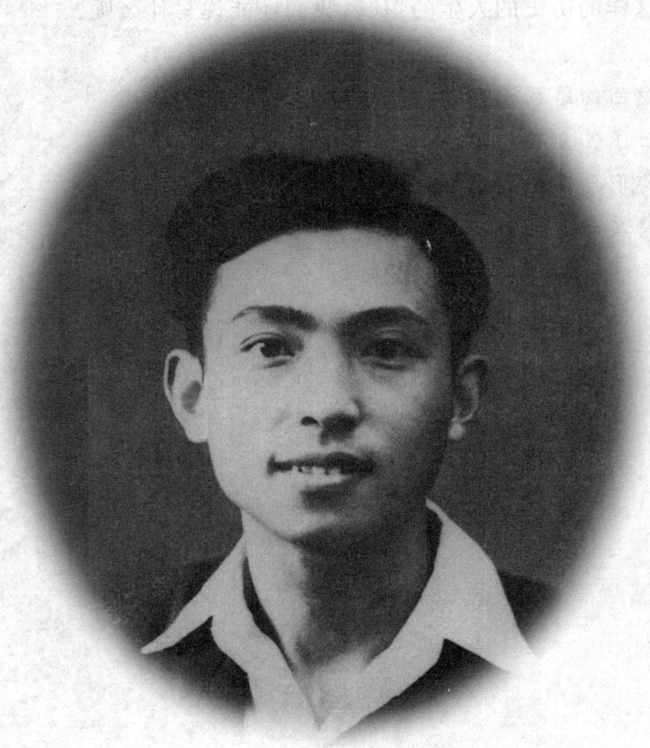

第二部分
二十世纪桂冠诗人

  诗人的天职就在于,以知觉、直觉或诗性智慧去观察社会人生和自然万物,去除所谓已有文化包括科学知识赋予人的头脑的既定框架,消除日常生活对于语文所造成的污染和僵化,建立观察体验与世界之间的新的有意义的表象,即诗人与世界之间的暂时而持久的联系,给人以新的真实的世界观的启示。

(王宏印:《新诗话语》)

1996年，中国文学出版社出版了"20世纪桂冠诗丛"之一《穆旦诗全集》。据了解，整套丛书中，穆旦是唯一入选的中国诗人。这个集子的出版，奠定了穆旦在中国现当代诗歌史上作为桂冠诗人的独一无二的地位。今天，对于诗人的创作研究，已成为一个至关重大的研究课题。在这一部分，我们将聚焦于诗人的创作分期、诗歌主题和结构研究。相信穆旦新诗创作的研究，不仅可以为下一步的翻译研究打下一个良好的基础，而且对于全面认识和评价诗人一生的贡献，也是必不可少的。

第一章　新诗创作研究(一)

在中国现代文学史上,新诗是一个含混的概念。他既可以在形式上和中国传统的格律诗相对,指所谓的自由诗,也可以在内容上和现代意识相联系,指具有现代意识和现代精神的新诗。无论如何定义,新诗,在许多中国人的心目中或下意识中,都和翻译介绍外国诗有关系。诗人穆旦,就是这样一位兼搞翻译和创作的现代诗人。本章所涉及的,只是就穆旦的新诗创作活动与所取得的成就而言。

第一节　创作研究:分期与分类

关于诗人穆旦的创作研究,需从中国的诗歌传统说起。

中国是诗的国度,是闻名世界的诗歌大国。以《诗经》《楚辞》为渊源,以唐诗宋词为代表,她的古典诗歌和诗论曾经达到过世界诗歌的顶峰。到了现代,受到中国古典诗词哺育的西方现代派诗歌返哺回来,以西学东渐的新的姿态,通过五四以来中国新文化新文学运动的内在机制,又促进了新诗的产生和发展。这是一个奇迹,一个壮举。如果说,"新诗"也是一个传统,那么,我们也有理由这样说:大约一个世纪以来的诗歌创作,无论经受了何等的曲折和艰辛,也是向着"现代诗"汇集的一条大河,而这条河流的中间,无论人们还有多少争议,却是向着"现代派诗歌"汇集而涌现的一个主流。因此,考察穆旦的诗,就必须进入这样一个诗歌传统。

假如我们不拘泥于传统的说法,假若我们有勇气和眼光重新考察中国新诗的主流和先锋的代表,那么,就不难发现,中国的新诗,尤其是现代派诗,在现代社会的大动荡的时代背景下,集中体现在两个时期或两个领域,或者按照本雅明的说法叫作"星丛":一个就是西南联大的文学教学与校园里,一个就是"九叶诗派"的创作和评论里。而这两者的交汇处和荟萃点,恰好就集中在穆旦的新诗创作中。

当然，这一说法需要一个更大的背景的说明，至少是一次回顾性的追溯。

换言之，中国的现代诗的传统经历了一些必要的逻辑的或范畴的衍生阶段：

1. 从来源上说，《诗经》《楚辞》为渊源的传统的中国诗歌，即小格局、抒情性的旧体诗，在经历了唐诗宋词的高峰以后，在语言、意象和形式上均走向老化和僵化，其中一部分消失在元杂剧及其后来戏剧的程式化的美学追求中。旧诗传统在发展上遇到了新的不可克服的障碍，与新的生活经验和现代人的精神旨趣也不相适宜，在社会功能上，除了作为诗歌文化的智慧和渊源之外，逐渐隐退到人伦的、人际的、应酬的诗歌交往的活动中去。

2. 现代以来的文化和文学运动，特别是诗歌运动，经历了一个艰苦的隐晦的演变过程。大体说来，如果说清末民初的西学东渐，主要是政治的和社会的，五四以来的新文化运动和新文学运动，主要是语言的和散文的，那么，真正的现代派的诗歌运动，则是出现在30和40年代的各派诗歌形式的荟萃与创造的大实验中的，而以其先前的历次运动为这一运动提供前提、基础和成熟的条件。

3. 西南联大诗人群体的诗学意义，乃是在抗日战争的大背景下，诗歌创作和其他的学术的创造一样，经历了一次真正的直接的考验和洗礼。其直接的诗学教育的意义在于：第一，在传承上，第一次有了直接的外国诗的教学和外国现代派诗人的交流与参与；第二，在发表的方式上，这是一个非浪漫主义的诗歌运动的尝试，以至于有了超现实主义的创作倾向；第三，对于现代派诗歌来说，典型的创作活动和作品有了师范和标本，虽然在很大程度上仍然是实验性的。

4. 九叶诗派的诗学意义，则又有不同。第一，这些诗歌精英，在相对比较开放的中国南方和北方的城市，积极吸取西方现代派诗歌的写作技巧和观念，许多人有外语和出国的经验；第二，在解放战争和动荡的社会环境下，国统区的特殊的环境刺激和激发了对传统的反叛，需要全新的诗歌语言来表达空前的苦难和命运；第三，对于古体诗形式和内容的抛弃多于有限的继承，对于浪漫主义的抒情方式的超越与扬弃多于保留。当然，他们在具体的创作经验、套路和诗学观念上各有不同，并不追求一律，包括理论的一律和形式的一律，也就是说，他们放弃了五四时期的新诗形式的理论追求和观念的探讨，直接采用了外来的语言格局和诗歌形式的尝试（或无固定形式的试验）。

以下再结合具体论述，稍微展开一下，说明一些较为具体的问题。

在时代的大背景下,20世纪30、40年代的两次大的战争,即抗日战争和解放战争,牵动了中华民族的生死存亡和每一个人的命运,使得整个民族的知识分子和诗人群体的全身心的投入成为势不可免。在某种意义上,这一生活背景和经验是史无前例的,当然,也应当进入到具体的创作经验中去才有意义。

抗日战争与国共内战的历史背景,知识左翼扩大化的局面,文艺大众化论战,以及西方现代主义诗歌典范。穿梭于历史、政治、文化、意识形态等多重语境的交叉地带,完成中国现代主义诗歌的身份辨识,观察它如何在与其他话语进行竞争的历史进程中展现一己的"形象",描述它与西方典范之间的"家族形似"以及中国经验和本土性格,辩驳发生于审美因素与文化政治之间的纠葛,无疑构成了本书的研究重点。(张松建:《现代诗的再出发:中国四十年代现代主义诗潮新探》,北京大学出版社,2009年,334页)

这就是20世纪40年代异军突起的新诗高潮的历史背景。单就诗歌本身而言,它意味着诗学内部几种因素的集中与合流,以及十分复杂的各种社会力量的交互作用。当然,这里有一个不可回避的问题,那就是过程,即经历了长期的准备而达到的新诗成熟的过程。"九叶"诗人之一郑敏教授指出:

40年代现代主义新诗在整个中国新诗史上占有高峰地位。它意味着中国新诗开始与世界诗潮汇合,为中国新诗走向世界做了准备。在40年代以前中国新诗的主要方向是从语言和感情、意识上摆脱古典诗词的强大影响。反叛、创新,以古典语言和思想感情,走向现代化是五四文学运动后新文学的创新总倾向。但一直到40年代,才因为形势的发展新文学获得突破,走向普遍的成熟。(郑敏:《诗歌与哲学是近邻——结构-解构诗论》,北京大学出版社,1999年,第224页)

无独有偶,诗歌评论家谢冕教授在纪念穆旦的文章中也专门强调了西南联大的意义,他认为,视野、前驱和包容是关键的因素:

作为中国文化的精英,联大师生以其开放的视野、前驱的意识和巨大的涵容性,在与大西北遥遥相对的西南一隅掀起了中国新诗史上的现代主义的"中兴"运动。(谢冕:《一颗星亮在天边——纪念穆旦》,见《穆旦诗全集》,李方编,中国文学出版社,1996年,第 12 页)

正是如此。20 世纪 40 年代集中了三所中国最高学府的一流教授和一批有志求学的有为的青年知识分子的积极参与,构成了所谓的"西南联大诗人群体",大大地促进了中国新诗的诞生和发展。然而,中国新诗的产生还需要放在一个更大的诗歌背景中,运用交叉的视野进行观照。实际上,要全面考察一个现代主义运动所推向的诗歌高峰,就不必限于 20 世纪 40 年代。如果在时间上再宽泛到前十年即包括少数 30 年代诗人到 40 年代或稍后些,在这样一个较大的视野里更容易看出中国当时的新诗是中国和世界诗歌传统的一个总继承,或者说是当时中国种种矛盾的一个小缩影——都浓缩在以内外战争为背景的苦难深重的中华民族和她的知识分子的挣扎、感受与呼救中。

在这样一个特殊的时代和社会环境下,诗人的经验必须以某种方式进入到诗歌创作的过程中。它并不是直接的生活经验,而是首先需要体验和消化,然后通过回忆加以整理。它也不是理论的、图式的或者抽象的,而是具体的、生动的和丰富的,但与此同时,它又是超脱了个人的和片面的体验,并有时间让感性和思想找到合适的对应物去依附,以至于到达或进入到一种统一的经验总体里面。而在这整个的过程中,个人对于社会与人生的理解就和诗意感受融合为一体了。对于一个民族的诗歌传统来说,异域的诗歌传统的借鉴是十分必要的,特别是对现代派诗人来说,西方的现代诗歌简直就是必不可少的了。

但他们并不是只有一个来源,也不是完全不管中国的传统。其杰出的代表人物在懂外语这一共同的语言基础上,可以说分别继承了中外古今的诗歌传统而又各有侧重:偏重于继承中国古典诗词而又融化了某些现代主义写法的如卞之琳,偏重于借鉴继承法国象征主义诗歌传统而略有文言味的如稍早的李金发,偏重于继承德国浪漫主义和奥地利玄思派的如冯至,偏重于从英美浪漫主义过渡到现代主义的如穆旦,偏重于现实主义传统的现代主义如唐祈、杜运燮等。在这一代新诗精英中,穆旦无疑是其中最有才华最有成就的后起之秀。

关于"九叶诗派",这里需要重点说明一下。那是在 20 世纪 40 年代,主要是 1945 年到 1949 年之间,在国民党统治区发表诗作的九个年轻诗人。事实上,他们并非是一个统一的组织,也不在一个地方活动,遍布京津、上海、西南、西北各地,也不具有相同的职业,有的抗战复员做教师,有的办报纸和进步刊物,但是,都关心时事和民间疾苦,渴望自由和民族解放,而他们的诗歌创作则受到较多的西方现代派诗歌的影响。

他们先是各自在上海、北平、天津等地发表作品,由于对诗与现实的关系和诗歌艺术的风格、表现手法等方面有相当一致的看法,后来便围绕着在当时国统区颇有影响而终于被国民党反动派查禁了的诗刊《诗创造》和《中国新诗》,在风格上形成了一个流派。(辛笛等:《九叶集》,江苏人民出版社,1981年,袁可嘉"序"第4页)

把西南联大和"九叶诗派"联系在一起,那也不是一个个人的或主观的想法,而是一个历史的事实。碰巧,处于二者交汇线上的穆旦在诗歌上不仅享受到双倍的资源和恩惠,而且他作为诗人的命运也最典型,最可叹。对于西南联大而言,穆旦首先是学生,后来又是老师;对于"九叶诗派",穆旦则是最有才华可惜却是最先谢世的一位。袁可嘉在《诗人穆旦的位置》一文中,更加详细地描述了这样一种背景情况:

一九四六年,西南联大师生复员回到北平和天津。当时天津大公报的《星期文艺》(先后由沈从文、朱光潜、冯至先生主编,最后半年由我收场)、天津《益世报》的《文学周刊》(沈从文主编)、商务印书馆的《文学杂志》(朱光潜主编)和北平《经世日报》的文学副刊(先由杨振声先生后由我主持编务)经常刊出这群诗人的作品。我是迟到者,只是在这个时候(一九四六年秋天)才开始在"新诗现代化"口号下评论穆旦、杜运燮、郑敏的诗作,试图从理论批评方面对新诗潮做些说明。与此同时,上海方面以《诗创造》、《中国新诗》为中心,辛笛、杭约赫、陈敬容、唐祈、唐湜等诗友也在理论、创作和评介方面做出了基本方向一致的重大努力,而在一九四七、一九四八年他们与北平四位年轻诗人取得了合作,扩大了影响,然后是三十三年的停顿。(谢冕:《新世纪的太阳》,中国人民大学出版社,2009年,第180页)

当然,穆旦的出身、经历和诗才与勤奋也在起着十分重要的综合的作用。穆旦出身于一个具有深厚文化积淀而又没落的商贾仕宦家庭,自幼聪慧好学,博览群书,喜欢文学艺术,在南开中学上学时就开始发表作品,步入清华后更是刻苦求进,但他真正的诗歌学习是在西南联大。由于战争的步步进逼,北大、清华和南开三所大学撤出北京和天津,转移到长沙,又从长沙出发经过一次文化长征,转移到西南大后方云南,一度在边陲小城蒙自,最后定居在昆明,组成西南联大。西南联大是中国教育史上的一个奇迹,它汇集了一批有志于抗战救国的热血青年。在文学和诗歌方面,就有闻一多、朱自清、冯至、卞之琳,还有外国现代派诗人燕卜荪等从事文学和诗歌教学,构成所谓的"西南联大诗人群体"。当时的诗歌盛况和不可替代的历史地位,是有目共睹的。也就是在这种环境下,穆旦和后来一起成为"九叶派"诗人的郑敏、杜运燮、袁可嘉等一起,通过名师的指点,接触到叶芝、艾略特、奥登、里尔克、燕卜荪等现代派大师的作品,并积极投入到新诗的实验和创作中去。可以说,穆旦作为一个现代派诗人,兼顾了"西南联大"诗人群和"九叶诗派"的双重身份。或者可以说,西南联大孕育了后来的"九叶诗派"。

如果说良好的先天素质和勤奋的书斋读写是造就诗人的温床,那么,广阔的社会生活和民族命运的经历则是造就诗人的课堂。在后一方面,穆旦具有某些奇特的个人的生活经历,构成他的诗歌艺术非同寻常的机理品质。他作为护校队队员,亲历了那跨越湘、黔、滇三省,全程3500华里的文化长征,一路进行文化考察。这位25岁的诗人曾任中国远征军的随军翻译,深入滇缅的抗日战争前线,经历了野人山战役的生死考验,断粮八天,从印度转程回国。在留学美国期间,他不仅系统学习了外国文学,而且在英文之外进一步打好了俄语基础,为他后来的英俄两种语言的诗歌翻译做好了准备。在解放前后,他从事过各种各样的职业,先是留校西南联大,办过报纸,当过翻译,做过职员,而回国后就一直在南开大学外文系教书,直到1958年被打成"历史反革命",彻底中断了他的诗歌创作。也就是在这个"人类灵魂的工程师"的崇高位置上,他受到了长达二十年的错误的政治对待,被贬到校图书馆接受管制,并在农村劳动改造,一直到死都没有看到改正,但他一生始终没有停止过诗歌的翻译,而诗歌创作,却被拦腰截成了两段,于是有了"前期"和"后期"的说法,因此也造成了分期研究的困难和争议。

关于穆旦一生的创作和翻译活动的分期研究,本身就容易引起分歧。例如,日本学者秋吉久纪夫编写的《穆旦诗集》的《序》中,把穆旦的诗歌创作分为三个时期。

第一时期从1937年11月的《野兽》到1942年2月的《出发》,以写民族形象的象征诗《野兽》为代表;

第二时期从1942年11月的《自然的梦》到1948年4月的《世界》,以写死亡的寓言诗《森林之魅》为代表;

第三时期从1957年的《葬歌》到1976年12月的《冬》,以写自我毁灭的自白诗《葬歌》为代表。

当然,关于这些代表作的选取,自然有诸多可商榷之处,而代表作的定性类型,则是该书作者自己的说法,为了便于归类的缘故。而这样的分期本身,除了其中有些可以考虑的因素之外,尚有几个问题:

第一,忽略了1937年以前发表的诗作,即早期诗作。

第二,混淆了前期诗作与后期诗作的性质,即1957年以前和1975年及1976年的诗作的显著区别。

第三,忽略了解放以后由于政治运动等因素造成的将近30年的英俄诗歌的翻译实践,以及和诗人创作的关系。

要有可靠而周全的分期研究,就要考虑到诗人和翻译家一生诗歌活动的全过程,包括各个时期的创作与翻译实践活动的基本特点及交叉与影响。就笔者看来,诗人穆旦的诗歌创作和翻译活动,可以分为五个时期:

第一时期(1934—1937)尝试期:主要是南开中学阶段,开始在《南开中学生》上发表诗作,已经显示出早慧和诗才。

第二时期(1938—1948)高峰期:从清华到西南联大,再到解放前夕出国留学为止,穆旦的大部分诗作属于这一时期的作品,在创作思想、语言风格上最具代表性。

第三时期(1951—1957)受挫期:从解放初留学归国到反右,以《九十九家争鸣记》招来大祸,结束了这一时期艰难的适应和很难适应的创作实践。一般说来,这一时期的创作成就不很高,数量也不大。

第四时期(1958—1977)翻译期:1958年接受机关管制,不能发表诗作,诗人以本名查良铮(实际上译作开始于1953年)发表大量翻译作品,包括苏联文艺理论、普希金、丘特切夫等俄国诗人的诗歌以及拜伦、雪莱等英国浪漫派诗人的诗歌。其翻译成就无论在数量上还是质量上都为译者赢来当代中国最优秀的翻译家之一的荣誉。翻译活动一直继续到1977年诗人去世。

第五时期(1975—1976)圆熟期:1975年只有一首《苍蝇》戏作,从此,诗人重新拿起诗笔,1976年诗人有近30首(组)诗作,其思想和艺术达到了圆熟老到至炉火纯青的很高境界,与前期诗风有明显不同。

诗人一生共创作诗歌146首(组),出版诗集8部(生前3部:《探险队》(1945)、《穆旦诗集》(1939—1945)(1947)、《旗》(1948)),翻译作品25部。

此外，还写有少量论文和文艺评论，而其诗歌理论则反映在为数不多的书信和译文序跋中。

如果把诗人第四时期的翻译期从整个创作过程拿出来或者干脆不予列入的话，那么，穆旦的诗歌创作本身便可有四个时期。各个时期的代表作，或许不止一种，兹列举如下：

第一时期(1934-1937)肇始或崛起期：《更夫》《野兽》

第二时期(1938-1948)丰收或高峰期：《合唱二章》《赞美》《诗八首》《森林之魅》

第三时期(1951-1957)适应或转型期：《葬歌》《九十九家争鸣记》

第四时期(1975-1976)成熟或衰退期：《苍蝇》《智慧之歌》

这里，我们大体上追溯一下诗人的创作历程，从中可以看出一些基本的变化线索，以及各个时期作品的基本特征。

首先，在第一时期的《更夫》和《野兽》里，全诗都是围绕一个单一的形象，而且都是取自现实生活的具体形象。不过，更夫的形象具体而现实，而野兽的形象则丰富而愈加象征性了。两首诗都是穆旦早期较成熟的作品，经过南开中学的准备，写于清华求学时期。尽管如此，单个意象的丰富和深刻，象征手法运用的纯熟，以及英美现代派诗歌创作的影响，在这些早期诗作中都已经隐约可见。关注生活，同情贫穷，是这位热血青年的本质特征；而热爱祖国，仇恨侵略，则是一位爱国诗人的基本品质。

第二时期的诗歌创作，有一个鲜明的特点，那就是时间长，产量多，质量高，变化丰富。诗歌主题重大，似乎不言而喻，而篇幅较长，甚至以组诗和诗剧的形式出现，则是十分值得注意的。就个人诗风的转变而言，从《合唱二章》中分明可以看出，这里具有屈原式的浪漫和拜伦式的浪漫的合一状。毫不奇怪，这是诗人穆旦从浪漫派转入现代派诗风的一个门槛，然而这是一个飞翔在天宇的高起点的门槛——不仅是诗人的气质所使然，而且是时代的精神所使然。就意象的组成而言，这里已经不是单个意象和简单象征的丰富性的问题，而是众多意象变换视角的深刻隐喻和融入历史的诗性感觉。就组诗《诗八首》的结构和主题而言，已经具有主题抽象的哲理诗和全过程描写的史诗性质了。当然，《森林之魅》的寓言性质和对话风格，更表现出柏拉图式的哲理对话性质和人类文明与死亡主题的探讨等更为复杂而全面的诗性智慧了。

第三时期的特点，以自我改造为契机，在《葬歌》中表露得最为突出。《葬歌》的写法，实际上有点自白诗的味道，而且是三段论式的。第一段显然有写实的意思，许多典型场景都是历史的和社会的，然而也是诗歌语言的描述。第二段既有声嘶力竭的叫喊和撕心裂肺的灵魂诉求,也有叙事角度的改变和内心对话的效果。最后一段俨然是心灵的宣告了。严格说来,这一时期的其他诗篇,主要是由于政治形势的影响以及创作心态的不纯,艺术水平不能算高,其中有些干脆就是上述第一段的写实而流于肤浅了——假如不陷入第三部分的灵魂说教的故作哲理讲述的话。

第四时期的诗风有一大变。步入老迈之年的诗人,一改早期的单纯象征写法和中期故作曲折复杂的"现代"写法,而采用常见的四行一节的平允格局、出句平缓的从容态势,以及比较规整的押韵模式,似乎已经回归到了诗歌的传统的单纯划一,但整个诗作并不缺乏深刻和丰富。这种风格在《智慧之歌》中表现得最为明显。而语言的平易,清新,质朴,生活化,多重暗示,自如达意,单纯谐调,则莫过于《苍蝇》了。虽然这是一首不起眼的"戏作",似乎回到了从生活中直接取材的实境描写中去,但毋庸讳言,这便是一个著名诗人人诗俱老的至高境界了。

关于一个诗人的诗作分类,实在是难以取舍的。一种意见认为,可以从诗歌的现实性、理想性以及理想与现实的交汇处着眼,把穆旦诗作分为三类。这就是说,就穆旦最优秀的诗作而言,是兼具现实的意义和艺术的意义的。具体而言,这些诗作一方面记录了他不同寻常的一生的重大事件(如《原野上走路》《森林之魅》),反映诗人成长和成熟的基本历程(如《智慧的来临》《三十诞辰有感》《老年的梦呓》);另一方面,也有的不是完全取自现实生活而是具有某种理念和形象/想象的诗篇,例如《隐现》《神魔之争》。基于这样的认识,若把前一方面的现实生活情况向后一方面的艺术构思方面倾斜,就可以达到另一种认识。蓝棣之认为,可以按照诗歌本身的体裁和题材的处理形式,即构思规律,把穆旦诗作划分为三种类型。

第一种,写事写景,写出人生感悟的诗篇;

第二种,以一个意象为核心,类似于咏物诗的;

第三种,基于某种生活理念加以想象而成篇的诗作。

首先,我们发现,即使在带有写实意味的诗作中,例如《园》、《鼠穴》、《还原作用》,诗人的感受方式和表现方式,仍然是有别于传统的浪漫式的,而是采用了现代的和现代派的表现手法。

我们是沉默,沉默,又沉默,

在祭祖的发霉的顶楼里,

> 用嗅觉摸索一定的途径，
> 有一点异味我们逃跑，
> 我们的话声说在背后，
> 　　　　　《鼠穴》

其次，在第二类诗作中，以一个具体的或虚构的意象为核心组织诗歌的时候，穆旦的情绪和情绪宣泄的方式，以及诸如具体意象的文化内涵和诗性智慧的表达方式，都使得诗的容量和风貌，大大超越于传统的咏物诗和感怀诗之上。例如，《旗》、《野兽》、《洗衣妇》、《城市的街心》。

> 是大家的心，可是比大家聪明，
> 带着清晨来，随黑夜而受苦，
> 你最会说出自由的欢欣。
> 　　　　　《旗》

第三类诗，即意念型的或理念性的诗作，是穆旦诗作阔别传统与文学习俗的最具创造性的诗作类型。这些诗，其标题就很抽象，通常是一些抽象名词，例如《暴力》《良心颂》，往往以一个基本的理念为命题，赋予其以生活的意义和诗性的哲理，又有意象的生动和细节的真实。这是穆旦诗的主要特征，加之情感的强烈和语言的新颖硬朗，使人产生焕然一新的审美感受。

哲理的定义似乎是这类诗歌最好的逻辑起点：

> 虽然你的形象最不能确定，
> 就是九头鸟也做出你的面容，
> 背离的时候他们才最幸运，
> 秘密的，他们讥笑着你的无用，
> 　　　　　《良心颂》

诗人自己对于他的这种写法，也是感觉到了的。他曾经说过这样的话："总的说来，我写的东西自己觉得不够诗意，即传统的诗意很少。这在自己心中有时会产生怀疑。有时觉得抽象而枯燥；有时又觉得这正是我所要的；要排除传统的陈词滥调和模糊不清的浪漫诗意，给诗以严肃而清晰的形象感觉。"

显而易见，就穆旦本人的诗歌创作而言，以上的分类研究，只是一个开端，其缺陷是显而易见的。在以后的章节里，我们将根据穆旦一生诗作的主题，进行新的分类研究，并采用新的表述方式，表达我们的研究成果。

关于穆旦的诗歌创作过程，即诗人在整体的诗歌创作过程中采用什么样的行进方式和操作思路，或者说体现怎样的个人特点或创作习惯，也在这里说一下。以下几点大约可以说是规律性的认识：

（一）间断与穿插的主题性写作

穆旦的诗歌创作，是有规律可循的。他并不是随机的、无计划的写作状态，而是表现出具有一定的计划性和主题性的创作状态。但另一方面，他的诗歌创作也不是完全按照计划而不顾及创作灵感的随机化作用，或者说并非完全不受创作素材的限制的。他创作成熟期的一般规律是：诗人有了一些主题素材（往往在主要作品的标题中体现出来），构成重要的诗篇（例如关于宗教主题的诗篇集中在《隐现》里，关于战争的诗篇高潮为《森林之魅》，关于爱情的思考组织成《诗八首》）。在此之前，有些片段的语言或意象，则会非正式地出现在一些较小的诗篇里，成为其中的一个诗节或一些句子。在主要的作品完成之后，他还会把未尽的余热用于新的诗作——直到一段生活经验或一个诗歌主题"写完"为止。

对于诗人心灵的探索将有助于说明诗人创作的动机和表现的机制。那么，这些复杂的诗篇是怎样写出的呢？让我们先来看一些例证。

1945年5月所写的《甘地》，首次表明了诗人对于印度文化的关注和独特的理解；而写于1948年2月4日的《甘地之死》，就不仅仅是一种纪念性诗作，同时也表明了诗人对于此类主题的"终极关怀"。又如关于中国的主题，在1941年4月，诗人写了《中国在哪里》，实际上还只是一些模糊的生活意象和古今线索的追寻，也许诗人感到还没能抓住"中国"这样一个巨大的题目，只是觉得有必要先写出一些具体的想法。到了1947年8月，在天翻地覆的历史变革面前，诗人却以《饥饿的中国》为题，写了组诗（包括四首诗）。也许有感于中国题材的伟大，诗人不断地进行修改，并且把同年1月所写的《时感四首》作为存目，放到《饥饿的中国》这个总标题的下面，作为一组完整的诗篇。由此也可以看出，穆旦的诗歌创作态度，是十分严谨而认真的。他在追求完美的过程中，像"中国"这个很大的题目，也许始终未能完成。

这样，在规律性与随机性之间，在素材与灵感之间，在名篇与残片之间，就有可能呈现为这样三种类型：

1. 零散的印象先出现，后来逐渐汇聚成重要的篇章，这种情况比较常见；也有的诗中没能出现主题性探索的重大总结性诗篇，例如关于劳动者和受苦大众的诗篇，始终是零散的，也许这一类主题后来为其他主题所替代，例如，进入战争和民族命运的更为重大而要紧的主题性思索中了。

2. 一些重大的主题性探索，经过长期的酝酿，间或有名篇成型，但总体的探索，也许一生也未能完成，如关于中国命运的探索，从《中国在哪里》，到《饥饿的中国》等；又如关于印度的探索，则在《甘地》里，已经说出了相当多的东西，但随着《甘地之死》的到来，一切都被迫要做一了结，于是就了结了。

3. 伟大的突然事件的感发先出现，随后逐渐地消退或深化为比较抽象的诗篇，或者同类题材的反复出现，或许会进入长期的疲劳战一样的思索，期间或许有一系列相关的诗歌问世。关于这一比较复杂的情况，我们可以找到一些奇特的例证。

1937年7月7日，卢沟桥事件的突然爆发，导致了中国抗日战争的开始。继甲午海战之后，这场中日之间在中国大陆上的大战，一直持续了八年，在各种内外条件交互作用的情况下，最后终于有了一个结束。关于这一点，该如何认识呢？也许我们可以说，这是穆旦一生中至关重要的事件，发生在他正在清华求学的青春时期，而且他自己亲身经历，并且在缅甸出生入死，战争给诗人留下了不可磨灭的印象，甚至影响到解放后对他的政治处理，因而造成了终身的惊恐不安和人生的重大遗憾。这样说，一点也不为过吧。

但是，从诗歌创作的角度来看，却需要一番扑朔迷离中的探索。

一首新发现的穆旦诗作，《祭》应当说直接回应了"七七事变"的发生：

祭

在黑夜里，激起来不断的吼声
挟起千万吨的泥沙飞越长城，
从太行山脉疯狂地向平原里涌
桑干河，你永不驯良的桑干河
从远古来滋养着我们的祖先，
用肥沃的土，雄浑的力，你灌溉

三千年的祖国，从你的谷里成长
洪大的泛滥时时警醒着生之灾害

就是那夜里，古国在你的脚下抖索
黑的风，黑的云，击起狂暴的旋涡，
铁的枪，铁的炮，要从你的心胸蹋过，
桑干河，你启发了祖国的桑干河！
流过了多少年从不知道忍耐，
奔腾着，怒啸着，挥下反抗的臂膊！
从此，你把哭泣的祖国点起战火
从此，屈辱的不再是广大的山河。

跨着你的身子，是七百年的石桥，
那夜，祖国的男儿如火样焚烧，
在它们头上仍是盛世的晓月残柳，
古代征马驰过的，而今做他们的幕曹！
朝着北方！忠实地追迹着光荣的祖先，
应着塞外的风，冲进隆隆的炮火，
怀着四万万颗心的赤血，仇恨和狂热，
是在搏斗里他们染红了你，桑干河！

在冒着红光，烟火，谁说七百年的石桥老
激热的水在涨，涨，涨；他们去祭扫，
那安息在两岸的战蚩尤的英豪。
桑干河，你复生了祖国的桑干河！
流吧，不断地流，不断地涌起波涛，
广大的山河在急跳着你的脉搏，
流吧，战死的男儿，你祖国的魂，
我们永远纪念你，不是泪，是自由的国！

（一九三八年，十月）

"七七事变"发生在 1937 年。时隔一年之后，才写出此诗，应当不难理解，从诗歌创作的延迟和冷静规律而言，是这样。但其发表的时间，则是

1939年1月27日,载于《益世周报》第二卷第三期了。就写作时间而论,在此之前已经有了《野兽》(1937年11月),连同此后的《合唱》(1939年2月),期间,"其基本笔调和情感向度保持着一致性",则可以做证这首诗的作者是穆旦无疑。

  《祭》是基于历史上重大事件的宏大叙事,激情与亢奋使全诗充满力感。穆旦在此诗中选用的形容词都含有壮阔辽远的意象,且声调浑厚响亮,每节八句,每句五顿,格式是基本工整的诗体形式,从而创造出一种史诗性的艺术效果。在艺术上来说,它已经是一首相当成熟的作品。(鲍昌宝:《穆旦的一首佚诗》,载《诗探索》2006年第三辑理论卷,时代文艺出版社,2006年,第135页)

鲍昌宝——这首诗的发现者——不仅仔细地分析了这首诗的特点,而且还对照了穆旦1945年7月创作的《七七》(载于《文艺复兴》第一卷第六期,1946年7月1日,后收入《穆旦诗集》(1939-1945)),认为"关于同一事件,诗人的两首诗形成鲜明的对照":

  《七七》写于抗战末期,战时的政治腐败、生存的艰难已经磨蚀了诗人的热情和乐观情怀,诗中充满着反讽与自嘲。理智的反思成为诗的主调,此在的矛盾与尴尬处境使诗人在一种无奈之中发出质疑与质问,历史事件的伟大意义在权力话语中被消解,生命的牺牲与奋斗在现实中失去了价值依据。《七七》诗中对生命意义与价值的追问,已经是一种诗人的私人话语,基本上是对生存的当下境况的关切。比照两首诗,我们可以清楚地发现穆旦的诗歌中的精神结构的变化线索。(鲍昌宝:《穆旦的一首佚诗》,载《诗探索》2006年第三辑理论卷,时代文艺出版社,2006年,第135页)

当然,这样的对照是有意义的,至少从"七七"也是一种仪式上的"祭"的意义上来理解,是如此。但是,假如我们把穆旦1940年9月12日发表于《大公报·文艺》(香港版)上的一首重要的诗也考虑在内,那就更有意思了。这首原题为《有钱出钱,有力出力》的诗,在后来收入作者自费出版的《探险队》时,改名为《祭》。因为诗中描写的"阿大",在上阕是"一九三八年他战死于台儿庄沙场":

> 在他瞑目的时候天空中涌起了彩霞,
> 染去他的血,等待一早复仇的太阳。

而下阕写了诗人们跳舞喝酒一类事情。若以《祭》作为标题来看,这是诗人穆旦一个着意的改动——为了和那首早先的诗《祭》相勾连,或照应。但若从即兴效果上来看,则这一改动,至少失去了当时的抗战号召力,变为仪式性的永久的纪念了。但作为纪念,诗人仍嫌不够永久,所以才有了写于1945年7月的《奉献》,也是纪念一位抗战战士之死的,不过写得更加纯粹而高尚而已——基督式的纪念,可谓永久了。

> 其余的,都等着土地收回,
> 他精致的头已垂下来顺从,
> 然而他把自己的生命交还
> 已较主所赐给的更为光荣。

这首诗,因为和《七七》写作的时间相接近,也可以视为同一组主题的连续再现。甚至同一年稍后写出的《流吧,长江的水》,就标题和第一首《祭》中的"流吧,你复生了祖国的桑干河"以及"流吧,战死的男儿"等诗句的相似性而言,也构成一系列的关联,引起我们的主题性联想。使我们有理由想象,这些诗歌的标题和内容,若视为时间序列上一连串创作主题和诗人意识的猝发、激愤或消退,那么,它本身未始不是一种创作活动中必然与偶然相交织的序列。当然,《七七》这首诗,如果重读一遍,就会发现,那绝对不是一种仪式性的纪念,而是一种宣示和玄思,一种抽象化和回忆性的灵魂的事业。但这却是我们围绕《七七》而做的连贯性思考(反思化),和上述围绕《祭》所做的连贯性思考(仪式化)是不同的。但,那便需要另一番话语了。

(二)抒情小品、组诗与诗剧兼有

在诗歌的组织形式上,穆旦是不拘一格的。应当说,早期的诗作篇幅较小,结构较为零散,虽有大的主题,但仍然不能处理得得心应手、干净利落。随着素材的积累和主题的提炼,重大的主题形成,就不太采用小型的抒情诗的形式,而是采用了大型的组诗的形式,例如表现爱情主题的《诗八首》。然而,在这种形式以外,相近的或类似的素材仍然可以处理成相关的几首诗,例如《控诉》和《赞美》,实际上是一对诗歌作品或姊妹篇,而且前后有一定的相继关系,经过《控诉》的铺垫(当然不仅仅是铺垫),到了《赞美》终于形成一个高潮和名篇。而有些题材,例如关于劳苦大众的题材,由于职业的限制,或者由于别的原因,例如诗人意象性的转移,则一直停留在分散的小篇幅的抒情诗状态而未能整合(流浪人、老木匠、更夫、洗衣妇、报贩等),或者说,有待于在一个更高的层次上以民族命运为题目整合为更大的主题。也许,《不幸的人们》是最合适的归结性的标题,但这一首诗在主题上的升华,使它大大地超越了素材的简单关联和机械拼装。

至于最大的主题,在诗人头脑里反复出现长期酝酿的主题,例如宗教与权力题材,由于长期酝酿和持续寻找适当的诗歌形式,终于能以诗剧的形式反复地出现在创作过程中了。从1941年的《神魔之争》到1976年的残诗《神的变形》,就体现了这一比较漫长的探索过程,可以说这是诗人一生探索的结晶。关于这一过程的复杂性,可以体现诗人的复杂心情的,是《穆旦诗全集》中《神魔之争》标题下的编者的注释:

> 此诗收入《探险队》的目录,诗集中页码保留而诗文被抽去,原因待考。后收入《穆旦诗集(1939—1945)》,作者对文字做了较大修改。所选为修订稿。又据作者家属提供的此诗复印件,上有诗人生前对修订稿中若干处所做的再次修改。收入本集的,便是作者的再次修订稿。(《穆旦诗全集》,李方编,中国文学出版社,1996年,第108页)

在定稿的《神魔之争》里,"神"只是一个抽象的顶点,表示和谐,而"魔"是永远的破坏者,有很大的力量。"东风"似乎代表自然的诞生力,和自然的不可抗拒的命运,但更多的是人类斗争的见证者和旁观者。"林妖",作为自然的精灵,处于神魔之间,是过渡和中介。总体说来,这一诗剧,由于创作于诗人的年轻时期,具有寓言和神话的性质,写得优美而富于诗意。

我们且看一开始的东风,在序幕式的开篇之后,便过渡到旁观与目睹的自诩:

> 东风:
> ……
> O旋转!虽然人类在毁灭
> 他们从腐烂得来的生命:
> 我愿站在年幼的风景前,
> 一个老人看着他的儿孙争闹,

憩息着,轻拂着枝叶微笑。

而神魔之间一开始的精彩对话,则奠定了戏剧冲突的基调:

> 神:
> 一切和谐的顶点,这里
> 是我。
>
> 魔:
> 而我,永远的破坏者。
>
> 神:
> 不。它不能破坏,一如
> 爱的誓言。它不能破坏,
> ……
>
> 魔:
> 　　是的,我不能。
> 因为你有这样的力! 你有
> 双翼的铜像,指挥在
> 大理石的街心。你有胜利的
> 博览会,古典的文物,
> 聪明,高贵,神圣的契约。
> 你有自由,正义,和一切
> 我不能有的。
> 　　　O! 我有什么!
> ……

相对于东风的旁观者和见证人角色,林妖合唱的部分,却具有古希腊悲剧中合唱队的转幕作用与评论角度,显得更为精彩。其中的两节反复吟唱,颇具戏剧色彩:

> 林妖合唱:
> 谁知道我们什么做成?

啄木鸟的回答:叮当!
我们知道自己的愚蠢,
一如树叶永远的红。

谁知道生命多么长久?
一半是醒着,一半是梦。
我们活着是死,死着是生,
呵,没有人过得更为聪明。

但是,到了晚年,确切地说,是1976年写《神的变形》的时候,神魔之间,却加入了"人"的中间因素,因此,人的作用,也就是在神魔的争斗和操控之间,被迫做出选择:

神在发出号召,让我们击败魔,
魔发出号召,让我们击败神祇;
我们既厌恶了神,也不相信魔,
我们该首先击败无限的权力!

诗人的洞察从现实进入历史:

这神魔之争在我们头上进行,
我们已经旁观了多少个世纪!

但诗人马上又纠正说:"不,不是旁观,而是被迫卷进来",而且立即意识到,"总是绝对的权力得到了胜利!"权力是在神魔人之外新加入的一个十分重要的独立因素。为什么权力始终是胜利者呢?因为权力作为独立于任何一方的力量,具有绝对的影响力。在诗剧的末了,权力如是说:

而我,不见的幽灵,躲在他身后,
不管是神,是魔,是人,登上宝座,
我有种种幻术越过他的誓言,
以我的腐蚀剂伸入各个角落;
不管原来是多么美丽的形象,
最后……人已多次体会了那苦果。

以这样的语言结束,那就意味着权力在后期穆旦那里,具有渗透一切的力量,几乎是无可摧毁和防御的异己力量了。同时,也可以看出,《神的变形》是一个在结构和主题上尚未完成的作品,因为诗人的认识尚未完成。但是,在那个权力左右一切的时代,这一主题及其表现,具有极大的现实意义,则是毋庸置疑的。更为重要的是,诗剧作为西方文学的重要形式,在中国文学中始终没有得到发展。在当代,除了郭沫若的《神女》等作品,几乎无人涉足。而穆旦,在这一领域的探索,虽然受到时代的限制,未能最终完成,但他艰苦的尝试,尤其是强烈的批评精神,无疑是值得肯定的。

(三)规则之诗与随即形式的探索交错出现

关于穆旦诗歌的形式问题,目前尚缺乏全面而系统的研究。但有一点可以肯定,那就是,穆旦的诗作是很讲究形式的,而且形式比较多变。新诗的定型化和非定型化,是一个有趣的探索题目。在《穆旦诗全集》中可以观察到的基本形式,大体上有下列几种:

1. 两行诗节(如《诗》,这里指的是写于1976年四月的《诗》,而在1948年的《诗》则是四行体。两行诗节的简单结构,易于表示果断与判断的思索;频繁的切换,易于表示思绪的终结与间断。)

2. 三行诗节(如《还原作用》《园》《给战士》,三行诗的格局,相对于四行诗的完整,带有残缺的特点,节奏比较欢快,因而不仅是果断和突兀,也有欲言又止的保留和预留埋伏的幽默感。)

3. 四行诗节(如《古墙》《听说我老了》《智慧之歌》,古今中外最常见的诗节,适合于叙事和抒情,表面上四平八稳,实则结构完整而又充满内部变换的可能性。连缀起来,可以构成长诗的篇幅和规模。)

4. 五行诗节(如《甘地》,一般说来,五行诗节不是四行诗节的拓展,而是潜在地包含了三行和两行的诗节的联合体,其顺序也不一样,行文也较为舒展,所以较之四行要复杂得多。)

5. 六行诗节(如《一个战士需要温柔的时候》,六行诗节的特点不在于诗行多少,而在于跨行的增多,以及语义的连贯。有时候,最后两行可以构成一个小小的对句表示结尾。)

6. 七行诗节(如《摇篮歌》,摇篮曲这样的诗节,包含呼语和念叨的语气,往往是重复的,而且也有两行构成的复句,以及其他的变异形式,在中间起主体的作用。)

7. 诗行不定(如《报贩》《我歌颂肉体》,二三四五六七等错落的诗行数目构成复杂诗节,在一首诗里出现,有先长后短和先短后长两种格局,但以后者较多,构成语势的积累,相反,则构成险绝的结构。)

8. 单一诗节(如《苍蝇》《黄昏》《洗衣妇》《绅士和淑女》,单一诗节的诗,整体性强,而且视觉印象完整,较短的诗有此特点,如《苍蝇》,后期有些残诗也有此特点。但有些诗如《美国怎样教育下一代》,长达两页半,不分节,不好读。)

9. 上下诗节(如《云》《春》《被围者》,上下诗节是中国古典诗词的基本格局,在外国诗里也有,一般是上阙写景,下阙抒情,但也不尽然。穆旦的诗打破了这种写法,复杂的组诗的局部也有上下诗节的组合,如《诗八首》。)

10. 三诗节(如《寄——》《赠别》,有简单的三诗节和复杂的三诗节,后者是三诗节的连缀,表现复杂的结构和思想。)

11. 十四行诗(如《诗四首》,但并不是现成的英文十四行诗的摹写,运用了不太规则的韵律,往往是四首十四行诗的连缀,有点像雪莱的《西风颂》的格局。)《诗四首》中的第二首,还算比较整齐而有韵脚的,但不太规则,至于句子长短就更随便了:

  他们太需要信仰,人世的不平   (a)
  突然一次把他们的意志锁紧,   (b)
  从一本画像从夜晚的星空   (a)
  他们摘下一个字,而要重新   (b)

  排列世界用一串原始   (c)
  的字句的切割,像小学生作算术   (d)
  饥饿把人们交给他们做练习,   (c)
  勇敢地求解答,"大家不满"给批了好分数,(d)

  用面包和抗议制造一致的欢呼   (e)
  他们于是走进和恐怖并肩的权力,   (f)
  推翻现状,成为现实,更要抹去未来的"不",(e)

  爱情是太贵了:他们给出来   (g)
  索去我们所有的知识和决定,   (h)
  再向新全能看齐,划一人类像坟墓。 (e)

12. 诗行诗节不定(如《漫漫长夜》《小镇一日》,诗节和诗行都不固定的写法,似乎就是最为随即和随意的写法了;排列的长短错落是其主要的特

点,无序性的感觉是最突出的印象。)例如《小镇一日》的开端:

> 在荒山里有一条公路,
> 公路扬起身,看见宇宙,
> 像忽然感到了无限的苍老;
> 在谷外的小平原上,有树,
> 有树荫下的茶摊,
> 在茶摊旁聚集的小孩,
> 这里它歇下来了,在长长的
> 绝望的叹息以后,
> 重又着绿,舒缓,生长。

虽然是无序的,但仍然可以感觉到句子主位的变换和述位的接续,以及各话语层次之间的逻辑变换与连接,还有诗的转行与节奏的变换,具有一种随意的闲适的美感,也可以说散文的,也可以说是诗歌的美。

13. 杂诗(如《五月》《葬歌》《甘地之死》《隐现》,所谓杂诗是指诗歌形式的混杂状态,但不是无序的混杂,而是有目的地打破单一的形式,例如古体诗与现代诗在形式上的混杂,构成新旧对照的《五月》杂诗。《葬歌》则是四行、六行和多行诗节的结合体。《甘地之死》是上阙的十四行加一个下阙的单一诗节,统一性都很强。《隐现》的结构最为复杂,由宣道、历程、祈神三部分构成,第二部分又有情人自白、合唱、爱情的发现、合唱等,类似于诗剧。)

14. 残稿(如《面包》,残稿并不是一种格式,但有明显的未写完的痕迹,一般是整篇的最后有断句和残片,也有中间缺失太多而构成残稿的。)

15. 组诗(如《诗八首》,组诗是单一诗节和诗篇的连缀,一般是有规律并形成规模的。《诗八首》是典型的组诗,而且标题点出了组诗的数目。《九十九家争鸣记》的最后有附记,仍然是两节诗体,与前体制一致,可视为组诗的变体。)

16. 诗剧(如《森林之魅》《神魔之争》《神的变形》,诗剧是有角色划分的诗篇,如小说一样。在穆旦的诗剧中早期和晚期的略有不同,《神的变形》似乎有残稿的痕迹。)

17. 诗文结合体(如《蛇的诱惑》《玫瑰的故事》,这里的诗文结合还是以诗为主的,文在前面起着序言或导言的作用,诗与散文的分界还是很明显的。)

18. 散文诗(如《梦》,最早以穆旦笔名发表的作品,更多地近乎散文。又如《玫瑰之歌》,虽然是诗,但有小标题,在体制上如同分节的散文。)

　　就以上的诗体形式出现的情况而言,大体上可以说:穆旦的诗歌创作,除了早期的不大定型的摸索阶段,就是晚年倾向于四行诗节的简单化表达。此外,在其成熟时期的诗歌创作中,形式基本上无变化。也就是说,各种诗歌形式的交错出现,主要取决于所表现的主题和内容。而若干重大的诗歌主题,则有反复使用复杂形式加以深入表现的倾向。由此可以看出,穆旦的诗歌形式,具有明显的成熟意识和形式的独创性,因为诗人的诗歌形式来源广泛,而在组合和利用上也比较自由。这一切,构成了穆旦诗歌难以理解的形式因素。

第二节　作品研究:结构与特色

　　上一节的列举研究,实际上已经涉及穆旦诗的结构问题。而穆旦诗的结构,作为新诗结构的杰出代表,一直就是一个值得深入研究的课题。但在这里,由于时间和篇幅的限制,我们只能做一些初步的探讨。

　　首先一点要强调的,就是穆旦的新诗并不体现他对中国古典诗词传统的继承关系,不仅他晚年的尝试觉得无路可循,而且他一直以来,就只是觉得传统意象的陈旧和语言的贫乏,难以和现代诗的要求相吻合。极而言之,穆旦对于中国传统的格律诗是持否定态度的。在创作实践上,他采取的是地道的现代派写诗法,用的是纯粹的现代语言而不杂旧体和典故。而在理论上,他认为旧诗对于写新诗并无帮助,也无法表达现代人的思想。他在晚年写给一位年轻诗友的信里这样说:

> 因为我们平常读诗,比如一首旧诗吧,不太费思索,很光滑地就溜过去了,从而得不到什么或所得到的,总不外乎那么一团"诗意"而已。……
> ……我有时想从旧诗获得点什么,抱着这目的去读它,但总是失望而罢。它在使用文字上有魅力,可是隐在文言中,白话利用不上,或可能性不大。至于它的那些形象,我认为已太陈旧了。(查良铮:《致郭保卫的信》(四),载《蛇的诱惑》,珠海出版社,1997年,第229-230页)

　　只是在一首诗里,他竟然运用了传统与现代交融的结构形式,那就是《五月》。

《五月》在形式上是新旧并存的一首诗,而在实质上则通过新旧比照表现了以新诗代旧诗的倾向,因此是具有反叛传统意味的可贵尝试。

以下仅列出全诗的格局和大意,以供对照参考:

旧体之一:良辰美景,游子思乡。
新体之一:面对残酷的现实,对于死亡的思考,
　　　　　在历史的扭转的弹道里获得新生。
旧体之二:痴男怨女,失恋凭栏。
新体之二:平民游行示威无效,灾民请愿之后,
　　　　　谋害者高歌自由,操生死大权在手。
旧体之三:哀世伤时,怀旧悼亡。
新体之三:理想的虚幻,现实的险恶,中国的
　　　　　封建社会搁浅在资本主义的历史里。
旧体之四:逍遥泛舟,畅怀对饮。
新体之四:战争背景下的饮宴,敌视与欢笑,
　　　　　阴谋与暗杀,各色人杂然共处于世。
旧体之五:得道成仙,幻想不朽。

(王宏印:《穆旦诗英译与解析》,河北教育出版社,2004年,第37-38页)

值得一提的是,旧体五首夹新体四首于其间,暗示了新诗成长之艰难,但更多地是表明人们以陈旧的观念和心态对待新诗的残酷的现实,故而现代诗的创作,其危险与不合时宜之状,跃然纸上。

在语言和意境方面,穆旦对于古体诗的借用,是他构成现代诗的背景和氛围,铺垫和反照,而古体诗的仿拟,其本身也是带有明显的讽刺意味的。这里仅取《五月》中的一首以窥全豹:

五月里来菜花香
布谷流连催人忙
万物滋长天明媚
浪子远游思家乡

然而,无论是借助《五月》说明中国诗歌旧体和新体的区别,还是企图由此进入穆旦诗歌基本特征的描写,都不能也不是从正面直接认同穆旦诗歌

创作的现代性质。关于穆旦诗歌的创作的现代性，著名诗人和诗论家袁可嘉先生认为，并不是中国20世纪30年代的著名诗人都是现代派的。就情诗而言，他认为：

> 徐志摩的情诗是浪漫派的，热烈而缠绵；卞之琳的情诗是象征派的，感情冲淡而外化，可意会而不可言传；穆旦的情诗是现代派的，它热情中多思辨，抽象中有肉感，有时还有冷酷的自嘲。（袁可嘉：《诗人穆旦的位置》，载《一个民族已经起来——怀念诗人翻译家穆旦》，江苏人民出版社，1987年，第14页）

他在分析了《诗八首》和《春》的片段之后，进一步认定了现代派诗歌的一些基本特征，可供我们参考：

> 这个精彩的诗段体现了现代派的许多特征：敏锐的知觉和玄学的思维，色彩和光影的交错，语言的清新，意象的奇特，特别是这一切的融合无间。（袁可嘉：《诗人穆旦的位置》，载《一个民族已经起来——怀念诗人翻译家穆旦》，江苏人民出版社，1987年，第15页）

事实上，要了解穆旦现代诗的语言特点，就要关注到整个现代诗区别于古体诗的审美特征。在这一方面，一个总体性的描述至少在一开始是十分必要的。它可以提供一个总体的印象，以便抓取一个基本的精神，作为认知的基点。

> 从艺术手法上看，现代主义诗歌擅用象征性、暗示性的意象和隐喻，思维有较大的跳跃性和非逻辑性，抒情方式迥异于现实主义诗歌的陈述式和浪漫主义诗歌的喷发式，倾向于智性化的、非个人化的抒情以及客观对应物的使用，叙事上使用虚实交错的手段、小说化笔法和戏剧性场景，力图包容离心的、异质性的艺术元素，结构上具有明显的张力，意象的非诗化和拼贴手法，乐此不疲地使用通感手法，强化反讽意识，擅长戏拟和悖论的修辞方式，言语机制追求陌生化的效果，由此造成意义的不确定性、含混性和歧义性。潜在于这类美学策略背后的，是一种"现代"的艺术思维和语言哲学，一种与传统诗歌成规的根本性断裂。（张松建：《现代诗的再出发：中国四十年代现代主义诗潮新探》，北京大学出版社，2009年，第99-100页）

在以上笼统的陈述之后，这里，我们将参考当时最有影响的现代派诗人(如穆旦)和诗论(如袁可嘉)中所强调的一些修辞特征,做一个具有分类性的特征列举,以便构成理解穆旦现代诗语言特点的知识背景和认知机制:

1. 口语化,欧化式,脱离传统诗词的套路,锻造一种硬朗而有弹性的诗歌语言,使其肉感中有抽象,情绪中有思辨,形成新的诗歌张力。例如《春》里的句子,奇崛,新鲜,直入主题,富于质感。

2. 悖论语言,反讽效果,运用隐喻,如"太阳","宣讲哲理",或矛盾修饰法,如"漆黑的阳光下","陌生的亲切","不情愿的情愿,不肯定的肯定"。这样达到简洁性的表达效果,而避免直接叙述,一览无余的肤浅化。

3. 散文化,与传统的诗歌语言相比,现代诗不追求精练的短句,也不锻造名句,而用松散迂回的长句,达到散文的写实感与大众喜欢的朴实感,例如穆旦《在寒冷的腊月的夜里》的铺陈风格,乡土气和本土画面,抵御传统诗歌的高雅化倾向。

4. 小说化与戏剧化效果,主要是角色分离和主体分裂,以及多重主题的混杂与众声喧哗。前者如《防空洞里的抒情诗》,后者如《神魔之争》。尤其是戏剧化,给诗人以社会历史做背景的机会,使诗人具有较大的活动空间和创作的自由度。

5. 现代诗的感觉与巨大的表现张力,例如理智与情感,历史与价值,自我与社会,传统与现代,本土经验与异域符号,新的诗歌观念与个人情感体验,语言风格与跨文体实验效果,等等。这些方面,通过机智与辨证,反讽与悖论,强调诗歌内在矛盾的彰显与统一,而不依赖外在的诗歌形式因素的表面支持。

6. 毋庸置疑,现代诗歌是由它的前身浪漫主义诗歌转化而来或脱胎而出的,因此,对于每一位具体的诗人来说,都有立场是否转换彻底与审美因素能否重新组合的问题。而对于穆旦来说,他从原本属于浪漫主义的"强烈的律动、宏大的节奏、欢快的调子"中,吸取审美个性因素,将其巧妙地组织入现代派诗歌的抒情结构中,产生了奇特的个人化的史诗般的感觉。

以下我们试图从穆旦诗歌的结构方式或抒情样式方面,来确定和探讨穆旦诗歌现代性的基本性质和特征。但主题正大,无论是时间和篇幅都限制了我们在此时此刻做全面而深入的讨论。假若可以认同一种基本的理念,即传统的中国诗的结构方式是空间性的,而现代的西方诗的结构方式是时间性的,那么,就可以为穆旦诗的结构性认识提供一个诗学认识基础。

先来做诗歌结构的空间结构和时间结构的概念性对比:

空间性结构（中国古典）	时间性结构（西方现代）
缘　起：混沌未开，返璞归真	一切皆流，万物常新
结　构：画面完整，自然勾连	语象变化，散射推演
情　思：物我感应，感性抒情	沉思冥想，知性抒情
线　索：回环婉转，环抱圆满	直线激进，无始无终
状　态：静态静观，中心边缘	动态运演，推波助澜
终　结：圆融划一，求美求稳	矛盾和谐，求真求变

　　把穆旦的新诗结构认为基本上是时间性的，就是使他既区别于中国传统诗歌，同时又区别于中国 20 世纪 30、40 年代的其他所谓"现代派"诗歌的。这一区别性特征的确立，就意味着我们要认识到：时间性的认识，就是要求诗歌成为延迟的艺术、隐藏的艺术、过程的艺术。在时间维度上，一切艺术莫不是一个过程，认知和体验的过程，也就是欣赏的过程。

　　例如，在《海恋》的时间意识里，我们能够从慌乱的空间的寻找中感觉到时间沉重而持久的压力（请注意最后一行的时间性标志"已"字的分量）：

　　　　蓝天之漫游者，海的恋人
　　　　给我们鱼，给我们水，给我们
　　　　燃起夜星的，疯狂的先导，
　　　　我们已为沉重的现实闭紧。
　　　　　　　　（《海恋》）

在《活下去》中可以找到一点时间观念语言宣布的痕迹：

　　　　希望，幻灭，希望，再活下去
　　　　在无尽的波涛的淹没中，
　　　　谁知道时间的沉重的呻吟就要坠落在
　　　　于诅咒里成形的
　　　　日光闪耀的岸沿上；
　　　　　　　　（《活下去》）

　　在这沉溺的苦海中而又幻想有日光闪耀的岸沿的可悲的境域中，诗人发出了一句令人百感交集而又一时难于尽悟的警示：

孩子们呀，请看黑夜中的我们正怎样孕育
难产的圣洁的感情。

(《活下去》)

从让抽象而模糊的"时间"降落在具象而坚实的"岸沿"上，再回到"黑暗"这一时间标志但又有空间化感觉的语象中，我们似乎可以看出，虽然在观念上可以做如何如何的确定，而在实际上，穆旦的诗歌结构，一定是时空交融的，而不可能只是时间一维的。这里的例证，可以在《被围者》一诗的整体结构中找到。

被围者是一个人群，是一样境遇，是一种心态。

然而，从结构方式上说，这首包含了两首诗的诗，在一开头，即第一首诗的开端处，首先是时间和地点的模糊、怀疑、泛化、消解。

先是时间。而时间和地点又经常混着询问和感受："这是什么地方？时间/每一秒白热而不能等待，/堕下来成了你不要的形状。/……我们终于看见/过去的都已来就范，所有的暂时/相结起来是这平庸的永远。//呵，这是什么地方？不是少年/给我们预言的，也不是老年/在我们这样容忍又容忍以后，/就能采撷的果园。"

到第二首诗才转而谈论地点。而地点又是线条，以路的回归和圆的封闭来象征的："看，青色的路从这里引出/而又回归。那自由广大的面积，/风的横扫，海的跳跃，旋转着/我们的神智：一切的行程/都不过落在这敌意的地方。/在这渺小的一点上：……//一个圆，多少年的人工，/我们的绝望将使它完整。"

这里的时间和空间的交融状态，构成两节诗的思路和脉络。它避免了西方现代派诗歌中的抽象时间玄思的堆积（如艾略特《四个四重奏》第一首《烧毁的诺顿》的第一节），也不像中国现代派诗歌中把流动的时间历史化的感叹（如卞之琳《距离的组织》），而是穆旦式的象征与思考，叙事与抒情的有机结合。

就《被围者》而言，在时间中重点写包围圈的形成和突围，而在空间中重点写包围圈的毁坏或消解。突围是虚拟的，实际上仍然在写包围圈的形成：

……
终于成形。如果我们能冲出，
勇士呵，如果有形竟能无形，
别让我们拖进在这里相见！

(《被围者》)

在空间中写毁坏,则是号召,实际上写出了包围圈(怪圈)毁坏之不可能:

> 毁坏它,朋友!让我们自己
> 就是它的残缺,比平庸更坏:
> 《被围者》

可见,被围者乃是一种文化。它的消亡,是旧我的消灭和新我的诞生。既是个体的,又是民族的旧我与新我的交替和升迁,以至于消亡。

穆旦的诗耐久,正是因为他写了文化心态,不仅是那个时代的文化心态,而且是整个民族的文化心态,尤其是后者,使他的诗经久耐读。

就此而论,穆旦在我国新诗创作上的最大贡献,在我看来,就是塑造了"被围者"形象,使得中国现代诗歌史上与"倦行者"和"寻梦人"三足鼎立的格局得以形成。"被围者"是一个人群,他真实地记录了抗日战争中的中国孤立无援的状态,以及急于突围得救的生存意识与消沉涣散的民族存在状态。"被围者"是一个自我,他生动地写出了中国知识分子处于强大的社会和文化传统的包围中而不得出的狂躁心态和沉沦过程。"被围者"是一种文化,他不写实体也不写关系,而是写一种个体群体在时间和空间化一的旋转和沉没的惯性中肉体无法自救灵魂无法拯救的悲惨处境和悲剧氛围。在这个意义上,诗人穆旦获得了巨大的成功。他的"被围者",较之"倦行者"和"寻梦人"深刻得多,普遍得多。作为智慧型诗人,即使一生未能杀出重围,也很少流露出倦行的老态和寻梦的幻灭,倒是显示了一贯的荒原意识。这是诗人穆旦一生新诗创作能保持形上高度和独立品位的文化心理动力学上的基本定位所使然,也是至今读他的诗仍然使人能在强烈的冲击和震撼之余感到"丰富和丰富的痛苦"的文化心理内涵的奥秘所在。

关于穆旦新诗的语言艺术风格,谢冕教授有一段十分中肯的描绘:

> 但穆旦更大的辉煌却表现在他的艺术精神上。他在整个创作趋向于整齐一律的规格化的进程中,以奇兀的姿态屹立在诗的地平线上。他创造了仅仅属于他自己的诗歌语言:他把充满血性的现实感受提炼、升华而为闪耀着理性光芒的睿智;他的让人感到陌生的独特意象的创造极大地拓宽和丰富了中国现代诗的内涵和表现力;他使疲软而程式化的语言在他的魔法般的驱遣下变得内敛、富有质感的男性的刚健;最

重要的是,他诗中的现代精神与极丰富的中国内容有着完好的结合,他让人看到的不是所谓"纯粹"的技巧的炫示,而是给中国的历史重负和现实纠结以现代性的观照,从而使传统中国式的痛苦和现代人类的尴尬处境获得了心理、情感和艺术表现上的均衡和共通。(谢冕:《一颗星亮在天边——纪念穆旦》,见《穆旦诗全集》,李方编,中国文学出版社,2006年,第22-23页)

不过,这样的总体评价需要展开和细化,需要说明和例证。
概括说来,穆旦的诗歌语言具有下列几对特征:
(一)角色语言的口语化与抒情主体的书写性
作为知识分子写作,穆旦所用的抒情语言是现代的和文雅的书面语体,这使得他的诗时常有一种哲学家的思考的性质。一般说来,穆旦的思绪是沉闷的,语言是晦涩的,但未必总是如此,间或也有像音乐家的歌唱般的激情,甚至有些美声歌唱的华贵和流畅。

> O 飞奔呵,旋转的星球,
> 叫光明流洗你苦痛的心胸,
> 叫远古在你的轮下片片飞扬,
> 像大旗飘进宇宙的洪荒,
> 看怎样的勇敢,虔敬,坚忍,
> 辟出了华夏辽阔的神州。
>
> (《合唱二章》)

善于模仿各种人物或社会角色的语言,是穆旦诗歌魅力的一个来源。在一些带有叙事性或对话性的言说中,他总是能够借助小说中所使用的各种口语——农民的、市侩的、军人的、知识阶层的等——同时也是借助戏剧化效果,表现不同的情绪和思想,以及诗人的厌恶或喜好态度:

> 谁知道农夫把什么种子洒在这土里?
> 我正在高楼上睡觉,一个说,我在洗澡。
> 你想最近的市价会有变动吗?府上是?
> 哦哦,改日一定拜访,我最近很忙。
>
> (《防空洞里的抒情诗》)

严格说来,口语的使用,并不影响诗歌的严肃性和表达的准确性。多变的语气和角度,反而有助于形成异常丰富的表现力和穆旦式的生动、活泼及书卷气的生活化倾向。有论者认为:

> 穆旦成熟的现代主义诗保持了早期诗的阔大与雄浑,将飘扬的部分削去,更为沉重蕴藉,甚至扭缠,直到晦涩,诗语繁复多变,诗情内化,凝聚为金属的姿态。(张同道:《带电的肉体与搏斗的灵魂:穆旦》,载《丰富与丰富的痛苦》,杜运燮等编,北京师范大学出版社,1997年,第87页)

(二)外来语词的吸纳和中文语言的提炼

穆旦对于外来语言的敏感和他对于中文语言的敏感一样,虽然他并不着意去借鉴所谓古典诗词的语言。敏感产生艺术的鲜明,和一种单刀直入的直接感,而不像有些诗人绕来绕去,或者根本不着边际。据王佐良先生的说法,穆旦的诗歌有肉体感,直刺读者的感官。

> 勃朗宁,毛瑟,三号手提式,
> 或是爆进人肉去的左轮,
> 它们能给我绝望后的快乐,
> 对着漆黑的枪口,你就会看见
> 从历史的扭转的弹道里,
> 我是得到了二次的诞生。
>
> 　　　　《五月》

在句法上,与在用词上相类似,穆旦的语言,是新奇而规范的。例如,限定词语、倒装结构和连接词的频繁使用,造成了现代的外文标准的语言风格。这使得他的诗歌有时候像是翻译的,而外文的翻译可能也就来得容易些。

> 一切向你挑战的从此可以歇手,
> 从此你是无害的名字,全世界都纪念
> 用流畅的演说,和遗忘你的行动。
>
> 　　　　《甘地之死》

抽象词语——名词和动词——的使用,感叹句式与陈述语气的混合,使得穆旦诗歌的语言陌生而费解,常常有哲理暗藏其中,或者有生硬的强调也未可知。

> 相同和相同溶为怠倦,
> 在差别间又凝固着陌生;
> 是一条多么危险的窄路里,
> 我制造自己在那上面旅行。
> （《诗八首》）

在新诗形成的过程中,借鉴外国诗的写法和意象都是常有的事。即便穆旦的借鉴一般是融化在创作之中的,但在有些时候可以看出来一丝痕迹。请比较穆旦《听说我老了》的第一节和叶芝《驶向拜占庭》的第二节,其中"衣衫"和"老年"的比喻关系就是一种借鉴:

> 我穿着一件破衣衫出门,
> 这么丑,我看着都觉得好笑,
> 因为我原有许多好的衣衫,
> 都已让它在岁月里烂掉。
> （《听说我老了》）

> 老人是无用的东西一件,
> 一件挂在竿子上的破衣衫,
> 除非他的灵魂能放声高歌,
> 高歌破衣下血肉之躯的腐烂。
> （《驶向拜占庭》）

但这并不是说穆旦不注重汉语本身,其实他不仅关注现代汉语,而且关注古汉语的表现,例如动词的活用。他的诗中有些奇特的说法,其实并不是受外语的影响这一个来源,汉语本身的变化对于穆旦诗风的形成同等重要。但穆旦从来不使用中国古典诗词中的现成意象——除了某种特殊的讽刺效果。

（三）多变的节奏感与雄浑博大的意象性

节奏感在不主张押韵的现代诗歌中有其特殊的地位,虽然散文化也是构成现代诗歌的语言特点之一。穆旦诗歌的节奏是异常复杂而多变的,适应了不同的表达需要和审美感受。一般说来,穆旦善于运用长句和沉重的步履来营造艰难的行进和苦难的氛围。例如,《在寒冷的腊月的夜里》,穆旦为我们展示了一幅20世纪40年代中国北方农村的冬夜图,其用语言描绘现实生活的技法之高超,不亚于国画大师之精于笔墨。而其思想之深刻,融于基调之沉稳,又非绘画所可比拟。

现代诗歌艺术一个引人注目的特点,就是散文化。散文化是现代新诗违背传统的一种尝试,以散文的也就是"非诗意的"语言构思行文,运用日常生活语言或散文写作的长句子、长段落和迟缓节奏与推进速度,形成凝滞厚重的文体风格。这种写法,特别适合于描写中国北方农村的冬夜。

> 在寒冷的腊月的夜里,风扫着北方的平原,
> 北方的田野是枯干的,大麦和谷子已经推进了村庄,
> 岁月尽竭了,牲口憩息了,村外的小河冻结了,
> 在古老的路上,在田野的纵横里闪着一盏灯光,
> 　　　　　　　　　　　　　　（《在寒冷的腊月的夜里》）

一幅厚重的多皱纹的脸,在这样的背景中出现,他在想什么?他在做什么?一种亲切而非疏远,理解而非嫌弃的抒情基调油然而生,纯真而自然,且富于诗意,一种真诚而非造作的诗意,或者说一种并非故意造出的意象,充溢在一个寒冷的腊月的夜里,显得阔大而沉雄。

然而,更加深入而深刻的,是一个民族在酣睡——那更是一个诗歌意象和一种精神象征。

> ……我们在泥草的屋顶下安眠,
> 谁家的儿郎吓哭了,哇——呜——呜——从屋顶传过屋顶,
> 他就要长大了渐渐和我们一样地躺下,一样地打鼾,
> 　　　　　　　　　　　　　　（《在寒冷的腊月的夜里》）

穆旦诗歌的意象,显然不仅仅是中国的,也有许多是外国的。由于他拒绝接受中国古典诗词的现成的陈旧的意象,认为它们"太陈旧,太光滑",加之五四以来的新诗,虽然在形式上追求革新而在意象上许多仍然是陈旧的,穆旦就不得不借助西方诗歌中的意象;在找不到现成诗歌意象的时候,他就必须从个人对于生活的观察中选找合适的意象,然后入诗。至于穆旦诗歌的意象,到底是中国的多还是西方的多,至今仍然是一个值得研究的问题。

张同道的观点,可备一说:

> 他的意象符号和表达方式常常是西方的,如上帝、主、子宫和一些西诗常见的意象以及抽象意象,如生长、理智、死亡、诞生之类,并且在早期作品中坚持以O替代噢、啊,他诗句的欧化特征是普遍的……(张同道:《带电的肉体与搏斗的灵魂》,载《丰富和丰富的痛苦》,杜运燮等编,北京师范大学出版社,1997年,第89-90页)

当然,不同的意象与不同的节奏相联系,又通向不同的情绪和意境。例如,假如四平八稳和四步舞曲相类似的话,那么在常见的四行一节的结构中(例如《诗八首》《智慧之歌》),读者往往可以看到稳定和从容的步履,而在类似于三步曲的三行诗节中(例如《旗》《还原作用》),则有活泼和讥讽的效果。

下面的诗节,靠了行内节奏的变换,表现的是欢快而跳跃的节奏和自信的流露:

> 当黄河,扬子,珠江终于憩息,
> 多少欢欣,忧郁,澎湃的乐声,
> 随着红的,绿的,天蓝色的水,
> 向远方的山谷,森林,荒漠里消溶。
> ……
> 当人们痛哭,死难,睡进你们的胸怀,
> 摇曳,摇曳,化入无穷的年代,
> 他们的精灵,O你们坚贞的爱!
>
> (《合唱二章》)

唉!这样会给人一种错觉,似乎穆旦的诗是无韵的。其实不然,不少诗篇在穆旦那里是有韵的,只不过在现代诗的格局里,韵脚的设置不同于传统的格律诗那样明显、那样严格罢了。

例如,在《寄》这首爱情诗里,韵律显然是为内容服务的。因而在韵律的运用上,诗人也就不拘一格。以下给出三节诗的韵脚(相同的韵脚用相同的字体或标记):

1. 上,膀,空,午,声
2. 南,原,风,止,唤

3. 前,烟,远,顶,扬

细心的读者不难发现,在第二、三两节几乎是通韵(an)的最后,来了一个大大的破格,突然改为扬(ang)韵,使得在前两节比较平稳的原唤前烟远(an)诸韵之后,一下子明朗起来,乐观起来了。但这一破格又是有根据的,有目的的。仔细考究起来,可发现最后一个破格扬(ang)与第一节的上、膀(ang)和空、声及最后一节的前一个字顶(ing)两韵,构成了遥相呼应的格局,又极妙地暗示了思念的主题,实现了整首诗在音乐感和意义上的统一。

(四)扭曲偏离的语言与巨大的诗歌张力

总的说来,穆旦的诗歌是高雅的,然而穆旦的主题是深刻的,基调是沉痛的,即便在描写青春的时候。一个最基本的事实是,穆旦常常借助非凡的和非常规的语言,建构诗的意趣和似非而是的哲理:

> 蓝天下,为永远的谜迷惑着的
> 是我们二十岁的紧闭的肉体,
> 一如那泥土做成的鸟的歌,
> 你们被点燃,却无处归依。
>
> 《春》

往往,不合常理的搭配,并不是要造成如上的所谓"诗意",而是诗歌本身——荒谬得像生活本身一样。例如《出发》这首诗,一开始就把读者带入一个逻辑的矛盾和扭曲的现实里,迫使你去思考和感受:

> 告诉我们和平又必需杀戮,
> 而那可厌的我们先得去欢喜。
> 知道了"人"不够,我们再学习
> 踩踹它的方法,排成机械的阵式,
> 智力体力蠕动着像一群野兽,
> ……
> 在犬牙的甬道中让我们反复
> 行进,让我们相信你句句的紊乱
> 是一个真理。而我们是皈依的,

你给我们丰富,和丰富的痛苦。

(《出发》)

这种"丰富,和丰富的痛苦",正是语言逻辑上的错位和谬误可能造成的复杂体验。例如,和平与杀戮,可厌与欢喜,智力与体力,这些对立词语的并置,在丰富而痛苦的两个极限之间构成巨大的张力,在突然改变方向的思绪运作中(例如,表转折的词"而"和表递进的词"再"),也就是情感和理想被扭曲的幅度,乃是穆旦式现代诗歌的基本特点和动力之一。

同样是九叶诗人的郑敏,在分析穆旦整首诗歌的语言特点时,运用了一种特殊的语法结构,可以佐证这样的矛盾效果。其基本内容如下:

主语:矛盾着的几股力量
+
谓语:矛盾的行动,即各力量间的冲突与亲和
+
宾语及补语:即行动的结果和矛盾解决及对诗中人物的影响
(郑敏:《诗人与矛盾》,载《一个民族已经起来——怀念诗人翻译家穆旦》,江苏人民出版社,1987年,第30页)

郑敏认为,穆旦诗歌语言的荒谬特色和诗人紧张心灵的关系是相吻合的,也就是说,这里存在着某种必然的联系。说白了,就是一种诗歌的张力。她还说了这样一段话:

没有理由要求一个为痛苦痉挛的心灵,一个包容着火山预震的思维和心态,在语言中却化成欢唱、流畅的小溪,穆旦的语言只能是诗人界临疯狂边缘的强烈的痛苦、热情的化身。它扭曲,多节,内涵几乎要突破文字,满载到几乎超载,然而这正是艺术的协调。(郑敏:《诗人与矛盾》,载《一个民族已经起来——怀念诗人翻译家穆旦》,江苏人民出版社,1987年,第33页)

另一位女诗人陈敬容也有类似的感觉,但写得更为形象逼真些罢了。

穆旦的诗比较强烈,突出,读他的诗往往使人顿时感到紧迫,仿佛有一种什么力量压缩在字里行间,把你吸住。(默弓:《真诚的声音——略论郑敏、穆旦、杜运燮》,载《诗创造》第1卷第12辑,1948年6月,第30页)

(五)多声部的合奏与多线索的交替演进

如同音乐和绘画一样,诗歌中除了二元对立的矛盾设置之外,也包含多种因素的并置和彼此之间的冲突,构成一种多色彩交织的画面或多声部混合的合唱效果。在浑然一体的体验中,你会感到一个最简单的起点,那就是诗歌语言中指代关系的含混不清。例如《自然底梦》中的几个"我",究竟指什么?

> 我曾经迷误在自然底梦中,
> 我底身体由白云和花草做成,
> 我是吹过林木的叹息,早晨底颜色,
> 当太阳染给我刹那的年轻,
> 　　　　　　(《自然底梦》)

其实,指代关系的不清,恰好说明了视点的游移,和由此造成的虚幻感(诗意的含混?)。如果说在自然中,诗人有了自然的身体形状,如白云,如野花,如林木,如晨曦,那他必然已经和自然化为一体,成为自然的一部分,或叹息,或欢愉。这种物我化一的忘我境界,当然是人生难求的,其美妙是难以语言描述的。可是,不久,

> 美丽的呓语把它自己说醒,
> 而将我暴露在密密的人群中,
> 我知道它醒了正无端地哭泣,
> 鸟底歌,水底歌,正绵绵地回忆,
> 　　　　　　(《自然底梦》)

虽然从自然中醒来,感觉到回到现实的无奈,可是诗人仍然把这苏醒时刻写得哀婉动人,无比缠绵。让飞鸟和流水,唱出忧伤的歌,在回忆的缠绵中,对人表示依恋。尽管那"无端地哭泣"和"绵绵地回忆",都有一定的不可理解或者至少是不可言说的意思。

以上是一种把事物的现实关系捣乱和把主题意象写得含混的诗。

在考虑别的诗歌类型和写法的时候,一个明显的结构概念就会冒出来,和主题相互作用,和诗歌的肌理相辅相成。这样,在考虑到一首诗的主题、结构和戏剧化作用这三个层面的问题时,我们就有可能通过一个比较具体的结构分析,来说明穆旦诗歌何以是多重的多线索的而不是单一的或单调的。在这一种考虑之下,我们理所当然地选择了《诗八首》这一穆旦最具代

表性的作品。

诗人郑敏曾经做过类似的研究,并产生了下面的认识:

诗永远是一个磁力场,各条磁线从那里出发,诗之所以是有生命的,因为它的各条力线不断的在与其他的力起作用,并同时放出能量,它的能量在读者心态上引起反响。这样形成了读者与诗之间的对话。诗的结构层次愈多,对话也愈丰富。有的诗给我们送来交响乐,有的是奏鸣曲,当然也有独奏。一首这种没有声音的音乐是需要知音者专注地聆听的。"诗八首"由于它的三股力量的交织,穿梭,呼应,冲击,使我觉得像听一首三重奏。(郑敏:《诗人与矛盾》,载《一个民族已经起来——怀念诗人翻译家穆旦》,江苏人民出版社,1987年,第38-39页)

我们不能完全同意她的具体的分析和分类,以及各个项目的归属,但我们参考了她的框架和思路,制作出一个新的图示如下:

主题:爱情(本体象征:巨树,老根,赐生,火灾)

矛盾:生与死,承诺与幻灭

角色:我(点燃,哭泣,变灰,新生,惊喜,变更,旅行)

你(眼睛,看见,疯狂,理智,殿堂,美丽,生长)

上帝(我底主,暗笑,嘲弄,那移动了景物的,他?)

可是我们还要做一些说明:

1. 在角色你和我之间,有些共同的东西,例如变形的生命、树叶;

2. 在上帝与你我之间,存在着一个自然。不能把你我之外的一切完全归于上帝,上帝不能承担的那一部分也需要归于自然。自然有功能的显示,例如,那移动了景物的,那形成了树木和屹立的岩石的。这里的自然有三义:

(1)人的生长的根源和生命的本能过程,例如水流、小野兽;

(2)形成爱情经历的自然而然的过程或原因,例如季候、阳光;

(3)构成爱情背景和场景的东西,例如黑暗、草场。

关于爱情:

这里的爱情是以生命为其大限,大限之外或之后爱情只能是象征性的存在(所谓的巨树常青)。

爱情体现为一种人际关系,而关系的发展和演变具有存在主义的人生意义和人的存在所局限的命运感(所谓的我们)。

这里的爱情不具有个人的偶然性,而是一种普遍必然性的哲理诗。

关于矛盾:

1. 作为生命的一部分,这里的矛盾不应理解为只是个人之间的矛盾,或爱情的误解所致。

2. 故而这里的承诺,无论他们幸福与否,不具有个人道德的和责任的意义,幻灭也是如此。

3. 就价值而言,自然的过程完全是中性的,上帝似乎"参与"其事。但他(他者?)能负责吗?

对于这样一位卓越的诗人的诗作,要进行解读和翻译又谈何容易?何况诗,作为语言文字的艺术作品,本来就是诗无达诂而又不可尽解的。于是,我们只能在极为有限的范围内,根据每一首诗的具体情况,从总体上或者在局部上给予必要的文字层面的疏通和意象上的解释,以及主题上的探索和诗路上的说明。之所以要做此明知不可为而为之的事情,就是因为穆旦的作品有相当的难度和深度,与现在的青年读者又有了一定的距离,无非是想通过这种方式起一点"解"读的作用。好在个别的诗作,例如《诗八首》,已经有了郑敏、孙玉石等教授的解读可做参考,但见仁见智和发表的篇幅的要求不同,面貌和识见自然也就各有不同了。归根结底,赏析或解析毕竟只能提供参考,而读者的阅读欣赏才是诗作的最终裁判和艺术过程的最终完成。

至于穆旦诗的英文翻译,一如拙作《穆旦诗英译与解析》一样,至少有助于了解穆旦诗的语言特点。虽然其目的是多方面的:主要是为了有助于向外的流传,使更多的英语世界的读者能够借助译文了解这位杰出诗人的作品的概貌,或者也可以为懂英文的中国读者提供一些英汉汉英翻译比较的机会和材料。若说到要完全传达原作的精神和韵味,甚至要达到"信达雅"的高标准,实在是很难。总体而言,穆旦诗的译者在该书前言中讲了自己的三点体会和做法:

第一,穆旦的诗借鉴中国古典诗词的语言很少,而受到外国现代诗歌写法影响的地方很多,而且是用纯粹的现代汉语所写,因此,与英语在词组和句子水平上比较契合,这是译文基本上采取直译法的比较语言学的根据。

第二,穆旦的诗虽然分节,但是句子往往很长,节与节之间有时很连贯,有时甚至整首诗就是一个句子,因此造成连贯多于间断的特点,使得翻译时很难用标点,尤其是用句点断开。译者在翻译时的处理方法是:只要不影响层次划分或语义明晰,宁可保持这种连贯而不强行分开。

第三,在意象组合和时空调度上,诗歌的意义布置和心理接受的前后顺序具有关键性的作用,因此,译文尽量尊重原诗的分行分节和语序安排,除非有绝对理由,一般不做较大幅度的语序调整,即便忍受不太通顺和转折突兀也在所不惜,因为这是新诗的特点之一。至于这样翻译的效果如何,尚有待于读者尤其是外语读者评价和批评。

(王宏印:《穆旦诗英译与解析》,河北教育出版社,2004年,"前言"第 5-6 页)

第二章　新诗创作研究(二)

穆旦的诗作拥有虔诚的读者,但其本身显得十分艰涩难懂。为了进一步深入研究穆旦诗歌的思想内容,我们需要在前一章侧重时代背景和艺术分析的基础上,深入到穆旦诗歌的主题里去,同时,在主题分析的过程中进一步加深对穆旦诗歌以及现代派诗歌的理解。另一方面,我们也需要在主题研究的基础上,进一步探讨一下穆旦诗歌创作的演变趋势和动机的转移,假若认为一个诗人几十年的创作过程是不可能没有任何实质性的变化的话。当然,以上两个方面都是时代精神、社会环境与个人因素互动过程在其作用,不过这样的区分只具有相对的研究价值而已。

第一节　主题研究:扩充与关联

简而言之,将诗人创作中的体验按主题分类,就得到了诗歌的主题,而按素材分类则得到题材,按诗歌形式分类,则得到体裁了。主题研究是一种新型的有效的文学研究模式,也是当下诗歌研究的有益尝试。因为诗歌主题不仅涵盖一个人的全部生活经验及其情感体验的分类,而且表现诗人以诗歌形式组织经验的范畴和类属,因此可以看出诗人创作的深度和广度。

若就诗歌作品包含的主题本身而言,穆旦的诗歌创作显然是广博而深厚的。我们可以把穆旦的全部诗作归结为十大类别,而这些类别中主题的形成和发展,以及各类别之间相互的交叉和影响关系,就构成穆旦诗作的整体风貌。让我们先看以下开列的单子,括号里是典型的诗歌例证(同名诗歌后附有写作年代,以示区别):

1. 劳苦大众(如《更夫》《报贩》《洗衣妇》);
2. 民族命运(如《野兽》《合唱二章》《赞美》《控诉》《饥饿的中国》);
3. 战争思考(如《出发》《奉献》《森林之魅》《活下去》);

4. 浪漫爱情(如《诗八首》《一个战士需要温柔的时候》);
5. 自我追寻(如《自己》《我》《听说我老了》《问》);
6. 自然景色(如《云》《海恋》《自然底梦》);
7. 精神信仰(如《祈神二章》《隐现》);
8. 文明反思(如《诗四首》《良心颂》《暴力》《牺牲》《胜利》);
9. 理念世界(《理想》《友谊》《爱情》《城市的街心》《理智与情感》)
10. 诗歌艺术 (如《诗》1948,《诗》1976)。

以下分门别类,举例说明,概要叙述之。

一、劳苦大众

劳苦大众的主题,是穆旦最早的诗歌创作主题之一,也是九叶诗人诗歌创作的主题之一,同时也是当时中国社会上最大最明显的问题之一。郑敏写过人力车夫、清道夫、小漆匠,唐祈写过老妓女、挖煤工人,袁可嘉写过难民。即便从现实主义角度来看,这个主题也是十分需要的。20世纪80年代初,有人专门写评论肯定了"九叶"诗人和穆旦在这一主题上的深度。

"九叶"的作者对祖国、对民族、对人民有着深沉的爱。这里可以以穆旦的诗为例。……他的一些诗在描写勤劳困苦、世代负荷着重压的劳动人民时所倾注的爱,常常显出爱得痛苦之情。这种痛苦正是爱得深挚的结果。……当然,穆旦也不是一味以沉重的笔来写他的爱。《赞美》一诗就流露着抑制不住欢跃之情。(严迪昌:《他们歌吟在光明与黑暗交替时——评〈九叶集〉》,载《文学评论》1981年第6期,转引自《一个民族已经起来——怀念诗人翻译家穆旦》,江苏人民出版社,1987年,第126页)

穆旦发表的最早的一首诗,就是《流浪人》。那开头的第一个字"饿",不仅具有时代关键词的提醒作用,而且关系到人民的生存状况和苦难的真实描写:

饿——
我底好友,
它老是缠着我
在这流浪的街头。

(《流浪人》)

1934年写下的又一首诗是《一个老木匠》。发表在《南开高中生》上的这首诗,笔触虽然幼稚,在结尾处,却已经有了一些现象之外的气氛的渲染:

> 从街头处吹过一阵严肃的夜风
> 卷起沙土。但却不曾摇曳过
> 那门板隙中透出来的微弱的烛影。
> 　　　　　(《一个老木匠》)

相比之下,1936年的《更夫》无论在意象的完整性和艺术的表现上来说都要成熟得多。

你看,古老的中国,古老的夜色。夜色里一个古老的身影在闪烁。一盏煤油风灯,摇曳着一张深沉的脸。"像山野里的幽灵",闪烁在喧嚣不再的大街小巷之间。一声声梆子,一声声呼喊,惊醒沉睡中的人们,出于彷徨和惶恐和睡意绵绵。犬吠声声,回应着沙哑的呼唤;寒风阵阵,独与这孤独的灵魂做伴。无尽的路,无尽的期盼,盼望一个新的黎明,于鸡鸣时分,升起在东方遥远的天边。

《更夫》是穆旦早期较成熟作品,经过南开中学的准备,写于清华求学时期的1936年11月,刊载在《清华周刊》第45卷第4期上,是第一首以笔名"慕(穆)旦"署名的诗作。尽管如此,单个意象的丰富和深刻,象征手法运用的纯熟,以及英美现代派诗歌创作的影响,在这首早期诗作中都已经隐约可见。关注生活,同情贫穷,是这位热血青年的本质特征。

尽管以后写了《野兽》这样的重要诗篇,但在穆旦的创作欲望里,似乎并没有停止劳苦大众的创作主题。直到1941年,他还写了《洗衣妇》《报贩》这样关注民间疾苦的诗篇,但写作的深度却是大大地加强了,视野也是大大地扩充了。

> 一天又一天,你坐在这里,
> 重复着,你的工作终于
> 枉然,因为人们自己
> 是脏污的,分泌的奴隶!
> 　　　　　(《洗衣妇》)

一个洗衣妇的形象,在重复的劳动和重复的诗句中活现出来,同时一个肮脏的世界的形象,也在无意间揭示出来了。更有甚者,一种荒唐的逻辑,也给挑明了:如此不合情理的循环,世界何日才得干净?

在《报贩》里,诗人说报贩是乞丐、信差、宣传家。他们的工作、斛斗、争吵、期待,只是"把'昨天'写来的公文/放到'今天'的生命里,燃烧,变灰"。在这里,表现出了穆旦式的幽默和深刻。早餐时分的新闻,让我们的心沉重,因为要"承受世界踏来的脚步"。然而人们并没有觉醒,却又忙着去沉睡,直到报童们"喊出来让我们吃惊"。毕竟吃惊终究不过是吃惊,吃惊完了也许就是传闻、闲谈,然后,就淡忘个干净。可见,这讽刺的笔触已不仅仅在报贩,在新闻,而是在社会和人生了。

这就是穆旦关于苦难大众的主题深度。

谢冕教授对此有一番中肯的评论:

> 三、四十年代的中国,众多的苦难涌向充填社会的每一个角落。普通的中国人,从农工劳苦者、士兵到知识阶层无不承受着巨大的实际的和精神的压力,他们的心灵深处都装满了关于苦难的诸多具体的图像,顺从潮流的诗人,轻易地把这些图像组装成他们的诗句。但穆旦不同,他显然仅仅把这看成是切入的初步。穆旦的努力始终在于通过这些丰富的事实进入关于整个民族生命存在的久远的话题:他的诗句穿透大地的表层穿透历史的沉积,他展现在人们感到陌生的浩瀚的精神空间。(谢冕:《一颗星亮在天边——纪念穆旦》,载《丰富和丰富的痛苦》,北京师范大学出版社,1992年,第12-13页)

显然,历史和精神都不是个人的,而是全民族的,于是,穆旦的关注点,由个体的、职业的、性别的,转向了群体的、大众的、普遍的。

《漫漫长夜》,穆旦道出了战争带给人民的苦难。

> 但是我的孩子们战争去了,
> (我的可爱的孩子们茹着苦辛,
> 他们去杀死那吃人的海盗。)
> 　　　　　(《漫漫长夜》)

在《不幸的人们》中,穆旦更是表现出异常的诗歌才能和深切的人文关怀。本来,热爱生命,哀其不幸,是诗人的天职。而对不幸的理解,古今中外,则有深浅之分,即便诗人总是站在人民一边。相比之下,穆旦的哀怜不幸的人们,却具有三个明显的特点:一是内视角,一是神的高度,一是历史感。

内视角就是诗人作为人民的一分子切身感受上下求索,而不是站在人群之外边旁观边指手划脚。神的高度是为了遍览人的世界和人类命运,追索无限的根源,而不是只摆现象而不问根底。历史感,就是考察社会的演变轨迹和今日苦难的类型,有不同于过去的,也有始终如一的。当然诗歌不是论文,不可能是直接的理性的发问或回答,而是借助形象和想象,艺术地展开诗人的怒其不争、哀其不幸的思绪的。

不难发现,一节诗就可以看出三个因素的混合体:

> 我常常想念不幸的人们,
> 如同暗室的囚徒窥伺着光明,
> 自从命运和神祇失去了主宰,
> 我们更痛地抚摸着我们的伤痕,
> 在遥远的古代里有野蛮的战争,
> 有春闺的怨女和自溺的诗人,
> 是谁的安排荒诞到让我们讽笑,
> 笑过了千年,千年中更大的不幸。
> 　　　　　《不幸的人们》

也许,在神的"统一"下,始可以言说"我们共同的天国忍受着割分",一处有"温暖",另一处就会有"憎恨",而爱的世界却始终未见(在这里,历史的向善论和目的论,就显得幼稚而天真了)。当然,哭泣、忏悔,以"仿佛人类就是愚蠢加上愚蠢"来质疑人世,也就同时否定了天国,即便人的学习包含了祈祷和忏悔。

在其后的更加著名的《控诉》里,个体的意义几乎是普遍的了:

> 一个平凡的人,里面蕴藏着
> 无数的暗杀,无数的诞生。
> 　　　　《控诉》

顾名思义,与《控诉》相反的是《赞美》。《赞美》不是一般的诗,而是史诗般的雄健浑厚的诗,一如杜甫的《三吏》《三别》。面对祖国的壮丽山河,那深沉的雄健的诗人的胸膛的起伏和心脏的搏动,伴随着那铿锵之间有力的诗歌的起伏和跳跃,就是隐藏在这辽阔而神秘的国土里,闪烁在春天和秋天走过的日子里的。正是,也只有在这样的氛围里,诗人作为觉悟了的知识分子才能够与整个民族及其代表劳苦人民同呼吸共命运,因而在诗人的笔下,他,一个农夫,代表了苦难的大众,也就是民族形象与命运的化身了:

> 一个农夫,他粗糙的身躯移动在田野中,
> 他是一个女人的孩子,许多孩子的父亲,
> 多少朝代在他的身边升起又降落了
> 而把希望和失望压在他身上,
> 而他永远无言地跟在犁后旋转,
> 翻起同样的泥土溶解过他祖先的,
> 是同样的受难的形象凝固在路旁。
>
> 　　　　　　　(《赞美》)

这是一个了不起的形象,这是穆旦创造的独一无二的中国式的诗歌形象。为了这样一个人,一种形象,一样生活,一种命运,诗人要痛哭,要以带血的手拥抱他,并一一拥抱一切"在耻辱里生活的人民","因为一个民族已经起来"。

尽管如此,假若我们不顾及一个更加巨大的整体形象的另一面,那么,这一农夫形象虽然伟大,却仍然是不完整的。这里还有一个老妇的形象(连同孩子和泥土),和老农的形象(走去了而不回头的背影)相对应,构成一个完整的中国人雕塑的另一面:

> 一个老妇期待着孩子,许多孩子期待着
> 饥饿,而又在饥饿里忍耐,
> 在路旁仍是那聚集着黑暗的茅屋,
> 一样的是不可知的恐惧,一样的是
> 大自然中那侵蚀着生活的泥土,
> 而他走去了从不回头诅咒。
>
> 　　　　　　　(《赞美》)

于是,我们在《赞美》接近尾声时,终于看到了诗人,或者那个形象,即便是在半个世纪之后的今天,如同他在中国历史上一样,一样地给我们留下了不可磨灭的印象:

> 当我走过,站在路上踟蹰,

> 我踟蹰着为了多年耻辱的历史
> 仍在这广大的山河中等待，
> 等待着，我们无言的痛苦是太多了，
> 然而一个民族已经起来，
> 然而一个民族已经起来。
>
> 　　　　　　　　《赞美》

1949年10月，即八年之后，新中国的领袖在天安门城楼上终于宣布："中国人民从此站起来了！"在这鼓舞人心的宣告中，我们，如果真的了解那段历史，了解中国的过去和那场变革的意义，就会在其中听到年轻的诗人在《赞美》诗章中那反复终结的预言般的声音：

> 一个民族已经起来。

我们因此而有理由认为，在中国现代史上，一如在中国文学史上一样，《赞美》不仅是一个高峰，而且是一个宣言。

二、民族命运

在关注劳苦大众以至于关注民族命运的穆旦那里，诗人从个人进入历史的路子，实际上有两条。一条就是由劳苦大众的具体形象的描绘升华为整个中华民族的形象性的创造，另外一条，却是从自身作为知识分子的责任和阶级的民族的觉悟入手，进入人类历史性的思考。

很有意思，关于中华民族的命运，照例应当是关于土地和人民的，而穆旦第一首涉及国家民族命运的诗，却是与战争结下不解之缘的《哀国难》，接下来，便是那首具有民族象征作用的《野兽》，那受伤的嗥叫的野兽——同样与战争有缘。也许在战争状态下，诗人的爱国情怀最为亢奋吧。其实，就在发表《野兽》的同一年，即1937年，甚至就在发表《野兽》之前，那首《古墙》，也已经有了与长城同样的象征意义了。

> 时光流过了古墙的光荣，
> 狂风折倒飘扬的大旗，
> 古代的英雄埋在黄土里，
> 如一缕浓烟消失在天空。
>
> 　　　　　　　　《古墙》

然而，穆旦第一首真正以祖国为主题的重要诗歌，却是《合唱二章》。

1939年，在抗日烽火已燃烧到黄河岸边的危机关头，中华民族又一次面临保国保种的危难时刻，著名音乐家冼星海和词作者光未然，在共产党领导下的黄土高原的中心——延安，创作了气吞山河的《黄河大合唱》。也就在同一年，而且是在2月，当时正在西南联大外文系学习的年仅21岁的穆旦，在祖国西南的另一块大后方，与陕北的黄河遥遥相对，创作了他的大气磅礴的《合唱二章》。由于歌曲的通俗性和演唱性，以及政治力量的大力推进等原因，前者的流传更为广远；而后者，作为现代派诗歌的力作，虽意境更其深刻而精妙玄远，在很多时候，却是作为手抄本，流传在同学间，或者说以诗的形式而有限地流传，为知己者所欣赏和赞叹，成为一曲名副其实的诗歌史上的空谷足音，微弱地，然而久久地，回响在知识精英的心田。

如同是歌者站在黄河岸边，望那滔滔黄水东流去，"伸出千万条铁的臂膀"，拥抱古老的土地和人民，诗人却不限于眼前景色，而是看到了和听到了：

> 当黄河，扬子，珠江终于憩息，
> 多少欢欣，忧郁，澎湃的乐声，
> 随着红的，绿的，天蓝色的水，
> 向远方的山谷，森林，荒漠里消溶。
>
> （《合唱二章》）

于是，诗人的拥抱、歌唱，乃至和全民族的舞蹈，就有了更多的内涵和分量。

同样是涉及祖国危难的题材，《合唱二章》与诗人的恩师闻一多先生的《一句话》《祈祷》（1928年）相比，少了些直露与浮进，更多了博大与深沉。同样是具有世界文明史的辽阔视野，较之于卞之琳先生的《距离的组织》（1935年），《合唱二章》一扫阴郁晦涩消沉的书卷气，而代之以勃起的民族阳刚的稚气，显示了中华民族即将兴起于诸多东西方古老文明衰落之机的豪迈气概。

> 埃及，雅典，罗马，从这里陨落，
> O这一刻你们在岩壁上抖索！
> 说不，说不，这不是古国的居处，
> O庄严的圣殿，以鲜血祭扫，
> 亮些，更亮些，如果你倾倒……
>
> （《合唱二章》）

诗人并没有倾倒于历史的沉睡于蛛网,而是感到了异族野蛮的挑战,痛感于本民族的复杂的历史反应:"一只魔手闭塞你们的胸膛,/万万精灵已踱出了模糊的/碑石,在守候、渴望里彷徨。"(《合唱二章》)正因为这里有他所推崇的鲁迅先生的深刻和锐利,于是乎,以"我以我血荐轩辕"的精神,诗人并不哀叹自我的迷失,而是呼吁民族的觉醒,"黄帝的子孙,疯狂!"在茫茫的黑夜里,诗人以高亢的强音,鼓动起整个民族的齐声合唱:

> O 飞奔呵,旋转的星球,
> 叫光明流洗你苦痛的心胸,
> 叫远古在你的轮下片片飞扬,
> 像大旗飘进宇宙的洪荒,
> 看怎样的勇敢,虔敬,坚忍,
> 辟出了华夏辽阔的神州。
> 　　　　　(《合唱二章》)

如果说在《合唱二章》中,诗人是把中华民族置于人类民族之林中进行语言表现的,那么,到了1941年4月,诗人却写了题为《中国在哪里》的诗篇。这说明至少在写了《合唱二章》之后有一段时间,穆旦是集中精力寻找中国的意义和形象的。而在这首诗的结束处,诗人提出要"扶助母亲的生长"的口号,和方志敏烈士的《可爱的中国》中的赤子之心对母亲的感情,可谓有异曲同工之妙。

> 在永远被蔑视的,沉冤的床上,
> 在隐藏了欲念的,枯瘪的乳房里,
> 我们必须扶助母亲的生长
> 我们必须扶助母亲的生长
> 我们必须扶助母亲的生长
> 因为在史前,我们得不到永恒,
> 我们的痛苦永远地飞扬,
> 而我们的快乐
> 在他的母腹里,是继续着……
> 　　　　　(《中国在哪里》)

然而,到了寓言对话体诗歌或诗剧《神魔之争》里,穆旦又一次回到世界

文明的历史中继续考察中国的情况,和西方文明的成就相比,他发出了更加深刻的提问:

魔:
>是的,我不能。
>因为你有这样的力!你有
>双翼的铜像,指挥在
>大理石的街心。你有胜利的
>博览会,古典的文物,
>聪明,高贵,神圣的契约。
>你有自由,正义,和一切
>我不能有的。
>　　　O!我有什么!
>　　　　(《神魔之争》)

西方文明已有的,我们能有吗?
我们中国没有的,是我的错吗?

神:
>　　　现在,
>我错了吗?当暴力,混乱,罪恶,
>要来充塞时间的河流。一切
>光辉的再不能流过,就是小草
>也将在你的统治下呻吟。
>我错了吗?所有的荣誉,
>法律,美丽的传统,回答我!
>　　　　(《神魔之争》)

　　1941年的11月,诗人写下了一首《控诉》,12月,诗人又写下一首《赞美》。他赞美什么?又控诉什么?为什么一面赞美,一面还要控诉?我们不得而知。也许,诗人的思维是极化的,两极分化的,一如科学上的地球有两极,哲学上的阴阳成两仪一样。不妨说,极化思维,是诗人把握世界的一种方式,一如马克思、恩格斯《共产党宣言》中的无产阶级和资产阶级。然而,联想到这一时期穆旦一直在追寻中国问题的答案,于是可以断定,诗人的极化思维,其实是一种矛盾心态。诗人之在于中国本身,一面有控诉的权利,一面也有些许值得赞美的地方吧?

但也可以视为是一种更加深层的、有效的方法。借助于这种非传统意义上的辩证法,诗人游走于各种事物的对立与矛盾之间,同时掌握着两边(执两而用中)的言说。他在变换的视野里体会差异和事物的丰富性,然后根据不同的变换的角度和观点,对于事物和世界进行描述,但不甚评价。每一次,他都有可能重新开始,以新的眼光和语言重新考察事物和事件的始末,不断地进行新的探索和理解,不断地语境化和重新语境化,从而发出否定之否定的声音。

探索民族命运的诗篇不止这些,但此后的篇幅开始减少了,或者说深入到其他题目里去了。但在总体上,关于民族和人类命运题目的探索,在穆旦的诗作中,一直继续到五六十年代。而在穆旦的思想中,则持续了整整一生。

穆旦不是一个民族主义者,他有更广阔的胸怀,这使他得以超脱民族的狭义的思考,进入到一个国际主义的位置上。一个突出的表现,就是在战时,诗人把关怀的触角深入到敌国的命运里。1945年7月写的《轰炸东京》,在开头和结尾的诗节,就已经表现了这种不脱离民族战争的普世精神:

> 我们漫长的梦魇,我们的混乱,
> 我们有毒的日子早该流去,
> 只是有一环它不肯放松,
> 炸毁它,我们的伤口才能合拢。
>
> ……
>
> 因为一个合理的世界就要投下来,
> 我们要把你们长期的罪恶提醒,
> 种子已出芽:每个死亡的爆炸
> 都为我们受苦的父老爆开欢欣。
>
> (《轰炸东京》)

虽然我们不能说穆旦是一个和平主义者,但我们至少可以说,即使在不发生战争的时代,对于东方文明的古国,印度,穆旦的关注也是一贯的。

1945年5月写的《甘地》,首次表现了诗人对印度文明的思考:

> 把自己交给主,回到农村和土地,
> 饥饿的印度,无助的印度,是在那里包藏,
> 他把他们暴露出来,为了向他们求乞。
> 麻痹的印度,凡是他走过的地方,人民得到了起点,
> 甘地以自己的铺路,印度有了旅程,再也不能安息。
> (《甘地》)

1948年2月穆旦还写了《甘地之死》,反映了诗人对印度文化的持续关注和对人类文明的深刻关切。

> 因为甘地已经死了,生命的微笑已经死了,
> 人类曾瞄准过多的伤害,倒不如
> 任你的波涛给淹没于无形;
> (《甘地之死》)

恒河的水啊,当诗人向你如此的呼吁时,但愿他的普世主义的崇高理想,能够寄托在你的永恒而神圣的波涛里,永远地奔流不息。

可以有几点概括了:

1. 穆旦关于中华民族的主题探索,其基点是放在农村的,尤其是北方农村的。《赞美》和《在寒冷的腊月的夜里》,为之提供了最佳的形象和注脚。

2. 穆旦关于中国问题的探索,是放在世界文明的大视野中去考察的,尤其是放在与西方文明的对比中去认识的。他想的是"一个民族已经起来"。

3. 穆旦关于中国命运的认识,主要基于对于劳苦大众的生活状况和精神状况的认识,即所谓《饥饿的中国》,与《不幸的人们》关系重大。

4. 穆旦关于中国未来的预测,具有很强的历史感和深刻的洞察力。这一重要的线索,一直进入到1948年写的迎接新世纪的《诗四首》里。

5. 虽然穆旦不是一个和平主义者,但他却是一个普世主义者。他对于人类文明有持续的关注和深刻的思考,进而超脱了民族主义的狭隘视野,而为世界所瞩目。

在民族视阈内的思考里,作为诗人的穆旦发出的响声,是阳刚和阴柔的结合。

这里有两个相互交织而又彼此彰显的声部,共同结合成一个民族复兴

的主旋律:

一个是:"因为一个民族已经起来。"

一个是:"我们必须扶助母亲的生长。"

三、战争思考

战争是人类历史上一个平常但又不平常的现象,自有人类以来从未中断过。有时候,战争是推动人类文明前进的杠杆,但在多数情况下,战争却是破坏与毁灭本身,即便在正义的战争中也不能幸免。

中国古代的文学尤其是诗歌,关于战争一直是有所表现的。在《诗经》中,在乐府中,在"古诗十九首"中,是将反战情绪和人民苦难相联系,是从征报国的无畏与归乡老迈的孤独;在汉唐的征讨与边塞诗中,是汉唐雄风下的豪迈和闺怨与思乡的悲苦,以至于在两宋的流离战乱诗歌中,表现为亡国之君的家国恨,当然也有岳飞《满江红》的收复旧河山的壮怀激烈和陆游《示儿》的遗嘱般的未了情。在明清之际,和国内的混乱状态相呼应,壮怀激烈地面对中华帝国与西方列强的战争题材,已成为保国保种的兴亡感与个人身世交相呼应的感慨万千了。

可以毫不夸张地说,现代战争不仅影响一个民族的生死存亡,而且将人的激情也吸进了冰冷的枪膛,在很大程度上影响了诗歌创作的方向。

> 在抗日战争时期,新诗写作的目标和任务被压倒一切地规约为阶级整合、民族认同和政治动员;在随后的国内战争阶段,这个任务被稍加改头换面,再次镶嵌在现代的民族-国家的文化蓝图之上。(张松建:《现代诗的再出发:中国四十年代现代主义诗潮新探》,北京大学出版社,2009年,第130页)

用形象化的语言来说,战争和写诗的关系就显得更加形象而且逼真了:

> 现代中国知识分子挣扎于中西文化的颅洞,而40年代残酷的战争又将民族的矛盾缠进文化的冲突。历史的、现实的、民族的与文化的矛盾熔铸为一条翻滚着泥沙的河流,追逐、缠绕、扭结、搏斗。穆旦的诗完整而强烈地呈现了这一特质。(张同道:《带电的肉体与搏斗的灵魂:穆旦》,载《丰富与丰富的痛苦》,北京师范大学出版社,1992年,第84页)

除了那些交织在历史与民族、文化及爱情中的战争描写之外,真正从正面切入战争的诗篇,是要从《出发》开始的。

1942年,中国人民的抗日战争进入到了艰苦的关头。年仅24岁的穆旦怀着"天下兴亡,匹夫有责"的报国志向,参加了杜聿明将军率领的中国远征军,任随军翻译,后入罗又伦师长的207师,出征缅甸抗日战场。然而,诗人并不是普通意义上的军人,他在战斗的同时,便开始了对战争与和平的正面思考。《出发》一诗,是和平对战争的宣战,是良心对战争的宣战。诗的一开始就表现出诗人直面战争的非凡勇气和揭破真相与陈述真理的气势:

> 告诉我们和平又必需杀戮,
> 而那可厌的我们先得去欢喜。
> 知道了"人"不够,我们再学习
> 蹂躏它的方法,排成机械的阵式,
> 智力体力蠕动着像一群野兽,
> 　　　　　　《出发》

这里既有心灵的震撼与悖谬,又活画出一幅战争的图形。一方面是学习那些违背人性蹂躏人格的东西,而且要喜欢它,利用它,这样就使得现代文明变成了杀人的机器,人类变成了相互残杀的野兽。这里的"野兽"意象,同早期诗歌中的"野兽"既有不同也有相同之处。共同点是,二者都是人性的悖谬和文明的倒退(复仇在终极意义上也是不人道的、不文明的);而不同之点在于:较之早先的作为反抗形象的凝练的野兽,这里是具有更高层次的概括意义上的野兽,即与人性相对的兽性,但又不是一般意义上与人性能共处一体的兽性,而是践踏和蹂躏人性的兽行、兽性。

穆旦诗的真,由此可见一斑。然而,具有讽刺意味的是,由于利益集团的文化防卫机制和人类心灵上的驯化作用,人类面对战争,不以为丑,反以为美:"告诉我们这是新的美。"这里的美丑观念,是相对立的水火不容的美丑观念,而不是现代美学意义上的观念,即以丑为美、美丑兼审来理解的新美学观。然而,对于战争状态下的人类而言,这种比较实用的美学观,却具有区分善恶、伸张正义的现实意义。与此同时,这一美学高度,使得穆旦诗歌在真理的维度之上又有了一个美的维度。这是十分难能可贵的。

毕竟,在逻辑上,战争的消亡是一个必须提出的问题:"那死的制造必需摧毁。"简单的以战争捣毁战争,只能导致战争升级和人类的毁灭性灾难,是永远无法彻底地消灭战争恶魔的。辅之以更高层次的以和平来遏止和遏制战争,从根本上认识战争的反人类反人性反文明的性质,才能最终有效地使战争归于消亡。由此通向善的观念,即进一步体现在战争对人性,特别是个性的毁灭和压制的申诉上。

> 给我们善感的心灵又要它歌唱
> 僵硬的声音。个人的哀喜
> 被大量制造又该被蔑视
> 被否定,被僵化,是人生的意义;
> 　　　　　　　(《出发》)

似乎冥冥之中,有一只手在大地上书写人类的命运:"在你的计划里有毒害的一环,/就把我们囚进现在,呵,上帝!"(《出发》)

从造物和命定的高度出发,穆旦认识了人类的秩序是有某种隐藏在背后的超人类超自然的力量在左右,在支配,而不仅仅是赌咒战争的双方的具体行为所能够了解和了结的。然而,上帝难道就没有错误吗?

> 在犬牙的甬道中让我们反复
> 行进,让我们相信你句句的紊乱
> 是一个真理。而我们是皈依的,
> 你给我们丰富,和丰富的痛苦。
> 　　　　　　　(《出发》)

关于这些,关于战争,上帝能说些什么,我们不知,而"给我们丰富,和丰富的痛苦"却成为诗人的名言。

在揭示制造死亡的机器的本性时写战争的残酷,穆旦那尖刀一样的语言是最能派上用场的。活下去,于是成为人类生存的主题而凝结在诗人的笔端。可怕的是,这里已看不出是写战争或是和平,也看不出战争与和平的界限了。求生成为一种本能,和思考,和行动,在极端恐怖的令人难以置信的中国的故土上:

> 活下去,在这片危险的土地上,
> 活在成群死亡的降临中,
> 　　　　　　　(《活下去》)

当所有的幻象和力量已经变得狰狞而凶残,当"弥留在生的烦扰里",就是处在"颓败的包围中",这活下去的状态和滋味又如何呢?

顾不了意义和滋味,只要活下去。活下去也许得有人来救:

> 看！那里已奔来了即将解救我们一切的
> 饥寒的主人;
>
> 《活下去》

而也许,那"饥寒的主人"是又一群像我们自己一样的"在苏醒和等待午夜里的牺牲"的"饥寒的主人"。还有什么可以指望的呢?

> 希望,幻灭,希望,再活下去
> 在无尽的波涛的淹没中,
> 谁知道时间的沉重的呻吟就要坠落在
> 于诅咒里成形的
> 日光闪耀的岸沿上;
>
> 《活下去》

在这沉溺的苦海中而又幻想有日光闪耀的岸沿的可悲的境域中,诗人发出了一句令人百感交集而又一时难于尽悟的句子:

> 孩子们呀,请看黑夜中的我们正怎样孕育
> 难产的圣洁的感情。
>
> 《活下去》

"圣洁的感情",把读者从战争的具体状态下提升,提升到一个人文的关怀的高度——与诗人共其慈悲的情怀和文雅的诗性。

俗话说:大师善变。穆旦写战争,一般说来,并不从正面直写而是写与之有关的方方面面。他写它的象征《旗》,写它的预演《野外演习》,写它的结果《奉献》《他们是死了》,也写它之于人与自然的关系《森林之魅》——那个写战争的名篇。

在战争的岁月里,旗是胜利的象征。1945年5月9日,是欧战胜利日,穆旦难以抑制内心的欢喜,写了一首纪念欧战胜利的诗《给战士——欧战胜利日》。同月(具体日子不详),他写了一首《旗》,做了具有象征意义的总结

性抒情,寄托了诗人对胜利的渴望和沉思。这首诗的写法是每节三行,每节都有形象和含义的巧妙结合。

首先是旗帜的一般印象的描写,可能是想用整齐的诗行排列模仿旗帜的形状,但同时仍然具有深层的步履整齐的进行曲的含义。旗帜是多义的一个复合体。旗帜是口号,"简单明确";是英雄的游魂,"博大无形";"是大家的心",是"自由的欢欣";是穿透黑暗的黎明,是留存光荣的完整。

用第二人称写成的诗,其基调是抒情的,但其中隐含着哲理。总体上是乐观的,但也有悲壮的时候。

> 你渺小的身体是战争的动力,
> 战争过后,而你是唯一的完整,
> 我们化成灰,光荣由你留存。
> 　　　　　　　　《旗》

在《野外演习》这样一首诗里,我们可以感到一种奇特的现象:一方面是诗人作为参与者的亲身感受,描写得十分逼真;一方面诗人又作为观察者,流露出一种抒情而戏谑的笔调。这样的结合,就每每能产生出特殊的讽刺意味。比如,本来是到了一个演兵场,气氛当然很紧张,可诗人却认真地说"我们看见的是一片风景"。你看,那"多姿的树"固然不错,还有那"富有哲理的坟墓"。坟墓何以会富有哲理?原来,"他们由永恒躲入刹那的掩护"时,连"那风吹的草香也不能伸入他们的匆忙"。可见这里有一个"匆忙得要死"的潜台词,等待读者自己去品味。

匆忙地进入各自的掩体之后,就要开始瞄准射击了。这时才发现,原来并没有敌人存在。既然"已承认了大地是母亲,/又把几码外的大地当作敌人",进行射击,这难道还不滑稽?"永恒的敌人从未在这里",演习不过是演戏(虚戈)而已。

在射手的瞄准镜里,一推一拉的改变瞄准的距离,被哲理化:

> 人和人的距离却因而拉长,
> 人和人的距离才忽而缩短,
> 　　　　　　　　《野外演习》

分明是说,战争使得人类分化。分裂为敌我关系的,是距离的拉大;压缩为战友关系的,是距离的缩小。何以会如此地不合人情和人性?乃是因为战争对于那些战争贩子和好战分子来说，"也是最古老的职业,/越来我们越看到其中的利润"。于是，叫我们从小学习仇恨和杀戮，"残酷总嫌不够"，杀人总嫌不多。整个一部人类文明史，充满了战争和征服，而政府的责任和民族的正义，都有战争的权利和义务。这不是耸人听闻，"全世界的正义都这么要求"。

"危险这样靠近"，虽然离战争仍一步之遥。而军事演习不过是战争的"单纯的缩形"。在这里，如同在和平时期一样，以文学的角度观之，以和平的角度观之，要是只把它看作危险，而不是战争本身，那么，"眼泪和微笑/合而为人生"，便是一句名言。而倘若把战争就看作战争，不加掩饰或谎言，那么，"男人流血，女人流泪"，就是不可避免。

我们不得不说了：在《野外演习》这样的预演里，战争的寓言告诉我们的，也不比正面写战争的少。

古今中外写悼亡的诗篇数不胜数，而写得如《奉献》这样壮观而优美的尚未见到。这不仅是因为用《奉献》这一独特的词语，既表达了中国文化独有的把个人无条件地给予集体或民族的价值观，又可以方便地翻译为英文的 dedication，使其同时表达"奉献"和"献词"两种意思。

《奉献》第一节写献身的时间。这时间是"从白云流下来的"和"充满鸟啼和露水的"。这两句极写天堂的祥和温馨，似乎要悦纳一切的造访者。而恰在"我们不留意的已经过去"的"这一清早，他却抓住了献给美满"。此所谓烈士之死，正当其时也。而"美满"二字，又道尽了烈士之死，死得其所也。

第二节写烈士饮弹倒地的一刹那，同时写出了放慢的倒地动作和一生作为整体的总结，颇有抒情意味：

  他的身子倒在绿色的原野上，
  一切的烦扰都同时放低，
  最高的意志，在欢快中解放，
  一颗子弹把他的一生结为整体，
        （《奉献》）

烈士的死，具有双重意义：一方面是对尘世生活的超脱，而另一方面，又是对自由意志的解放。尤其在后一方面，诗人用了基督教信仰中灵魂从肉体飞出升上天堂的意象，有力地渲染了为正义事业而牺牲所感到的庄严和欣慰。

而此时,"那做母亲的太阳",是"看他长大,/看他有时候为阴影所欺"的太阳。之所以"为阴影所欺",就是说,虽然烈士的死是壮烈的,总结了他的一生,但他作为一个人在生前也有缺点和阴影,而不是十全十美的。而"那做母亲的太阳",作为自然的象征(和下一节的土地一样),并没有嫌弃他,而是"全力的把他拥抱",接纳了他的肉身。于是,一个奇怪的问题发生了:

> 问题留下来:他唯一的回答升起,
>
> 《奉献》

什么问题留了下来?什么是"他唯一的回答"?我以为,这里的用意是深刻的。"他唯一的回答"既然是"唯一的",显然指的是他以死亡回答了人生意义的问题,而那留下来的问题,自然是留给我们每一个活着的人要回答的关于死亡的问题,从而也就是关于人生意义这一根本性的问题。而他的"回答升起",更有一层高尚的暗示——在身体倒下的一瞬间,生与死的意义却向上飞升。这里在美学上,诗人运用了向上和向下两种方向相反的力的运行,即诗的张力,产生了其他艺术手段无法比拟的理想效果。

> 其余的,都等着土地收回,
> 他精致的头已垂下来顺从,
> 然而他把自己的生命交还
> 已较主所赐给的更为光荣。
>
> 《奉献》

土地要收回的,自然不仅仅是他的身体,还有许多尘世的未来得及的交代都必须托付给土地,或许与做母亲的太阳相比,土地是父亲(Fatherland)也未可知。而烈士的头顺从地垂下来,不仅直接写出一个人如睡眠一样死的安宁,而且令人极易联想到西洋油画中基督死时的态势。一个"精致",难道不是艺术语言的暗示?

最后,关于烈士之死的意义,用了一个比较:那就是他的生命是神给的,当他死时,即交还生命时,他的生命的价值已经远远超过了他出生时的价值,赢得了较之出生时"更大的光荣"。这种写法,较之中国传统说法"重于泰山",要深刻和耐人寻味得多!

《森林之魅》的结束,也有歌颂死者的诗句。在那野人山的原始森林里,在人类急剧从死的自然中逃生的时候,一个人的倒地和死亡,难道不意味着一点儿别的什么吗?

>   你的身体还挣扎着想要回返,
>   而无名的野花已在头上开满。
>   （《森林之魅》）

在那饥饿的刻骨,那山洪的冲刷,那毒虫的噬咬中,在那夜晚的痛楚里,也许英雄你也无法忍受那最后的时刻:

>   你们受不了要向人讲述,
>   如今却是欢欣的林木把一切遗忘。
>   （《森林之魅》）

生于战争之忧患,也许又是诗人之有幸。正所谓"国家不幸诗人幸(兴)。"试想一想:假如没有战争和描写战争的诗篇,穆旦是写不出《被围者》这样的名篇的。因为我们把被围者不仅看作是一种生存方式,一种存在境遇,也是一种文化心态,一种自我意识,它更是一种文学典型,和一种诗歌范式——它兼顾了生之遭遇与死之毁灭。

>   ……
>   终于成形。如果我们能冲出,
>   勇士呵,如果有形竟能无形,
>   别让我们拖进在这里相见!
>   （《被围者》）

在空间中写毁坏,是号召,实际上写出了包围圈(怪圈)毁坏之不可能:

>   毁坏它,朋友!让我们自己
>   就是它的残缺,比平庸更坏:
>   （《被围者》）

为什么?

>   因为我们已是被围的一群,
>   我们消失,乃有一片"无人地带"。
>   （《被围者》）

这里,又写进了人类文明的毁灭,而且也许是通过和平。

而这些,在很大程度上,乃是在以战争为原型的诗歌素材中,借了诗人穆旦的巧手和灵心而得以成形。于是,中国现代诗的长廊里,多了一幅渗透着战争硝烟和血泪的写意画卷,还有那对于战争的富于哲理的思考和形而上的追问。

四、浪漫爱情

穆旦关于爱情的诗歌,是可以分为两个部分的。一部分是由青春等开始的与个人成长相联系的爱情诗,和具有现实生活意义的"交往"性质的爱情诗篇;另一部分就是那著名的组诗《诗八首》。这里先介绍《诗八首》,然后再简要地讨论别的诗篇。

《诗八首》是穆旦关于爱情的组诗,但不是传统意义上的抒发个人对某一特定恋人的感情的"抒情"诗,而是超脱具体的人际关系体验,或把个人体验上升为爱情思辨的"哲理"诗。八首诗组成一个完整的序列,以新诗的形式演说了爱情的全过程和丰富的意义。由于其复杂而新颖的写法,隐藏在貌似规整的诗的形式中,使人觉得十分新颖而难懂。这里依据原诗的顺序,逐一解读。(在《诗八首》的范围内,不再给出出处)

第一首:

你底眼睛看见这一场火灾,
你看不见我,虽然我为你点燃;

诗中的"你""我"显然指恋爱的双方,但从言说的角度和语气来看,有性别之分。我为你点燃,而你看不见我,只看见一场火灾。写的是初恋,可以说是单相思。尤其在女性一方,主要是生理上的冲动与心理上的压力,在有"被攻击"感觉的时候,会产生莫名其妙的恐惧与逃避心态。下面说明,"那燃烧着的不过是成熟的年代",包括了你的、我的年龄的成熟,而不是彼此相爱的火焰。可见,前面看到的火灾,不仅是对方酿成的,也有自己一方的渴望,也许由于归因作用的影响,不愿意承认罢了。这样,"我们相隔如重山!"感叹其隔膜,就有了充足的理由,但不过是自己一方的道理而已——因为你并没有进入对方的视野。

于是转向自责:"我却爱了一个暂时的你。"虽然恋爱是人生一个自然的阶段,我的爱是来自"自然底蜕变底程序",一个何等有力的理由,简直是普遍而必然的真理啊！可你只是一个"暂时的你"，暂时状态的你，未必能构成永久对象的你，未必不能发生变化的你，至少此时此刻不能理解甚至不理会我的你。想到此，一个不能说出来的誓言，甚至有几分赌咒的蛮语，就冒了出来：

> 即使我哭泣，变灰，变灰又新生，
> 姑娘，那只是上帝玩弄他自己。

不敢用"玩弄"指向对方（亵渎），不好说自己被"玩弄"（知耻），甚至不能说上帝玩弄恋爱中的你（此时还没有权利用"和"来连接）我。终于说出了："那只是上帝玩弄他自己"这样一个很俏皮、很智慧、很合理的格言。

连失恋都算不上的我，就算自己伟大如同上帝，自尊如同上帝，又有何用呢？不过是自己玩弄自己而已，又关别人什么事？

上帝啊，你为什么造了人而分为男女，使人有欲望而又有理智，或者有面子？你使人陷入如此尴尬的境地，姑娘，不，上帝，你玩弄我（们），嘘……如同玩弄你自己呀！

第二首：

> 水流山石间沉淀下你我，
> 而我们成长，在死底子宫里。
> 在无数的可能里一个变形的生命
> 永远不能完成他自己。

前两行写你我相遇在人间，但伸展到人的出世和成长，同时隐藏着死亡的危险和生存的局限这样一些存在论的根本问题。

"水流山石间"带有"水落石出"的变形和天道运行的暗示，即自然规律所使然，但同时也有上帝意志一直在起作用：既然让人出生，却隐藏了死的终结；既然让我们成长，却设定了死的子宫。这两句诗因此同时包含了生命只有一次的迫切感和爱情只应有一次的纯洁的认识。但我们不过是"在无数的可能里一个变形的生命／永远不能完成他自己"。指的是人的生命只是世间无数生命的一种，而人的生命的哲学目的论意义上的完成，即神学上按照上帝造人时对人的设计的理想而言，是永远无法实现的。也只有在这样一个特大的统一的玄思的语境里，你我，作为我们，第一次被并置地言说。

若说没其缘，今生偏又遇上你，若说有其缘，哎……

毕竟，双方已经进入了一个可以交流的境地。

于是进入了亲切的谈话："我和你谈话，相信你，爱你"——何等轻松而自如，节奏又是何等轻快。可是

> 这时候就听见我底主暗笑，
> 不断地他添来另外的你我
> 使我们丰富而且危险。

人一思考，上帝就笑。笑恋人的幼稚，抑或是俗套？于是上帝不断地施展自己的小技巧，添加些新的你我，也就是自我的不同的新生和不同的侧面，由此生出些新的矛盾，新的乐趣，使爱情和恋爱丰富而危险。因为此时的恋爱，尚处于初级阶段，关系并不稳定，也不深入，而爱情，作为体验，只是新鲜，而非全面，萌动而朦胧，带有历险的性质。

第三首：

真正的危险来自内部，它是你体内一只"小小野兽"，"和青草一样地呼吸，/它带来你底颜色，芳香，丰满，/它要你疯狂在温暖的黑暗里。"

这里的"小小野兽"，是一个有趣的意象，特意和青年相联系。《在旷野上》有这样的诗句："积久的美德只是为了年幼人/那最寂寞的野兽一生的哭泣，/从古到今，他在遗害着他的子孙们。"此处"野兽"可能指青年人身心被压抑的寂寞而躁动的灵魂，因此，同那首《野兽》中狂暴的复仇的"野兽"有所不同，但是，二者在原始野性和冲动上则具有类似性。在恋爱的语境里，加了爱称"小小"的"野兽"，既保留了人类异性原始野性的性欲冲动，也有可能驯服于爱情和情人怀抱中的可感性，具有颜色、温暖、芳香、丰满等肌体特质和特有感觉。由于这种原始的冲动，爱情才有了感情的生理基础，并且在适当的时候，有了向对方要求的权利和内容："它要你疯狂在温暖的黑暗里。"

然而，人毕竟是人，以兽性为基础又转而监控兽性的人性（心理学家荣格意义上的"自我"），在人的意识与潜意识之间起更大的"警察"的作用（弗洛伊德的比喻）。你的"理智殿堂"，犹如"大理石"般冰冷坚硬，其下埋藏了多少生命和时间，我为之而惋惜，更珍惜，当我终于能够"越过你大理石的理智殿堂"的时候：

> 你我底手底接触是一片草场，
> 那里有它底固执，我底惊喜。

这里的"它"("你"的委婉语),其核心仍然是你那可爱的"小小野兽",它有固执的守望,和渴求,和拒绝,和接受,如此等等。而在两只手的接触如电击一般的刺激效果里,我的惊喜,你,也有吧?

这一首,说的大约是肉体的第一次的亲密接触(对于恋爱,这可是一个惊喜的信号噢)。

而要越过理智(和道德)的监控,可真"危险"哪!

第四首:

感情的洪水一旦漫过理智的堤岸,就使两性之间迅速地靠近,接触,亲密无间,于是,个体之间的距离近乎消失了,当"静静地,我们拥抱在/用言语所能照明的世界里"。

言语,或语言,是人特有的思维和情感表达的工具,它使许多很难说明的事物得以说明,因此,语言像灯光一样可以照亮(illustrate/enlighten)我们面前的世界。当两个人的言语戳破那一层纸的一瞬间,突然会发现共同面对着或者暂时共处于一个明亮的世界之中。

然而语言的照明是有限的。这里有两重含义:其一,语言的意指能力和表达能力有限,不可能遍及整个世界,内部的和外部的世界,你的或我的世界,或者我们两个的世界。其二,爱情是不能用语言完全说明的,至少在语言之外,还有大量需要用其他方式(例如表情、手势等体态语)能够发现和表达的内容。

> 而那未成形的黑暗是可怕的,
> 那可能和不可能的使我们沉迷。

之所以未成形,就是因为存在着语言尚未照明的世界,因而光明的中心以外仍然是黑暗包围着的更广大的世界,或曰眼前的路是黑的。之所以可怕,就因为它同时包含了可能和不可能两种情况,而这两者又同时为我们所沉迷——既沉醉于其中,又不得其解,这正是爱情说不清道不明的本质,也正是爱情既可知又不可全知的本质。

> 那窒息着我们的
> 是甜蜜的未生即死的言语,

这里似乎有着和前文相矛盾的地方。一会儿说言语能照明世界,一会儿又说言语能把人窒息。其实,若是深入分析,一点也不矛盾。而焦点正在这"未生即死"四个字上。前文说到语言的局限,而恋爱中的双方在语言无法明说或说不明的时候,就会出现"失语症","甜蜜"已经为之做了界定,可见这里指的是想表达而又无法表达旋即又咽回去的情话。在最需要语言挑明的时候,既然没有说出,就潜藏了误会的可能,而误会一旦产生,又不好解释,解释可能反而更糟。于是说

> 它底幽灵笼罩,使我们游离,

游离于周围的压力,或者游离于我们自己,相互的或个别的。这里的"它",应当是失语造成的误会的阴影,而不大可能是"上帝"或者前文的"小小野兽",更不可能是黑暗的社会甚至战争等不大相干的说法。

最后一句,"游进混乱的爱底自由和美丽"具有多重暗示:或是猜疑,或是逃避,或是"慌乱的手指"在摸索爱的肌体,或是"欢乐的智慧"陷入爱的抽象的自由与美丽的遐想而迷失,因而造成事实上或心理上的混乱、混沌,需要一种宁静,一种澄清。

第五首:

> 夕阳西下,一阵微风吹拂着田野,
> 是多么久的原因在这里积累。

激烈与混乱之后,转入宁静和澄明。既然有这么久的原因积累在这里,也就有了承认的理由和权利。于是爱的脚步在希望的原野上,转向内心的思索和独白:

> 那移动了景物的移动我底心,
> 从最古老的开端流向你,安睡。

能"移动景物的"大约是时间,而时间使我的心移向你。爱之心自有其"古老的开端",如长河流向一个必然的归宿,那就是你。只有你,才是我的灵魂的永久安息之地。

> 那形成了树林和屹立的岩石的,

> 将使我此时的渴望永存,

能形成树木和岩石的,大约是自然。一种自然的生命的动力,"将使我此时的渴望永存",也即是将爱情化入生命中去的一种委婉的表达。而树木又象征顽强的生命力,岩石则象征坚贞和永固的品质。"此时",乃是可以复指到上句的抽象而长久的时间概念上去的一个提示语。抚永恒于一瞬,正是此时的人对生命与宇宙的爱情式的综合把握。

> 一切在它底过程中流露的美
> 教我爱你的方法,教我变更。

用不着到很远的地方再去寻找,"它底过程",即是爱情作为一个过程本身。爱的过程流露出美,在爱人与人爱中相互间感到的美,人体的美,个性的美,关系的美,等等的美不胜收。美是一种力量,美的感召可以改变人,教育人,使人学会不会的东西,学会适应与服从。"爱你的方法",爱的艺术是也。

这是爱的独立思考可以到达的结论和境界吗?

即便如此,或许不过是悟性而已。

第六首:

由遐想转入实际,如同从天上掉落地上。人际的关系十分复杂而又微妙,恋爱中的青年更难以例外。追求中似乎要寻找志同道合的朋友,但是,太多的共同之点若缺少差异,则使得人际间的相处缺少刺激和比照,因而容易陷入倦怠。可是,差别过大也可能因为缺乏必要的连接纽带,久而久之双方失去共同语言,转为陌生。这可真是近不得,远不得。因此,诗人发出悲叹:

> 是一条多么危险的窄路里,
> 我制造自己在那上面旅行。

此时的爱情已经不是纯粹的感情问题,自我在人际关系的隧道里变形。个体除了要面临一般人际关系的异同规律之外,还有异性之间更难应付的种种矛盾,尤其是对特定异性的"这一个"的认识。何况二人关系会走向一条别人无法把握的独特之路,连自己也无法把握。岂不是一条危险的窄路!

在上面旅行倒也罢了,可是为什么又说是"制造自己"呢?

    他存在,听从我底指使,
    他保护,而把我留在孤独里,

  孙玉石先生把"他"解释为上帝,似有些问题,而郑敏先生的解释是"人格分裂",颇有道理。今再加以推演:"他"是"外在的我","我"是"内在的我",于是内我与外我之间的矛盾,便是"我制造自己"的明证。这样,外我(人格面具)作为"我"(形上自我)的外显的化身,其存在不容怀疑,而且是由内我(真实自我)来指使的。反过来,外我对于内我也有保护作用,不过,当他努力保护内我的时候,"我"就要与外界分开,因此陷入"孤独"。以此为线索,则以下的诗句不难解索:

    他底痛苦是不断的寻求
    你底秩序,求得了又必须背离。

  穆旦诗的分行,有时可以造成一句多读的诗化效果。此处的"你底秩序"既是前一行"寻求"的宾语,又是第二行"求得了又必须背离"中"求得"与"背离"的共同宾语。另外,也可以造成第一行单独成句的读法:外我在不断追求的过程中会感到痛苦。而"你底秩序",就是"爱的秩序",虽然在追寻之中,可是一旦求得了又必须背离。为什么?为了避免僵化和呆滞,因为这是爱的自我毁灭的一条平庸的途径。也就是说,爱情是一个不断发现和创造的过程,不可能一劳永逸。在这个意义上,也可以说,爱情"永远不能完成他自己"。故而也可以说,"他底痛苦是不断的寻求"。而在外我的反面或内部,内我则要不断地经历孤独,因为任何个体,即便是在热恋中,除了有依附和迎合对方的一面之外,还要保持自我的整合状态,因而灵魂深处的孤独总是难免的。

  也许正由于此,西方人把婚姻比作一把演奏得和谐的小提琴,而夫妻各自则是两根独立颤动的弦。或曰:恋爱中的二人,如蝶,即便是比翼双飞的幸福时刻,也是一对扇动的翅膀,相背而动,飞也,非非也。

  第七首:
  第七首诗进入持续的坚定而稳定的感情关系和爱的发展之中,在经历了复杂而微妙的爱的历程及其反思之后。至此,一切爱的试探、狂热、误会、

谅解,都不过是昨天,是记忆,是谈资,是动力。于是,诗的开始这样写道:

> 风暴,远路,寂寞的夜晚,
> 丢失,记忆,永续的时间,
> 所有科学不能祛除的恐惧
> 让我在你底怀里得到安憩——

前两行以破碎而连贯的小句,讲各种可能的人生磨难和爱情的折磨、别离,或独行中,虽然有相思的漫漫长夜,各种可能的心理体验例如回忆和回忆不起的烦人经验,甚至会包括科学也不能彻底祛除的种种恐惧感,但只要一想起你,一有了你的依靠,我的灵魂就可以得到安憩。所谓"所有科学不能祛除的恐惧",如果不是指哲学玄思的补救作用,也实在地具有宗教拯救的精神意味。而宗教与玄学,却是用来比喻神秘而不是冰冷的爱情的——爱情,原是可以让人依偎在怀中使灵魂得到安憩的摇篮般的温馨呀。至于"安憩"之后的破折号,有两个意义:一是表示与下一节诗的连接;一是因为本节诗四行的字数相同,过于规整,这与新诗的排列原则不符,故而有借标点以打破呆板的意图。

> 呵,在你底不能自主的心上,
> 你底随有随无的美丽的形象,
> 那里,我看见你孤独的爱情
> 笔立着,和我底平行着生长!

这是一段抒情性的描写。之所以你的心"不能自主",是因为爱情的力量和逻辑,有时,不,此时已经达到了支配人的地步而难以自己;你的形象之所以"随有随无",是因为在我的记忆或想象里,你的爱的形象飘忽不定,闪烁着梦幻般的美丽的光影。而我,在你的心上,和你的形象里,分明是看到了你的爱,和我的爱,并立着,平行地生长。只有到了情人之间相互完全信任而毫无猜疑,爱情真诚可感又坚定不移,才可以说,二者的爱在同时生长,一同升华,向着一个终极的完美的境界升华!

值得一提的是这里的感叹号(在全诗是第二次出现),可以说标志着爱的高峰的一次欢呼。与第一首出现在"你的,我的,我们相隔如重山!"之后,那近乎绝望的感叹,形成了鲜明的对照。

可是,为什么在此时还要说"你的孤独的爱情"呢?

在我看来,其间大有两义,小则有四义:

其一,与下一句的"笔立着"相联系,既然是笔立,就具有"单独"的意思,如一棵大树,和另一棵,并排站立,共同生长。同时,这里仍然具有"连理枝"的意象(即偏于相互依赖的另一层意思),虽然穆旦一般拒绝运用中国古典诗词的意象。

其二,单独中包含着孤独,而这里的"孤独",因为是在我的"看见"里,所以带有"爱怜"的意思。但若是从对方本人的内视角去看,从个体灵魂的深处去感受,仍然是"孤独"的本来意思。

应当说,这种用语义逻辑方法推演出来的多义性,是隐藏在诗的互文性,即中文原有的"互文见义",和现代意义上的"文本间性"之中的。换言之,这种多重性,是诗的内在的特殊结构所包含的,既隐藏又显露的,在阅读中是随有随无的。

第八首:

独立而相互依存的爱情终于形成在最后的阶段里,而以树的形象为象征。不过,其抽象的可以言说的道理却是:两颗心靠得很近很近,以至于没有距离(亲密无间)。此时,偶然(偶然往往是爱情的发端)已不存在。"所有的偶然在我们间定型",实际上就是只有必然的意思。用象征性的树的语言来说,就是:

> 只有阳光透过缤纷的枝叶
> 分在两片情愿的心上,相同。

"两片情愿的心",就是一切都是自愿的,义务和权利融为一体的爱的至高境界。而此时的阳光,无非是一种比喻,让两颗心像两片树叶分享阳光一样相同。这里的相同,在爱的本质而非形态的意义上,恐怕已经消失了爱的性别差异,或年龄差距,或一切可能的人与人的差别,是真正意义上的我爱你,你爱我了。若要硬说阳光也有所指,那便是抽象的"爱"的本体了。而你我之爱,不过是爱的本体的变形和具体的实现而已。

> 等季候一到就要各自飘落,
> 而赐生我们的巨树永青,

"季候"暗示生命的大限的来临,各自飘落的只是接受爱的阳光的树叶

(爱的肌体),而爱情这棵巨树却是永远常青永不凋谢的。飘落的不仅是叶子,叶落归根的哲理在诗人的思考中仍然潜在地在起作用。然而,更加深刻和复杂的思想,却隐藏在最后两行诗中:

> 它对我们不仁的嘲弄
> (和哭泣)在合一的老根里化为平静。

这里的"它",应当是上帝。他对于我们的"不仁的嘲弄"(嘲笑与玩弄的压缩形态)可以这样解释:

其一,关于"不仁",可参考老子"天地不仁,以万物为刍狗"的教义。西方有个典故,说上帝既造了人,便把人体一分而为男女,让他们各自寻求自己的另一半(another half),而当爱情已经找到并且成熟到可以安全地享用的时候,却让他们的生命突然终结(而且常常是一前一后的生离死别)。这难道还不残酷吗?

其二,关于"嘲弄",其实从一开始就有,并且从来没有停止过。一开始的"上帝玩弄他自己",后来的"我底主暗笑",都是如此。只是到了后来,由于恋爱中的人们陶醉或纠缠在爱的事务和体验中而无暇顾及甚至根本不愿理会,才不感觉到上帝的存在和影响而已。

最后,玩弄,嘲笑,哭泣,是三位一体的。首先,上帝造人时,使人的生命与爱情同时具有,即一次性地把生命(以死亡为归宿)和爱的权利(以偶然为契机并经过努力在尘世实现)给予人;人死时爱情并未消亡,或曰,人是在爱情进入最高的和谐阶段时突然死亡的,而这种命运是包含在上帝对人的设计中的,而上帝又是知道的。这还不是玩弄吗?这不等于在玩弄他自己吗?

再者,正因为上帝是无所不知的,他对这一切是事先知道的,而且在不断地关注事态的发展。他看到人的爱情生活的开始、发展和稳定、和谐等阶段所作所为、一言一行,才会带着嘲笑的态度。只有当人在爱情的完美境界中突然死去之时,上帝才会不觉间动了悔悟和恻隐,以至于哭泣(为人类也为他自己)。这恰恰又说明了上帝是既不仁而又不忍,既是设计者又是旁观者,既应为之负责又不能完全负责的复合体。而这一切,将随着人间飘落的爱,一起化入老根中而归于平静。

而这树,就不单是自然,也含有人事和上帝的意志在内,合而成为三位一体的象征了。

总之,穆旦的《诗八首》,是一套设计精良、制作精细的爱情艺术珍品。其中男女主人公的设定,既是一定的角色又有普遍的意义。而恋爱过程的一致性和各阶段的划分和连接,又是合乎情理的,不露痕迹而又清晰可辨。

最重要的是上帝的显露和隐藏,使整个组诗具有一个形而上的高度和统一性的连续。至于抒情与哲理的交融,以及戏剧化处理、语言艺术等诗歌效果,就有待于读者自己去辨析,去品味,而非任何解读可以穷尽了。

如果说《诗八首》是中国爱情诗歌的形而上学,那么,其他的诗篇就是具有日常生活意义的爱情抒情诗。在这一方面,穆旦的诗篇也不少,例如,早期的《夜晚的告别》表现了对异性的关注,此前的《春》表现了青春的激情和彷徨,此后的《一个战士需要温柔的时候》,则写了战争与爱情的关系——那样一种极端激愤而又极端理智的人性化的爱情的表现:

> 你的多梦幻的青春,姑娘,
> 别让战争的泥脚把它踏碎,
> ……
>
> 别让那么多残酷的哲理,姑娘,
> 也织上你的锦绣的天空,
> ……
>
> ……
> 等一个较好的世界能够出生,
> 姑娘,它会保留你纯洁的欢欣。
> 　　　　　《《一个战士需要温柔的时候》》

写于1944年的《赠别》,虽然并非单纯的爱情诗,但其中的段落,受到了叶芝的诗歌的启发,表现了一种深刻的沧桑的爱:

> 等你老了,独自对着炉火,
> 就会知道有一个灵魂也静静地,
> 他曾经爱过你的变化无尽,
> 旅梦碎了,他爱你的愁绪纷纷。
> 　　　　　《赠别》

与其他诗篇的深沉和压抑相比,《寄》是一篇优美的抒情诗。从诗中三节每一节都有一个"姑娘"的呼语来看,至少是有点爱情的味道。这在穆旦的诗中是不多见的。这首诗又在写风景,而且写得壮阔而深情,与爱情的抒情交相辉映,增加了《寄》的魅力。

第一节写海。海边岩石屹立,浪涛拍岸,海鸥飞翔,没入碧空。而诗人说"无论在多雾的晨昏,或在日午,/姑娘,我们已听不见这亘古的乐声"。似乎诗人是想用静默来暗示二人已进入了一个"两个人"的世界,却又不通音信。

　　可见这爱情的世界并没有完全来临,因为第二节诗人用了草原作为终极的目标,而说他们只能到达森林。虽然"林间仍有等你入睡的地方,蜜蜂/仍在嗡营",但那"草原上的浓郁仍在这样的向我们呼唤"。

　　森林是一个神秘的意象,自然、幽暗而又充满诱惑力,草原则是一片展开的空间,象征着博大与自由。越过森林方能到达草原,于是更见出爱情之路的长远,和思念的长远。

　　到了最后一节,诗人是每日每夜,守在窗前,那逝去的日子如烟,使得诗人倍觉遥远,于是,诗人爆发出一个强烈的愿望,他要像清风一阵,飞向远方:

　　　　我多么渴望和它一起,流过树顶
　　　　飞向你,把灵魂里的霉锈抛扬!
　　　　　　　　（《寄——》）

　　虽然是一首爱情诗,甚至有点朦胧,可是由于最后一句涉及灵魂的净化,倒是给爱情赋予了特别的纯化灵魂的作用。这使得穆旦的诗很难分类。

　　说来也怪,真正以"爱情"为标题的诗,在穆旦诗集中只有一首。而且还是在诗人死后,由家属提供的没有注明创作时间的爱情诗:

　　　　爱情是个快破产的企业,
　　　　假如为了维护自己的信誉;
　　　　它雇佣的是些美丽的谎,
　　　　向头脑去推销它的威力。
　　　　　　　　（《爱情》）

　　这第一节显然已经写到爱情企业的幻灭,作为美丽的谎言;
　　第二节写爱情以欲望为支持的真相,自身阴谋的冷酷;
　　第三节写了爱情与理智的关系,靠热情制造幻想。
　　最后一节这样写道:

　　　　虽然她有一座石筑的银行,
　　　　但经不住心灵秘密的抖颤,

别看忠诚包围着的笑容,

行动的手却悄悄地提取存款。

(《爱情》)

在这里,以现实生活、世俗婚姻为牢笼的爱情,已经彻底地无能,彻底地无助了。

无疑,这是诗人穆旦最后的最隐秘的最忠实的爱情诗了。

五、自我追寻

"自我"是一个有意思的字眼,但它不仅仅是一个字眼,而是一个意念,一个实体,一个有形体和灵魂的认识客体,一个有内容和形式的表达主题,一个有能力、情感和思想的抒情主体——甚至是这一切的矛盾统一体。

但我们不想把问题搞得复杂化,只想基本上按照诗人穆旦的创作道路,也就是他的诗作发表的时间顺序,大体追溯一下穆旦的自我意识和自我观念,以及自我在他的现代诗作中的重要作用。

因为在穆旦诗集中,有以"自我"或"我"为标题或关键词的诗作。

写于1938年的《我看》中的"我",其实只是作为一般的抒情主体在诗句中的主语位置上起语法作用。到了1939年,诗人写了《防空洞里的抒情诗》,试图多角度地描写抒情主人公——自我,而在写于同年的稍晚点儿的《从空虚到充实》中,诗人已经开始感叹他曾经是如何地寻找自我的化身了:

呵,谁知道我曾怎样寻找

我的一些可怜的化身,

(《从空虚到充实》)

1941年的《我向自己说》中的"我",就有了强烈的欲求表达自己的需要和愿望了:

我不再祈求那不可能的了,上帝,

当可能还在不可能的时候,

……

……

不不,当可能还在不可能的时候,

我仅存的血正毒恶地澎湃。
（《我向自己说》）

如果说写于1939年的《防空洞里的抒情诗》以及《从空虚到充实》，主要是诗歌的抒情主人公从战争中的民族的"大我"出发在确定身份，在变换角度，在组合语言的话，那么，经过了同一年的《童年》翻阅历史与停住在一页历史上的探索，到了第二年晚些时候的《我》，就形成了一个真正的"自我"的宣言了。

这首写"我"的诗，从头至尾四个小节只有一个句子，是典型的外国诗写法，即便在中国现代派诗人中，也属罕见。

第一节写出生："从子宫割裂，失去了温暖"是最明显的提示。人生从出生到入世，是第一次脱离最有力的保障而进入毫无防卫的冰冷境地。从此以后，"永远是自己，锁在荒野里"。

第二节写认同："离开了群体"，因而成为个体。这是第二次的失落，也是第二次的诞生。失落的是自然人，诞生的是社会人。于是，欲再分离就会"痛感到时流"，却抓不住什么。但是，无论人性如何复归，毕竟无法回到第一个阶段，故而说"不断的回忆带不回自己"。

第三节写求偶："遇见部分时在一起哭喊，/是初恋的狂喜，想冲出樊篱，/伸出双手来抱住了自己。"其中的"部分"，即是英文 better half（另一半、贤内助）的说法，也可理解为个人作为群体的"一部分"（part）的意思。但即便是爱情或者是朋友，毕竟无法达到人类的全体和自我的真实，所以拥抱的只是自己的"幻化的形象"。这就通向了下一节。

第四节写孤独：在自我幻象和幻想的追求中，感到的是"更深的绝望"，因此回到了第一节"永远是自己，锁在荒野里"的孤独状态之中。既然每一个分离都无法返回本原，那么，梦想中渴望返回母亲或母爱而不得，转而仇恨母亲使自己出生入世，就是一个最根本的人生悔悟了。

总之，这是一首写自我的诗，涉及个体与群体（全体）的关系，个体与另一个体（爱情或友情，以及亲情）的关系，以及个体与自己及自我形象（幻象或理想）的关系等，是一首哲理深奥、寓意无穷的诗。正因为诗人不是简单地写自己，而是写一个普遍的"我"，因此诗的意义是永远不会过时的。

即便如此，这一首诗也不能算作自我的完成，毋宁说只是追寻的开始。联想到《智慧的来临》中不断分裂的个体和《三十诞辰有感》中的关于自我的形而上认识，穆旦可以说是进入了更深入的思考了。

穆旦的《三十诞辰有感》，却是和自我问题一起来思考的，和时间问题一起来思考的，其中所包含的哲理实际上大于情感的诉说。诗共有两首，第一首大约是侧重于自我的,第二首则侧重于时间。

关于第一首:

一开始的阵势似乎是说:此生是处于低层的,处于包围中的,注定会痛苦的。"从至高的虚无接受层层的命令",似乎一下子概括了生物进化的历程,又写出了生命存在的层次,同时,又表明了生命所应履行的使命。

第二节写成长,"多么快已踏过了清晨的无罪的门槛"。这是许多人都感到过的成长的经历,而"无罪"似乎应当是英文的 innocent(纯洁无瑕)。随着成长和成熟,"寒冷的光线"到"冒烟,燃烧",暗示了危险,而"太洁白的死亡"和"色彩里投生"则揭示了我的诞生和新生。

第三节以矛盾的逻辑哲理给出各种思索:"是不情愿的情愿,不肯定的肯定,/攻击和再攻击,不过酝酿最后的叛变",极写人生的矛盾对立和成长的反叛本质。"胜利和荣耀永远属于不见的主人",可解读为人生是一个悲剧、一个错误、一个失败,或许只有上帝才应享有胜利和荣耀。

第四节是对自我的探索,立足于现在,诱惑。这里用了"绝对自我"或"真我"的形象和观念(一个没有年岁的人):

  一个没有年岁的人站入青春的影子,
  重新发现自己,在毁灭的火焰之中。
      《三十诞辰有感》

以毁灭为再生,乃生命的真谛。以重新认识为动力,才可以言进取。

关于第二首:

生命体验中的时间不是物理学上的抽象的时间,也不是哲学家所说的作为先天概念框架的时间,它是有快有慢,可创造可毁灭,任性而又嫉妒、吝啬的时间。在时间的三维度结构中,过去和未来,都是黑暗的未知的领域,只有现在,举着"不断熄灭"的火炬,照亮周围,不断摸索前行。于是,一切事物,你和我,便有了分野,在各自的轨道上运行,熄灭。

  而在每一刻的崩溃上,看见一个敌视的我,
  枉然的挚爱和守卫,只有跟着向下碎落,
      《三十诞辰有感》

这里写了自我的分裂和增殖,以及在时间性毁灭的终极意义上的毁灭,因为,一切都会在时间的"手里化为纤粉",不可避免,无一幸免。

每一世代有每一世代的自我,每一个体有每一个体的自我,因而也有每一世代的每一个体的自我追寻、分离和幻灭。

> 他把自我分裂为二:自然的生理的自我,也就是"恶毒地澎湃着的血肉",与"永不能完成"的"我自己",心理的自我,使二者展开辩证的追求与抗争:生理的自我是他的主宰,他的潜意识的代表,心理的自我是他的理想,他的半意识甚至意识的代表,前者与社会没有关连,后者与社会是永远连结着的,不可分的。他的努力是统一二者,以自然主义的精神,以诚挚的自我为基础,写出他心灵的感情,以感官与肉体思想一切,使思想与感情,灵与肉浑然一致,回返到原始的浑朴的自然状态。他追求那个在潜意识里"未成形的什么",那也许是历史在自然里投的胎,他想用自然的精神来统一历史,那个柏格森的"生命之流"也许就是他的理想。(唐湜:《九叶诗人:"中国新诗"的中兴》,上海教育出版社,2003年,第89-90页)

到了1976年,当穆旦经历了人间沧桑进入老年,他又拿起那支如椽的巨笔来写诗的时候,他仍然在追寻自我,这一年,他一连写了《自己》和《"我"的形成》。

诗人的一生,是追寻自我的一生。穆旦的诗,从较早的《防空洞里的抒情诗》《从空虚到充实》《我》《童年》《我向自己说》《我想要走》,到后来的《葬歌》《智慧之歌》《听说我老了》,一直到这里的《自己》,还有后来的《"我"的形成》《老年的梦呓》《问》,形成了一条追寻自我的连贯而断续的线索,构成诗人一生写诗的一大主题。

早在《从空虚到充实》(1939年)中,诗人就发出这样的感叹:

> 呵,谁知道我曾怎样寻找
> 我的一些可怜的化身,
>   (《从空虚到充实》)

如今,到了1976年,经过这么多年的探索和追求,诗人分明感觉到一种幻灭和衰老。在《智慧之歌》中,这位智慧型的诗人说:

> 我已走到了幻想底尽头,

> 这是一片落叶飘零的树林，
> 每一片叶子标记着一种欢喜，
> 现在都枯黄地堆积在内心。
> 　　　　　《智慧之歌》

在衰老的过程中，自我仍然在心灵的旷野里高唱自我之歌：

> 人们对我说：你老了，你老了，
> 但谁也没有看见赤裸的我，
> 只有在我深心的旷野中
> 才高唱出真正的自我之歌。
> 　　　《听说我老了》

在揭示穆旦自我概念的意义上，《自己》是一首重要的诗。在《自己》中，诗人甚至采用第三人称，将自我作为"他者"，对其发出终极式的发问：

> 不知哪个世界才是他的家乡，
> 他选择了这种语言，这种宗教，
> 　　　　　《自己》

可见，无论是采用"我"还是采用"他"，"我"就是我，"他"也是我。这种分身术的使用，象征性地说明自我的分裂状。劈空而来的第一句，说明诗人对于生存和归宿有极强烈而明晰的意识。而"这种语言，这种宗教"，并不是并列的关系，而是复指和同一概念，很可能是写诗这样一种人生，而以语言指诗，又把诗当作宗教给予虔诚，可能更加符合诗人的本意。沙上帐篷，根基不牢之谓；小星笼罩，命运不吉之喻；以感情作为最后的资本，和世界打交道，还能有什么比这更真实，更可悲的呢？然而，诗人仍在怀疑："不知那是否确是我自己"。

于是，诗人的一生，都以写诗的顺利与否来衡量并据以划分阶段。

有这么一个时期：

> 在迷途上他偶尔碰见一个偶像，
> 于是变成它的膜拜者的模样，
> 　　　　　《自己》

据以划分敌与友,配制各种感情。于是"生活的小店辉煌而富丽"。这是多么地顺利呀?可是诗人仍然"不知那是否确是我自己"。好不容易"昌盛了一个时期,他就破了产",受尽了冷漠、嘲笑、惩罚,也许此时,诗人真的"不知那是否确是我自己"了。

终于,诗人发出"不知我是否失去了我自己"的疑问,因为另一个世界似乎更需要他,但也不会绝对的安宁,有梦,有谣言,当然就会有麻烦。加上前面所有经过的阶段,可不就"暗示一本未写出的传记"。

可见,这是一本自我探索的传记,而且是用诗写成的呢!

诗人的生命有限,命运多舛;他的诗,有的在生前并不能发表。

穆旦死后,到了一个可以为他做"七十五岁冥寿"的时候,香港《大公报·文学》发表了诗人的《好梦》和《"我"的形成》,作为一种纪念。

总标题是《穆旦遗作二首》,时间是1993年8月25日。

《"我"的形成》,则是对于诗人社会"我"的形成的根源性的总结性认识。中国典型的情况下,诗人总结了盲目的信仰被定格在生活中,和公文旅行式的档案记录下的个性,以及独立意志受到干涉和恫吓的情形。然后,转向了对现代文明的基础与继续和个体生命的价值与消失的反差的认识:

在大地上,由泥土塑成的
许多高楼矗立着许多权威,
我知道泥土仍将归于泥土,
但那时我已被它摧毁。
(《"我"的形成》)

这里的泥土意象具有深刻的隐喻意义,而毁灭的荒漠意识则带有终极性的批判精神。然而,在结束时,诗人转而采用了梦的虚幻式解决,其中隐喻了阴阳两界之间的反差与沟通:

仿佛在疯女的睡眠中,
一个怪梦闪一闪就沉没;
她醒来看见明朗的世界,
但那荒诞的梦钉住了我。
(《"我"的形成》)

也许,这里的"疯女"意象,脱胎于诗人写于1956年的《妖女之歌》中的

"妖女"。那是一个在山后唱着"谁爱我,快奉献出你的一切"的"妖女"。"疯女"和"妖女"的对立面,或许便是诗人不止一次呼唤过的"姑娘"——那反复出现在《寄》《诗八首》《一个战士需要温柔的时候》中的"姑娘"。

人啊,你的自我,自从结识了另一个我,竟然是如此的一生缠绕而难以摆脱的吗?

六、自然景色

诗人和自然是结下了不解之缘的——无论是作为对社会人生的逃避,还是对于造物的崇拜,但是往往,这种缘分开始于一个惊奇的观察和一个象征性的比喻。在穆旦早期的诗作中,《我看》和《园》已经提供了这样的认知线索。

> 我看一阵向晚的春风,
> 悄悄揉过丰润的青草,
> 我看它们低首又低首,
> 也许远水荡起了一片绿潮;
> 　　　　　《我看》

> 当我踏出这芜杂的门径,
> 关在里面的是过去的日子,
> 青草样的忧郁,红花样的青春。
> 　　　　　《园》

到了《玫瑰之歌》,自然之物已经作为隐喻,随意出现在诗人的叙述的心灵里:

> 因为我的心里常常下着初春的梅雨,现在就要放晴,
> 在云雾的裂纹里,我看见了一片腾起的,像梦。
> 　　　　　《玫瑰之歌》

1942年的《春底降临》,事实上开始了一种新的隐喻,一种现代诗高度上的隐喻。一种直接的叙述开始了,自然融化在心灵里,不再有勉强和不自然的痕迹:

> 现在野花从心底荒原里生长,
> 坟墓里再不是牢固的梦乡,

> 因为沉默和恐惧底季节已经过去,
> 所有凝固的岁月已经飘扬,
> 　　　　　《春底降临》

在写了《春底降临》以后,仅一个月,穆旦就写了《春》。它更凝练,也更精彩。

> 绿色的火焰在草上摇曳,
> 他渴求着拥抱你,花朵。
> 　　　　　《春》

从绿色看出火焰,当然要诗人的慧眼。而说"他"渴求着拥抱"花朵",则又多了一重暗示。倒装句法,在现代诗里不少见。于是,花朵的伸出,是对于土地的反抗,可不知暖风吹来的是烦恼,是欢乐?这其中,必然含有青春期成长的烦恼与欢乐。此时

> 如果你是醒了,推开窗子,
> 看这满园的欲望多么美丽。
> 　　　　　《春》

以"我们"的名义说出的"二十岁的紧闭的肉体",却"为永远的谜迷惑着"。于是,身体和身体以外的世界,便都成了谜;而禁闭的肉体之谜,倒比较地容易揭开,至于另一种谜,也许要永远地迷惑下去了。这年轻的认识,抑或过于成熟,也未可知。

"泥土做成的鸟",也许是易碎的,其"歌"如何,很难想象。除歌之外,肉体可为春色点燃,但也许点燃的是鸟,最好是一页纸,飞翔着,却无处归依。青春的漂泊和无定,热烈之极,莫过于此态了。

终于忍耐不住了:

> 呵,光,影,声,色,都已经赤裸,
> 痛苦着,等待伸入新的组合。
> 　　　　　《春》

也许有性的暗示,但更多的是融入社会和自然,投入生活。而在这首诗

里,自然的春,人生的青春和社会的交融感,已经难舍难分了。

真正对自然进行全面反思的,或者说以自然为题的诗篇,是写于1942年的《自然底梦》。由于具有标题音乐一样的效果,这种标题诗,自然应当给予特殊的敬重。

一开始,诗篇好像具有这样的主题:诗人是自然的孩子。对自然的迷恋,常常使诗人离开喧嚣的人群,荡尽处世的心机,而沉醉在自然的梦中。

> 我曾经迷误在自然底梦中,
> 我底身体由白云和花草做成,
> 我是吹过林木的叹息,早晨底颜色,
> 当太阳染给我刹那的年轻,
> 　　　　　　　　《自然底梦》

不仅在自然中,诗人有了自然的身体形状,如白云,如野花,如林木,如晨曦,而且和自然化为一体,成为自然的一部分,或叹息,或欢愉。这种物我化一的忘我境界,自然是人生难求的,其美妙是难以语言描述的。正如一对恋人,拥抱以至于入睡,热烈而柔顺。正所谓"那不常在的是我们拥抱的情怀"。可是,好景不长,

> 美丽的呓语把它自己说醒,
> 而将我暴露在密密的人群中,
> 我知道它醒了正无端地哭泣,
> 鸟底歌,水底歌,正绵绵地回忆,
> 　　　　　　　　《自然底梦》

虽然从自然中醒来,感觉到回到现实的无奈,可是诗人仍然把这苏醒时刻写得哀婉动人,无比缠绵。而且用诗的思维,让飞鸟和流水,唱出忧伤的歌,做回忆的缠绵,对人表示依恋。其诗境之优美真切,感人至深。

回到社会,并不是要背弃自然,或永久地离开自然,而是"施与者领向人世的智慧皈依",以弥补我年轻无知和一无所有。而一旦在尘世的平庸中领悟了人生的真谛,我仍然要回到自然的本原里去。因为"我是有过蓝色的血,星球底世系"的自然之子。

故而,源于自然,返归自然,正是我合适的去处呀!

诗歌是延迟的艺术,是隐藏的艺术,是过程的艺术。这种艺术,在穆旦

的《海恋》里发挥到了一种极致,产生了谜一般的认知过程。当然,极而言之,一切艺术莫不是一个过程,认知和体验的过程,也就是欣赏的过程。让我们看一下这首以人与自然关系为题表达自由观念的诗,是如何开始和展开的:

> 蓝天之漫游者,海的恋人
> 给我们鱼,给我们水,给我们
> 燃起夜星的,疯狂的先导,
> 我们已为沉重的现实闭紧。
> 　　　　　　　　《海恋》

这一节诗,让我们感到一种模糊的意象,似乎是在海上和空中之间的一个什么,一个依恋着海而又在空中漫游的什么,它能把我们带到有鱼有水的一个所在。实际上,鱼和水在暗示和强化海的意象,同时也在铺垫我们(人)的饥饿和干枯,还有缺乏向导的疯狂状态(从渴望"燃起夜星"照明方向可知)。因为,现实把我们禁闭得太紧太紧了。

第二节以"自由"这一抽象概念开始,用"无迹""博大""欢乐"作为它的描述,使我们进入一个抽象的思索。而这一思索又和第一节的那个"什么"产生联想,于是,形象被赋予意义,抽象变得充实和可感。这是诗的要点以及一切艺术的要点。但形象与观念的结合化一,尚未完成。

而"我们却残留在微末的具形中"(与歌声的无形相比)。意识到这一点,就在现实闭紧我们的感觉上更进了一步,于是,我们就感到"比现实更真的梦"(与现实相比照的那个什么:漫游者/恋人的什么),"比水/更湿润的思想"(与海相联系的那个什么:自由作为之所求),在这里(现实中)枯萎。另一方面,"青色的魔,跳跃,永不休止",不仅构成现实的另一方面,而且解释了梦和思想枯萎的原因。于是,人在陆地上,就成了"路的创造者,无路的旅人"——一种尴尬和矛盾的存在。

这样就形成了一个对照:

> 从你的眼睛看见一切美景,
> 我们却因忧郁而更忧郁,
> 　　　　　　　　《海恋》

一个高于人的存在,你,那作为漫游者和恋人的"什么",那化形为歌声和思想的"自由",能"看见一切美景";一个低于人的存在,便是那"踏在脚下的太阳,未成形的力量"。而人,在天地之间的我们,却因为忧郁而更忧郁。我们"丰富的无有",好像什么都有,又什么都没有。

我们拥有什么,世界吗?没有。自由吗?没有。

在拥有世界以前,也许我们首先要拥有自由。

在拥有自由以前,我们首先必须歌颂它。

现在,我们只能歌颂:

> 日以继夜,那白色的鸟的翱翔,
> 在知识以外,那山外的群山,
> 　　　　　　　　(《海恋》)

原来,那"白色的鸟的翱翔",就是"海的恋人","蓝天之漫游者",就是"自由"的象征啊!就是"比现实更真的梦","比水更湿的思想",在海天之间日以继夜地飞翔啊!难怪你的眼睛能看见一切美景,难怪"那山外的群山",都在我们的"知识以外",我们都没有看见呢!

> 那我们不能拥有的,你已站在中心,
> 　　　　　　　　(《海恋》)

那我们不能拥有的,就是这个世界,而你,却已经站在它的中心,你是"超以象外,得其环中",已经左右逢源,应运自如了。你就是"蓝天之漫游者,海的恋人"。

因为,你已经自由了。

你能漫游蓝天,因为你依恋大海,海是生命的源泉。

所以,你已经自由了。

你依恋着大海,而且向往蓝天,那自由的飞翔空间。

所以,你已经自由了。

与《海恋》那深刻的哲理和复杂的意象组合关系相比,《云》只是一则素描,一个闪念。写于1945年的这首诗,很短,很美。共两节。

第一节的大的意象,是隐喻,是船行驶在海上。船是那云,海就是那天空。可是它的本相是幻想,于是有了"来自远方"的距离,有了"一团一团像我们的心绪"的深层意象,而最后那"触摸于柔和的太阳"的意象,又一次让我们联想到第一眼看到的天边、山顶、草原,这些漂浮在视觉世界里的真实的幻象。

第二节有两个重要的隐喻,"暴风雨的种子"和"自由的家乡"。前者撒遍在泥土里,可是作为后者又"常常向着更高处飞扬",

随着风,不留一点泪湿的痕迹。
（《云》）

泪湿回到了暴风雨,自由的飞翔终于和暴风雨的种子不留痕迹地合为一体。

于是,一节诗的两个意象结合了起来,完成了一个结合。

而第一节和第二节的结合,仔细看来,是靠了"来自远方"和"自由的家乡",构成一个整体隐喻的。

一首写云的诗写完了。但没有出现一个"云"字。

从《春》到《云》,经过了《自然底梦》和《海恋》这两大高峰,穆旦关于自然的诗篇,基本上就结束了。

显然,《云》是《春》的照应和《海恋》的退化。

此后,假如说穆旦关于自然的诗还有的话,那就是晚年以春夏秋冬命名的伤时感怀的传统的咏物诗篇了——尽管这些咏物诗本身,仍然属于现代诗的做法。

末了,莫要忘了,诗人的自然,是多义的。它是自然界（例如在《自然底梦》中）,是作为自然的身体（例如在《我歌颂肉体》中）,是人类文明的对立面（例如在《森林之魅》中）,因而在很多时候,也是现代都市生活的对立面（例如在《城市的街心》中）。而以上讨论的,多在第一个意思里,即在自然界的意义上,来理解自然,显然是需要继续加以补充和纠正的。

那么,我们的自然观,是不完整的了。是呀。为什么？因为自然,神的作品,一如艺术品,它始终是不完整地呈现给我们的,等待我们去发现和理解。还有,因为"只有不完整的东西才能被理解,才能引导我们进步。完整的东西只能被欣赏。如果我们想要理解自然,那么,我们必须把它假定为不完整的"。（见《本雅明文选》,陈永国、马海良编,中国社会科学出版社,1999年,第9页）

七、精神信仰

人生是一种信仰，文学也是一种信仰，做文学的而没有信仰是不可想象的。

为了信仰而忍受和经受苦难，是一个惯常的关于人生的宗教和信仰命题。

在穆旦的文学人生中有一种品格，那就是受难者的品格，甚至有人称穆旦是"下过地狱的诗人"。这种受难者的品格，在中国文学史和诗歌史上可以说是绝无仅有。究其缘由，除了和中国社会的时代的苦难因素相联系的一面，此外，就得从穆旦本人的宗教情怀或精神寄托上寻找原因和说明。事实上，有人认为，穆旦创造了一种宗教：

> 穆旦对于中国新写作的最大贡献，照我看，还是在他的创造了一个上帝，他自然并不为任何普通的宗教或教会而打神学上的仗，但诗人的皮肉和精神有着那样的一种饥饿，以至喊叫着要求一点人身以外的东西来支持和安慰。（王佐良：《一个中国诗人》，转引自《蛇的诱惑》，"代序"第8页）

假如只是因为穆旦在诗中用了呼语"上帝"，就认为是他创造了一种宗教，那自然不值得一提。然而事实上并非如此简单。在穆旦的诗作中，或隐或显地以宗教命名的诗篇，就不止一篇。联想到其他具有宗教情结的诗篇，我们甚至可以回忆出一个不长的单子。

1940 年：《蛇的诱惑》
1941 年：《神魔之争》
1943 年：《祈神二章》
    《诗二章》
1945 年：《忆》
1947 年：《隐现》
1976 年：《沉没》
    《问》
    《神的变形》

让我们做一次简单的巡礼：

在《蛇的诱惑》里,从《创世记》这一古老的原型开始,诗人说:

> 这条蛇诱惑我们。有些人就要放逐到这贫苦的土地以外去了。
>
> 《蛇的诱惑》

在关注到人间的、中国的世俗的苦难之后,穆旦发出了这样的疑问:

> "我是活着吗?我活着吗?我活着
> 为什么?"
> 　　为了第二条鞭子的抽击。
>
> 《蛇的诱惑》

可见,穆旦的宗教观,具有基督教的原型和神话的基础,而不是一般所谓的泛神论或盲目的信仰,而且具有关注现实人生的角度而不限于自我的拯救。

发表于1941年的《神魔之争》,是诗人一再修改的一个小诗剧,其中具有简单的角色划分和诗体对话,也潜藏了一个动作。

基本的内容简析如下:

神:一切和谐的顶点,有希腊神明的影子

魔:永远的破坏者,有中国式落后的反动

林妖:体验者,承受者,迷惑者,受难者

东风:诞生者,目击者,爱者,残忍者

事件:火,起源于东风,受魔的驱使,毁灭林木(尘世的化身)。

《神魔之争》是寓言性质的,这一人类毁灭的主题,一直保持在穆旦诗歌创作的全过程中,而且不时地有发展,直到《神的变形》而定型。

《祈神二章》,则是从人的角度,正面的祈祷神灵了。

> 如果我们能够看见他
> 如果我们能够看见
>
> 《祈神二章》

这反复出现的句子,表明了一种宗教的世界观,也就是对世界的看法。第一行的"他",当然是上帝。

第二行的"看见"后面的宾语,却在下一行或数行诗句里出现,那就是尘世,而这尘世,因为有了第一行的看见上帝的存在作为信仰的前提,便看到了一个非同寻常的世界,一个充满了尘世本身的各种矛盾和根本缺陷的世界。在这样的世界里,诗人看到或感到一个不受时间和空间限制的永恒的世界:

不是这里或那里的苗生
也不是时间能够占领或者放弃的,
(《祈神二章》)

但是,要真正看见并不容易。它要我们放弃常人的眼光和习惯的思维,甚至要我们把爱情投射到天空而不是大地,不是关注物质利益而是要消除灵魂的恐惧,而且要能够挣脱"欲望的暗室和习惯的硬壳",而是在企求光明的心境里"迎接他——"

上帝之光!

如果,此时,你并不是为了某种功利的打算或世俗的目的,也不是苦心经营、着意争取,而是在心灵的平静中感觉到骚动,甚至有点背离众生,感觉到上帝给安排的路为何如此崎岖错杂,你也许会体验到:

上帝如此安排正是出于爱,让我们各自在经受了各种考验以后,投入他的怀抱。于是,你释然。

这是《祈神》的第一首,描述了寻求上帝之光的心路历程。

第二首似乎在用同样的句式,却进入了更深入的思考和描写,伸入到社会人生的本质里去,深入到人生意义的探索中去,当然是信仰者本身的人生意义,而且是从信仰者的角度和眼光去观看,始得发现:

童年所拥有的,到了成年乃至以后永远无法追求得到的东西;

人世的各种尊贵和华丽不过是片面的窥见或给予;

欢笑后面隐藏着痛哭,而痛哭后面也还有欢笑的希望在;

在虚假的真实底下压抑着灵动的生命的精神的源泉;

透过半明半暗的真理,期望是一个永远无法兑现的圆满。

而追寻信仰的路的前面是有一个目标导引我们,但这条路本身是既导引又隔离的,而那信仰的希望之光也是双重的:既吸引我们到它那里去,又使我们犹豫迟疑,怀疑那尽头到底是什么,在那里,是幻象或虚无……

有人势必会怀疑我们这里的解读,或者为穆旦本人考虑,以为在一个宗教势力相对较弱的国度何以会有这样一种比较纯正的基督教的信仰的因子潜藏在诗人的灵魂里,而且是以如此明目张胆的诗的形式表现出来。假如果真如此,那么,我们只能让他从头再读一遍《祈神二章》,一直到最后:

> 如果我们能够看见他
> 如果我们能够看见……
> 　　　(《祈神二章》)

1943年,经历了野人山战役的随军翻译穆旦,从战争的死亡线上回到了人间,先在印度养病,后撤回国内,为生存而奔波于昆明、重庆、贵阳、桂林等地,做过翻译、职员、学员,时时面临失业的威胁,生活和思想都陷入了危机之中。

在极度的痛苦中,带着可怕的回忆和深深的忧虑,这一年,他写了两首诗。

一首是《祈神二章》,在3月;一首是《诗二章》,在4月。

后一首是前一首的继续,也是诗人当时在滚滚红尘中境遇的自况:

在祈神之后,那在失败中"发掘真实"的猛醒,那在"各样机缘的交错"中"求来的可怜的幸福"的品尝,那"享受没有安宁,克服没有胜利"的悖谬,虽然每个人"永在扩大那既有的边沿",而生活的本相却是要隐藏。这就是战场以外的文明的繁华吗?

转向上苍的诗人,倍感到人间的荒谬和凄凉,如一场"可怕的梦魇","一切不真实"。肃清造成紊乱,自动陷入被动,哭泣重造哭泣,错误催生爱情——只有一个世界要我们溶入、混合,只有一个人生要我们追悔、屈服,而那"永在的光"却在消殒。然而,诗人却以他那非凡的目光穿透现实,分明看见了心目中"那永不甘心的刚强的英雄",于是乎发出一阵近乎绝望的质问和期待:

> 人子呵,弃绝了一个又一个谎,
> 你就弃绝了欢乐;还有什么
> 更能使你留恋的,除了走去
> 向着一片荒凉,和悲剧的命运!
> 　　　(《诗二章》)

是对人类的背弃吗?走在这苍凉的人间的荒原上,我们分明看见了诗人那超凡的目光,和瘦弱的身影,走在中国20世纪40年代贫瘠的土地上。

于是我们得知,诗人穆旦的主题,已经触及人类社会的堕落和世俗世界的毁灭。

经历了人类大面积死亡的惨剧,诗人目睹社会混乱与无序,直面世界堕落的现实:

> 这个世界的堕落触目皆是;上层权利也同样无耻地以其所作所为宣扬着这种堕落……上层权力和下层权力一样在同一等级上出现,所有秩序里的人物混杂在一起,毫无间隔,其实使他们如此不分彼此的是恐惧感。……即是对原初、对不可追溯的事物的恐惧,也是对近在眼前、迫在眉睫的事物的恐惧,而且程度相同。一言以蔽之,这是对未知的罪过,对赎罪的恐惧,在赎罪中可能获得的唯一赐福就是挑明罪过。(转引自朱宁嘉:《艺术与救赎:本雅明艺术理论研究》,上海人民出版社,2009年,第31页)

此刻,他走出了个性自由和人性解放的峡谷,走过民族解放与幸福憧憬的旷野,站在了人类命运拯救的悬崖边,战栗,惊惧。

穆旦的宗教情怀,在他的诗作中忽隐忽现,即便是在一些并非宗教主题的诗篇里,"主呵"的呼唤也来得十分自然。例如,在《忆》中:

> 一朵白色的花,张开,在黑夜的
> 和生命一样刚强的侵袭里,
> 主呵,这一刹那间,吸取我的伤感和赞美。
>
> ……
> 主呵,掩没了我爱的一切,你因而
> 放大光彩,你的笑刺过我的悲哀。
>
> (《忆》)

我们已经知道,穆旦诗中始终有一种或隐或显的宗教情结,尤其是基督教的信仰,而不大是佛教的或道教的情结。至少诗人的宗教表征,给人以明显的西方宗教的印象。在这里,我们还要摘要解读诗人于1947年10月发表于《大公报·文艺》(天津版)上的《隐现》一诗,由于原诗较长,这里只取最后一部分《祈神》,做以解读。需要指出的是,这里的文本是诗人生前留在家中的修订本,收入 20 世纪桂冠诗丛《穆旦诗全集》之中。

《隐现》共分三部分。

第一部分是《宣道》。

第二部分是《历程》,由前面一个小引和《情人自白》《合唱》《爱情的发现》《合唱》等几首小诗构成。

第三部分便是《祈神》。

如果打开《祈神》的结构,我们可以看到它是三部分的结合。其一是痛感人类文明的矛盾和绝望,其二是痛惜人性中权利的丧失和滥用,其三是祈求神能给予灵魂的再生和安宁。当然在时间排列上,这三者是交错进行谐调化一的。

关于文明的矛盾:

首先是关于人类文明和这个时代的根本矛盾:

> 枉然:我们站在这个荒凉的世界上,
> 我们是廿世纪的众生骚动在它的黑暗里,
> 我们有机器和制度却没有文明
> 我们有复杂的感情却无处归依
> 我们有很多的声音而没有真理
> 我们来自一个良心却各自藏起,

接着是关于我们的生活本身:

> 因为我们生活着却没有中心
> 我们有很多中心
> 我们的很多中心不断地冲突,
> 或者我们放弃
> 生活变为争取生活,我们一生永远在准备而没有生活,

关于人类的生存状况:

> 我们已经有太多的战争,朝向别人和自己,
> 太多的不满,太多的生中之死,死中之生,

> 我们有太多的利害,分裂阴谋,报复,

关于人类的心理:

> 等我们哭泣时已经没有眼泪
> 等我们欢笑时已经没有声音
> 等我们热爱时已经一无所有
> 一切已经晚了然而还没有太晚,当我们知道
> 我们还不知道的时候,

关于人类天赋权利的丧失,诗人是用几个疑问句提出的:

> 主呵,我们这样的欢乐失散到哪里去了

> 主呵,我们衷心的痛惜失散到哪里去了

> 主呵,我们生来的自由失散到哪里去了

笔者自己理解,从上下文的逻辑联系和诗人的宗教知识的结合上来看,"这样的欢乐",指的是世界之初人类和上帝共处于天上的理想境界,或者至少是人类在沉沦中转身飞向天堂、飞向上帝的过程中感到的欢乐。"衷心的痛惜",指的正是在此意义上的痛惜,痛惜人类忘记了"我们各自失败了"才接近上帝,"绕过无数圈子"才寻求与主的结合,忘记了"在非我之中扩大我自己",以便"拥抱一片广大的面积"。而"我们生来的自由"主要指的是精神的自由,如摆脱社会划定的一些前途,摆脱物质利用的诱惑,摆脱他人对我们的态度的顾虑,等等,当然也包括自由哭笑,爱智慧和爱上帝的权利在内。

关于对上帝的祈求:
一个是在各种情况下"想到你",一如穆罕默德"在他沙漠的岁月里"想到真主。可见穆旦有点泛神论或多神论的意思,而不仅局限在基督教的观念里,目的是要对自己重视和忠实于神。即便"在无法形容你的时候",也要"忍耐而且快乐"。

一个是最后的请求:

>   这是时候了,这里是我们被曲解的生命
>   请你舒平,这里是我们枯竭的众心
>   请你糅合,
>   主呵,生命的源泉,让我们听见你流动的声音。

与西方的基督徒相比,穆旦的祈求有三点不同:

第一,他不仅为自己也为人类祈求,而且似乎更加重在后者。

第二,他祈求的并不全是灵魂而是生命和生活的理想化的改正。

第三,他似乎并不完全相信他的祈求,因为他渴望得到神的声音。

可以设想,假如穆旦没有上面所述的宗教情怀,没有那样一种形而上的高度,那么,他在面对人类20世纪的种种苦难时就不会如此地从容而深邃,而他在写到《被围者》和《我要走了》时的感觉,也不会如此地激愤而平静了。

一般说来,诗人穆旦受政治的影响较小,但有些时候,特别是在宗教问题上,在解放后回国后具体的社会环境下,有些改变甚至是惊人的。有一首不被人注意的诗《感恩节——可耻的债》,写在1951年,刊载在1957年的《人民文学》上,因为把上帝和美国资产阶级相联系,而直接谴责了那个诗人一直在呼吁的上帝。

>   感谢呀,呸!这一笔债怎么还?
>   肥头肥脑的家伙在家吃火鸡;
>   有多少人饿瘦,在你们的椅子下死亡?
>   快感谢你们腐臭的玩具——上帝!
>
>   (《感恩节——可耻的债》)

也许,此后,穆旦在运用"上帝"时会谨慎些了。但他心理上的宗教情怀仍然没有减弱。

晚年的诗人,写了《沉没》。

沉没就是沉沦。如果不做海德格尔存在主义式的追根问底,指的就是人生在世与他人杂然共处和个人陷入日常事务的平庸状态。可见,沉沦也是个性的消磨和生命价值的毁灭。穆旦一生坎坷,晚年倍感凄凉。可他又有翻译诗歌的庞大计划和繁忙与辛劳,而且放下了多年的诗笔也在发痒,他又不愿意说假话和空话,于是就有了这篇抒发内心忧闷的《沉没》。

从渊源上说，沉没是纯自我探索的一个结果，沉没是被围者心态在寻求解脱。

先是说"身体一天天坠入物质的深渊"，最后又说"耳目口鼻，都沉没在物质中"。可见，灵肉分离是穆旦此时所能使用的一个潜在的概念。其潜在的逻辑是，既然肉体的沉没不可避免，于是，就把心灵的拯救作为一线希望，投射在信仰的光源上，作为对现实生活深渊的一种摆脱：

> 我能投出什么信息到它窗外？
> 什么天空能把我拯救出"现在"？
> 　　　　　　　　《沉没》

如果说穆旦作为"被围者"心态的代表，与"倦游者"和"寻梦者"一起，曾经构成中国当代新诗运动的三种势力，那么，在穆旦的晚年，突围心态和突围之后灵魂追求安宁的寻梦意识，也带上了些许倦游者的色彩。可是，受折磨和折磨人的心灵的习惯，与丰富的忍受痛苦的灵魂的意愿，都不允许这一位特立独行的诗人流露出过多的疲倦，即便人生的历程已接近尾声。于是，他发出了最后的《问》。

在黑暗与光明的搏斗中，诗人像一个痛苦的追寻者，从黑暗冲出，又进入黑暗，光明对于他只是一个短暂。诗人痛苦的原因，并非仅仅要迎接黑暗和忍受黑暗，而是作为幸存者，能亲眼看见黑暗到了尽头，却发现在黑暗中所播种的"收获的希望竟如此卑贱"。

这样，诗人的心灵便遇到了矛盾：既然黑暗为光明所吞没，是否还要去"追求天堂"？既然收获的希望如此卑贱，是否就要"唾弃地狱"？诗人扪心自问：

> 我曾经为唾弃地狱而赢得光荣，
> 而今挣脱天堂却要受到诅咒；
> 我是否害怕诅咒而不敢求生？
> 我可要为天堂的绝望所拘留？
> 　心呵，你竟要浪迹何方？
> 　　　　　　　　《问》

诗人百思不得其解，于是痛苦地如此发问。

关于穆旦宗教信仰问题的探索，并不能停留于此。诗人最后的思考，较完整地体现在《神的变形》中。《神的变形》十分类似于《神魔之争》，又是一个诗体寓言剧。而其构思，也有明显的类似之点：

神：驱走了魔，然而自己的体系病了。
魔：反叛神并鼓动人去推翻神的统治。
人：厌恶神，企图推翻神而进入天堂。
权力：体系的病因，腐蚀无所不在。

在这首诗人生前未发表的诗作中，宗教题材显然具有了现实的思想和直接的社会意义。诗人对于权力的厌恶和作为文明病因的分析，以及权力之争是否就是最终解决的怀疑，都是至为深刻的。只是在艺术上，要显得粗浅了一些罢了。

然而，这样的一个心态，不仅使人们怀疑，诗人穆旦的基督教信仰，是一贯的、虔诚的，抑或只是一种叙述和抒情的方式，或者干脆是一种认知的需要，是写诗的形而上所要求的一个逻辑的制高点。因为他不仅有基督教信仰中天堂与地狱的分野，而且要受到自己良心的唆使和顾及他人的品评这样一种中国耻感文化所独有的东西。若果真如此，那我们不禁要怀疑：穆旦是否真的相信天堂的诱惑和地狱的惩罚，而他所谓的黑暗与光明之争，是否一定就指的是天堂的光明与地狱的黑暗？他的所谓的神魔之争和神的变形，是否只具有宗教学意义上的意义？

尽管我们并不怀疑，现代诗具有反讽的因素，因而使我们难以凭字面做出判断，但我们仍然可以根据常理和我们的推测，将我们的认识归结如下：

1. 穆旦的宗教情怀，本质上是一种人文情怀。关注世俗和现实，关怀人类和文明，才是他的本意，并不是要寻求个人的解脱和灵魂的得救，而是充当人民的代言人，运用智慧向超自然祈祷。

2. 穆旦的上帝，在很多时候，尤其在一开始，和基督教的神话原型和神话系统相吻合，但在后来演变为神魔之争的时候，就脱离了原先的西方架构，进入了中国式的神启思维或者说普世性的神魔妖人的隐喻系统了。

3. 穆旦的宗教语言，是一种认知方式和抒情结构。它大大地提升了诗人的品位，加深了对现实人生的认识，丰富了对于超然存在的依赖和诉求，同时也保护了自己。很难设想，在一个缺乏神话的叙事与抒情的认知框架内，在一个缺乏人与更高的存在者沟通的灵魂里，一个具有强烈的社会责任感和人类命运感的诗人，在被称为"下过地狱的诗人"的苦难与煎熬中，除了写诗还能有更大的作为。

八、文明反思

穆旦是一个有历史感的诗人。这历史感不仅建立在对民族苦难和时代责任的思考上,而且具有对于人类文明的终极反思的高度。但在本质上,他的历史观则属于后现代的历史观。

然而,为了理解穆旦和穆旦的诗,我们必须认识到 20 世纪 30 和 40 年代的战争状态造成的中国版图的分裂现状,以及由此引出人的认识的历史的分裂状态,而这一历史的分裂状态,将最终导致个人精神(自我)的分裂和对于人类文明的认识上的分裂。诚然,战争的分裂,特别是对外战争的抵抗运动,促进了民族的团结,调动了民族的力量,然而,复杂而残酷的现实,又导致人的群体的分裂和不同的文学观点的分裂,由此造成诗歌创作上的文明的分离意识。如果说,20 世纪 20 和 30 年代的浪漫主义诗歌是积极的统一的因而也是简单的轻巧的统一与乐观论,那么,20 世纪 40 年代的现代派诗歌,由于自身的观念和诗人个体的表现,简单的统一性就被打破了,差异与诧异因其深刻的认识的分裂,引起了更为深刻的认识的分裂,包括对于人类文明认识的分裂,就是一个深刻的人类文明史的认识和新的历史观了。

> 一方面,感受个人被异己的外部力量所宰制,面对支离破碎的宇宙,体味一己之"丰富的痛苦",甚至对文明抱有深刻的困惑和敌意,疏离感、边缘感以及进退失据、茫然失措的感受是诗人的话题。……另一方面,出于传统的感时忧国精神、现代知识分子之国民意识以及英国社会诗人奥登的影响,这批中国诗人在吟诵苦闷情绪的同时,把自我引向社会议题的思考。……穆旦的政治抒情诗戳破虚假的意识形态神话,他在家国命运的主题上发出的史诗气魄的赞美,我们已有目共睹。(张松建:《现代诗的再出发:中国四十年代现代主义诗潮新探》,北京大学出版社,2009 年,第 126 页)

穆旦的《诗四首》,就是这样一首史诗般的历史诗篇,和宏大叙事的现代抒情诗。

让我们以《诗四首》为例,并从这里开始,来说明诗人在这一主题的表现上所达到的高度和深度。

《诗四首》写于 1948 年的 8 月,那个翻天覆地的变革的大决战的前夜,一切都在急变中,一切都不肯定。可是,结局似乎已经包含在历史运行的过程中,包含在诗人对于一个时代、一段历史、一种文明的感受与思索中。

诗人采取了一种迎新辞旧的态度:

> 迎接新的世纪来临!
> 但世界还是只有一双遗传的手,
>
> 　　　　　　　　　(《诗四首》)

似乎人类文明进程的惯性太大,似乎历史的进程没有脱离遗传的本能,人类的"智慧来得很慢",真理并不能到处流行,"历史//在人类两手合抱的图案里","反复残杀",理想有生有死,人性变为双重,人仍然在受伤,扭曲,挣扎在丰富的痛苦中。

虽然要"迎接新的世纪来临",但诗人担心人们会"懒惰而放心",提醒不要"给它穿人名、运动或主义的僵死的外衣/不要愚昧一下抱住它继续思索的主体"。诗人认为,历史仍然要在死亡和蜕变中获得新生,人类也会在痛苦和危险中摸索前行。然而,只要历史在前进,就少不了对它进行思考,不再思考的历史的主体,是僵死的、无望的。

信仰是太需要了,但束缚意志的信仰有可能化理想为虚妄和幻想,"排列世界用一串原始/的字句的切割,像小学生作算术"。在这里,在中国,由于饥饿和面包仍然是迫切的问题,即民生问题,在解决这一基本问题的过程中,权利的运作有可能过分,推翻现状可能导致对于未来的短视,或对未来问题的视而不见。

"爱情是太贵了",这里的"贵",可以是价值"宝贵"的"贵",但也可能是代价"昂贵"的"贵"。为此可能要付出"知识和决定"的代价,而整齐划一的模式有害而无益。在感情上,对于一个感情脆弱的民族而言,有可能出现廉价的感情投入。他提醒人们,避免"用面包和抗议制造一致的欢呼",注意"走进和恐怖并肩的权力,/推翻现状,成为现实,更要抹去未来的'不'"。

历史是人类活动的舞台。当"后台的一切出现在前台,//幻想,灯光,效果,都已集中,/'必然'已经登场",诗人深深地忧虑:是否那"行动的还占有行动","善良的依旧善良",正义是否"流血而死"。应当说,诗人的这些思考,既有历史哲学的普遍问题的深度,又有中国历史上改朝换代的经验基础。他甚至思考了,"谁是最后的胜利者"? 历史的导演是否"令人心碎"? 也许,在一个更长的变迁的视野里,在文明手段积淀的意义上,"一次又一次,只有成熟的技巧留存"。

"成熟的技巧留存",也许是一个比从表面看来更其深刻的问题。这里提出的也许是何谓文明和文明如何积累的问题。当我们把一切人为的积累都视为技巧的时候，技巧自然就包含了建设性和破坏性两种因素在内。相反，当我们所谓的技巧仅仅指的是建设性的技巧的时候，一切关于战争的、暴力的、阴谋的、恐怖的、恶意的手段，就不在文明的技巧之列了。由此构成和文明动力有关的生产与交换的、科学与技术的、发明与发现的价值问题。

显然，穆旦的历史观是一种复杂的现代的历史观，而不是传统意义上的历史观。一方面，它并不是一种向后的反运动的历史观，但也不是直线的简单的进步的历史观；另一方面，历史并没有一个固定的发生学的或者神创论的开端，因而也就不会有一个指向未来的末世论的终点。一切历史中的因素便不是简单的因果联系或逻辑关系，但也不是完全无序的和丝毫也不能分析和认识的混沌一团。在这个意义上，我们甚至可以说，穆旦的历史观有一点本雅明的影子：

> ……他的方法本身不是对对象的孤立研究，而是整体的呈现；而这种整体呈现又是历史的、开放的，其联系是非因果、非逻辑的。蒙太奇和多孔性展示的个体，是世界本然的呈现。世界本然的呈现是非传统体系的，也是非因果逻辑的。根本在于整体构成的张力是事物内在构成的矛盾运动的结果，而非机械或外在地把事物整合起来。（朱宁嘉：《艺术与救赎：本雅明艺术理论研究》，上海人民出版社，2009年，第185—186页）

进一步而言，关于历史的目标与工具，英雄与暴力，爱与错误，逃跑与成功，面包与自由——这一切历史哲学的问题，在穆旦的诗里，都有精深的思考和深深的忧虑。虽然这些思考是单独的、分离的和破碎的——就像写诗本身往往是分离的琐碎的一样。但这些思考，在前一年所写的几首命题小诗（《暴力》《胜利》《牺牲》）中，都有了一些准备了。例如，关于暴力的思考，早在诗人写于1947年的《暴力》一诗中，就已经有了较成熟的想法：

> 从一个民族的勃起，
> 到一片土地的灰烬，
> 从历史的不公平的开始
> 到它反复无终的终极：
> 每一步都是你的火焰。
>
> 《暴力》

对外的战争结束了,对内的战争还在继续。中国近代百年的军阀混战,在推翻了最后一个封建朝廷之后,几乎一直没有停止过。而上溯到中华民族的古代,甚至远古,那一战一和的策略,那一治一乱的模式,何曾发生过根本的变化?

即便人对人的战争结束了,人对自然的战争还在继续;即便人对自然的战争结束了,自然对人的战争还可能继续。民族和朝代的开始与衰落,历史的开端和延续,在生离死别、征战讨伐的侧面和背后,在君臣反目兄弟为仇的阴谋的之前或之后,始终有暴力的火焰在燃烧,在推动,在加速,在毁灭。

更有甚者,在真理的赤露的宣传与谎言的隐秘的撕破之间,从爱情的无言微笑到生儿育女的哭天喊地之际,从个体无意识地在哭泣中诞生以至于到他的不情愿的和让别人哭泣的死亡之间,暴力也有,也在起作用。

今日的梦魇的纠缠如果说也有暴力的影子,那么,明日的天堂的来临,也许会伴随着暴力的脚步。扩而言之,

> 从强制的集体的愚蠢
> 到文明的精密的计算,
> 从我们生命价值的推翻
> 到建立和再建立:
> 最得信任的仍是你的铁掌。
>
> (《暴力》)

于是,从认识论和价值论的结合上来说,"从我们生命价值的推翻/到建立和再建立",从价值创立到重新认识,重新评价,这一人道主义最高的和最终的关怀上而言,暴力乃是一个少不了的法宝;舍此,似乎人类的文明就无法存在,无法推进,无法应对了。

> 目前,为了坏的,向更坏争斗,
> 暴力,它正在兑现小小的成功,
>
> (《诗四首》)

然而,暴力也有终止的一天吧,如果说什么都是一个有条件的过程的话。可是,现在,和过去,暴力是火焰,是牙齿,是铁掌,是形象。这一切的综合就是,他燃烧,照亮,吞噬,传播,毁灭,遗传。

暴力是恶，然而它存在，不可忽视。在这里，恶作为善的反面和文明的反动，作为历史推动力的一部分的思想，就得到了一种发现和发挥。

又例如，关于历史的目的论，在《诗四首》中受到了这样善意的批判：

　　……相信终点有爱在等待，
　　为爱所宽恕，于是错误又错误，
　　相信暴力的种子会开出和平，
　　　　　　　　（《诗四首》）

因为在穆旦看来，牺牲，是现在时，是现时的事情，是不得不付出的：

　　一切丑恶的掘出来
　　把我们钉住在现在，
　　一个全体的失望在生长
　　吸取明天做它的营养，
　　无论什么美丽的远景都不能把我们移动：
　　这苍白的世界正向我们索要屈辱的牺牲。
　　　　　　　　（《牺牲》）

而胜利，则是另一种东西。它古老一如雕像，只是一种象征；而动态一如骑士，永远在奔忙中。

　　他是一个无限的骑士
　　在没有岸沿的海波上，
　　他驰过而溅起有限的生命
　　虽然他去了海水重又合起，
　　在他后面留下一片空茫
　　一如前面他要划分的国土，
　　但人们会由血肉的炙热
　　追随他，他给变成海底的血骨。
　　　　　　　　（《胜利》）

也许这些形而上的思考和形而下的表现，为《诗四首》中系统的历史观和文明史观的表达准备了思想和意象的素材，总之，到了《诗四首》结束的时候,诗人仍然在怀疑,历史本身,也许就是一个错误。甚至,历史的可能,"一开始就在终点失败"。这种历史的怀疑论,即不确定论,已经是后现代的而非传统的或现代的历史观了。

  他打破原有的历史进步主义,认为文明的历史同时也是一部野蛮史,积极的因素是在与消极因素的对比中得以表现的。基于这种非连续性的历史观,本雅明特别关注被文明历史所压抑的推动历史的原初动力。觉醒的星座所表征的正是被所谓文明历史掩盖了的不自觉的意识。(朱宁嘉:《艺术与救赎:本雅明艺术理论研究》,上海人民出版社,2009年,第190页)

也许在诗人看来,之所以会有很多的变形和不确定,就是因为一切不仅仅是人的行动和愿望,还有许多偶然的因素在起作用。历史,远不是简单的或单一的决定论的,也不是单向的一厢情愿地驶向拜占庭。它固然有人为的因素,但即便是人的努力,连同其他众多的因素一样,"还要被吸进时间无数的角度",在其中延迟,变态,成型,成为历史的因果关系链,成为一个有始而尚无终点的过程。

而文明,只是历史中人为的因素吗?

抑或,历史是文明的本相。

九、理念世界

作为智慧型的诗人,穆旦的诗,多有哲理的性质,而有些诗作干脆以抽象概念为标题,由此形成了一种命题诗作,或者类似于标题音乐一类的诗作。这种诗作的特点,大约在于直接反映作者的理念世界。当然,在前面介绍的诗作类型中,也包含有理念的成分,例如,在文明反思的类型中,就包含了暴力、胜利、牺牲等概念。为了表述的方便,这里的诗作类型的选择标准,自然是在理念上不能或不便于归入以上所涉及的类型的诗作,而在例证的选择上,则从穆旦诗集中选取以抽象概念为标题的诗作(如《理想》《友谊》),或者兼有抽象理念和形象表现的诗作(如《城市的舞》)。为了不囿于概念本身,有些以具体概念代表抽象实体的诗作(例如《手》),也酌情选入。

先说理想。《理想》包括两首诗,作于1976年4月。3月的时候,穆旦已经写了一篇十分重要的诗作《智慧之歌》。其中一开头就说:"我已走到了幻想底尽头"。

假若说幻想并不等于理想的话,那么,在该诗的第四节,穆旦就直接写

了理想:

> 另一种欢喜是迷人的理想,
> 它使我在荆棘之途走得够远,
> 为理想而痛苦并不可怕,
> 可怕的是看它终于成笑谈。
> 　　　　《智慧之歌》

可见《理想》是对《智慧之歌》中没有说完的话在做进一步的详细说明。第一首诗的开头,穆旦一连用了几个比喻,来说明理想的重要。没有理想的人是草木要枯黄,是池水要变脏,是空屋无声响,终于

> 那么打开吧,生命在呼喊:
> 让一个精灵从邪恶的远方
> 侵入他的心,把他折磨够,
> 因为他在地面看到了天堂。
> 　　　　《理想》

第二首直接谈论理想。由于现实的险恶,诗人从与现实的关系上,否定了理想的合理性,他认为:

> 理想是个迷宫,按照它的逻辑
> 你越走越达不到目的地。
> 　　　　《理想》

除了爱情(我们在"浪漫爱情"的标题下已讨论),友谊是一个值得写诗歌颂的题目。不过这里的友谊,已经不是《智慧之歌》中那"喧腾的友谊",因为青年时期,"茂盛的花不知道还有秋季",而"是一件艺术品","越久越觉得可贵",

> 因为其中回荡着我失去的青春,
> 又富于我亲切的往事的回味;
> 　　　　《友谊》

虽然说的是抽象的友谊,实际上却是对诗人和杜运燮及萧珊交往的回

忆。然而,诗人的回忆是孤独的,在封闭的老年的孤独的心境中,那颗珍视友谊的心就像一座石门——

> 呵,永远关闭了,叹息也不能打开它,
> 我的心灵投资的银行已经关闭,
> 留下贫穷的我,面对严厉的岁月,
> 独自回顾那已丧失的财富和自己。
>
> 　　　　　　　　　　《友谊》

德国古典哲学家康德认为:有两个问题是一个思想家永远要探索的,一个是抬头仰望灿烂的星空,一个是道德观念在我心中。在某种意义上说,诗人也是思想家。穆旦的《良心颂》,写于1945年,就是对于良心这一人类最基本的道德观念的探索和赞颂。

良心是一个抽象的东西,它的"形象最不固定"。没有道德的人(在诗中以九头鸟为代表),有时会"做出你的面容",而他们的幸运常伴随着对良心的背离,于是"他们讥笑着你的无用"。与之相反,坚持良心的人,却由于不善于应变,常常落得个饥寒交迫。他们的典型代表是"不得意的官吏,和受苦的女人"。

俗话说:"善有善报,恶有恶报。"但是,实际上并非如此。良心是人的自我发现和自我实现的内在机制,是有道德的人的行为准则和思考前提。良心有"分别美丑"、辨析善恶的功效。只有那些有道德的勇者才能"挺身前行,/向着最终的欢快,逐渐取得"(或许是英文的 achievement)。要达到良心的发现和道德的自我实现,才能产生"至高的感受",成为真正的道德主体。

而人类的历史,由此观之,则是一个道德实现的历史。这种历史观,颇有点类似于黑格尔的理性实现的历史观。于是,良心的事业,"在一切的失败里成功"。矛盾修辞格在诗中使用,并不在于俏皮,却是道出了另一重真理:道德的胜利,是以道德主体的牺牲为代价的。

唯其如此,良心才值得称颂。

前次我们在讨论文明的时候,涉及暴力,既作为良心之对,也可以联想到帮助暴力实行的手。这里我们要引用穆旦的诗作《手》。实际上,由于手的具体性,我们很难把它看成一个抽象名词或概念。然而,穆旦在这里使用的手,却是一个提喻,即以部分代全体,以人的手这一器官代替整个物理的能做功的人;而且在涉及社会力量比重的时候,手,或者更可以说是一种象征。

> 手在条约上画着一个名字,
> 手在建筑城市而又把它毁灭,
> 手掌握人的命运,它没有眼泪,
> 它以一秒的疏忽把地球的死亡加倍,
> 　　　　　　　　　　(《手》)

手可以做各样的事情,在心的操纵或无心的操纵下,人的一切行为,都得负责,为善的,为恶的。

> 万能的手,一只手里的沉默
> 谋杀了我们所有的声音。
> 一万只粗壮的手举起来
> 可以谋害一双孤零的眼睛,
> 　　　　　　　　　(《手》)

在社会力量的多数与少数的对比中,在权力的运作和理智的观察之间,手成为一个代言者,象征了人类社会和文明的多个运行机制。可见,手,可以是一种概念,表达一种观点,一种历史观。

> 既然眼睛悬起像黑夜的雾,
> 我们从哪里走进这个国度?
> 　　　　　　　　(《手》)

在无眼的黑夜里,人,如何介入历史?

城市,作为现代文明的一个标志,一开始就具有离开乡村,背离家园,进入人为的、机械的、紧张的生活之流的寓意。在早期的文学作品中,城市生活是脱离乡村和贫困、愚昧而进入文明的必由之路——例如在德莱塞的小说中。但在现代文学作品中,都市生活却有了完全不同的意义,那就是波德莱尔《恶之花》中所表现的对于都市生活的厌倦,由此开辟了一条新的审美途径。虽然中国的现代化和都市化程度都远不能和西方发达国家相比,但是,现代派文学的精神却直接进入到一个表现主义的内容和形式的契合点上,产生了不可忽视的影响。当然,对于现代诗人来说,每一个人都有自己不同的立场和生活态度。假如说在穆旦的诗作中,中国,这个更大的概念,往往和北方的乡村相联系,在那里诗人看见沉睡的村庄和沉睡的人们,寄托了人道主义的同情和热爱,找到了历史的原动力和希望,那么,在他涉及城市生活的时候,却是另外一种体验,一种认识了。

基本上,穆旦心目中,城市是乡村之对,是自然之对,是非人道的人的异己力量的象征。

早在1940年,在离开京城到西南联大的原野的步行中,穆旦就已经体验到这样一种感觉。

> 我们终于离开了渔网似的城市,
> 那以窒息的、干燥的、空虚的格子
> 不断地捞我们到绝望去的城市呵!
> 　　《原野上走路——三千里步行之二》

而城墙,即便在战争年代,本身就是封闭的象征:

> 原来你的窗子是个美丽的装饰,
> 我下楼时就看见了坚厚的墙壁,
> 它诱惑别人却关住了自己。
> 　　《窗——寄敌后方某女士》

这虽然使人联想起卞之琳的诗句:"明月装饰了你的窗子,你装饰了别人的梦",然而穆旦的本意不在装饰,而在揭露。他要揭露"不正常是大家的轨道,生活向死追赶"这样一种现实。

诚然,城市是现代文明的集中体现,对于城市的思考构成现代诗人的常见主题之一。虽然从传统的意义上来说,似乎农村更加容易成为诗的对象和内容。这样,一个否定城市现代文明,回归乡村传统生活的倾向,就成为浪漫派诗人的主要倾向。甚至在可以算作现代派的30年代的"前线诗人"那里——以及一些传统文人那里,把自己认同于"乡下人"因而一概反对城市文明的,也大有人在。另外,穆旦的诗也不是直接模仿西方现代派诗人的写法,例如,将中国尚未十分发达的城市写成艾略特《荒原》中的伦敦,那"虚

幻的城":

> 到街上去,这回旋着热流
> 却见不着阳光的沟渠,人们
> 像发酵的污水,从每一扇门里
> 每一个家宅的港口,冒着蒸汽
> 淌出,泛滥在宽阔而狭窄的
> 马路上。
>
> (杭约赫:《复活的土地》)

穆旦的诗不是这样。他把乡村生活作为民族的传统的根来写,而把城市作为一种现代生活形态来写。所谓对城市生活的批判,就包括了对现代文明的批判。1948年,穆旦写过《城市的舞》,从他运用旋转意象揭示城市生活的真相来看,当时他已经具有相当深刻的认识了。例如,那"高速度的昏眩,街中心的郁热","钢筋铁骨的神"把人切割,甚至"磨成同一颜色的细粉"。那虚荣、速度、渺小、空洞,都给人留下了深刻的印象。最是那"为什么?为什么?然而我们已跳进这城市的回旋的舞"作为开端和结尾,令人始终难以忘怀。

时隔28年,当年的热血青年已步入老迈之年。当诗人再度站在街头注视来往的人流和车流,真是百感交集,感慨万千。热情已经冷却,爱心变得忧郁,一切都淡化了,弱化了,抽象成为符号,像是流动不息的音乐,在耳际轰鸣,或嗡嗡。

> 大街伸延着像乐曲的五线谱,
> 人的符号,车的符号,房子的符号
> 密密排列着在我的心上流过去,
> 起伏的欲望呵,唱一串什么曲调?——
>
> (《城市的街心》)

诗人感觉到,悠悠岁月,渺渺尘世,"它只唱着超时间的冷漠的歌","使人生底过客/感到自己的心比街心更老"。似乎诗人是彻底的失望了。可是,且慢,在诗的结尾,诗人分明是不甘心的,不服气的,因为有的时候,"在雷电的闪射下/我见它对我发出抗议的大笑"。

"烈士暮年,壮心不已。"这时,我们会突然想到这句古诗。

然而,就诗本身而言,我们更惊异于诗人在街心车水马龙的流动中听到或看到音乐的通感作用,和把一切眼前景色虚化为符号的抽象能力。这种实景虚化和视听混合的特殊效果,乃是真正的艺术技巧和诗性思维发达的标志。

可见,在诗人的世界里,观念是存在的,现象的组织,正依赖了这些构成认识"格子"的观念,而诗的艺术,却在于隐藏这些观念,用情感和语气,使人感到活生生的体验和活泼泼的语言。

十、诗歌艺术

诗人追寻诗,是一个永恒的追寻。

按照海德格尔《诗歌中的语言》的说法:"每个伟大的诗人都只出于一首独一的诗来作诗。衡量其伟大的标准乃在于诗人在何种程度上致力于这种独一性,从而能够把他的诗意道说纯粹地保持在其中。"

穆旦以《诗》作标题的诗,共有两首。一首写于 1948 年,一首写于 1976 年。为了辨析,在引文的标题后加有写作的年份。

穆旦的《诗》,写于 1948 年 4 月的,也有两首,都是在这个意义上关于诗的形上探索和追寻。这两首诗的大意,现分别做以解读。

第一首:

第一节就是关于诗的形而上的思考:

> 在我们之间是永远的追寻:
> 你,一个不可知,横越我的里面
> 和外面,在那儿上帝统治着
> 呵,渺无踪迹的丛林的秘密,
>
> (《诗》,1948)

诗人永远追寻着诗,而诗就在诗人的内外,却无踪迹可以追寻,也不可知,俨然是个无解的秘密。这里的上帝,应当说是一种人类的异己的有创造力的能量,而不是宗教信仰意义上的上帝。

第二节接着说,"爱情探索着","但没有越过我的边沿","欢乐是在那合一的根里"。是说,靠了对诗的热爱而探索,而这种探索也就是自我的探索。二者本来就是一回事,但却似乎"不能够获得的",直到到达真正的合一,在那理想的境地。爱情固然和诗有关,但并不等于诗。这里只是一个比喻,而对于诗本身的探索,却仍然永远是一个谜。

诗是瞬间的感觉和体验,而不是一个固定的实体,像爱人那样,可以拥抱相吻。诗人与诗是若即若离的关系,在最近的时候,反而感觉相差更远。"呵,遥远而又遥远的",正是这样的感叹。这里似乎讲了在诗歌创作中,诗人与诗意的"脱有形似,握手已违"和"乘之愈往,识之愈真"的道理。这是第三节。

最后一节,诗人这样写道:

> 你,安息的终点;我,一个开始,
> 你追寻于是展开这个世界。
> 但它是多么荒蛮,不断的失败
> 早就要把我们到处的抛弃。

(《诗》,1948)

和第一节第一句联系起来看,似乎这里诗也在追寻诗人,也就是说,诗的内在的东西也要靠诗人努力地表现出来才能成为诗。诗的追寻和写作的过程也就是展开世界的过程,或者说,诗向诗人展开了一个自己的世界。

而最后一句,说世界是荒蛮,是终究要抛弃诗人和诗,则是说诗人和诗的命运是一起的,而抛弃诗人和诗的世界,可以有双重的理解。第一种理解:由于诗人创作诗的"不断的失败"(须知诗人一生追寻的只有一首诗),而双方都会被抛弃,即诗不能称其为诗,而诗人也不能称其为诗人。

第二种理解,是说诗人所处的外部世界,而不是诗人在诗中创造的属于自己的世界。因为,诗人的命运乖戾,不受世人的重视,而诗的命运也是如此。这里显然不是指诗人的生存问题,而是诗歌和诗人的命运问题。

第二首:

第二首的解读要困难得多,因为它隐晦未明。

第一节似乎是说,在创作的过程中,当诗人仿佛要找到诗意的一瞬间,突然会感到若有所失。到底是什么要失去呢?我理解,这里是诗人最初的创作冲动,恐怕"万物的不安"(应当说是要表达的事物)和"多年的对立"(很可能指语词的组合关系),就要在这"黑色的浪潮"的冲击下迅速地丧失。对于写作而言,就是"都要从我温存的手指向外死去"。须知诗人是靠灵感来写作的,而灵感是一闪而过,不留痕迹的。

>   那至高的忧虑，凝固了多少个体的，
>   多少年凝固着我的形态，
>   也突然解开，再不能抵住
>   你我的血液流向无形的大海，
>
>   （《诗》，1948）

这里似乎是说诗歌本身，那古老的传统的诗的形式，那曾经凝固过多少个体的诗中的忧虑，在诗意产生或自我找到的一瞬间突然得到解放，而诗人和诗一起，如奔腾的江河，再也无法遏制，一起奔向大海。这一路，"脱净样样日光的安排"，即要按照新的需要重新进行安排，于是走进了一个黑暗，需要新的探索，而此时：

>   世界正闪烁，急躁，在一个谎上，
>   而我们忠实沉没，与原始合一，
>
>   （《诗》，1948）

外边的世界是不真实的，不安宁的，瞬息万变的，而我们，诗中的诗与人，却有一个忠实的结合，一起沉下去。而当外面的世界已经改变，人们在谈论诗和诗人（即我们）时，

>   但你我已解体，化为群星飞扬，
>   向着一个不可及的谜底，逐渐沉淀。
>
>   （《诗》，1948）

诗人早已不复存在，沉入历史。而那创作本身所达到的诗的契合境界，则无从知晓，成为不可及的谜底，沉入传统。

诗人是要写诗的，不写诗不能称其为诗人。
时隔28年，写于1976年的那首《诗》，则是另一番景象。
诗人一生写了不止一首关于诗的诗，可是这一首《诗》，是诗人最后一首《诗》。和前几首关于诗的诗中对于诗的形上思考不同，这里的诗人真的把诗作为对象来要求，来对话，来寄托了。
诗人想写诗了，可他为的是借助诗的"幻想之舟"，分担自己"心上的重载"。诗本来是可以鸣不平的，可是，在诗人要鸣不平时，诗却不允许他。再

者,诗已经够多的了,诗人的悲哀已经够多的了。于是,诗人犹豫了:

> 诗人的悲哀早已汗牛充栋,
> 你可会从这里更登高一层?
> 　　　　　(《诗》,1976)

何况,多少人的悲哀都在没有来得及变成诗篇以前就烟消云散了呢。

可是,诗人依然放不下要写的诗,他想摆上"形象底筵席",用语言做"山珍海味",而且告诫自己(生怕自己长久不写诗会手生似的),或者提醒后来者,"要紧的是能含泪强为言笑",不要只是惊叹不已。自然,有所控制和含蓄,都是诗歌所需要的。

诗人,转而又担心,自己的诗达不到水准,因为

> 诗呵,我知道你已高不可攀,
> 千万卷名诗早已堆积如山:
> 　　　　　(《诗》,1976)

或者自己没有读者,甚至自己在地底下漠然无知。

最后,诗人终于决定不写。他甚至忿忿地说:

> 又何必追求破纸上的永生,
> 沉默是痛苦的至高的见证。
> 　　　　　(《诗》,1976)

可他还是写了,而且写了一首两行一节押韵的"信天游"风格的诗。从诗的组织方式来说,这是一种比较容易写的诗。可是从诗的思想内容来看,从诗的形而上学的高度来看,这仍然是一首重要的诗。因为他写了诗人的矛盾心态和对诗的永久价值的怀疑。这一点,在28年前的那首《诗》里,是感觉不到的。

关于穆旦的诗歌艺术,主要是其中所反映的诗歌观念,我以为可以找到如下几点认识:

1. 穆旦对于诗歌的理解是动态的而不是概念性的,尽管他的思考具有很强的形上悬设色彩,但他似乎并没有"纯诗"的概念。

2. 穆旦对诗歌的理解永远与世界和人生相联系,与当下的体验和一贯

的感受相联系,即便是悬想也有形象性,主题抽象而意义感觉明显。

3. 穆旦在诗歌中表现的个人意识(情感的或哲理的)很强,同时,也有很强的民族意识和人类意识和文明意识,但似乎并没有表现出明显的宇宙意识。

在更早的诗歌里,在早期那首反映青年的苦闷与表达欲望的《玫瑰之歌》里,穆旦就提出过对于中国古典诗词的看法,作为他诗歌创作的一种认识,而这种认识,几乎影响了诗人一生的诗歌创作。

  我长大在古诗词的山水里,我们的太阳也是太古老了,
  没有气流的激变,没有山海的倒转,人在单调疲倦中死去。
(《玫瑰之歌》)

正是基于对传统诗词的这番认识,穆旦是拒绝了旧诗词的语言和构思的,于是也就更彻底地走进了西方现代派的写法里去。因为他有"过多的无法表现的情感,一颗充满着熔岩的心/期待深沉明晰的固定。一颗冬日的种子期待着新生"(《玫瑰之歌》)。

须知中国这个诗国,自清代以来,早已经是古典诗词的冬日,而到了20世纪40年代,现代新诗的新生正当其春时啊!

时在1940年,3月。

第二节 动因研究:高潮与消退

关于穆旦的新诗创作,前面进行了主题的和艺术的分析,而且也有了一些分期的初步的研究。这里之所以还要进行更进一步的动因分析,就是因为我相信,一个诗人一生的创作会随着时代与社会的环境而变化,而且也会随着自己年龄的增长和心理的变化而变化。当然,作为动因,我们并不强调二者的分离,而是注重其综合的统一的影响因素。在这里,我们粗略地把穆旦一生的新诗创作,分为以20世纪30、40年代为代表的前期,50年代为代表的中期,和70年代的晚期,从中可以看出一条坚持不懈而又富于成效的创作路线:

一、前期创作:高峰体验

阅读一个人的诗要能有一个基本的印象,没有印象的阅读当然不能算作成熟的和有成就的诗人,而印象深刻久久不灭者则为好诗和好的诗人。

穆旦的诗歌创作在一开始就有十分鲜明的特征和轰动性的效应，并且引起过激烈的争论。早在半个世纪以前，"九叶派"诗人陈敬容（默弓）就描述了下面的阅读印象：

> 穆旦的诗比较强烈、突出，读他的诗往往使人顿时感到紧迫，仿佛有一种什么力压缩在字里行间，把你吸住。他用深入——深入到剥皮见血的笔法，处理着他随处碰到的现实题材。无论写报贩、洗衣妇、战士、神或魔鬼，他都能掘出那灵魂深处的痛苦或欢欣。（默弓：《真诚的声音——略论郑敏、穆旦、杜运燮》，载《诗创造》第1卷第12辑，1948年6月，第30页）

这是一个典型的现代派诗歌的阅读印象，而且是一个具有个性的诗人的阅读印象。读者和评论者不仅没有隐瞒任何感觉，而且我们很佩服她的印象抓得准而且狠。可是我们不禁要问，这样的阅读印象从何而来呢？原因当然是多方面的。最内在的原因当然要到诗人自己身上去找，除了现代派诗歌不同于古典诗词无端的愁绪和浪漫主义诗歌的轻浮的乐观以外。在写作方法上就关乎运用什么方法处理生活题材——如同陈敬容所指出的，而在认知上则关乎诗人如何感知和理解世界。换言之，关键是诗人穆旦，作为一个现代派诗人，对于生活具有现代人所特有的体验。这种体验使他的诗迥然有别于传统的诗歌，当然也在一定程度上有别于其他现代派诗人。这种体验就是所谓的"震惊体验"。

> 震惊体验是现有经验方式发生危机的体现，是现代经验与现代生活断裂引发的感受，它在人们的体内造成一种巨大的焦虑。震惊，这是经验失效后现代人的普遍体验，也是现代人抵御外在刺激带来的焦虑而生成的防御能力。既有的经验无法同化或适应外在的"事变"时，就会产生具有突发性与疏异性的震惊体验；而现代艺术，本雅明认为它具有一种防范震惊的功能，它是以牺牲意识的完整性为代价的。（朱宁嘉：《艺术与救赎：本雅明艺术理论研究》，上海人民出版社，2009年，第169-170页）

这种"震惊体验"，让我们想到传统诗词的阅读感觉，在温和的微微的感动中你会发现人生际遇的愁和人伦关系的怨，渠道化的抒情方式和整一性的做人方式，还有，总是那样和谐的没有争议的美的感觉。一言以蔽之，"震惊体验"的缺乏，或者只有微弱的感动。当然，这样说不是一律如此，例如李白和屈原的有些诗,读之难免动容。而对于穆旦诗的评价,相反的意见也有,而且可能包含更大的普遍性和代表性。那就是诗人公刘发表于《花溪》月刊 1985 年第 6、7、8 期上的《〈九叶集〉的启示》。公刘坦言他不喜欢穆旦创作的诗,但喜欢他翻译的诗。他说:

> 我不怎么喜欢穆旦的诗。他的诗太冷。……过多的内省,过多的理性,消耗了他的诗思。……作为翻译家——另一种意义上的诗人——穆旦是不朽的。他的许多译诗是第一流的,是诗。不同语言的山阻水隔,竟没有能够困扰诗人的跋涉。人们将铭记他的功勋。(转引自《一个民族已经起来——怀念诗人翻译家穆旦》,江苏人民出版社,1987 年,第 129 页)

不难看出,这里的"诗"被理解为非现代派类型的诗,或者可以说是浪漫主义的诗歌范型,也可以视为传统中国诗词的诗意。对于这一点,诗人本人是意识到了的。他在 1976 年致老友杜运燮夫妇的信中说:

> 总的说来,我写的东西,自己觉得不够诗意。即传统的诗意很少,这在自己心中有时产生了怀疑。有时觉得抽象而枯燥。有时又觉得这正是我所要的:要排除传统的陈词滥调和模糊不清的浪漫诗意,给诗以 hard and clear front,这些话也是老话,不说你也知道了。不过最近考虑诗的问题,又想一遍罢了。(《穆旦诗文集》(第 2 卷),人民文学出版社,2006 年,第 145 页)

何况穆旦翻译的诗歌,无论是来源于俄语还是英语,都是浪漫主义的诗歌,而晚年唯一的一本《英国现代诗歌选》除外。而且,过多的理性和内省恰好也是现代派诗的特点,"太冷"的感觉也是不错的,只不过冷峻的下面还有炽热的爱,如同鲁迅的杂文。在这个意义上,我们也可以理解王佐良所谓的"非中国"化的诗,以及"折磨人的"和"受折磨的"等印象,都可以从这种对于生活的独特的诗学态度里区分出来。拿穆旦本人的话来说,就是诗要出于"惊异",和要"弯弯曲曲的写出来"的意识。

穆旦这样的诗,虽然一生都在坚持并保持了这样的区别性特征,但总体说来,以解放以前的 30、40 年代为最典型。我们谈论穆旦的诗,大部分都以这一时期为典型例证,而且视为是具有高峰体验的最高阶段。从以下的诗选集和评论中也能看出:

1. 穆旦诗歌的创作数量,四分之三属于这一时期。

2. 穆旦的三个自选集,全部发表于这一时期。

3.《穆旦精选集》和《穆旦诗文集》(第1卷)都坚持了这一选择模式,把三个集子以外的编入"集外诗存"。

4. 一些纪念文集,例如《一个民族已经起来》,附录穆旦7首诗,只有《冬》属于第三期。

5. 许多分析和评论,多选择以这一时期穆旦的诗为重点,例如,王佐良的《论穆旦的诗》,谢冕的《一颗星亮在天边——纪念穆旦》。

6. 穆旦诗的轰动效应,可以从其发表初期的评论密集的程度看出。仅仅在20世纪40年代晚期的两年间,直接评论穆旦的诗歌创作成就的,就有如下的文章:

王佐良:《一个中国诗人》,1947年;

周珏良:《读穆旦的诗》,1947年;

李瑛:《读〈穆旦诗集〉》,1947年;

唐湜:《穆旦论》,1948年;

陈敬容:《真诚的声音——略论郑敏、穆旦、杜运燮》,1948年。

也许,我们可以这样说,第一时期的诗歌是穆旦现代诗创作的高峰,不仅起点高、数量巨大,而且在主题上,已经包含了一生创作的十大主题的几乎全部,而在诗歌形式的探索上,也已经遍历各种文体,探索了大部分的可能性。当然,作为读者反应,也有了社会的轰动效应,而诗人自己,则出了三个自选集,有了一个基本的交代了。但不限于此。

这里有一个《穆旦自选诗集》(存目),是诗人1948年赴泰国以前编辑的,从未出版。

序(缺)

第一部:探险队(1937-1941)

第二部:隐现(1941-1945)

第三部:旗(1941-1945)

第四部:苦果(1947-1948)

值得注意的是:(1)因写于1941至1945年的诗作数量多,以至于重复出现在两部分中,可见这一时段是穆旦诗作的重中之重。(2)第四部分的命名:苦果,表明了一段历史的感觉。(3)诗集的序言,本来是有一个写作计划的,但终于没有写出,现在各种版本用的都是他人的序言,有王佐良的和谢冕的研究文章,或其夫人周与良的纪念文章,作为代序。

可见,穆旦对于自己的诗作,从写作到出版,有十分系统而周密的安排。

二、中期创作：艰难抗争

解放初期和整个五十年代，虽然不能说穆旦的诗性反应本身已经发生了根本的变化，但他对于周围的世界和环境确实采取了一种保守的防卫的审慎态度，不仅反映在单位的同事关系之间，而且表现出对于政治的敏感因而预感到自己的不适。为了便于说明这一情况，这里要交代一下在新的形势下整个诗学界所面临的困境，特别是"九叶"诗派在解放以后的命运。而这一认识本身，不仅有一个艰难痛苦的过程，而且这一过程本身，也是不断被延迟和淡化的，包括它的认识、写作和发表。例如，迟至本世纪初，我们才读到1993年6月谢冕在香港岭南学院为《中国新诗萃》（台港澳卷）所写的序言，其中有这样一段发人深思的文字：

> 进入五十年代以后，中国诗在大陆的强烈意识形态化，从诗的内涵言，是滋长了一种虚幻的欢乐感。这种风气始于理想化的社会风尚，而后变成了诗歌一律化的规定性。内容的一般性要求逐渐衍化为诗的价值标准。并迅速形成了统一意志笼罩下的艺术策略。至此，不仅是诗的内容甚至情绪也受到规束，即诗必须表现某种统一的情致，大体说来，是必须表现乐观、欢乐、和希望，反之，便是没落阶级的悲观和灰色，那当然便具有敌对性。（谢冕、杨匡汉主编：《中国新诗萃》（台港澳卷），人民文学出版社，2001年，"序言"第3-4页）

显然，天翻地覆的社会变化，带来了人的精神面貌的变化。主流意识形态的进一步确立和加强，影响到每一个诗人的显示态度和表达方式。一个基本的事实是，在新的政治形势和频繁的运动中，诗人群体在激烈地分化，消融。除非积极响应主动配合，如郭沫若用"百花齐放"来迎合政治需要，臧克家以《诗刊》作为斗争的阵地，可以勉强维持。其他许多诗人，都采用了复杂的、间接的、温和的方式，进行适应，包括冯至对旧作的修改，田间对《赶车传》的改写，何其芳则转向诗歌评论。艾青，曾经被穆旦作为新的抒情方式在诗学上做了充分肯定的，这时却遇到了难以逃脱的命运。"在反右派运动中，他和那些在延安曾强调知识分子的精神个性和文学创造的特殊规律的'文抗'派作家——丁玲、萧军、罗烽、白朗等，都成为反党集团成员和右派分子。"（洪子诚：《中国当代文学史》，北京大学出版社，1999年，第61页）至于胡风为首的"七月"诗派，则涉及对他们在抗战时期与解放区诗风相对的别样诗风的否定，包括对胡风本人的诗论的批判，直至胡风等一批人被打成

"胡风反革命集团",受到了彻底的清算。相比之下,"九叶"诗派,由于当时和以后并没有存在一个实际上这样的诗歌团体,也并没有直接涉及与当时政治的关系,虽然在诗歌与政治的关系问题上他们的观点并不能令人满意,其命运总的来说还是不错的。换言之,"九叶"诗派所遭遇的,只是冷遇和被遗忘而已。

> 不过,在50年代,诗界并不认可他们"渴望能拥抱历史的生活,在伟大的历史光辉里奉献我们渺小的工作"的热情,也没有留给他们"从自觉的沉思里发出恳切的祈祷,呼唤并响应时代的声音"的空间。在诗是政治和阶级斗争工具的观念已占据重要地位的40年代后期,他们却绝对否定二者之间有任何从属的关系,……这自然会被看作是在批评和抗衡革命文学路线。而他们创作的"现代主义"的倾向,更不可能为当代的文学规范所允许。因而,在进入50年代之后,虽然个别诗人也有不多的作品发表,但作为一个诗派,已不复存在。在当时出版的多种新文学史著作中,在有关"五四以来"的新诗的评述文章和新诗作品选本中,对这一诗派所采取的"策略"是不置一词,也不收他们的任何作品。他们被有意的忘却所掩埋。(洪子诚:《中国当代文学史》,北京大学出版社,1999年,第61-62页)

虽然穆旦本人所受的政治迫害,并不完全由于他的新诗和心事,但"九叶"诗人中的唐湜和唐祈后来被打为右派,则是一个严酷的事实。在这一整个过程中,穆旦的诗歌创作显然是具有政治调适的新的尝试,包括主题的选择和诗歌形式的变化。值得注意的,还有研究动向本身也在变化——规避与淡漠。在王佐良的评论《论穆旦的诗》中,基本上绕过了这一时期,而在谢冕的评论《一颗星亮在天边——纪念穆旦》中,则没有回避这个问题:

> 每个时代都在以它的精神塑造最能传达其精神的歌者,但是,每个时代在作这种选择时又都表现出苛刻:它往往忽视并扼制诗人与众有异的独立个性和特异风格。这情景在五十年代以后的岁月中展现得非常充分。穆旦为世不容。一曲《葬歌》使他遭到更大的误解与非议,他终于在不甘与忧愤中停止他的歌唱。(谢冕:《一颗星亮在天边——纪念穆旦》,《穆旦诗全集》,李方编,中国文学出版社,1996年,第24页)。

就1957年的诗歌而言,问题还不仅仅在于《葬歌》这样一首诗的写作,甚至《葬歌》的写作技巧和主题思想在这一时期的创作中还是最好的之一（其中包含对于《森林之魅》的继承）。同样为了发表的还有《九十九家争鸣记》，属于一定意义上的政治诗，但还不是政治讽刺诗。至于《去学习会》那轻快的节奏和清新的感觉，还有《三门峡水利工程有感》，都是属于转换现实题目和歌唱新题材性质的，但并没有成为单纯的正面歌颂，而是郁积了新的民族文化的批判。只有《"也许"和"一定"》表现出异常暧昧的态度，既保持了对现实的冷静态度，又想以逻辑的力量决定什么。两极之间连接的就是那一个中间的对子：

> 敌人啊，快张开你的血口微笑，
> 对准我们，对准这火山口冷嘲。

虽不如《问》和《我的叔父死了》，但仍有一定的反思与自白的深度。还有一首诗的写作时间不太清楚，那就是由家属提供的《妖女的歌》。借助西方神话典故，抒写深刻的主题和矛盾，临时放在1956年，作为这一年唯一的一首。

一方面是内心矛盾和环境适应的尝试，一方面是创作与翻译的矛盾——构成这一时期的主要动因，而"震惊体验"的缺失，最起码是淡化或退化，减弱了诗歌创作的内在动因和挖掘生活的深度。当然，为己的创作与为人的创作，在私密写作与公开发表之间徘徊不定，作为第三维度的影响因素，也直接影响到这一时期的创作质量。

三、晚期创作：走向象征

晚年的创作，可以说起源于一个偶然的机会，那就是一只苍蝇飞入房间，引起诗人的感慨，而有了戏作的《苍蝇》。这首诗能出示给老诗友杜运燮，说明了穆旦对于诗人群体的存在的珍视（即便是青年学子他也写信附诗，对待如诗友），这也是他的诗情终生未曾泯灭的一个底层的创作动因。此后，1976年，他去世前的最后一年，诗人的创作恢复了。考其大体的动机，可以归结为四点：

1. 临近生命的尽头，已经没有了多少生的顾虑，表达自我的愿望反而增强了。
2. 对于当时"四人帮"政治现实的不满，与民心和国情具有同步共振的性质，自觉已经获得了道义的支持。
3. 深信社会环境会发生变化，而且在不久，即便自己的命运无法改变，或无法看到改变,也在所不惜。

4. 最后,还有一个不容忽视的因素,那就是长期的诗歌翻译,特别是晚年的英语现代派诗歌的翻译,不仅为他积累了智慧和能量,而且引发了创作的热情而难以遏止。

从文艺心理学和创作心理的角度来看,诗人的主观认知与社会环境的关系,永远处于一种矛盾的关系,能在期间保持这种追求与敏锐者,可获得一种永久的资源:

> 一面既知世界人生之局促苦痛,愚暗不平,一面仍不失对一切生物之爱情,及对管辖自然及历史之势力之信仰故也。……自人类之位置观之,一面必加其势力于其周围,而胜种种之抵抗;但在他方面,对自然及历史之势力,亦不能不自觉其弱小。惟不喜亦不惧者,始能内有以胜自己,外有以胜世界。(佛雏:《王国维诗学研究》,北京大学出版社,1999年,第347-349页)

晚年穆旦的创作心态,大抵如此,尤其以下面一节诗最具代表性。它表明了向死而生的诗人平民意识在荒漠中的最后完成。

> 但如今,突然面对坟墓,
> 我冷眼向过去稍稍回顾,
> 只见它曲折灌溉的悲喜
> 都消失在一片亘古的荒漠,
> 这才知道我的全部努力
> 不过完成了普通的生活。
>
> 《冥想》

应该说,在一个相对比较平淡的和平时代(与战争年代的峥嵘岁月相比),特别在一个人的晚年,精神趋于平和的时候,这样的诗是另一种真实。但考其最后一期的创作主题及随即分类,也有其丰富性和继承性,无外乎以下几类:

1. 自我的反思与心路历程的追索。(《自己》《智慧之歌》《理智和情感》《听说我老了》)
2. 写四季的诗歌作为传统诗歌人生主题的推陈出新。(《春》《夏》《秋》《冬》)
3. 政治讽刺诗的出现,而且毫无顾忌的抒发和批判。(《演出》《退稿信》

《黑笔杆颂》)

4. 现实中一些随机的事件和素材引发出诗性的联想和即兴成篇。(《苍蝇》《停电之后》)

5. 以前主题的继续和新的专题的开拓。(《神的变形》《爱情》《理想》《诗》《友谊》)

6. 残稿。(《面包》(未完稿)、《秋》(断章))

关于晚期的诗风转变,以前有过一些论述,例如从激烈的现代派到温和的象征派的转变,从各种形式的实验到倾向于四行诗节的沿用,从巨大的诗学张力到炉火纯青的诗境的浑成,等等。这里只想提一下穆旦晚年的残稿、遗稿和可能被毁掉的诗稿。

1. 关于残稿,有两首。一首是《秋》(断章),此诗的注解说明了原委:

此诗为作者家属提供的未发表稿。原稿仅存"2"、"3"两章,且未记下写作时间。故于诗题中加"断章"二字以注明。(《穆旦诗全集》,李方编,中国文学出版社,1996年,第339页)

另一首是《面包》(未完稿),其实是一篇基本完成的稿子,一首十四行诗,只有最后一节的最后一行没有写完:

我们想到的是未来的丰收,
田野闪耀,欢快,好似多瑙河,
而清晨

2. 关于遗稿,这里指的是《穆旦诗全集》未能刊出,而又见于其他来源的诗作。但有一些例外。例如,《穆旦精选集》记载,穆旦在给早年好友董言声1977年2月19日的信中,最后谈到了老年,发出了"呜呼,天不饶人"的感慨。最后附了三小节诗,都在《老年》的标题下,乍看很陌生,实际上是来源于《老年的梦呓》的2、4、5节。虽然不作遗稿处理,但可以看出,穆旦对于诗歌的利用,也有人际交往的应酬作用(早年写给王佐良女儿的《摇篮曲》是又一个例证)。另一个引起注意的现象,就是穆旦在给友人的书信中不止一次地附上《还原作用》。他还在其他地方,专门讲述写作这一首诗的情况和观点,可见诗人对这首诗特别看重。

值得注意的是,穆旦在晚年提供了一个详细的诗作遗目,只涉及1976年和1977年的诗作。其中部分诗篇的题目有改动,用黑体打出的篇目已经包含在诗集中,而其他大多数则消失不可追寻了。

穆旦晚期诗作遗目

历史 碉堡 词藻小史 幻想的旅程 鸟瞰 盛大的夏天 爱情
火热的语言 某人写照 描圆 时间不会说话 保M 沉没 理想
神塔 大厦 魔影 镀金时代 演出 体面的语言 自己 妖女
苍蝇 "我"的形成 冥想 口头G 美好的故事 真理 原谅 不宣
而战 诗 听说我老了 老年的梦呓 悼 失眠 奔月 城市的街心
智慧之歌 童年 普通人 友谊 好梦 问 失败者 欢呼声中
停电之夜 神的变形 软体 父与女 四季之歌 苦水 半真半假的
这儿一切都好 茅屋 一加一(二、三) 这个世界 我受伤了

其中的《好梦》，几个出处都是分开的《好》《梦》，查诗集中有《好梦》一首，疑是手稿写时太靠近以至于造成的笔误印象。特此说明。

还有一首不见于上述单子，但仅见于《穆旦诗文集》（第1卷）中的诗《法律像爱情》，也没有写作年代，是夹在1976年中的。穆旦给郭保卫1976年7月27日的信中附有一首近译奥登的《暗藏的法律》，而较早时候，在同年3月8日给郭保卫的信中，则有一首翻译的路易斯的《两人的结婚》。由此来看，也许是穆旦受到这两首译诗的影响，将二者结合为一个主题而写出来的。

这里录出首尾两节，以见出其概貌：

法律像爱情

法律是太阳，园丁说，
法律是一种规格
一切园丁都得遵守
昨天，今天，以至永久。

……

虽然我至少可以局限
你的和我的虚荣
试陈述微末的相同，
我们还是可以夸
法律像爱情。

别的暂且不讨论,仅从这首诗的格式不那么严谨来看,也许不是穆旦最为看重的一首,但能示于友人,在内容上又未尝不是一个十分完整的作品。在遗目中也没有,既不在册,也未细改,可能是别一种意义上的"漏网之鱼"吧。

在这一部分的第一章,我们讲了穆旦的诗歌创作,研究了他的创作分期与体裁分类,诗作结构与语言特色;在第二章,我们讨论了穆旦诗歌创作的十大主题,而且重新分期并分析了穆旦的诗歌创作,尤其注重从动因的角度给予新的说明。至此,在行将结束这一部分的时候,关于穆旦的诗歌创作,我们还能说些什么呢?

我们想说,在今天文学史编写的体例上,穆旦各时期的诗歌创作,由于活动地域与个人因素等复杂的原因,也由于现代诗歌史的选择与评论上的偏颇,从来就没有进入到所谓主流诗歌的位置上,而是长期以来始终处于被忽视和贬抑的地位。但这并不是说,穆旦的诗歌创作与时代毫无关系,或者说就是象牙塔里闭门造车的结果,也不是说,穆旦的诗歌就没有人推崇和受到过好评(包括相反的评论)。恰恰相反,穆旦处于伟大的变革时代和新诗运动蓬勃兴起的时代,他是"西南联大"诗人群的后起之秀和"九叶诗派"的中坚。解放以后的穆旦,基本上已成为孤军作战。20世纪50年代的穆旦,诗歌创作的质量和数量都受到当时意识形态的影响,但其总体水平,并没有下降。在经过"文革"十年的彻底搁笔以后,到了晚年,穆旦的诗歌创作达到了另一个高峰,变得形式上单一而在内容上更加有内涵。就当时的诗坛而言,穆旦诗歌创作有"地下文学"的味道,其现代派遗风,则与"朦胧诗"的兴起相呼应,而穆旦诗风影响所及,便是直接促进了中国新时期现代派诗歌的健康发展。由于穆旦的早慧、才性和始终不懈的努力,他的诗歌创作,在各个阶段,都取得了众所瞩目的成就,作为20世纪桂冠诗人,已经引起了国际诗坛和学术界的注意。而对于穆旦的诗歌研究,已经到了要重新进入中国现代诗歌史和据以重新评价现代文学史的意义的时候了。

关于穆旦诗歌,迄今为止已经有了各种不同的认识、评论和研究观点。世纪之交和21世纪之初,已经形成了穆旦诗歌研究的第二次高潮。事实上,穆旦不仅仅属于一个诗派,如果说穆旦属于"九叶派",那也是解放以前,特别是20世纪40年代的穆旦,那时候的诗歌创作,和后来成为"九叶"的诗派有较多的联系。在这里,我们姑且引用他的同道,"九叶诗派"最后一位诗人郑敏的一段话,来重温一个诗歌的旧梦:

当人生已经走过一多半时,我们九个四十年代的诗人的诗魂飘到一起,好像从外空降落在地球的这一角,开始了我们没有想到的新的诗歌的生命。我们的第二次诞生是从《九叶集》开始的。我们在四十年代年轻的诗魂又重新找到它的身躯。(郑敏:《诗歌与哲学是近邻——结构-解构诗论》,北京大学出版社,1999年,第401页)

然而,穆旦更多地属于他自己,特别是那个经历了抗日战争和解放战争,以及解放后50年代和"文革"苦难,终于到达个人与民族命运的转折点交汇的时候,穆旦更多的仍是他自己——那倔强的回望自己而飞扬自我的诗人。"九叶"诗人唐湜对他的评论就具有这样的认识:

> 他用他的全人格,血肉与思想的混合,来表现这些,他以有血肉的搏求者的精神、先知的坚定的直觉与思想者的凝重的风度来表现这些。他以全身心拥抱自我,也因而拥抱了历史的呼吸,拥抱了悲壮的"山河交铸"。他所表现的不是一个虚浮无根的概念,却是他的全人格,新时代的精神风格、虔诚的智者的风度与深沉的思想者的力量。(唐湜:《九叶诗人:"中国新诗"的中兴》,上海教育出版社,2003年,第91页)

从穆旦与时代的关系以及个人经历与命运的多舛而言,我们完全可以说:穆旦是一个搏求者,一个以"带电的肉体"和"痛苦的灵魂"去搏求真理的诗人。

构成穆旦诗歌特质的,有如下一些值得关注的因素:

1. 早慧与博学,关键时期直接受教于现代派诗人,一生勤奋,对诗歌创作的刻意求新,求深,求真。

2. 出身于南方的世家,富于想象力与灵秀气质,南北各地游历和工作,又久居京津,结合了北方文化的博大深厚的传统。

3. 经过简短的尝试,很快由浪漫派进入现代派诗歌创作高潮,入"西南联大"诗人群和"九叶"诗派,而能出之,特立独行,成就斐然。

4. 经过战争的洗礼,对人类苦难有深刻的理解,一生不断承接命运的打击,处学府而自尊,坚韧,致宁静与凝练灵魂,博爱与机敏,虽苦难而未曾一悔。

5. 青年时期留学美国,吸取西方文化和俄罗斯文学精髓,掌握两门外语,自由出入之,且一生未曾中断过外国文学作品的翻译,大大地丰富和加深了对诗的理解和文学语言的锤炼。

穆旦的逝世,对于中国的新诗,是一大损失。作为"九叶"诗派的中坚和最有才华的诗人,穆旦一生短暂而辉煌。他先其他八个诗人于1977年猝然离去,是一个震惊、一个悲哀、一个不祥的信号。

穆旦是"九叶"之树上第一片飘落的叶子。

> 爆裂不是你的声音
> 你无数次地让它炸毁在内心
> 而这一次,你是第一片
> 飘落的叶子,当前一年
> 地动山摇的震撼渐次平息
>
> 你的血肉化作微尘渗入泥土
> 那回归生命本源的逻辑
> 又一次挥动它的魔杖
> 而你被缓慢地沉痛思念着
> 像丝丝神经抽离出一个时代
>
> （朱墨）

四、回声:走出冬季

从1977年诗人穆旦去世以后,三十多年过去了。诗人身后,留下了太多的思考和回忆。

历史翻开了新的一页。中国的改革开放在大踏步地前进,人们的生活、思想和学术发生了巨大的变化。中国的新诗和新诗活动也发生了诸多的变化和影响,这其中,也包含着诗人翻译家穆旦的越来越值得关注的影响。

穆旦的《春》,在纪念新春的文艺活动中,在中央电视台被集体朗诵。他的诗,在新一代读者中间传诵,表明生活已走出《冬》的苍白和赤裸,进入了明媚和喧闹的春季。

穆旦的诗,被翻译成英语、日语等语言,在世界的诗坛上被广泛地阅读。日本学者秋吉久纪夫,《穆旦诗集》的编译者,来到南开园,采访诗人的夫人,并考察了诗人穆旦出生和最初上学的地方。

穆旦的研讨会,在南开园几度召开。穆旦的子女和友人,包括郭保卫,从海外赶来,和全国各地的专家、学者、诗人一起,回忆穆旦的生平和贡献,追述他的为人和命运。晚上,大家一起朗诵穆旦的诗,或者自己写的纪念穆旦的诗。

　　穆旦的胸像,立在他一生长期工作和生活的南开大学校园内。诗人深邃的目光,仿佛要穿透历史和生活的真相,告诉人们一个真实的诗歌世界。塑像的基座上,镌刻着那首诗人在晚年的孤寂和寒冷中写成的《冬》。而身后,是两个大字:"诗魂"。

　　也许,诗人听到了我们关于他和新诗的话语:

　　　　……
　　　　穿过古典文学的长廊
　　　　新诗在硝烟散去的凄风中
　　　　饮泣,谁定了谁的格律
　　　　经不住,一团朦胧的意象
　　　　消融如宣纸上的墨迹
　　　　而你仍然在雕像中沉思
　　　　森林之魅萦绕着你,智慧之歌
　　　　诗八首,如何能唱得毕
　　　　生前孤独,死后也孤独
　　　　我们甚至不知道献你什么花
　　　　东村你住过的房子还在吗?
　　　　诗魂,东艺楼的琴箫缠绵
　　　　你听到了吗?权作你
　　　　梦中的琵琶;图书馆,是新
　　　　是旧,还不是一个样
　　　　那楼梯下方的小书店
　　　　才是一个值得的去处

　　　　……
　　　　我们坐在林中交谈,何去
　　　　何从,一个人的青春
　　　　有多少岁月,临风消磨
　　　　门外是桥,你可以看到风景
　　　　路灯擎着桔色的小光亮
　　　　游人如梭,复康路上
　　　　喧嚣与宁静,仅一墙之隔

秋色,怎抵它晚来风雨急
待飞雪过后,一片洁白
红雁泥爪,几多留痕

  (朱墨:南开园即景:或幻想曲
2011 年 10 月 5 日凌晨
写于小卧室床上)

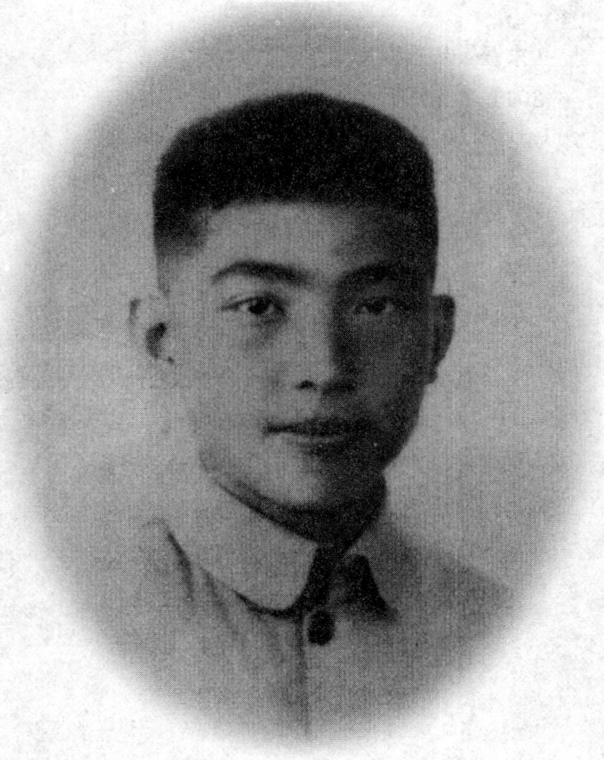

第三部分
译诗者,另一种诗人

最先听到的是翻译家查良铮这个名字,后来知道他写诗笔名穆旦。五十年代的大陆少年,凡如我那样喜欢做浪漫梦者,手里必然有一本《普希金抒情诗选》。查良铮这个名字,也沾上罗曼蒂克气息,那种少年型肺结核病者特有的,萎靡却甜蜜的柔情。

(赵毅衡:《穆旦:下过地狱的诗人》)

对于有些人来说，翻译是创作的失败，或者说，对于其他人，翻译是创作的剥夺。对于查良铮来说，不可能是前者，因为在他的大规模高质量的翻译之前和之后，都有过不少极为成功的创作。我们因此不得不说，对于查良铮，翻译是创作权利被剥夺的产物。在翻译作品的发表都成为困难的年代里，我们甚至可以说，翻译，不仅造就了翻译家查良铮，更拯救了诗人穆旦。因为翻译，在诗人无所作为的时代，可以作为创作的替代，而成为写诗事业存在的一种方式和诗人人生信念的一种寄托。

一个诗人，当他被剥夺了发表诗歌的权利以后，他是否还可能以另一种方式存活，这是一个严重的问题。在理论上，几乎是不能回答的，因为我们相信，诗人只有在他写诗、读诗和讨论诗歌的时候，才能像一个诗人一样地存活。然而，诗人翻译家查良铮却以他的心血劳作和毕生的努力，证明了诗人是可以靠另一种劳作而存活的，而且活得有意义，有成就。

这就是诗歌翻译。

诗人翻译家，因而是另一种意义上的诗人。而诗人穆旦，不，翻译家查良铮，是能用英语和俄语两种语言进行翻译的人。他的翻译活动，甚至开始于解放前的学生时代，观其一生，则可以说他的诗歌翻译与诗歌创作相始终。不过，为了叙述的集中和方便，就让我们再走近些，看一看这位双枪将翻译家一生走过了怎样的翻译历程，并且取得了什么样的成就。

大体而言，可以把查译文学活动分为五个阶段：

第一阶段(1953年-1958年)，俄语诗歌和文论翻译阶段。这一时期，查良铮集中翻译了俄国诗歌作品，主要是普希金和丘特切夫的诗歌和苏联文艺理论，后者包括季摩菲耶夫的《文学概论》《文学发展过程》以及《怎样分析文学作品》。

第二阶段(1955年-1958年)，英语浪漫派诗歌翻译阶段，从1955年获得萧珊所寄赠的《拜伦全集》开始。由于当时英国文学史的编写倾向，查良铮翻译的主要是英国积极主义浪漫派的诗歌，特别是拜伦、雪莱、济慈的诗作。

第三阶段(1962年-1973年)，翻译完成拜伦政治讽刺诗巨著《唐璜》。这一阶段，以《唐璜》的翻译为其代表作，实际上开始于1962年，即解除管制在图书馆留用为一般职员时，到1965年初译完成，之后经过1966年的抄家，而结束于1973年《唐璜》的修改定稿。

第四阶段(1973年-1975年)，英语现代派诗歌翻译阶段，包括奥登、艾略特、叶芝等人的诗作的翻译。英语现代派诗歌的翻译活动大体开始于《唐璜》的翻译定稿完成以后，即开始于1973年，所以英语现代派诗歌的翻译开始得要晚一些，但结束反而早一点，完成于1975年底。

第五阶段(1975年-1977年)，旧译修改。所谓旧译修改，包括俄语和英语诗歌的原译修订和扩充，这一活动开始于英语现代诗翻译的结束，一直继续到诗人翻译家生命终了的1977年。

第一章　俄罗斯在召唤

不难理解,在20世纪50年代归国之初,为了适应当时文学发展的需要,甚至抱有一种向新时代和新中国"献礼"的动机,查良铮集中大量时间翻译了一系列俄语文学理论著作和俄语诗歌,构成他异常辉煌的翻译文学活动的开端。这一阶段取得的辉煌成就可以从以下发表的翻译作品中看到(其中大部分是当时就发表了,而有些则等到诗人去世之后才得以发表):(1)普希金诗集7种:《青铜骑士》(平明出版社,1954)、《波尔塔瓦》(平明出版社,1954)、《加甫利颂》(平明出版社,1955)、《普希金抒情诗集》(新文艺出版社,1957)、《普希金抒情诗二集》(新文艺出版社,1957,"文革"中重新修订后更名为《普希金抒情诗集》,上下册,上海译文出版社)、《欧根·奥涅金》(新文艺出版社,1957)、《高加索的俘虏》(新文艺出版社,1958)。(2)文艺理论译著2种:《文学原理》(平明出版社,1955)、《别林斯基论文学》(新文艺出版社,1958)。此外,还有译著《丘特切夫诗选》(外国文学出版社,1985)。

第一节　从翻译《文学原理》开始

众所周知,中国现代对于俄罗斯文学作品的翻译介绍,开始得比较早,大约在"五四"勃发的新文化运动时期就已开始,而对于苏联文艺理论的翻译介绍,特别是当作教科书在国内广泛使用,则应当说在解放以后。在这个意义上,查良铮翻译介绍《文学原理》和《别林斯基论文学》等苏联文学理论著作,开始于他于1953年回国之初,我们说他属于这一领域的先驱者,并不为过。

一、关于查良铮学习俄语和准备俄语翻译的追溯

大家知道,查良铮的翻译活动开始于20世纪50年代初回国以后,但人们很少知道,他在美国留学期间就开始准备翻译俄苏文艺理论和普希金诗

歌了。既然如此，查良铮学习俄语，就应当有一个更早的"隐伏"时期。那么，查良铮是从什么时候开始学习俄语，怎样学习俄语和钻研俄罗斯文学的呢？

周珏良先生在《穆旦的诗和译诗》一文中这样写道：

> 穆旦诗译得好，不止因为他的诗才，而也因为他对所译的诗作品，英文的和俄文的都有很深的了解。他一直是学英国文学的，这不用说了，他的俄文功底也很深，在西南联大时他的启蒙老师是著名的俄文专家刘泽荣老先生，大学毕业后一直继续搞，在美国芝加哥大学又选读了俄国文学的课程，所以在俄国文学上他也是有专门知识的。唯其有这么深的研究基础，加上他的诗才，有这种理想的结合，才会产生那些杰出的译本。（周珏良：《穆旦的诗和译诗》，载《一个民族已经起来——怀念诗人翻译家穆旦》，江苏人民出版社，1987年，第28页）

其实，查良铮学习俄语，比周珏良先生所说的时间还要早，他的俄语启蒙老师，也并非刘泽荣，而是曾经在北京大学历史系任教的俄罗斯人伊万·伊万诺维奇·噶巴诺维奇。这位俄语教授俄语水平自不待言，而且英文也很好，还会说汉语。1937年，他跟随北京大学师生一道南迁，由北京到长沙，再由长沙到云南蒙自，以后又从蒙自转到昆明的西南联大。

曾任教于南京大学的赵瑞蕻先生，是查良铮在西南联大时的校友，他写的回忆文章中记述了穆旦靠背诵英汉词典刻苦学习英语的事迹：

> 在南岳和蒙自，他为了进一步学好英语，居然把一部开明书店出版的《英汉模范字典》从头到尾，从A字部到Z字部，连单词例句，反复熟读了几遍。这看起来，似乎有点傻，但他告诉我，得益大，有味儿得很，可以温故而知新，也劝我试一试。（赵瑞蕻：《南岳山中，蒙自湖畔——记穆旦，并忆西南联大》，载《丰富和丰富的痛苦》，北京师范大学出版社，1997年，第179页）

正是在这篇文章中，赵瑞蕻回忆了穆旦早在云南蒙自时就开始学习俄语的情况，而且交代了他的俄语启蒙老师。这是一则值得注意的消息：

> 穆旦还开始学习俄文，是跟历史系一位俄国教授葛邦福（Gapanovitch）先生学，学得那么认真，我时常看见穆旦在海关大院一个教室里和葛邦福先生坐在一起学习；有时看见他跟老师沿着南湖边走边说话。

他俄文的基础是在蒙自打起的,这就是为日后他那么出色地翻译普希金作品等准备了最初良好的条件。有人说穆旦的俄语老师是刘泽荣先生,那是到了昆明以后的事。(赵瑞蕻:《南岳山中,蒙自湖畔——记穆旦,并忆西南联大》,载《丰富和丰富的痛苦》,北京师范大学出版社,1997年,第178-179页)。

从名字发音的相近来看,这位"葛邦福先生"就是"噶巴诺维奇"。因此,用不着太多引述就可以明白,翻译家查良铮是有相当雄厚的俄语和英语基础的。这样也就避免了一种误解,即由于他有大量的俄罗斯诗歌和理论著作的翻译,有的人甚至猜想他是从英语转译过来的。不仅如此,在翻译的数量和影响上,查良铮译自俄语的作品和译自英语的作品旗鼓相当,而在翻译的先后次序上,他的俄语翻译显然要早于英语翻译。至于为什么原本学习英语的查良铮要学习俄语并进行俄语翻译,那就要了解他由海外归来时的国内外形势以及对他产生重大影响的人物。

事情是这样的。大陆解放初期,新中国在曾经支持老蒋打内战的美帝国主义和支持中国打日本的社会主义国家苏联"老大哥"之间,采取了"一边倒"的外交政策。这样就造成20世纪50年代中国大陆大量译介俄语文学作品和文艺理论著作的局面,甚至一时间在全国范围内掀起了学习俄语的高潮。可以看出,如果说,查良铮在西南联大时期学习俄语是出于个人喜好,那么,他在留学美国期间集中学习俄语,却是基于对解放之初新中国国际关系变化的准确预见和俄语文学翻译需求的深刻洞察。

1953年初,查良铮与周与良从美国学成归来,夫妇取道上海看望周与良的姑妈。他们还拜访了巴金先生和他的夫人萧珊。萧珊也是西南联大外文系的学生,查良铮在叙永时曾教过她,所以二人很熟悉,萧珊常以"查诗人"称呼他。得知查良铮已经熟练地掌握了俄语,巴金夫妇非常高兴,立刻建议并敦促他翻译俄罗斯诗歌。另外,当时巴金的弟弟在主持平明出版社,巴金还答应为查良铮的译作出版提供帮助。这一切正应和了查良铮的心愿。因为早在美国学习期间,出于对俄罗斯文学的喜爱和对于建国后国内形势的判断,他不仅学习了俄语,而且实际上已经开始着手翻译普希金的诗歌了。了解这一背景,对于理解查良铮初期的翻译活动,有着十分重要的意义。

接下来的1954年,是查良铮翻译生涯极为辉煌的一年,尤其是俄国文学的翻译,成就骄人。这一年,平明出版社连续出版了查译普希金四部诗集:4月,长诗《波尔塔瓦》问世,长诗《青铜骑士》《高加索的俘虏》出版;10月,普希金的代表作,诗体小说《欧根·奥涅金》开始发行。到了1955年5

月,包括一百五十首诗歌作品的《普希金抒情诗集》问世,初版印数即达两万五千册。此后这些诗集不断再版。以《普希金抒情诗集》为例,1957年9月改由新文艺出版社出版,1958年第三次印刷,印数已高达七万六千册。查良铮以清新、质朴、流畅的译笔把普希金介绍给中国读者,在中国形成了一次普希金热。广大读者在欣赏普希金的诗作的同时,也记住了翻译家查良铮的名字。

除了大量翻译普希金和丘特切夫等人的诗歌以外,查良铮还率先从俄文翻译出版了一批文学理论著作,其中包括季摩菲耶夫的《文学原理》(1953)和别列金娜选辑的《别林斯基论文学》(1958)。这些在今天的读者看来已经有点陌生的名字,在当时却曾产生过不小的轰动效应。可是,令人不好理解的是:这些曾经耗费了译者大量心血并产生过巨大影响的学术译作,或称为理论性译作,却因为不属于文学翻译作品而被排除在八卷本的《穆旦译文集》(2005)之外。当然,两卷本的《穆旦诗文集》(2006),就更不可能收录这些"过时了的"文艺理论著作了。这样,查译《文学原理》和《别林斯基论文学》就从中心移到边缘,并从边缘逐渐地淡出了人们的视野,以至于被完全地遗忘了。

今天,当我们在这里重温这些理论作品的时候,我们实际上也是在重温译者的辛劳与成就,重温那个激昂与浮躁的时代氛围,同时,我们也有机会重新思考一些基本的甚至是不可回避的文艺理论问题,并且顺便评价一下译者对苏联教科书中若干文艺理论观点的认识和批评。为了尊重历史的原貌,我们在介绍这些翻译理论著作的时候,一方面尽可能地抄录当事人哪怕是只言片语的谈论翻译这些作品的话,因而令人不免觉得零碎、平淡,另一方面,则难免要通过当时书中的理论术语来说话,这可能使今日读者有几分"陌生化"的感觉吧。而我们的用意是十分明确的,那就是,通过这些20世纪50、60年代文艺学著作的翻译介绍和学术讨论,营造一种历史的学术的氛围,以便在这种氛围中讨论和评价翻译问题,从中也可以看出新中国马克思主义文艺学成长的艰难历程。

二、翻译《文学原理》与当时国内文艺学三部著作的评论

列·伊·季摩菲耶夫,生于1904年,是俄罗斯文学理论家,苏联科学院通讯院士。他长期担任莫斯科大学教授,世界文学研究所研究员。他的论著《文学原理》1940年由苏联教育-教学出版社出版,曾获得苏联高等教育部批准,作为大学语文系和师范学院语言文学系的教科书广泛使用。查良铮当时的翻译,依据的就是1948年再版时的版本。

第三部分 译诗者,另一种诗人

关于这部著作翻译的具体情况,查良铮在 1953 年给萧珊的信中有两次提到了翻译《文学原理》的事。第一次他这样说道:

关于《文学原理》一书,不必提了,我觉得很惭愧。译诗,我或许把握多一点,但能否合乎理想,很难说。我的意思是:自己译完后,再重改抄一遍,然后拿给你先看,不行再交我改。(《穆旦精选集》,燕山出版社,2006 年,第 181 页)

在致萧珊的第二封信(1954 年 6 月 19 日)中,查良铮说得更简单:"关于《文学原理》,我准备用心校对一下并取消分开时的那些话。"(《穆旦精选集》,第 183 页)幸亏夫人周与良先生在《怀念良铮》一文中,对此有比较详细的记载:

我们回到北京后,良铮就日以继夜地翻译季摩菲耶夫著的《文学原理》。1953 年 5 月,他被分配在南开大学外文系任教。除了完成教学任务外,业余时间坚持搞翻译。1953 年 12 月,上海平民出版社①出版了《文学概论》(《文学原理》的第一部),第二部《怎样分析文学作品》和第三部《文学发展过程》先后由平民出版社在 1953 年 12 月和 1954 年 2 月出版。后又汇总为《文学原理》出版(平民出版社,1955)。当时的发行量很大,许多大学都以此书为文学理论课的教材。直到最近,一位多年教文学理论课的老教授还对我说:"查先生译的《文学原理》至今仍是我们教文学理论课的主要参考书。这是一本非常好的著作,查先生的文笔又非常流畅优美,读起来好象查先生自己写的。"(周与良:《怀念良铮》,载《一个民族已经起来》,江苏人民出版社,1987 年,132 页)。

《文学原理》的作者季摩菲耶夫,以马克思列宁主义的哲学方法和文艺学观点为指导思想,从事系统的文学理论研究,他力图从世界文学的复杂现象中归纳出一般的原理或规律。全书包括三个部分。第一部分探讨文学的本质和文学形象的特性,以及文学的社会政治意义和美学价值。第二部分确定了文学分析所应遵循的法则,扼要地论述了文学作品的思想、主题、个性、结构、情节、语言及其相互之间的有机联系。第三部分确立了分析文学发展过程所应采取的原则和方法。这三部分,实际上分别回答了文学原理、

---

① 应为"平明出版社"。

文学史和文学批评三个方面的问题。这种"三合一"的写法，也符合当时的标准和通行的写法。

第一部分着重探讨文学的思维性、形象性和艺术性，而一般的文学原理问题，都是在文学形象的统摄下展开论述的。作者认为，"马克思列宁的文学的科学，它基本的观点在于承认文学是思维，文学首先给我们生活的知识。这观点是本书一切论断的前提"（平明出版社，1955年，第 12 页）。关于形象的概念，季摩菲耶夫用逐步深入的方法加以阐述，认为"形象是具体的，同时也是综合的人生图画，借助虚构而创造出来，并且具有美学的意义"（第 68 页）。在此基础上，进而谈到典型。作者承认艺术上的假定性，并且认为，"假定就是典型"。季摩菲耶夫接着指出："我们也可以反过来说：典型是艺术家的假定，是艺术家在他的生活经验的基础上用想象力所创造出来的。"（第 43 页）

季摩菲耶夫认为，"艺术性问题不止在于区别文学作品和非文学作品，它还要区别某一文学作品和另一文学作品，就是区别文学作品的品质问题"（第 132 页）。这一章还讨论了人民性和党性问题。依据作者的见解，人民性应具备两个条件：其一，在作品中提出具有普遍的人民意义的问题；其二，作家要从人民的立场来阐明所提出的问题。季摩菲耶夫对党性和人民性的关系的论述是："在苏维埃文学中，党性就是人民性，而且是它的最完善的形式。人民性和党性是可以非常完善地结合在一起的。我们因此可以说，在苏维埃文学中，布尔什维克党性是人民性的最高形式。"（第 157 页）

第二部分是文学作品分析，按照马列文论中内容与形式的两分法原则，季摩菲耶夫强调文学作品内容与形式的统一性。他说："内容和形式是相对的概念，不能够单独存在。形式必须是某种东西的形式，否则便是不可思议的；内容若是存在的话，必须有确定它的外形的形式，否则不能出现。因此内容和形式彼此不可分开地联系着。内容如不包括在形式里，不能有定型的存在；形式也只有协助内容的显现和形成的时候才具有意义。而且，形式必须依据内容才能获得和别种内容或别种现象的形式不同的特殊性。"（第 167 页）然后分章论述思想、主题、个性、结构及情节，还有文学作品的语言等问题。

第三部分讲述文学发展过程，分为两章。第一章讲风格、流派、方法，第二章介绍文学的类型。所谓作家的风格，是指贯穿于作家所有作品中的思想和艺术的基本特征的统一性。所谓文学潮流，指的是一定历史时期内，在思想和生活经验上彼此近似的一系列作家所表现的基本思想和艺术的基本特征的统一性。至于艺术方法，讨论的是作家在选择及综合生活事实时所依据的原则，也就是我们平时所说的创作方法。在这一章，作者分专题探讨了现实主义、浪漫主义、社会主义现实主义三种创作方法。季摩菲耶夫认为现实主义和真实性是两个不同的概念,现实主义的基本特征是:它力图把握现实中已经存在和确定的事实及其规律,并按照它们在生活中已有的样式去描写它们,从而体现形象的典型性。在"现实主义"这个题目下,作者还附带谈到了"古典主义""批判现实主义"和"自然主义"。关于浪漫主义的特征,照季摩菲耶夫的观点,在于艺术家以梦想和现实之间的矛盾为出发点,创造了例外环境中的例外性格,并且使用主观性的叙述。此外,作者还提到了反动的、消极的浪漫主义和革命的、积极的浪漫主义的分野。这一观点,实际上是按照无产阶级作家高尔基首先提出的理论区分精神进行发挥的部分。

"社会主义现实主义"是作者着力探讨的具有苏联特色的艺术创作方法,也是当时对于中国文艺界有相当影响的观点。与毛泽东强调现实主义与浪漫主义相结合的方法相类似(但理论基点不同),这位苏联理论家也从许多作品中看到了现实主义和浪漫主义的内在联系,同时注意到各自具有的片面性。19世纪末叶的俄国,工人阶级出现在历史舞台上,担负起领导人民进行解放斗争的重任。高尔基第一个理解了文学艺术的新使命,他把浪漫主义和现实主义的因素融合在一起,提出了新的艺术方法。斯大林在和苏联作家的谈话中,把这种方法确定为"社会主义现实主义",其基本特征是:塑造正面主人公形象,具有民族的形式和社会主义的内容,而布尔什维克的党性是它的基本原则。

第二章论述文学类型,包括了类和型两个概念,类分为抒情的、叙事的、戏剧的等,在每一类之中,又分为若干不同的形式(型)。关于这些类和型以及不同的发展变化,我们不再一一赘述。只想在这里借助诗人翻译家查良铮先生写于同一时期的一篇文章,说明译者与当时中国文艺界一些思想成果的关系,以及在这种关系中译者兼作者所提出的一些理论问题。从中可以看出,查良铮在文艺理论领域的认识水平和独特贡献。

在苏联文艺思想的影响下,事实上,甚至可以更直接的说,就是在查良铮为代表的俄罗斯马列文艺思想翻译作品的影响下,国内在20世纪50年代中期几乎同时出版了三本重要的文艺理论著作,他们是:

1. 冉欲达等编写的《文艺学概论》,辽宁人民出版社。
2. 李树谦等编写的《文学概论》,吉林人民出版社。
3. 霍松林编写的《文艺学概论》,陕西人民出版社。

按照查良铮的说法,"都是由高等学校教授过这一门课程的人编写的"。关于这三本在国内有影响的文艺理论教材,他说:"翻到文学分类的这一章,看到它们有一个共同的特点,就是,都不愿意采用由科学认定出来的文学分类法,即三分法,而愿采用四分法。"

这里我们要多说两句。所谓的三分法,就是西方美学史上一贯采用的抒情、叙事与戏剧(综合)的文学分类法,而所谓的四分法,就是我们现在还在使用的诗歌、散文、小说、戏剧的文学分类法。从表面看来,这两种分类法各有道理,但从结果来看,后一种分类法产生了简单化的隔离的后果,混淆了抒情、叙事的分界线,在理论上与西方的叙事学、抒情理论不能很好地照应和贯通,不仅影响了文学批评的健康发展,而且可能更深层地影响到文学创作的质量。例如,简单地认为诗是抒情的,忽视了叙事诗(史诗、长篇叙事诗),认为小说是叙事的,忽视了《奥涅金》诗体小说以及《少年维特之烦恼》的抒情性质,而戏剧则违背了它的综合性,即王国维所谓的"抒情的叙事"的综合性原理,我们的诗人习惯于写作和欣赏单篇诗歌,上升不到西方诗剧的高度,而且隔断了西方诗人与剧作家合一的创作传统(也违背了元明传奇诗人与剧作家一体的传统),在戏剧领域变成了主角表演为主的体制,在诗歌领域则沦为简单的抒情,等等,不一而足。可见,文学理论上的滑坡和解放初期这一文艺学理论建设中的有意无意地分类选择,产生了不可忽视而且不可逆转的负面效应。

查良铮以诗人的敏感与文艺理论的良好修养,觉察到这一个简单分类的转向,即时予以纠正。他专门撰写了《评几本文艺学概论中的文学的分类》的论文,刊登在《文学研究》1957年第4期。这篇长文就文学的分类问题进行了详细的辨析和论证,在承认可以做一些中国式的学术探讨的同时,基本上坚持了所译的苏联文艺学家的思想,也就是间接地坚持了亚里士多德以来西方美学的三分法,批评了当时的四分法。可惜他的观点当时不受重视。尽管如此,我们还是可以看到作者对于这类学术问题的态度,他在原则上坚持了一个文艺学者所具有的理论认识高度。这使我们看到了不以理论思维和创造见长的查良铮的另外一面,即严谨而思辨的一面。首先涉及一个基本的态度问题,作者是这样表述的:

> 在文艺学领域中,有一些带有原则性的问题是尚未能解决的,这需要文艺学研究者以科学的态度去解决它们。在这种地方,应该容许人们提出不同的见解,表示分歧;但即使这样做时,也应该以科学推理而不是以习惯或传统为依据的。讲习惯或传统,这是文学史的范围,在专门以艺术文学的普遍规律为其研究对象的文艺学中,它是没有地位的(各国文学史及传统只能作为规律的体现和解释而存在)。马列主义文

艺学的优越性之一就是它能够吸收一切科学成果为其营养。这种成果不能有国别或种族的限制。（查良铮：《评几本文艺学概论中的文学的分类》，载《文学研究》1957年第4期）

在这样一段话语中，除了作为普遍规律性体现的文艺理论（概论）和体现个性特点和传统与习惯的分国别的文学史的对立之外，就是在提倡一种严谨而科学的推论的态度的同时，坚持认为马列主义文艺学有不分国别与种族的气派和能量，以及对一个新兴学科如何纳入分国别的文学史资料的密切关注。在具体涉及文学分类的时候，例如关于抒情诗分类的时候，作者表示出对当时有些成果在方法上的可靠性的担心：

> 文学分类的科学工作，还有许多是等待我们去做的。三大类虽然已成定论，但其下还有许多问题尚未解决。例如，抒情诗应该怎样分型，就是久未解决的一个问题。对于我国古典诗歌，冉、李、霍的三本书中都有划分，但不能令人满意的是，他们还是本于古体、近体、五言、七言、绝句等项目把中国旧诗排列下去。要知道，这许多名词，都不过标帜着诗的语言上的差异，而不能概括抒情性内质上的区别。我们希望文学研究工作者能设法打破这陈旧的划分法，把各种古典诗的更本质的区别揭示出来。又如关于长篇小说、短篇小说，有没有比较更满意的标帜区分它们，也值得探讨。（查良铮：《评几本文艺学概论中的文学的分类》，载《文学研究》1957年第4期）

在阅读这些今天似乎有点生疏的理论话语的时候，如果我们不带偏见的话，就可以感觉到作者对中国古典诗词所提出的意见是值得考虑的，而他对于和源远流长的西方文艺学传统有着继承关系的马列文论中的文学分类标准的坚持，则根源于两个亚里士多德式分类学上的原则：其一，应当坚持在分类时将一切因素都严格地归结到"表现的媒介、表现的对象、表现的方法"三大范畴中去；其二，认为在原则上，一个科学的分类体系应当能够容纳所有可能的文学艺术形式（即典型的文类）及其变异（包括非典型的作品）。

写到这里，不妨说明一下查良铮翻译《文学原理》的目的。应当说，在当时新兴文艺学建立的过程中，他的翻译目的十分明确。一个直接的目的，就是为20世纪50年代初期各大学文学理论教学提供急需的参考书，而进一步的扩充性的目的，就是建立新的文艺学。他认为，"要想建立文学科学,必须科学地、严格逻辑地进行思索"(查良铮:《评几本文艺学概论中的文学的分类》,载《文学研究》1957年第4期)。应当说,通过以上的文艺学论文和他的翻译本身(包括对翻译资料的多重处理),他已经成功地实现了这两个目的。

毋庸置疑,查良铮翻译这本《文学原理》的态度是相当认真的,而在处置策略上也很得体。就正文而言,基本上做到了理论术语准确,文字流畅易懂,做到了既对原作者负责,也对中国读者负责。他知道这是一部卓越的理论著作,但还存在一些缺点。事实上,苏联文学批评界对这本书有争议,也有批评。因此,查良铮把他能收集到的有关本书的批评意见,尽可能在相关章节的注释中,以"译者按"的形式翻译出来,作为附录。1955年三本汇总成一册出版时,查良铮还翻译了季摩菲耶夫当年发表的一篇论文《文学原理基本概念的系统化》,附在书末,使中国读者能进一步了解俄国作者最新的观点。这种正文与附录相互参较的翻译格局,是一种严谨的学术著作的翻译体制。它既能照顾到一般读者阅读正文的理论内容,又为进一步的研究提供了宝贵的参考资料。

三、《别林斯基论文学》:寻求一种编译的方式

查良铮翻译的第二本文学理论著作是《别林斯基论文学》,于1958年由新文艺出版社出版。不幸的是,就在这一年,查良铮被宣布为历史反革命,逐出了大学讲堂。也就在这一年,他翻译的《雪莱抒情诗选》《济慈诗选》和普希金的叙事诗《高加索的俘虏》,分别在北京和上海出版。就译者的政治待遇和译作成就而言,这不能不说是一个强烈的反差。进一步而言,这也意味着译者在俄语文学作品的翻译和英语文学作品的翻译之间的一个巧妙的连接和转换。这又是发人深思的。

《别林斯基论文学》一书是从俄国批评家别林斯基的全部著作中选辑出来的片段,集中反映了别林斯基文学理论及美学思想的精华,对文艺学及文学批评的各种重要问题都有所解答。这本书原作的选辑者是别列金娜。中文译本出版时,查良铮使用的是笔名"梁真"。

实际上,早在查良铮翻译普希金诗歌作品的同时,他就翻译了别林斯基的相关评论,例如长文《别林斯基论普希金的抒情诗》,以及苏联其他文艺理论家的相关评论,分别附在抒情诗、叙事诗后面,为读者和研究者阅读和理解普希金提供了方便。当然,这也为他后来翻译《别林斯基论文学》做了很好的准备与铺垫。现将这一部分资料以目录形式列举如下:

1. 别林斯基论普希金的抒情诗

2. 别林斯基论高加索的俘虏
3. 别林斯基论强盗弟兄
4. 别林斯基论巴奇萨拉的喷泉
5. 别林斯基论努林伯爵
6. 别林斯基论塔西特
7. 别林斯基论科隆那的小房子
8. 别林斯基论青铜骑士
9. 别林斯基论波尔塔瓦

此外，还有其他苏联专家的有关论述，以及苏联教科书《俄国文学史》摘要等内容，恕不一一列举。顺便说一句，这些属于文艺评论性的文字，都收录在《穆旦译文集》第5卷和第7卷中了。

以下进入《别林斯基论文学》的翻译讨论。

这本《别林斯基论文学》的目次如下：

一　文学和艺术的本质和意义

二　文学的民族特点　文学的人民性　民族性和世界性　俄国作家的人民性

三　现实主义

四　其他文学倾向的评价

五　艺术形式的问题

六　语言和风格（文体）　艺术作品语言的精确性和表现力

七　作家和读者

八　文学批评

别林斯基（1811-1848），是19世纪俄国文学批评家、政论家、思想家、出身于平民知识分子的民主主义革命家。列宁高度评价别林斯基，认为他"还在农奴制度时期就成了我们解放运动中完全把贵族取而代之的平民知识分子的先驱"。他不仅为俄国民族解放运动进行理论探索，还在美学、文学理论与批评以及文学史等方面开创了革命民主主义的新方向。

别林斯基短暂而多产的一生是多灾多难的。他在上莫斯科大学语言系期间，参加了斯坦凯维奇小组，开始受到德国哲学家谢林等人的影响。他们"谈论文学、科学和其他有价值的事件"，思想上颇有收获。1832年他创作了一部"思想偏激"的悲剧因此被学校开除，但他仍然和进步的组织保持联

系,并且保持了乐观进取的精神。他说:

> 尽管遭到命运的残酷戏弄,但我不论何时何地都永远不会消沉……我不但不埋怨自己不幸而且还为此感到高兴:我凭自己的亲身经验得知,不幸的磨炼是良好的磨炼。(转引自张建华:《俄国知识分子思想史导论》,商务印书馆,2008年,第377页)

从别林斯基身上,以及在陀思妥耶夫斯基、托尔斯泰等人身上,我们可以集中地看到俄罗斯进步知识分子的优秀品质,即强烈的普世主义情结、反叛精神和极端主义情绪、"无根性"意识与孤独状态、民族忧患意识,以及深刻的自省和自责意识。正是这些性格基质深刻地影响到俄罗斯知识分子对政治现实、人生命运以及文学艺术的深刻思考,造成他们对知识分子神圣使命的矢志不渝的艰苦探索和终其一生的艰难履行。

作为思想家,别林斯基经历过从唯心主义和民主主义启蒙运动到唯物主义、革命民主主义和社会主义的复杂发展过程。别林斯基坚持理论与实践、学术与生活的密切联系,他写道:"理论问题的重要性有赖于它和现实的关系。"他遵循这样的原则来解决美学、文学理论、文学史和文学批评所遇到的一系列问题。别林斯基是俄罗斯唯物主义美学的开创者,他从革命民主主义立场来理解美和确定艺术性的标准。他还深刻探讨了思想和形式的联系及相互制约的问题,论述了艺术作品各个部分严格统一的问题。在论及内容和形式的统一时,他指出,作品艺术性的程度有赖于其思想的真实性。别林斯基一方面要求艺术作品的思想性、社会内容和对当代问题的深切关注,另一方面,坚持反对"纯艺术论",反对有些诗人企图把艺术变成"无所事事的懒人的玩物"。他说:"取消艺术为社会服务的权利,这是贬低艺术,而不是提高它。"认为作家的基本使命在于反映当代社会的迫切问题,只有具有时代感的作家才能成为真正的艺术家。

与要求崇高的思想性相联系,别林斯基还提出了"主观性"(相当于今天的"主体性")理论,认为主观性是现代作家必须具备的一种特性。这种特性或能力,保证作家不致成为一个冷漠而客观的描述者,而应当是他所描述的事物的裁判者,善于"在自己活跃的心灵中体验外在世界的现象"。他指出,文学的特殊任务不仅仅在于美学教育,而且还在于培养和发展读者的前进意识。他不止一次谈到作家崇高的公民责任感,谈到广大读者"把俄国作家看作是使自己摆脱俄国专制政体、摆脱正教和官方人民性的唯一的领导者、保卫者和解放者"。

别林斯基指出了进步的俄国文学的丰富多彩和民族特色，其本质特征是爱国思想与争取解放的热情相融合。作为俄国卓越的文学史家，他深刻地论定了18世纪和19世纪上半叶许多俄国作家作品的历史内容，给读者指出了普希金、果戈理、莱蒙托夫和柯尔卓夫的真实意义；当赫尔岑、涅克拉索夫、屠格涅夫和冈察洛夫初登文坛的时候，他就已经把握到这些作家作品的本质了。

别林斯基还明确地界定了现实主义的基本特征，确定了其思想性以及暴露和讽刺的倾向，正是这些特征使得俄国文学成为社会发展中的强大动因。在揭示文学的社会性质时，别林斯基还指出了文学怎样才能履行它的社会功效。他说，艺术应该是真实的，艺术所描写的东西不应是虚构和杜撰的，而应是生活中切实存在的，或者虽不存在于像作品所显示的那种形态中，但须是在适当的环境里可能发生的事情。作家不仅要描写具体的真实的生活，还要描写"可能的"生活，这就要求他必须对生活有当代的正确观念，只有这样，他的生活描写才能是真实的。

别林斯基坚持为符合人民利益的真正的艺术、为民主的现实主义艺术进行斗争，他提出了典型化方法，即艺术概括的方法，应当说，这是现实主义艺术基本的特征之一。在别林斯基的著述中，典型性问题和他对"理想"的探究一直是相结合的。在20世纪40年代的评论中，"理想"这个概念被用在两种意义上：一方面，"理想"就是"概括"，因此，把现实"理想化"，并不意味着歪曲现实，而是意指反映其中最富有代表性的、最典型的东西。他说过，"任何真实的诗都是现实理想的映镜"。另一方面，"理想"是作者对现实的理解，是他对所描写的事物的观点，也可以说是他的社会立场。

别林斯基常常指出，艺术的特点在于它的形象性。他要求当代批评从内容和形式的统一中去研究作品。别林斯基一方面从艺术的历史制约性的观点来研究艺术，一方面坚持认为，要正确理解作家的创作必须考虑到他个人的特点。他认为，批评任务也在于显示作家创作的基本倾向和内在本质，显示他的艺术方法的特点，以及和作品的思想、一般倾向有关的文体风格。他指出："文体是思想的浮雕性、可感触性；在文体里表现着整个的人；文体和个性、性格一样，永远是独创的。因此，任何伟大的作家都有自己的文体。"别林斯基高度重视艺术作品的语言问题。他认为，使用全民族的语言进行创作的作家，有责任揭示蕴含在俄国文字里的一切富藏，并竭尽全力使自己能驾御生动的俄罗斯语言。

和《文学原理》的翻译一样，对于《别林斯基论文学》，查良铮先生也不是只做一般的文字翻译,而是以一个中国作者的文艺理论的编译形式,进行集中处理,因而带有主动推介的性质。在这本书的《译后记》中,编译者借用《俄国作家论文学》一书编者的一段话,说明了翻译这本书的用意:

> 我们的选集不要求、而且也不可能要求全面,更不想以勾勒出过去作家们的文学及美学见解的整幅图画为己任;对于这,只有一条途径——就是去研究每个作家的全部遗产,包括他的艺术作品、论文和书信等等在内。我们这个选集的目的在于使读者看到俄国作家关于文学著作的立论的深刻与丰富,从而鼓舞他将来从事于原作的全部研究。自然,对于文学有热烈兴趣的读者会这样作的,但也有一些读者会把这种摘录性的选集作为认识某些问题的极限,或者把它当作类书,以备无须自己费事、从中征引现成的章句之用。(查良铮:《别林斯基论文学》,译后记,新文艺出版社,1958 年)

作为编译者,查良铮具有相当的读者意识。他指出,这种文论选集的优点在于,一卷在手,一般读者便用不着去读卷帙浩繁的别林斯基全集,就能够比较系统地了解别林斯基的主要见解,领会这位大批评家的文学、美学观点及其思想的发展脉络。为了理论概念的准确翻译和理解,也为了帮助读者准确地把握西方文论的要点,他还特意细心解释了几个术语,如别林斯基使用的"诗""诗人""诗的""艺术的",与现代的概念不同,在 19 世纪上半叶,它们分别指"文学""文学家""文学的""富于艺术性的",希望今日读者能注意识别。但查良铮坦然承认自己并没有研究过别林斯基的全部作品,因此,翻译中可能有理解不够全面,甚至有译得不妥的地方。他还特意说明,他在翻译的过程中参考过时代出版社出版的满涛先生翻译的《别林斯基选集》(两卷本)。这种在学术上的诚实态度,值得我们很好地学习。

总而言之,在建国初期中国的文艺理论极端缺乏的条件下,查良铮先生翻译了季摩菲耶夫的《文学原理》和《别林斯基论文学》,为我国的文学翻译事业做出了巨大的贡献。他的这些译作,往往被作为教科书宣讲于大学课堂,对于我国文艺界了解马列文论和进一步建立自己的文艺理论体系,具有重要的奠基作用。实际上,他是在极其艰难的条件下从事翻译,把自己浸透着心血与汗水的劳动成果奉献给广大读者的。每当我们想到当时译者所处的极其艰苦甚至是恶劣的环境的时候,每当我们读到这些发黄的纸页上的有点"不合时宜"的理论表述的时候,一股难言的酸楚就油然而生。与此同时,我们也有理由相信,在当时那样不利的条件下,这些理论著作的翻译,不仅为我国的文艺理论建设奠定了术语概念和理论基础,而且也为诗人自己的文学翻译提供了必要的理论素养和语言与经验的积累。这一点,对于今天的翻译家来说,尤其应当是一个借鉴。

本节主要介绍的是查良铮先生有关苏俄马列文艺理论的翻译情况,也在适当的地方,结合当时国内的有关理论著述,谈到译者的文艺理论批评活动,从而间接地涉及他的文艺观点的形成、思辨推理与批判精神的体现。我们有理由相信,查良铮不仅是诗歌翻译的好手,而且擅长理论思维和学术著作的翻译,在新中国的文艺理论建设和相关的理论论争中也有重要的贡献。单就他的翻译实践的多样性而言,也使我们进一步思考这样一个问题:学术著作的翻译,必然会增强译者的理论意识和理论修养,而且也有助于翻译本身的严谨性和逻辑化表达。这对于文学作品的翻译,无疑是有利的。鉴于这些宝贵资料多数并不见于作者和译者的选集中,我们的整理与披露以及重新评价,就具有特殊的意义。(例如,人民文学出版社八卷本的《穆旦译文集》中,这些文艺理论的翻译文本被删除了。可能是考虑到穆旦主要是一个诗歌翻译家,自然选集应当只收入他的诗歌作品,也可能认为这些苏式理论已经过时了,而且文艺理论原本也不能算作文学翻译作品。)

关于查良铮本人的文艺理论观点,我们将在最后一章进行集中而系统的讨论。

第二节 学会沉默:《丘特切夫诗集》

毫无疑问,在俄罗斯文学翻译领域,查良铮是以翻译普希金的诗歌而著名的,此外,查良铮还翻译了另一位俄罗斯著名诗人丘特切夫的作品,并且出版了《丘特切夫诗选》。由于查良铮翻译丘特切夫的时间和初版比较早(1963年),内容上也比较集中(而最后的出版则在诗人翻译家身后,迟至1985年),所以我们还是在这里先行介绍丘特切夫的诗作和翻译情况,然后再专门讨论普希金诗歌的翻译问题。

丘特切夫(1803—1873)在俄罗斯诗歌史上占有重要地位。陀思妥耶夫斯基说:"他是俄国第一个哲理诗人,除普希金而外,没有人能与他并列。"梅列日科夫斯基则这样评价丘特切夫不可替代的历史地位:

> 托尔斯泰和陀思妥耶夫斯基需要用鸿篇巨制表达的东西,丘特切夫却只需用短短几行诗就可以表达。……丘特切夫对于俄罗斯抒

情诗所作出的贡献,几乎等同于他们对于俄罗斯叙事文学所作出的贡献。(转引自曾思艺:《丘特切夫诗歌研究》,湖南文艺出版社,2000年,第411页)

丘特切夫是俄罗斯哲理诗派的代表人物,又被视为俄罗斯现代派的先驱。他的作品以歌咏自然、抒发性情、阐发哲理见长。他的诗作艺术性强,影响深远。1883年,适逢丘特切夫去世十周年,诗人费特(1820—1892)写了《题丘特切夫诗集》怀念他:

> 诗人把它留给了我们,
> 这是追求高尚的凭证;
> 这里生存着强大的灵魂,
> 这里凝聚着生命的结晶。
>
> 荒原上难寻赫利孔山,
> 冰川上没有月桂葱茏,
> 丘特切夫不与土著为伴,
> 蛮荒地不生阿纳克利翁。
>
> 而诗神缪斯维护真理,
> 明察秋毫摆好了天平:
> 这只是一本薄薄的诗集,
> 却比长篇巨著更加厚重!

古今中外,诗人的命运多舛。而丘特切夫在中国的译介之路,也注定是曲折的,甚至一开始,翻译活动就是秘密进行的。

1963年12月,查良铮在逆境中背着家人完成了《丘特切夫诗选》的翻译,并把译稿寄给了北京的人民文学出版社。当22年以后,即1985年的秋天,这部译诗集出版时,我们的诗人翻译家离开人世已经8年之久。此时,出版社写信通知家属领取稿酬,他的夫人周与良竟感到迷惑不解,还以为是出版社出了差错呢。这种连自己身边的亲人也不知道的翻译,岂不就是一种秘密的翻译?难怪曾思艺把以查良铮为代表的20世纪60年代针对丘特切夫诗歌的翻译活动称为"秘密进行阶段"。它实际上构成了中国翻译丘特切夫的第一阶段。

那么,查良铮为什么会选择和翻译诗人丘特切夫的作品呢?这和他当时的处境与心态有着密切关系。自从 1953 年年底回国以后,查良铮虽然在文学翻译方面取得了骄人的成就,译著一本接一本地出版,但是在政治上却屡遭打击。1954 年在南开大学"外文系事件中"被打成"小集团"成员。1957 年因发表《葬歌》和《九十九家争鸣记》,在报纸上受到点名批判。1958 年 12 月,在"反右倾运动"中,又被定为"历史反革命",被逐出大学课堂,"接受机关监督",劳动改造三年。经过这一系列的坎坷磨难,查良铮由五十年代初回国时的兴奋、激动和想干一番事业的壮志凌云,突然跌入悲惨命运的深渊,陷入了痛苦的沉思。痛苦,是诗人的财富,特别是当这些痛苦一天一天在心头累积起来的时候。在丘特切夫的诗作中,查良铮找到了痛苦的知音:

> 我的心没有一天不痛苦,
> 往事的回忆尽把它煎熬;
> 唉,语言又怎能把心事表述!
> 它只有一天天地萎缩,枯凋。①
> 　　(《我的心没有一天不痛苦》)

还有一首诗,表达了俄罗斯诗人更为深刻而强烈的痛苦感觉,以及面对新的情况在自我认识上的困难。联想到穆旦自己在 50 年代和 60 年代面临的困境、自我改变与适应的困难,以及他创作的《葬歌》,翻译丘特切夫的诗句就像是诗人翻译家在抒写自己的心境一般:

> 在我的痛苦淤积的岁月中,
> 有一些时日比悲伤更可怕……
> 那沉重的时刻,致命的负担,
> 我的诗也无法承受,无法表达。
> 　　　　(1)
>
> 而我孤独的,带着呆滞的忧郁,
> 我想认识自己,但这也困难——
> 好像一只残破的小船被波浪
> 抛到了荒芜的、无名的岸沿。
> 　　　　(4)

---

① 本书中查良铮的译诗皆选自人民文学出版社 2005 年出版的《穆旦译文集》(第 1—8 卷)。

《在我的痛苦淤积的岁月中》，诗人穆旦变成了翻译家查良铮，他的创作从此停止。是呀，翻译家在夜深人静时阅读丘特切夫的诗作，从中感受到心灵的共鸣。对于不能发表作品的诗人，沉默，也许是唯一的选择了。

丘特切夫有一首写于1830年的诗：

沉默吧！

沉默吧，把你的一切情感
和梦想，都藏在自己心间，
就让它们在你的深心，
好似夜空中明亮的星星，
无言地升起，无言地降落，
你可以欣赏它们而沉默。

你的心怎能够吐诉一切？
你又怎能使别人理解？
他怎能知道你心灵的秘密？
说出的思想已经被歪曲。
不如挖掘你内在的源泉，
你可以啜饮它，默默无言。

要学会只在内心里生活——
在你的心里，另有一整个
深奥而美妙的情思世界；
外界的喧嚣只能把它湮灭，
白日的光只能把它冲散，——
听它的歌吧，——不必多言！……

沉默吧！因为说出的话被人歪曲，发表的诗受到批判。一个人屡受迫害却无处申辩。他所能做的，只有思考与沉默。他默默地阅读，默默地翻译，这是他唯一的精神寄托。避开所有的人，包括妻子和儿女，免得让他们担惊受怕，也免得受到阻拦或听到抱怨。

毫不奇怪，翻译异国诗人的诗，必然会融入译者的切身感受，译诗才能真挚动人。作为现代派诗人，查良铮对丘特切夫写诗所采用的象征、暗示、意象叠加等艺术手法十分熟悉,因此翻译起来得心应手。这和50年代初期查良铮翻译普希金的诗歌时的喜悦心情是不同的。60年代初,诗人翻译家翻译丘特切夫的诗,无异于在痛苦的思考中从事艰辛的劳作,在缓慢的进程中加深着这种珍贵的孤独的体验。而早先翻译普希金的作品,却是心情激荡,思如泉涌,译笔速度也快,他自己后来说过属于"比较草率"的一类。如今再拿起译笔,翻译丘特切夫,已经有了经验,除了思想上的贴近和沟通,在把握诗歌的音乐性和形式方面,体会愈深,要求便愈加严格,译得也就愈加精细了。

毋庸讳言,丘特切夫的诗十分难译。这是因为:第一,它把哲理、诗歌、绘画、音乐完美地融为一体,稍不小心,即损失其神韵;第二,形式、手法、语言既古典又现代,既精美又自然,既雅致又深邃,达到了"空前的高度"。第三,在语言上,他把简洁古朴与现代技巧熔为一炉,既具很强的音乐性(至今已有150多位音乐家为其诗谱曲)和即兴诗的平易、口语化,又有现代诗的通感手法,更有语言的凝练精致,意趣的高雅挺拔。这种诗好看、耐读,也好谱曲,但十分难译,更难译好。而查良铮的翻译却准确流畅,音韵自然。下面是具有泛神论色彩的一节诗:

> 紫色的葡萄垂满山坡,
> 山上飘过金色的云彩,
> 河水奔流在山脚下,
> 暗绿的波浪在澎湃。
> 目光从山谷逐渐上移,
> 直望到高山的顶巅,
> 就在那儿,你会看到
> 圆形的、灿烂的金殿。

丘特切夫一生写诗四百来首,除去五十多首译诗及部分政治诗、应酬诗,真正精良的作品不到二百首。查良铮从其中精选出一百二十八首译成中文,汇集成《丘特切夫诗选》,将丘特切夫那些风格独特、思想深邃、精美动人的诗歌大体已网罗其中,就诗歌翻译的质量而言,每一首都堪称精品。随便从《丘特切夫诗选》中翻开一页,就能读到一些名句。例如,下面这一首《天鹅》,你读一遍,惊异于诗人的想象,读两遍,惊异于译者的文笔,读三遍、四遍,还是不忍心放下来:一股刚健有力的诗风,扑面而来,两个高妙脱俗的形象,盘旋不去。

天鹅

休管苍鹰在怒云之上
迎着急驰的电闪奋飞,
或者抬起坚定的目光
去啜引太阳的光辉;

你的命运比它更可羡慕,
洁白的天鹅!神灵正以
和你一样纯净的元素
围裹着你翱翔的翅翼。

它在两重深渊之间
抚慰着你无涯的梦想,——
一片澄碧而圣洁的天
给你洒着星空的荣光。

丘特切夫被俄国象征派奉为鼻祖。但俄国象征派在当时的苏联政治气候下,长期被视为资产阶级颓废派,受到批判,因而丘特切夫的诗在20世纪30至40年代的苏联一直未受到应有的重视。20世纪50年代中期至60年代初,苏联重新掀起丘特切夫热潮,丘特切夫的各种诗选、书信选及诗歌全集纷纷出版,一系列丘氏研究专著也相继问世,堪为诗界大观,盛况空前。这种现象,无疑给中国翻译和研究丘特切夫的诗歌提供了有力的资料支持和机会支持。可是,我们还是注意到一个奇怪的现象:就像丘特切夫在俄罗斯和苏联的政治气候下受到非常的待遇一样,作为"九叶诗派"中坚的穆旦,在失去了创作自由的条件下,必定有着类似的命运和相似的契机。但实际上,由于当时的条件限制,消息闭塞,查良铮并不十分了解丘特切夫的遭遇,却是凭着一个诗人对另一个诗人的跨越时空的直觉的感悟,发现了一种无法抵抗的精神力量,找到了一个诗国的宝藏,而且要把它挖掘出来,贡献给那个缺乏诗歌营养的时代。这是查良铮翻译丘特切夫的特殊意义。

丘特切夫的诗歌语言优美,读之让人心醉,屠格涅夫称其为"不朽的语言"。这特别体现在诗歌的形式例如诗行的排列和音韵方面。查良铮的译文不仅音韵和谐,而且融汇了诗人的气质和创作的热情与作诗法。对此,诗歌翻译界有专门的评论：

> 查良铮则不仅译得韵律动人，而且能传其神韵。他译的丘诗，韵脚方面尽量"复制"原诗的韵脚，几乎是亦步亦趋，但丝毫没有因韵伤辞或因韵损意，同时，他更注意诗歌内在节奏的变化，并把自己多年知性与感性结合的写诗方法用之于译诗，传神地表现了丘诗的现代技巧与凝练精致。（曾思艺：《丘特切夫诗歌研究》，湖南文艺出版社，2000年，第383-384页）

更加值得注意的是，查良铮还综合可以找到的所有俄文资料，写了一篇很长的《译后记》，可以说全面而系统地介绍了丘特切夫的生平履历、创作思想，分析了他的诗歌创作特点。这是我国第一篇详尽介绍和评价丘特切夫的文章。我们特别注意到，这篇《译后记》不仅有哲理高度，而且有详尽的作品分析。关于前者，这里仅提一下译者关于泛神论的思想评价。众所周知，泛神论是许多诗人认识上和艺术上的支撑点，但在中国当时的条件下，有难以说明和接受的意识形态方面的限制，也有习惯成自然的来自民间的惰性。而查良铮却有理论的勇气和非凡的见识写出下面一段文字：

> 在十八世纪末和十九世纪初，欧洲的浪漫主义作家和诗人都或多或少带有泛神论的倾向。在当时，泛神主义打破旧的宗教观念，把对神的崇拜引导到物质的自然界和现世上来，是具有一定的进步意义的。不过，它在革新人的精神世界的同时，又制造了另一个上帝来束缚它，归根结底并未脱离唯心主义的范畴。（《穆旦译文集》（第8卷），人民文学出版社，2005年，第157页）

难能可贵的是，查良铮并没有对泛神主义做泛泛之论，而是深入到丘特切夫的诗歌创作中，做了合情合理的艺术分析：

> 歌德、拜伦和丘特切夫都写过一些带有泛神主义色彩的诗，但是由于他们所处的时代和社会环境不同，各人的感受和动机不同，他们的诗歌的现实内容也就各异其趣。丘特切夫的诗通过泛神主义表现了他的奔放的心灵。他希求生活的美满和丰富，渴望扩展自己的心灵，享受现世所能给予他的一切。通过泛神主义，他表现了对生活和自然界的热爱。在他和自然景物的某一瞬息的共感中，他往往刻绘出了人的精神

的精微而崇高的境界。(《穆旦译文集》(第 8 卷),人民文学出版社,
2005 年,第 157 页)

在艺术上,查良铮不仅注意到了诗人独特的心灵世界,而且尤其注意到了丘特切夫在前后期诗风表现上的不同。这一点之所以格外重要,就是因为其中隐射了穆旦自己前后诗风的微妙变化,甚至更进一步,可以从中看到丘特切夫对穆旦的影响,特别是对后期穆旦诗风的影响。

翻译家查良铮比较了丘特切夫分别写于 1830 年的《秋天的黄昏》和 1857 年的《"初秋有一段奇异的时节"》。认为前者在秋景描写中具有泛神主义的色彩,流露出普遍主义的痕迹,而后者则显示出"俄国的景色和劳动者的,农民的秋天"。整首诗共三节,尤其是后两节,格外引人注目:

在矫健的镰刀游过的地方,
谷穗落了,现在是空旷无垠——
只有在悠闲的田垄的残埂上
还有蛛网的游丝耀人的眼睛。
(2)

空气沉静了,不再听见鸟歌,
但离冬天的风暴还很遥远——
在休憩的土地上,流动着
一片温暖而纯净的蔚蓝……
(3)

熟悉穆旦诗歌的读者可能会发现,写于 1976 年 9 月的两首《秋》,其中的第一首,在开头就有这么一个句子:"天空呈现着深邃的蔚蓝"。这里明显可以看出丘特切夫诗句的影响。不过,紧接着一句,却反其道而行之,加强了意象和思想的对比:"仿佛醉汉恢复了理性"。如果我们还记得那特殊的 1976 年的秋冬之季,这个典型的中国式的描述就不会是空穴来风。

让我们再跳过一节,读一下《秋》的最后两节,其中的意境、韵味,甚至措辞和情调,都分明吐露出丘特切夫式的气息:

田野的秩序变得井井有条,
土地把债务都已还清,

谷子进仓了,泥土休憩了,
自然舒来一口气,吹来了爽风。

(3)

死亡的阴影还没有降临,
一切安宁,色彩明媚而丰富;
流过的白云在与河水谈心,
它也要稍许享受生的幸福。

(4)

实际上,翻译的语境也是如此。1963年底,查良铮秘密地译完了《丘特切夫诗选》,他秘密地,径直地,有点急切地把稿子寄往人民文学出版社,如释重负。诗人没有沉默,他借助翻译而发言了。可是,无论就译者查良铮的身份还是就丘特切夫诗歌的命运,当时都没有可能马上出版,而出版社也秘密地将稿子封存,好像双方有一个默契,诗人翻译家和出版商共同严守着一个秘密,一个心照不宣的约定:且度过这寒冷的漫漫长夜,留待一个合适的开放的季节——诗的春天。

第三节　像普希金钟情《奥涅金》

这真是个迷人的去处:
它比亚米达的花园更美,
所罗门和塔夫里达公爵的花园,
不如它叫人心醉。

这是普希金歌颂中国花园的一节诗,见于其长诗《鲁斯兰和柳德米拉》第二歌。普希金虽然没有到过中国,但他短短的三十八年的一生中对于中国却是心向往之,而且在许多诗作中吐露了他向往中国和中国文明的心情。他笔下的沙皇离宫皇村,就染上了中国花园的色彩,这不仅因为欧洲对于中国的向往具有凝固的"中国花园"情结,而且还体现了不同于法国、德国、英国等国的俄罗斯诗人的独特的想象。不仅如此,普希金的诗体小说《叶甫根尼·奥涅金》中,还有称颂孔子的诗句,而且诗人对于孟子也很熟悉。在《出发吧,朋友们,我已准备停当……》中,他甚至幻想能够"去遥远的中国长城脚下"。

在俄罗斯诗人所向往的并不十分遥远的东方,伟大的普希金(1799-1837)的名字(最早译为"普式庚"),也逐渐为我国广大读者所熟悉。"五四"以来,他的名作《自由颂》《纪念碑》《寄西伯利亚》《高加索的俘虏》《欧根·奥涅金》,早已家喻户晓,深入人心。诗人用大量诗作、散文、诗体小说、诗体戏剧和诗体童话,开创了俄国文学的新纪元,使得原本落后于西欧的俄罗斯文学迅速赶上,甚至后来居上。进一步而言,普希金还是现代俄罗斯语言和文学的开创者和奠基人,用高尔基的话说,是"一切开端的开端"。在普希金之前,俄罗斯文学,无论是古典主义作家还是浪漫主义和感伤主义诗人,都是跟在西欧作家与诗人身后,亦步亦趋,模仿学习。只有到了普希金的时代,才创作出独具俄罗斯民族风采和诗人个性的杰作,使得俄罗斯文学立足于世界文学之林,并且开创了19世纪俄罗斯批判现实主义辉煌的先河。

值得一提的是,普希金对于英国诗人拜伦,和中国"五四"时期新文学的先驱们一样,也充满了崇拜之情,从下面的诗歌片段,即可看出:

  当整个惊愕的世界望着
  拜伦的尸灰甄而暗伤,
  当他的靠近但丁的诗魂
  谛听着全欧洲竖琴的合唱;

  另一个幽灵在呼唤我,
  他早已停止呼吸,停止啜泣,
  ……
    (普希金:《安得列·谢尼埃》)

事实上,拜伦和普希金在中国翻译文学史上的相对地位以及前者对后者的影响,固然首先应当归结为俄罗斯文学的奠基人普希金对英国浪漫主义诗人拜伦的推崇,并说明英国浪漫主义诗歌对俄罗斯诗歌的总体影响;同时,在20世纪中国的外国文学翻译史上,在救亡图存的"五四"新文化运动中,革命浪漫派诗人拜伦的英雄形象和无与伦比的诗人地位,也是一个公认的事实,成为为鲁迅等先驱所关注的话题。鲁迅先生在其《摩罗诗力说》一文中,曾经论述了普希金在诗歌创作上对拜伦的模仿,体现为在普希金《高加索的俘虏》和《茨冈人》对拜伦《哈罗德游记》的模仿,其中"拜伦式英雄"的形象,影响至巨,直至《奥涅金》前两章之后,才逐渐摆脱了这种影响,着力描写"祖国淳朴之民",而且"诗材至简,而文特富丽,尔时俄之社会、情状略具于斯"。并且在客观上,"厥后外缘转变(客观环境起了变化),诗人之性格亦移,于是渐离裴伦(即拜伦)"。乃至"所作日趣于独立;而文章益妙,著述亦多"。

如果说鲁迅的半文不白的文字在今天已和我们有点隔膜,那么,诗人王家新在《"另一个已化为青铜雕像……"》中对于普希金的认识则会让我们更加亲近。王家新这样说:

> 认识普希金,也就是认识某种诗歌传统,认识我们自己的历史和作为一个诗人的基本命运。……只要诗歌的基本历史境遇不变,由普希金和其他前辈诗人所确定下来的诗歌的基本法则、精神或元素就依然有效;只要存在着大海、爱情、忠诚与背叛,只要存在着冰雪、权力、广阔的大地和对自由的渴望,普希金就会来到我们中间!(王家新:《"另一个已化为青铜雕像……"》,载《普希金与我》,孙绳武、卢永福主编,人民文学出版社,1999年,第40页)

从"五四"以来,鲁迅、郭沫若、茅盾、郑振铎等前辈翻译和介绍普希金开始,经过后来几代人的不断努力,不断有所成就。到查良铮翻译的时候,我国的普希金译本已经不止一种,且有了一定的研究基础和规模。查良铮集中翻译普希金的主要作品,是在20世纪50年代早期和中期,包括《普希金抒情诗》(两集)、叙事诗《青铜骑士》《波尔塔瓦》《高加索的俘虏》《加甫利颂》以及诗体小说《欧根·奥涅金》,分别由多家出版社出版。此后二十年,查良铮继续以外国文学的翻译事业为己任,长夜孤灯,呕心沥血,在完成拜伦巨著《唐璜》的基础上,又在晚年增补修订普希金抒情诗四百余首,在诗人翻译家的身后陆续出版,遗赠后人。这里我们无暇顾及查译普希金抒情诗、叙事诗的全貌,只能拣其要者略加叙述,然后用一节篇幅聚焦于诗体小说《奥涅金》,就其译事译术,加以讨论,从中窥见查译普希金的概貌,以及我国新文学和当代文学借鉴俄罗斯古典文学之一斑。

一、普希金抒情诗的翻译与修改

普希金一生创作了八百多首抒情诗,查良铮翻译了其中的半数,可以说功劳非小。在那个可以称为翻译的时代,查译普希金为中国的诗歌爱好者提供了美好的精神食粮,其中有些已经为那一代人所广为熟悉。例如,《假如生活欺骗了你》,作为一首脍炙人口的名诗,曾经激励过整整一代中国读者。那些懂俄文的知识分子,甚至可以背诵它的原文:

Если жизнь тебя обманет,

Не печались, не сердись!
В день унынья смирись:
День веселья, верь, настанет.

Сердце в будущем живет;
Ностоящее уныло:
Все мгновенно, все пройдет;
Что пройдет, то будет мило.

假如生活欺骗了你，
不要忧郁，也不要愤慨！
不顺心时暂且克制自己，
相信吧，快乐之日就会到来。

我们的心儿憧憬着未来，
现在总是令人悲哀：
一切都是暂时的，转瞬即逝，
而那逝去的将变为可爱。

  这首短诗，原作是四音步扬抑格，头四行押环抱韵，后四行押交叉韵。诗中情感真挚，口吻亲切，像一位阅历丰富的兄长在开导遭受挫折的小妹妹，字里行间充满了人情味和生活哲理。查良铮的译文明快质朴，头四行押交叉韵，后四行偶句押韵，整首诗一韵到底，每行字数不等，大致可分为四五顿，是以格律诗译格律诗的格局。在整体上，译者通过翻译艺术的巧妙补偿，保持了诗歌形式的总体和谐，传达了俄罗斯诗人健康乐观的生活态度。
  普希金一生向往光明，乐观向上，《酒神之歌》是这种追求的代表作。诗中澎湃的激情难以用整齐的格律诗表达，为此采用了自由体抑扬格，诗行长短交织，笔法潇洒而奔放。查良铮的译诗同样音韵铿锵，意气昂扬，以多姿多彩的诗笔再现了诗人光彩四射的内心世界：

酒神之歌

为什么欢乐的声音喑哑了？
响起来吧！酒神的重叠的歌唱！
来呀，祝福那些爱过我们的

> 别人的年轻妻子,祝福柔情的姑娘!
> 斟吧,把这杯子斟得满满!
> 把定情的指环,
> 当啷一声响,
> 投到杯底去,沉入浓郁的琼浆!
> 让我们举手碰杯,一口气把它饮干!
> 祝诗神万岁! 祝理性光芒万丈!
> 哦,燃烧吧,你神圣的太阳!
> 正如在上升的曙光之前,
> 这一盏油灯变得如此暗淡,
> 虚假的学识啊,你也就要暗淡、死亡,
> 在智慧永恒的太阳面前,
> 祝太阳万岁! 黑暗永远隐藏!

俄罗斯的知识分子和中国知识分子所面临的命运有相似之点,那就是在历史上都有反抗暴政和黑暗,追求自由与解放的天性和天职。诗人普希金,虽然出身贵族,在政治上有保皇倾向,但他热爱俄罗斯文化传统,并由于精神的高贵和自由的天性,一生同情人民,追求光明和进步,一直伴随着当时革命的过程,尤其是赞颂十二月党人的起义,以至于被监视,被流放,乃至最后被亡命之徒在决斗中杀害。

1817年,诗人写下著名的《自由颂》,直接触怒了沙皇,并招致迫害和流放。这首诗先是以手抄本的形式广为流传,后来发表在赫尔岑在伦敦出版的1856年的《北极星》上。直到1906年,这首诗在俄国才始得发表。它的第一节是这样地精彩:

> 去吧,从我的眼前滚开,
> 柔弱的西色拉岛的皇后!
> 你在哪里?对帝王的惊雷,
> 啊,你骄傲的自由底歌手?
> 来吧,把我的桂冠扯去,
> 把娇弱无力的竖琴打破……
> 我要给世人歌唱自由,
> 我要打击皇位上的罪恶。

读查良铮译的普希金抒情诗,我们时时能感受到诗中跳跃的激情与灵性。虽然翻译科学至今还无法使我们全部洞悉诗歌翻译隐秘的过程,但我们相信,译诗需要非凡的语言天赋,当然,还不至此。查良铮的诗人气质、开阔的视野、深厚的艺术素养和对诗歌语言的悟性,使翻译家能深入诗的世界,透彻理解原诗的内涵,表达得充分且富有诗意,让源自普希金的非凡的才华充分表露,让俄语诗歌在汉语的精彩体现中获得第二次生命。

> 于是思潮在脑中大胆地波动,
> 轻快的韵律驾着它的波涛跑开;
> 啊,手忙着去就笔,笔忙着去就纸,
> 一刹那间——诗章已滔滔地流出来。

这是《秋》中的一节。诗中思绪、韵律、手和笔、笔和纸,一直到诗如泉涌,环环相扣,一气呵成,生动地展现了诗人的创作过程。我们设想,在查良铮的翻译中,一定也会出现类似的情况,出现思绪奔涌,难以遏止的激动人心的瞬间,那就是翻译过程中的"高峰体验"。

大家知道,查良铮翻译俄罗斯诗歌是在 20 世纪 50 和 60 年代,而后来他一直在不断地修改和增添,到了 1976 年,当他已经持续了多年艰苦的努力,终于完成了《唐璜》的翻译后,又转过头来,拖着伤病之躯,集中修改普希金抒情诗的译稿。

1976 年 4 月到 6 月之间,查良铮在给朋友的信中几次写到修改普希金抒情诗的情况。下面引用其中的几段:

> 我在这期间投入一种工作,每天校改普希金抒情诗,因为我觉得过去弄得草率,现在有条件精益求精;至今我已重抄改好的诗,大约有五百首(有印的有未印的),以备将来有用的一天。(查良铮:《致郭保卫的信》(十一),载《蛇的诱惑》,曹元勇编,珠海出版社,1997 年,第 239 页)

关于具体的修改情况,诗人说,他原打算搞两年完成,实际上只用了两个月就完成了。还有,关于翻译的策略,是否要修改,也已有所体现。1976 年 6 月 15 日在给孙志鸣的信中,诗人说:

> 这两个多月,我一头扎进了普希金,悠游于他的诗中,忘了世界似的,搞了一阵,结果,原以为搞两年吧,不料至今才两个多月,就弄得差不多了,实在也出乎意料。……我是做了大幅度的改修,力求每行押韵,例如,《寄西伯利亚》一诗,原来韵脚很勉强,又是二、四行韵,一、三

行无韵,现在我改成都押韵,而且取消那种勉强状态。可是是否在流畅上还保持了原来的程度?抄下来你看看,说说你的看法。(《穆旦诗文集》(第2卷),人民文学出版社,2006年,第237页)

信后附有这首改好的《寄西伯利亚》(后来收录在《普希金抒情诗选集》(上、下),江苏人民出版社,1982年)。我们在这里再附上初译稿(《普希金抒情诗集》,平明出版社,1955年),以供比较,看看译者如何推敲修改,达到了精益求精。

寄西伯利亚

在西伯利亚的矿坑深处,
请把高傲的忍耐置于心中;
你们辛酸的工作不白受苦,
崇高理想的追求不会落空。

灾难的忠实姐妹——希望
在幽暗的地下鼓舞人心,
她将把勇气和欢乐激扬:
渴盼的日子就要降临。

爱情和友谊将会穿过
幽暗的铁门,向你们传送,
一如我的自由的高歌
传到了你们苦役的洞中。

沉重的枷锁将被打掉,
牢狱会崩塌——而在门口
自由将欢笑地把你们拥抱,
弟兄们把利剑交到你们手。

初译稿:

寄西伯利亚

在西伯利亚的矿坑深处,

请坚持你们高傲的容忍；
这辛酸的劳苦并非徒然，
你们崇高的理想不会落空。

"灾难"的姐妹——"希望"
正在幽暗的地下潜行，
她将给带来幸福和勇气；
渴盼的日子就要降临。

爱情和友谊将会穿过
幽暗的铁门，向你们伸出手，
一如朝向你们苦役的洞穴
我自由的歌声缓缓进流。

沉重的枷锁会被打断，
牢狱会颠覆——而在门口
自由将欢笑地把你们拥抱，
弟兄们把利剑交到你们手。

  译诗和写诗不一样。写诗要注意保持创作的激情和笔势的发挥，而译诗则不妨在文字上雕琢修饰以精益求精。从以上的修改中不难看出，诗人翻译家查良铮先生的译诗很讲究，而改诗也不马虎。大体说来，在音韵层面上，能够发现和改正押韵草率、不够严谨的缺陷，力求再现原作格律诗的和谐形式与优美的音乐性。在语言层面上，锤炼词句，调整词序，减少跨行，避免句式过分"洋化"，力求更合乎汉语表达的规范化要求。在文化层面上，重视区分俄罗斯民族文化与中国文化的不同内涵，力戒不同文化观念的混淆，从而克服过分"归化"的现象。

  饶有兴趣的是，在《寄西伯利亚》初译发表以后，查良铮并没有觉得大功告成，而是写了一篇专论《普希金〈寄西伯利亚〉》（当然用的是初译稿），发表在《语文学习》1957年7月号上。文章交代了这首诗的写作背景：1825年12月14日俄国十二月党人举行起义，不久即惨遭沙皇镇压，"为首的五人绞死，一百二十人流放到西伯利亚去做苦工"。当时，诗人普希金不在暴动现场，正在北方度过他第二次流放岁月，但他写于1821年的《短剑》曾是鼓舞党人起义的武器。1827年初，诗人写了《寄西伯利亚》并托人把这首诗带到西伯利亚的矿井里给做苦工的革命者。文章不仅详细分析了这首诗的艺术特点和思想内涵,而且为了突出说明其地位,翻译家还建议中国读者对照阅读《短剑》和《自由颂》(1817),并认为,相比之下,普希金的《寄西伯利亚》,无论在思想还是在艺术上都更为成熟。

我们不禁感慨:在中国现代和当代翻译文学史上,能像诗人翻译家查良铮那样,坚持数年不断修改译作,而且又能通过写文章等手段,对读者进行阅读引导的负责任的译者,实在是难能可贵。更有兴趣的是,当我们沿着诗人翻译家提供的线索,在《普希金抒情诗选〈上〉》中查找《短剑》时,竟然发现,它的译名是《匕首》,也许翻译家想起了鲁迅的"匕首"和"投枪"了吧。作为负责任的传记作者,请允许笔者在此附上这首初译的《匕首》的前三节,以见全貌:

> 林诺斯的大神把你锻铸,
> 　只为了不死的复仇女神使唤;
> 自由底秘密守卫啊,你可以惩处,
> 你是对耻辱和冤仇的最后的裁判。
>
> 如果宙斯的雷不响,法理的剑也睡了,
> 你就是把诅咒和希望付与实现的人,
> 　你潜伏在皇座的周遭,
> 　灿烂的华服里也能寄身。
>
> 你沉默的刀锋对着恶人的眼睛直射,
> 有如地狱的冷光,有如天神的电闪,
> 　而他呢,左右环顾,颤栗着,
> 　在宴饮之中坐立不安。

二、《献辞》与长篇叙事诗的翻译原则

普希金一生创作了十四部长篇叙事诗,查良铮翻译了其中的九部,在五部没有翻译的叙事诗中,《瓦吉姆》和《叶泽尔斯基》是普希金没有写完的诗稿。除了早期的《鲁斯兰和柳德米拉》和《茨冈》以外,可以说查良铮基本上译完了普希金最重要的长诗。

叙事诗不同于抒情诗,有自己的结构和功能,更加靠近叙事而不是抒情。普希金的叙事诗属于古典型的叙事方式,往往以献辞开始,甚至在献辞之前还有题记,在分章的正文之后,还会有尾声或结语。整个的诗作则是讲故事形式的,当然,其中也可以穿插抒情和评论的笔调,以收生动活泼之效

果。这种结构和语言特点,要求译者要有灵活多变的文笔和高超精湛的翻译技能。这里且引一节《高加索的俘虏》中的《献辞》,以见出查良铮的译笔和与诗人相通的心灵:

献 辞

给 H. H. 拉耶夫斯基

请你笑纳吧,我的朋友,
这自由的缪斯的赠与:
我献给你的是流亡的琴弦的歌
和我的灵感的游戏。
这一向,我郁郁地忍受无故的中伤,
从四面八方,我听到人们的窃窃私议,
无论是背信小人的冷箭
还是爱情的沉重的梦幻,
都使我痛苦而又麻痹;
但只有靠近你,我才得到一些慰藉。
我们彼此敬爱——我从心里感到安恬:
我头上的风暴在这里失去了威严,
在你平静的港湾里,我感激上帝。
……
祖国在慈祥地拥抱你:为了祖国
你牺牲了一切,你是希望的忠实的花朵。
而我,很早便尝到忧患,不断受着迫害,
我作了诽谤和愚蠢的报复的祭品;
但是,我的心却为自由和忍耐所坚定:
我坦然遥望美好的未来,
而暂时,朋友们的快乐
也可以宽慰我的胸怀。

(《普希金叙事诗选》,见《穆旦译文集》(第5卷),
人民文学出版社,2005年,第293-294页)

关于叙事诗的翻译,因为篇幅的限制,我们不打算涉及具体的内容。1985年四川文艺出版社出版的查译《普希金叙事诗选集》,后面附有译者精心撰写的一篇论文《关于译文韵脚的说明》。这里只想利用查良铮这篇十分重要的文章,以回答诗人翻译家如何理解和处理长诗形式的问题。文字较长,但很系统,颇具代表性,兹引录如下:

关于译文韵脚的说明

  普希金的叙事诗是很严谨的格律诗,要把它译成我国的新诗,对译者立刻产生一个困难的问题。由于我们的新诗还没有建立起格律来,译者没有一定的式样可以遵循,这迫使他不得不杜撰出一些简便可行的、而又类似格式的临时的原则,以便他的译文有适当的规律性。

  这里,译者愿意仅就本书的韵脚加以说明。在段落很长的叙事诗中使用韵的时候译者的考虑是:(一)不能每行都有韵;因为如果要每行都有韵,势必使译文艰涩难行,文辞不畅,甚至因韵害意,反而不美。而且,我国律诗的传统,和西洋诗不同:行行都韵似乎不是我们的习惯。(二)要避免单调。无论双行韵,或隔行韵,如果在长篇叙事诗中一成不变地使用下去,定会给人以单调之感。

  因此,本书采用了双行韵和隔行韵混合交错的样式。它的好处是:(一)译者可以相当自由地选择辞句,不过分受韵脚的限制;而另一方面,(二)仍是处处有韵脚的链锁:在任何相连的两行诗中,必然至少有一行是和或前或后的一行(也许是和它邻近的一行;也许是隔开的一行)押着韵的。这样,我们读起来时,会感到有连续不断的韵贯穿着全篇。(三)没有呆板或单调之感;因为韵的出现富于变化,有些地方近似一种"意外的巧合",有助于阅读的快感。

  另外,译者给自己规定一个禁条,就是不准相连的三行诗同韵,只准相连的两行同韵。如果竟而多出韵来,那就是"跑韵"了,那是不美的,应该避免。

  这里的韵脚有些押得很勉强,很模糊,这一方面固然由于译者的思虑不够周详,但另一方面,恐怕也是白话诗所不易避免的现象,有其在语言本质上的困难:因为有很多个字,和它们准确押韵的可能性本来就是很少的。但关于这,译者不想在此多作解释了。

  (《穆旦译文集》(第 5 卷),人民文学出版社,2005 年,第 495-496 页)

三、多方重现《奥涅金》精神

  《欧根·奥涅金》是普希金的代表作,也是诗人普希金最得意的作品,也是耗时最长的一部艺术品。按照苏联专家的意见,即 20 世纪 50 年代苏联文艺界以社会主义现实主义观点为基础的认识,《欧根·奥涅金》是这样一部作品：

> 诗体长篇小说《欧根·奥涅金》的写作费时八年以上。一八二三年五月,普希金在比萨拉比亚开始动笔,到一八三〇年的秋天,在波尔金诺村才将它写完。一八三一年的秋天他修订并补充了最后一章。
>
> 欧根·奥涅金像是一面镜子,反映了俄国人民解放斗争的重要阶段之一——即一八二五年十二月十四日的暴动为结束的贵族革命运动时期。这一篇小说的情节正是贯穿了从一八一九年到一八二五年的一段时期。(A.斯罗尼姆斯基：《关于〈欧根·奥涅金〉》,见《穆旦译文集》(第5卷),第283页)

虽然我们不完全赞同仅仅从革命和历史的角度来分析一部文学作品,但《欧根·奥涅金》在俄罗斯文学史上占有无可替代的重要地位,在国际上也享有崇高的声誉并产生了广泛的影响,却是毋庸置疑的。事实上,主人公奥涅金并不是十二月党人,而是一位贵族青年,他成天出入于上流社交场合,混迹于社会显达之间,过着空虚而虚荣的生活。然而可贵的是：他不仅天资聪慧,富于同情心,而且看透了上流社会的浮华和腐化,体验了利己主义的内心痛苦。所以,别林斯基说他是"痛苦的利己主义者"。虽然奥涅金的形象尚未归入那个时代及其后来的"忏悔的贵族"形象系列,进入俄罗斯文学史(这里有陀思妥耶夫斯基笔下的"地下室人",托尔斯泰笔下的一系列形象,如《一个地主的早晨》中的聂赫留道夫、《战争与和平》中的安德烈·皮埃尔、《安娜·卡列尼娜》中的列文等),但普希金的这部诗体小说,却形象而生动地刻画和描写了贵族式知识分子这样的人物及其真切的内心体验。

请看我们的主人公如何出场(第一章第21节)：

> 全场在鼓掌。奥涅金进来
> 碰着人脚,从雅座穿着走,
> 他用高倍望远镜一排排
> 瞟着包厢中不相识的闺秀；
> 层层的楼厢无一不打量。
> 一切：女人的容颜、首饰、装束,
> 都使他感到可怕的失望,
> 这才和男人点头招呼；

和熟人寒暄已毕,他的视线
最后懒懒地落到舞台上。
接着扭转身,打了个呵欠,
喃喃说:"怎么还不换换花样?
我早就腻了芭蕾舞,我的天!
就是狄德娄也令人厌倦。"

也许这里需要提及的是:俄罗斯知识分子群体是由贵族知识分子和平民知识分子两部分构成的,从贵族到平民出身的知识分子在历史上的作用,其重要性也有先后相继的顺序移位,所以贵族知识分子的忏悔形象要出现在"多余人"形象之后。事实上,在俄罗斯文学史的辉煌画卷之中,普希金创作《奥涅金》的巨大的形象学意义,恰恰在于他首次创造了典型的"多余人"形象。这一形象可以说深刻地影响了后来的几代作家,总体而言,可以建构出一个不小的家族。

奥涅金是俄国文学史上第一个"多余的人"的形象。在《叶甫盖尼·奥涅金》出版20年后,作为文学评论家的赫尔岑把奥涅金的形象定义为"多余的人"。后来被列入这一形象之列的有莱蒙托夫笔下的毕巧林,赫尔岑笔下的别里托夫,屠格涅夫笔下的罗亭等,屠格涅夫还创作了《多余的人日记》。(张建华:《俄国知识分子思想史导论》,商务印书馆,2008年,第70-71页)

达吉亚娜是与奥涅金相对的另一类形象。她是美丽的少女(虽然有一个不太起眼的名字),天真纯洁,热爱大自然,也热爱自己的奶妈,尤其爱唱歌和听故事。所以,和奥涅金代表奢华的贵族相比,达吉亚娜则代表朴实的民间,甚至有人这样说,她有一个"俄罗斯的灵魂"。

1975年,西尼亚夫斯基在伦敦出版了他的《与普希金散步》,引起了轩然大波。这本小小的随笔,是流亡国外的俄国侨民文学的一个典型,作者试图用一种轻松的笔调,写出对普希金的新的认识,不是仰视这位俄罗斯伟大诗人,而是与其并肩散步,获得平等的权利和平视的机会。其中的观点尤多,不能一一列举,仅摘引他关于达吉亚娜对于诗人普希金的亲密关系——一节笔调不无调侃但却发人深思的文字:

除了是奥涅金不走运的女伴、将军冷血的妻子之外,她还是普希金的私人缪斯,她比其他女人都更好地扮演了这一角色。我甚至认为，正由于这个原因，她才没有与奥涅金结合，她坚守着对她并不爱的丈夫的忠诚，是为了有更多的自由时间去反复阅读普希金，为普希金而愁苦。这就是说，普希金将她留给了自己！（转引自刘文飞：《文学魔方：二十世纪的俄罗斯文学》，中国社会科学出版社，2004年，第183页）

下面一个诗节（第三章第21节），是作品中有代表性的诗节，不仅写了达吉亚娜和奶妈的亲密关系，而且写了少女爱情的萌发。

> 达吉亚娜对着月亮凝视，
> 心神飞到了缥缈的远方……
> 突然，心里闪过一个意思……
> "奶妈，我要笔和纸张，
> 把桌子挪近些，你就回屋，
> 我要呆一会，然后再躺下，
> 晚安，奶妈。"于是，一人独处，
> 西周静悄悄，我的达吉亚娜
> 用肘支着身子，在月光下
> 一面写，一面想到奥涅金。
> 这封坦率的信，每句话
> 都流露着纯洁少女的爱情。
> 信写好了，也折好了……请问：
> 唉，姑娘，你要发给哪个人？

从以上引述的片段译文不难看出，诗人翻译家查良铮成功地翻译了这部名著，因为这是查先生最为器重的一部作品。他在1957年由新文艺出版社出版了《奥涅金》译本以后，就在当年《文艺学习》1957年第7期上发表了《漫谈〈欧根·奥涅金〉》的文章，表达了自己对这部作品的基本认识。

普希金从二十四岁起，开始写作《欧根·奥涅金》，到三十一二岁写完了它。这正是诗人生命力最旺盛的时期。因此，读者一打开这部作品，首先得到的印象就是它那蓬勃的生命，仿佛是打开了一瓶香槟酒，泡沫奔腾，芳香四溢。诗人尽量把自己解放出来，喜怒笑骂，沉思与低回，泼辣与忏悔，顽皮的诙谐和严肃的悲哀混在一起，简直让读者如入人间仙境,美不胜收。可以说,我们的情感在读任何作品时,都不像在这里似的,发挥得如此淋漓尽致。(查良铮:《漫谈〈欧根·奥涅金〉》,见《穆旦诗文集》(第2卷),人民文学出版社,2005年,第95页)

一个值得注意的巧合,就是查良铮翻译《欧根·奥涅金》的时候,也是正值青春年少,思想活跃,文笔酣畅的时候,和普希金当年创作《欧根·奥涅金》属于人生同一时期。这应当说是一件好事,应和了两位诗人在阅历和气质上的相似。更何况译者对于文学作品的翻译,并非仅仅凭借天资和智慧,而是从认真的学术研究开始的。

查良铮经过仔细研究,认为《欧根·奥涅金》之所以具有永恒的艺术魅力,部分的原因在于这部作品的结构。这部诗体小说的素材大致可分为故事主体和抒情插话两部分。其中故事情节是核心,讲述达吉亚娜如何爱上了奥涅金而被拒绝,中间穿插奥涅金与连斯基的决斗以及连斯基的死亡,以后又是奥涅金如何向达吉亚娜表达爱意而被拒绝。整个说来,这是一个哀婉的爱情故事,而围绕这个故事,诗人写出了很多旁白,在很多地方现身说法,议论,抒情,感慨,回忆,调侃,讽刺,有些诗节涉及故事,有些似乎与故事无关。也许正是这些"题外话"大大扩充了小说的轮廓,丰富了它的内容,因此,别林斯基赞誉这部作品是"俄国生活的百科全书"。

查良铮还分析了普希金为什么会采用这样的写法。如前所述,普希金创作《欧根·奥涅金》,于1823年动笔,1830年结束,历经八年之久,而这段时间诗人的创作逐渐由浪漫主义向现实主义转变,甚至囊括了各种复杂的写法,导致了诗人由诗歌创作向散文写作的转变。期间,诗人的现实感不断增强,他不再满足于写浪漫的爱情故事,而是借助更加广阔的社会生活,表达对生活的复杂态度,因此,作者采用了抒情插笔——幽默、轻松、嘲讽的旁白。普希金巧妙而艺术地把故事与旁白结合起来,使各种因素达到了艺术上的奇妙融合,进入了更高一级的和谐境界。

它是"诗"的生活与"散文"生活的融会,浪漫主义与现实主义的融会;是在生活中揉进了美,而又并无美化生活的谎言;是在现实的土壤上对生活所可能达到的最美的认识;是"清醒"与"诗意"的结合。而这一切,是只能由所谓"自由体"的小说,由外在形式的"诗体小说"表达出来的。是这样"两重性"的内容,才有这样"两重性"的形式(既诗意而又散文化的小说)。这部小说的内容与形式的配合,由此看来,实在是密切无间的。(查良铮:《漫谈〈欧根·奥涅金〉》,见《穆旦诗文集》(第 2 卷),人民文学出版社,2006 年,第 101-102 页)

基于对原作这样深刻的理解,译者首先紧扣原作的主题,注意把握作品的基调,注重人物的刻画和性格描写。例如,作品虽然写了奥涅金的上流社会的生活方式和花花公子的习惯,但同时也写了他的厌倦和不安于现状的叛逆心态。在这个意义上,第八章 46 节达吉亚娜对奥涅金倾诉的一段肺腑之言,便具有了这样深刻的思想意义。在查良铮的笔下,这一节诗译得语言朴实,亲切感人:

> 对于我,奥涅金,这种豪华,
> 这种可厌的生活的浮夸,
> 这富贵场中对我的推重,
> 这些晚会和这漂亮的家,
> 它们算得什么?这时,我宁愿
> 抛弃这场褴褛的化装表演,
> 这一切荣华、喧嚣和烟尘,
> 为了那一架书、那郊野的花园
> 和我们那乡间小小的住所,
> 我宁愿仍旧是那个地方:
> 奥涅金,我们在那里初次相见;
> 我愿意看到那荒凉的墓场:
> 那里,一个十字架,一片树阴
> 正在覆盖着我的奶娘……

这段主人公的心理独白,文字朴实无华,情感真挚,真实地展现了达吉亚娜的内心世界和高贵品格。此时,她虽然置身于上流社会,是人人敬仰的显赫的贵族夫人,她所珍惜的依然是纯真的青春年华,是她和奥涅金初次相见的地方。联系到下一节诗的内容(下一节的引文放在括号里),在她的心底依然珍藏着初恋的情感,她对此毫不掩饰("我虽然爱您(又何必说谎?)")。但她拒绝了奥涅金的追求("我请求你——立刻离开我"),不仅因为她忠实于丈夫("我将要一世对他忠贞"),而且始终怀念乡间的大自然,怀念质朴善良的奶娘。这一节译文译得恰当得体,贴切自然,既符合人物说话的口吻,又表现了她的坚贞品性,达到了很高的艺术境界。

这里有必要说明一下《奥涅金》的整个结构。在第八章的第 48 节,以及后面的两节,一直到第 51 节,当奥涅金和达吉亚娜分手以后,作品基本上也就接近尾声了。为了保持作品的完整,第九章《奥涅金的旅行》只是作为断章刊登(事实上,取消了章次)。而最后一章,即第十章,则是经诗人手稿焚毁以后留下的残片。这样,作品名义上还保持了十章的体制,可实际上,只有八章内容是完整的。

为了保持这种形式上的完整性,也为了反映作品的原貌和创作过程,查译本附有这样几节文字,在这里加以摘要引证:

《欧根·奥涅金》的最后一章是单独发表的,曾附有如下的一段序言:
"这些略去的诗节不止一次(而且是完全正确地、机智地)受到人们的责难和嘲笑。作者愿意坦白地承认:他从这本小说里抽去了整整一章,就是描写奥涅金旅行的一章。他本可以用虚点和数字来标明这省略的一章,但为了避免予人口实,他想最好还是把'第九章'这个数字取消,把《欧根·奥涅金》的最后一章称为第八章,并且取消结尾中的这一节:

是时候了,笔要求休息,
我已经写完了第九支歌;
是这第九个浪头推送
我的小船靠了岸,我欢乐——
我歌颂你们,九位诗神……"

(见《穆旦译文集》(第 5 卷),人民文学出版社,2005 年,第 254 页)

引文的最后一节小诗给我们一个暗示:这种古典类型的写法包含了一个作者或诗人的叙述与评论的角度。就《奥涅金》的叙事手法而言,诗人作为叙事者和评价者的身份会时不时地流露出来,甚至在关键的时候亲自出场,指点江山,评价人物。这样自由的写法,或称为抒情性插笔,或抒情,或回忆,或感慨,或议论,或嘲讽,或抨击,从而极大地扩展了作品的内涵,增强了作品的时代感和表现力,进而大大地扩充了作品的叙事空间,发挥了作者操控作品的自由度。同样,在翻译上,这些地方人物语气的变化、讥讽、调侃、赞赏、厌恶,都得符合身份,掌握分寸。试看查译《奥涅金》笔下诗人的语言如何狂放、活泼、跳跃,一如李白笔下的《将进酒》:

尽情享受吧,我的朋友,
趁生命的美酒尚在唇边!

> 它是一个泡影,飘浮不久,
> 我对它从没有什么留恋;
> （第二章 39 节）

忽而又转向低沉、冷静,充满傲慢和不屑:

> 只要谁生活过,又能想一想,
> 他就会冷冷地蔑视世人,
> 只要谁有感情,过去的幻象
> 怎能不烦扰他的心神。
> （第一章 46 节）

按照当时俄国上流社会的规矩,决斗是一种解决男子之间争端的有效方式。《奥涅金》第六章 28 节,描写了奥涅金和连斯基即将进行的决斗的紧张场面,同时,插入了叙述人严肃的议论和评判的言辞:

> ……他们不言不语
> 给彼此预备了残酷的死亡……
> 呵,当他们的手还没有染上
> 彼此的血,难道他们不能
> 笑一笑,重新言归于好?……
> 但上流人物都重视虚荣,
> 在争吵上最怕人耻笑。
> （第六章 28 节）

两个年轻朋友因一时冲动而反目成仇,甚至拔枪相向,结果不言而喻,这让诗人深深地感到惋惜。他知道:正是上流社会爱慕虚荣的陋习把奥涅金和连斯基推上了决斗的生死线。可谁又能想到,这种看似文明实际上隐藏着虚荣和暴力的游戏,对于诗人普希金自己的最终归宿,却成了一种不幸而言中的宿命。

自然,对于人类的命运和人性的弱点,诗人也不会置之不理。他借助《圣经》神话,将人间的戏剧和天上的戏剧相比照,发出了语重心长的警世之音,与此同时,作品的主题却大大地深化了,其艺术表现力也大大地增强了:

呵,世俗的人!你们就像
你们原始的妈妈:夏娃。
凡是到手的,你们就不稀罕;
反而是那条蛇的召唤
和神秘的树,使你们向往:
去吧,去吃那一颗禁果——
不然的话,天堂也不是天堂!

(第八章 27 节)

最后,说明一下译作的注释问题。有无严格而合适的注释,是研究性翻译与一般翻译的区别之一。正文之外,作为必要的补充内容,查译《奥涅金》附有 44 条注释,有的长达一页,足见译者的考证之细,探究之密。

大体说来,这些注释可以归出如下的类别:

1. 作品有关语言难点的解释。
2. 作者创作的时间或地点的补充。
3. 作品中涉及有关内容的出处和版次变动。
4. 作品中所涉及的地点、人物等需要说明的信息。
5. 作品涉及的俄国及他国风俗习惯及名物的解释和说明。
6. 作品涉及的文史哲名著及著名作家、思想家等的注释。
7. 涉及世人对于作品有些地方的批评性意见的引述和评论。
8. 创作手法,以及由此作品引起联想的其他作品的片段的翻译和说明。

四、不断逼近"奥涅金诗节"

诗体长篇小说《奥涅金》以"奥涅金诗节"而著称。整部小说除了献词,第三章达吉亚娜给奥涅金的信和一首民歌,第八章奥涅金给达吉亚娜的信以外,全书十章四百二十余节都用奥涅金诗节写成,属于严谨的格律诗。在形式上,奥涅金诗节借鉴了西方十四行诗的韵律,但与意大利彼得拉克十四行诗、英国斯宾塞以及莎士比亚十四行诗的格律都有所不同。彼得拉克体前八行韵式为 abba abba,即押两个环抱韵,后六行有三种韵式:其一为 cdecde,其二为 cdeedc,其三为 cdcdcd。斯宾塞体由三组四行诗和一个对句构成,尾韵格式为 abab bcbc cdcd ee。莎士比亚体前十二行尾韵包含三组交叉韵 abab cdcd efef,最后两行为对韵 gg。翻译家谷羽先生认为,普希金的"奥涅金诗节"包容了最常见的三种韵式,即开头四行押交叉韵 abab,五至八行押相邻韵 ccdd,九至十二行押环抱韵 effe,最后两行押对韵 gg。奥涅金诗节采用四音步抑扬格,即每行包含四个音步,每音步由两个音节构成,重音落在第二个音节,形成先抑后扬、不断波动起伏的韵律,虽然每行都是四音步,但又有阴性韵与阳性韵的穿插,音调较为舒缓;阳性韵重音则落在行末最后一个音节上,声调显得刚劲有力。关于将"奥涅金诗节"翻译成汉语的困难,译界早有论述:

  把这种格式进行汉译具有相当的难度,因为与汉语不同,俄语有变格、变位以及式、态的变化,所以开拓新的未曾使用的韵脚的可能性很大,不像汉语只有固定的十三个韵辙。因此要用汉语相对有限的韵来译俄语变化丰富的韵,难度太大。另外诗节内部的句子的划分并不总是与三个四行诗和一个两行诗的划分相吻合。有时一个句子会很巧妙地从一个四行诗延续到另一个四行诗,甚至从一个诗节跨入另一个诗节,以适应小说情节发展的需要,这也增加了翻译的难度。(杨怀玉:《〈叶甫盖尼·奥涅金〉在中国》,载《普希金与中国》,张铁夫主编,岳麓书社,2000年,第261页)

查译《欧根·奥涅金》,正文之后附有苏联专家斯罗尼姆斯基的文章《关于欧根·奥涅金》的摘译。文章在强调这部杰作的音乐性的和谐以及语言的明朗单纯的同时,引用了第五章第二节的原文做例证,说明奥涅金诗节的特征。现略加贯通和变通,表示如下:

Зима!.. Крестьянин, торжествуя,	(甲甲)
На дровнях обновляет путь;	(乙)
Его лошадка, снег почуя,	(甲甲)
Плетется рысью как—нибуть;	(乙)
Бразды пушистые взрывая,	(丙丙)
Летит кибитка удалая;	(丙丙)
Ямщик сидит на облучке.	(丁)
В тулупе, в красном кушаке	(丁)
Вот бегает дворовый мальчик,	(戊戊)
В салазки жучку посадив,	(己)
Себя в коня преобразив;	(己)
Шалун уж заморозил пальчик:	(戊戊)
Ему и больно и смешно,	(庚)
А мать грозит ему в окно...	(庚)

查良铮先生用叠字标志阴性韵,用单字标志阳性韵,并且指明头四行押

交叉韵,下面四行是双行韵,再下面四行两头押韵,中间是双行韵(现在的说法是环抱韵),最后两行是双行韵。显然,查先生对奥涅金诗节有清醒的认识。他在初版译后记(平明出版社,1954年10月)中写道:

《欧根·奥涅金》是很严谨的格律诗,如果译诗没有整齐的韵律,则不能传达原诗的美。而另一方面,原诗又是异常流畅、富于旋律、和"恰到好处"的语言,如果译诗不能同样流畅、富于旋律、和"恰到好处",只斤斤于凑上、押上韵脚,这也会大大损害原诗的风格。因此,译者为了两面都能兼顾,决定不要被韵脚捆得太紧——就是说,要用相当稀疏而整齐的韵脚,不必像原诗似的行行都押韵。

为此,译者决定采取如下的基本韵脚形式:十四行的诗节照惯例可分为前八行和后六行。在前八行中,第二、四行同韵,第六、八行同韵。后六行又分两部分,或为"四、二"(或二、四),或为"三、三"。在"四、二"的情形下,第二、四行同韵,第五、六行同韵(或隔韵)。若为"三、三",则每三行中,必有任何两行同韵,但最后一行总是要它押着韵的。这是贯穿在全篇中的基本韵脚的形式。在基本韵脚之外,有时候读者还会看到有附加的韵脚。译者觉得附加的韵脚有助于诗的音乐性,故不愿舍弃。但避免相连的三行同韵。

查良铮翻译的《欧根·奥涅金》,形式上比较接近莎士比亚十四行诗,韵脚常采用 abab cdcd efef gg 的方式,每行大都十一个字左右,大致分为四顿,以对应原作的四音步,让我们看一看第三章第7节:

达吉亚娜听到这些流言,	a
很感到气愤;不过私下	b
却有一种难以解脱的快感	a
使她不知不觉地老想到它。	b
她的心里有什么在滋生,	c
好像一颗种子,埋在土中,	d
春日的和煦给了它生命:	c
呵,是时候了——她感到爱情。	d
很久以来,她的幻想蓬勃,	e
她做着惆怅而柔情的梦,	f
渴望去尝试那一枚苦果;	e
很久以来,她少女的胸中	f

就已积压着情愫和郁闷，　　　　　j
她在期待着……某一个人。　　　　j

综上所述，应当说，查良铮先生的翻译已经非常接近"奥涅金诗节"的完整形式了。就他的翻译能力而论，也能严格地按照"奥涅金诗节"进行翻译。不过，他考虑到中西诗歌的传统差异，以及按照美学上一种习惯的要求，同时也想在音韵方面享有一定程度的自由，以便确保韵律以外其他因素包括语义和音乐因素的综合效应。这样的一种总体的设计，使得查译《奥涅金》在音韵效果上，就只能逼近"奥涅金诗节"，而不是完全再现"奥涅金诗节"。尽管如此，靠了诗人翻译家这种坚持不懈的执着的精神，保证了他的译本在艺术水平和审美价值上达到了一个新的高度。

查良铮先生以他的一颗诗心获得了如此丰富而复杂的感受。他对诗体小说的外部形式是诗意与散文化内在结合后的外化表现这一点的理解也很有深意。作为普希金作品的译者，查先生成为他最好的读者，最亲切的同情者，也是他的最深刻的解说者。在深刻把握原创者的精神的基础之上，查先生以诗人的才情，以高度娴熟的技巧驾驭语言，大胆地用新的方式震撼它、磨练它、使它重新处于活跃、开放的状态。查译最大的特点是用词准确、贴切、通顺、柔和，既有必要的通俗又力求与汉语习惯吻合。无论写景、对话、陈述、抒情、议论都恰如其分，没有闲词、浮词，也没有不文不白的生僻词语，很接近普希金简洁明快、生动优美的语言风格。（杨怀玉：《〈叶甫盖尼·奥涅金〉在中国》，载《普希金与中国》，张铁夫主编，岳麓书社，2000年，第268页）

然而，查译《奥涅金》并没有就此止步。晚年的查良铮，利用有限的时间，甚至受伤生病的余闲，对《欧根·奥涅金》进行了精心的修改。这也是翻译家不断接近原作精神和达到理想译文的必由之路。这样，1954年平明出版社的版本，经过了1957年新文艺出版社的版本，就成为1983年四川人民出版社的修订本了。修改的内容不仅包括调整音韵，使得音韵的和谐与韵脚的设置更加合理、理想，而且进一步规范了节奏，吻合了总体格律的要求，使诗句更趋凝练，更有表现力。《欧根·奥涅金》共有四百二十多个诗节，译者修改译稿究竟需要投入多少心血和精力，可以想象。但十分可惜的是，这一任务没有完成。由于查良铮腿部受伤，当时医疗条件的限制，拖延了手术，而且在手术前夕，心脏病突发，抢救无效，不幸逝世。由于这一突然的事故，彻底终止了长诗《奥涅金》的修改，致使一部杰作留下前后不统一的遗憾。

根据孙剑平先生的分析，《奥涅金》前四章"按照他设计的四种押韵形式，做到每行都押韵，而且诗行整齐、节奏鲜明、语言优美，读起来如行云流水，朗朗上口，耐人寻味"。但是，"从第5章第2节起，他一反前四章的译法，改为他在翻译其他长诗中惯用的，虽较原文稀疏，却仍有韵脚连锁的译法，即每四行中，至少必有两行是有韵的。这样一来，在后四章里，每个诗节中都有3至5个无韵的诗行。这样做译者选词的灵活性固然是增大了……译文语言仍旧优美、生动，吟诵起来却明显不及前四章那样诗味浓郁。"（剑平：《查良铮先生的诗歌翻译艺术——纪念查良铮先生逝世三十周年》，载《国外文学》2007年第1期，第61页）笔者查对了人民文学出版社2005年版《穆旦译文集》（第5卷）的译文，发现与孙剑平先生的结论是吻合的。这就是说，查良铮的最后修改本，基本上完成了一半就被迫中止了。

在查良铮身后，中国大陆的译坛上，追随"奥涅金诗节"的脚步并没有停止。

根据谷羽先生的调查，普希金的诗体小说《叶甫盖尼·奥涅金》，查译并非是我国第一个译本，也不是唯一的译本。迄今为止，在我国已先后出版了15个译本。它们的分布情况是：20世纪出版了12部，其中40年代2部，50年代1部，70年代1部，80年代3部，90年代出版了5部；2000年以后陆续出版了3部。追述这一过程并非纯粹是说明查译本的重要性，而是带有单个作品译介史的研究性质。

摘其要者，与查译并行的还有三个比较重要的译本。第一个中文全译本《奥尼金》，1942年9月由桂林丝文出版社出版，译者甦夫（本名冯剑南）。这个初译本是依据1931年莫斯科出版的世界语译本转译的，并参考了米川正夫的日语译本。基本上属于转译性作品，但有其开创之功。

第一个依据普希金原著，直接译自俄语的译本《欧根·奥涅金》，1944年2月由重庆希望社出版。译者吕荧于1941年毕业留校任教西南联大后，同年冬天即开始翻译《奥涅金》，并得到了俄罗斯人葛邦福教授的指点和帮助。吕荧的译本以后经过修改，于1950年由上海海燕书店出版，1954年由人民文学出版社出版，并更名为《叶甫盖尼·奥涅金》。译文朴素、流畅，但以无韵自由体翻译格律诗，有散文化的缺憾。

查良铮翻译的《欧根·奥涅金》是第一个以诗译诗、重视传达原作形式和音韵的译本，于1954年10月由平明出版社出版，1957年新文艺出版社出了修订版。查良铮依据俄文进行翻译，同时参考了英文和德文译本。查译的最大特色是力求保存诗的活泼生命和艺术审美价值，译文富有诗意，语言流畅洗练,节奏和谐,音韵格律接近"奥涅金诗节"。这个译本后来又经修订,在穆旦去世六年后,于1983年由四川文艺出版社出了改定本,影响广泛,流传久远,起到了承上启下的作用。

仅仅过了两年,即1985年,人民文学出版社就推出了国内第一个完全再现"奥涅金诗节"的译本《叶甫盖尼·奥涅金》。它是由智量先生完成的。智量早年毕业于北京大学,留校任教两年后即调入中国科学院文学研究所从事俄罗斯文学研究,并开始翻译《奥涅金》。1958年他被错划为右派,下放甘肃劳动改造,妻离子散;1960年到上海,当中学代课老师,劳作间隙继续译诗,花费了近二十年时光译出了《奥涅金》。智量先生主张"画地为牢",严格再现原诗格律,注重形神兼备,先求形式贴近,再求辞达而意雅。学术界对他的译本给予了充分的肯定和高度评价。为了扩大视野,并公正地对待每一个译本,我们在这里引用一节智量按照严格的"奥涅金诗节"翻译的诗,读者可以和上引查良铮的译文相对照:

> 对于我,奥涅金,这豪华富丽,
> 这令人厌恶的生活的光辉,
> 我在社交旋风中获得的名气,
> 我的时髦的家和这些晚会,
> 都有什么意思?我情愿马上
> 抛弃这些假面舞会的破衣裳,
> 这些乌烟瘴气、奢华、纷乱,
> 换一架书,换一座荒芜的花园,
> 换我们当年那所简陋的住处,
> 奥涅金呵,换回那个地点。
> 在那儿,我第一次和您见面,
> 再换回那座卑微的坟墓,
> 在那儿,一个十字架,一片荫凉,
> 如今正覆盖着我可怜的奶娘……

一个不容否认的事实是:虽然有了不同的美学追求和不同面貌的译本,但迄今为止,查译本仍然是一个十分重要的译本,而且持续地受到欢迎和爱戴。孙剑平先生是《叶甫盖尼·奥涅金》的译者之一,他在翻译过程中参考了查良铮的译本,对查译本也给予了充分的肯定。他曾经说:"若以诗味浓郁、才气横溢而论,当首推查译本。"查译本在广大读者中流传,从城市到乡村,从内地到边疆,从工农大众、党员干部到知识青年,人们为查译普希金而激动,而感叹。著名文艺理论家和文学研究学者赵毅衡,当年在农场劳动的日子里,以另一种阅读,从另一种角度,抒写了那个时代人们特有的生活经历和阅读感受:

后来,我被发配到极端不浪漫的安徽淮河边军垦农场,积雪堆满田野的冬日,无劳可动,整日枯坐讨论毛著。恍惚走神时,想起雪橇滑过俄罗斯的旷原雪景,那是痴情的奥涅金,急如星火地奔向达吉亚娜,而原野是那么广袤无边。在这时候,被点名了,打个激灵醒过神来,该我批"一闪念"。照例学舌一通,心里还想着我的甜梦。(赵毅衡:《穆旦:下过地狱的诗人》,载《作家》,2003年第4期,第22页)

让我们再闪回到普希金的时代,回到俄罗斯文学的辉煌时期。

1834年11月,当亚历山大一世的纪念柱在彼得堡皇宫广场上高高树起的时候,就在为此花岗岩大型圆柱的树立而举行揭幕典礼的前几天,人民的伟大诗人普希金悄悄地离开了彼得堡。

1836年8月21日,离决斗身亡只有五个月零八天了,俄罗斯伟大诗人普希金挥笔写下了他的抒情诗名篇《纪念碑》。诗人睥睨千古,傲视帝王,同情人民,景仰先烈,甚至夹着一丝不祥的预感,凛然宣告:"我为自己树起了一座非金石的纪念碑。"

纪念碑

我树起一个纪念碑
——*贺拉斯*

我为自己树起了一座非金石的纪念碑,
它和人民款通的路径将不会荒芜,
啊,它高高举起了自己的不屈的头,
　　高过那纪念亚历山大的石柱。

不,我不会完全死去——我的心灵将越出
我的骨灰,在庄严的琴上逃过腐烂;
我的名字会远扬,只要在这月光下的世界

> 哪怕仅仅有一个诗人流传。
>
> 我的名字将传遍了伟大的俄罗斯,
> 她的各族的语言都将把我呼唤:
> 骄傲的斯拉夫、芬兰,至今野蛮的通古斯,
> 　　还有卡尔梅克,草原的友伴。
>
> 我将被人民喜爱,他们会长久记着
> 我的诗歌所激起的善良的感情,
> 记着我在这冷酷的时代歌颂自由,
> 　　并且为倒下的人呼吁宽容。
>
> 哦,诗神,继续听从上帝的意旨吧,
> 不必怕凌辱,也不要希求桂冠的报偿,
> 无论赞美或诽谤,都可以同样漠视,
> 　　和愚蠢的人们又何必较量。

1996 年,距普希金写作《纪念碑》一诗已经整整过去了 160 年。

这一年,中国文学出版社隆重推出"20 世纪桂冠诗丛",在其出版说明中写道:"入选诗人均为本世纪世界各大语种一流诗人而在中国未曾出版过较完备的诗集者"。其中 20 世纪中国诗人得享此殊荣者仅有一位,那就是穆旦。穆旦以他的《穆旦诗全集》——我还要补充一句,自然也应当包含诗人翻译家穆旦的文学翻译成就在内——为自己树立了一座非金石可比的纪念碑。而他在生前,却从未奢望过"桂冠的报偿"。

第二章 随拜伦漫游:回到浪漫派

诚然,查良铮是英语和俄语皆可翻译的少数天才的翻译家之一。他凭借个人所掌握的英语和俄语的强大优势,在俄语和英语两种文学之间纵横驰骋,自由出入,体现了一位卓越的诗歌翻译家的才情和气度。这一诗人翻译家个人的翻译道路,其主观意志的选择却隐含着一定的历史的必然性,即它客观上既服从于解放后建立新的文艺学的要求,而相对于中国新诗的不足,俄语和英语诗歌则是一种重要的补充。但在文学史上,特别是在诗歌领域,英国文学居于首位,而后起的俄罗斯文学难免受其影响,或可落实到拜伦对普希金的影响上,体现为一种更加宏观的文学史的影响关系。实际上,查良铮的翻译,在时间顺序上,并不是完全按照外国诗歌史的顺序进行的。这一总体的翻译途径,则有待于我们系统地考察查译英俄诗歌的总体情况,才能明晰。

说起查良铮的英语诗歌翻译,如同他的俄语诗歌翻译一样,首先也是十分重视原作的选择。在被剥夺了写作的权利之后,他把目标锁定在以拜伦为核心的英国浪漫派诗歌的翻译上,锲而不舍,成果辉煌。当然,在那个相对比较封闭的时代,他的外文书籍来源有限,往往是亲戚朋友送的。例如,拜伦诗歌的系统翻译,就是因为得到了萧珊给他的英文版的《拜伦全集》。而他晚年从事英国现代派诗歌的翻译,更是多亏了亲戚托人带回国的《英语现代诗选》。幸而那个时代,版权要求不严,可以自由翻译。试设想一下,假若在今天,查良铮的翻译会遇到多么大的困难!

另一方面,他又是英语语言文学专业教师,精通英国诗歌,他的选择是非常精到的。一般说来,查良铮只选择那些十分著名的作家的最好的作品进行翻译,他从未翻译过一首很平庸的诗,也没有把一首好诗翻译得平庸。但这样说不等于说他的翻译没有局限,比如说,他翻译的英语文学作品,基本上限于英国诗歌,几乎没有涉及美国,更是很少涉及其他英语国家的诗歌翻译。这固然要归因于建国初期政治和外交上一边倒的倾向,以及被迫形成的被包围和封锁的被动局面。然而,就在他的活动范围之内,在他所掌握的十分有限的外文材料之内,在处理整个译作的过程中,译者能够建立一种比较完善的翻译文本体制,使得中国读者能够从中获得比较全面的认识和文学阅读的审美享受,又是十分难能可贵的。

从查良铮翻译的一贯做法中,可以总结出他的翻译选材与翻译原则的要点如下:

1. 只选取那些最伟大的诗人(例如拜伦、雪莱、济慈)的代表作和重要作品(例如拜伦的《唐璜》),以便能够集中而完整地介绍翻译一个诗人的成就或一个流派的概貌。从根本上保证了原本的经典性质,为创造翻译经典提供了文本基础和认识基础。

2. 一旦选定,就进行仔细地研究。一般是在充分研究的基础上再进行全面的翻译设计,然后按照计划保质保量地完成翻译任务。不做无计划无目的的翻译,也不为出版商的条件和一般读者的趣味所左右,可以说坚持了学院派译者的独立立场。

3. 翻译正文之外,有详尽的注释,或者大段转译原文的相关资料,作为附录,并且在出版时加上前言后语,详细说明诗人的背景和成就,翻译的原则和主张等,形成完整的文本体系,其中不少已经构成外国文学的翻译经典。

第一节　英诗翻译:浪漫主义风潮再起

众所周知,查良铮的专业本来是英语和英语语言文学,而他却花费大量时间和精力学习俄语,并且把俄语文学翻译当作自己的首要任务来完成。这一点,可以从他回国以后首先翻译俄语文论和诗歌得到证明,也可以从他晚年回到俄语翻译和译作修改的事实上得到证明。但是另一方面,查良铮又以同样的热忱和同样的成就,在从事英语文学翻译,其中包括从20世纪50年代中期开始的浪漫主义诗歌的翻译、晚年所从事的现代派诗歌翻译以及有关译作的修改。因此,可以说,从上一部分的查译俄语诗歌到这一部分的查译英语诗歌,我们不过是从一国文学翻到了另一国文学而已,而诗人翻译家则得以在二者之间循环往复,左右逢源;而他的诗歌创作(甚至翻译),除了汉语本身的语言基础和诗学修养,甚至汲取了两种外来的语言和文化的营养。不过,这些方面,需要更加专门而综合的研究罢了。

单说查良铮所从事的诗歌英译汉的成就,则集中体现在其先后发表的作品上,共包括诗集8种:《拜伦抒情诗选》(新文艺出版社,1957,"文革"中重新修订,上海译文出版社)、《布莱克诗选》(人民文学出版社,1957)、《雪莱抒情诗选》(人民文学出版社,1958)、《济慈诗选》(人民文学出版社,1958)、《云雀》(人民文学出版社,1958)、《唐璜》(人民文学出版社,1980)、《英国现代诗选》(湖南人民出版社,1985)、《T.S.艾略特诗选》(四川文艺出版社,1992)。其中,《唐璜》《英国现代诗选》以及《T.S.艾略特诗选》则是在诗人翻译家去世以后才得以发表的。由于我们后面要集中讨论拜伦诗特别是《唐璜》的翻译问题,所以,此前先行讨论一下雪莱和济慈诗歌的翻译情况。

一、雪莱:当西风漫卷的时候

在那样一个风雨飘摇的时代,在革命的意识形态占据主导地位的时代,翻译文学的主流还是以选择和翻译欧美文学史上比较有定论的作家的作品为主体。在英语浪漫主义文学传统中,拜伦、雪莱、济慈等积极浪漫主义的选择,就是势在必行了。另外,相对于另一位早期重要诗人布莱克的选择和翻译,也是一个继续和扩展。事实上,在外语教学与研究出版社 2011 年出版的"英诗经典名家名译"丛书中,就有袁可嘉和查良铮合译的《布莱克诗选》,其中第一辑"诗的素描"和第三辑"散篇"中的三篇,都是查良铮所译,袁可嘉翻译了第二辑"天真之歌"和"散篇"的第一篇,书中的"译序"则是袁可嘉写于 1957 年 6 月的文章。

鉴于下一节要集中讨论拜伦的译作,这一节我们将把重点放在雪莱和济慈身上,作为一个讨论的开端。

在"译者序"一开头,查良铮就写明了这样一种选择的背景:

> 英国十九世纪诗坛上的两颗巨星——雪莱和拜伦,是我国读者久已熟悉的了。他们在热情的诗歌中发出革命的号召,不知感动了多少心灵。要是用一句话来概括他们的诗歌活动的话:可以说,他们是革命浪漫主义者,也就是英国工人运动尚在雏形时期的代言人。(《穆旦译文集》(第 4 卷),人民文学出版社,2005 年,第 3 页)

雪莱(1792-1822),出生于富豪贵族家庭,受到的是传统的贵族教育。但他又是一个酷爱自由、追求自我解放的天才诗人。雪莱的时代,不仅是工人阶级革命风起云涌的时代,而且也是各种进步思想大力传播的时代。因此,同情劳工,向往变革,就是那一代人的最高追求了。译者对这些情况了如指掌,因此,在这篇"译者序"中,我们不仅能读到译者对雪莱从思想到艺术的比较全面的研究,而且能够领略到一些片段的精彩的译笔。例如,那一

小节十分出名的号召英国工人阶级的诗:

> 起来吧,像睡醒的狮子,
> 你们多得无法制服;
> 赶快摇落你们的锁链,
> 像摇落睡时沾身的露——
> 你们人多:他们是少数。

灵动而不呆滞,是诗歌创作和翻译的共同原则;准确而能变通,则是诗歌翻译的基本要求。迄今为止,雪莱的《西风颂》虽然有不少的译本,但查译本仍然是一个不可忽视的存在。仅以该诗的第一部分,即第一个十四行诗为例,就可以领略到查译灵动而准确的译风,有力而沉稳的行文:

> 哦,狂暴的西风,秋之生命的呼吸!
> 　你无形,但枯死的落叶被你横扫,
> 有如鬼魅碰上了巫师,纷纷逃避:
>
> 黄的,黑的,灰的,红得像患肺痨,
> 　呵,重染疫疠的一群:西风呵,是你
> 以车驾把有翼的种子催送到
>
> 黑暗的冬床上,他们就躺在那里,
> 　像是墓中的死尸,冰冷,深藏,低贱,
> 直等到春天,你碧空的姊妹吹起
>
> 她的喇叭,在沉睡的大地上响遍,
> 　(唤出嫩芽,像羊群一样,觅食空中)
> 将色和香充满了山峰和平原:
>
> 不羁的精灵呵,你无处不运行;
> 破坏者兼保护者:听吧,你且聆听!

雪莱不仅是革命的、新时代的预言家,而且是反抗暴君和暴政的激进诗

人。他的政治思想既有其深刻的哲学基础又有当下的思想来源,而且超越了法国大革命失败后弥漫于欧洲的幻灭感。

> 与拜伦不同,雪莱的作品来自一种一贯的但有伸缩性的思想,这一思想是由一种哲学怀疑主义所决定的,这种哲学怀疑主义质疑它的柏拉图哲学基础,正如它拒斥基督教的神话和道德观念。……
> 雪莱的政治思想实际上充满了实验科学理论和其岳父戈德温的社会观。他不仅阐明了暴政与自由之间水火不容,还探索了未来的可能性不是过去的失败,而且在引证说明平均主义性质方面,超越了当时由法国大革命理想破灭而产生的普遍的幻灭感。(《牛津简明英国文学史》(修订本),谷启楠等译,人民文学出版社,2000年,第391页)

雪莱的革命精神,当然有阅读进步书籍、接受新思想的因素,但是最根本的还是来自对家庭和社会的反叛,造成了他追求自由的人生道路。他自幼受到父母的压抑,上学时遭到同学的欺凌,后来在社会上,由于蔑视世俗,行为不合规矩,个人爱情和婚姻连续遭受不幸,也因此一再受到当局和保守势力的排挤和打击。1812年,雪莱与英国进步思想家葛德汶建立了书信联系,稍后便以弟子身份亲赴伦敦登门拜访,直接受其影响。同年,即发表长诗《麦布女王》,猛烈抨击宗教势力和社会的不平等。1817年,雪莱在经历了一系列挫折和伤痛之后,与玛丽结婚;次年,携家眷永远离开了英国,旅居欧洲大陆,开始了漂泊的生活,也进入诗歌创作的高潮。

1819年,他创作了取材于古希腊神话的诗剧《解放了的普罗米修斯》,推翻了神界的宙斯,解放了给人类带来光明之火的普罗米修斯,在那一瞬间,"人世成了天堂",表露了诗人的社会理想:

> 自由,不受管辖,不受限制,真正的
> 人,平等,没有阶级、种族、国家,
> 没有恐惧、迷信、等级,每人都是
> 自己的王,公正,温和,聪明……

雪莱的桀骜不驯,不合时宜,不仅和同时代的拜伦十分相似,而且和20世纪中国诗人穆旦(翻译家查良铮)在心理上十分契合。在那些压抑的日子里,诗人翻译家必定反复吟诵雪莱的《歌》,含着冤屈舔着伤口,咀嚼这些悲伤的字句:

> Rarely, rarely, comest thou,
> Spirit of Delight!
> Wherefore hast thou left me now
> Many a day and night?
> Many a weary night and day
> 'Tis since thou art fled away.

桀骜的心灵,如受伤的云雀,面对这样的文字,也会以桀骜不驯的译笔,表达压抑的心灵和郁闷的心情,

> 你很少,很少找我了,
> 　　喜悦的精灵!
> 为什么这许多日子,
> 　　你不来访问?
> 呵,你已经和我离别
> 多少个忧闷的日夜!

不过,作为翻译家,查良铮始终是严谨的。即便是一些不太著名的诗作,在查译的笔下,也处理得严谨而生动。他的翻译态度似乎是大胆中隐含着矜持,在以诗节为单位的大幅度变通运作中,特别注意诗眼的保持和语气的灵动,决不会出现诗意堵塞和行文呆滞的现象,而诗行的对应,竟在其中了。下面是雪莱纪念他的妻姊也是暗恋他的情人服毒自杀的悼亡诗,其中惊愕与悔恨,悼亡与思念,百感交集的心态,表现得淋漓尽致,而查良铮的译诗,由于深入到人物的灵魂之中,体验准确而深刻,语言便细致而泼辣,是经得起与原诗对照的:

咏芬妮·葛德汶

> 当我们告别时,她的声音
> 　　的确在颤抖,但我不知道
> 那发出这颤抖之音的心
> 　　已经碎了,因此不曾明了
> 她的话。哦,灾祸——灾祸,
> 　　这世界对你真太广阔!

On Fanny Godwin

  Her voice did quiver as we parted,
   Yet knew I not that heart was broken
  From which it came and I departed
   Heeding not the words then spoken.
   Misery—O misery,
  This world is all too wide for thee.

芬妮·葛德汶是雪莱的妻妹,因长期忧郁而自杀身亡。而威廉·葛德汶则是雪莱的岳父,一位十分激进的革命者。雪莱的思想曾受到他的《政治的正义》的明显影响,倾向革命与变革,因而对华兹华斯这位浪漫主义的先驱从早年向往革命到晚年背弃革命的转变,抱有一种批评的态度。这种态度,从雪莱发表于1816年的《给华兹华斯》中便可看得出来:

给华兹华斯

  自然底歌者呵,你不禁哭泣,
   因为你知道,万物去而不复回:
  童年,少年,友情,初恋的欢喜,
   都梦一般地逝去了,使你伤悲。
  我和你有同感。但有一种不幸
   你虽感到,却只有我为之慨叹。
  你曾像一颗孤独的星,把光明
   照到冬夜浪涛中脆弱的小船,
  又好似石筑的避难的良港
  屹立在盲目挣扎的人群之上;
  在可敬的贫困中,你构制了
   献与自由、献与真理的歌唱——
  但你竟舍弃了它,我不禁哀悼
   过去你如彼,而今天竟是这样。

  1816年,雪莱在瑞士日内瓦遇到了漫游欧洲的拜伦。拜伦长雪莱四岁,二人相见恨晚,同游同吟。然而好景不长,仅仅过了六年,雪莱在一次出海迎接从英国前来的朋友返航时,突然遇到暴风雨,船沉而罹难。拜伦等挚友赶来,按照古希腊风俗,在海滩上为英年早逝的诗友举行了火葬。

这一年,雪莱29岁。

江枫,从战争年代起就怀揣着一卷雪莱诗集英文版,最终完成了《雪莱全集》汉译本的著名的诗歌翻译家,曾这样评价雪莱的一生:

> 雪莱,到1822年7月8日覆舟海上,在世不足30岁。短短十多年的创作成果,历经一二百年之久,今日读来清新、隽永一如往昔,他为之唱彻一生的光辉理想,依旧在鼓舞着进步人类继续前行,在世界文学史上是罕有其配的。(《雪莱诗选》,江枫译,外语教学与研究出版社,2011年,"前言"第12页)

二、在济慈的艺术之瓮上精雕细刻

济慈(1795-1821)是另一位积极浪漫派的典型诗人,虽然在政治态度上不及拜伦和雪莱那样激进,而是流露出唯美主义的倾向,但在中国读者中也有相当的影响,而且就诗意的优美和诗艺的完整性而言,更是越来越看好。雪莱和济慈有深厚的感情,曾为这位英年早逝的诗人写了一首很长的诗纪念他。这首诗就是《阿童尼——一首哀歌,哀悼"恩狄米安"及"海披里安"等诗的作者约翰·济慈之死》。在这首诗的"前记"里,有一段凄美而感人的话:

> 约翰·济慈因肺病死在罗马,时为一八二一年一月一日,享年二十四岁;他葬在该城新教徒的幽雅而僻静的墓地,在西斯蒂阿斯墓陵的金字塔下,周围是古罗马角斗场的巍峨高墙和楼塔,但如今已经荒凉倾圮了。这墓园是在废墟间的一片空地上,冬天则长满了紫罗兰和雏菊。想到能埋葬在这种幽雅的地方,人们会觉得死也是很值得向往的。(《穆旦译文集》(第4卷),人民文学出版社,2005年,第262页)

阿童尼是古希腊神话中的人物,为野猪咬伤而死,诗中以之比喻济慈。济慈,这位天才的诗人,只活了25岁,墓碑上写着"这里安息了一个把名字写在水上的人"。拜伦也曾在《唐璜》中说:"济慈被一篇批评杀死了。"而雪莱的《阿童尼》则用更加凄婉动人的语气纪念亡友:

> 不,他活着,醒着,——死的只是"虚幻",

不要为阿童尼悲恸。年轻的早晨,
让你的露水变为光辉吧,因为
你所哀悼的精神并没有消隐;
岩洞和森林呵,你们不要呻吟!
打住,你昏厥的花和泉水;还有太空,
　何必把你的披肩像哀纱一样遮在
　失欢的大地上?快让它澄澈无云,
哪怕面对那讪笑大地的欢乐的星星!

(41)

在如何传达原诗的神韵方面,翻译家查良铮经过自己独特的研究,往往可以达到独到而近乎完备的认识。这为他的翻译选材和翻译策略提供了必要的认识前提。例如,在选译济慈的诗歌的时候,翻译家不仅选定了可靠的原文选本来研究济慈诗歌的语言形式和传达的要点,而且在思想和艺术的结合上,深入研究了济慈和拜伦、雪莱等积极浪漫主义诗人的区别,以及其和英国消极浪漫主义者,即湖畔派诗人的区别。虽然这种认识受到当时苏联文学教科书的影响,但在总体上仍然符合文学史的基本事实。这样的评价和理解,为翻译家准确而有效地翻译济慈的诗作奠定了坚实的基础。

济慈的名作《希腊古瓮颂》,是一首具有相当难度的诗,在文学史上是独一无二的。

萦绕于诗中的那种"美的不常在"的观念,在《希腊古瓮颂》中叙事者的推想里也体现出来,这种推想来自他对一个想象出来的古希腊阿提克花瓶上装饰着的两个场景的深思,一个场景显示了一对乡村恋人,另一个场景显示了异教的献祭意识。这两个场景都是凝固无声的,上面的各种形象取自逝去的时光,只是由于艺术的介入才使它们永恒不朽。特别是献祭仪式的形象具有蒲桑作品的某种雕塑感和空间想象力。(《牛津简明英国文学史》(修订本),谷启楠等译,人民文学出版社,2000年,第398页)

由于汉语文学的持续影响,《希腊古瓮颂》的"瓮"已成为固定译法,而不是西方文化中的"瓶"。这一问题,在斯蒂文斯的《瓶的轶事》一诗的翻译上,也有类似的表现。许多人翻译成瓮,值得商榷。须知"瓮"是一件中式日用品,用来盛水储水,体积庞大,而"瓶"则可能是一件艺术品,用来插花,也可单独欣赏。除了标题之外,这首诗对于翻译的挑战,也十分严峻:要么彻底成功,要么一塌糊涂,其中的难点之一,就是需要使用优雅的词语表现艺术质感的厚重、古典色彩的斑斓。查译这首诗可以说是一首经典,尤其是开首的措辞和构句,抒情叙事,意蕴悠长,在众多译本中鹤立鸡群,独领风骚。请看先声夺人的第一节,新鲜而自然的比喻,碧玉般的词句,给人以美的享受:

> 你委身"寂静"的、完美的处子,
>   受过了"沉默"和"悠久"的抚育,
> 呵,田园的史家,你竟能铺叙
>   一个如花的故事,比诗还瑰丽:
> 在你的形体上,岂非缭绕着
>   古老的传说,以绿叶为其边缘,
>   讲着人,或神,敦陂或阿卡狄?
> 呵,是怎样的人,或神!在舞乐前
> 多热烈的追求!少女怎样地逃躲!
>   怎样的风笛和鼓铙!怎样的狂喜!
>
> (1)

为何得此译文佳构?不难想象,如同浪漫主义诗人济慈对希腊文明充满敬慕一样,查良铮对这首诗也是十分钟情。诗的意境在查译中表现得典雅高贵,就得益于翻译家对原作思想和创作倾向的深刻理解,以及如何把汉语的诗的语言运用于英语的诗的氛围再造时的深思熟虑。关于画面的细节和思想的深度,则集中在最后一节里。在这里,情感与思想并行,迸发出耀眼的光芒,引起读者无限的遐想,而那"美即是真,真即是美"的名句,通过翻译家自然而灵动的译笔,则使人如啖荔枝,满口诗香,久久不能忘怀。

> 哦,希腊的形状!惟美的观照!
>   上面缀有石雕的男人和女人,
> 还有林木,和践踏过的青草;
>   沉默的形体呵,你像是"永恒"
> 使人超越思想:呵,冰冷的牧歌!
>   等暮年使这一世代都凋落,
>   只有你如旧;在另外的一些
>   忧伤中,你会抚慰后人说:

第三部分 译诗者,另一种诗人

"美即是真,真即是美,"这就包括
　　你们所知道、和该知道的一切。
　　　　　　(5)

又以济慈作品《秋颂》(Ode to Autumn)的翻译为例,查良铮运用朴素自然的感性语言再现了原诗中声、色、形、味等各方面的美,从而使读者获得深刻细腻的艺术愉悦。在这首诗中,济慈通过一系列意象给读者呈现了一幅果香四溢的秋色图。全诗分为三个诗节,每个诗节有十一行,每行均为五步抑扬格。下面我们来分析第一个诗节,看诗人济慈和翻译家查良铮是如何让读者感受到秋之魅力的。

先看第一节的原文:

Season of mists and mellow fruitfulness,
　　Close bosom-friend of the maturing sun;
Conspiring with him how to load and bless
　　With fruit the vines that round the thatch-eves run;
　　To bend with apples the moss'd cottage-trees,
　　And fill all fruit with ripeness to the core;
　　　　To swell the gourd, and plump the hazel shells
　　With a sweet kernel; to set budding more,
And still more, later flowers for the bees,
Until they think warm days will never cease,
　　For summer has o'er-brimm'd their clammy cells.

在这幅暖气洋溢、硕果累累的秋色图中,诗人体察入微,用笔精细,准确地捕捉到了各个景物的特征,并巧妙运用一系列动词动感地勾勒出秋天万物成熟的喜人景色,把秋天写得色彩鲜明、丰满形象。葡萄、苹果、葫芦、榛子、蜜蜂、花朵、蜂巢,在诗人的笔触下,生动,淋漓,壮观,洋溢着浓烈的赞美、热爱之情。

我们再来看查良铮先生的译文:

雾气洋溢、果实圆熟的秋,
　　你和成熟的太阳成为友伴;
你们密谋用垒垒的珠球

> 缀满茅屋檐下的葡萄藤蔓;
> 使屋前的老树背负着苹果,
> 　让熟味透进果实的心中,
> 　　使葫芦胀大,鼓起了榛子壳,
> 好塞进甜核;又为了蜜蜂
> 一次一次开放过迟的花朵,
> 使它们以为日子永远暖和,
> 　因为夏季早填满它们的粘巢。

这一节诗有什么特点呢?

首先,在诗歌翻译的形式上,查良铮十分注意原诗的形式特征的保持。他实际上体现了与原诗形式基本对应的译诗努力和美学追求。在这首诗中,他以近似的诗歌形式来传译原诗的节奏,按照汉语以顿做节奏单位的习惯,每行大都体现为五顿,其中包含一字顿、两字顿和三字顿。第一三行、二四行、五七行、六八行、九十行分别押韵,读起来朗朗上口,流畅自然。之所以有这样的效果,可以说,查译的基本出发点体现了英诗和汉诗的基本特点之间的一个契合点。

其次,在具体的语言运用上有一个特点,那就是,查良铮在译诗中非常重视再现原诗动词的表现效果,他的译诗简洁精炼,生动形象。例如,状写葡萄果实之繁丰用"缀满"(load and bless/With fruit the vines),形容苹果结实之硕重用老树"背负着"苹果(bend with apples the moss'd cottage-trees),写果实之醇香用熟味"透进"果实的心中(fill all fruit with ripeness to the core),写果实之饱满用"胀大"(swell the gourd)、"鼓起"(plump the hazel shells)。这一系列的动词赋予秋天灵动的色彩,描绘了万物成熟的动态过程。

查良铮的诗歌语言追求质朴、硬朗,透射出一种明净的光芒。这种美学品格,或许得益于他深厚的古典文学的炼字技巧和艺术修养,使他在译诗时能够用语简洁而处置恰当,而平常的生活语言在他那里由于嵌得恰到好处也显得生气勃勃。查译诗歌语言朴素,诗味盎然却没有生搬硬套汉语的表达方法,忠于原诗又没有过分欧化、佶屈聱牙的倾向。

假如我们不拘泥于一般的表述方式,而是注重诗歌精神的内涵,那么,我们甚至可以发现,诗人翻译家查良铮和浪漫派诗人济慈之间,在诗歌观念上有一些相似之点。这种相似性,既可以归结为中国诗人在翻译中接受外国诗歌的影响,又可以理解为是中外优秀诗人之间对于诗歌理解所达到的同一高度的表现。下面是济慈关于诗歌的一段话：

> 首先，我认为诗应当写得有点恰到好处的过分，以此来使读者惊讶，而不是靠标新立异。要使读者觉得是说出了他自己最崇高的思想，有一种似曾相识之感。第二，诗的美要写到十分，要使读者心满意足而不是屏息瞠目：形象的产生、发展、结束应当自然得和太阳一样，先是照耀着读者，然后肃穆庄严地降落了，使读者沐浴于灿烂的夕照之中。当然，想想怎样写诗要比动手写诗容易得多，这就引到了我的第三个信条：如果诗来得不像树长叶子那么自然，那还不如干脆不来。（转引自王佐良：《英国诗史》，译林出版社，1997年，第315-316页）

不难发现，济慈所谓在艺术表现上"恰到好处的过分"的度的把握，"美到十分"的彻底的艺术追求，以及自然得像树长出叶子一样的语言运用原则，正是查良铮所赞成的诗歌原则，甚至也是他在翻译中所体现的艺术精神。

第二节　哀希腊："忧患意识"的回响

翻译是跨文化的交流活动，对于主体民族，则有激发进步的作用。特别对于有五千年历史的中国来说，肇始于"五四"时期的现代西学翻译，伴随着一个古老民族的觉醒与开通，相当于又一次枯木逢春，遭遇又一次"文艺复兴"。就文学翻译而论，那一时期，抱着强烈的忧患意识，诗歌的革新起着新民的作用，而小说革命则视为社会革命的前奏。这一事期的翻译也以诗歌和小说为主，而在诗歌中，英国浪漫主义诗歌占有相当的比重，其中积极浪漫主义的代表拜伦则首当其冲。

> 这一时期拜伦（George Gordon Byron, 1788-1824）的诗歌似乎最有影响。相比其他各种文类，在传播到海外的英语文学作品中，诗歌的数量较少。而在海外流传甚广的诗人中就有拜伦勋爵，他的闻名遐迩不仅因为其诗歌创作，更主要的在于他那传奇般的身世。（张旭：《中国英诗汉译史论》，湖南人民出版社，2011年，第90-91页）

拜伦不仅是卓越的英国浪漫派诗人，而且是民族革命家和反暴政的英雄。他出身于英国贵族家庭,学生时期即受到启蒙思想的影响,一生憎恨专制,反抗暴君,追求自由、平等。他放荡不羁的性格,恃才傲物的态度,散漫慵懒的生活作风,更有那讽刺时弊的诗风,皆为英国社会所不容,被迫离开祖国,漂泊、漫游欧洲大陆,最后以军事首领的身份支援希腊民族独立的斗争,以致英年早逝于军中,年仅36岁。拜伦的诗歌,实际上就是诗人一生的忠实写照,毋宁说,他的一生就是一首诗。

他的诗歌并非充满大自然或对大自然的沉思,而是充满了公众生活、近期历史、英国政治和被法国大革命激起的狂热的欧洲民族主义。在地理背景方面,拜伦诗歌的范围从俄罗斯到地中海,从葡萄牙到地中海东部诸国和岛屿。他的诗歌轻松地游动于不同的叙述模式和感情模式之间,从自我探索式到争论式,从忧郁式到喜剧式,从仿英雄体诗到热烈的爱情诗,从歌曲到史诗。拜伦是鼓吹思想和行动自由的人,是个行为不羁的人。他毫不迟疑地担当了对自己所处时代公开进行评论的角色,因为他既欣赏自己的名望,又欣赏后期浪漫主义作家那种与现存社会格格不入的姿态。他在复杂的个人生活和他的诗歌中扮演的角色,对他的遍及欧洲的艺术家朋友们产生了深刻影响。忧郁的、不安的"拜伦式"英雄产生了国际性影响,仿佛各国社会都协力共谋使他的命运复杂化。(《牛津简明英国文学史》(修订版),谷启楠等译,人民文学出版社,2006年,第387-388页)

拜伦的长篇讽刺诗《唐璜》是英国政治讽刺诗歌的巅峰。

《唐璜》的献辞,实际上就是一部反抗传统的宣言,特别是在一开头,诗人首先领出来桂冠诗人骚塞,作为标本,加以讽刺,实际上是矛头直指当时的湖畔派浪漫主义诗人(戏称其为"湖畔居士"),说他们"在朝野徘徊",是"一窠里卖场的先生"。接着对华兹华斯、柯勒律治,一个个点名批评,甚至包括历史上的诗人鲍伯、弥尔顿等也不能幸免,一概连带,加以讽刺。

  桂冠大人呵,我现在就向您献出
    这以朴实无华的诗句写成的歌。
  如果说,我不善于阿谀的辞令,
    那是因为我还保有黄蓝的服色;
  我的政见当然很有待于教导,
    何况变节也很时髦:谁要想持着

> 一种信念,最近已变得难上加难——
> 您说对吗,我最会变节的托利党员?

这个写于"一八一八年九月十六日,威尼斯"的献辞,反映了当时英国两党的斗争。与骚塞等消极浪漫派所代表的托利党相反,拜伦所赞成的辉格党以黄蓝二色为标志,代表工商业者的利益,政治主张比较开明。如果说,这一有关政治背景的即时的讽刺效果在查良铮翻译的时候已经变得遥远,那么,诗中对于黑暗政治现实的讽刺,以及对于诗人依附权贵附庸风雅的讽刺,则具有一定的现实意义。

更为重要的是,《唐璜》的第三章,拜伦借助叙述人的口吻,抒发了他对希腊文明的深沉的感情和理性的评价,从而构成他的又一名篇《哀希腊》。实际上,《哀希腊》从20世纪初直到现在,不断有新译本出现,在中国新诗的发展史上产生过极为重大的影响。因此,无论从创作上还是从翻译上,《哀希腊》都是可以独立成篇,并且值得重新提及的。因此,这里在介绍查译本的同时,也选了不同时代以不同诗体翻译的另外三个译本,加以比较研究。这样做的目的,一则是由于《唐璜》全诗太长,介绍容易泛泛,而我们希望能深入到一些细部进行研究,同时也期待能以这样的翻译鉴赏与评论方式,对古典格律诗的汉译格局问题有所探索和启发,另一方面,也许更重要的是,可以借以追溯一下"五四"以来的英诗汉译史,借助《哀希腊》的译介过程,诉说一下中国知识分子救亡图存、复兴中华的心路历程。

> 今天看来,《哀希腊》诗之所以在中国近代风靡一时,除了这首诗本身感人至深外,更重要的是,它出现在一个汉民族知识分子和革命者立志推翻满清王朝统治的历史时刻,拜伦那种慨叹古代文明之邦的后世子孙沦为异族之奴的铿锵诗篇,自然会激起他们的强烈共鸣,而且广大读者在服了这剂西洋"'文明'的药"之后,似乎觉得能"给汉人挣一点面子"。由此可见,由于意识形态的作用,许多人选择欣赏外国诗歌的标准,首先还是其思想性,然后才是原作自身的艺术魅力。(张旭:《中国英诗汉译史论》,湖南人民出版社,2011年,第92页)

需要说明一下,引文中带引号的文字,出自鲁迅先生《杂记》和《坟》,其中民族情绪的流露,比想象的似乎更甚。

在艺术形式上,《哀希腊》共有十四节,具有一致的格式。但和《唐璜》主体部分在格式上有一个区别,那就是主体部分的八行一诗节的体制,均改变为六行一诗节的体制。押韵的模式仍然是一样的,只是少了一组韵脚,为 ababcc,最后两行仍然押相同的韵脚。在翻译的体制上,查良铮采用了相同的变通策略,保持了《哀希腊》全诗的独立品格和在整个《唐璜》中的显著地位。因为原诗不长,我们不妨全文照录,然后再看查译和其他译本的翻译情况。

The Isles of Greece

1

The isles of Greece, the isles of Greece!
　　Where burning Sappho loved and sung,
Where grew the arts of war and peace,
　　Where Delos rose, and phoebus sprung!
Eternal summer gilds them yet,
But all, except their sun, is set.

2

The Scian and the Teian muse,
　　The hero's harp, the lover's lute,
Have found the fame your shores refuse;
　　Their place of birth alone is mute
To sounds which echo further west
Than your sires'' Islands of the Blest.'

3

The mountains look on Marathon—
　　And Marathon looks on the sea;
And musing there an hour alone,
　　I dream'd that Greece might still be free;
For standing on the Persian's grave,
I could not deem myself a slave.

4

A king sate on the rocky brow
　　Which looks o'er sea-born Salamis;
And ships, by thousands, lay below,

And men in nations;—all were his!
He counted them at break of day—
And when the sun set where were they?

5

And where are they? And where art thou,
　My country? On thy voiceless shore
The heroic lay is tuneless now—
　The heroic bosom beats no more!
And must thy lyre, so long divine,
Degenerate into hands like mine?

6

'Tis something, in the dearth of fame,
　Though link'd among a fetter'd race,
To feel at least a patriot's shame,
　Even as I sing, suffuse my face;
For what is left the poet here?
For Greeks a blush—for Greece a tear.

7

Must we but weep o'er days more blest?
　Must we but blush?—Our fathers bled.
Earth! Render back from out thy breast
　A remnant of our Spartan dead!
Of the three hundred grant but three,
To make a new Thermopylae!

8

What, silent still? And silent all?
　Ah! No;—the voices of the dead
Sound like a distant torrent's fall,
　And answer, 'Let one living head,
But one arise,—we come, we come!'
'Tis but the living who are dumb.

9

in vain—in vain: strike other chords;

Fill high the cup with Samian wine!
Leave battles to the Turkish hordes,
　　　And shed the blood of Scio's vine!
Hark! Rising to the ignoble call—
How answers each hold Bacchanal!

10

You have the Pyrrhic dance as yet;
　　　Where is the Pyrrhic phalanx gone?
Of two such lessons, why forget
　　　The nobler and the manlier one?
You have the letters Cadmus gave—
Think ye he meant them for a slave?

11

Fill high the bowl with Samian wine!
　　　We will not think of themes like these!
It made Anacreon's song divine:
　　　He served—but served Polycrates—
A tyrant; but our masters then
Were still, at least, our countrymen.

12

The tyrant of the Chersonese
　　　Was freedom's best and bravest friend;
That tyrant was Miltiades!
　　　Oh! That the present hour would lend
Another despot of the kind!
Such chains as his were sure to bind.

13

Fill high the bowl with Samian wine!
　　　On Suli's rock, and Parga's shore,
Exists the remnant of a line
　　　Such as the Doric mothers bore;
And there, perhaps, some seed is sown,
The Heracleidan blood might own.

14

Trust not for freedom to the Franks—
　　They have a king who buys and sells;
In native swords, and native ranks,
　　The only hope of courage dwells;
But Turkish force, and Latin fraud,
Would break your shield, however broad.

15

Fill high the bowl with Samian wine!
　　Our virgins dance beneath the shade—
I see their glorious black eyes shine;
　　But gazing on each glowing maid,
My own the burning tear-drop laves,
To think such breasts must suckle slaves.

16

Place me on Sunium's marbled steep.
　　Where nothing, save the waves and I,
May hear our mutual murmurs sweep;
　　There, swan-like, let me sing and die:
A land of slaves shall ne'er be mine—
Dash down yon cup of Samian wine!

众所周知,《哀希腊》的较早译本,以苏曼殊和马君武的最为著名。但远在二人之前,于1902年,就有了梁启超先生的译本。这位中国近代史上著名的政治活动家和学术巨子,根据弟子罗昌口述,并借助了中国古典戏曲的曲牌,翻译了其中的两节,第一和第三节。现抄录如下,以见其味:

［沉醉东风］
　　咳！希腊啊,希腊啊！
　　你本是和平时代的爱娇,
　　你本是战争时代的天骄。
　　撒芷波歌声高,女诗人热情好,

更有那德罗士、菲波士荣光常照。
此地是艺文旧垒,技术中潮。
即今在否?
算除却太阳光线,万般没了。

[如梦忆桃源]
玛拉顿后啊,山容缥缈,
玛拉顿前啊,海门环绕,
如此好河山,
也应有自由回照。
我向那波斯军墓门凭眺,
难道我为奴为隶,今生便了?
不信我为奴为隶,今生便了?

原诗每节六行,被处理成八行或七行不等,较为整齐的格律诗,被套用了中国的曲牌,变为错落有致易于上口的长短句。直接音译的"两神名",用括号加注说明,以方便读者阅读。通韵的安排,易于吟唱,而最后两行的重复,则有一唱三叹之妙,愈加感人。之所以会做这种处理,除了译者个人的文笔和爱好之外,就要到当时的社会背景中寻找深层的动机,验证当时的传播效果了。

拜伦诗中的希腊与当时的中国可谓命运相同,梁启超希望能借《哀希腊》给满清统治之下的国人以警醒和启迪。他的"意译"和改造顺应了当时的民族情绪,抒发了国人的心境和感受:"虽属亡国之音,却是雄壮愤激,叫人读来,精神百倍……句句都像是对着现在的中国人说一般。"经过梁启超误读或挪用的《哀希腊》从此成为国人反抗民族压迫、实现强国梦的符号象征。(廖七一:《中国近代翻译思想的嬗变》,南开大学出版社,2010年,第20-21页)

其中的"虽属亡国之音,却是雄壮愤激,叫人读来精神百倍……句句都像是对着现在的中国人说一般",乃是梁启超《新中国未来记》中的文字,保存在阿英的《晚清文学丛钞》中。更有甚者,梁氏笔下的拜伦(当时译为"摆伦"),乃是一大豪杰,其《哀希腊》译文,与这一形象当有很大的关系。

英国近世第一诗家也,其所长专在写情,所作曲本极多,至今曲界之最盛行者,尤为摆伦派云。每读其著作,如亲接其热情,感化力最大矣。摆伦又不特文家也,实为一大豪侠者。当希腊独立军之起,慨然投身以助之。卒于军,年仅三十七。(《新小说》第二号)

同样具有革命精神的马君武,其心目中拜伦的形象也应当不仅仅是诗家,而是革命家,甚至是烈士。而与梁氏相比,其军人形象如此,对其壮烈之死的渲染,更有过之而无不及:

……闻希腊独立军起,慨然仗剑从之,谋所以助希腊者无所不至,竭力为希腊募巨债以充军实。大功未就,罹病遽死。……希腊通国之人莫不震悼,为服丧二十五日,下旗,鸣炮三十七响以志哀,因摆伦得年三十七也。(《欧学之片影》,《马君武集》,莫世祥编,华中师范大学出版社,1991 年,第 128 页)

而作为革命家的马君武,留学日本,相继追随梁启超、孙中山,与黄兴等人筹备组织拒俄义勇队,企图以暗杀手段,改变时局,改造社会。他当年一面研制炸弹,欲武装推翻满清王朝,一面写诗著文,从事文学翻译,译拜伦此诗名曰《哀希腊歌》。

马君武的译本是 20 世纪初重要的译本之一,用的是比较自由的格律诗体,加之七言,较之苏译的五言,在语义上也有更大的回旋余地。虽然和原诗在形式上有较大的差距,但在发挥汉语优势方面,则有突出的贡献,其翻译的成绩是可以肯定的。所谓较自由的格律诗,就是以节为单位,句数不限,行数不限,韵脚不限。在叙事、状物、写景、抒情等方面,比较灵活地表达了原诗所表达的内容。特别是在每一节诗的最后一联之前加入"吁嗟乎"的感叹,使得整个诗作具有了十分强烈的抒情色彩。可以说,马译创造了一种诗歌体制,在当时的条件下基本上解决了以旧体诗翻译西方格律诗的问题。

下面是第一节译文:

希腊岛,希腊岛,诗人沙孚安在哉?
爱国之诗传最早。战争平和万千术,
其术皆自希腊出。德娄飞布两英雄,

溯源皆是希腊族。吁嗟乎！
漫说年年夏日长，万般销歇剩斜阳。

如果说一开始译者的语气还比较平和，译文也还贴近原文，但到了后来，随着译者情绪的激昂，译笔的纵横，译文则离开原文越来越远，而愈加接近译者心中的革命言辞。以下是译文的第十二节：

暴君昔起遮松里，当时自由犹未死。
曾破波斯百万师，至今人说米须底。
吁嗟乎！本族暴君罪当诛，异族暴君今何如？

另一个译者是苏曼殊。他是激进的革命者，后转向出家和遁世，而其诗人气质，却颇似拜伦，加之二人都具有"多难的境遇"、"悲惨的结局"以及"浪漫的漂荡的诗"，因此有人认为苏曼殊是中国唯一适合翻译拜伦诗歌的人。而柳无忌的《苏曼殊传》则这样描写了革命诗僧苏曼殊的性情的转变：

青年时代的热情很快就消失了，随之而来的是对政治的冷淡，和日益看破人生。那个表彰明末忠臣烈女的爱国遗事、痛骂广东人媚外祸国、谴责荷兰人虐待华侨、响应印度人的亡国哀号、纵情吟诵拜伦《哀希腊》诗篇、赞美美国无政府主义者爱玛·郭耳缦的激昂慷慨的青年作家，后来却变成了"作绮艳语、谈花月事"的"飘零者"。（柳无忌：《苏曼殊传》，三联书店，1992年，第 157 页）

苏曼殊的译本，刊载于 1914 年，以五言体译拜伦的六行格律诗体，形式上的差别是太大了。但在当时翻译英诗以古体为宗的拓荒时代，这样的选择是无可厚非的，也是不得已的，因为当时的翻译家是诗人，而当时的诗人只能写古体诗，而且写得很好。五言长于记事，也可以抒情，倒是在这一点上，无长度的限制，满足了译这首长诗的一个需要。不过整体的译法，不是意译，更不是直译，而是一种译述，或者是汉诗对英诗的拟作。

巍巍希腊都，生长奢浮好。
情文何斐亹，荼辐思灵保。
征伐和亲策，陵夷不自葆。

> 长夏尚滔滔,颓阳照空岛。

译诗的第一节第一行,完全抛弃了重复的手法只对希腊加以赞赏,而借助女诗人萨福对希腊文明的认同,也由于太过简略而变得难以理解:"巍巍希腊都,生长奢浮好。"移位的用法在译诗本身的结构内重新布置,开头("希腊都")与结尾("孤岛")的照应,成就了第一节译诗,而且具有典型的汉语行文谋篇的格局。如果不是整体阅读,是很难体会到这是在希腊岛上,永恒的夏日照耀着的。一词之立,满篇生辉,意境全出。

总体的印象,便是此译是一首绝妙的五言怀古诗,有汉魏风骨和古诗十九首的遗韵。它似乎是这样一首诗:苏曼殊身临希腊孤岛,以汉语诗体赋歌哀悼希腊文明,而中国古诗人的审美眼光和价值观,则掩盖或操纵了他对西方史实的感受。但其感人至深处,也在这里。

十分有趣的是,以提倡白话文著名的胡适先生,在他21岁的时候,读了以上两个译本,认为都不满意。他"颇嫌马君武之讹,而曼殊失之晦,晦则不达",于是自己动手,用骚体翻译之。以下是第5、6两节的译文:

> 往烈兮难追;
> 故国兮,汝魂何之?
> 侠子之歌,久销歇兮,
> 英雄之血,难再热兮。
> 古诗人兮,高且洁兮;
> 琴荒瑟老,臣精竭兮。

> 虽举族今奴虏兮,
> 岂无遗风之犹在?
> 吾慷慨以悲歌兮,
> 耿忧国之魂磊。
> 吾惟余赧颜为希人羞兮,
> 吾惟有泪为希腊洒。

平心而论,胡适的译文比梁启超的要古雅得多。因为后者的曲牌,靠近民间风格,适合演唱,比较俚俗,而屈子的骚体,则是典型的南方贵族的浪漫派文学的滥觞。可见诗歌体制的套用，无论古今，都是一件不容易合辙的事。

关于早期的四个译本，廖七一教授有如下的评论：

1. 从时间上看，四个译本的时间跨度仅有 12 年；
2. 译者的身份有比较明显的差异。尽管当时的主流叙述是救亡启蒙，梁启超是思想家，马君武是革命家，苏曼殊是诗僧，而胡适则是学者；
3. 从文本类型来看，梁启超、马君武的翻译可以说是政治性译本，苏曼殊是艺术性文本，而胡适的则是文化文本；
4. 从翻译着眼点来看，梁启超、马君武关注民族国家，苏曼殊关注个人的情感体验，而胡适则试图探索翻译新的表现形式；
5. 由于上述差距，梁启超、马君武关于译本的社会效果，苏曼殊关注独特的表现力，而胡适则关注译文的准确性。（廖七一：《中国近代翻译思想的嬗变》，南开大学出版社，2010 年，第 150—151 页）

平心而论，这个评论还是准确的，唯有对胡适的评论可以商讨。因为研究者主要是从翻译文学史的角度来评价的，所以就一个阶段的小结而言，考虑到文化文本的落脚点和探讨新的翻译方法和表现形式的节点，在逻辑思路上是可以的，但落脚到胡适的名下，并不是一个时代的结束可以担当得起的。他们四位毕竟基本上是属于同一个时代的人啊！

此后，半个多世纪以来，《哀希腊》的译本不少，但以查良铮的译本最为重要。这不仅是因为在解放以后又一次形成高潮的译本中，查译比较早，于 1980 年由人民文学出版社出版，而且因为译者是在统一体例下，与《唐璜》全书的翻译相谐调的原则下翻译了这首《哀希腊》的。而在译诗的正文之外，另有注释说明。但是更为重要的，乃是相对于以上四位早期译者，查良铮生活在一个经历了战乱而又相对平静的和平时代，虽然他的余生一直处于政治迫害和精神压力之下，但相对而言，追求艺术的完美还是占据了主要的位置，虽然这种追求几乎是在秘密的翻译活动中进行的。在这个意义上，也许可以说，就感情经历和诗人气质而言，查良铮和苏曼殊有更多的共同点——只是在诗歌翻译的形式追求上一新一旧罢了。

作为一个对新诗有过深远探索的诗人，查良铮对于诗歌语言的敏感度与驾驭力毕竟是独特的。作为翻译家，他当然理解，面对一个个对语言极其敏感又富于激情和思想的优秀的外国诗人，翻译的过程正是译者摸索开发本族语潜能、使本族语张力最大化的过程。要对得起原作和原作者,译者的辛苦创造必不可少。然而,意识形态的导向仍然在起着重大的作用。五六十年代的主流意识形态提倡使用大众化的语言,从民间文学中汲取养分,用民歌体进行诗歌创作。不少诗人作家竞相响应这种导向,难免忽视了吸收外来诗歌作品艺术性的必要性,千篇一律地创作出了"穿制服的文学"作品,以达到政治宣传的目的。在那个艺术高度一体化的时代,查良铮在诗歌翻译过程中始终坚持借助翻译外国诗歌来开辟白话诗的新境界,以便兼顾诗的形式与内容的艺术统一和诗的审美价值与社会价值的统一性原则。

另一方面,也可以说,正因为查良铮对于"五四"以来的新诗和白话诗的局限有着清醒的认识,他才十分注意自己独特的语言来源和艺术化的语言质量。注意吸收外国语言的精华,以及英语文学和俄语文学的精华,是他译诗成功的真正秘诀。他坚持在译诗过程中字斟句酌,对语言千锤百炼,以求尽可能地传达出原诗的神韵。但他这样主张和这些做法,决不是提倡生硬的翻译和机械地照搬西方诗歌的语言和形式,如同时代一些人所做的那样;也不是从概念出发,一味强调翻译中归化和异化倾向,或者把文学翻译变成文化翻译,而是要融合和借鉴外国好的东西,以为我所用,发展自己的新诗艺术。

关于查译《哀希腊》,在技术层面上,有以下几点简评性的认识:

1.译文准确、严谨,原诗的韵律基本保持,风格是浪漫派诗歌的,激情溢于言表,语言崇高脱俗,为现代汉语标准基调。重要的背景知识,主要是人名、地名、神话、历史等知识有简明扼要的注释,为读者提供了准确的阅读背景,也可见出译者每事必有出处的严谨译风。

2.有些地方加词,主要是为了保持原诗的语气和文采的丰盈,例如,第一句第二个"希腊群岛"前加"美丽的",第二节第十五节等多处加感叹词"呵"表强烈的感情,第八节加感叹词"噫"表惊奇或轻蔑。有些地方故意改变原用词语,多有道理,例如第十四节把"法兰克人"改为"西方人",因为这里泛指英法俄等西方大国,这样比较易懂,但似太泛,因为在中国读者看来,希腊也是西方。

3.译文力求生动,在有些地方,适当的口语和戏剧化的效果十分明显,例如第八节开头以"怎么,还是无声?"表示惊奇,继而回答"不是的!"表示转折,下来引了古代英魂的应答:"只要有一个活人/登高一呼,我们就来,就来!"最后,诗人以直露的评论口气说:"噫!倒只是活人不理不睬。"如此清晰的层次,自然的语气,可以说一点儿不亚于原诗。个别用词有汉语文化词语味道,与原诗意境未必相符合,例如第二节的"恋人的琵琶",第九节的"土耳其野番",其中的"琵琶"和"野番",归化程度不同,前者更不容易找到替换词。

4. 有些地方能够结合每一节诗的中心思想,通过变通深化语义。例如,第十四节的核心是提醒希腊人警惕西方人(法兰克人,特别是后面的拉丁人)的出卖,所以最后两行译为"但在御敌时,拉丁的欺骗/比土耳其的武力还更危险"。但此种译法,使得译文与原文字面脱离甚远,不便多用。

总体印象是,译诗与原诗的格调比较一致,有些局部的变动,也是服从整体效果,而古文词法和句法向现代语言的靠拢,也收到了统一的艺术效果。

以下是查译《哀希腊》全文(见《唐璜》(上),人民文学出版社,1980年):

哀希腊

(一)

希腊群岛呵,美丽的希腊群岛!
　　热情的莎弗在这里唱过恋歌,
在这里,战争与和平的艺术并兴,
　　狄洛斯崛起,阿波罗跃出海波!
永恒的夏天还把海岛镀成金,
可是除了太阳,一切已经消沉。

(二)

开奥的缪斯和蒂奥的缪斯,
　　那英雄的竖琴,恋人的琵琶,
原在你的岸上博得了声誉,
　　而今在这发源地反倒喑哑,——
呵,那歌声已远远向西流传,
远超过你祖先的海岛乐园。

(三)

起伏的山峦望着马拉松,
　　马拉松望着茫茫的海波;
我独自在那里冥想了一时,

梦见希腊仍旧自由而快乐;
因为当我在波斯墓上站立,
我不能想象自己是个奴隶。

(四)
一个国王高高坐在山头上,
　瞭望着萨拉密挺立于海外,
千万只战船停靠在山脚下,
　还有多少队伍——全由他统率!
他在天亮时把他们数了数,
但在日落时他们到了何处?

(五)
呵,他们而今安在?还有你呢,
　我的祖国?在无声的土地上
英雄的颂歌如今喑哑了,
　那英雄的心也不再激荡!
难道你一向庄严的竖琴
竟至沦落到我的手里弹弄?

(六)
也好,置身在奴隶民族里,
　尽管荣誉都已在沦丧中,
至少,一个爱国志士的忧思,
　还使我在作歌时感到脸红;
因为,诗人在这儿有什么能为?
为希腊人含羞,对希腊国落泪。

(七)
我们难道只对好日子哭泣
　和惭愧?——我们的祖先却流血。
大地呵!把斯巴达人的遗骨
　从你的怀抱里送回来一些!
哪怕给我们三百勇士的三个,
让色茅霹雳的决死战复活!

(八)
怎么,还是无声?一切都沉寂?
　不是的!你听那古代的英魂

正像远方的瀑布一样喧哗，
　他们回答："只要有一个活人
登高一呼，我们就来，就来！"
噫！倒只是活人不理不睬。
　　　　（九）
算了，算了：试试别的调子；
　斟满一杯萨摩斯的美酒！
把战争留给土耳其野番吧，
　让开奥的葡萄的血汁倾流！
听呵，每一个酒鬼多么踊跃
响应这一个不荣誉的号召！
　　　　（一〇）
你们还保有庇瑞克的舞步，
　但庇瑞克的方阵哪里去了？
这是两课：为什么你们偏把
　那高尚而刚强的一课忘掉？
凯德谟斯给你们造了字体——
难道他是为了传授给奴隶？
　　　　（一一）
斟满一杯萨摩斯的美酒！
　让我们且抛开这样的话题！
这美酒曾使阿那克瑞翁
　发为神圣的歌；是的，他屈于
波里克瑞底斯，一个暴君，
但这暴君至少是我们国人。
　　　　（一二）
克索尼萨斯的一个暴君
　是自由的最忠勇的朋友，
那暴君是密尔蒂阿底斯！
　呵，但愿现在我们能够有
一个暴君和他一样精明，
他会团结我们不受人欺凌！
　　　　（一三）
斟满一杯萨摩斯的美酒！

在苏里的山中,巴加的岸上,
　　住着一族人的勇敢的子孙,
不愧是道瑞斯的母亲所养,
　　在那里,也许种子已经播散,
是赫剌克勒斯血统的真传。

（一四）
别相信西方人会带来自由,
　　他们有一个作买卖的国王;
本土的利剑,本土的士兵,
　　是冲锋陷阵的唯一希望;
但在御敌时,拉丁的欺骗
比土耳其的武力还更危险。

（一五）
呵,斟满一杯萨摩斯的美酒!
　　树荫下舞蹈着我们的姑娘,
我看见她们的黑眼睛闪耀;
　　但是,望着每一个鲜艳的女郎,
我的眼就为火热的泪所迷:
这乳房难道也要哺育奴隶?

（一六）
让我登上苏尼阿的悬崖,
　　在那里,将只有我和那海浪
可以听见彼此的低语飘送,
　　让我像天鹅一样歌尽而亡;
我不要奴隶的国度属于我——
干脆把那萨摩斯酒杯打破!

　　最后,关于拜伦的《唐璜》,尤其是《哀希腊》部分的翻译,势必要放在整个中国近现代文学翻译史上加以简要的评论。毫无疑问,在拜伦的杰作《唐璜》中,《哀希腊》是最辉煌的篇章。在英诗汉译史上,不同阶段出现的不同译本,不仅反映了汉语语言的变化,诗歌体制的更易,而且反映了翻译方法和观念的更新替代过程。若以上述三类译本为例,则可见出大体的发展趋势如下:

1. 从体制上来看,从以古体仿拟到以松散的古体诗翻译再到仿照原诗格式创建格律诗的演变过程,呈现为在形式上愈以异化而最终进入形式移植的发展局势。

2. 从复译的规律来看,《哀希腊》的语义也在发生变化,由大体上是译述到译写参半再到严格意义上的诗歌翻译的演变轨迹,其中细节的真实愈以明显和讲究,误译则逐渐减少。

3. 最后,就总体风格表现而言,怀古的情绪笼罩多于浪漫气质的宣泄是古体诗翻译的共同点,而移植式新译则趋向于语言直白和高歌基调,其中的变化倾向于英诗意境和现代诗趣味的合一状。

在以上三点认识的基础上,如何进一步认识和评价呢?

首要的问题,就是何种诗歌体制更加适合拜伦的《哀希腊》。其回答当然是新译,即仿照原诗体制以现代汉语诗歌语言翻译的格律诗,这种体制不但具有翻译体的嫌疑,而且就是地地道道的翻译体。质而言之,这种翻译体是中国翻译文学所独有的一种现代格律诗,或者说是外国文学在中国诗歌园地里一种复活的古典格律体。它在中国古典诗体向现代格律体的转换过程中,起过和仍然起着重要的促进新生的中介作用。不过迄今为止,经过了自由诗阶段,这种自创的格律体,已经和现代派诗风产生了较大的审美距离。这也是毋庸置疑的。

毋庸讳言,一种翻译诗体的标准化的形成,应当说有一个过程,其实质也就是西方文学经典中的诗歌的中文译本经典化的过程。经过了数代人的努力,按照原诗格律进行翻译的形式化追求——从亦步亦趋到以顿代步,再到以字数代音节——可以说基本上已经完成,甚至有点过分。就查良铮的译文而言,它是处于新格律体的早期,又处于个人翻译的晚期,自然有其本身的条件和局限。他自己是写现代诗的,能在译格律体时摆脱现代诗的过多的口语化和语言现代化倾向,利用文言句法词法和现代汉语的文学语言形式,熔铸成一种独特的拜伦式浪漫诗风,其实是不容易的。其后的译本,例如顾子欣的 1996 年的《哀希腊》译本,基本上也是沿用了这一格局,不过在语言上更加现代书面语化,翻译上也更加直白一些罢了。

但若从翻译文学史的角度来看,或者更多的从翻译文学产生和发展的社会历史条件及其对主体文化的改造与国民心理的建构的影响来看,则可以有另外一番景观,从中可以得到另外一种启示。正是从这一宏观的历史角度,廖七一教授如此总结了这一《哀希腊》翻译的百年史:

经过几代学人的译介和构建,拜伦连同他的《哀希腊》在本土化的过程中,其影响早已超越了文学的范畴而融入近代民族精神的建构,成为民族的集体意识和符号象征。《哀希腊》的翻译,从梁启超到查良铮,从来就没有试图用"率直的真实代替象征性真实"。一百多年以来,《哀希腊》在中国的译介更多的是"直觉观念的表达",是一种"(情感)参与的工具",是中国历史语境中翻译家对公共叙述的表征和建构。可以确信,在民族救亡、民族复兴或个人意志遭到漠视的关键时刻,总会有人重新翻译《哀希腊》,《哀希腊》也总能给国人带来希望、信心和勇气。(廖七一:《中国近代翻译思想的嬗变》,南开大学出版社,2010年,第304-305页)

第三节 不朽的丰碑:《唐璜》的译竟

《唐璜》是英国浪漫派诗人拜伦的政治讽刺长诗,也是查良铮先生继翻译普希金的《奥涅金》以后,另一部代表他的最高成就的翻译巨著。为此,耗费了诗人翻译家十多年的生命。

那么,《唐璜》是一部什么样的书呢?它的主人公是什么样的性格呢?

在西欧的古老传说中,堂璜①原是西班牙一个荒淫无耻的花花太岁。而在拜伦的笔下,他却成了一个虽然风流成性却也端方正直、热情勇敢的英俊青年,他生活的时代也移到了18世纪末叶。全诗的主要情节是:堂璜16岁时便与街邻少妇私通,奸情败露后被迫离开西班牙;航船在海上遇险沉没,堂璜漂流到一座小岛,与海盗头子的女儿相爱,又被海盗头子活活拆散;堂璜被卖为奴,进入土耳其后宫,被王妃看上,又险些被她杀害;逃出后,投入了攻击土耳其的俄国军队,因立有战功,被俄军统帅派往彼得堡向女皇呈送捷报,从此成为女皇的宠臣;后来又被女皇派往英国处理外交事务。长诗的写作因拜伦赴希腊而中断,没有完成;按照拜伦原来的意图,还想"让主人公周游欧洲",最后参加法国大革命并在革命中死去。(《拜伦诗选》,杨德豫译,外语教学与研究出版社,2011年,"前言"第5-6页)

在《唐璜》的第一章,诗人拜伦是把唐璜当作一位可以传颂的英雄来写

---

① 杨德豫译为"堂璜",查良铮译为"唐璜"。

的。他在一开篇就写出了自己寻找英雄的苦衷:

> 说来新鲜,我苦于没有英雄可写,
> 　尽管当今之世,英雄是迭出不穷,
> 年年有,月月有,报刊上连篇累牍,
> 　而后才又发现:他算不得真英雄;
> 因此,对这些我就不人云亦云了,
> 　而想把我们的老友唐璜来传诵——
> 我们都看过他的戏,他够短寿,
> 似乎未及天年就被小鬼给带走。
> 　　　　　　　　(第一章,第一节)

不管我们能否说,诗人穆旦也是"苦于没有英雄可写",才转而翻译拜伦的《唐璜》的,我们都要感谢翻译家查良铮给我们留下了这么一笔丰厚的文学遗产。那么,就让我们追随查良铮艰难的译介足迹,步入拜伦笔下的《唐璜》奇幻的人生历程吧。

一、"不让我工作,就等于让我死"

据查良铮的子女撰文回忆,查良铮早在1962年解除了管制,在南开大学图书馆留用为一般职员,就开始了他最大的一项翻译工程——《唐璜》的翻译工作。由于他白天要劳动和汇报思想,只能把晚上和节假日全都用于翻译。几年含辛茹苦,时常废寝忘食,到了1965年,这部巨著的初译工作终于完成了。适逢1966年"文革"爆发,查良铮被批斗,抄家,关"牛棚",接受劳动改造。虽然经历了重重苦难和身心摧残,而他最挂牵的还是《唐璜》的翻译和译稿的保存与出版。

查良铮的子女在回忆中讲了这样一件事。1966年8月的一个晚上,红卫兵们又来抄家,把一堆书籍、稿纸向火里扔去。直到午夜,陪斗交代"问题"的查良铮才被释放回家。为了宽慰家人,他说红卫兵对他"没有过火行为"。但是当他看到满地的碎纸和文稿时,脸色顿时变得铁青,不顾一切地"奔到一个箱盖已被扔在一边的书箱前,从书箱里拿出一叠厚厚的稿纸,紧紧地抓在发抖的手里"。那正是他费尽心血完成的《唐璜》译稿。万幸的是,虽然那一千多页写得密密麻麻的译稿给搞得乱七八糟,毕竟基本上保留下来了。

似乎是要把被剥夺的时间补回来,他又争分夺秒地开始了修改和注释《唐璜》的译稿。那时父亲经常晚间下班后到图书馆的书库里查找有关注释《唐璜》的材料,很晚才回来。记得一次查到一个多月未能找到的注释材料,回家后马上对母亲讲,狂喜之情溢于言表。父亲曾说过,《唐璜》是他读过的诗中最优美的,有些《唐璜》的注释本身就像一首诗。优美的文字经常使父亲陶醉,有时他还会朗读原文给我们听,然后又读出他的译文。这时是父亲最高兴的时候。父亲曾对朋友说,许多中国人读不到这样优美的诗,实在是一大憾事。(英明瑗平:《言传身教,永世不忘——再忆父亲》,载《丰富和丰富的痛苦》,北京师范大学出版社,1997年,第225-226页)

以上资料,见于查良铮子女联合署名"英明瑗平"的文章《言传身教,永世不忘——再忆父亲》。关于查译《唐璜》修改的事情,大约开始于1972年。当时,查良铮结束了农场劳改,回到南开大学图书馆。同年8月,一直支持他进行诗歌翻译的好友萧珊病逝,他极为悲痛。为了纪念亡友,也为了忘掉悲伤,查良铮埋头补译丢失的《唐璜》译稿中的一些章节和注释部分,并修改了其他章节。又是一段时间夜以继日的紧张工作,到了1973年,《唐璜》终于全部整理、修改、注释完毕。他在《唐璜》手稿的封页上记下这样的字迹:"1972年8月7日起三次修改,距初译约11年矣。"查良铮试探性地给人民文学出版社去信询问可否接受出版,接到"寄来看看"的回复,他觉得自己艰辛劳动的成果还有一线希望发表,能得到社会的承认,有些宽慰。他满怀希望,亲自去商店买来牛皮纸将译稿包裹好,然后送到邮局。然而在动荡的"文革"期间,查良铮的《唐璜》译稿寄出以后,却像泥牛入海一样没有了消息。

1976年初,查良铮不慎摔断了左腿,因不能及时得到医疗而导致伤病恶化。同年10月,粉碎"四人帮"以后,查良铮托人到出版社打听《唐璜》译稿的下落,得知译稿仍然还保存在出版社,并且有可能留用,心情安慰了许多。在给朋友的信中,查良铮声称《唐璜》在他译的东西里面是"最精彩"的一种,遗憾的是,直到他1977年去世都没能看到《唐璜》的出版。1980年7月,几经波折以后,人民文学出版社终于出版了查译《唐璜》。1985年5月,查良铮骨灰移葬于北京香山脚下的万安公墓,墓中同葬的就有一部他翻译的《唐璜》。

翻译是一种生存方式。在最潦倒窘迫的状态下,查良铮一直坚持修改普希金旧译,一面补译《唐璜》,不是毫无理由的。不利的社会环境和寄人篱下的现实待遇,使查良铮更深切地体会到普希金、拜伦的思想追求与人生感受。这三位著名的诗人,虽然国籍不同,时代不同,语言各异,性格各异,但却有相类似的顽强秉性和不为世俗所容的共同命运。他们每一个人都有不幸的遭遇，都被当权者所抛弃——拜伦一直生活在诽谤攻击之中，最后被迫流亡国外，到死未能返回祖国。普希金一生因反抗暴政主张自由，屡遭流放，最后死于沙皇统治者策划的决斗阴谋之中。与之相类似，查良铮满怀赤诚万里归来报效祖国，后来却一直备受打击，受到不公正的待遇，到死都没能得到平反。这一切，使翻译家查良铮能够更好地理解拜伦和普希金的遭遇，理解他们作品中描述的个人性格和社会现实的冲突的实质。

杜甫有诗说:"文章憎命达，魑魅喜人过。"在某种意义上，正是因为现实人生理想的幻灭、社会斗争中反抗的失败，才导致了杰出的讽刺叙事诗《唐璜》的产生。同样，在乌云遮天、偏见横行的时代，查良铮反复苦译、改译《唐璜》，其实是在和个人所受到的不公的命运和残余的封建专制思想进行无言的抗争。在个性特征方面，在对现实的批判态度以及远大而高尚的人生理想等方面，查良铮与拜伦、普希金都是相似的。他们都具有爱憎分明、意志顽强、孤傲不驯的意志品质和性格特征。在各自不同的语言能力以外，这些相似的品质和特征也是查良铮能够传神地译出《唐璜》的一个内在的原因。共同的社会批判意识，使得查良铮终于选择了《唐璜》这样一部政治讽刺诗作为自己翻译事业的主体工程，这是不难理解的。

不过，文学评论家也许不这样看，尽管"文字毕竟是知识分子寻找心灵净土的地方"，赵毅衡如是说。而诗人的原创性环境和译诗者的当下状态，是太过悬殊了。

> 谁也不知道每天晚上，他继续在磨研他的《唐璜》译稿。拜伦虽然用了一生最后五年时间写下这首长诗，但是他一边还写其他著作，在偷情恋爱，办煽动杂志，参与异国革命。他绝对不可能想到，一百五十年后，会有一个中国诗人，十年如一日，精心转达他描写一个登徒子冒险的潇洒而旷达的诗行:"拜伦式英雄"的豪情，与穆旦的处境，可谓天差地别。(赵毅衡:《穆旦:下过地狱的诗人》，载《作家》，2003年第4期，第23页)

二、"千万端机缘和你的火凝成"

查良铮选译《唐璜》，是一个重大的决策。

查译《唐璜》是查良铮用尽心血使自己的诗歌翻译艺术得以升华到最高水平的妙译佳构。如前所述，查良铮选择《唐璜》进行翻译，首先要考虑的一个难题就是篇幅大。

拜伦的《唐璜》,与荷马的《奥德赛》、歌德的《浮士德》、密尔顿的《失乐园》等长诗一样,都是西方文学史上的鸿篇巨制,有严谨的构思和宏大的结构、重大的主题和辉煌的艺术,体现了诗人"建筑的匠心"和高潮的艺术手法。这部写作于1818年到1823年的一万六千余行的长诗,是诗人拜伦在完成了《哈罗德游记》《审判的幻景》《青铜时代》等一系列长诗和诗剧《该隐》《曼弗瑞德》以后,倾全力创作的一部巨著。

> 它以整个欧洲为背景,用史诗般的、百科全书般的宏大规模,从各个不同的侧面和角度,运用千变万化的手法,广泛地、真实而又深刻地反映了18世纪末叶到19世纪初期欧洲的政治和社会面貌,是对整个时代、整个社会的写照、评论和总结。……
>
> 长诗历历如绘地记叙和描写了唐璜的所见、所闻、所历与所作所为,同时又连连不断地插入诗人自己的妙趣横生、鞭辟入里的议论和评说,而讽刺的基调便贯穿在记叙和议论这两者之中。诗人讽刺暴君和专制暴政,讽刺王室、大臣、将帅、教会和御用文人,讽刺攻城掠地、杀人盈野的战争,讽刺武装镇压集会示威群众的血腥暴行,讽刺贵族豪门绅士淑女的虚伪、冷酷和卑劣,讽刺"上流社会"的政治角逐、社交活动和家庭生活,讽刺被视为天经地义的宗教、法律、道德规范和风尚习俗……总之,是对英国和整个欧洲贵族社会和贵族政治的无情揭露和深刻批判。无怪乎拜伦自己曾经说过:《唐璜》是一部讽刺史诗。(《拜伦诗选》,杨德豫译,外语教学与研究出版社,2011年,"前言"第6页)

须知西方的长诗或史诗,其准备创作和修改过程复杂,历时长久,完全不像中国诗所习惯的"即兴""口占"一类短诗,凭着眼前的景物的提醒,在诗性激奋的顿悟间,在语言充溢的一刹那自然流露而成。欧洲的诗人写成一部长诗,往往耗尽十几年或几十年的心血,倾注了诗人毕生的社会经验与艺术理想。所以诗人梁宗岱先生在《诗与真·诗与真二集》里说,对于翻译者来说,"要了解欣赏一件经过更长的时候和更强烈的集中做成的艺术品必定需要更久的注意和更大的努力——二者都不是一般凡人所能供给的"。而查良铮先生在译《唐璜》时,正是他最孤苦困顿的岁月,平常的生活尚且不能保证,还要进行这样的巨大工程,自然是自找苦吃,难上加难了。好在查良铮是一个有恒心、有作为的翻译家,经过反复诵读,长期笔耕,多次修改,一部无愧于原作的文学译本在中国诞生了。

其次,就是《唐璜》的艺术性强,语言和翻译技巧要求高。

《唐璜》是英国杰出的浪漫主义诗人拜伦的一部政治讽刺诗。拜伦吸收和改造了意大利八行体而写成此诗,将原来的每行八音节延长为十音节,这样,就便于英文表达时能容纳较为复杂的内容以及表达本身的灵活性。同时保留了八行诗节五步抑扬格的格局,韵式仍然为 ababaabcc。本来,这种诗体就有显著的优点,即能够适用口语风格,在高明的诗人笔下更能做到庄谐并陈,伸缩自如,同时它又有格律,有脚韵,保持了诗歌的形式和特色。拜伦的创作,长期在古典主义原则和浪漫主义原则之间摇摆不定,最后终于调和了两者而找到了这样一种新的讽刺模拟诗体,可以充满幻想毫无拘束地表达自己的政治理想和实际观察。另外,他还惯用高潮突降法和怪诞不协调的事物,作为八行体中能充分包容的内容和独特的风格要素。

王佐良先生在查译《唐璜》"序言"中说的一段话,既涉及拜伦的卓越的诗才,也说明了他和其他英国诗人的异同。他说:

> 英国文学史上,还没有见过另一个诗人运用口语体到达如此淋漓尽致的地步的。拜伦所心折的蒲伯也擅长口语体,但是他虽在功力与细致上超过拜伦,却做不到这样的奔放,这样的凌厉无前。至于当时的浪漫诗人,虽然各有所长——雪莱的天马行空、济慈的真挚俊逸,以及老一代华兹华斯在其初期作品中的朴素清新和柯勒律治的瑰奇和音乐美,都有拜伦不及的地方——但是在充分发掘英国诗歌的口语体潜力上,在把闲谈、故事、浪漫气氛结合得如此自然如此动人上,在表达当时欧洲而不仅仅是英国的现实的广度上,拜伦是独一无二的。(王佐良:《译本序》(1979 年),载《唐璜》(上),人民文学出版社,1980 年,第 21 页)

在《唐璜》这样一部奇书中,在包罗万象的诗行背后,我们可以看出诗人拜伦的睿智与幽默。八行体韵式的特点是前六行隔行押韵,后两行互相押韵做结,这种前六行极事铺垫、后两行一锤定音的韵式,使得结尾后两行诗句格外醒目。拜伦利用这一点,常在结尾的关键位置安排警句或"倒顶点"(anti-climax),造成冷不丁发人深思、使人感慨或忍俊不禁的艺术效果。这种规律性的安排在效果上与中国的一种娱乐形式"三句半"相类似,读者或听众在每一段的终了不得不格外留意,而结尾的寥寥数语大都会给人以深刻的印象。这种艺术形式非常适合于拜伦对《唐璜》的整体构思,即夹叙夹议,诗人不时地站出来说上几句,评论一番。

显然,要翻译这样一部有着鲜明体式和风格的长诗,再现其神气和风采,是件很不容易的事,但是查良铮做到了。之所以能够如此,就是因为查良铮翻译《唐璜》时,已进入翻译家个人的第三个阶段,即译事炉火纯青的阶段。王佐良先生在《翻译:思考与试笔》一文中评价查译《唐璜》时说:"译者的一支能适应各种变化的诗笔,译者的白话体诗歌语言,译者对诗歌女神的脾气的熟悉,译者定要在文学上继续有所建树的决心——这一切都体现在这个译本中。"梁宗岱在《诗与真·诗与真二集》中说,查良铮在此之前就有了大量译诗的实践,他已经具备了"字的轻重和力量的感觉,对于章法作用的深沉的,几乎有机的占有,对于形式的连贯,对于文章各种单位的运用和对于那组成文章的意象之安排的审美力",这些足以使他在诗歌翻译的艺术效果上产生飞跃,超越前人,甚至在个别地方超越原诗。

查良铮翻译《唐璜》,是一个长期准备和缓慢完成的过程。

查良铮翻译《唐璜》这样一部文学巨著,不是一时心血来潮,一夜之间一挥而就,而是经过了长期的准备,由片段到整体的累积与实验的漫长过程。他的夫人周与良在1981年11月为《拜伦诗选》写的出版"后记"里,说明了这一过程的关键所在,以及是怎样进行的:

> 一九七二年初步落实政策时,我由被查抄后发还的物品中找到了他的老朋友肖(萧)珊同志送他的英文本《拜伦全集》。他如获至宝,开始增译和修改一九五八年出版的《拜伦抒情诗集》,汇集成现在《拜伦诗选》。(《穆旦译文集》(第3卷),人民文学出版社,2005年,第360页)

这一席话,特别是"增译和修改",究竟意味着什么呢?

今天,我们在人民文学出版社出版的《穆旦译文集》(第3卷)的《拜伦诗选》中,还可以看到一九五八年版的这个集子。从目录上看,除了前面的译者撰写的《拜伦小传》,它的正文实际上是包括了三个部分的:

第一部分:短诗(实际上包含的是抒情诗)

第二部分:长诗选段(除了《英国诗人和苏格兰评论家》《海盗》《阿比杜

斯的新娘》中的少数片段之外,主要是《恰尔德哈洛尔德游记》的 9 个片段和《唐璜》的 12 个片段)

第三部分:长诗(包括《科林斯的围攻》《锡雍的囚徒》《贝波》《审判的幻景》《青铜世纪》等长篇叙事诗)

其中《唐璜》中的 12 个片段所占的章数,按照顺序,已经有了第一、第三、第四、第五、第九、第十一、第十二、第十三、第十六各章,而不少章中还不止一节内容。也就是说,到此为止,译者基本上已经尝试译过了长诗《唐璜》各章内容的精彩片段了。需要指出的是:这里的一个片段不是一个诗节,因为其中有的片段实际上包含了多达 10 个诗节。第三章中可以独立成篇的《哀希腊》共有 16 节,已全译出来了(详见上一节)。

这至少意味着:

1. 在内容上,《唐璜》各章的主要内容包括情节和人物,已经在译者的头脑中有了比较清晰而连贯的印象。
2. 《唐璜》不同部分的诗歌体制与风格,已经有了容许变化的摸索。
3. 《唐璜》各部分的语言特点和词汇分布、句法变化,已经明了。
4. 《唐璜》的试译工作,到此可以说已经基本完成。

当然,这些还不包括译者的具体的翻译策略和翻译方法的考虑。不过,至少在做了这样充分的准备以后,我们不难想象,翻译的效果就会有保证。何况此时的查良铮,已经是一个有经验的翻译家,而他的诗歌翻译艺术,已经达到了这样一种运用自如的程度。

三、《唐璜》:"中国译诗艺术走向成熟的标志"

一个民族的重负,体现在一个人身上,而一个人的坚定的步伐,步入了一片风景。

在语言的花园里漫游,沿着诗歌的小径,查良铮,中国的拜伦,重新走过了唐璜——不,拜伦的历险历程。因为诗歌翻译需要一种激情,一种冲动,不仅仅是一种理智,一种语言。特别是翻译拜伦那样的诗人的诗作时,更是如此。

> 拜伦的诗歌同他的信件和残存的日记片断一样,出自一种被愉快的超然态度缓解了的焦躁不安的心绪,而不是出于精心阐述的文学理论,不是出于一种确定性的哲学,也不是出于提高公众情趣的愿望。一八一九年,拜伦对他的出版商说:"我的写作,来自我全部的心灵,来自激情——来自冲动——来自多种动机——但绝非为了他们(公众)的'美

誉'。——我知道公众赞扬的精确价值是什么。"(《牛津简明英国文学史》(修订本),谷启楠等译,人民文学出版社,2000年,第390—391页)

同样,查良铮翻译《唐璜》,也不是为了迎合当时公众的阅读兴趣。他清楚地知道,中国读者大多数没有读过像拜伦的《唐璜》这样好的诗歌——也没有这样的机会。因此,翻译才成为一种需要,一种必须。毕竟,诗歌是语言的艺术,而译诗的语言历经锤炼,对于一个人来说,会变得越来越纯熟,越来越老到。此时的查良铮,就语言的修炼和文本的熔铸而言,可以说已经进入炉火纯青的阶段——褪尽了文言词和单字组合的痕迹,入于文学语言的上品——上口、顺耳,语汇、句法、趣味,都合乎现代口语的要求。同时,他对原诗中闪光的亮点,也有着敏感的把握和传神的表达,真正做到了一切依照原作,雅俗如之,深浅如之,口气如之,文体如之。

翻译的语言和创作的语言有一个重要的区别。在创作中,穆旦从来不用古典诗词的所谓陈词滥调和固定不变的意象,而在翻译中,查良铮却不排斥借鉴古代汉语,文言入诗,妙语天成,化腐朽为神奇,有时化得不露痕迹,有时则可以看出明显的借用和仿拟。尤其是到了晚年一再修改的《唐璜》,更是堪为当代诗歌语言的典范。下面是一节译文:

"余何所知哉?"这蒙田的座右铭
　　也成了最早的学院派的警语:
人所获知的一切都值得疑问,
　　这是他们最珍视的一个命题;
自然,哪儿有确定不移的事物
　　在这瞬息万变的大千世界里?
我们此生怎么办!这真是个谜,
连怀疑我恐怕都可加以怀疑。
　　　　　　　　(第九章第十七节)

在艺术借鉴方面而言,查良铮也是博采众长,广泛猎取。对于他近旁的艺术,都有涉猎。绘画上,从小就有浓厚的兴趣;音乐上,他喜欢女儿为他弹琵琶。身居津沽,他的思想开阔,毫无禁锢之感。他曾经写过相声艺术的论文,也受过苏联作家和马列文论的熏陶。这时,面对拜伦万花筒一般的语言,奇思妙想的诗句,译者自然是苦思冥想而能左右逢源。显然,查良铮的翻译充分发挥了中国传统说唱艺术——相声或双簧的艺术魅力。您看,貌似庄严的舞台上，正在表演英雄的悲剧，而在适当的位置上，表演者揭去面具，露出丑态一笑，或故意一进一退，使下绊脚石，或者费力搭起积木，然后再釜底抽薪，让其轰然倒塌。这种艺术技巧，体现在拜伦式的结构中，就是在八行诗节的末两句出现的倒顶点和警句，例如，下面两行位于八行诗末尾的诗句，就尖锐地讽刺了那些道貌岸然的纨绔子弟，查良铮都能译得神形兼备：

骑马，击剑，射击，他已样样熟练，
还会爬墙翻越碉堡——或者尼庵。
（第一章第三十八节）

还有讽刺贵族家庭毫无爱情的婚姻的诗句，照样译得十分传神：

他们的结合使大家无不称颂，
又安恬又高贵——只是有些冰冷。
（第十四章第八十六节）

以上虽然是局部效果，但这些局部效果在译作中的实现，却体现了原作一种整体性的叙事结构。《唐璜》不仅借助一个传统的英雄在拜伦时代的欧洲各国旅行的故事，主人公一路上的所见所闻、所行所思，而且还有诗人拜伦自己对现实和历史的感受和评价，穿插其间。作为叙事艺术，这一原作的叙事结构和评论角度，是准确而完整地保留了；作为诗歌艺术，在整体效果的追求上，查良铮借助的是整体诗行和韵脚的设置。在翻译八行诗体的时候，查良铮尽可能忠实地传达了原诗的内容，同时也注意到如何传达诗歌形式的问题。例如，在建行问题上基本和原诗保持一致，排列上也一模一样。但原诗体韵式是 abababcc，查良铮并没有拘泥于这种韵式，而是使每节诗的第二、四、六行押韵，基本上保持了原诗的韵律美，第七、八行押相同的韵，以突显末尾两句的思想内容。这样一种格式的设置，虽然并非十全十美，但是在考虑到中国读者的接受水平时，仍然不失为一个可以操作的翻译方案。这一点，可以说既保证了查译《唐璜》在译诗艺术追求上的高度和翻译操作上的活动空间，同时也有其局限——即制约查译诗歌质量的形式条件。

虽然查良铮翻译《唐璜》韵脚的原则与他翻译普希金叙事诗有共通之处，但在诗歌语言的运用上，则由于译出语言俄语和英语的特点不同而有所不同。作为译入语来说，译者和原诗作者一样，都是尽量运用鲜活的口语表达灵巧而有生气、同时杂以庄重的书面语言，以便取得亦庄亦谐的艺术效果。这一点,由于《唐璜》的翻译较之《奥涅金》要晚,而译者的译笔也就趋于更加成熟和老练,这样,在翻译拜伦的《唐璜》时显得更加突出。在风格上,经历了生活的磨炼和灵魂的洗礼之后,晚年的诗人的译风也有些许变异——尤其与普希金的华美与凌厉相比,拜伦的雄辩和大气,就更加容易调动诗人的政治情绪和反抗的伟力。请读者注意以下两个诗节中的韵律和节奏感以及语言使用上的特点:

你"杰出的刽子手呵,"——但别吃惊,
　这是莎翁的话,用得恰如其分,
战争本来就是砍头和割气管,
　除非它的事业有正义来批准。
假如你确曾演过仁德的角色,
　世人而非世人的主子将会评定;
我倒很想知道谁能从滑铁卢
得到好处,除了你和你的恩主?

我不会恭维,你已饱尝了阿谀,
　据说你很爱听,——这倒并不稀奇。
一个毕生从事开炮和冲锋的人,
　也许终于对轰隆之声有些厌腻;
既然你爱甜言蜜语多于讽刺,
　人们也就奉上一些颠倒的赞誉:
"各族的救星"呀,——其实远未得救,
"欧洲的解放者"呀,——使她更不自由。

(第九章第四、五两节)

　　争取自由——个人的和民族的自由——正是贯穿《唐璜》全诗的主要精神。由于惠灵顿侥幸打败了拿破仑,英国和全欧洲的保守反动势力纷纷向他歌功颂德,把他当作最伟大的偶像来崇拜,而拜伦却在《唐璜》里替他描绘了这样一副嘴脸。这一问一答的最后两行是何等地一针见血!同样,查良铮在艺术地再现原诗讽刺内容的同时,还采用了适当的诗歌形式与诗歌语言,兼顾了诗歌的音律美与内容美。这是译者在译诗风格上做出的大胆而有成效的探索。

　　拜伦把轻浮的讽刺笔调留给虚伪的人和事,但是当他写海黛那样的纯真少女的时候,他的笔下便没有半点轻浮。查良铮同样如此,该辛辣处入木三分,毫不留情,清新浪漫处也同样地沁人心脾。查译《唐璜》的精彩段落俯拾即是,以下是描写《海黛》爱情的淳真境界:

> 海黛没有忧虑,并不要求盟誓,
> 　自己也不发誓,因为她没听过
> 一个钟情的少女会被人欺骗,
> 　或必须有种种诺言才能结合;
> 她真纯而无知得像一只小鸟,
> 　在飞奔自己的伴侣时只有快乐,
> 从来不曾梦想到中途变心,
> 　所以一个字也没有提到忠贞。
> 　　　　　(第二章第一九〇节)

　　在这里,拜伦写出了他心目中理想的爱情,描画出了他的正面人物。这里不再是无聊的调情和叫人厌腻的勾引,而是叫人心动的青年男女之间真诚的爱慕行为和纯真的心理表现。通过自己的译笔,诗人翻译家查良铮也使我们感受到了这清新的爱情。同样,当诗人写到唐璜被海黛的父亲设计捆绑强拉上船的时候,译者笔下的诗节在抒发诗人感慨与评论的时候,照样叫人深为感叹,而细心品味又不乏趣味:

> 人世间净是些变幻莫测的事,
> 　目前这件事就很叫人不舒畅。
> 你看:一个年轻而漂亮的绅士
> 　正享受着世间给他的一切恩赏,
> 而在他最料不到会出岔的一刻,
> 　他竟被人捆起来送到了海上;
> 受了伤还捆着,好叫他不能动,
> 这一切只因为有位小姐钟了情。
> 　　　　　(第四章第五十一节)

　　外国的长诗很多都已经有了中国译本,但像查译《唐璜》这样一气呵成,基本上遵循原诗格律并能译得如此神似的似乎还没有。除了其他许多内在的和外在的因素之外,翻译单位的大小是十分重要的原因之一:查译《唐璜》基本上是以诗节为单位进行翻译转换的。因为翻译的单位相对较大,可以调动的因素较多,而且活动余地也大,所以译者的语言操作和匠心独运才有足够的运行空间。我们甚至可以说,尽管查译之后会有新的译本,而这些新的译本也可能在诗歌形式上更加靠近原诗状态,但是,在综合效果上能达到查译水平的,却是凤毛麟角。

有一个现象不能不提,关于查译拜伦诗,是有深刻的动机的。查良铮晚年在给老友杜运燮、巫宁坤和青年朋友郭保卫的信中,不止一次提到拜伦诗歌的重要性。基本上,他是把拜伦诗歌的翻译放在最理想的外国诗对中国新诗影响的天平上来估量其意义的。1976年12月29日,就是在得知"四人帮"已经倒台、国内政治形势将发生重大变化的时候,查良铮写信给老友杜运燮,提起拜伦诗歌翻译问题:

> 我由于接受鼓励,今日把拜伦抒情诗(已译过的)整理,又添了新的,再加已译而未出的叙事诗,想集合一下,弄一本《拜伦诗选》,四百多页。我相信中国的新诗如不接受外国影响则弄不出有意思的结果。这种拜伦诗很有用途,可发挥相当影响。不只在形式,尤在内容,即诗思的深度上起作用。(《穆旦诗文集》(第2卷),人民文学出版社,2006年,第148页)

1977年1月3日,查良铮又在给郭保卫的信中,谈起系统翻译《拜伦抒情诗选》的问题,而且针对"四人帮"时期流行的小靳庄诗歌,甚至企图恢复三四十年代的现代诗辉煌的努力联系起来,可见其对拜伦诗歌的翻译,寄予很大的希望。

> 这些天,我就把以前出版过的《拜伦抒情诗选》重改,又译了一些,想把他的抒情诗和长诗结合起来成—《拜伦诗选》。我相信他的诗对我国新诗应发生影响;他有些很好的现实主义诗歌,可又是浪漫主义的大师,两者都兼,很有可学之处,而且有进步的一面。
> ……现在时兴的,还是小靳庄之类的诗,如果能改变成三四十年代的新诗,那就很不易了,标语口号诗一时不易(也许永远得存在)。我想翻译的外国诗应可借鉴,如能登些这类诗,给大家换换胃口,也是好事。(《穆旦诗文集》(第2卷),人民文学出版社,2006年,第223页)

1月5日,查良铮在给老友巫宁坤的信中,关于拜伦及其诗歌,写得更深入而具体了:

> 关于拜伦,我有了比较清楚的认识,他的辉煌之作不在于那些缠绵悱恻的心灵细腻的多情之作,而是在于他那粗犷的对现世的嘲讽,那无情而俏皮的,和技巧多种多样的手笔,一句话,惊人,而且和廿世纪的读者非常合拍,今日读《唐璜》,很多片断犹如现代写出一般,毫不觉其dated。……称之为现实主义的诗歌无愧,而且写得多有意思! 这里的艺术很值得学习。(《穆旦诗文集》(第2卷),人民文学出版社,2006年,第178页)

在总结查译《唐璜》的翻译经验和成功秘诀时,我们不能不想到,查良铮虽然历遭劫难,却有了充足的时间来惨淡经营这样一部讽刺长诗的翻译。虽然翻译是丧失了创作机会以后他所能进行的第二位的工作,或者说是一种再创作,但是对于诗人诗艺的成熟到了炉火纯青的地步,甚至对于诗人最后的诗歌创作的高峰,却是必不可少的,甚至是产生了重大的影响的。诗人翻译家的好友王佐良先生有下面一段总结,可谓得其个中三昧:

> 似乎在翻译《唐璜》的过程里,查良铮变成了一个更老练更能干的诗人,他的诗歌语言也更流畅了,这两大卷译诗几乎可以一读到底,就像拜伦的原作一样。中国的文学翻译界虽然能人迭出,这样的流畅,这样的原作与译文的合拍,而且是这样长距离大部头的合拍,过去是没有人做到的。诗歌翻译需要译者的诗才,但通过翻译诗才不是受到侵蚀,而是受到滋润。能译《唐璜》的诗人才能写出《冬》那样的诗。诗人穆旦终于成为翻译家查良铮,这当中是有曲折的,但也许不是一个坏的归宿。(王佐良:《穆旦:由来与归宿》,载《一个民族已经起来——怀念诗人翻译家穆旦》,江苏人民出版社,1987年,第10页)

卞之琳先生称誉《唐璜》的翻译是"中国译诗艺术走向成熟的标志"。

赵毅衡先生评论说:"穆旦虽然一生受辱,而且天不借年,但是他在文学史上的身影,随着时间的流逝而越来越高大。"

今天,尽管有人提出穆旦在那个年代,花费如此大的精力翻译《唐璜》可能选择不当,或者得不偿失,但人们没有想一想,从翻译文学史的角度而言,从翻译文学经典的角度而言,这一选择无疑是恰当的,无论付出多大的代价,都是值得的。我想,王佐良、卞之琳、赵毅衡们的话,正是基于这样的人生而有感而发的。

第三章 现代派译诗先驱

现代派诗歌的翻译是一个问题。之所以是一个问题,首先是因为"五四"以来,中国现代派诗歌的创作是直接受到英美和欧洲其他国家的现代派诗歌的影响而开始的,并不是对中国古典诗歌的反叛就可以直接产生现代派的中国诗歌的。其次,现代派诗歌的翻译——和浪漫派诗歌的翻译不大一样——几乎与现代派诗歌的创作是同时进行、并行不悖的,因为大多数诗歌翻译家本身就是诗人,故而创作和翻译有一种天然的联盟。但这并不意味着现代派诗歌的翻译就没有问题了。恰恰相反,正是由于现代诗在中国不具有浪漫主义诗歌那样的传统,加之现代诗并不具有大家公认的一致的形式,所以现代诗的翻译要达到和创作一样的高度,就需要一种脱胎换骨的技法。可以毫不夸张地说,甚至迄今为止,现代诗的翻译仍然处在探索阶段。这就引起了第三个问题:如何翻译现代诗?正是在这一点上,现代派诗人穆旦在晚年成为现代派诗歌翻译家查良铮以后,他的现代诗的翻译活动,对于中国现代诗的发展而言,就具有了现代性的开拓的意义。

第一节 现代派诗歌:从头谈起

在中国当代的文学翻译中,诗歌翻译是一个令人望而生畏的偏僻领域,但也是一个十分诱人的翻译领域。例如,诗人穆旦的好朋友、英国诗歌及翻译专家王佐良先生,就要求他的学生如果从事文学翻译就一定要翻译诗歌。作为现代诗人,查良铮同时精通英语和俄语诗歌,熟悉浪漫派诗歌和现代派诗歌,这样,他就可以利用自己丰富的文学知识和诗歌才能,自由地出入于浪漫派和现代派诗歌的翻译传统,成功地模仿不同的诗歌表现形式,最终做出多方面的贡献。按照一般的了解,查良铮的现代派诗歌翻译,只是在他的晚年,在完成了英语和俄语的浪漫派诗歌翻译以后,觉得有些空余时间和精力的时候,才抽出一段为时不长的时间,翻译了一本《英国现代诗选》(湖南人民出版社，1985年）。可惜天不假年，否则，他的现代派诗歌翻译的成就会更大。然而，这样的认识是有局限的。

事实上，查良铮的诗歌翻译，不仅从他在清华上学的时候就开始了，而且从一开始，他的翻译就包括现代派诗歌和一些现代诗歌评论作品，不过，那个时候，他的翻译还谈不上系统，但他不仅示人，也时有发表。

在1940年代，"穆旦"其实是兼有诗人和翻译者两种身份。关于翻译的材料其实有多种：约在1939年，还在大学阶段的穆旦即有过翻译之举，并曾向闻一多出示译诗；之后两三年内也有译作发表，包括翻译路易·麦克尼斯的评论《诗的晦涩》，分11次连载于1941年2月间的香港版《大公报》"文艺"、"学生界"两个副刊之上；译麦可·罗勃兹的评论《一个古典主义的死去》，分三次连载于1941年11月下旬的香港版《大公报》"文艺"副刊，亦分两次刊载于1941年12月中旬的桂林版《大公报》"文艺"副刊；翻译台·路易士的长诗《对死的密语》，并有《译后记》，刊载于1942年7月5日《文学报》第3号；翻译太戈尔（按，今通译泰戈尔）的诗歌《献歌》，刊载于1943年5月14日《中南报》的"中南文艺"副刊。这些译作，署名都是穆旦。（易彬：《穆旦评传》，南京大学出版社，2012年，第98—99页）

让我们把这个单子稍微做一梳理，并做一简要的评论：
1. 泰戈尔诗作《献诗》，当是散文诗，至今未被重新整理披露。
2. 路易士的长诗《对死的密语》，并有《译后记》，指出了此类诗人"点化现代事物的魔力"。
3. 《一个古典主义的死去》，诗论，引证了艾略特《传统与个人才能》《玄理诗派》，追溯到欧美古典诗歌的理论渊源，显示出现代派诗人的深厚与渊博。
4. 《诗的晦涩》，属于现代主义诗论，涉及里尔克、庞德、艾略特、叶芝，以及奥登、斯本特等新旧现代派代表人物的诗作及其评论。

这些早期的翻译活动，使我们有理由相信：
1. 穆旦早期的诗歌翻译和创作活动是一个交互作用的过程，而不是单一的行进。这一情况也许潜在地影响了他一生的翻译和创作，即一种双向的影响。
2. 穆旦的诗歌创作有其深厚的古典主义与现代主义诗歌理论的支撑，而不是单纯的模仿和创造。这也许可以有助于说明穆旦诗歌创作的高水平。
3. 穆旦早期的诗歌翻译活动,使他的诗歌视野不局限于英国诗歌和俄国诗歌,而是进入到对亚洲英语诗歌的关注。联系到穆旦的诗歌活动和范围,这里兼有时代的局限和诗人企图突破的努力。
4. 穆旦早期翻译和创作,无疑为其晚年的《英国现代诗选》奠定了理论和经验基础。而这一部分,以及穆旦的现代诗的翻译成就,却往往为人们所忽视。联系到现代诗的翻译本身,较之古典主义和浪漫主义,更需要深入的研究,那么,探讨这一主题,便具有极为重要的意义。

无独有偶,查良铮的亲戚周珏良先生在这本《英国现代诗选》的序言中,回忆了当时查良铮翻译诗歌的情况。他也许并不了解穆旦的早期翻译,但却正确地指出了穆旦诗歌翻译的深厚渊源,例如政治上不公正的待遇和不利的人生境遇、浪漫主义诗歌翻译的经验和语言准备,以及穆旦在晚年暗中翻译现代诗的情况。

他在五十年代初回国后不久就受到不公正的待遇,二十多年无法发表诗作,在从事于翻译普希金、拜伦、雪莱、济慈等为我国一般能接受的诗人的著作之余,于七十年代后半期又译了当时几乎无人过问的艾略特等人的诗,这就不是没有渊源的了。我特别记得一九七七年春节时在天津看见他。他向我说他又细读了奥登的诗,自信颇有体会,并且在翻译。那时他还不可能知道所译的奥登的诗还有发表的可能。所以这些译诗和附在后面代表他对原诗的见解的大量注释,纯粹是一种真正爱好的产物。(《英国现代诗选》,查良铮译,湖南人民出版社,1985年,"序言"第2页)

翻译是一种跨文化的交流活动,尤其是文学翻译活动,在人类不同的文化单元和文学传统之间进行运作,因此,受到意识形态的影响是不言而喻的。如果说接触英美现代诗是在西南联大时期,从而对年轻的诗人穆旦的诗歌创作发生过巨大影响的话,那么,在中国大陆对西方现代派文学冷却处理几十年以后,穆旦能有可能翻译现代诗——一本署名"〔英〕多人著"的《英国现代诗选》,未始不是20世纪70年代初期中美关系解冻主流意识形态放松时期的一个"捡漏"行为。

让我们来看一份时间表:

1972年,美国总统尼克松访华,处于敌对关系几十年的中美关系开始走向正常化。

1973年,周珏良把亲戚从美国带回来的一本英文版《西方现代诗选》转赠给查良铮,使得这位诗歌翻译家有了翻译现代诗的蓝本。

实际上,查良铮的现代诗的翻译工作在当年就已经开始了。

当然,除了这个大环境和第一文本的获得之外,还有一系列个人的社会的小环境因素,也在影响着查良铮的翻译活动。让我们把时间朝前推回一年,看一下这位大翻译家的真实的人生际遇。

1972年,查良铮从劳改农场返回南开大学图书馆,而夫人周与良已于前一年返回天津。那一年,长子查英传作为"黑五类子女"到内蒙古插队落户。返回天津的查良铮只能和次子查明传借住在学生宿舍楼一间紧靠水房的小房间。查良铮的工作是整理书籍,但每天要提前半小时"自愿打扫厕所"。

这一年八月,好友萧珊逝世。为了纪念好友也为了压抑悲痛,查良铮"埋头补译丢失的《唐璜》章节和注释,修改了其他章节,他又修订了《拜伦抒情诗选》,并增译拜伦的其他长诗"。到8月7日,《唐璜》三次修改完成。从动手翻译到完成,耗时十一年。

1973年4月,接南开大学通知,查良铮和夫人在天津第一饭店会见了美籍数学家西南联大时的老同学王宪钟。这一异乎寻常的外交活动似乎吐露出一丝松动的消息。查良铮有了一点点人身自由和政治自由,虽然很难说一点也没有政治的需要在其中起作用。

但是,实际上,生活的另一重阴影甚至比这一丝的喜悦还要更加具有讽刺性。

由于"父亲的问题"的影响,查英传在考了全县第一名的情况下,仍然没有获得当地政府的批准,没有能够上大学。至于入党,就更是难于上青天了。得到这样的消息,作为父亲的查良铮痛苦极了。

> 看过来信,父亲几天都一言不发,除了上班和吃饭,他都关上自己房门,埋头译诗,也许是想让他的笔来分担一些痛苦。有时,他好像是在惩罚自己。他不再吃鸡蛋,要留给小英回来吃;用了近10年的一条洗脸毛巾也不让换,"等小英能够回来之日再换"。(英明瑗平:《忆父亲》,载《一个民族已经起来——怀念诗人翻译家穆旦》,江苏人民出版社,1987年,第137-138页)

1974年,查良铮把自己翻译的一些现代诗给一位在内蒙古插队返回天津的青年看,并且谈论诗歌翻译问题。年底,接到人民文学出版社的复音:"《唐璜》译文很好,现尚无条件出版,原稿社存。"

1975年,在翻译出版无望而又不能停止工作的情况下,57岁的查良铮在鲁迅文集《热风》的扉页上题写了这样的话:

> 有一分热,发一分光,就像萤火虫一般,也可以在黑暗里发一点光,不必等候炬火。

也就在这一年,大约是在翻译英国现代派诗歌的间隙,查良铮在一小片纸上写下了创作中断近二十年以来的第一首诗《苍蝇》。他把这首诗寄给了好友——另一位九叶派诗人杜运燮。其中有这样的诗句:

> 自居为平等的生命,
> 你也来歌唱夏季;
> 是一种幻觉,理想,
> 把你吸引到这里,
> ……

1975年底,《英国现代诗选》翻译完成。

1985年5月,《英国现代诗选》由湖南人民出版社出版。此时距离诗人逝世已近九个年头,而距离诗稿译毕就已经整整十年了。

显然,作为现代诗的翻译家,查良铮不仅有现代诗人的创作经历和生活经验,而且他的翻译过程和氛围,可以说也是现代的,也就是说,翻译家是现代知识分子式地经受着时代的扭曲和心灵的折磨的。

那么,关于这个集子,我们又能说些什么呢?

还是来看一下周珏良先生的说法吧:

> 这本诗选是个诗人之选,而非学人之选。它不是一本各方面顾到,对各种流派、各种风格的诗人均有所反映,在大学课堂里可以用作教本的那种选集,而是一位诗人跨越了文化和语言的障碍,与在不同文化传统下用另一种文字写作的另一些诗人的心灵上交流的产物。因之它有不同于一般的特色。(查良铮译:《英国现代诗选》,湖南人民出版社,1985年,"序言"第1页)

这个集子的选材,自然是现代派诗歌,但各家的选诗的多少,却又很不平衡。总体说来,是艾略特和奥登占了最大的篇幅,约三分之二的样子,其余的诗人包括斯彭德、刘易斯、麦克尼斯和叶芝。叶芝虽然重要,但选诗只有两首。按照周珏良的说法,可见这是一个未完成的译诗集稿。关于艾略特和奥登,我们将在下面分节讨论。这里就从叶芝开始,并且以其作为代表之一,来讨论查良铮的现代派诗歌的翻译情况。

实际上,而且名副其实的,叶芝是英语诗歌领域最早的现代派的代表。

第二节 叶芝:我们知道了他的梦

W. B. 叶芝(1865-1939)是爱尔兰著名诗人、剧作家。由于他在诗歌和戏剧领域的卓越贡献,被誉为"当代最伟大的诗人",并于1923年荣获诺贝尔文学奖。叶芝还是20世纪初爱尔兰文艺复兴运动的主要领导人之一。他在青年时期积极参加爱尔兰独立运动,后来放弃政治活动,专心进行文学创作。但早期的政治活动对他的文学活动仍然很有影响。叶芝的父亲是画家,他本人也学过绘画。他在伦敦与唯美主义者王尔德相会,并编辑过英国浪漫派诗人布莱克的诗集,因此在浪漫主义之外,又受唯美主义和象征主义的影响。他还接受古典哲学、神学、荣格心理学、神话学、东方月相、藏传佛教等多种文化因素的影响,企图对历史演变、人类个性及灵魂永生等现象进行解释,故而他的诗歌具有相当的思想深度和很高的审美价值。

叶芝的爱情诗代表作之一《当你老了》,是献给爱尔兰运动的革命家莱德·岗女士的。她是叶芝终生所爱慕的女性,虽然献诗之时,她早已有了家庭。叶芝在诗中流露的复杂而细腻的爱情,终生不渝的坚持,十分感人,读来催人泪下。诗歌采用格律体,意境悠远,情绪绵绵,有很强的艺术魅力。著名歌曲《当你老了》就是以此诗为蓝本而创作的音乐佳作,不少人为其所感动而翻译了这首诗。著名诗人袁可嘉等人都翻译过这首诗。还有一首很著名的诗是《茵尼斯逍遥岛》,描写了幻想中的湖心岛美景和诗人归隐后的宁静心境,具有很强的感染力,可以说和中国古代的田园诗相比,丝毫也不逊色,而且平添了几分现代气息和些许异国情调。叶芝的诗歌音韵和意象都很美,很值得一读。可是,在查良铮的诗集中,叶芝的这两首诗都没有入选,而是选了早期的《一九一六年复活节》和晚年的《驶向拜占庭》。

可以说,在极为有限的条件下,毕竟,诗人穆旦还是有所选择的。

第一首《一九一六年复活节》,是为纪念爱尔兰一次失败了的争取民族独立的起义而写的,和中国革命战争的胜利情况当然有很大的差别。但是,在反映历史大转折的主题时,二者在其中所反映的一些心理层面的东西,却有着极为相似的内容。特别是联想到诗人穆旦和那一代知识分子的遭遇,以及一个民族在获得新生的过程中所经受的阵痛,这首诗里面的一些名句,就有了极为重要的意义。这种意义,特别是现代诗特有的反讽意味,在浪漫派的诗歌中是找不到的。

> 他也从荒诞的喜剧中
> 辞去了他扮演的角色,
> 他也和其他人相同,
> 变了,彻底地变了:
> 一种可怕的美已经诞生。

当我们联想到穆旦九死一生的战争生涯,以及他对于民族战争中的死难者的沉痛的哀悼之情的时候,当我们想到叶芝的诗中也包含了对于在起义中死去的战友的深深的怀念的时候,下面的句子,就格外地明白易懂了:

> 我们知道了他们的梦;
> 知道他们梦想过和已死去
> 就够了;何必管过多的爱
> 在死以前困惑着他们?

《驶向拜占庭》是另一种类型的诗歌。

古代的拜占庭位于当今的伊斯坦布尔,即东罗马帝国时期的都城。作为古代文明中心的拜占庭,在叶芝的心目中具有很高的地位。叶芝认为,公元6世纪查士丁尼皇帝统治下的拜占庭王朝(527-565),是贵族文化的杰出代表,那时候的精神与物质、文艺与政教、个人与社会取得了和谐而统一的关系。因此,在面对现代人类文明的种种问题时,例如人欲横流和物质追求的片面性倾向时,诗人对于古代文明的鼎盛就抱以极大的希望。这不仅是一种精神的寄托,而且是一种理想的追求。因为对于诗人来说,拜占庭不仅是一个内容丰富的诗歌意象可以借用,更是一个超脱人间生死哀乐的往昔天堂而可以向往。

《驶向拜占庭》写于诗人的晚年,当时诗人已六十多岁,所以其中有从老年角度关注现实的眼光,因而夸大了同如今所谓的青年的文明的距离。实际上,老人是抒情主体,他在思考生与死、灵与肉、情感与理智、衰老与青春、艺术与现实等问题的时候,对于人生意义就达到了一种彻悟。而老年与青年的对立,从诗的一开始——即诗人驶向拜占庭途中对现实的思考——就

可以看出来:

> 那不是老年人的国度。青年人
> 在互相拥抱;那垂死的世代,
> 树上的鸟,正从事他们的歌唱;

就这样简单的开头而言,如果说查良铮的翻译有点直硬的话,我们可以发现另一位著名诗人袁可嘉的翻译,甚至有点翻译过度:

> 那地方可不是老年人呆的。青年人
> 互相拥抱着,树上的鸟类
> ——那些垂死的世代——在歌吟。

关于老年与死亡的命题,蕴含了衰老拯救诗人出欲望因而使灵魂得到升华而欣喜的主题。其中有深刻的感悟和精彩的描写,诗人查良铮也有精彩的翻译:

> 一个衰颓的老人只是个废物,
> 是件破外衣支在一根木棍上,
> 除非灵魂拍手作歌,为了它的
> 皮囊的每个裂绽唱得更响亮;

当然,从这些新鲜而生疏的比喻中,我们不仅可以感到诗人对于人生意象的准确的把握和生动的传达,而且可以感到一丝陌生化和新异感在诗中透射出来。这正是叶芝诗歌艰涩深奥的隐语所在。

诗人想把自己认同于古代的文明,实际上并不是要人类退回古代的制度和物质状况,而是要进入古代的艺术和精神领域从而脱离开这自然的状态,由此得到一种精神的解脱和人格的升华。于是,古代的圣贤或天上的智者就成为一种感召,而上帝就是一种启示:

> 哦,智者们!立于上帝的神火中,
> 好像是壁画上嵌金的雕饰,
> 从神火中走出来吧,旋转当空,
> 请为我的灵魂作歌唱的教师。

把我的心烧尽,它被绑在一个
垂死的肉身上,为欲望所腐蚀,
已不知他原来是什么了;请尽快
把我采集进永恒的艺术安排。

"旋转当空",或许需要做一点解释,须知诗人是靠意象来思考的。原来在叶芝的思想中,人类的历史是由正旋体和反旋体两种力量构成的合力结构,因此,这里的"旋转当空"实际上就有了"从历史走来"的意义。

可见,就诗歌的语言而言,现代诗在谋生的过程中,难免有几分生硬,而在翻译成中文时,也有几分生硬在其中,例如上述译文的最后一句。但是这种生硬,并非没有受到两种语言的不同的行进逻辑的影响(其中的译文极易造成散文化的句子排列),而不完全是出于译者韵脚安排的需要。须知叶芝晚年的诗作近于刚劲而洗练,诗歌格律严谨,兼顾了鲜明的意象、讽刺的基调和象征的创造。这首由四个八行诗节构成的诗篇,其韵律整齐地排列为ababcdee,而查良铮对于译诗的韵脚设置,只是大体对应于原诗,并不追求亦步亦趋的完全相同或相似效果。一个基本的格局就是:遇双行押韵,而单行一般不求韵脚,而且重复的韵脚的总数目在减少。这样的布局,较原诗更为简洁易懂。

请比较一下全诗最后一节的译诗和原诗:

一旦脱离自然界,我就不再从　　　　　a
任何自然物体取得我的形状,　　　　　b
而只要希腊的金匠用金釉　　　　　　　c
和锤打的金子所制作的式样,　　　　　b
供给瞌睡的皇帝保持清醒;　　　　　　a
或者就镶在金树枝上歌唱　　　　　　　b
一切过去、现在和未来的事情,　　　　a
给拜占庭的贵族和夫人听。　　　　　　a

Once out of nature I shall never take　　　　　a
My bodily form from any natural thing,　　　　b
But such a form as Grecian goldsmiths make　　a
Of hammered gold and gold enameling　　　　　b
To keep a drowsy Emperor awake;　　　　　　　c

```
        Or set upon a golden bough to sing           d
        To lords and ladies of Byzantium             e
        Of what is past, or passing, or to come.     e
```

当然,翻译现代派诗歌对于诗人自己创作的影响,是不容忽视的。例如,叶芝这首《驶向拜占庭》中老人是衣服的比喻和自我歌唱的意象,对于晚年穆旦《听说我老了》一诗创作的影响,就是显而易见的。我们且看为首的两节:

> 我穿着一件破衣衫出门,
> 这么丑,我看着都觉得好笑,
> 因为我原有许多好的衣衫
> 都已让它在岁月里烂掉。

> 人们对我说:你老了,你老了,
> 但谁也没有看见赤裸的我,
> 只有在我深心的旷野中
> 才高唱出真正的自我之歌。

第三节　艾略特:《情歌》与《荒原》

T. S. 艾略特(1888—1965)是20世纪英语文学和世界诗坛上的佼佼者。他十分注重传统与个人才能的发挥,在美国意象派诗潮创作实践的基础上,经过丰厚的个人学识和生活经验的积聚,创作出划时代的巨作《荒原》。这部诗作以清新和晦涩兼有的诗风、多得令人难以计算的互文征引、深刻的文化批判意识,结束了浪漫派的余响,开创了现代派诗歌的先河,并且取得了惊人的成就,赢得了极高的声誉,也为诗人赢得了诺贝尔文学奖。同样,在文论方面,艾略特也产生了巨大而持久的影响。

在我们有时间开始《荒原》以前,让我们先翻阅一下查良铮所选译的艾略特诗歌的目录:

1. 阿尔弗瑞德·普鲁弗洛克的情歌
2. 一位女士的肖像

3. 序曲
4. 窗前的清晨
5. 波斯顿晚报
6. 悲哀的少女
7. 河马
8. 枯叟
9. 荒原
10. 空虚的人们
11. 灰星期三节

从这个简单的单子里,我们可以发现:
1. 基本上已包括艾略特最重要的诗歌作品,如《情歌》《荒原》;
2. 但并非包括全部,也有重大的疏漏,如《四个四重奏》《大风夜狂想曲》;
3. 有些标题译得很漂亮,如"枯叟",试比较赵萝蕤译"小老头"。

让我们从《阿尔弗瑞德·普鲁弗洛克的情歌》引入,权作一个小小的开端。

这首诗的标题下,有一段非常漂亮的引文,无论是译者自译还是渊源有自,都给人一种信任感,况且译者在脚注中注明它来自但丁的《神曲》地狱篇第二十七章第61-66行,原诗引用的是意大利文。由此可见译者对于翻译的严谨态度,以及很强的文本和版本意识。

作为副文本,译者在诗歌正文的全文翻译和加注(尾注)以外,还摘译了美国批评家克里恒斯·布鲁克斯和罗伯特·华伦合著的《理解诗歌》(1950年版)的有关部分,作为该文本的附录放在译文注释之后。这对于当时中国的现代派读者无疑是一种福音,而对于诗人翻译家本人来说,则是一种学习和诗歌翻译上理解的依据。这种可以称为研究性的翻译,和一般的不大负责任的学徒式的翻译,以及某些自以为是的专家式的翻译,相比起来,都有一个明显的优点。不言而喻的是,至少使得这样一首并不太好懂的现代派诗作,有了一个阅读辅导式的认知依据。

现在,让我们来选其中的一节(第15-22行),以及相关的说明,感受一下这种"有指导的"阅读效果:

   黄色的雾在窗玻璃上擦着它的背,
   黄色的烟在窗玻璃上擦着它的嘴,

>   把它的舌头舔进黄昏的角落，
>   徘徊在阴沟里的污水上，
>   让跌下烟囱的烟灰落上它的背，
>   它溜下台阶，忽地纵身跳跃，
>   看到这是一个温柔的十月的夜，
>   于是便在房子附近蜷伏起来安睡。

就语言文字本身而言，那似乎模糊的诗歌意象，靠了译者卓越的才能和那十分生动而准确的语言，便获得了极为清晰的意思。

这一节诗深层的解读，当然是潜藏于语言层面以下的东西，是这样明显地写在那本署名"多人著"的《英国现代诗选》的题注里：

> 在本诗第 15-20 行，我们进一步接触到这个昏黄世界。这里有一点发展：烟和雾的降落有意加重客厅与外界的隔绝。而且借黄色的雾描出的睡猫的形象，影射普鲁弗洛克世界的懒洋洋和漫无目的的特点。（《穆旦译文集》（第 4 卷），人民文学出版社，2005 年，第 347 页）

关于《情歌》的翻译质量，董洪川在仔细比较了查良铮、裘小龙、汤永宽的三个译本以后，得出结论说：

> 应当承认，上列几种《情歌》汉译本都是比较优秀的，都较好地再现了原作，若从形、义、情、量、质等诸层面来分析，则不同的译本又各有所长。总体上来看，我认为查良铮（穆旦）的译本略胜一筹。（董洪川：《"荒原"之风：T. S. 艾略特在中国》，北京大学出版社，2004 年，第 128 页）

无独有偶，在谈起艾略特的另一名著《荒原》的翻译质量的时候，"王佐良曾将《荒原》的前后三个中译本加以比较，结果发现：'良铮所译最好'"（刘兆吉：《穆旦其人其诗》，载《丰富和丰富的痛苦》，第 190 页）。

众所周知，假若说《情歌》是艾略特第一时期的代表作，那么《荒原》则是艾略特第二时期的代表作和后世不可企及的高峰。那么，在我们略嫌仓促地掠过了《情歌》的诗风以后，相信读者诸君一定还记得《情歌》那开端的名句，于是，我们不妨在现时代的"偶像的黄昏"里，仰仗着现代诗的灰蒙蒙的背景,而言说一声:"现在,让我们走"——走进艾略特的《荒原》里去吧。

实际上,关于《荒原》的翻译情况,我们知之甚少。只知道翻译家查良铮在1975年11月14日给一位青年朋友的信中,有这样一段话:

> 最近我在译艾略特的《荒原》,这是现代英诗的古典作品,要加许多注解才看得懂,将来有机会请你看看。(查良铮:《致郭保卫的信》(五),载《蛇的诱惑》,曹元勇编,珠海出版社,1997年,第232页)

事实上,此时的查良铮不仅译完了《荒原》,翻译了布鲁克斯和华伦的《理解诗歌》的有关内容,在"艾略特的《荒原》"的标题下将长达20页的文章作为附录放在正文之后,而且还加了10多页的注解。关于这些注解,译者自己说:"这里的注解,是混合了作者自己的经过选择的注解、布鲁克斯和华伦的注解和译者加添的注解而成的。"(见《穆旦译文集》(第4卷),人民文学出版社,2005年,第408页)

虽然这样的注解形式,有混合原著注解和译者注解的不纯,甚至有把辅导性资料纳入其中的不轨,但在当时的情况下,对于中国读者的帮助是巨大的,更不用说它本身也方便了译者的理解和表达的过程了。

《荒原》是一部巨著,但并非完全以篇幅大小而论。仅仅以主题的正大和文明批判的深刻性而论,《荒原》就是不朽的。想到《荒原》,不能不想到那位大肆"砍伐"荒原使其成为名作的巨匠庞德,可惜查良铮翻译的是英国现代派诗歌,而不能将美国诗人也包括进来。

那经过了巨匠庞德删削之后的《荒原》,包括五个部分:

1. 死者的葬仪,
2. 一局棋戏,
3. 火的说教,
4. 水里的死亡,
5. 雷说的话。

因为全诗太长,这里只能选取一些重要的片断,说明查译和其他几个重要译本的基本区别。

先看一下标题的翻译。仅以第二个小标题"A Game of Chess"为例:

在现有的几个重要译本中,赵萝蕤选择了现成的词语,译为"对弈",裘小龙译为"弈棋"以求变化,而查良铮则译为"一局棋戏"。

实际上,裘译和赵译都是选取一现成的词语而没有考虑深层的问题,而查译的策略是避免运用现成的说法,根据资料巧妙构思,以求得深层的暗示

效果:"棋戏"包含了下棋和游戏。其根据显然来源于以下的注解内容:

> 该标题的出典有二:来源于托玛斯·密特尔顿(1570-1627)的剧本《对弈》(A Game of Chess)和《女人提防女人》(Women Beware Women)。前者提供标题的字面意思,后者提供故事情节。但两出剧都含有诱奸情节。特别是第二出剧中,对弈本身象征诱奸行为,而对弈的每一步都和诱奸并行推进。

以下转入《荒原》正文的翻译讨论。

毋庸讳言,在一开始的时候,和原文舒展从容的语气相比,也许是受着浪漫派诗歌的影响,或许是有着某种简洁诗风的追求,或许在一开始翻译时心绪的渐入,查译句子偏短,行文略嫌迫促。不过,译文清晰而可读,基本上保持了原文的短语所在的位置,但有时也受到汉语句子重构时主谓关系的影响而有所移动。

> 四月最残忍,从死了的
> 土地滋生丁香,混杂着
> 回忆和欲望,让春雨
> 挑动着呆钝的根。
> 冬天保我们温暖,把大地
> 埋在忘怀的雪里,使干了的
> 球茎得一点点生命。
> 夏天来得意外,随着一阵骤雨
> 到了斯坦伯吉西;我们躲在廊下,
> 等太阳出来,便到郝夫加登
> 去喝咖啡,又闲谈了一点钟。

闲谈不仅是知识分子的事情,而且是普通百姓的事情。在原文民歌风味的翻译中,查译可以说是得心应手。下面一段华格纳歌剧中水手唱的情歌,给翻译得十分贴切而上口:

> 风儿吹得清爽,
> 吹向我的家乡,

我的爱尔兰孩子，
如今你在何方？

说到拟声词的翻译，查译可以说特别具有创造性。下面一个小节，是借助夜莺的叫声，引起一女子被奸污的联想，"唧格，唧格"在十七世纪伊丽莎白时代的文学中常用这种声音表示夜莺叫，同时也成为含有猥亵意义的俚语。请看查译的妙处：

Twiti twit twit
Jug jug jug jug jug jug
So rudely forc'd.
Tereu

喊喳喊喳
唧格，唧格，唧格，
逼得这么粗暴。
特鲁

上面几行拟声词的翻译，可以说有三个特点：
1. 实现了拟声系统由英语向汉语的彻底转换（第一行和第二行）。
2. 巧用逗号，在节奏上实现了汉语以少胜多（第二行的六个拟声词在译文中减少到了三个）。
3. 声韵并茂的佳例，第四行的"特鲁"，继承了第三行的"粗暴"，兼有音义。参见译注："特鲁"模拟夜莺的叫声，暗示奸污菲罗美的特鲁阿斯王。

请比较赵萝蕤的翻译和裘小龙的翻译：

吱吱吱
唧唧唧唧唧唧
受到这样的强暴。
铁卢
　　　（赵译）

吱吱吱

> 唧唧唧唧唧
> 这样粗暴地被迫。
> 铁罗。
> （裘译）

因为本书是以翻译为主的诗人传记,我们既不能面面俱到地讲解《荒原》,也不能全面总结查良铮的翻译技能。我们充其量只能选取一些片断,做一些随即的比较和说明,使读者留下比较清晰的印象而已。

《荒原》第一部分的最后一节,是十分重要的一节内容。查译附录中有这样一段精彩的说明,是帮助读者理解的钥匙。现摘录其要点如下：

> 当主人公看到伦敦桥上成群的人在冬日早晨的雾里走去上班时,他想到但丁在地狱的幻景中所看见的那成群的死者。这些人在无目的的活动中是死了,并非活着。对繁殖之神进行埋葬的仪式,是由于相信他的精力将会复苏,犹如大自然的精力一样。而在这里,死者的葬仪没有带来复苏的希望。(《穆旦译文集》(第4卷),人民文学出版社,2005年,第398页)

关于这一节有不同时期的多种译本,而其中够得上代表性的《荒原》全译本便有七个。为了明晰完整起见,现将七个全译本依次列举如下：

1. 赵萝蕤：《外国现代派作品选》(修订版)上海文艺出版社,1979年(首次发表于上海新诗社,1937年)
2. 叶维廉：《诺贝尔文学奖全集》,台湾远景出版事业公司,1983年
3. 裘小龙：《四个四重奏》,漓江出版社,1985年
4. 赵毅衡：《美国现代诗选》,外国文学出版社,1985年
5. 查良铮：《英国现代诗选》,湖南人民出版社,1985年
6. 汤永宽：《情歌·荒原·四重奏》,上海译文出版社,1994年
7. 李俊清：《艾略特与〈荒原〉》,人民文学出版社,2007年

这里选了其中最有代表性的三种译本进行简评。赵萝蕤是著名外国文学家、艾略特专家、翻译家。她曾和艾略特本人有过交往,对于《荒原》和艾略特有专业研究和首次翻译介绍之功。裘小龙,是文学学者、艾略特研究和翻译专家,系统翻译和研究了艾略特的主要诗作,有专深的理解和详尽的注释。而查良铮呢,是现代派诗人、翻译家,本书的传主。

> Unreal City,

Under the brown fog of a winter dawn,
A crowd flowed over London Bridge, so many,
I had not thought death had undone so many.
Sighs, short and infrequent, were exhaled,
And each man fixed his eyes before his feet.
Flowed up the hill and down King William Street,
To where Saint Mary Woolnoth kept the hours
With a dead sound on the final stroke of nine.
There I saw one I knew, and stopped him, crying: "Stetson!
"You who were with me in the ships at Mylae!
"That corpse you planted last year in your garden,
"Has it begun to sprout? Will it bloom this year?
"Or has the sudden frost disturbed its bed?
"Oh, keep the Dog far hence, that's friend to men,
"Or with his nails he'll dig it up again!
"You! Hypocrite lecteur!—mon semblable,—mon frère!"

译本一(赵萝蕤译):

并无实体的城,
在冬日破晓时的黄雾下,
一群人鱼贯地流过伦敦桥,人数是那么多,
我没想到死亡毁坏了这许多人。
叹息,短促而稀少,吐了出来,
人人的眼睛都盯住在自己的脚前。
流上山,流下威廉王大街,
直到圣马里吴尔诺斯教堂,那里报时的钟声
敲着最后的第九下,阴沉的一声。
在那里我看见一个熟人,拦住他叫道:"斯代真!"
你从前在迈里的船上是和我在一起的!
去年你种在你花园里的尸首,
它发芽了吗?今年会开花吗?
还是忽来严霜捣坏了它的花床?
叫这狗熊星走远吧,它是人们的朋友,

不然它会用它的爪子再把它挖掘出来!
你!虚伪的读者! —— 我的同类——我的兄弟!

译本二(裘小龙译):

飘渺的城,
在冬天早晨的棕色雾下
一群人流过伦敦桥,这么多人,
我没想到死亡毁了这么多人。
叹息,又短又稀,吐出了口,
每一个人的目光都盯在自己足前。
流上山岭,流下威廉王大街,
流到圣马利吴尔诺斯教堂,它死气沉沉的声音
在九点的最后一下,指着时间。
那里我见到一个我曾相识的,我叫住他:"史丹逊!
你,曾和我同在迈里那儿船上!
去年你种在你花园里的尸体
抽芽了吗?今年它会开花吗?
还是突来的霜冻扰乱了它的苗床?
呵,将这狗赶远些,它是人的朋友,
不然它会用它的爪子重新掘出它!
你,伪善的读者,我的同类,我的弟兄!"

译本三(查良铮译):

不真实的城,
在冬天早晨棕黄的雾下,
一群人流过伦敦桥,呵,这么多!
我没有想到死亡毁灭了这么多。
叹息,隔一会短短地嘘出来,
每人的目光都盯着自己的脚。
流上小山,流下威廉王大街,
直到圣玛丽·伍尔诺教堂,在那里
大钟正沉沉敲着九点的最后一响。

那儿我遇到一个熟人,喊住他道:
"史太森!你记得我们在麦来船上!
去年你种在你的花园里的尸首,
它发芽了吗?今年能开花吗?
还是突然霜冻扰乱了它的花床?
哦,千万把狗撑开,那是人类之友,
不然它会用爪子又把它掘出来!
你呀,伪善的读者——我的同类,我的兄弟!"

作为现代诗,如何认识和翻译《荒原》,需要一些基本的设定,在此基础上,再来看各家关于这一节的翻译,是否恰当,是否得要领。

1. 现代诗有自己的格局,在自由中有严格的讲究,不能在翻译中随意变动。其特征要译者去发现和区别,然后尽可能地加以保持。例如,第三、四两行结束时的两个"so many"(这么多人),就需要保持,否则就破坏了诗人的着意安排,损伤了诗意。

2. 诗中引文,包括明引和暗引很多,要有体现,而不能自己随意翻译,若不加体现,就要作为随意处置来对待。例如,最后一行引文引自法国现代派诗人波德莱尔《恶之花》的序诗,严格意义上应按照中文译本的文字直接转录才行,这是保持互文性的最理想的状态,若译者随意处置,便属于不得已,或不可取。当然,有根据和有目的的重译也行。

3. 诗歌所凭借的基本事实,要在抒情和叙事中予以清晰的体现,便于区别和辨认,不能含混其辞,或不加区分,例如地名(街道名和教堂名),"麦来"是地名,而有些译文含混不可辨认。这里涉及战争事件——罗马人和迦太基人第一次布匿战争中的一场海战,用以影射第一次世界大战,回忆二人曾在同一条船上作战而不是一般的划船游玩。

4. 关键的词语,要措辞准确,含义深刻,不能只图新颖而随意变化。例如,开头一句,"Unreal City"引自波德莱尔的诗:"这拥挤的城,充满了迷梦的城,/鬼魂在大白天也抓过路的人。"此处用来影射伦敦城,并呼应荒原意象。可见,并非是无实体和不真实。赵萝蕤译为"并无实体的城",有误,似乎此城并不存在。裘小龙译为"飘渺的城",模糊,意象和语义含混,但在译诗时允许。查良铮译为"不真实的城",可能有误,但可有另一重理解,即存在,但不真实,近乎虚幻。

5. 含混译法,只适合个别地方,如称呼"斯特恩",可指"普通商人","宽边呢帽",或以帽代人,其实,相当于"戴礼帽的先生",或简称为"礼帽先生"。除了一律音译之外,赵译"斯代真"有联想和深度暗示,但寓意属于自己所加,不一定可取。

6. 加注可以有原注和译注两类,原注重在理解本文,译注重在理解译文,不可过于随意和烦琐。但关键处一定要夹注清晰地说明之。从目前三个译文版本的情况来看,查译已经有了注脚,但裘小龙、赵萝蕤二人的注释更为详尽。

7. 译注的多少和质量,会直接影响到翻译正文的阅读效果,一般说来二者相互补充,注释有助于译文的理解。例如,埋葬尸体在后花园的欧洲习俗,以尸体为复活繁衍之神的形象;狗实际上也是埃及神(狗熊星),是"但将豺狼赶得远些,它是人类的仇敌"等句子的套用和改写,都是要通过注释才能最后说明的。但在译文中,至少要保持与注释理解的一致和表达的一致。

通过以上的简要分析,可得出如下的基本认识:

《荒原》必须是研究性翻译,专家加诗人是最为理想的译家,而纯粹的翻译技巧在不能照顾现代诗特点的时候,用处不大,也难以决断。从最早的翻译到晚近的翻译,其发展的趋势是:注释日益详尽,理解日益准确,翻译日益严谨。但与此同时,也有翻译绕开原有字面,标新立异,以及语言随意化、不确切等译风存在,并不都是按照进化的线索直线前进的。相比之下,个人的才能,专业的训练,以及译风的严谨,在译文的质量方面,仍然在起着关键性的作用。当然,对于前人的借鉴也是不可避免的。由于原诗具有多方面的可理解性,故而各种译文时有差异,但又由于现代诗作某些句子的直白,译文中特别相似的地方也不少见。这些就是翻译《荒原》的习见现象。

《荒原》的翻译是一件差不多不可能的事,因为假如只是翻译了这首诗的表面的意思,还是有许多无法理解的东西。要是企图翻译出一切隐晦的思想,那也是不可能的,所以,加注解和说明是不可避免的。但是,即使所有典故和各种语言的引文都有了出处和说明,即使一切意思都有了准确无误的理解,还是有可能错过一首诗。因为诗并不是可以直接说明的东西,也不是这种种说明的总和,恰恰相反,诗,作为诗本身必须受到尊重,也就是说,必须把《荒原》作为一首诗来阅读,其次才是企图说明和所谓的解释,或者说,只有这样,这些说明和解释才有意义。

最后,让我们简要地看一下《荒原》的结束部分。

《荒原》的结束是一个悲剧式的结束,因为,就诗的内容而言,正如附录所说明的:

> 本诗不是以令人复苏的降雨而告终。它的主旨在于使现代荒原的经验得以印证,因此把荒原保持到底。叙述人获知了古代智慧,这件事

本身并不能消除普遍的灾祸。不过,即使世俗化已经或可能摧毁现代文明,叙述人还有他自己的个人义务要履行。即使伦敦桥崩坍了,"是否我至少把我的园地整理好?"(《穆旦译文集》(第4卷),人民文学出版社,2005年,第403页)

明乎此,就明白了其中翻译的问题会更加困难。这里我们无意对其意义进行详尽的说明,也无意对各种译文进行严格的质量评判。我们只是就这一段文字的翻译提出一些基本的设定,以便引起读者必要的思考:
1. 本节基本的叙述性的文字是否清晰可读?
2. 其中隐藏的典故在注释中是否解释详尽?
3. 最后引用佛典的说法,用哪一种译法最好?

现在,可以看三种不同译文的结尾了。

> 我坐在岸上
> 垂钓,背后是那片干旱的平原,
> 我应否至少把我的田地收拾好?
> 伦敦桥塌下来了塌下来了塌下来了
> 然后,他就隐入炼他们的火里,
> 我什么时候才能像燕子——啊,燕子,燕子,
> 阿基坦的王子在塔楼里受到废黜
> 这些片断我用来支撑我的断垣残壁
> 那么我就照办吧。希罗尼母又发疯了。
> 舍己为人。同情。克制。
> 　　平安。平安
> 　　　平安。
> 　　　　　　　　　　　　　　(赵译)

> 我坐在岸上
> 钓鱼,背后是一片荒芜的平原
> 我是否至少将我的田地收拾好?
> 伦敦桥塌下来了,塌下,塌下
> 就把他隐身在炼他们的火里,
> 什么时候我才能像燕子——哦燕子,燕子

阿基坦的王子在塔上受到废黜
这些片断我用来支持我的残垣断壁
得啦,我就照办吧。希罗尼姆又发疯了。
Datta. Dayadhvam. Damyata.
　　Shantih Shantih Shantih

（裘译）

　　　　我坐在岸上
垂钓,背后是一片枯干的荒野,
是否我至少把我的园地整理好?
伦敦桥崩塌了崩塌了崩塌了
于是他把自己隐入炼狱的火中
何时我能像燕子——呵燕子,燕子
阿基坦王子在塌毁的楼阁中
为了支撑我的荒墟,我捡起这些碎片
当然我要供给你。海若尼莫又疯了。
哒嗒。哒亚德万。哒密阿塔。
善蒂,善蒂,善蒂。

（查译）

第四节　奥登的诗:让历史作我的裁判

　　W. H. 奥登(1907-1973)是继庞德和艾略特之后,英国新一代现代派诗人,而且是其中的佼佼者。他和燕卜荪都来过抗日战争时期的中国,而且写有中国抗日战争的诗歌《在战争时期》(一译《战地行》)。因此,在查良铮那一代青年诗人中,奥登和燕卜荪具有突出的地位和声望,对他们的新诗创作产生了直接的影响,但在二人之中似乎奥登的影响更大些。在查良铮的翻译中,奥登的诗目录是一个不短的单子:

1. 在战争时期(十四行诗组,附《诗解释》)
2. 探索(十四行诗组,选十首)
3. 美术馆
4. 正午的车站
5. 悼念叶芝

6. 旅人

7. 太亲热,太含糊了

8. 步父辈的后尘

9. 请求

10. 我们的偏见

11. 大船

12. 不知名的公民

13. 这儿如此沉闷

14. 要当心

15. 我们都犯错误

16. 让历史作我的裁判

17. 西班牙

18. 歌(第 27 曲)

19. 歌(第 28 曲)

在这个单子中,最吸引人的目光的是《悼念叶芝》。死于 1939 年的叶芝,为奥登所怀念,正说明了这位现代派诗人对前辈诗人的敬慕之情。而今天重读这首诗,甚至可以使我们通过奥登笔下的叶芝,对诗人和诗的使命加深理解,甚至对诗人穆旦的去世,也能寄托一点怀念。

他在严寒的冬天消失了:
……
他死的那天是寒冷而又阴暗。

一开始,诗在这样一个一个的句子里,我们仿佛回到了叶芝和穆旦逝世的那个季节,虽然是并不完全相同的季节里。

远远离开他的疾病
狼群奔跑过常青的树林,
农家的河没受到时髦码头的诱导;
哀悼的文辞
把诗人的死同他的诗隔开。

第二部分有这样的诗句,把诗人和民族连接起来:

> 你像我们一样蠢；可是你的才赋
> 却超越这一切：贵妇的教堂，肉体的
> 衰颓，你自己；爱尔兰刺伤你发为诗歌，
> 但爱尔兰的疯狂和气候依旧，
> 因为诗无济于事：它永生于
> 它的辞句的谷中，而官吏绝不到
> 那里去干预；"孤立"和热闹的"悲伤"
> 本是我们信赖并死守的粗野的城，
> 它就从这片牧场流向南方；他存在着，
> 是现象的一种方式，是一个出口。

第三部分具有更深刻地回到现实的意味：

> 黑暗的噩梦把一切笼罩，
> 欧洲所有的恶犬在吠叫，
> 尚存的国家在等待，
> 各为自己的恨所隔开；
>
> 智能所受的耻辱
> 从每个人的脸上透露，
> 而怜悯底海洋已歇，
> 在每只眼里锁住和冻结。

这最后一部分，终于还是回到了让我们想得到的战争，尽管这可能是一场更加深刻的挑战文明的战争，一种冷冰冰的不见热情的令人恐怖的战争。

其实写战争的诗篇是奥登所擅长的。结合了诗人在旧中国的亲身经历和就近观察与深入思考，奥登写了他的《在战争时期》，其实是包含了 27 首十四行诗的组诗。还有一首三行诗节的较长的诗，附在后面，起名为《诗解释》，是对于他在中国所看到的抗日战争状态发愤为诗歌的进一步的解说。其中有这样的内容，至今读来让人振奋：

> 在黄河改道的地方，他们学会了怎样
> 生活得美好，尽管常常受到毁灭的威胁。

多少世纪他们恐惧地望着北方的隘口,

但如今必须转身并聚拢得像一只拳头,
迎击那来自海上的残暴,敌人的纸房子
表明他们源起于一些珊瑚岛屿;

他们甚至对自己也不给予人的自由,
而是处于孤僻的暴君对大地的幻梦中
在他们猩红的旗帜下被静静地麻痹着。

关于中国和战争、中国的政治和民风,历史上可曾有过这样精到的描述吗?如果说这是诗人从外部进行的对于中国历史和现状的观察,那么,《在战争时期》的第十八首,我们会读到一首从西方人的角度写的更具有战争风味的诗。这首广为流传的诗,在单独发表时已经有了一个偏离开中国常规诗的题目,叫作《他被使用在远离文化中心的地方》。

Far from the Heart of Culture He Was Used

Far from the heart of culture he was used:	a
Abandoned by his general and his lice,	b
Under a padded quilt he closed his eyes	b
And vanished. He will not be introduced	a
When this campaign is tidied into books:	c
No vital knowledge perished in his skull;	d
His jokes were stale; like wartime he was dull;	d
His name is lost for ever like his looks.	c
He neither knew nor chose the Good, but taught us,	e
And added meaning like a comma, when	f
He turned to dust in China that our daughters	e
Be fit to love the earth, and not again	f
Disgraced before the dogs; that, where are waters,	e

> Mountains and houses, may be also men.   f

查良铮的译诗如下：

他被使用在远离文化中心的地方

> 他被使用在远离文化中心的地方，   a
> 又被他的将军和他的虱子所遗弃，   b
> 于是在一件棉袄里他闭上眼睛   c
> 而离开人世。人家不会把他提起。   b
>
> 当这场战役将被整理成书的时候，   d
> 没有重要的知识在他的头壳里丧失。 e
> 他的玩笑是陈腐的，他沉闷如战时， e
> 他的名字和模样都将永远消逝。   e
>
> 他不知善，不择善，却教育了我们， f
> 并且像逗号一样加添上意义；   g
> 他在中国变为尘土，以便在他日   g
>
> 我们的女儿得以热爱这人间，   h
> 不再为狗所凌辱；也为了使有山、 h
> 有水、有房屋的地方，也能有人烟。 h

奥登的这首诗是描写战争的诗。他通过一个战士的死写了战争的无意义和历史的不公正，以及知识的无所用和善恶的不明晰，因而不是一般的悼亡诗，虽然看起来有点儿像是悼亡诗。他没有夸大一个战士牺牲的意义（人并非因死亡而高尚），也没有拔高战争（甚至正义战争）对于文化的贡献，诗人甚至把它放在远离文化中心和心脏以外的地区，具有很深刻的思想和文明史观的启示。这种写法，深刻地影响了中国20世纪30年代现代派诗人如穆旦的诗作《奉献》《森林之魅》，造成对于中国古典悼亡诗的肤浅的主题的超越，以及对于浪漫派诗作粉饰现实和夸大式歌颂的反叛。

查良铮在翻译这首诗的过程中，对前来探望他的北京青年这样说：

> 奥登写的中国抗战时期的某些诗（如一个士兵的死），也是有时间

性的,但由于除了表面一层意思外,还有深一层的内容,这深一层的内容至今还能感动我们,所以逃过了题材的时间的局限性。(郭保卫:《书信今犹在 诗人何处寻》,载《一个民族已经起来——怀念诗人翻译家穆旦》,江苏人民出版社,1987年,第178页)

翻译这种诗作要深刻体味原诗的深刻意味以及为此所设置的语言表现,不能轻易地改变为汉语习惯的顺畅的明白的说法,也不能太多地吸收汉语传统的诗歌词语。其实,相对于主题的新颖和深刻的人文批判精神,诗的格律只是形式上的,而且往往是不大有意义的部分,也不是诗人刻意追求的艺术效果。相比之下,词句的着意安排倒是值得注意(小到甚至一个逗号),因为它往往具有命题的作用,陈述背后的意蕴隐含才是最重要的,丢失了就丧失了诗味。明乎此,则不同译文的瑕瑜互见,也自见。因为原诗总有一些地方已经体味而不得不舍去的,或为了形式的规整,或出于别的什么考虑。而改变得最多、最方便的地方,也许正是容易歪曲和浅化的地方。

一般说来,穆旦的译诗,就韵律而言,会追求一些变化,并不完全等同于原诗的韵脚设计。即便是采用了十四行诗这种非常严谨的现代派诗歌的翻译,也不是完全按照原诗的韵脚,而是有些归化的成分。倘若按照原诗的韵脚来翻译,即照顾到英诗抱韵的形式,就会产生另外一种效果。

以下是朱墨的译文,可资对照:

他被人利用,远离文明的心脏

他被人利用,远离文明的心脏:	a
见弃于他的将军和一身虱子,	b
一条棉被下,他双眼一闭	b
离开了这人世。从此被人遗忘	a
当这场战争被收拾入史传:	c
他的头脑并无放不下的要命的知识;	d
他玩笑也陈腐;人平淡如同这战事;	d
他的名字永远淡忘了,一如他的容颜。	c
他不懂善,不择善举,可他教导我们,	e
像一个逗号增添了意义,当他	f

在中国化入尘埃,我们的女儿们　　　　　　e

会更加热爱这大地,不再受恶犬　　　　　　g
的当面欺凌;只要哪里有水,　　　　　　　 h
有山,有房舍,就有人烟。　　　　　　　　 g

　　关于文明的诗篇,也就是更加靠近和平的主题的诗作,是奥登的另一重天地。可惜在那个言论不太自由的时代,即便是有些翻译过来的诗歌也有被封杀的可能。下面引出的一首奥登的诗,就是在这个集子里无法刊登,因而寄托在当时写给莫逆之交的信中的。这封信写于 1976 年 7 月 27 日,附言说"附近译奥登诗一首"。(见《穆旦诗文集》(第 2 卷),人民文学出版社,2006 年,第 204 页)至少说明了在 1975 年底这个《英国现代诗选》译就之后,查良铮还有一些零星的现代派译诗活动在秘密地进行。

暗藏的法律

暗藏的法律并不否认
我们的或然性规律,
而是把原子、星辰和人
都照其实际情况来对待,
当我们说谎时它就不理。

这是唯一的理由:何以
没有一个政府能把它编集,
语言的定义必然会伤害
　　　暗藏的法律。

它极端的耐心不会阻止,
如果我们要去找死;
当我们坐上汽车想逃避它,
当我们在酒馆里想忘记它:
这就是暗藏的法律要惩罚
　　　我们的方法。

不过，在 1975 年底以前的通信中，查良铮已经透露出一些翻译和传播奥登译诗的消息。

1975 年 8 月 22 日，查良铮给一位青年朋友的信中说：

> 实京抄的那些诗，原作者是奥登（W. H. Auden），我只希望你看看，不要传播。不一定要学他，但看看有这种写法，他的艺术可以参考。写诗，重要的当然是内容，而内容又来自对生活的体会深刻（不一般化）。但深刻的生活体会，不能总用风花雪月这类形象表现出来。他的那些内容就无法如此表达。（查良铮：《致郭保卫的信》（一），载《蛇的诱惑》，曹元勇编，珠海出版社，1997 年，第 221 页）

1975 年 9 月 9 日，查良铮在给这一朋友的信中，抄寄了奥登的《太亲热，太含糊了》这首诗。他讲了现在写纯粹的爱情诗不合时宜，也提起自己年轻时创作爱情诗《诗八首》的情况。这首诗的注解，则是翻译家自己对于爱情的一种辩证的理解：

> 爱情的关系，生于两个性格的交锋，死于"太亲热，太含糊"的俯顺。这是一种辩证关系，太近则疏远了。该在两个性格的相同和不同之间找到不断的平衡，这才能维持有活力的爱情。（查良铮：《致郭保卫的信》（三），载《蛇的诱惑》，曹元勇编，珠海出版社，1997 年，第 226-227 页）

这一段话，不仅注解了穆旦的《诗八首》，而且说明了他的爱情观和奥登相通的一面。对于我们理解何以那个时代爱情诗不合时宜，可能也会有一点儿帮助。我们知道，标志爱情"解冻"的刘心武的小说《爱情的位置》，在查良铮写这封信的时候，尚未发表，很可能还没有写出来。

让我们还是回到这个《英国现代诗选》的集子上来。

在艺术的领域里，这里选了奥登的《美术馆》一诗，着重看一下查良铮的翻译情况。

Musee des Beaux Arts

About suffering they were never wrong,
The Old Masters: how well they understood
Its human position; how it takes place

While someone else is eating or opening a window or just walking
    dully along;
How, when the aged are reverently, passionately waiting
For the miraculous birth, there always must be
Children who did not specially want it to happen, skating
On a pond at the edge of the wood:
They never forgot
That even the dreadful martyrdom must run its course
Anyhow in a corner, some untidy spot
Where the dogs go on with their doggy life and the torturer's horse
Scratches its innocent behind on a tree.

In Breughel's Icarus, for instance: how everything turns away
Quite leisurely from the disaster; the ploughman may
Have heard the splash, the forsaken cry,
But for him it was not an important failure; the sun shone
As it had to on the white legs disappearing into the green
Water; and the expensive delicate ship that must have seen
Something amazing, a boy falling out of the sky,
Had somewhere to get to and sailed calmly on.

美术馆

关于痛苦他们总是很清楚的，
这些古典画家：他们深知它在
人心中的地位；深知痛苦会产生，
当别人在吃，在开窗，或正作着
　　无聊的散步的时候；
深知当老年人热烈地、虔敬地等候
神异的降生时，总会有些孩子
并不特别想要它出现，而却在
树林边沿的池塘上溜着冰。
他们从不忘记：
即使悲惨的殉道也终归会完结
在一个角落，乱糟糟的地方，

在那里狗继续着狗的生涯，
　　而迫害者的马
把无知的臀部在树上摩擦。

在勃鲁盖尔的"伊卡鲁斯"里，比如说；
一切是多么安闲地从那桩灾难转过脸：
农夫或许听到了堕水的声音
　　和那绝望的呼喊，
但对于他，那不是了不得的失败；
太阳依旧照着白腿落进绿波里；
那华贵而精巧的船必曾看见
一件怪事，从天上掉下一个男童，
但它有某地要去，仍静静地航行。

粗略地对照一下原诗和译诗，就不难发现一些重要的细节处理和基本的翻译策略。试列举如下：

1. 虽然并不一定在原来的行末，但是译者注意到适当的韵脚布置，达到了和原诗类似的效果。

2. 因为原诗有几行特别长，译诗特别在这些地方让它折行（第三行、第十一行），使得译诗有基本整齐的排列形式，甚至加了韵脚。

3. 对原诗有十分深刻的理解和仔细的把握，试图译出原诗最微妙的地方，例如，语气（而、却、总会）和时态（总是、在、从不、必曾）。

4. 善于通过重复关键词语保持和强调原诗的整体结构，例如"关于痛苦他们""他们深知""深知""他们从不忘记"等。

5. 善于用一些着意的词句和结构引起现代诗歌的陌生化和新奇感，例如，"并不特别想要它出现""正作着无聊的散步""把无知的臀部在树上摩擦"。

6. 援用英文的词句和结构造成散文化和异国情调表达法，例如，"当……的时候""终归会完结在一个角落""太阳依旧照着白腿落进绿波里""但它有某地要去"。

7. 口语化入诗，如"乱糟糟的地方""溜着冰""比如说""那不是了不得的失败"，体现现代诗的语言特点。

8. 运用故意拖长的步子和从容而冷静的观察语气，表现诗人的冷漠和讽刺态度，如："深知当老年人热烈地、虔诚地等候／神异的降生时，总会有些孩子／并不特别想要它出现，而却在／树林边沿的池塘上溜着冰。"

457

9. 个别地方用代词不用名词，例如第二行"这些古典画家：他们深知它在人心中的地位"。其中的"它"指"痛苦"，但到下一行才出现"痛苦"，让读者费力猜一下，始觉比"痛苦"更"痛苦"。

10. 适当调整了原诗的标点和行末的重点及落点，产生了有力的落点和有利的转折。

关于这首诗及翻译，我们还可以多说一些。

《美术馆》是奥登的一首名作，写于1940年第二次世界大战期间。他借助绘画，转换主题，以不动声色的态度，深刻地批判现代人的冷漠，使人感受到有些人即便面对世界末日也无动于衷的场景。诗人在美术馆里看到尼德兰画家勃鲁盖尔（1525-1569）的油画《伊卡鲁斯》，写下了这首诗。伊卡鲁斯是希腊神话中的人物，他和父亲插上自制的翅膀飞离克里特岛，在飞近太阳时，他用蜡粘住的翅膀熔化了，于是坠入大海死去。虽然诗中所描写的景色大多是勃鲁盖尔画中所有的，画中本来就有古代神话英雄的毁灭和目击者农民的安闲与冷漠，但是奥登在诗中却以另一个旁观者的眼睛和思考，以冷静而沉痛的心情目睹了一场巨大事件若无其事地在身旁发生。这首诗有感人的力量和发人深思的深度。

这首诗在形式上也基本上是现代的。全诗共21行，分为两个诗节，第一个诗节包括13行，第二个诗节只有8行。此诗并没有遵循严格的格律，基本节奏单位是抑扬格，但各种音步混杂在一起，例如，有第一行的五步抑扬格，也有第四行的九步抑扬格，还有扬抑格、抑抑扬格的变异。通过错落有致的结构、自然流畅的词句，表现出一种现代感。另外，还使用了不规则的押韵，比如第一行与第四行、第五行与第七行、第十行与第十二行都有较整齐的韵脚。尽管如此，散文化、戏剧化、口语化，仍然是这首诗的基本特点。

现代诗的翻译是一个严肃的问题，也是一个严重的问题。在许多人看来，现代诗不讲韵律，又很直白，很随意，缺乏诗意，喜用口语，当然比古体诗好翻译了。其实不然。奥登这一首《美术馆》，虽然不像艾略特的《荒原》那样引经据典，处处陷阱，难以卒读，更难翻译，但是也不是随便怎么译都行的。

首先一个问题，就是这首诗的总体结构，起关键作用的连接词可以列出如下：

About suffering they were never wrong

How well they understood

How it takes place

While someone else...

How, when the aged...

They never forgot
That …

In Brueghel's Icarus, for instance:
How everything turns away …

在翻译中，严格说来，设法保持这个整体结构就是保持了原诗的整体意义和可理解性。也就是说，第一节是铺垫和背景，是预示和征兆，第二节才是画面故事和评论，是事件和思想。整个一首诗的结构方式是演绎性的，即从抽象到具体。但两节诗之间有一个相似点：就是等待着神奇的降临，悲惨的事情会发生，以及果然一个男孩落入水中。可是，对于有些人来说，却等于什么也没有发生。无动于衷，是核心，因而令人痛心。

查译现代诗自然有自己的基础。查良铮在西南联大读书时，直接受到现代派诗歌的影响，他自己又是"九叶诗派"的骨干，诗写得极好，所以深谙现代诗的特点，比如戏剧化、陌生化、口语化、哲理化、生辣感、艰涩感，因此，严格按照现代诗的作诗法进行翻译，做到了得心应手，译品自然高格。当然，查译也有一些地方改变了原诗的特点，比如改长句为折行句，也改换一些折行的地方，让诗行转折自然且有意义。他这样做的目的，显然是为了照顾读者，以便于他们接受。这是查译诗的变通部分，与不注意现代诗特点而随意处置，具有本质的不同。明白了这一点，就找到了鉴赏现代诗的钥匙和分析评价现代诗翻译的尺度。当然，查译现代诗也并非尽善尽美，因为现代诗的翻译本身，仍然在探索中。

翻译现代诗，不仅使诗人穆旦离开浪漫派的惯性，回到了现代派的阵营，而且对于翻译家查良铮来说，也是一种才能和人格的考验。对于天才的诗人，或者翻译家，都是如此。

下面，就让我们简要地总结一下查良铮晚年所做的两件事：其一，现代派诗歌的翻译；其二，修改旧译作。

英语现代派诗歌翻译阶段，即诗人翻译家的第四阶段（1973-1975年），包括奥登、艾略特、叶芝等人的诗作。英语现代派诗歌的翻译活动大体开始于翻译活动第三期的《唐璜》的翻译定稿（1962年）完成以后，即开始于1973年，所以英语现代派诗歌的翻译开始得要晚一些，但结束反而早一点，完成于1975年底。

所谓旧译修改，实际上就是翻译的第五阶段（1975-1977年），包括俄语和英语诗歌的原译修订和扩充，开始于英语现代诗翻译的结束，一直继续到诗人翻译家生命终了的1977年,可惜并没有完成(单就《欧根·奥涅金》的韵律统一问题而言)。

从发表的情况来看,查译最后阶段的翻译成果,几乎全部是在身后作为遗稿才发表问世的。因为在当时,无论是译者还是其他人,根本不知道是否有发表的可能。假如以1958年以后中止发表为界线,我们可以把查良铮的一生的翻译事业划分为两个阶段:一个是发表阶段,一个是待发表阶段。而这后一个阶段,即1958年以后发表的译作,实际上的发表时间开始于1980年,即诗人翻译家逝世四年以后,他的后期译作才开始陆续发表出来(其中还不包括早先翻译的俄罗斯诗歌和晚年修改的俄语诗歌)。以下按照时间顺序开列出一个详尽的身后英俄译作发表的单子:

1980年7月:《唐璜》(拜伦),人民文学出版社
1982年1月:《普希金抒情诗选集》(上下集),江苏人民出版社
1982年2月:《拜伦诗选》,上海译文出版社
1983年8月:《欧根·奥涅金》(改定本),四川人民出版社
1985年4月:《普希金叙事诗选》,四川人民出版社
1985年5月:《丘特切夫诗选》,外国文学出版社
1985年5月:《英国现代诗选》,湖南人民出版社
1987年2月:《爱的哲学》(雪莱),人民文学出版社

本来,一位作家或翻译家的身后有作品陆续发表,不一定是一件不幸的事。但对于查良铮来说,他后半生的翻译成果根本无从知晓有无可能发表,这难道不是一件可悲的事情吗?那么,面对这种半生的辛劳会付之东流的命运,一个翻译家又该如何对待呢?

下面一个生活细节,出自诗人晚年的一位年轻朋友的回忆(原文见孙志鸣:《诗田里的一位辛勤耕耘者——我所了解的查良铮先生》,载《一个民族已经起来》,第189-190页),它对于我们了解诗人翻译家的自我认识和自我评价,具有不可替代的重要作用。

> 先生坚持这样一种看法:越是有才能的人,就越要学会驾驭自己的才能,要耐得寂寞,这在眼下非常重要。……
>
> 他曾对我说:"历史可能有这样的误会,才华横溢的人也许终生默默无闻,一些不学无术的笨伯反而能煊赫一时,而且显得像煞有介事似的。"
>
> 我说:"对一个人最后的公正定论也许只有等到了上帝那里才能做

出。在天堂的筵席上,上帝款待诗人时,紧挨着他、坐在荷马前面的竟是一位田纳西的皮鞋匠。"我想起了马克·吐温的一篇小说。

苦笑。沉默了片刻之后,先生拿出他刚译好的奥登的《诱惑之三》,边读边讲:

于是他对命运鞠躬,而且很亨通,
不久就成了一切人之主;
可是,颤栗在秋夜的梦魇中

他看见:从倾圮的长廊慢慢走来
一个影子,貌似他,而又被曲扭,
它哭泣,变得高大,而且厉声诅咒。

面对这样一个尴尬的场面,一种残酷的影射,我们还能说些什么呢?

哦,差点儿忘了。翻开《英国现代诗选》一看。题目"诱惑"没有错,页码也没有错,倒是目录上写的是"诱惑之二",因为书中的内容(见第148页),前面只有"诱惑之一",其下应当是"诱惑之二"才是。

其实,对于一个诗人,或翻译家来说,诱惑之几,又有什么关系呢?

也就是孙志鸣,这同一位青年朋友,在穆旦去世的那一年,发表了《我所了解的诗人穆旦》,其中谈到查良铮如何认识当时的翻译和评价自己的翻译(他一直称查良铮为"先生")。

先生在诗歌翻译上主张神似,他表示在以后的翻译中要更"破格"。他不满意当时已经出版的《唐璜》中译本,认为没有把原著的俏皮译出来,所以读了感受不到原著的美。……他译完了艾略特的《荒原》后,借给我的却是一册解放前出版的赵萝蕤的译本。他解释说:"你还看看这个吧,我译不过她。"(孙志鸣:《我所了解的诗人穆旦》,载《黄河》,1997年,第5期,152页)

这让我们思考一个问题:为何诗人没有对自己创作的诗歌表现出这样的谦虚和反思,唯独对于翻译是如此苛刻?

也许,从中可以逼近诗歌翻译的本质,以及翻译和创作的差异。

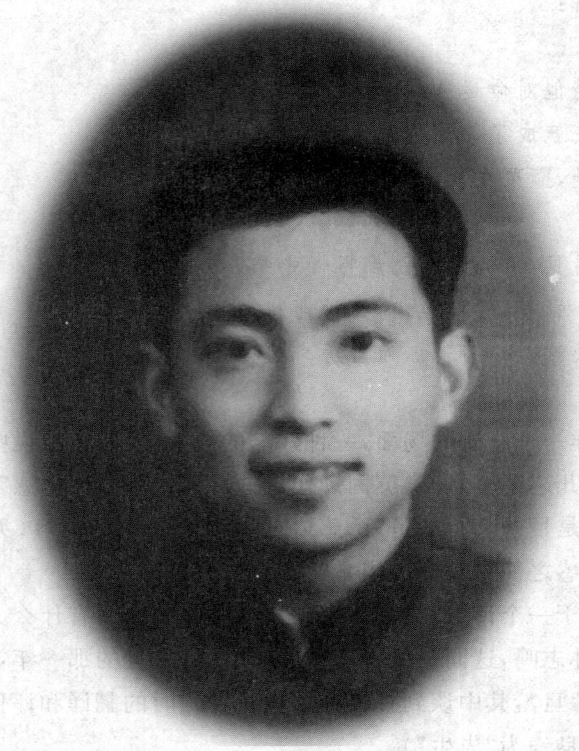

第四部分
诗论家,谈诗论艺的人

  由于诗人的工作必须接受严格的限制——诗对语言节奏和音韵有一定的要求,因此,译诗必须具有很大的自由。……译者假如要以诗的形式解说他人的心灵,他就必须具备一种可嘉的洞察力和对内在美的知解力。

  〔英〕盖伊·桑:《杂谈波德莱尔对现代诗歌和思想的影响》

理论家分为数种，各不相同。

一种是职业的理论家。他不写作，也不涉及具体作品，只谈论理论问题，是玄学式的理论家。一种是作家，或诗人。他写作，也学习或关心别人如何写作，并且发表评论，但不系统，也可称为评论家，因为有理论观点。一种是职业的评论家，他需要理论修养。他可能写作也可能不写作，但这不重要。只要他能够发表评论性意见，指点江山，激扬文字，总能给人以印象或思想的启发。

穆旦，或查良铮，看来应当归入第二类了。不过，在这个类型中，他进入自己和他人的诗以及所生长的泥土里，有时也进入到诗歌创作和翻译以外的领域，甚至在理论思维这个并不特长的领域，偶尔也会迸发出耀眼的诗性智慧的火花。

因为他的人和诗，都是不寻常的。

第一节 独特的诗论：拒斥风花雪月与"抒情的放逐"

穆旦是诗人，而且是卓越的诗人，但不是诗论家，虽然他也偶尔发表一点诗论。他是杰出的翻译家，但不是翻译理论家，因为他就翻译本身发表的理论很少，很少，而且从来不抽象地谈论翻译问题。

然而，诗人兼翻译家的查良铮（穆旦），他对于诗歌和翻译的见解，却很不平凡，而且很独特，虽然像许多文学翻译家一样，他只有在完成一部译著之后才在序言和后记里写一点诗歌翻译的理论性认识，或者只是在针对他人的诗歌创作情况和时下的文学弊端时，才发表见解或写一点理论性评价，甚至只有在不得不回应他人的批评时才被迫讨论某些理论问题。

当然，穆旦晚年在给几位年轻人的信笺中也顺便地或专门地谈到诗歌问题、翻译问题和一般文艺问题。他的认识虽然并不系统，但却非常重要。因此，这里设一部分介绍他的理论，简略地分为诗歌理论、译诗理论以及涉及国内和国外的其他文论，以便使这个传记至少在论题上，有一个圆满的结束。

总体说来，穆旦在各个时期发表的文艺理论，目录如下：

1. 梦（《南开高中生》1934 年春季第 4、5 合期）
2. 《诗经》六十篇之文学评鉴（《南开高中生》1934 年秋季第 3 期）
3. 《他死在第二次》（《大公报·综合》（香港版），1940 年 3 月 3 日）
4. 《慰劳信集》——从《鱼目集》说起（《大公报·综合》（香港版），1940 年 4 月 28 日）
5. 不应有的标准（《文艺报》1956 年第 12 号）
6. 普希金的《寄西伯利亚》（《语文学习》1957 第 7 期）
7. 漫谈《欧根·奥涅金》（《文艺学习》1957 年第 7 期）
8. 《济慈诗选》序（人民文学出版社，1958 年 4 月）
9. 《雪莱抒情诗选》序（人民文学出版社，1958 年 10 月）
10. 《丘特切夫诗选》后记（外国文学出版社，1985 年 5 月）
11. 谈译诗问题——并答丁一先生（《郑州大学学报》1963 年第 1 期）
12. 致郭保卫的信（一至二十六）（写于 1975 年 8 月-1977 年 1 月）
13. 致孙志鸣的信（一至五）（写于 1975 年 8 月-1976 年 6 月）

就文学批评来说，穆旦虽不常做，却是个早慧的少年。

在《南开高中生》上发表《梦》的时候，他还是个十几岁的少年，却也谈论人生、梦境，似乎注定要有一番大的作为。而在第二年发表的谈论《诗经》的论文，虽然很难说是一篇专业性很强的论文，却也涉及不少的问题，诸如，文学的起源，而且列举了心理的和社会的两类说法，诗歌的分类，而且联系到先民社会生活的方方面面，讲得很有道理。尤其是那个十分幼稚却又诚实的结束语"后记"，给人印象颇深——当我们联想到穆旦成年以后很少借助中国古典诗词的传统，甚至晚年还认为古诗用不上的时候，就觉得有几分宿命似的，而且为他那么早就研究《诗经》而觉得惊异。

然而，仅仅数年之后，到了西南联大时期，穆旦就有观点鲜明而且论述清晰的两篇诗歌批评文章发表出来。这两篇已经可以称得上是独树一帜的文章，有一个共同点，那就是有的放矢，而且是有赞扬有批评的两支利箭。

一支是射向后来成为中国当代著名主流诗人艾青的《他死在第二次》，其中赞扬了艾青诗歌创作的本土化倾向，给予了较之惠特曼之于美利坚更多的肯定：

> 作为一个土地的爱好者，诗人艾青所着意的，全是茁生于我们本土上的一切呻吟，痛苦，斗争和希望。他的笔触范围很大，然而在他的任何一种生活的刻画里，我们都可以嗅到同一"土地的气息"。这一种气息正散发着芳香和温暖在他的每篇诗里。从这种气息当中我们可以毫不错误地认辨出来，这些诗行正是我们本土上的，而没有一个新诗人是比诗人艾青更"中国的"了。（查良铮：《〈他死在第二次〉》，载《大公报·综合》（香港版），1940年3月3日）

除了艾青写作中的土地情结、中国气派和"本土"风格，穆旦还看到艾青诗中的"一种博大深厚的感情"，"一颗火热的心在消溶着牺牲和痛苦的经验，而维系着诗人的向上的力量"。而在语言上，在诗意的表述方式上，穆旦赞成"新鲜而单纯"的"朴素的口语"，和"诗的散文美"。他甚至在艾青的诗歌创作中认定了一条现代诗的创作道路："因为我们终于在枯涩呆板的标语口号和贫血的堆砌的词藻当中，看到了第三条路创试的成功，而这是此后新诗唯一可以凭借的路子。"

另一支箭是射向后来成为现代派诗人另一代表的卞之琳的，当时针对的是他的《慰劳信集》，而且是从他的《鱼目集》说起。这个说起，却是从西方现代派诗歌对中国的影响说起，作者认为，卞之琳的《鱼目集》，是"把同样的种子移到中国来，第一个值得提起的"集子。但那是过去，而今，卞之琳的新作《慰劳信集》,在穆旦看来,在接近抗日战争和工农群众的时候,却是缺乏"新的抒情"的美学特征的。

穆旦认为,"新的抒情",总结为一点,应当具有"强烈的律动,宏大的节奏,欢快的调子"。(关于更具体的主张,请参看第一部分"西南联大"一节的有关内容)毫无疑问,在穆旦后来的创作中,我们可以看到这些美学原则的具体地变形的表现。而穆旦当时的这些主张,作为诗歌理论的准备,不仅为他自己一生的诗歌创作奠定了美学基础,而且为整个中国新诗的健康发展,指出了一条值得思考和鉴戒的创作道路。

穆旦的诗论,除了这两篇早期的论文之外,就是一些晚年的信笺。主要是写于70年代,给两位青年人的,一个是郭保卫,一个是孙志鸣。其中给郭保卫的信多,谈诗谈得最多,也很具体(以下征引,即来自给郭保卫的信)。

郭保卫是北京歌舞团的青年演员,经杜运燮介绍与穆旦相识,后来二人来往频繁,到天津穆旦的家里来过。穆旦给郭的信有二十九封(现发表的有二十四封),多数涉及诗歌、艺术、人生,以及当时的形势,还有穆旦的译诗和自作的诗若干附于信后。郭保卫后来去了新西兰,他从异国他乡写文章纪念穆旦,一面描写这些信件的外貌和穆旦写信的习惯:

> 1975年底至1976年,那是中国的什么时期呀,简直是"奇异王朝",不少信封上,均是几个红卫兵或红小兵小将,持笔当枪,还正往墙上大书大写"批林批孔"标语,还有"将文化大革命进行到底"的图案及横幅……每次穆旦来信均是极工整的字,从不草书,也很少连笔,……(郭保卫:《穆旦,假如……忆诗人给我的29封书信》,载《丰富和丰富的痛苦》,北京师范大学出版社,1997年,第211—212页)

在穆旦的书信中,关于诗的讨论涉及中国古典诗词、现代诗和西方古典与现代诗歌等问题。他的基本观点可概括如下:

1. 中国古典诗词,大概是"风花雪月"一类,于今天不能适应。"旧诗装新酒有困难",它的"一团诗意",给人印象模糊,不动脑筋就能读懂。他在新诗写作时企图借鉴,但发现用不上。对于现代的白话诗,可能指"五四"以来提倡的白话诗,穆旦认为无有源头。"白话诗找不到祖先,也许它自己该作未来的祖先,所以是一片空白。"这里,穆旦认为在中国古典诗词与现代白话诗之间,有传统的断裂存在。

2. 所谓中国现代诗,即"现在流行的,是想以民歌和旧诗为其营养,也杂一点西洋诗的形式"。真正的西洋诗,"在二十世纪来一个大转变,就是使诗的形象现代生活化,这在中国现代诗里还是看不到的(即使写的现代生活,也是奉风花雪月为诗之必有的色彩)"。这里指出了中国现代诗和西洋现代诗的区别和差距所在。

3. 西洋诗,与创作相对主要指现代诗,也包括他常翻译的浪漫派诗歌,英国的如拜伦和雪莱的诗,俄罗斯的如普希金和丘特切夫等人的诗,穆旦认为,"这种诗的形式是可以模仿的"。可见,穆旦并不排除浪漫派诗风和语言可以借鉴入中国现代诗的可能。当然,他自己的写作,包括前期和后期写的诗,还是以借鉴现代派诗歌为多。

关于一般的所谓诗,穆旦是很少谈起的,他总是在谈具体问题时才谈到诗的要点,例如,在谈如何写诗的时候,会涉及诗的定义或本质性的认识。

> ……诗应该写出"发现底惊异"。你对生活有特别的发现,这发现使你大吃一惊,(因为不同于一般流行的看法,或出乎自己过去的意料之外),于是你把这种惊异之处写出来,其中或痛苦或喜悦,但写出之后,你心中如释重负,摆脱了生活给你的重压之感,这样,你就写成了一首有血肉的诗,而不是一首不关痛痒的、人云亦云的诗。(查良铮:《致郭保卫的信》(二),载《蛇的诱惑》,曹元勇编,珠海出版社,1997年,第223页)

穆旦还认为,写诗要"给它以适当的形象,不能抽象说出来"。因为写诗"和写散文不一样,要把普通的事奇奇怪怪地说出来,没有一点'奇'才是办不到的"。这里穆旦似乎也承认写诗需要一点天性中的东西,但他没有就此再说下去。

关于诗歌的时代性(时间性)和永久性,穆旦讲得十分清楚。他不主张写十年以后就过时的东西,他这样批评当时流行的诗,因而推崇现代派诗人奥登的诗。

> ……奥登写的中国抗战时期的某些诗(如一个士兵的死),也是有时间性的,但由于除了表面一层意思外,还有深一层的内容,这深一层的内容至今还能感动我们,所以逃过了题材的时间局限性。(查良铮:《致郭保卫的信》(二),载《蛇的诱惑》,曹元勇编,珠海出版社,1997年,第223页)

穆旦是这样说的,也是这样做的。我们在读他的诗的时候,的确可以感到当时的内容以外的更深一层的东西,这就是穆旦的诗具有永久性价值的秘密所在。关于如何处理时代性要求与个人的题材的局限性的关系,穆旦认为,这是一个小我和大我的关系问题。

> ……我是特别主张要写出有时代意义的内容。问题是,首先要把自我扩充到时代那么大,然后再写自我,这样写出的作品就成了时代的作品。这作品和恩格斯所批评的"时代的传声筒"不同,因为它是具体的,有血有肉的了。(查良铮:《致郭保卫的信》(三),载《蛇的诱惑》,曹元勇编,珠海出版社,1997年,第227页)

关于现代诗的特征,穆旦是在和旧体诗的对照中讲述的。他认为旧诗是老的"一团诗意",阅读不费脑子就能滑溜过去,与今天的现实不适合,而新诗却不同。他结合自己写于40年代的《还原作用》,这样讲道:

> 这首诗是仿外国现代派写成的,其中没有"风花雪月",不用陈旧的形象或浪漫而模糊的意境来写它,而是用了"非诗意的"辞句写成诗。这种诗的难处,就是它没有现成的材料使用,每一首诗的思想,都得要作者去现找一种形象来表达;这样表达出的思想,比较新鲜而刺人。因为你必得对这里一些乱七八糟的字的组合加以认真的思索,否则你不会懂它。(查良铮:《致郭保卫的信》(四),载《蛇的诱惑》,曹元勇编,珠海出版社,1997年,第229页)

由此似乎可以得知,穆旦对于现代诗的认识和态度:

1. 现代诗之不同于传统的诗词和白话诗,有其深刻的文学传统和社会认识的原因。
2. 现代诗需要特殊的训练和学习才能懂得,也才能费力地写出来,因为它的写作是一个独立思索和摸索的过程。
3. 尽管如此,现代诗仍然有自己的写作技巧或作诗法,在借鉴西方现代派诗歌的时候,吸收现代派诗的写作技巧很重要。他说,"这就使现代派的诗技巧成为可贵的东西"。

这些,正好构成穆旦一生创作现代诗的认识基础或经验总结,当然,也是他从事诗歌翻译实践的独特认识所在。

第二节 诗家谈译诗:要注意思想,也要表现旋律和风格

诗人穆旦在成为翻译家查良铮以后,他的翻译理论往往是在书信和译

著序言中自然而然地发表的意见。不过,最为重要的一篇论述翻译的专文,倒是在批评与争鸣的过程中激发出来的。事情是这样的。查良铮翻译的《普希金抒情诗选集》出版以后,到了 60 年代初,河南《郑州大学学报》1962 年第 1 期发表了丁一英先生的批评文章,文章题目很长:《关于查译〈普希金抒情诗〉、翟译莱蒙托夫的〈贝拉〉和鲁迅译果戈理的〈死魂灵〉》。其中对查良铮翻译的普希金抒情诗提出了尖锐的指责与批评。面对这种严肃的指责,查良铮觉得有必要正式予以答复和论辩,于是写了那篇《谈译诗问题——并答丁一英先生》的文章,发表在《郑州大学学报》1963 年第 1 期上。文中一开始就写到,由于丁一英先生的意见和论点涉及译诗的根本问题,即译诗的原则问题,因此有必要做公开讨论。

丁一英列举了查良铮翻译的普希金的四首诗,即《海的女神》《葡萄》《给普希欣》《黄金和宝剑》,以及《致恰达耶夫》和《纪念碑》两首诗的片段,通过与俄语原文、与戈宝权先生的译作以及批评者自己的译文进行对比,指责查良铮的译文"没有把原作的文字搞懂","隐隐约约,似是而非",甚至"面目全非"。作者说:"查先生这两部译本,译得是比较粗糙的。"

丁一英甚至写道:"我们且不要求查先生的译文传神了,就连忠于原作,不要把意思译错这一点,就没有做到。"最后的结论是:"看了查先生的译文,我们可以肯定一点:从事翻译的第一个步骤,就是必须把原作的语言文字搞懂,而且还得彻底地懂,无论如何不能有一丝一毫的含糊;否则,便绝不能动手翻译。"

针对丁一英的说法,查良铮写文予以答复,也是商榷。查良铮依据丁一英的具体的批评意见和翻译诗歌的关键,指出丁一英是以"字对字、句对句、结构(句法的)对结构"的办法来审核译诗的。"原作中一句话是怎样说出,译出的诗也该照相式地复制出来。这就是'忠于原作',意思'正确无讹'。假如译者把原句拆散,或把原意换一个方式说出,没有追随原作的遣词,或保留了主要的东西而去其不重要的细节,尽管实质上还是原意,那在丁一英先生看来,就是不可原谅的错误了。"

查良铮不同意丁的看法,他认为,诗歌不能逐字逐句地翻译,译诗不仅要译出意思,而且要译出旋律和风格,因此,运用语言应该有创造性。"打破原作的句法、结构,把原意用另外一些话表达出来,在文辞上有所增减,完全不是什么'错误',而恰恰相反,对于传达原诗的实质有时反而是必要的。"

其次,查良铮指出,译诗不仅要精确传达原诗的形象,而且要兼顾原作的形式,内容和形式是不可分割的有机整体。他说,译诗"比译散文作品(如小说)多一道麻烦,就是还有形式的问题,这包括诗的韵脚、每行的字数或拍数、旋律、节奏和音乐性等等。老实说,对于译诗者,结合内容与诗的形式一并译出,这其中的困难,远远比传达朴素的形象或孤立的词句的困难大的多"。

接下来他明确地指出了译诗的内容和形式两个方面,以及如何结合的问题:

> 考察一首译诗,首先要看它把原作的形象或实质是否鲜明地传达了出来;其次要看它被安排在什么形式中。这两部分,说起来是分立的,实则在实践中就是一件事,即怎样结合诗的形式而译出它的内容的问题。如果有了这个总体观点,那么在面对原诗时,译者就会看到,并不是它的每一字、每一词、每一句都有同等的重要性;对于那在原诗中不太重要的字、词或意思,他为了便于突现形象和安排形式,是可以转移或省略的;甚至对某一个词句或意思,他明明知道有几种最好的方式译出来,可是却被迫采用不那么妥帖的办法把它说出,以求整体的妥帖。这里就需要忍受局部的牺牲。但虽说牺牲,也同时有所补偿,那就是使诗中重要的意思和形象变得更鲜明了,或者就是形式更美了一些。(查良铮:《谈译诗问题——并答丁一英先生》,载《郑州大学学报》1963年第1期)

查良铮还就诗歌翻译的准确性、风格传达和翻译策略等问题,讲了自己的看法。在这一方面,他引用了自己在译著《欧根·奥涅金》后记中引为诗歌翻译指针的苏联诗人马尔夏克的话,其大意是:

> 我们对译诗要求是严格的,但我们要求的准确,是指把诗人真实的思想、感情和诗的内容传达出来。有时逐字"准确"翻译的结果并不准确。……译诗不仅要注意意思,而且要把旋律和风格表现出来……要紧的,是把原诗的主要实质传达出来。为了这,就不能要求在每个字上都那么准确。……这里要求大胆。……常常这样:最大胆的,往往就是最真实的。……译者不是八哥儿;好的译诗中,应该是既看得见原诗人的风格,也看得出译者的特点。(查良铮:《谈译诗问题——并答丁一英先生》,载《郑州大学学报》1963年第1期)

他还引用刊登在《文学评论》1957年第5期上的一篇文章,论述了文学翻译是艺术而不同于科学,不能用科学的精确性来衡量,只能做到与原作相当而不是相等。他认为,"艺术性翻译本来就是创造性翻译"。文学翻译的灵活性在于可以发挥本族语的长处,"充分利用和发掘它的韧性和潜力"。他借助这些说法把文学翻译和创作相比,说明二者之间的共性:

> 正如文学创作要忠于现实,反映现实,而在其中就有无限的创造性,文学翻译忠于原著,充分传达原著反映现实的艺术风格,也就规定它自己在语言运用上也要有极大的创造性。(查良铮:《谈译诗问题——并答丁一英先生》,载《郑州大学学报》1963年第1期)

关于一些具体的翻译问题,查良铮在结合具体例证的说明中,提出了一些重要的观点,作为翻译诗歌必须注意的问题。为了简略起见,仅抓取精神述略如下:

1. 诗人所处的环境是什么,以及他的心神状态如何?
2. 一首诗描写的对象是什么,基于此译出一切细节。
3. 所有的细节翻译,都要指向这一总的目而不能违背。
4. 注意诗中运用的比喻,尤其是隐喻,要集中精力处理好。
5. 始终注意从整体上把握原作精神,并从整体上体现为译作。

最后,查良铮再一次阐明了自己的本意,他认为在百花齐放的原则下,坚持进行文学批评和翻译批评,"对译诗原则展开讨论,还是有意义的"。这一思想的展开,就是下面一段话:

> 本文固然讨论了几首译诗的孰优孰劣,但目的绝不是说谁比谁强,甚至也不是专对那几首诗而发的。唯一的目的,是要评论哪一个原则更好,能发挥积极的作用;是要弄清楚什么是正确的原则。而译诗的正确原则,又不得不通过具体例证加以阐述,这样才显得更清楚。因为很可能大家都主张"信、达、雅"三个字,说时很一样,实践时却各有不同的工作原则。(查良铮:《谈译诗问题——并答丁一英先生》,载《郑州大学学报》1963年第1期)

最后,还须指出一点。查良铮的文章,一面讨论了译诗的原则和方法,同时也在坚持真理和不姑息错误的同时,表示"对丁先生提出的一些宝贵意见,译者应当感谢"。当然,在不明白具体所以然的前提下,抽象地谈论或一味强调把原文彻底弄懂,在理论上固然没有问题,却未必是有见解的表现。不过,丁先生的文章,也指出了查译的一些疏漏之处。而查先生所陈述的上述观点和所持有的正确态度,虽然并没有体现现代的翻译理论,但那种实事求是的精神和坚持真理的勇气,对于今天的翻译理论研究和翻译批评的正确开展,想必也有一定的启示意义吧。

第三节 秋冬之交谈艺录:在关注现实与把握规律之间

一个诗人,处于文学创作的尖端,而且像穆旦这样的现代派诗人,又是非常关注现实和人类命运的哲理性诗人,对于一般文学问题,照样也会有独到的见解。而这些见解,特别是后期的见解,许多是发表在私人的书信里,而不是当时所能够容忍的社会的评论中。

由于对世界文学特别是西方文学史和英俄文学作品有精深的了解,加之在个人创作中也是高标准的追求,因此,坚持纯文学的高度,借助敏锐的理论洞察力,使穆旦对于一般文学问题具有不容忽视的认识深度。例如,在关于文学的根本问题上,在涉及文学艺术与社会人生等现实的关系问题上,穆旦具有十分清醒而明确的见解:

> 文学本来有两类题材,一类是写"应该如何",这是描写理想人物和世界,是把现实美化,是浪漫主义;另一类是写"事实如何",这是现实主义,描写实际上的情况,不加以美化。咱们现在缺乏的就是这一种。过一百年,人们要了解我们的时代,光从浪漫主义看不出实情,必需有写实作品才行。(查良铮:《致郭保卫的信》(十七),载《蛇的诱惑》,曹元勇编,珠海出版社,1997年,第250页)

以此观之,在文学反映现实的理论原则上,穆旦似乎属于现实主义的行列了。但是,在那个文艺不大自由的时代,一个具有如此清醒认识的文学学者,他对于现状是不能满意的,而他的批判,虽然是一针见血的,但仍然不得不借助外来的说法,做一些接近同类现象的类比。尤其是说到创作心态和作品动因的时候,究竟是心理动力学说,还是社会需要学说,抑或是二者的折中和变种,就会成为讨论的焦点和认识的关键。在这一方面,他一点也不回避现实中的作家的矛盾心态,并对由此导致的文艺倾向的真实性问题提出怀疑。

> 他身兼两职,既要凭感受来写作,又要根据外面的条条来审核和改动自己的感受,结果他大为折衷,胆子很小,笔锋不畅,化真为假,口是心非。这种作品我们不会认为是好作品,尽管非常正确合格,但不动人。苏联文学被西方评为"穿制服的文学",大概是这个意思。总之一和生活有距离,作品就毁了。(查良铮:《致郭保卫的信》(二),载《蛇的诱惑》,曹元勇编,珠海出版社,1997年,第223-224页)

以上指出的现象,在了解那个时代和文学状况的人看来,是颇具有代表性的。在那个特殊的年代,文艺与政治的关系也格外特殊,五十年代反右的情况姑且不论,到了1976年近乎年底的时候,"四人帮"的倒台已成定局,而文艺的命运也和政治变成另外一种关系。这一切,在尚未成为定论的时候,在穆旦的笔下,便显示出担心和预见相参合的认识:

> 最近政局的变化,使过去十年的作品又成了问题吧?因此我感到,作品和政治联系少的,也许经得住时间一些,风花雪月还是比较永久的题材。人生哲理也是。现在是秋冬之交,秋冬都更易于动诗思,不知你有同感否?(查良铮:《致郭保卫的信》(十八),载《蛇的诱惑》,曹元勇编,珠海出版社,1997年,第252页)

在这个附言发出三天之后,1976年11月10日,穆旦在写给郭保卫的信中就寄去了他写的两首直接针砭"四人帮"的政治讽刺诗——《退稿信》和《黑笔杆颂》,不仅希望能设法发表,而且还讲了"今后百花齐放也许开放一些了吧"的预测。不过,对于当下和未来的文艺复兴的担心和思考,是将近一个月以后的事情了。如今再读这些文字,不能不说它是对于解放以来到新时期以前的文艺生活的一个精要的概括:

> 你谈到现在热衷于拿出五六十年代的东西给大家看,我想有一个理由是:给大家作蓝本。现在人们(作者和读者)都被箍得久了,解放也解放不开,不知怎么作。号召百花齐放,谁知道怎么放呀?没有标本,一写还是老一套。所以必须有一个过程,先让人们熟悉一下不同的式样,别一看到奇怪的东西就不顺眼,就要砍杀。当然,旧框框要除去,新框框接着就上来,五六十年代的东西也够紧邦邦的了,比苏联作品的幅

度小多了。(指斯大林时期的苏联)……文艺如何发挥促进社会发展的作用,值得考虑。(查良铮:《致郭保卫的信》(二十一),载《蛇的诱惑》,曹元勇编,珠海出版社,1997年,第256-257页)

大约就在这一时期,穆旦写了那首著名的《演出》,锋芒直指当时的文艺状况。其中可以看出,作为诗人的穆旦和作为评论家的查良铮,实际上是一体两面的。除了以诗歌的形式对当时的文艺有所针砭之外,作为朋友,穆旦一直在帮助郭保卫改诗和提供写作的其他帮助。而与此同时,在文艺理论上和复兴策略上,穆旦的思考也在继续,当然也是按照他自己的惯性在继续。到了1977年1月28日晚间,大概是他写给郭保卫的最后一封信将近结束时,他的思绪成熟了,拿出了一个本在意料之中的方案:

  我倒有个想法,文艺上要复兴,要从学外国入手,外国作品是可以译出变为中国作品而不致令人身败名裂的,同时又训练了读者,开了眼界,知道诗是可以这么写的,你说是不是? 因为一般读者,只熟识小靳庄的诗,不知别的,欣赏力太低。(查良铮:《致郭保卫的信》(二十四),载《蛇的诱惑》,曹元勇编,珠海出版社,1997年,第263页)

假如我们不去吹毛求疵和求全责备,我们自然可以看到这样一段话里所包含的合理性,那就是借他山之石以攻玉,建设自己的文学和迎接中国的文艺复兴。不过,在当时的情况下,穆旦把五六十年代中国的文艺状况和苏联的情况相比,也不是没有道理。关于五六十年代的文艺,我们在下面就要做一点研究,而关于国外的文学情况,将在下一节结合穆旦的外国文学批评专门予以讨论。

1956年,穆旦在《文艺报》上发表了一篇文艺理论探讨性的文章《不应有的标准》,他针对有些人对相声艺术不懂而又大加讨伐的粗暴做法,写下了自己的认识。这不仅仅是一篇讨论相声的文章,就其深度和精密程度而言,也可以说是一篇在诗歌以外具有普遍理论意义的文艺学专论。

由于是批评性的文章,一面要切中问题本身的理解,一面又要照顾一般读者的理论水平,因此,作者花了不少时间说一些简单的道理——然而正是在这些常识性问题上,一种社会状况和文艺心态出了问题。因此,作者是以一个坚持基本艺术原则和阐发基本规律的评论者的姿态出现的。

在说明了事情的原委和文艺反映生活的多种形式和途径之后,穆旦试图给相声这个中国特有的喜闻乐见的艺术形式下定义:

相声是以荒诞不经的材料或情节来反映生活的。它的反乎寻常的滑稽动作和过分的表情,又与荒诞情节起配合的作用。在这个意义上说,相声无论怎样追求笑料(这是它的类型的本质,亦即它据以存在的特殊法则),它仍然是严肃的,假如它同时反映并批判了生活的话。(查良铮:《不应有的标准》,转引自《穆旦代表作》,华夏出版社,1999年,第168页)

对于相声这样的艺术形式,在解放以后还能不能使用,实质上会涉及讽刺艺术的使用范围和效果评价的问题。相应地,也就会涉及人们会以什么样的心态来看待这种艺术,是否能在批评时按照艺术的规律规范它,在欣赏时符合艺术门类的需求予以不同对待的问题。穆旦以浅显的道理和平易的语调,把这一问题归结为不同类型的审美习惯问题。

他不知道,人们在听相声时,是和读巴尔扎克的小说所采取的态度不同的。没有人那么严肃,或那么傻,会相信相声里的噱头是事实,因此,他所看到的"污蔑",多半是出于他以读报或看小说的态度来对待相声了。(查良铮:《不应有的标准》,转引自《穆旦代表作》,华夏出版社,1999年,第170页)

最后,穆旦还在指明相声本身就具有虚构性以后,着重强调了它的表演性。这样,关于相声艺术,这篇文章就是一个比较完整的论述了。

我们在批评相声的时候,还应该注意一点,就是,它是一种舞台艺术,不能只就文字批评它,须要使它呈现在舞台上,才能获得它的全貌。善于说相声的人,知道把真的地方说真,把荒唐的地方以动作、表情和语调的帮助把它说假,这样,就会使听众完全意识到哪儿真,哪儿假,哪儿严肃,哪儿逗趣,不致颠倒黑白。只看印成文字的相声,在这方面是受到损失的。(查良铮:《不应有的标准》,转引自《穆旦代表作》,华夏出版社,1999年,第173页)

最后,请允许我提醒一句,这是一篇写于五十年代中期的文章。如今,已经半个多世纪过去了,当我们再一次读它的时候,还能从字里行间感受到作者那坚实的美学基础、丰富的艺术学养和平易近人的谈论风格。这和他在写诗时表现的激烈的言辞、深邃的思考、充沛的情感三者兼备的情况相比,实在是判若两人。他使我们看到了穆旦的另一面,一个学者型诗人的学者的一面,他还有评论家的一面,这是下面也将要证明的。

第四节 文学批评:从现实主义上升到浪漫主义

作为诗人的穆旦和作为翻译家的查良铮,虽然完全是同一个人,但却有着重要的不同。其不同点在于,穆旦是现代派诗人,他的诗歌创作以及有关这一方面的诗论,自然而然地属于现代派诗歌的理论和实践。这似乎是不言而喻的,而且从前几章的主要内容也能看出来。尤其是当他站在现代派立场上看待和评价中国古典诗词与西方诗歌传统的时候,二者的区分是何等的泾渭分明。但作为翻译家的查良铮,他主要翻译的是浪漫派诗歌,无论是英国的还是俄国的,只有一小部分是现代派诗歌的翻译,而且是到了晚年的时候,从事的时间也很短。但我们这样说,丝毫也没有贬低他的现代派诗歌翻译的成绩和质量的意思,事实上,迄今为止,在现代派诗歌的汉译上,查良铮仍然是一个很少能有人与之比肩的高标。我的意思是说,他的翻译侧重在于浪漫派诗歌,而且是按照浪漫主义诗歌传统和美学特征来从事翻译和批评的,因而这一方面的评论和研究,主要是属于浪漫派诗歌的论述和研究的范围。因此,便有了这个在前面很少提及的特殊的文学批评领域,作为这一节的话题。

在这里,我们主要研究他在普希金、丘特切夫、雪莱以及济慈诗歌批评中所体现的文学观点和达到的理论深度。可是,问题并非如此简单,就像现实主义和浪漫主义,在文学批评领域里,也不像在文艺理论里那样在概念上泾渭分明得如此简单一样。在这一方面,查良铮给了我们一个认识的参照:

> 这里所谓的"浪漫主义",其实是受着现实主义(或现实感觉)的节制甚至渗透着的。因此,在我们看来,咏叹也好,哀歌也好,它总是恰到好处,适可而止,不过分得刺伤了我们的现实感,也从不流于肤浅空洞的泛滥。这里可以打个比喻:仿佛是,我们刚感到现实中的"散文"生活过于窒息时,诗人就给我们送来一阵神异的芬芳的空气;可是等我们再想多呼吸一下时,诗人又忽地把我们拉到现实的闷人气氛中来了。就这样,我们不断地在两个世界的气氛中反复穿行。这既非完全"散文"的生活,又非完全的"诗"境,因此,我说,它在我们的感情上促成了更高

> 一级的和谐境界。(查良铮:《漫谈〈欧根·奥涅金〉》,载《文艺学习》1957年第1期)

这是查良铮讨论普希金长篇诗体小说《欧根·奥涅金》时的一段话。运用这样的二元逻辑,他不仅区分了现实和文学,而且区分了散文和诗歌,从而区分了现实主义和浪漫主义,又使得二者相互渗透,融合无间,统一在阅读欣赏的过程中。进一步而言,通过这种分析,他不仅认识了这首诗歌的叙事与抒情、主体与枝蔓,而且有利于翻译中巧妙的艺术处理。

在为《丘特切夫诗选》写的译后记中,查良铮进一步发挥了这种具有个案性质而又不乏普遍性的分析作用。他的分析实际上是围绕三个问题或关键词展开的,那就是:1)双重性,2)泛神论,3)印象主义。

> 诗人的双重性的根源也就在这里。他既热烈地渴求生活的和谐与平静(这是由于他早年的教育的影响),也对历史的变革、对社会与生活的风暴有深刻的共感(这是新兴时代精神给他的感染)。(查良铮:《〈丘特切夫诗选〉译后记》,转引自《穆旦代表作》,华夏出版社,1999年,第211页)

这种对于生活的坚实性的依赖与变革风暴的呼唤(是否也隐含了现实主义和浪漫主义的区分呢?)构成诗人灵魂的巨大张力,在作品中,则体现为旧与新、生与死的对立,而且形成意象与观念之间的对立,从而构成一种体系。批评者是这样描述这个体系中的张力的:

> 在丘特切夫的诗中,我们时常遇到两类概念、两类形象,它们是对立的,例如"海"和"梦","山顶"和"山谷","日"和"夜",文明和自然,社会和"混沌"……这些概念构成他的抒情诗的哲学体系,不理解他所赋予它们的涵义,就不易理解他的诗。(《〈丘特切夫诗选〉译后记》,转引自《穆旦代表作》,华夏出版社,1999年,第214页)

这两个方面的统一,在作品中,尤其是在写景的诗歌中,要借助另一个概念,那就是泛神论。借助泛神论,丘特切夫"把人和自然结合为一个整体"。"诗人笔下的大自然有它自己的'心灵'、'自由意志'、'语言'和'爱情',常常被写成一个活的性格。"反过来说也是一样,那就是"这颗不断扩张的心不但能接受风暴、雷雨和海浪,也能和任何自然现象起共鸣"。

但是,诗人的心又是复杂的,即便是对于他所喜欢的哲学观念,也持有一种复杂的认知态度。这也是查良铮的分析能够达到的理解深度:

> 丘特切夫生活在矛盾中,他既有积极处世的态度,也有消极的心情。对于泛神主义哲学,他的态度也是复杂的;由于他自己的蓬勃的心灵,他接受的是那种哲学的入世的精神;而对那一哲学的终极目的,即离开入世而走向"宇宙精神",走向那个泛神主义的上帝,——他却有时甘愿,有时迟疑,有时甚至反对。(查良铮:《〈丘特切夫诗选〉译后记》,转引自《穆旦代表作》,华夏出版社,1999年,第217-218页)

但是,即便是浪漫主义的诗人,而且是泛神论的(泛神论是浪漫主义的普遍哲学基础),他也有现实主义的创作倾向。这在查良铮的分析中一点也没有忽略过:

> 这表示诗人除了注目于自然和生活过程中"致命的"一刻而外,除了寻求戏剧性的场景、冲突的顶点而外,还能着眼于平时毫无浪漫色彩的现实,而且能如实地写出它的美来,这里也体现着一种现实主义的精神。(查良铮:《〈丘特切夫诗选〉译后记》,转引自《穆旦代表作》,华夏出版社,1999年,第222页)

也许,对于现实主义的强调是过多了一些,因为在西方批评界,丘特切夫是象征主义的先驱性的代表人物,因为他所采用的诗歌技巧和意象具有多重互渗和意象并置的特点。在这里,作为译者的批评家在分析了《海驹》中的马、海和人的三重意象的写作手法以后,采用了西方的"印象主义"一词作为总结。但是,他并不是给诗人贴上标签就完事,而是以概括的笔触描写诗人的全体和本质,指出了他神秘主义的泛神论,甚至某些颓废的倾向,然后让这一切归结为诗人立足于现实与对时代的呼应,由此也可以感到马列文论的根深蒂固的影响。另一方面,也许唯物主义也能帮上忙,例如,在遇到诗歌本身复杂难解的奥义或隐讳未明的隐喻时,尽管查良铮并不强求一个简单的结论,但在一切可能的时候,他仍然坚持追求意义的确定性和意象的有意义——由此构成他的独特的"彻底地懂"的理解,同时也可以作为独特的翻译措辞的基础所在。

关于俄语诗歌的分析,我们主要选取了普希金和丘特切夫作为代表,而英语诗歌的分析,则集中于雪莱和济慈。虽然拜伦的《唐璜》是查良铮翻译的一部巨著,但是由于在译者生前并没有出版,所以没有写序言和后记,现在的序言,是由查良铮的好友王佐良先生写的。这种情况和《英国现代诗选》的序言是由周珏良先生写的一样。一想到译者的主要译论和文学评论都要写在译著的序言和后记里,甚至连这一点写作的痕迹也没有全部留下来,总不免使人觉得是一种遗憾。

在有关雪莱的评论中,译者的评论性认识更加注意到造成诗人影响的整体的语境因素的综合性把握,以及内因和外因的交互作用的分析,同时也想竭力说明诗人的学养、社会和政治的因素以及所接受的思想的影响等方面。

> 给年轻诗人的心灵以深刻启发的,首先约有三方面的影响:一是自然科学的研究;一是阐述进步思想的书籍(政论方面如威廉·葛德汶的"政治的正义"、托玛斯·潘恩的"人权论";哲学方面如洛克、休谟及斯宾诺沙的论著);而最后和最有力的影响自然是诗人所生活于其中的社会环境,是当时英国和欧洲的社会及政治运动。(查良铮:《〈雪莱抒情诗选〉序》,转引自《穆旦代表作》,华夏出版社,1999年,第182页)

在自然科学方面,雪莱对物理、化学等实验科学颇有兴趣。"虽然在离开学校后,他就不再接触实验科学了,但对科学的爱好已经给他的推崇理性和对世界的唯物认识奠定了基础。"至于政治和社会方面的影响,译者认为实际上多于书本知识的影响。在这里,查良铮列举了雪莱的一系列社会活动和由此印发的小册子(如爱尔兰之行和《告爱尔兰人民书》以及论"无神论的必要性")。但是,尽管如此,译者还是指出了"雪莱的一生是战斗的一生,但由于他是独自和反动势力做斗争而没有和工人阶级在生活上打成一片,他的一生也是显得孤独的"。

在谈其所受哲学影响的时候,查良铮正确地指出,雪莱仍然是 18 世纪启蒙运动与唯物主义的继承者,虽然他受到柏拉图唯心论哲学的影响:

> 由此看来,雪莱之所以接受柏拉图哲学,基本上还是出于改造世界的意愿,出于求真的精神;他要追寻宇宙的秘密,要掌握自然与人间一切现象的总规律,因为在他看来,只有认清了这一规律,才能顺利进行改造世界的工作。斯宾诺塞的泛神论也是沿着同一追求的途径化进了他的诗里。(查良铮:《〈雪莱抒情诗选〉序》,转引自《穆旦代表作》,华夏出版社,1999年,第188页)

这就是说,雪莱追求哲学真理,旨在追求世界之大本源,而在这一方面,他甚至不是机械地理解和接受柏拉图的"精神恋爱",因为"在他的诗作中所表现的爱情实则是人的最高贵而热炽的感情之一,既没有失去其情欲的一面,也随时能升华并容纳更多的精神素质"。

这样,在分析人的时候,爱情和哲学就成为不能完全视为同一的东西,以免把活生生的人简化或还原为哲学概念。另一方面,在如此分析的时候,穆旦甚至运用比较文学的思路,运用乐观与悲观的概念性认识,把雪莱和另一位积极浪漫主义的代表人物拜伦区分开来,当然也就和另一些消极浪漫主义的代表人物华兹华斯等人区分开来了。由此,我们便得到了关于雪莱,也就是关于浪漫主义的一个总体性的认识:

> 总括来说,从雪莱的全部抒情诗中,可以看出他是一个真正乐观的思想家,因为雪莱相信:丑恶的现实是转瞬即逝的;真、美、善将永远存在;人可以不断提高和改善自己,人的智慧和宇宙的意志和谐一致,世界的黄金时代必将到来。如果说,拜伦的诗在很大程度上充满了宇宙的悲哀,雪莱的诗却充满了宇宙的欢乐。即使在有些诗中,忧郁的情绪暂时主宰了他,但他相信宇宙的动力胜过少数人所造成的悲伤与不幸,世界终会转向光明,转向爱与美的精神。(查良铮:《〈雪莱抒情诗选〉序》,转引自《穆旦代表作》,华夏出版社,1999 年,第 197-198 页)

这样一种比较文学的方法和视野,在《济慈诗选》序言中表现得更为宏大,也更加细腻。它所显示出的文学视野更加恢宏,而对于人的认识也更加深刻。可以说,一种立体的建构在这里正蓬勃地展开来:

> 济慈不是革命的浪漫主义者(虽然,他也许是朝这个方向接近),他没有在诗中提出改造现实生活的课题,他的作品也不像拜伦及雪莱那样尖刻而多方面地反映现实;但另一方面,他也和湖畔诗人们不同,即使只就"描写美"这一点而言;因为他所追求的美和美感,不在于神秘主义的、缥缈的境界(如柯勒律治),不在过去或另一个世界里,而就在现实现象中。他不像华兹华斯似地引人向往于过去的封建社会。他从热爱现在、热爱生活出发,他所歌颂的美感是具体的、真实的,因此有其相当健康的一面。他善于从瞬息万变的现实世界掌握并突现其优美的一面,而他认为,正因为这"优美"的好景不长,它就更为优美,更值得人以感官去尽情宴飨——济慈的诗在探索这样一种生活感受上达到了艺术的高峰。(查良铮:《〈济慈诗选〉序》,转引自《穆旦代表作》,华夏出版社,1999 年,第 204 页)

在做以上分析的时候,穆旦不仅将诗人作为个人的思想与作品单个进行深入的描述,而且通过比较让他进入特定的文学流派和整个时代精神,因而与美的追求倾向的不同路径相联系。进一步而言,在进行如此分析的时候,他固然借用了一些国外的有关资料,而且也凭借当时主流意识形态的基本观点进行评述,但另一方面,由于翻译活动的特殊要求与诗人本身对艺术的敏感,再加上对于形而上问题的一贯的执着追求,使得穆旦的评论往往能够切中要点,而且新见迭出。当我们今天读这些评论的时候,我们仍然为这位诗人批评家如下的洞见和预见所触动,所钦佩。

  在今天,济慈在苏联读者中的声誉是很高的。我想,这也并非偶然。因为济慈所展示给我们的尽管是一个小天地,其中却没有拜伦的悲观和绝望,也没有雪莱的乌托邦气氛——它是一个半幻想、半坚实、而又充满人间温暖与生活美感的世界。这样的作品在教育社会主义新人的明朗的性格方面,当然还是有所帮助的。(查良铮:《〈济慈诗选〉序》,转引自《穆旦代表作》,华夏出版社,1999年,第206页)

众所周知,查良铮是同时翻译英国和俄国的诗歌的,在很大程度上,也可以说,他也是为了翻译才做这些文学评论的。在这个领域里,在翻译作为比较文学的基础的意义上,查良铮的诗歌批评,也有把这两种文学传统相互联系起来的倾向,而且有把文学翻译归结到社会教化上来的意思。

最后,关于查良铮的诗歌理论和一般诗学观点,我们可以尝试性地总结出如下一些要点,作为一个开端性的结论:

1. 穆旦的诗学和文艺学观点,基本上属于现实主义的范畴。这当然可以归结为他所处的时代和马列文论的影响,甚至也可以归结到中国儒家美学的潜意识的文化基因,其基本观点是关注现实和讲究文艺的教化作用。这一现实主义的理论认识倾向,不仅影响到他在诗歌创作和评论中一贯关注现实的基点,而且是他在理论上区分现实主义和浪漫主义的一个界标。同样,他一生致力的现代派诗歌的创作,也具有鲜明的现实感和敏锐的社会问题指向,然而由于个人出众的天资和颖悟,诗人的全部诗歌活动(包括理论的和实践的活动),并不缺乏艺术创造性和个人意识的表现。

2. 穆旦在诗学上具体的理论构成,涉及对于各种外国诗歌作品和诗人的认识和评论(包括英美的和俄苏的,以及浪漫主义和现代主义的),同时也受其来源的复杂性的影响。其思想内容主要来源于外文资料的翻译概括,集中体现了西方的当时的研究观点,但在基本忠实转述的基础上有取舍和编排,同时融会了自己在翻译中对作品的认识和理论的体会。在吸纳和处理这些外国思想营养的时候,考虑到当时社会现实的需要和要求难免时而有归化倾向,并不排除用马列文论改造的痕迹,但也没有完全意识形态化,而是徘徊在现实与理想之间,具有杂和折中的性质。

3.在比较文学层面上,一般是透过文学翻译的窗口,作者的认识因而并不系统和平衡;相对于他对中国传统诗学的激进的批判性认识,他对英语和俄语文学传统的认识和汲取可能更多一些,但并不影响对具体作家作品的认识评价的相对准确。在美学分类和分析的层面上,作者关注的视野似乎不够全面,主要在诗歌和曲艺领域,但并不影响他对于一般美学原理和审美特征的较为深入的领悟和把握,虽然在这一方面,作者往往是以捍卫常识性真理的面目而出现的,但在那个特定的思想贫乏的时代,这种努力已显得弥足珍贵。

4.在诗学的形而上学的最高层面上,作为诗人和诗论家的穆旦一生都在严守着一个高度(即便在20世纪50年代的个别"应景"的诗歌创作中也没有完全放弃)。这是他超脱时代和环境的可贵追求,虽然对这一追求的结果,诗人有时怀疑过,质问过——正如他以苦涩的理智咀嚼/拒绝着智慧之树的苦汁一样。然而,在涉及诗歌翻译的原则与方法和具体作品评价的时候,穆旦的态度又是灵活的、实用的、实事求是的,其平民色彩和商讨的话语方式,又体现了学者的风度和文学教师的风范。这一点也是理解作为诗人翻译家的穆旦的诗歌评论观点和一般文艺学观点时所不能忘记的。

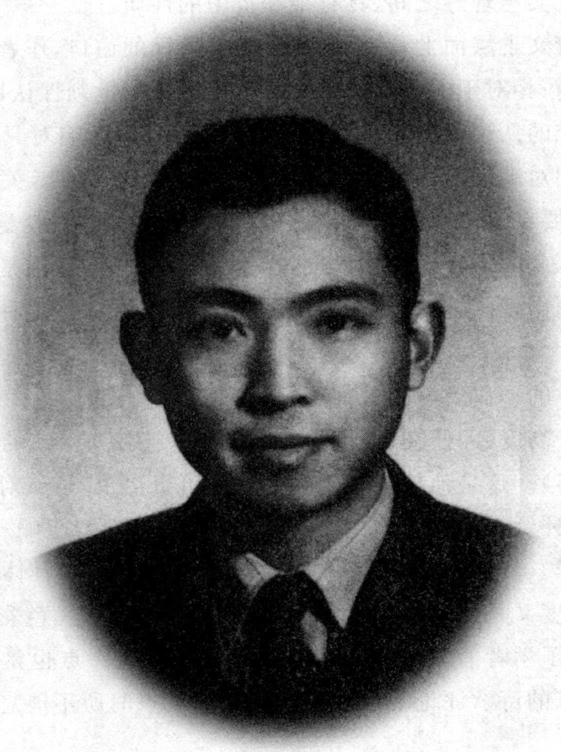

补遗

穆旦诗：自译、他译及双语写作

穆旦，中国新诗运动中九叶诗派的中坚，20世纪世界桂冠诗人中唯一入选的中国诗人，以穆旦的名义，一生创作了160多首诗，震惊中外诗坛。他又以查良铮的真名，翻译了拜伦、雪莱、济慈等英国浪漫派诗人的诗作和普希金、丘特切夫等俄罗斯经典作家的诗作，共数十部。此外，他还翻译了英国现代诗选一部和用俄语撰写的文艺理论著作多部。然而，人们却很少注意到，在穆旦创作的诗歌中，有一个异常的情况，那就是他在创作和翻译之余，自译了自己创作的部分诗作。这是一笔宝贵的财富，也是我们当下正要研究的一个题目。

第一节　自译、创作与修改

查阅《穆旦诗文集》第一卷（诗），人民文学出版社2006年版，我们发现其中有十二首诗是有自译的英文稿的，标有"原诗作者英文自译"字样，可以列出一个自译篇目表：

1. 我 Myself（探险队）
2. 春 Spring（穆旦诗集（1939-1945））
3. 诗八首 Poems（穆旦诗集（1939-1945））
4. 出发 Into Battle（穆旦诗集（1939-1945））
5. 诗 Poems（穆旦诗集（1939-1945））
6. 成熟 Maturity（穆旦诗集（1939-1945））
7. 旗 Flag（穆旦诗集（1939-1945））
8. 饥饿的中国 Hungry China（集外诗存）
9. 隐现 Revelation（集外诗存）
10. 暴力 Violence（集外诗存）
11. 我歌颂肉体 I Sing of Flesh（集外诗存）
12. 甘地之死 Upon Death of Mahatma Gandhi（集外诗存）

这些英文诗，分布在不同的诗集中。这里先要说明一下穆旦诗集的问题。

穆旦在解放以前，曾自费出版过三本个人诗集，其时间顺序如下：

1.《探险队》（1945年）
2.《穆旦诗集》（1939-1945）（1947年）
3.《旗》（1948年）

后来，解放后，在穆旦去世以后，乃有

1.《穆旦诗全集》，中国文学出版社，1996年
2.《穆旦译文集》（八卷本），人民文学出版社，2005年
3.《穆旦诗文集》（两卷本），人民文学出版社，2006年

显然，以上的自译诗，分布在《探险队》和《穆旦诗集》（1939-1945）中，而其他的英文诗，则散见于所谓的《穆旦诗存》中了。也就是说，其1948年以后所写的诗，没有再自译为英文的了。而有他自译的英文诗的最后记录，如果是准确的话，应当是留美期间翻译《饥饿的中国》一诗，其时间当在1951至1952年之间。也就是说，回国以后，穆旦的诗没有再自译过的了。

总括以上的自译情况，我们发现有以下几个值得注意的问题：

1. 穆旦的自译诗，分布在不同的时期，但其诗歌创作的时间（即有英语诗的汉语诗的创作时间），其发表时间，集中在 1942 年到 1948 年之间，属于创作的中期。可能在一个特定的时间里，穆旦意识到英诗的重要，因而有意为之，但到了出国前夕，则停顿下来。至于在美国翻译《饥饿的中国》（与《诗八首》的第八首一起发表在 *A little Treasure of World Poetry 1952* ）是一个特殊的需要，也不足为怪。

2. 他所注重的篇目，大约是诗人最看重的，与时下所精选的一些代表作篇目有些不同（文后的《中国新诗》所选 10 首可以参考）。例如，《春》（较早创作的反映青春的有现代派诗风的短诗）、《诗八首》（深奥的哲理爱情诗，许多人认为是其代表作）、《旗》（关于欧战胜利纪念的短诗）、《隐现》（有强烈宗教主题的诗）、《甘地之死》（特殊的国际题材，而且穆旦在缅甸之战后曾撤退到印度）、《我歌颂肉体》（惠特曼主题，容易找到英文诗作为起点），等等。

3. 在这些自译诗中，潜藏着诗人自己对自己诗歌的独特理解，在很大程度上也不同于其他译者的理解，而且很可能隐藏着穆旦诗歌创作与翻译的奥秘机制。对于这些英文诗歌的研究，以及与汉语诗的对比研究，还有穆旦自译与他人所译的穆旦诗（称为"他译"）的比较，乃构成我们这里研究的课题。

第一首值得注意的自译诗是《我》(Myself)：

从子宫割裂，失去了温暖，
是残缺的部分渴望着救援，
永远是自己，锁在荒野里，

从静止的梦离开了群体，
痛感到时流，没有什么抓住，
不断的回忆带不回自己，

遇见部分时在一起哭喊，
是初恋的狂喜，想冲出藩篱，
伸出双手来抱住了自己

幻化的形象，是更深的绝望，
永远是自己，锁在荒野里，
仇恨着母亲给分出了梦境。

Myself

Split from the womb, no more in warmth,
An incomplete part am I, yearning for help,
Forever myself, locked in the vast field,

Separated from the body of Many, out of a still dream,
I ache in the flow of Time, catching hold of nothing,
Incessant recollections do not bring back me.

Meeting a part of me we cry together,
The mad joy of first love, but breaking out of prison,
I stretch both hands only to embrace

An image in my heart, which is deeper despair,
Forever myself, locked in the vast field,
Hate mother for separating me from the dream.

朱墨的译文如下：

I

Out of womb and warmth,
The wane part is thirsty for help;
I'm forever myself, locked in the wilds.

From the static dream I leave the group,
Feeling that current of time, nothing to grasp;
Constant recall brings back no self,

As one part meets another, and cry together,
Joy of virgin love cries out for a breakthrough;
Stretching out one's arms only to embrace oneself,

An illusive image, in a deeper despair;

Forever is the self locked in wilds,

Hating that mother departs from dream.

比较一下这两种译文非常有意思。这里不仅有理解性的，也有表达性的差异。

1. 大体的印象是穆旦的译文比较曲折晦涩，而朱墨的译文简易流畅。除了用词和句法的不同之外（第一节就可以看出风格的差异），一个十分重要的因素是章法上的。自译在第二节结束时用了一个句号，使一二节、三四节之间的连接不太紧密。而朱墨的译文在各节内部使用分号，表示层次的区分，而句号出现在第一节的结束。也就是说，朱墨理解第一节是全诗的主题和序幕，可相对独立。

2. 在主题的理解上，朱墨和穆旦有差异。朱墨把全诗理解为是个体和群体的差异（I leave the group，第二节），而自身是无数个体的集合体（As one part meets another, and cry together，第三节），而穆旦把部分视作作为整体（母子一体we）的不完整（An incomplete part am I，第一节），这样，"遇见部分时在一起哭喊"（Meeting a part of me we cry together，第三节），就有了不同的理解和意义。

3. 可能由于诗人自己对自己的作品有一种随意处置的权利吧，穆旦在译文的有些地方做了重要的修改或改写。在第三节和第四节的交接处，尤其是在"幻化的形象"的处理上，穆旦用了 An image in my heart（我心中的形象）的特殊处理，深化了主题，并且加深了"更深的绝望"的内涵。请注意这些相关部分的译文及对照效果：

是初恋的狂喜，想冲出藩篱，
伸出双手来抱住了自己

幻化的形象，是更深的绝望，

穆旦自译文：

The mad joy of first love, but breaking out of prison,
I stretch both hands only to embrace

An image in my heart, which is deeper despair,

朱墨译文：

Joy of virgin love cries out for a breakthrough;
Stretching out one's arms only to embrace oneself,

An illusive image, in a deeper despair;

《春》是穆旦最重要的作品之一，写于1942年2月。最初发表在《贵州日报》上，后来，在1947年3月发表于《大公报》时，诗人做了重大的修改，主要是把原文集中在女郎身上的意象抽离出来，让"花朵"和"他"与"园"连接起来，成为春的象征性表达（但在改变了"它"之后，仍然保留了"他"的无着落，或硬性地介入）。为了便于理解一首现代诗的创作和修改过程，这里把两个版本按照顺序排列如下（黑体是被修改掉的部分），供研究和参考：

【原始稿】

春

绿色的火焰在草上摇曳，
它渴求着拥抱你，花朵。
一团花朵挣出了土地，
当暖风吹来烦恼，或者欢乐。
如果你是女郎，把脸仰起，
看你鲜红的欲望多么美丽。

蓝天下，为关紧的世界迷惑着
是一株廿岁的燃烧的肉体，
一如那泥土做成的鸟底歌，
你们是火焰卷曲又卷曲。
呵，光，影，声，色，都已经赤裸，
痛苦着，等待伸入新的组合。

【修改稿】

春

绿色的火焰在草上摇曳,
他渴求着拥抱你,花朵。
反抗着土地,花朵伸出来,
当暖风吹来烦恼,或者欢乐。
如果你是醒了,推开窗子,
看这满园的欲望多么美丽。

蓝天下,为永远的谜迷惑着的
是我们二十岁的紧闭的肉体,
一如那泥土做成的鸟的歌,
你们被点燃,却无处归依。
呵,光,影,声,色,都已经赤裸,
痛苦着,等待伸入新的组合。

【穆旦自译稿】

Spring

In the grass the green flames flicker,
Mad to embrace you, flower.
And spite of covering ground, the flowers shoot
To the warm wind, for either joy or distress.
If you have awakened, push open the window,
See how beautifully spread the desires of the garden.

Under the blue sky, puzzled by an eternal Riddle,
Stirs our thick closed body of twenty years;
Which, enkindled like the bird's chirping, made of
the same clay,
Burns and finds nowhere to settle.

> Ah, light, shade, sound and color, all stripped naked,
> Painfully wait, to merge into a renewed combination.

穆旦的自译文,有一些十分大胆而果断的地方,在现在的改定了的汉语诗中不太容易理解。例如,第一个句子,用了"Mad to embrace you",其逻辑主语是"green flakes"。这样,原文的"它"比较容易理解,而修改后的"他",虽然加强了人称性别的对比,倒是难以理解了。第二句中直接以"花朵"为中心进行动作布置,"the flowers shoot/To the warm wind"(花朵伸向暖风),与前后的状语,构成和谐的整体,打破了字面的"当暖风吹来烦恼,或者欢乐"的束缚,使这一节诗扑朔迷离。

第二节译文,比原文更加清晰,也更加扑朔迷离。"puzzled by an eternal Riddle,/Stirs our thick closed body of twenty years";大写的"Riddle",隐藏着玄机,而奇异的"thick"用词,使得英语美不胜收。"Which, enkindled like the bird's chirping, made of the same clay,/Burns and finds nowhere to settle."那隐藏的主语,显然是"我们的……肉体",鸟叫(the bird's chirping)代表"歌",泥土前加"同样的"(the same clay),表示所有生命来自泥土,特别是那"落脚,安家"(settle),来译无处"归依",堪称妙译。

下面是庞秉钧的译文,可供参考(见《中国现代诗一百首》,庞秉钧等编译,中国对外翻译出版公司,1993年,第139页):

Spring

> Green flame flickers across the grass,
> Aches to embrace you, flower.
> Struggling from soil,
> Flowers stretch
> As warm breezes bring sorrow, or joy.
> If you're awake, push open the window,
> See how lovely are the desires that fill the garden.
>
> Under blue sky, bewitched by eternal mysteries,
> Our bodies lie tightly-clasped, twenty years old,
> Like ceramic birdsongs;
> You are enflamed, curling again and again,

But unable to find a final destination.
O, light, shade, sound, hue—all are stripped naked,
Enduring pain, waiting to enter new combinations.

相对于穆旦的自译，庞译也有一些值得注意之处：

1. "Green flame flickers across the grass"有"绿色的火焰从草上舔过"之嫌，而不是穆旦自译中的"火焰就在草中"。

2. "Like ceramic birdsongs"由于结构过于紧，有不能舒展从容地转换之嫌，致使语义理解困难。

3. "You are enflamed, curling again and again, /But unable to find a final destination."在版本上有点特殊："你们被点燃，卷曲又卷曲，却无处归依。"介于原稿和修改稿之间。还有"But unable to find a final destination"，其实，按照现代派诗歌的理解，"最后的归依"是不大可能的。

4. 由于版本的原因，但主要是诗句排列的原因，庞译每一节多出一行，为七行诗节。

5. 在文字上，庞译的"Aches to embrace you"（痛苦地渴望拥抱你）和"Struggling from soil"（从土中挣扎而出），都极具表现力，不逊于诗人的自译。

第二节　灰色地带：可能的双语写作

穆旦的青年时期正当战争年代，1945 年 5 月 9 日，是欧战胜利日，穆旦写了《欧战纪念日》，同月，他写了纪念欧战胜利的《旗》。后来，发表在 1947 年 6 月 7 日的《益世报》上。我们知道，这首诗还有一个英文版本 Flag，也是出自诗人的手笔。我们这里先列出它的英文本，然后再看中文版，将二者加以对照。

Flag

Underneath are we all, while you flutter in the sky,
Stretching your body with the wind, with the sun journeying.
What longing away from earth, though held tight to the ground.

You are the word written above, well-known by all,
Simple and clear, yet boundless and formless;

You are the soul living of heroes long past.

Though tiny, your are the impetus of war,
And when war is over, you are the only perfection.
To ashes we turn, but the glory in you remains.

Ever responsible, you baffle us sometimes.
The rich and powerful flew you once and made you to explain,
And behind you, gained peace of the population.

For you are the heart of hearts. But wiser than all:
For you are the…
Light with the dawn, with the night suffering,
You speak best of the joys of freedom.

And the storm, who signals its approach but you!
For you are the direction, pointing us to victory.
You are what we value most, now in the hands of the people.

我们不妨做一个实验，就是把这首英文诗来一个回译，让它以中文的形态出现，看看会是一个什么样子：

旗

我们都在下方，你在高空飘扬，
风儿将你展开，太阳与你同行。
本想飞上天空，只因大地不放松。

你是大话天上，人人心如明镜，
简单而清楚，无限而无形；
你是早已死去的英雄的魂灵。

虽然尺幅不大，你是战争的动力，

战争一旦结束,你是唯一的完美。
我们化为灰烬,光荣归你留存。

从来肯负责任,偶尔令人费解。
权贵一时得你,让你费心解释,
而在你的身后,取得大众的和平。

你是心灵的心灵,但比大家聪明:
你是,你是破晓的光明,经过夜间苦痛,
你将自由的欢欣讲得最妙。

风暴来临,还有谁比你更能代表!
因为你就是方向,指引我们到胜利。
你是我们最珍贵的,如今在人民的手中。

(朱墨回译)

虽然这也是一首可观的现代诗,但毕竟不是原作。在原作与译作之间,甚至有一些显著的区别。下面是穆旦的《旗》的中文版。试想一下,如果没有上面的译文,你是否会有理解上的困难?为了便于说明一些细节问题,我们按照汉语诗的顺序,逐节给出汉诗,并给予分析和简评。

我们都在下面,你在高空飘扬,
风是你的身体,你和太阳同行,
常想飞出物外,却为地面拉紧。

[简评]

本节不好理解的地方有两处:"风是你的身体"和"常想飞出物外"。查对一下回译,一处是"风儿将你展开",一处是"本想飞上天空",或者直译"飞离大地"。都很明白。

是写在天上的话,大家都认识,
又简单明确,又博大无形,
是英雄们的游魂活在今日。

[简评]

整个一节没有主语,一查英文,原来主语是"你",也就是"旗"。最后一句的主语也可以做如是观,做如是处理。

> 你渺小的身体是战争的动力,
> 战争过后,而你是唯一的完整,
> 我们化成灰,光荣由你留存。

[简评]

第一行,身体如何"渺小"?第二行,"而"字来得突兀。

> 太肯负责任,我们有时茫然,
> 资本家和地主拉你来解释,
> 用你来取得众人的和平。

[简评]

第一行的问题,在于"我们有时茫然"的原因是"太肯负责任",但实际上,一查英文,反而是"你"——主语——"太肯负责任",致使"我们"——使不懂的对象——有时不懂。而"资本家和地主"与英文对不住,英文是"富人和有权的人"。其他,例如,第三行也有不一致之处,恕不一一细究。

> 是大家的心,可是比大家聪明,
> 带着清晨来,随黑夜而受苦,
> 你最会说出自由的欢欣。

[简评]

第一句的主语应是"你",和第二行一样,都用了"是",作为替代,作为强调。"带着清晨来",费解。英文原来是"你是破晓的光明"(For you are the…/Light with the dawn)。此外,这里英文的断行和重新起行,值得注意(详见下面)。

> 四方的风暴,由你最先感受,
> 是大家的方向,因你而胜利固定,
> 我们爱慕你,如今属于人民。

[简评]

第二行,主语"你"被省略,乃是"因你而"的存在而被省略。"我们爱慕你,如今属于人民。"有歧义,是"你""如今属于人民",而且为我们所爱慕,并非"我们爱慕[你如今属于人民]"。查对英文和回译便知。

最后,让我们做一些简要的评论。
1.英语版本比中文更具体可感,表现力更强。
2.英文语气上有感叹,层次上有分号。汉语只有逗号和句号。
3.英文语法完整,易懂,无歧义;中文平和而中庸,常省去主语,语义含混。
4.中英文有若干字面差异,多为各自的典型语句需要,但基本构思相同。

还有,部分的是基于以上的分析,让我们做一个基本的推测:穆旦的这首诗,应是先有英文,然后才有中文。换言之,是从英文向中文的翻译,而不像是相反。

论证之一:在英文里有一处半句成行的地方,使得第五节多出一行建制,后面有删节号。这种自然的状态,在译文里是不可能出现的,只有在初稿里,才有可能。当然,这一处与前后的信息和语法也构成连贯而不牵强:

> For you are the heart of hearts.
> For you are the…
> Light with the dawn,

论证之二:相对于中文版本《旗》,英文 Flag 更富于激情、变化和表现力,而汉语将句子成分中的主语 you 常常删去,造成比较含混的表现,增加了诗的歧义性。这在现代派诗歌中是允许的、正常的。反之,则不大好理解为何两个文本之间有这样的差别。

进一步的推论:

其一,穆旦是英语语言文学专业毕业,英语很好,许多诗歌是通过英语直接学习的。这有可能激发他直接用英语写作诗歌的动机,但他又不可能,或不方便用英语发表诗作,所以只好将英语诗放下,改写或翻译成汉语诗歌,公开发表。《旗》可能只是其中的一首。(而《旗》在里尔克那里有一首诗,原文是德语,可能对穆旦那时的创作有直接影响)

其二,但这并不是说,穆旦的十几首英汉均有的诗都是先有英语后有汉语的。但是又不能忽略这样一种可能:只是因为他在国内以汉语诗的发表而出名,人们想当然地认为他必然是汉语诗人,英语诗只是他翻译出来的,没有发表的,而且是次要的,甚至并不一定代表穆旦的诗歌和翻译水平。

其三,就这首诗的情况而言,我们有理由认为:穆旦的英语诗和汉语诗一样好,他完全具备用汉语创作和用英语创作的双重能力,而不一定只能从事汉译英,也就是说,他不一定先有汉语诗才能翻译成英文诗。事实上,他一生从事的英译汉要远远大于汉译英。

其四,在有些时候,也有为了发表而将汉诗自译为英文的情况。例如,在《饥饿的中国》的情况下,根据穆旦夫人周与良的回忆,穆旦是在美国,将在中国原来发表的汉语诗《饥饿的中国》(发表于1948年1月出国前《文学杂志》第二卷第八期)翻译为英文,在国外发表。"这里收录的 Hungry China 共6章,系作者于1951-1952年在美国留学期间根据自己诗作译为英文的。"(《穆旦诗文集》(第1卷),人民文学出版社,2006年,第237页)

其五,在大多数情况下,由于没有详细的记载,我们无法得知每一首诗具体的翻译情况,也不知道是先有汉语还是先有英语。而且只从文本上,也看不出两个版本的差别,或者无法说明哪一个更好。但是,翻阅穆旦诗集,我们并不缺乏精彩的诗节,给我们以信心,让我们确信,在有些情况下,穆旦很可能是双语同时创作。

属于这种情况的,大约有如下的诗篇:

1. 诗 Poems(穆旦诗集(1939-1945))
2. 隐现 Revelation(集外诗存)
3. 暴力 Violence(集外诗存)
4. 我歌颂肉体 I Sing of Flesh(集外诗存)

例如,写于1943年的《诗》(Poems),其英文和中文,都达到了相当的流畅和达意,而且各具特色,同样精彩,很难说哪一个更好,或者哪一个是原本,哪一个是译本。这里我们找出两个诗节,分别是第一首和第二首的最后一个诗节:

> 这一片地区就是文明的社会
> 所开辟的。呵,这一片繁华
> 虽然给年轻的血液充满野心,
> 在它的栋梁间却吹着疲倦的冷风!

> Here is the garden our civilized society
> Has cultivated. Here its prosperity!

At the entrance the young are filled with ambition,
But what weary winds whisper among its pillars!

人子呵,弃绝了一个又一个谎,
你就弃绝了欢乐;还有什么
更能使你留恋的,除了走去
向着一片荒凉,和悲剧的命运!

Son of Man, rejecting one lie after another,
You are rejecting everything. What else
Could have detained you, except to go
To the fate of tragedy, in a desolate land.

在诗人自己提供的汉英对照的诗作中,有一些可以发现明显的差异,主要是文化上的差异在翻译中的体现,即便是局部的,也给人以深刻的印象。例如,写于1948年2月4日的《甘地之死》,曾发表于1948年2月22日的《大公报》(天津版),又见《中国新诗》第一辑(1948年6月)。

第一节:

不用卫队,特务,或者黑色
的枪口,保卫你和人共有的光荣,
人民的父亲,不用厚的墙壁,
把你的心隔绝像一座皇宫,

No use for garrison, secret service, or the black
Muzzle, to protect the glory you share with others.
Bapu of the people, no use of turreted walls
To envelop your heart like a Kremlin Palace.

值得注意的是一些选择很讲究的词语:
1. garrison 卫队,卫戍部队
2. secret service 秘密警察
3. the black muzzle 黑色的枪口,动物套口

4. Bapu 伟大的灵魂,圣人(印度)
5. turreted walls 有炮塔的城墙
6. a Kremlin Palace 克里姆林宫(俄罗斯)

最后一节:

> 恒河的水呵,接受它复归于一的灰烬,
> 甘地已经死了,虽然没有人死得这样少:
> 留下一片凝固的风景,一隅蓝天,阿门。

> Holy water of the Gange, receive the ashes back to One,
> For Gandhi is dead, though no one has died so little:
> Leaving behind a landscape, a corner of the blue sky, an Amen.

有关宗教的词语如下:
1. Holy 神圣的
2. One 一(神,或可指梵天)
3. Amen 阿门(祈祷结束用语,赞美语;古语,表示真实)

这些词语构成一个语义场,为塑造与圣雄甘地相关的文化氛围,包括政治氛围和宗教氛围,做了最好的语言准备。可见,这是在有充分准备的条件下进行的英语诗歌创作(很可能来源于英文的有关资料的阅读),而不是为了英译一首诗可以做得到的。或许,从中也可以窥见诗人良苦的用心——尤其是《甘地之死》作为诗人有双语对照的最后一首诗。

有些差异并不是文化的,而是语义的。这就给人一种可能的理解:要么,穆旦是在双语创作中针对各自的语言,各得其所,互有发挥;要么,就是在原作经过一段时间以后,进行翻译时发现有重大的修改余地,于是修改了,提高了。这后一种情况,应和了自译理论上"延迟自译"(Delayed Self-translation)的理论,而前一种情况,则不符合即时自译(Simultaneous Self-translation)的理论。因为按照即时自译的理论,译文和原文应当没有什么重要的差别才行。不过,这里,我们尝试采用双语写作(bilingual writing)的理论,来说明诗作过程中各自发挥语言特长而又能激发诗性的双语创作机制。

在写于1942年2月,后来改作《出发》(Into Battle)的《诗》(Poems)里,

我们发现有一节奇异的诗节,即第二节:汉语和英语有重大的差异,而且并非文化上的,而是语义上的。让我们先分别列出这一节的中英文版本。

告诉我们这是新的美。因为
我们吻过的已经失去了自由;
好的日子去了,可是接近未来,
给我们失望和希望,给我们死,
因为那死的制造必需摧毁。

And tell us to appreciate it. Suddenly we know
The flower we kissed is ours no more.
Gone are the old days, but nearer to future;
Give us vision and revision, give us death,
To destroy the work of death we venture.

汉语回译的结果如下:

告诉我们如何去欣赏它。我们忽然得知
我们曾经吻过的花朵已经不属于我们。
昔日已经过去,可是接近未来;
给我们视点和视点的改变,给我们死,
那制作死的机制我们必须努力去摧毁。

几个重要的改变被发现了:

1. 在汉语中是"新的美",让人想起叶芝的名句(一种可怕的美已经诞生),而英语只是"欣赏";

2. 汉语诗隐去了"花朵",也许在中国文化中是比较敏感的意象,使语义抽象多了;

3. 把"过去的日子"说成是"好的日子",更加符合汉民族怀旧的心理意向;

4. 相对于"失望和希望",那"视点和视点的改变"(并非严格的字面翻译)要深刻得多。

也许是由于以上的原因,在英语诗里不能流行的,甚至未曾被知晓和重视的,在汉语诗里成为名句——即便是出于同一位杰出诗人之手!《出发》

的最后一节,英文是这样的:

> O Lord, who trap us thus in the hold of Present,
> Along dog-teeth tunnel we march, groping
> To and fro. Let us take as one truth
> Your contradictions. O let us be patient,
> You who endow us with fulfillment, and its agonies.

　　细心的读者也许会注意到,这样的英语也是有特点的。为了强调而随意地大写"Present"姑且不论,"犬牙交错"本是一个汉语成语,而加上"甬道",在英语中就有意思了。"Your contradictions"(你的重重矛盾)则成为"你句句的紊乱",与"真理"对应,真的显出矛盾或紊乱了。最有趣的就是"丰富,和丰富的痛苦",那经常被引用的穆旦的名言,实际上来源于一个十分普通的英语词语:"fulfillment, and its agonies"(履行,及其痛苦)。

　　综合的效果,还要看汉语诗歌本身:

> 就把我们囚进现在,呵上帝!
> 在犬牙交错的甬道中让我们反复
> 行进,让我们相信你句句的紊乱
> 是一个真理。而我们是皈依的,
> 你给我们丰富,和丰富的痛苦。

　　需要指出的是,"把我们囚进现在"那句奇特的汉语,掉到首行句末特殊位置上的"呵上帝!"那强烈的呼唤,以及倒数最后一行结束时"而我们是皈依的"(O let us be patient,"哦,让我们耐心等待吧")那样一些宗教性的词语,大大地加强了这一节诗的宗教氛围。也就是说,汉语运用对上帝与宗教的逆反心理,大大地加深了真理的悖论感。这是聪明的穆旦所能想到的,或者利用英语和汉语的差距所能够做到的。

第三节　他译:诗歌变体与传播

　　下面转而研究一下穆旦的自译诗与其他人的翻译(简称"他译")的关系。以下是就篇目而言,穆旦自译诗与其他译者的对应关系(其他译者只给出姓名）：

1. 我 Myself（朱墨）

2. 春 Spring（朱墨，叶维廉，庞秉钧）

3. 诗八首 Poems（朱墨，叶维廉）

4. 出发 Into Battle（朱墨）

5. 诗 Poems（朱墨）

6. 成熟 Maturity（朱墨）

7. 旗 Flag（朱墨）

8. 饥饿的中国 Hungry China（朱墨）

9. 隐现 Revelation（朱墨）

10. 暴力 Violence（朱墨）

11. 我歌颂肉体 I Sing of Flesh（朱墨）

12. 甘地之死 Upon Death of Mahatma Gandhi（朱墨）

就笔者所见，其他穆旦诗的译者及其主要篇目如下：

1. 朱墨（王宏印），60首，包括了穆旦自译的英文诗全部，载《穆旦诗英译与解析》，河北教育出版社，2004年。

2. 庞秉钧，10首：《春》《智慧之歌》《秋》《停电之后》《自己》，载《中国现代诗一百首》中国对外翻译出版公司，商务印书馆（香港）有限公司1993年；《手》《报贩》《被围者》《春天和蜜蜂》《演出》，载《穆旦短诗选》，犁青主编，银河出版社，2006年。

3. 王佐良（与胡时光），5首：《我看》《赠别》《寄——》《智慧之歌》《秋》，载《穆旦短诗选》，犁青主编，银河出版社，2006年。

4. 叶维廉，4首：《春》《控诉》《裂纹》《诗八首》，载《穆旦短诗选》，犁青主编，银河出版社，2006年。

5. 周珏良，1首：《冬》，载《穆旦短诗选》，犁青主编，银河出版社，2006年。

6. 北塔，1首：《爱情》，载《穆旦短诗选》，犁青主编，银河出版社，2006年。

这些译者，限于篇幅，不能一一介绍，只能有所侧重，主要介绍三位：

王佐良是穆旦的好朋友，为穆旦翻译的英语诗歌作序，加注解，并且为穆旦的诗歌创作做宣传和介绍，一生不辍。他与人合译的穆旦的英译诗，有早期的和晚期的，有一定的代表性。这里选了他们合作翻译的《秋》的一个片段，以见出译者的译笔：

死亡的阴影还没有降临，

一切安宁,色彩明媚而丰富;
流过的白云在与河水谈心,
它也要稍许享受生的幸福。

The specter of death has not yet arrived,
All is quiet, bright and riotous with colour;
The floating cloud converses with the river,
It also wishes to enjoy a little of life's happiness.

庞秉钧是南开大学外文系的教师,其翻译穆旦的诗比较多,代表性更强,几乎各时期的都有,题材也比较广泛。在他所翻译的穆旦晚年的政治讽刺诗中,《演出》给人留下了深刻的印象。这里给出原文和译文,以供对照研究:

演出

慷慨陈词,愤怒,赞美和欢笑
是暗处的眼睛早期待的表演,
只看按照这出戏的人物表,
演员如何配置精彩的情感。

终至台上下已习惯这种伪装,
而对天真和赤露反倒奇怪:
怎么会有了不和谐的音响?
快把这削平,掩饰,造作,修改。

为反常的效果而费尽心机,
每一个形式都要求光洁,完美;
"这就是生活",但违背自然的规律,
尽管演员已狡狯得毫不狡狯,

却不知背弃了多少黄金的心
而到处只看见赝币在流通,

它买到的不是珍贵的共鸣
而是热烈鼓掌下的无动于衷。

Performances

Impassioned protestation, indignation, eulogy and laughter—
Performances long expected by eyes in the shadows.
See how the current cast of the play
Compound anew their grand emotions.

In the end actors and audience alike grow so accustomed to the sham
That they consider innocence and nakedness anomalies.
"Where do these discordant notes spring from?
Prune'em away, hush'em up, revise'em, revamp'em!"

To achieve abnormal effect no effort is spared;
Every form must be polished, perfected.
"This is life," and yet it violates Nature's laws,
Even though the actors have grown so artful as to be artless.

But no one knows how many hearts of gold have been betrayed.
Everywhere you see counterfeit coinage in circulation.
What it has bought is not a valued sympathetic response,
But numb indifference beneath assumed applause.

总体说来,庞译穆旦诗是语义性的翻译,在语义的理解上是深刻的,用词很准确,有的地方很精彩,例如,第一节的"See how the current cast of the play/Compound anew their grand emotions."和第四节的"What it has bought is not a valued sympathetic response,/But numb indifference beneath assumed applause."译出了那个时代的感情虚假的反讽意义,及观众对虚假表演的无动于衷。

第二节的后两行,采用直接引语的提问效果,还有诗歌语言的简略拼写,发挥了很好的译文效果,"Where do these discordant notes spring from?/ Prune'em away, hush'em up, revise'em, revamp'em!"还有第三节的最后一行,利用英语同源词汇的辞趣,"so artful as to be artless",收到了绝妙的翻译效果。

当然,在形式上,译文中原诗的韵律无法保留,有些句子长度控制不够好,这也是要提一下的,或许可以说,这是语义翻译在诗歌翻译中较为常见的问题,并不奇怪。

叶维廉是著名的诗人,诗论家,久居国外,但对大陆的诗歌发展十分熟悉。他选择翻译了穆旦中期的诗,有独特的审美角度,《诗八首》(Eight Poems)比较长,又有相当的难度。我们在这里挑出其中的一首,即第七首(这一首,也就是年轻的穆旦送给热恋中的周与良照片时,写在背面的那些文字),对照穆旦英译和朱墨英译,略做比较。

> 风暴,远路,寂寞的夜晚,
> 丢失,记忆,永续的时间,
> 所有科学不能祛除的恐惧
> 让我在你底怀里得到安憩——
>
> 呵,在你底不能自主的心上,
> 你底随有随无的美丽的形象,
> 那里,我看见你孤独的爱情
> 笔立着,和我底平行着生长!

> Storm. Distant roads. Lonely nights.
> Loss. Remembrance. Continuous time.
> Against the fear that no science can dispel
> Let me have restfulness in your breast.
>
> Oh, upon your unindependent heart,
> The seen-then-unseen form of beauty,
> There, I saw your solitary love
> Spear up, growing parallel with mine.
>
> (By Wai-lim Yip)

Rain storm, long way, and lonely night,
Forget, recall, and everlasting time,
All fears that science cannot rid of
Place me at rest in your arms—

Ah, in your none-autonomous heart,
And your beautiful image now on, now off,
There, I see your lonely love
Erect, and grow together with mine.

       (By Zhu Mo)

Tempest, long journey, and the lonely nights,
Non-existence, remembrance, and the never ending time,
For all he fears which science can never explain away,
Let me find consolation in your bosom.

Ah, in your heart that's never self-controlled
And your beauty that comes and goes,
Where, parallel to my passion of love, I find,
Yours is growing so lonely.

       (By Mu Dan)

对比三位译者的英诗，有几点明显的差异，但也有一些共同点：

1. 在前两行的列举中，只有朱墨用了"night"的单数，其他都使用复数，叶维廉不用连接词进行排列，可能是强调意象并置的效果吧。但是，最重要的差异，而且最不大好理解的是，穆旦本人竟然用"Non-existence"（不存在）译"丢失"，而叶维廉用"loss"（损失，迷失），朱墨用"forget"（遗忘）。

2. 在"所有科学不能祛除的恐惧"和"让我在你的怀里得到安憩"之间，叶维廉用"against"，穆旦用"for"，朱墨则以前者作主语用动词"place"（安放）将二者连接为一个句子，强调了恐惧安顿人在爱情中的思想。而且，朱墨还按照中文诗的格式，在行末，也就是节尾，用了一个破折号。而其他二位则不用此形式。难道只有中文才用此形式，抑或在英文中转成蛇足？

3. 第二节，"你底随有随无的美丽的形象"，穆旦和朱墨都把"美"直接指

"你"或"你的形象",而叶维廉则将这个"美"抽象化为"美的形式",让其显现或不显现("The seen-then-unseen form of beauty"),表现出对美的本体的诉求,这是耐人寻味的。

4. 最大的区别在最后,当朱墨和叶维廉都按照中文的最后两行,机械翻译语义的时候,穆旦却将"你的爱情孤独的生长"置于最后一行,使其成为焦点。这样,最后两行的意思就是:

在那里,和我的爱情并行着的,我发现
你的爱情的成长是如此的孤独!

那么,从以上的简要分析中,我们可以得到什么样的启示呢?

1. 诗歌的形式,并非是一成不变的东西,在翻译中有灵活的与坚守的不同方面,因个人的理解与操作而不同;

2. 在一些关键的地方,即在原始语义含混的地方,往往留下自由理解与发挥的余地,而如何表现和发挥,则各自依照自己的学养和习惯,尽兴而去;

3. 与其他译者相比,自译者并非是最严格地遵守自己原作的译者,他在有些地方,有更加大胆的发挥和处理,而其他译者,倒是难以跳出形式和意义的藩篱;

4. 在翻译的过程中,留有大量的灰色地带和不明朗的地方。此时,越是有思想的译者,越倾向于按照自己惯常的思想处理语义和形式,其翻译的效果,就越是突出而别致。

最后,让我们列出《中国新诗:1916—2000》(张新颖编选,复旦大学出版社,2001年)中所选穆旦代表作10首,读者可以去对照穆旦自译的篇目(12首),以发现其中的重要区别(黑体表示这个单子中穆旦英语自译的篇目,即两个单子之间的重合部分),也就是说,穆旦认为特别重要的诗作,和新诗研究者与选编者之间,很少有重合的部分,而他自译的作品,除了特殊的需要之外,许多则和创作有关。

1. 防空洞里的抒情诗
2. 还原作用
3. 五月
4. 赞美
5. 诗八首

6. 活下去
7. 发现
8. 智慧之歌
9. 老年的梦呓
10. 冬

结语:

穆旦诗的选编,在篇目上有逐渐增多的趋势,也覆盖了一般现代诗史所关注的题材,并照顾穆旦本人各个时期的诗歌创作成就,一般包括成熟时期和后期的诗歌,而对早期的有些忽略。而穆旦的自译诗,只是诗人一个特定时期的自我观照的诗歌活动,但仍然可以看出穆旦独特的鉴赏眼光,当然,其中也有一些偶然的因素,选译了一些代表性不强的作品。而其他译者的选择,则有相当的个人原因和爱好因素(例如王佐良选译了不少穆旦的早期诗作),但也有集中在几首代表作里的倾向,在一定程度上与诗歌史的选择相一致。

就诗人自己的诗歌自我观照活动而言,大体上有三种情况:

第一是汉译英自译。大约是出于特殊的需要,例如《饥饿的中国》和《诗八首》中的第八首的翻译,为了在国外直接发表;还有就是有感而发的时候,把自己的个别喜爱的诗译成英语,反复珍玩,但苦于没有机会用英文再发表。这里也可以部分地说明穆旦现代诗的国际化问题,即质量和接受方式的问题。

第二是英译汉自译。在一些英文资料准备比较凑手的时候,例如,《甘地之死》和《我歌颂肉体》,诗人有可能先用英文写作,然后再翻译成中文诗,而这里就有"中庸法"和"陌生化"两种手段在同时起作用。这一研究结果,至少可以部分地解释穆旦诗的晦涩难懂的创作机制。

第三是双语写作。有时候,或有些诗篇,诗人先用一种语言创作,然后又用另一种语言创作,然后又反复地对照和修改,以至于我们已经很难辨认究竟哪一种语言在先,或者翻译为何种语言才是译本。我们把这种情况称为"双语写作"。双语写作,增加了穆旦诗创作研究的维度和难度,也能解释在深层上穆旦的(汉语)现代诗受英语影响的情况,而不是简单地认为是直接受了哪一位外国诗人或哪一首外国诗的影响。

综上所述,穆旦由于自译和翻译他人作品,与自己的诗歌创作和修改结下了不解之缘,甚至进入双语写作的即兴状态。这是一方面,只涉及穆旦诗本身的创作问题,也就是"内文本"。但另一方面,在穆旦诗被他人翻译和与诗人自译比较的维度上,可以看出穆旦诗呈现的文本变体,这些变体可称为"外文本",与穆旦诗的不用语言不同文本的形态及其对外传播有关。这两个方面的综合判断,或借助哲学上的"视域融合",便可以看出穆旦诗复杂的总体图景,即诗本体与变体的关系。由此建立起这一补遗的非常意义。

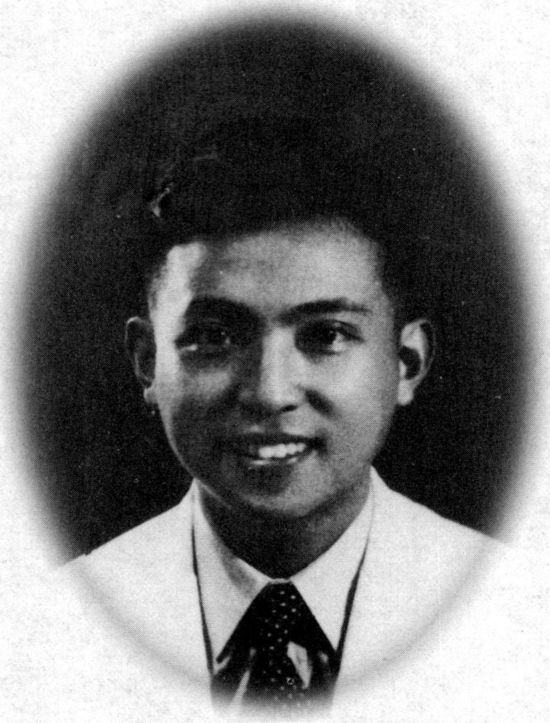

结束语
诗人身后

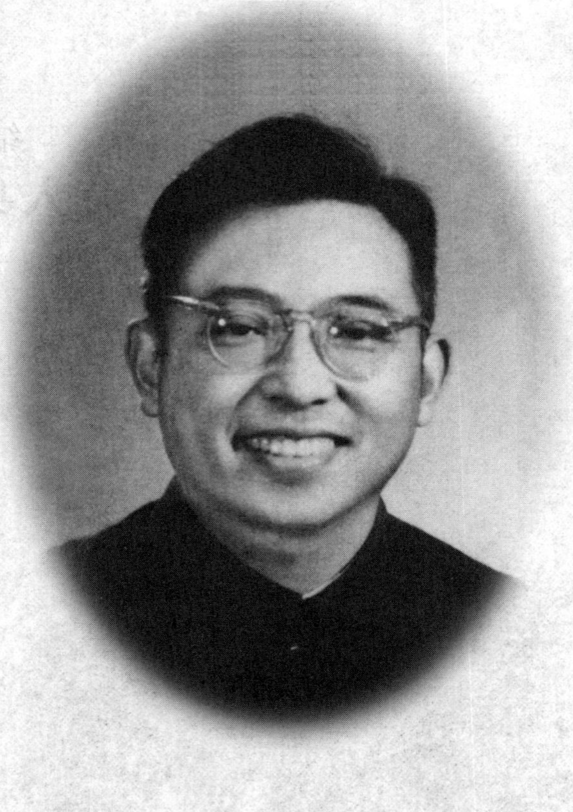

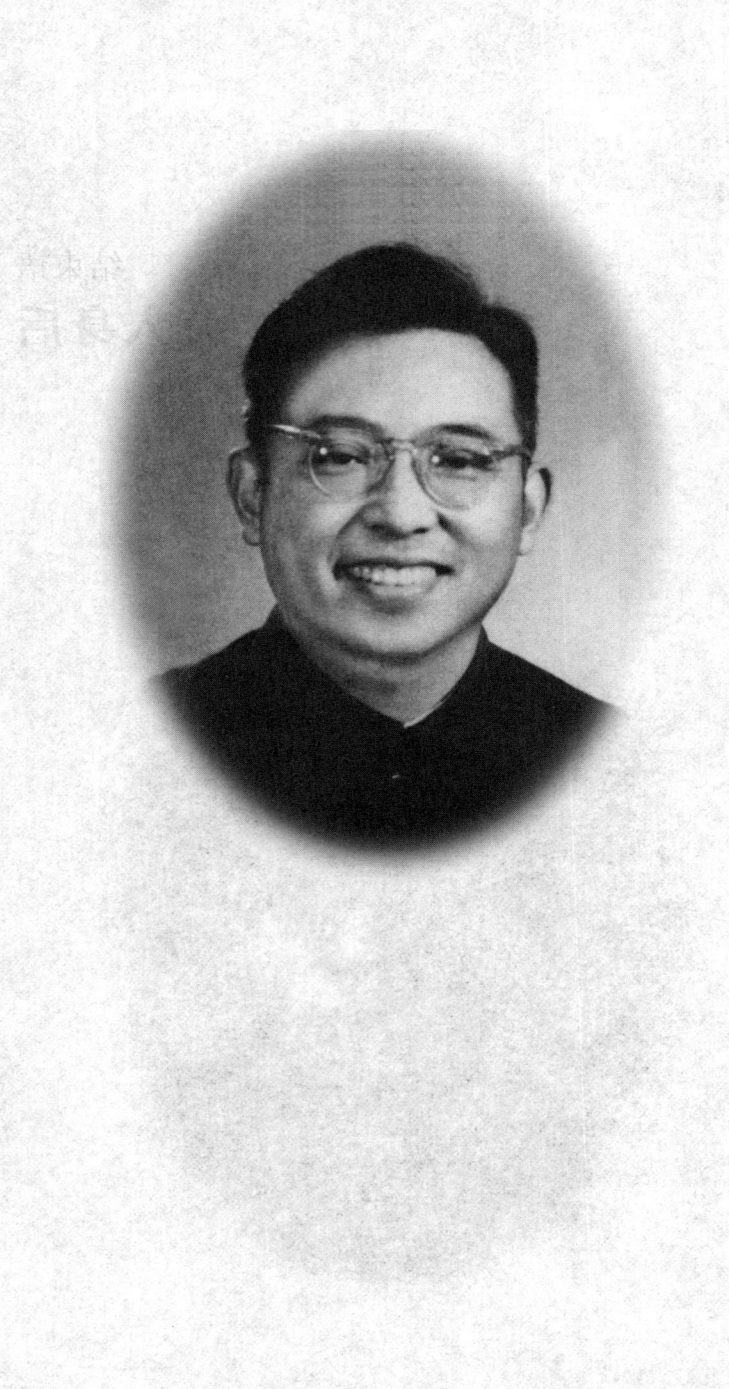

写到这里,关于穆旦,关于查良铮,这位诗人翻译家,或翻译家诗人,我们的传主,似乎可以搁笔了。可是,笔者还有许多许多的话要说。

或许,依照惯例,对于传主的一生,至少需要给出一个大体的总结。虽然归根结底,评价一位卓越超凡的人,他的一生,他的成就和缺憾,对于任何一个作者而言,总是显得有些捉襟见肘或言不尽意。

但我们至少可以说,回顾穆旦查良铮的一生,是多方面值得记取的。

他首先是一位卓越的诗人,一位桂冠诗人。在现当代中国文学史上,在中国现代派诗人中,就创作的质量和永恒价值而言,就艺术的创造性和冲击力而言,就其所反映的才气和胆识而言,没有人能和他相比肩。他是穆旦,那隐含着一个"查"字的穆(木)旦。

他是一位多产的翻译家,一生翻译了俄语和英语的诗歌不少,主要是浪漫派诗歌,也有现代派诗。在这两个方面,他都是行家里手,而就诗性和语言质量而论,他的译作,堪称经典,具有永恒的文学价值。查良铮自己,也用英文翻译了自己的几首诗,在国外发表,产生过国际性的影响。

他是一位有见识的文艺评论家,在翻译之余,他利用一切手段和机会,撰写序言和后记,发表对于诗歌和诗人的评论。在极端困难的条件下,他利用私人通信,抒发自己的文艺见解和美学理论,时而隐晦,时而大胆,积少成多,逐渐形成了颇有特点和深度的诗学思想,针砭时弊,启迪后人。

他是一位爱国者,而且具有人类意识。在国家有难的时候,能够投笔从戎,也能够用自己的笔,揭露黑暗和侵略,揭示文明和苦难。他追求真理和知识,走过战争与和平,上下求索,几度出境,但不愿苟活于异国,毅然回到了祖国的怀抱,受尽屈辱,为她而死,义无返顾。

他是一位孝顺的儿子和有责任感的哥哥,一位好丈夫、好父亲。他的诗人的气质和感情,升华了生活,也连累了家人,而他总能够以自责和自则,履行义务和责任。他有四个儿女,他忍辱负重,以言谈和身教,影响和教育了他们,如今都已长大成人,成为有出息的人。

他是一位高贵、自尊、秉性正直的人。在那人人自危的年代和自身难保的处境下,他身居牛棚,默默地忍受命运的矢石交攻,没有出卖过一个人。在有机会的时候,还提醒和关照过他人,不要自取其辱,要活得有尊严,有意义。利他而不自私,源于忧患和爱。

他是一位乐于助人的人,有广泛的爱心,如良师益友。他在自己生活异常困难的情况下,接济过不少人。巫宁坤,一个帮助过他也多次受过他接济的人,不会忘记他。董庶,西南联大时的老同学、老朋友,因不幸早逝,其家属和子女长期受到穆旦的资助,不能不记取。还有许多人,受过他的教诲和恩惠的，尤其是年轻人，也不会忘记他。积累知识而不是财富，是他的一贯做法。

他是一位对社会有益的人，虽然生活回报他的总是厄运和艰辛。在翻天覆地的变迁中，他呼唤变革和进步，不做旧世界的殉道者。在和平与浮华的时代，他拒绝平庸与消沉，坚持真理与心灵的秩序。他以他的笔和有限的年华，写诗，译诗，写诗论，译文论，为后人留下了一大笔遗产。读过他的诗的人和读过他的译诗的人，没有不为之感动的，没有人能够忘记的。而这一份遗产，需要更加珍惜、继承和富于成效的研究。

他是一位懂得珍视生命因而没有虚度年华的人。在几乎丧失人身自由的前提下，在极端屈辱的工作条件中，他咀嚼灵魂，卓绝生存，忍辱负重，奋发有为，利用每一分钟、每一秒钟，有一分热，发一分光，发光不止，直到逝世。他的生命是光辉的生命，如日月之辉煌，与日月共其辉煌。

然而，他，诗人穆旦，本质上是一名歌手。

在那个时代的诗人的群体雕像中，穆旦的形象似乎并不特别地突出。

他没有风流灵巧、赤子童心的徐志摩那样的浪漫，轻轻地一挥手，写了那么多浪漫的爱情诗，而为少男少女们所传诵，所喜欢。虽然穆旦曾经九死一生，一生大起大落，却没有成为一连串故事串成的传奇。除了一两件事（一件是九死一生的野人山战斗，一件是不为人知的一个初恋），穆旦的生存过于平淡，诗歌又过于晦涩，未能为世人所迅速瞩目，也没有几位杰出而美丽的女性围绕着，飞翔，飞翔，最后在飞翔中毁灭，完成了一个典型诗人的天方夜谭。穆旦早就超越了浪漫派，他是无愧的现代派的先驱和殿军。

他没有恩师闻一多那样的博学，写诗论，兼绘画、治印，做文学的考证、神话的追寻，尤其是曾经提出一种新诗的主张而为人们所普遍接受，至少也是普遍地知晓；也没有创造一种容易辨认的诗体——新诗的格律体，和那样一些被经常记住的诗篇，如《死水》《红烛》，作为人格化的符号，而诗人自己却因为极度的激进，而被黑暗暗杀，成为烈士。穆旦虽然坚强，却没有同等的刚烈，他苟活于乱世，拘谨于盛年，只为了诗歌，但从来没有停住在主流和主旋律里。当 1997 年香港回归，1999 年澳门回归时，闻一多的《七子之歌》谱写成曲，用童声演唱，而闻一多和穆旦都已作古，不闻其声了。

他不像无产阶级才子郭沫若那样时髦，在黑暗中寻找光明，然后紧跟时代的脚步，伸张正义，挥洒诗情，在《天上的街市》漫步，随诗歌的《女神》起舞，而且多才多艺，创作旧体新体，散文戏剧，精通甲骨历史，而又特别地能适应现实，贴紧政治，与时俱进，不落伍，不气馁，上追惠特曼，下承无神论，怒作《匪徒颂》，狂歌《雷神颂》，博得盛名，声讨"四人帮"，顺应民心国情。而穆旦的一生，虽然从未和政治伟人交往，却有一些知识分子的圈子，同舟共济，坎坷始终，几度被包围挤压，总是在社会的底层，挣扎。他力争远离政治的中心和主流，却反而越陷越深，以至于左冲右突，终不得出。但他又以毕生去抗争命运，不甘沉沦，才有了那么丰富和丰富的痛苦的体验，这成就了他，一个苦难的诗人——既折磨人又自身受折磨不息而亡。

他不像卞之琳那样长寿，有足够的时间累积起一个诗歌的圣殿，在飘雪的六点钟，独上高楼，去读一页罗马帝国衰亡史，也有时间回忆和评论中国的新诗。卞的译作，遵循并发挥了一个"以顿代步"的理论，有莎翁的四大悲剧传世，甚至译成电影配音。穆旦只在诗歌里漫步，从未涉足戏剧。但坚定而矫健，坚韧而苦难，不似另一个的细碎而且敏感，带有苍白的病态和思虑的小资情绪，逻辑化，理论化，晦涩灰色，傲慢孤僻，而在有的时候，又是如此的政治化。政治化——一切诗歌创作的肌瘤啊。

他不是朱湘，虽然也是一样的少年气盛，诗才横溢，却不如此悲观厌世，以至于自杀在滚滚长江之上，还未来得及经受人生的大灾难，便过早地离去了——只留下江南风味的《采莲曲》和洋味儿十足的"十四行诗"。穆旦深入民间，在骨子里，北方的农村，是都市的反面和良药，借鉴英诗，在创作里，英诗的格律，早已融化地不露痕迹。他也喜欢济慈，但不病态，不脆弱，而是分析借助理性，翻译借助灵感，诗艺上能精益求精，生活上也能照顾周全，因此，生命才不至于如此快地遭受夭折，留下英年早逝的遗憾——虽然穆旦的死亡时间，多种必然因素构成的偶然，还是太过急速了啊。

他不是李金发，早年留学法国，学雕塑艺术，却受不了诗歌的诱惑，写象征主义的现代诗，寄回国内，陆续发表，到归国时，已经是名满九州的大诗人了；但诗人李金发不甘心只做诗人，他仍是雕塑家，辛亥革命的英雄的形象屹立在广州的公园里。李还想当官，供职于旧的教育机构，直到看透了官场和国情，转移到美国，在异国的国土上做一个农场主，悠悠地度过了余生。相对于李金发的《弃妇》，语言上文白夹杂，形象在破碎中显示完整，穆旦的代表作是《被围者》，时空交融，兼论战争与和平，树立了文化的范型。穆旦原本有贵族的血统，一身没落在国统区，几经冲杀而不出，幸而出洋，玄而回国，义无反顾，走进了大学，却失去了讲台，失去了写诗的权利，仍然是义无反顾，译诗不辍，在每日的劳作中，在最底层的生活中，不离不弃，把一生献给了诗歌而无悔。

穆旦，穆旦，热情狂放而又小心谨慎，细致敏感而又大义凛然，平民平凡而又秉性高贵，孤独孤寂而又愤世嫉俗——一个多面性的统一。

那么,究竟是什么,将穆旦塑造成这样一个非凡而又平凡的诗人形象的?

其一,高贵的气质与不幸的命运形成反差,造成了生命本质奔流的一次炼狱般的撞击和升华。

其二,贴近生活而又立志高远,善于在生命的常态中以激情捕捉诗的意象和美的瞬间,进而化为永恒。

其三,一世脱俗使其能够得免于世俗的沉沦和拖累,追随理念的纯洁和情爱的高度,避免了被当下所捕获而徒然地浪费生命。

其四,只为诗而生存,不为别的,生活反而深刻而丰富了,虽然以痛苦为代价,但痛苦也是生命的一部分,是生存的题中应有之义。

那么,我们不妨忘却一切关于他的文字和故事、教训和希望,一起来邀请他的歌唱。我们知道,他一生在痛苦中呻吟,为了那饱经苦难的人民。但愿他此时能在天堂,如愿以偿,以欢愉的心情,做一次自由自在的歌唱:

  O 让我歌唱,以欢愉的心情,
  浑圆天穹下那野性的海洋,
  推着它倾跌的喃喃的波浪,
  像嫩绿的树根伸进泥土里,
  它柔光的手指抓起了神州的心房。
       《合唱二章》

让我们召唤他博大的呼吸,在天地的交合里做一次自由的翱翔。就让他的如气如虹的翱翔伴随着我们,飞越大地上山河壮丽的乐章,鼓舞我们澎湃昂扬,边思考,边彷徨:

  当我呼吸,在山河的交铸里,
  无数个晨曦,黄昏,彩色的光,
  从昆仑,喜马,天山的傲视,
  流下了干燥的,卑湿的草原,
  当黄河,扬子,珠江终于憩息,
  多少欢欣,忧郁,澎湃的乐声,
  随着红的,绿的,天蓝色的水,
  向远方的山谷,森林,荒漠里消溶。
       《合唱二章》

让我们接受他热情的拥抱,和着我们的节奏舞蹈,进入一个新的探索的时代,有痛苦,有欢欣,也有爱:

> O热情的拥抱!让我歌唱,
> 让我扣着你们的节奏舞蹈,
> 当人们痛哭,死难,睡进你们的胸怀,
> 摇曳,摇曳,化入无穷的年代,
> 他们的精灵,O你们坚贞的爱!
> 　　　　　(《合唱二章》)

让我们以同样坚贞的爱,不断吟咏他的诗,让诗的精灵歌唱不已。在一个诗人不知何为的时代,让我们坦率地承认,并热情地呼唤:

> 穆旦,查良铮,
> 你应当活在这个时代!
> 中国的诗坛,需要你!

(完稿修改于 2014 年 5 月 2 日夜,
定稿于 2014 年 7 月 14 日)

附 录

一、穆旦(查良铮)生平年谱

1918 年　1 岁

4 月 5 日,查良铮(穆旦)生于天津市西北角老城内恒德里 3 号。查家是望族,祖籍浙江省海宁县袁化镇。

1923 年　5 岁

9 月,入天津市北马路 573 号城隍庙小学读书。

1924 年　6 岁

读小学三年级,发表《不是这样的讲》,载天津《妇女日报·儿童花园》。

1929 年　11 岁

9 月,考入天津南开学校。初步显露文学才能,具有反传统和抵制日货的进步倾向。

1934 年　16 岁

开始在《南开高中生》上发表一些文学作品,包括散文和诗歌。5 月发表的散文诗《梦》,开始署名"穆旦"。

1935 年　17 岁

7 月,毕业于南开学校高中部。

9 月,以优异成绩同时被三所大学录取,自选入清华大学外文系。

1936 年　18 岁

11 月,发表诗作《更夫》,载《清华周刊》,署名"慕旦"。

1937 年　19 岁

1 月,发表诗作《玫瑰的故事》和《古墙》。

7 月,抗战爆发。

10 月,作为护校队员,随清华大学南迁长沙。

11 月,作诗《野兽》,后列入诗人第一部诗集《探险队》首篇。

1938 年　20 岁

2-4 月,随北京大学、清华大学、南开大学由长沙西迁昆明,组成西南联大。途中写下组诗《三千里步行》,后发表于重庆《大公报》。

6 月、8 月,分别作诗《我看》和《园》等。

1939年　21岁

在西南联大外文系学习,受教于燕卜荪等诗歌名家,系统接触西方现代派诗歌,尤其受艾略特、奥登等诗人影响甚大。

作诗《合唱二章》(2月)、《防空洞里的抒情诗》(4月)、《从空虚到充实》(9月)、《童年》(10月)、《祭》等。

1940年　22岁

8月,毕业于西南联大外文系,留校任助教。参加"南荒社""冬青社"等进步学生文艺社团活动。发表诗评《他死在第二次》《慰劳信集——从〈鱼目集〉说起》,评论艾青和卞之琳的诗歌创作。

作诗《蛇的诱惑》(2月)、《漫漫长夜》(4月)、《在旷野上》(8月)、《悲观论者的自画像》《窗——寄后方某女士》《不幸的人们》(9月)、《还原作用》《我》《五月》《智慧的来临》(11月)。

1941年　23岁

作诗《潮汐》(1月)、《在寒冷的腊月的夜里》(2月)、《夜晚的告别》《我向自己说》《鼠穴》(3月)、《华参先生的疲倦》《中国在哪里》(4月)、《小镇一日》《哀悼》(7月)、《神魔之争》(8月)、《摇篮歌》(10月)、《控诉》(11月)、《赞美》《黄昏》《洗衣妇》《报贩》(12月)等。

1942年　24岁

年初,支持创办西南联大"文聚社",出版文艺刊物《文聚》。

2月,参加中国远征军,任(杜聿明将军)司令部随军翻译,后入罗佑伦将军的二〇七师,出征缅甸抗日前线。

5-9月,亲历野人山战役,九死一生,终身难忘,后写诗以纪念。

作诗《春底降临》(1月)、《诗八首》《诗》《出发》《寄后方的朋友》(2月)、《诗三章》(3月)、《阻滞的路》(8月)、《自然底梦》(11月)、《幻想的乘客》(12月)等。

1943年　25岁

年初,在印度加尔各答养病,与时任中国驻印军训练中心翻译的杜运燮相遇。

后撤回国内,颠沛于昆明、重庆、贵阳、桂林等地,先后在中国航空公司、重庆新闻学院、西南航空公司等处做翻译、学员或雇员,时而失业,生活困顿。

作诗《祈神二章》(3月)、《诗二章》(4月)等。

9月,诗人闻一多选编《现代诗钞》,收入穆旦的《诗八首》《出发》《还原作用》《幻想的乘客》。

1944年　26岁

作诗《赠别二章》《裂纹》(6月)、《寄》(8月)、《活下去》(9月)等。

1945年　27岁

第一部诗集《探险队》由昆明文聚社出版,收入《野兽》等25首诗作。

年初,到贵阳,在航空公司任职,业余写诗。

8月,日本投降。

9月,作诗《森林之歌——祭野人山死难的兵士》,次年发表于《文艺复兴》第一卷第六期(1946年7月),后改为《森林之魅——祭胡康河上的白骨》,收入《穆旦诗集》(1939-1945)。

10月,到沈阳筹办《新报》。

作诗《线上》《被围者》(2月)、《甘地》《退伍》《忆》《海恋》《春天和蜜蜂》(4月)、《旗》《流吧,长江的水》《风沙行》《给战士——欧战胜利日》(5月),以及《野外演习》《一个战士需要温柔的时候》《七七》《先导》《农民兵》《打出去》《反攻基地》《奉献》《通货膨胀》《良心颂》《轰炸东京》《苦闷的象征》(7月)等。

1946年　28岁

主要从事创办《新报》的工作,由二〇七师资助,穆旦任总编辑。该报针砭时弊,倡导民主,影响一时。

往返于沈阳北平之间,与王佐良、周珏良等相遇,并在清华结识后者之妹周与良女士。

1947年　29岁

5月,在沈阳,自费出版《穆旦诗集》(1939-1945),收入诗作67首。集后附有王佐良的评介文章《一个中国诗人》。

8月,《新报》突遭查封。

10月,考取自费留学项目,离开沈阳。

年末,经北平抵南京,在联合国世界粮农组织救济署工作小组工作。

作诗《时感四首》《他们是死了》(1月)、《荒村》《三十诞辰有感》(3月)、《隐现》《饥饿的中国》(8月),以及《我想要走》《暴力》《胜利》《牺牲》《手》《我歌唱肉体》(10月)等。

1948年　30岁

2月,个人诗集《旗》列入巴金主编的《文学丛刊》第九集,由上海文化生活出版社出版,收入新作32首。

3月,周与良女士自上海起程赴美国芝加哥大学留学,穆旦自南京抵沪送行。

入秋,随世界粮农组织救济署工作组赴泰国曼谷。

作诗《甘地之死》(2月)、《世界》《城市的舞》《诗》《绅士和淑女》(4月)、《诗四首》(8月)等。

1949年　31岁

8月底,赴美留学,在旧金山与周珏良相遇。入芝加哥大学研究生院,攻读英美文学。

12月23日,与周与良结婚。婚礼在佛罗里达州举行。

1950年　32岁

年末,获硕士学位。同时学习俄语。留学生活十分艰苦,半工半读,但成效显著。

1951年　33岁

在邮局做临时工,等待周与良完成学业一起回国。

作诗《美国怎样教育下一代》(11月)、《感恩节——可耻的债》(11月)等。

1952年　34岁

用英文节选发表《饥饿的中国》《诗八首》于《世界名诗库》(克里克主编),纽约出版。

夏初,与周与良(获生物学博士学位)谢绝多方挽留和邀请,毅然一起回国。

1953年　35岁

1月,经深圳到广州,至上海,巴金夫妇为之洗尘。

2月,抵北京,等待分配工作。开始翻译俄语的《文学原理》。

5月,分配到南开大学外文系任副教授。

12月,译著《文学概论》和《怎样分析文学作品》由平明出版社出版。

12月8日,长子查英传诞生。

1954年　36岁

2月,译著《文学发展过程》由平明出版社出版。

4月,译著《青铜骑士》《波尔塔瓦》《高加索的俘虏》由平明出版社出版。

10月,译著《欧根·奥涅金》由平明出版社出版。

年末,南开大学"外文系事件"发生,穆旦参加远征军的历史问题重提,成为肃反对象。

1955年　37岁

5月,译著《普希金抒情诗集》由平明出版社出版。

6月,译著《文学原理》(四部)由平明出版社出版。

7月5日,次子查明传诞生。

11月,译著《加甫利颂》《拜伦抒情诗选》(署名"梁真")由平明出版社出版。

1956年　38岁

重译《奥涅金》,由文化生活出版社出版。

12月,围绕相声《卖猴》发表文艺短评《不应有的标准》,载《文艺报》1956年第12期。

1957年　39岁

1月30日,长女查瑗诞生。

2月,发表长诗《葬歌》,载《诗刊》1957年第2期,表达了与旧我决裂的决心,也表现了痛苦与矛盾的心情。

5月,诗作《九十九家争鸣记》发表于5月7日《人民日报》。

7月,发表诗作《问》《诗七首》《我的叔父死了》《去学习会》《三门峡水利工程》《"也许"和"一定"》等。

下半年,反右开始。9月起,穆旦的诗歌受到批判,为《九十九家争鸣记》写了检讨,寄给《人民日报》文艺部。

8月和9月,译自俄语的普希金诗歌作品和《拜伦抒情诗选》又由新文艺出版社出版。新译《布莱克诗选》(与袁可嘉合译)由人民文学出版社出版。

1958年　40岁

1月,《我上了一课》在1月4日《人民日报》发表。

4月,《济慈诗选》和雪莱诗集《云雀》由人民文学出版社出版。

6月,译著《别林斯基论文学》由新文艺出版社出版。

7月,《高加索的俘虏》和《加甫利颂》由新文艺出版社出版。

10月,《雪莱抒情诗选》由人民文学出版社出版。

12月,被定为"历史反革命","接受机关监督",离开他心爱的大学课堂,到南大图书馆接受监督劳动改造。

1959年　41岁

接受劳动改造。

1960年　42岁

继续劳动改造。

8月18日,次女查平诞生。

1961年　43岁

继续劳动改造。

1962年　44岁

解除管制,降薪留用,在图书馆做职员,监督使用。

1963年　45岁

继续接受监督使用,同时写"检查材料"。

开始翻译拜伦的政治讽刺长诗《唐璜》和俄国诗人丘特切夫的抒情诗作。年底,完成《丘特切夫诗选》译稿,寄送人民文学出版社。

1964年　46岁

继续翻译《唐璜》。在极为困难的经济条件下,坚持赡养父母,帮助姐姐,以及资助在困难中的同学董庶和好友巫宁坤。

1965年　47岁

《唐璜》初译完成。

1966年　48岁

"文化大革命"爆发,首当其冲被抄家,批斗,关"牛棚",劳改。幸而《唐璜》书稿基本保存下来。
1967 年　49 岁
在劳改队接受批判,被监督劳动。
1968 年　50 岁
8月,全家七口人被扫地出门,挤在一个十七平方米的房间。
"清理阶级队伍"中,周与良被打成"特嫌",关押半年。
1969 年　51 岁
与妻子和孩子一起被下放河北保定完县,但不在一处。不久子女返回天津。
1970 年　52 岁
因看望妻子儿女,被指为"串通消息"而遭批斗。
1971 年　53 岁
周与良返回天津,查良铮被遣送回南开大学的"五七干校"(津郊大苏庄劳改农场)劳动。
1972 年　54 岁
返回南开大学图书馆,仍"自愿打扫厕所"。恢复与萧珊等人的联系。
8月,萧珊逝世。补译丢失的《唐璜》章节和注释,此书的初译至此已历时十一年,修改三次。
修订《拜伦抒情诗选》,增译拜伦的其他长诗。
1973 年　55 岁
4月29日,查良铮夫妇会见美籍数学家、西南联大同学王宪钟。
《唐璜》译校完毕,试寄人民文学出版社。
中美关系解冻。开始翻译友人转赠的《西方当代诗选》。
1974 年　56 岁
年内,接到人民文学出版社复言:"《唐璜》译文很好,现尚无条件出版,原稿社存。"
1975 年　57 岁
经诗人杜运燮介绍,结识北京东方歌舞团青年演员郭保卫,后二人多次通信并畅谈,留下了宝贵的书信二十多封。
年底,修改《奥涅金》等普希金诗歌的译稿。
恢复创作诗歌,写《苍蝇》。
1976 年　58 岁
1月19日,骑自行车摔伤腿,卧床养伤,一面修订翻译作品。
12月19日,得知"《唐璜》译稿在出版社,可用"。
恢复写诗,丰产。《智慧之歌》《理智与情感》(3月)、《演出》《城市的街心》《诗》《理想》《听说我老了》(4月)、《春》《冥想》(5月)、《夏》《友谊》《有别》

(6月)、《自己》(7月)、《秋》(9月)、《停电以后》(10月)、《冬》(12月)等。还有《退稿信》《黑笔杆颂》等诗人生前没有发表且创作时间不详的诗作。

1977年　59岁

2月24日,住进天津总医院准备手术。

25日,回家换衣服,午后突发心脏病。送天津第一中心医院抢救。

26日,凌晨三时病逝。

二、穆旦(查良铮)著译编目

(一)诗文集

1. 《探险队》(穆旦),1945年1月,昆明文聚社出版。
2. 《穆旦诗集(1938-1945)》(自选集)1947年5月,沈阳(自费刊印);1996年,中国文联出版公司重印。
3. 《旗》(穆旦),1948年2月,上海文化生活出版社。
4. 《九叶集》(与八位诗友合集),1981年7月,江苏人民出版社。
5. 《八叶集》(与七位诗友合集),1984年11月,香港三联书店、美国《秋水》杂志社联合出版。
6. 《穆旦诗选》,1986年1月,人民文学出版社。
7. 《九叶派诗选》(与八位诗友合集),1992年2月,人民文学出版社。
8. 《穆旦诗集》(秋吉久纪夫编译),1994年,日本土曜出版社。
9. 《穆旦诗全集》(李方编),1996年9月,中国文学出版社。
10. 《蛇的诱惑》(曹元勇编),1997年4月,珠海出版社。
11. 《西南联大现代诗钞》(合集),1997年10月,中国文学出版社。
12. 《穆旦代表作》(梦晨编选),1999年10月,华夏出版社。
13. 《穆旦诗文集》(2卷本),2006年4月,人民文学出版社。
14. 《穆旦精选集》,2006年7月,北京燕山出版社。

(二)译著

1. 《文学概论》(季摩菲耶夫著,查良铮译),1953年12月,平明出版社。
2. 《怎样分析文学作品》(季摩菲耶夫著,查良铮译),1953年12月,平明出版社。
3. 《文学发展过程》(季摩菲耶夫著,查良铮译),1954年2月,平明出版社。
4. 《波尔塔瓦》(普希金著,查良铮译),1954年4月,平明出版社;1957年8月,新文艺出版社。
5. 《青铜骑士》(普希金著,查良铮译),1954年4月,平明出版社。
6. 《高加索的俘虏》(普希金著,查良铮译),1954年4月,平明出版社;1958年7月,新文艺出版社。
7. 《欧根·奥涅金》(普希金著,查良铮译),1954年10月,平明出版社;1957年9月,新文艺出版社。
8. 《普希金抒情诗集》(查良铮译),1955年5月,平明出版社;1957年9月,新文艺出版社。
9. 《文学原理》(季摩菲耶夫著,查良铮译),1955年6月,平明出版社。
10. 《加甫利颂》(普希金著,查良铮译),1955年11月,平明出版社;1958年

7月,上海新文艺出版社。
11. 《拜伦抒情诗选》(梁真译),1955年11月,平明出版社;1957年11月,新文艺出版社。
12. 《布莱克诗选》(与袁可嘉等合译),1957年8月,人民文学出版社。
13. 《普希金抒情诗二集》(查良铮译),1957年10月,新文艺出版社。
14. 《济慈诗选》(查良铮译),1958年4月,人民文学出版社。
15. 《云雀》(雪莱著,查良铮译),1958年4月,人民文学出版社。
16. 《别林斯基论文学》(查良铮译),1958年6月,新文艺出版社。
17. 《雪莱抒情诗选》(查良铮译),1958年10月,人民文学出版社。
18. 《唐璜》(拜伦著,查良铮译),1980年7月,人民文学出版社。
19. 《普希金抒情诗选集》(上、下)(查良铮译),1982年1月,江苏人民出版社。
20. 《拜伦诗选》(查良铮译),1982年2月,上海译文出版社。
21. 《欧根·奥涅金》(改定本)(查良铮译),1983年8月,四川人民出版社。
22. 《普希金叙事诗选》(查良铮译),1985年4月,四川人民出版社。
23. 《英国现代诗选》(查良铮译),1985年5月,湖南人民出版社。
24. 《丘特切夫诗选》(查良铮译),1985年5月,外国文学出版社。
25. 《爱的哲学》(雪莱著,查良铮译),1987年2月,人民文学出版社。
26. 《罗宾汉传奇》(查尔斯·维维安著,穆旦、李丽君、杜运燮译),1998年,中国文学出版社。
27. 《穆旦译文集》(第1-8卷)(查良铮译),2005年10月,人民文学出版社。

三、穆旦新诗意象小辞典

（注：本部分括号里的文字表示穆旦诗作的标题）

A

爱（忆；诗四首；饥饿的中国）

　　爱，博爱。"主呵！掩没了我爱的一切，你因而／放大光彩。你的笑刺过了我的悲哀"。（忆）　爱，爱心。"相信终点有爱在等待，／为爱所宽恕"。（诗四首）　爱，呼语，相当于"亲爱的"。"渐渐他来到你我之间，爱，／善良从无法把他拒绝"。（饥饿的中国）

爱情（诗八首；冬；给战士；葬歌）

　　爱情，两性间相互依赖而又相对独立的感情发展。"那里，我看见你孤独的爱情／笔立着，和我底平行着生长！"（诗八首）　爱情，指一般爱心。"你大概已停止了分赠爱情"。（冬）　爱情，公众的爱心。"为爱情生活，大家都放心"。（给战士）　爱情，作为一种心理功能，相当于爱心。"爱情"融化了"骄矜"。（葬歌）

暗室（隐现）

　　暗室，阴暗的小屋，有比喻义，"如果我们能够挣脱／欲望的暗室和习惯的硬壳"。（隐现）

暗笑（我向自己说；诗八首）

　　暗笑，在自身，不易觉察的笑。"不断的暗笑在周身传开"。（我向自己说）　暗笑，在他人，暗自发笑。"我和你谈话，相信你，爱你，／这时候就听见我底主暗笑"。（诗八首）

B

百花园地（退稿信）

　　百花园地，比喻"四人帮"时期的文艺界，有反讽。"百花园地上可能有些花枯萎，／可是独出一枝我们不便浇水"。（退稿信）

报贩（报贩）

　　报贩，劳苦大众形象之一。他们是小乞丐，宣传家，信差。借以批评新闻和社会的不公与公众的麻木。（报贩）

暴力（暴力；诗四首）

　　暴力，武装或武力。如同火焰，铁掌，牙齿，几乎影响着一切，如真理、爱情、婴儿出世、改朝换代，及生命价值的重估。（暴力）　暴力，非文明的力。

"目前,为了坏的,向更坏争斗,/暴力,它正在兑现小小的成功"。(诗四首)

暴乱(春)

暴乱,狂暴混乱的状态。"回荡着那暴乱的过去"。(春) 暴乱,狂暴的或暴力的事件。"你们带来了一场不意的暴乱,/把我流放到……一片破碎的梦"。(春)

必然(诗四首)

必然,历史的必然,生活的逻辑,与偶然相对。"我们必然心碎,他必然成功"。(诗四首) 必然,有反讽。"'必然'已经登场,让我们听它的剧情——"。(诗四首)

表格(诗四首)

表格,表示固定不变的僵化形式,"人性不变的表格,虽然填上新名字"。(诗四首)

冰河(冬)

冰河,有暗示义。"枯草的山坡,死寂的原野","看着冰冻的小河还在冰下面流"。(冬)

冰山(沉没)

冰山,"消融的冰山",比喻虚幻不真实。(沉没)

病院(哀悼)

病院,广义的医院。"这样广大的病院",作为整个社会的象征和缩影,连医生也是病的。躺下,无人救治,旅行,又很疲倦,而且是走向"无边的荒凉"。(哀悼)

C

残酷(在旷野上;野外演习;时感四首)

残酷,形容春天,借鉴艾略特。"残酷的春天使它们伸展又伸展"。(在旷野上) 残酷,指残酷的心灵。"从小就学起,残酷总嫌不够,全世界的正义都这么要求。"(野外演习) 残酷,世态炎凉,也有人性表现与社会根源。"残酷从我们的心里走出来,/它要有光,它创造了这个世界",像金币一样流通,无所不在。(时感四首)

苍蝇(苍蝇)

苍蝇,既真实又拟人,成隐喻。苍蝇为生计奔波,好奇,平等,有幻觉,理想,想歌唱夏季,但终于被拍击而死。(苍蝇)

草木(理想)

草木,自然之草木。春发而秋天枯黄,绝望而无望,比喻缺乏理想之人。(理想)

车，列车，驿车，铁甲车（玫瑰之歌；幻想底乘客；时感四首；友谊；沉没）

车，有比喻义，指时代。"我要赶到车站搭一九四〇年的车开向最炽热的熔炉里"。（玫瑰之歌） 列车，有比喻义，象征古老的爱情。"一次颓废列车，沿着细碎之死的温柔，无限生之尝试的苦恼"。（玫瑰之歌） 列车，比喻虚幻，将乘客"从幻想底航线卸下"。（幻想底乘客） 列车，明喻，"庞大的数字像是一串列车，它猛力地前冲，/我们不过是它的尾巴，在点的后面飘摇。"（时感四首） 驿车，分段行驶和停靠的列车，"匆忙奔驰的生活驿车"，友谊像一件艺术品挂在上面。（友谊） 铁甲车，相当于列车，比喻时间的列车飞驶而过，人们从车窗可望见景色，但投射不出任何信息给外界，"日程的铁轨上急驰的铁甲车"。（沉没）

沉淀（诗[1948]）

沉淀，向下或底的沉降和累积过程，是一种解决方式。"但你我已解体，化为群星飞扬/向着一个不可及的谜底，逐渐沉淀。"（诗[1948]）

沉没（沉没）

沉没，人的精神向肉体的沉没，感觉向物质的沉没，生命向死亡的沉没。（沉没）

沉默（时感四首；忆；老年的梦呓）

沉默，无言。"当多年的苦难以沉默的死结束，我们期望的只是一句诺言"。（时感四首） 沉默，修辞效果。"但是那沉默聚起的沉默忽然鸣响"。（忆） 沉默，暗示死亡。"有时我想和他们说一句话，/但他们已进入千古的沉默。"（老年的梦呓）

城（春[1976]；有别）

城，封闭的形象，自我的象征，尤其是老年所建筑的"寒冷的城，把一切轻浮的欢乐关在城外"。（春[1976]） 城，社区的象征，不美丽，蛛丝交错，网结山洞，僵持而平庸，烟雾腾腾中，虽无故人的踪迹可寻，仍感到些许魅力。（有别）

城市，都市（小镇一日；报贩；城市的舞；原野上走路；给战士）

城市，文明的顶尖。（小镇一日） 城市，动荡的城市，"整个城市在早晨八点钟/摇摆着如同风雨摇过松林"。（报贩） 回旋的舞动的城市，"我们已跳进这城市的回旋的舞"。（城市的舞） 渔网似的城市，窒息，干燥，空虚，绝望的城市。（原野上走路） 都市，大城市，腐朽生活的显证。"别了，那都市的霉烂的生活"。（给战士）

赤裸（先导；春[1942]；演出）

赤裸，无掩遮。"在无尽的斗争中，我们的一切已经赤裸"。（先导） 赤裸，裸露之义，"呵，光，影，声，色，都已经赤裸，/痛苦着，等待伸入新的组

合"。(春[1942]) 赤裸,与伪装相反。"终至台上下已习惯这种伪装,/而对天真和赤裸反倒奇怪"。(演出)

传统(裂纹)

传统,顽强的习惯的力量。"四壁是传统,是有力的/白天,扶持一切它胜利的习惯"。(裂纹)

船,小船,舟(云;诗[1976];葬歌)

船,代表幻想。"幻想的船"。(云) 小船,驶向大海的彼岸的信仰之舟,但留恋此岸者不得渡过。(葬歌) 幻想之舟,"请把幻想之舟浮来"。(诗[1976])

窗,窗子(窗;春[1942])

窗,以窗户指认人物的所在。"指给他那个窗"。(窗) 窗子,窗户,"推开窗子,看这满园的欲望多么美丽"。(春[1942])

窗口(友谊;有别)

窗口,半比喻,友谊的雕塑,"摆在老年底窗口","点缀寂寞","反映窗外的世界"。(友谊) 窗口的视野,花开花落,春去秋来,变幻如梦。(有别)

窗前(窗;寄——)

窗前,远眺"在高倨的窗前"。(窗) 窗前,"当我守在窗前"。(寄——)

窗外(沉没)

窗外,生活是"日程的铁轨上急驰的铁甲车","我能投出什么信息到它窗外?"(沉没)

春,春天(哀国难;春[1942];在旷野上;春底降临;春[1976];夏;秋[断章])

春,自然的春天。"春在娇媚地披上她的晚装"。(哀国难) 春,与青春和成长相联系,渴望与反抗,燃烧而无处归依。(春[1942]) 春,"绿色的秩序",万物的母亲。(春底降临) 春天,"残酷的春天",借鉴艾略特《荒原》中的意象。(在旷野上) 春天,诗人晚年的春天,仍然是花与鸟作为代表,但意味着暴乱的导入、破碎的梦境、暗含的敌意。(春[1976]) 春天,出版的岁月。(夏) 春天,是破土动工建设美的时期。(秋[断章])

D

大地(秋;秋[断章];冬)

大地,大地的生命,秋色,缤纷的景色,"而今只剩下凄清的虫鸣,/绿色的回忆,草黄的微笑"。(秋) 大地,拟人,"大地吓得苍白,水边的蛙尽力向土里隐蔽"。(秋[断章]) 大地,拟人,"盛夏的蝉鸣和蛙声都沉寂,/大地一笔勾销它笑闹的蓬勃"。(冬)

大神(七七;好梦)

　　大神,反讽,指战争。"你是我们请来的**大神**"。(七七)　　金塑的**大神**,由食利者膜拜,被谎言所造就。(好梦)

导演(诗四首;冥想)

　　导演,比喻历史规律。"这是历史令人心碎的**导演**?"(诗四首)　　**导演**,比喻支配生活,与演员相对。"我傲然生活了几十年,/仿佛曾做着万物的**导演**"。(冥想)

敌人(退伍;"也许"和"一定")

　　敌人,战争年代的**敌人**。"死难者生还的伙伴,/你未来的好日子隐藏着**敌人**"。(退伍)　　和平时代的**敌人**。"**敌人**呵,快张开你的血口微笑,对准我们,对准这火山口冷嘲。"("也许"和"一定")

地狱(问;潮汐;从空虚到充实)

　　地狱,与"天堂"相对的概念,但并不完全等于黑暗,与现实却不无关系。"心呵,你可要唾弃**地狱**?"(问)　　**地狱**,比喻的概念。"看见到处的繁华原来是**地狱**"。(潮汐)　　**地狱**,阴间,喻死亡。"不不,我说,我不愿意下**地狱**,/只等在春天里缩小,溶化,消失"。(从空虚到充实)

电子(在旷野上)

　　电子,比喻自由分子。"在自由的天空中纯净的**电子**/盛着小小的宇宙,闪着光亮,/穿射一切和别的**电子**化合"。(在旷野上)

殿堂(诗八首)

　　殿堂,"大理石的理智**殿堂**",下面有埋葬的生命,是理智的象征,与感情/感性相对,后者的象征是草场。(诗八首)

丁香(防空洞里的抒情诗)

　　丁香,娇小艳丽而生命力强,是吉祥幸福之象征。"我已经忘了摘一朵洁白的丁香夹在书里"。(防空洞里的抒情诗)

东风(神魔之争)

　　东风,寓言诗剧角色之一。象征诞生者、飞跑者,它扬起古老的文明机制,与历史相始终。(神魔之争)

冬,冬天(春底降临;夏;秋;冬;春天和蜜蜂)

　　冬,半象征性的**冬天**。"**冬**底谎,甜蜜的睡,怯弱的温存"。(春底降临)　**冬**,象征含义,是冷静的批评家,抹杀作品,但仍给予肯定。(夏)　**冬**,死亡的象征。严**冬**的战书,死亡的阴影。(秋)　严酷的**冬天**,象征生命的最后一个阶段,太阳短命的日子,遗忘的世界,凭吊的时节,冰封的口舌,闭塞的欲望,阴霾与犹疑,感情的刽子手,使心灵枯瘦,好梦的刽子手,枯燥的原野,寒

冷的空气,如此而已。(冬) 冬天,象征白头,"冬天已在我们的头发上"。(春天和蜜蜂)

斗室(秋[断章])

斗室,"我紧闭的斗室,有时也溜进山野的来客",那就是月光与虫声。(秋[断章])

E

饿,饥饿(流浪人;饥饿的中国)

饿,饥饿,饥饿的感觉。"饿——我底好友,/它老是缠着我/在这流浪的街头。"(流浪人) 饥饿,旧中国的区别性特征之一。饥饿是普遍的现实。"饥饿是这些孩子的灵魂。"饥饿在每一家门口,与罪恶相伴随。昨天是田园牧歌,是假期的和平,"然而今天是饥饿"。饥饿是历史主宰。"饥饿领导着中国人进入一个潜流/制造多少小小的爱情又把它毁掉。"(饥饿的中国)

F

飞奔(我看)

飞奔,"去吧,去吧,O生命的飞奔,/叫天风挽你坦荡地漫游"。(我看)

飞扬(合唱二章)

飞扬。"O飞奔呵,旋转的星球,/叫光明流洗你苦痛的心胸,/叫远古在你的轮下片片飞扬"。(合唱二章)

风,冷风,北风(在寒冷的腊月的夜里;赞美;诗二章;冬;智慧之歌)

风,旷漠的北方相联系。风扫着北方的平原,"从屋顶传过屋顶","这样大岁月这样悠久"。(在寒冷的腊月的夜里) 干燥的风,"在野草的茫茫中呼啸着干燥的风"。(赞美) 冷风,"在它的栋梁间却吹着疲倦的冷风!"(诗二章) 比喻义,"生活的冷风把热情铸为实际"。(智慧之歌) 北风,拟人,"北风在电线上朝他们呼唤"。(冬)

风景(野外演习;甘地之死;好梦;春底降临)

风景,有反讽,"我们看见的是一片风景:多姿的树,富有哲理的坟墓"。(野外演习) 风景,有哀悼意义。"甘地已经死了,……/留下一片凝固的风景,一隅蓝天,阿门。"(甘地之死) 风景,比喻某种人为的社会状况,以掺水的热血绘成。(好梦) 风景,"牵引着它而我们牵引着一片风景"。(春底降临)

疯女("我"的形成)

疯女,妖女的弱性形式,与睡眠和梦境相联系。"她醒来看见明朗的世

界,/但那荒诞的梦钉住了我。"("我"的形成)

讽笑(夜晚的告别;先导)

讽笑,讥讽的笑。"他们谄媚我,耳语我,*讽笑*我,鬼脸,阴谋,和纸糊的假人"。(夜晚的告别)　讽笑,"不断的*讽笑*在伴随"。(先导)

符号(城市的街心)

符号,虚幻的实景。"人的*符号*,车的*符号*,房子的*符号*/密密排列着在我的心上流过去"。(城市的街心)

G

甘地(甘地;甘地之死)

甘地,印度领袖,被杀。"*甘地*以自己铺路,印度有了旅程,再也不能安息。""在神魔之间/*甘地*,他上下求索,在无底里凝固了人的形象。"(甘地)"*甘地*,累赘的善良,被挤出今日的大门"。(甘地之死)　甘地的死,"恒河的水呵,接受它复归于一的灰烬"。(甘地之死)

感情(赠别;活下去;春底降临)

感情,个人感情。"留下的不过是我曲折的*感情*"。(赠别)　感情,情感寄托。"孩子们呀,请看黑夜中的我们正怎样孕育/难产的圣洁的*感情*。"(活下去)　感情,感情投射的对象。"那起伏的大海是我们底*感情*"。(春底降临)

高楼(我想要走;城市的舞;"我"的形成)

高楼,拟人,表示城市,甚至罪恶。"有这么多*高楼*还拉着我赌博"。(我想要走)　高楼,拟人,表示权力。"*高楼*指挥的'动'的帝国"。(城市的舞)　高楼,象征权威,泥土筑成,但终将归于泥土。("我"的形成)

歌,歌声(听说我老了;妖女的歌;在旷野上)

歌,比喻"自我之歌",在心的旷野歌唱。(听说我老了)　歌声,妖女的诱惑的歌,从山后传来,也可在旷野上听到。(妖女的歌)　歌声,"诱惑的*歌声*","当旷野上掠过了诱惑的*歌声*"。(在旷野上)

格式(退稿信)

格式,代表"四人帮"时期的文艺创作套路。"总之,对此我们有一套规定,/最好请您按照*格式*填写人名"。(退稿信)

根,根基,生命的根,合一的根(合唱二章;我歌颂肉体;荒村;发现;诗[1948];诗八首)

根,植物的根部,"像嫩绿的树*根*伸进泥土里"。(合唱二章)　根基,稳固的根基,"这里是你稳固的*根基*"。(我歌颂肉体)　有象征义,但被拔去了,枯干而无声。那为泥土所固定,为贫穷所侮辱,为恶意压变了形,但从不破裂,被切割而仍然滋生着生命。(荒村) 生命的根,"解开那被一切纠缠着的*生命的根*。"(发现) 合一的根,一个固定意象。"欢乐是在那合一的根里"。(诗[1948]) "在合一的老根里化为平静"。(诗八首)

更夫(更夫)

更夫,苦难形象之一,与迷茫、彷徨、黑夜相伴随。(更夫)

宫,迷宫(沉没)

宫,"死亡之宫",由爱情、情谊、职位、蛛网的劳作搭建而成。(沉没)

孤岛(从空虚到充实;葬歌)

孤岛,暗指被围困的上海,但也可指个体困境。"让我们在岁月流逝的滴响中/固守着自己的*孤岛*。"(从空虚到充实) 孤岛,孤寂的岛屿,比喻自我孤独。"我在那儿也举起手来:/洪水淹没了孤寂的岛屿。"(葬歌)

姑娘(诗八首;一个战士需要温柔的时候)

姑娘,爱情诗抒情对象。"*姑娘*,那只是上帝玩弄他自己"。(诗八首) "*姑娘*,它会保留你纯洁的欢欣"。(一个战士需要温柔的时候)

古墙(古墙)

古墙,古城墙,古长城。具体地指长城,或四十年代的北平。作为中华民族的象征,古墙与荒野和残阳相伴随,光荣而痛苦,坚韧而荒凉。"当一切伏身于残暴和淫威,/蠢立在原野的是坚忍的*古墙*。"(古墙) 古墙,拟人,象征中华民族。"*古墙*寂静地弓着残老的腰,/驮着悠久的岁月望着前面。""*古墙*回忆着,全没有惋惜。"(古墙)

光(春;隐现;诗二章;饥饿的中国)

光,指光线,与"影"连用或相对,"呵,光,影,声,色,都已经赤裸"。(春) "光和影"。(隐现) 光,隐喻上帝,"在有行为的地方,就有光的引导。"(隐现) 光,"永在的光",暗指上帝。(诗二章) 光,指创世者,"它要有光,它创造了这个世界。"(饥饿的中国)

光亮(在旷野上)

光亮,形容电子。"在自由的天空","纯净的电子","闪着光亮"。(在旷野上)

光明(问;隐现)

光明,与黑暗相对,与天堂相向,但不等同。"光明的长廊",开头是黑暗,尽头仍是黑暗。"我曾诅咒黑暗,歌颂它的一线光,/但现在,黑暗却受到*光明*的礼赞"。(问) 大(的)光明,有宗教意味的光明,"放在大的光明中"。(隐现)

过去(寄——)

过去,时间之一维,与"昨天"同义。"我看见我是失去了过去的日子像烟"。(寄——)

轨道(理智和感情)

轨道,天体运行轨道,比喻人生道路,"固执着自己的轨道/把生命耗尽"。(理智和感情)

鬼火(理想)

鬼火,比喻扑捉不到的幻象,"像追鬼火不知扑到哪一头"。(理想)

H

海,大海(从空虚到充实;不幸的人们;神魔之争;活下去;原野上走路)

海,本义,博大,有力。"海,无尽的波涛,在我的身上涌"。(从空虚到充实) 海,比喻义。海是"解救我们的猖狂的母亲",不断地溶解。(不幸的人们) 凶险的海。(神魔之争) 暴露的大海,"凶残摧毁凶残"。(活下去) 海,比喻辽阔的原野。"我们泳进了蓝色的海,橙黄的海,棕赤的海……"(原野上走路)

海鸥(寄——)

海鸥,基本上是自然状态的海鸥,从岩石上飞起没入碧空的,但可有象征自由的意义。(寄——)

寒冷(春[1976])

寒冷,形容智慧,"从那里我拾起一些寒冷的智慧"。(春[1976]) 寒冷,形容城,表衰老义。"我的老年已筑起寒冷的城,把一切轻浮的欢乐关在城外。"(春[1976])

黑暗(老年的梦呓;隐现)

黑暗,暗示死亡之地,阴间,幽冥。"啊,多少亲切的音容笑貌,/已迁入无边的黑暗与寒冷"。(老年的梦呓) 黑暗,暗示上帝之光不到之处。"我们是廿世纪的众生骚动在它的黑暗里"。(隐现)

黑笔杆(黑笔杆颂)

黑笔杆,指"四人帮"统治时期"大批判组"的成员。(黑笔杆颂)

黑色的生命(忆)

黑色的生命,空虚,负罪,沉默的生命,"当华灯初上,我黑色的生命和主结合。"(忆)

黑影(活下去)

黑影,黑色的人影,有象征意义,"而他已经鞭击,/而那无声的黑影已在苏醒和等待/午夜里的牺牲。"(活下去)

洪水（从空虚到充实）

　　洪水，象征毁灭与创造。"我听见了洪水，随着巨风，/从远而近，在我们的心里拍打，/吞噬着古老的血液和骨肉！"（从空虚到充实）　洪水，拟人，"'来了！'然而当洪水/张开臂膊向我们呼喊"。（从空虚到充实）

花，花朵，开花（童年；智慧之歌；春[1942]；流浪人）

　　花，恶毒的花朵。（童年）　花，比喻友谊之花遇秋凋谢，"茂盛的花不知道还有秋季"。（智慧之歌）　花朵，春天的花朵，"反抗着土地"，代表成长的烦恼与欢乐。（春[1942]）　开花，金星直冒。"仿佛眼睛开了花/飞过了千万颗星点，像乌鸦。"（流浪人）

花园（甘地）

　　花园，指伊甸园。"人和自然的花园，/安详的土地"。（甘地）

化石（童年）

　　化石，表示历史的沉积/陈迹。"火热的熔岩，蕴藏着多少野力"……"这就是美丽的化石"。（童年）

华参先生（华参先生的疲倦）

　　华参先生，还有杨小姐，都是诗人抒情主人公的虚构人物。（华参先生的疲倦）

荒原，荒野，荒凉（智慧之歌；还原作用；理想；春底降临；我；诗[1943]；隐现）

　　荒原，真实的荒原，无色彩。（智慧之歌）　荒原，与花园相对。（还原作用）　北方的荒原，当理想流入现实的冰窟，"北方的荒原，使你丰满的心倾家荡产"。（理想）　心的荒原，"现在野花从心底荒原里生长"。（春底降临）荒野，"荒原"的弱式表达，如"永远是自己，锁在荒野里"。（我）　荒凉，作为名词或形容词，"向着一片荒凉，和悲剧的命运"。（诗[1943]）　"我们站在这个荒凉的世界上"。（隐现）

黄昏，夕阳西下（五月；诗八首）

　　黄昏，有怀旧和思乡味。"五月的黄昏轻网着银丝，/诱惑，熔化，捕捉多年的记忆"。（五月）　夕阳西下，表宁静安详，"从最古老的开端流向你，安睡"。（诗八首）

谎言，谎（我想要走；"也许"和"一定"；诗[1948]）

　　谎言，本义，"曲折如同这空中电波每日的谎言"。（我想要走）　谎，本义，"无耻的谎"。（"也许"和"一定"）　谎，世界虚伪的本相。"世界正闪烁，急躁，在一个谎上"。（诗[1948]）

灰，变灰，成灰（赞美；诗八首；祈神二章；老年的梦呓；旗）

　　灰，灰色，"灰色的行列在遥远的天际爬行"。（赞美）　变灰，即死亡。

"即使我哭泣,变灰,变灰又新生"。(诗八首) 变灰,变质,贬值。"他给我们一点权力等它自己变灰"。(祈神二章) 成灰,即消失。"她那少女的妩媚,/转眼竟被阳光燃成灰!"(老年的梦呓) 死亡,"我们化成灰,光荣由你留存。"(旗)

灰烬(甘地之死)

灰烬,骨灰,"恒河的水呵,接受这一点点灰烬"。(甘地之死) 灰烬,象征毁灭或不存在。"接受它复归于一的灰烬"。(甘地之死)

回忆(葬歌;忆)

回忆,是"希望"的仇敌,以"骄矜"为本。(葬歌) 回忆,"糅合着香味与烦扰,使我忽而凝住——"。(忆)

火,火焰(神魔之争;赠别;春[1942])

火,寓言诗剧角色之一,象征毁灭森林的力量,与魔同行。(神魔之争) 火,爱的激情。"每次相见你闪来的倒影/千万端机缘和你的火凝成"。(赠别) 火焰,修辞义,"绿色的火焰在草上摇曳"。(春[1942])

火灾(诗八首)

火灾,比喻爱情,"你底眼睛看见这一场火灾,/你看不见我"。(诗八首)

J

激流,巨流(智慧的来临;理智和感情)

激流,有象征意义。"落在时间的激流里,向他呼救"。(智慧的来临) 巨流,比喻时间与空间。"如果时间和空间/是永恒的巨流,/而你是一粒细沙/随着它漂走"。(理智和感情)

寂静(春[1976])

寂静,寂寞冷清之谓。"寂静的石墙内今天有了回声/回荡着那暴乱的过去"。(春[1976])

街心(城市的街心)

街心,符号一般的街心,超时间的冷漠和老迈。(城市的街心)

金色(在旷野上)

金色,"它有金色和银色的光亮"。(在旷野上)

精灵(理想)

精灵,来自远方,代表邪恶,侵入人心,折磨人,比喻理想。(理想)

景色(沉没)

景色,比喻生活场景,铁甲车窗"飞速地迎来和送去一片片景色"。(沉没)

静物(老年的梦呓)

静物,即将成为的遗物。"但这些静物仍有余温,/似乎居住着她的灵魂。"(老年的梦呓)

九头鸟(良心颂)

九头鸟,多变而狡诈之象征,"就是九头鸟也做出你的面容"。(良心颂)

绝望(阻滞的路)

绝望,希望之对。"趁这次绝望给我引路,在泥淖里"。(阻滞的路)

K

空间(被围者)

空间,有文化的循环的象征意义;与人的活动的时间效果相结合而形成;作为一个圆,完成于人的绝望;中间有青色的路,由此出发,而又返回原地;有设计上的残缺,应归于毁坏。(被围者)

空壳(还原作用)

空壳,空洞而空虚的职业生活。"八小时工作,挖成一颗空壳"。(还原作用)

空屋,空室(理想;老年的梦呓;自己)

空屋,无主,门窗紧闭,四壁落尘,叩门而无应答,比喻缺乏理想的人生。(理想) 空屋,人去屋空之谓。"到那庭院里去看一间空屋,/因为它铭刻一段共同的旅途"。(老年的梦呓) 空室,比喻此生的虚幻世界,"他的失踪引起了空室的惊讶"。(自己)

孔雀(两个世界)

孔雀,女人形象,美丽,欢喜,发狂,追求"高贵,荣耀,体面",和虚荣。(两个世界)

恐惧(葬歌)

恐惧,慎重之母。"但我心上还有'恐惧',/这是我慎重的母亲"。(葬歌)

哭泣(悲观论者的画像;诗八首;隐现)

哭泣,倾诉的方式之一。"他们终于哭泣了,并且离去"。(悲观论者的画像) 哭泣,在爱情诗里,与对方以"眼睛"为代表一样,"哭泣"成为"我"的代表和表达方式。"即使我哭泣,变灰,变灰又新生"。(诗八首) 哭泣,一种从容的宣泄方式。"坐在崩溃的峰顶让我静静地哭泣"。(隐现)

苦心(祈神二章)

苦心,苦涩的心。"如果我们能够尝到/不是一层甜皮下的经验的苦心"。(祈神二章)

旷野,原野(在旷野上;听说我老了;问[1957])

旷野,作为原型和基本意义,主要指的是实际的旷野,可以在其中"驾着铠车驰骋",也可以"独自回忆和梦想",但时常和"无边的肃杀"相联系。(在旷野上) 旷野,在第二种意义上,而且从一开始,就是虚拟的心灵的象征。"我从我心的*旷野*里呼喊",有孤独与荒凉的意味。(在旷野上) 又和自我相联系,"只有在我深心的*旷野*中/才高唱出真正的自我之歌。"(听说我老了) 原野,"室中流动着原野的风"。(问[1957])

葵花(智慧的来临)

葵花,花的一种,比喻成长与成熟。"成熟的葵花向着太阳移转,太阳走去时他还有感情"。(智慧的来临)

L

蜡台(停电之后)

蜡台,有比喻义,风雨之夜,停电以后,蜡烛耗尽了油,挂着残留的泪,诗人"默念这可敬的小小坟场"。(停电之后)

老木匠(一个老木匠)

老木匠,苦难人形象之一,孤独,寂寞,牛马般的一生。(一个老木匠)

老人(漫漫长夜)

老人,《漫漫长夜》的抒情主人公,可能受到艾略特《枯叟》形象的启发。但"我是一个老人","我的孩子们战争去了"。老人默默忍受"昏乱的黑夜",不能忍受醉生梦死的生活。(漫漫长夜)

雷,雷电,闪电(潮汐;城市的街心;被围者)

雷,有宗教意味,拟人,"而雷终于说话了"。(潮汐) 雷电,拟人,表示发怒。"在雷电的闪射下/我见它对我发出抗议的大笑"。(城市的街心) 闪电,表示恶劣的气候和环境。"闪电和雨,新的气温和泥土"。(被围者)

黎明(出发)

黎明,含痛苦。"哟,痛苦的黎明!"(出发)

理想(春底降临;理想)

理想,年轻人对于未来的向往和计划。"但是初生的爱情更浓于*理想*"。(春底降临) 理想,人的一种精神需要,或社会远景的设想。但在穆旦那里,诚然,理想是最合理的设想,给人指出崇高的道路;是美好的感情,但是迷宫,因现实太险恶而无法实现,反而使人经受折磨。(理想)

历史(甘地;诗四首;暴力;森林之魅)

历史,历史的选择。"历史再不容错误"。(甘地) 历史,人为且控制的过程。"历史/在人类两手合抱的图案里"。(诗四首)　历史,侧重始终不公正的既定过程。"从历史的不公平的开始/到它反复无终的终极"。(暴力)　历史,拟人。"没有人知道历史曾在此走过,/留下了英灵化入树干而滋生"。(森林之魅)

良心(良心颂;甘地)

良心,无形,不势利,貌似无用,常为"不得意的官吏,和受苦的女人"珍视,能分辨美丑,"在一切的失败里成功"。(良心颂)　良心,换称良心的象征。"要教真理成形,/一个巨大的良心承受四方的风暴"。(甘地)

林妖(神魔之争)

林妖,寓言诗剧角色之一,有甲乙和众数之分,但总体上代表森林的自然状态的生命,一半清醒,一半是梦,虽生犹死,虽死犹生,并且她们知道自己的愚蠢。(神魔之争)

流浪人(流浪人)

流浪人,苦难人形象之一,以"饿"为中心,反映旧中国重大主题。(流浪人)

流沙(理想)

流沙,比喻现实,"现实是一片阴险的流沙,/只有泥污的脚才能通过它"。(理想)

流水(哀国难;理想)

流水,自然流水,"流水吸着每一秒间的呼吸,波动着"。(哀国难)　流水,有比喻义,无歌唱,被现实的泥沙所堵塞,变成污浊的池塘。(理想)

流星(智慧之歌)

流星,象征"青春的爱情",但遥远,"有的永远消逝了",有的掉落脚前,"冰冷而僵硬"。(智慧之歌)

炉火(赠别)

炉火,老年,孤独,冬季的象征。"等你老了,独自对着炉火"。(赠别)

路,道路,途,窄路(更夫;被围者;祈神二章;智慧之歌;诗八首)

路,无尽的路。"期望日出如同期望无尽的路"。(更夫)　青色的路,"青色的路从这里引出/而又回归"。(被围者)　道路,比喻义,"这条道路引导我们又隔离我们/走向那个目标"。(祈神二章)　荆棘之途,比喻人生道路,"它(理想)使我在荆棘之途走得够远"。(智慧之歌)　窄路,"是一条多么危险的窄路里,我制造自己在那上面旅行"。(诗八首)

绿色(春[1942];在旷野上;夏)

绿色,"绿色的火焰在草上摇曳"。(春[1942])　绿色,"绿色的呻吟和

仇怨"。(在旷野上) 绿色,象征永恒的事物,"绿色要说话,红色的血要说话"。(夏)

M

马,白马,战马(世界;童年)

马,白马,象征幼小的生命,"小时候常爱骑一匹白马"。(世界) 战马,经历沧桑的生命,"也许他终于像一匹老迈的战马,/披戴无数的伤痕,木然嘶鸣。"(童年)

玛格丽(流吧,长江的水;风沙行)

玛格丽,女性名字,抒情诗中主人公的恋人。她住在长江"岸沿的高楼"。(流吧,长江的水) 玛格丽,诗中的恋人,"爱娇的是玛格丽的身体,/更为雅致的是她小小的居处"。(风沙行)

蚂蚁(原野上走路)

蚂蚁,比喻人行走在原野上,小如蚂蚁。"转动在一队蚂蚁的脚下,/到处他们走着"。(原野上走路)

茅屋,茅舍(荒村;老年的梦呓)

茅屋,呆立着,张着空洞的眼,被历史用完而又惊惶的风景,是"广大漠然的残酷投下的征兆","像是幽暗的人生的尽途"。(荒村) 茅舍,生活的温暖的所在,比喻现世。(老年的梦呓)

玫瑰(玫瑰的故事)

玫瑰,本为爱情的象征,或谓玫瑰梦,此处为园中玫瑰,兼有祝福等意义。(玫瑰的故事)

门(隐现;甘地之死;世界)

门,入门。"生活是困难的,哪里是你的一扇门?"(隐现) 门,比喻封闭。"像紧闭的门,/如今也已完全打开,让你流入"。(甘地之死) 门,无形之门。"这颗心还在试探那不见的门,/可是有一夜我们忽然醒悟:/年复一年,我们已踯躅在其中!"(世界)

梦,梦幻(玫瑰之歌;自然底梦;森林之魅;海恋;一个战士需要温柔的时候;春[1976];自己)

梦,异方的梦。(玫瑰之歌) 梦,自然底梦,"自然底朦胧的呓语"。(自然底梦) 梦,自然界的未知的梦,"无始无终,窒息在难懂的梦里"。(森林之魅) 梦,"比现实更真的梦"。(海恋) 梦幻,"你的多梦幻的青春"。(一个战士需要温柔的时候) 破碎的梦,"一场不意的暴乱,/把我流放到……一片破碎的梦"。(春[1976]) 梦,来世,"那里另有一场梦等他去

睡眠"。(自己)

迷宫(玫瑰之歌;理想)

迷宫,未知的秘密之地,可指现代都市。"自然我可以跟着她走,走进一座诡秘的迷宫"。(玫瑰之歌) 迷宫,诡秘而不可达之地,或抽象之所在。按照它的逻辑,事与愿违,难达目的,比喻理想之不可能实现。(理想)

蜜蜂(春天和蜜蜂;寄——)

蜜蜂,嗡嗡,有刺,叮人,象征爱情,有好梦。(春天和蜜蜂) 蜜蜂,构成恋爱氛围。"林间仍有等你入睡的地方,蜜蜂/仍在嗡营"。(寄——)

面包(面包;诗四首)

面包,"冒热气的*面包*","松软的大*面包*"。(面包) 面包,代表饥饿的消除,"用*面包*和抗议制造一致的欢呼"。(诗四首)

明天(先导)

明天,与今天和昨天相对,与未来同义。"*明天*是美丽的,而又容易把我们欺骗"。(先导)

魔(神魔之争;神的变形;海恋)

魔,永远的破坏者,有中国式落后的反动。(神魔之争) 魔,寓言诗剧角色之一,是反叛神的英雄,并鼓动人们去推翻神的统治。(神的变形)"青色的*魔*,跳跃,从不休止"。(海恋)

魔手(合唱二章)

魔手,窒息者。"一只*魔手*闭塞你们的胸膛,/万万精灵已踱出了模糊的碑石"。(合唱二章)

魔杖(好梦)

魔杖,比喻权力,"它开始以*魔杖*指挥我们的爱情"。(好梦)

母亲(中国在哪里)

母亲,比喻意义,祖国。"我们必需扶助*母亲*的生长"。(中国在哪里)

N

那得申(世界)

那得申,今译"纳德松",德国民粹派诗人。(世界)

南方(一个战士需要温柔的时候)

南方,与"北方的荒原"相对。"我宁愿它是*南方*的欺骗"。(一个战士需要温柔的时候)

你(防空洞里的抒情诗)

你,抒情主人公的角色之一。"当你低下头,重又抬起,/你就看见眼前

的这许多人"。"你那枉然的古旧的炉丹。死在梦里！坠入你的苦难！"(防空洞里的抒情诗)

你们(感恩节——可耻的债)

你们,抒情主人公之一。"有多少人饿瘦,在你们的椅子下死亡？"(感恩节——可耻的债)

年代(一个战士需要温柔的时候)

年代,有时特别指战争年代。"你的年代在前或在后,……只不要堕入现在。"(一个战士需要温柔的时候)

鸟/海鸥(哀国难;春[1976];春[1942];不幸的人们;黄昏;海恋)

鸟,真实的鸟,国难的目睹者;飞出池塘的鸟,是自由的象征。(哀国难) 鸟,与花同为春的象征。(春[1976]) 鸟的歌,象征青春期,个体认同和命运感、归宿感的朦胧意识,一如"泥土做成的鸟的歌,/你们被点燃,却无处归依"。(春[1942]) 逃奔的鸟,象征孤单,恐惧。(不幸的人们) 惊骇的鸟。(黄昏) 鸟,暗指海鸥,自由的象征。"蓝天之漫游者,海的恋人";"路的创造者,无路的旅人";海天的中心;"那白色的鸟的翱翔",是万物之占有,"欢乐之欢乐",乃自由的象征。(海恋)

宁静(在旷野上)

宁静,心灵安宁。"O,仁慈的死神呵,给我宁静。"(在旷野上)

扭转(裂纹)

扭转,扭曲翻转之义。"新生的希望被压制,被扭转,/等粉碎了他才能安全"。(裂纹)

农夫(赞美;饥饿的中国)

农夫,农夫的形象,痛苦的"受难的形象凝固在路旁",是中国历史的真正的动力和承担者,是一个民族是否起来的标志。(赞美) 农夫,变异为城市人。"受难的农夫逃到城市里,他的呼喊已变为机巧的学习,把失恋的土地交给城市论辩"。(饥饿的中国)

农民兵(农民兵)

农民兵,苦难形象之一。在城市和长官眼里,新奇而糊涂,忠实而愚笨,卑下而牺牲自己的旧式士兵形象。(农民兵)

女工(两个世界)

女工,劳苦形象之一,与"孔雀"相对应。"丝缸里,女人的手泡了一整天,/肿的臂,昏的头,带着疲倦的身体,/摸黑回了家,便吐出了一口长气……"(两个世界)

女神(苦闷的象征)

女神,毁灭的象征。"毁灭的女神,你脚下的死亡"。(苦闷的象征)

暖风(春[1942])

暖风,象征春天和青春,"当暖风吹来烦恼,或者欢乐"。(春[1942])

P

平衡(控诉)

平衡,人的惰性心理。"历史的矛盾压着我们,/平衡,毒戕我们每一个冲动。"(控诉)

平庸(好梦)

平庸,因缺少奇迹,它制造信仰,空虚而荒唐。(好梦)

Q

旗,大旗(旗;合唱二章)

旗,胜利的象征。"战争的动力","自由的欢欣","风是你的身体,你和太阳同行","是英雄们的游魂活在今日"。(旗) 大旗,"像大旗飘进宇宙的洪荒"。(合唱二章)

墙(从空虚到充实)

墙,比喻精神藩篱。"一些影子,愉快又恐惧,/在无形的墙里等待着福音"。(从空虚到充实)

蔷薇(童年)

蔷薇,象征纯洁和未来,"一条蔷薇花路伸向无尽远"。(童年)

秋,秋季(秋;智慧之歌;秋[断章])

秋,肃静,沉思,宣讲哲理。秩序,安宁,明媚而丰富。(秋) 凄清的虫鸣,绿色的回忆,黄色的微笑。收获的季节,秋日的安恬。死亡的阴影下,严冬的战书前,尚取得暂时的生的胜利。(秋) 秋季,比喻秋寒。"茂盛的花不知道还有秋季"。(智慧之歌) 秋,与都市相对应,意味着秋之山野的颜色,洁白的月光,秋虫的歌声凄凉。(秋[断章]) 秋,美遭破坏的象征。春天建造的"美"的住宅,夏天始被破坏,"变"摧残着美,人成为"永远的流亡者","厌色的天空,厌色的雾"。(秋[断章])

权力(神的变形)

权力,寓言诗剧角色之一,是"不见的幽灵",躲在身后,只要登上宝座,无论是神、魔,还是人,就要受到权力的腐蚀。(神的变形)

R

人(神的变形)

人,寓言诗剧角色之一。厌恶神,也不信任魔,企图推翻神的统治而自己进入天堂但须首先击败无限的权力。(神的变形)

人民,人们(赞美;甘地之死;不幸的人们)

人民,劳苦大众。"我到处看到的人民呵,/在耻辱里生活的人民,佝偻的人民,/我要以带血的手和你们一一拥抱"。(赞美) 人民,与领袖相对的众数概念。"人民中的父亲,……把你的心隔绝像一座皇宫"。(甘地之死) 人们,与"人民"同义。"不幸的人们"。(不幸的人们)

人影(哀国难)

人影,人的身影。"影绰的人影背靠在白云边峰"。(哀国难)

人子(诗二章)

人子,上帝,人能看见的"那永不甘心的刚强的英雄"。(诗二章)

肉体(春[1942];我歌颂肉体;发现)

肉体,闭合而有待于发现的人体自身。"蓝天下,为永远的谜迷惑着的/是我们二十岁的紧闭的肉体。"(春[1942]) 肉体,人的存在的实体,如岩石,平凡,但受到思想的压抑,被认为卑下、不洁,尤其是被性的观念所困扰而羞于提及,被歪曲和幽禁。应解放出来,恢复身体的美和尊严。(我歌颂肉体) 肉体,人在感觉中的作为整体的活的肉体,或个体自身。"你拥抱我才突然凝结成为肉体"。(发现)

S

森林,丛林,树林(森林之魅;防空洞里的抒情诗;寄——;诗[1948];智慧之歌)

森林,是原始的发源地和自然秘密的保存者,实在,阴冷,有毒,是通向死亡的必经之路,或者是死亡本身。(森林之魅) 森林,死亡的象征,"O看,在古代的大森林里,/那个渐渐冰冷了的僵尸!"(防空洞里的抒情诗) 森林,弱性比喻,死的委婉语,以睡眠暗示死亡,"林间仍有等你入睡的地方"。(寄——) 丛林,秘密之地,"渺无踪迹的丛林的秘密"。(诗[1948]) 树林,"落叶飘零","枯黄地堆积在内心"。象征幻灭。(智慧之歌)

沙,沙砾(理智和感情;被围者)

沙,比作夜空的小星星,微小的存在,但自足,向着自身的目的而实现,有爱憎和神经,能放出光明,最终变灰,是其遭受的厄运。"即使只是一粒沙/也有因果和目的"。(理智和感情) 沙砾,比喻当下的现实。"天空的流

星和水,那灿烂的/焦躁,到这里就成了今天/一片沙砾。"(被围者)

山峦(听说我老了)

　　山峦,拟人,静穆永恒之象征。"凝神的*山峦*也时常邀请我/到它那辽阔的静穆里做梦"。(听说我老了)

上帝(祈神二章;隐现;诗八首;他们死去了;出发;感恩节——可耻的债;我歌颂肉体)

　　上帝,基本上是基督教意义上的上帝(祈神二章),但也可以是泛神论意义上的神。有时称呼为"主","我的救主",有时为"人子",往往为"上帝",基本上是造物主和拯救者的形象。(隐现)　在爱情诗中,上帝是一个异常复杂的形象,他是造物,但也收回人的生命,可以干预世事,也可以嘲笑,持旁观态度,但不免受到诅咒,或不敬,如"上帝玩弄他自己"之类的说法。(诗八首)　上帝,痛切而孤独的形象。"他们是死去了,等不及投进*上帝*的痛切的孤独"。(他们死去了)　上帝,"无忧的*上帝*"。(他们死去了)　上帝,紊乱历史的上帝。"呵*上帝*!/在犬牙的甬道中让我们反复/行进,让我们相信你句句的紊乱/是一个真理。"(出发)　有的时候,把上帝和美国及腐朽的资本主义相联系,竟说"快感谢你们腐臭的玩具——*上帝*"。(感恩节——可耻的债)上帝,呼语。"你沉默而丰富的刹那,美的真实,我的*上帝*。"(我歌颂肉体)

蛇(蛇的诱惑)

　　蛇,基本上是借自西方创世记神话中的蛇的原型,是智慧的象征,诱惑人的欲望,人因而被驱逐出伊甸园。穆旦在诗中借助此神话,以蛇的第二次出现,代表人的第二次被驱逐出"这贫苦的土地以外去了",被第二次鞭挞,从而质疑人的存在("我是活着吗?我活着吗?我活着为什么?")以及生命的意义。(蛇的诱惑)

身体(沉没)

　　身体,包括耳目口鼻,"一天天坠入物质的深渊"。(沉没)

绅士和淑女(绅士和淑女)

　　绅士和淑女,生活安逸,气质高贵,以高楼、灯火、酒肉为伴,开办工厂,害怕共产和伤风,准备出洋。(绅士和淑女)

神(神魔之争;神的变形;潮汐)

　　神,寓言诗剧角色之一,本是"一切和谐的顶点",有复杂的文化来源:"我听过希腊诗人的歌颂,/浸过以色列的圣水,印度的/佛光。我在中原赐给了智慧的诞生。"(神魔之争)　神,有人为的世俗力量或当权者的意思,因为神驱走了魔,但自己的体系病了。在这里,体系的病因是权力。(神的变形)　异教的神,"是在自己的废墟上,以卑贱的泥土/他们匍匐着竖起了异

教的神"。(潮汐)

神龛(甘地)

神龛,敬置神像的位置。"一座古代的*神龛*,/是无信仰里的信仰,当你的膜拜者已被奴役"。(甘地)

生活(老年的梦呓;两个世界;给战士;演出)

生活,无所不包的一个字眼,代表生命和生存的全部,但有时是一个托词或赘词。"但这一切早被*生活*忘掉,/若不是坟墓向我索要!"(老年的梦呓) 生活,非人的生活。"*生活*? 简直把人磨成了烂泥!"(两个世界) 生活,人样的生活。"这样的日子,这样才叫*生活*"。(给战士) 生活,非正常的生活状态。"'这就是*生活*',但违背自然的规律"。(演出)

生命(黄昏;隐现;苍蝇)

生命,生存。"*生命*另有它的意义等你揉圆"。(黄昏) 生命,生存心态。"这里是我们被曲解的*生命*/请你舒平"。(隐现) 生命,生灵。"自居为平等的*生命*"。(苍蝇)

圣殿,神殿(合唱二章;潮汐)

圣殿,西方文明居处。"O 庄严的圣殿,以鲜血祭扫,/亮些,更亮些,如果你倾倒……"(合唱二章) 神殿,供奉神的殿堂。"庄严的*神殿*原不过一种猜想"。(潮汐)

胜利(胜利)

胜利,如同"一个无限的骑士",奔驰但留下一片空茫,要人们服从,献出牺牲作为代价,最后终于成为雕像。(胜利)

尸首,僵尸(潮汐;前夕;防空洞里的抒情诗)

尸首,"自杀的*尸首*"。(潮汐) 僵尸,来自波德莱尔《腐尸》,并受徐志摩《死尸》影响,指僵硬的尸首。"既然/世界上不需要一具*僵尸*"。(前夕) 更具有表现力的形象,和森林的死亡之地相联系。"在古代的大森林里,/那个渐渐冰冷了的*僵尸*!"僵尸可以复活,"那个僵尸在痛苦地动转,/他轻轻地起来烧着炉丹"。(防空洞里的抒情诗)

诗(诗)

诗,心灵幻想之子,灵魂安息之点,与人若即若离,似近还远。并非完全是个人的,也并非完全是语言的,诚实而自然,含蓄而有节制,是诗的要点。(诗)

十字架(甘地)

十字架,基督教象征。"在曙光中,那看见新大陆的人,他来了把十字架竖起"。(甘地)

石门（友谊）

　　石门，石砌的园门，比喻自我封闭隔开友谊的来往，与友谊相关起分界作用的石门，在老年的诗人那里，永远关闭了，无法到那曾经沟通的芳园里，"我再也无法跨进一步／到这冰冷的石门后漫步和休憩"。（友谊）

石墙（春[1976]）

　　石墙，比喻老年的自我，"寂静的石墙内今天有了回声／回荡着那暴乱的过去"。（春[1976]）

时间，时间列车（奉献；隐现；诗四首；出发；三十诞辰有感；阻滞的路；沉没；赠别；活下去；被围者；"也许"和"一定"）

　　时间，从周围的感性事物能体验出的时间。"这从白云流下来的*时间*，／这充满鸟啼和露水的时间"。（奉献）　时间，被分为两极。"我们摆动于*时间的两极*"，仍然向前。（隐现）　时间，被分为两端，"时间从两端流下来／带着今天的你"。（诗四首）　时间，被划分为三个维度，过去，已成为历史，未来，意味着计划，而现在，是人被"囚进现在"，要从中挣扎出来。（出发）　时间，在过去和未来两大黑暗之间，现在在不断熄灭。（三十诞辰有感）　时间，创造者和毁灭者，吝啬又嫉妒，"接连地承受它的任性于是有了我"。在每一刻的崩溃上，毁灭一切。（三十诞辰有感）　时间，和人生"粘在一起"的沉默的同伴，留恋记忆，冰冷拒绝，乃人语的反证。（三十诞辰有感）　时间，流动的时间或事件，相当于历史，如"被时间冲向寒凛的地方"。（阻滞的路）　时间列车，在飞驶的时间列车上，什么能把我拯救出"现在"？（沉没）　时间的黑影，须以新的火来阻挡。（赠别）　时间，拟人，有分量。"*时间的沉重的呻吟就要坠落*"。（活下去）　时间，与事件交织的时间，可切分。"*时间*，每一秒白热而不能等待"。（被围者）　时间，作为进入的效果历史。"过去的都已来就范，所有的暂时相结起来是这平庸的永远"。（被围者）　崭新的时间，生长的时间。"就在这里，未来的*时间*在生长"。（"也许"和"一定"）

世界（世界；隐现；森林之魅）

　　世界，入世但不入时的诗人世界观，他也不完全的如实地认识世界，而是可以随时或最终脱离出来的世界。"直到他像潮水一样地退去，／留下一只手杖支持你全身"。（世界）　具体的世界，"我们站在这个荒凉的*世界*上，／我们是廿世纪的众生骚动在它的黑暗里"。（隐现）　世界，现实存在的总合。"没有人知道我，我站在*世界*的一方"。（森林之魅）

市集（小镇一日）

　　市集，"所有的*市集*的嘈杂，／流汗，笑脸，叫骂，骚动"。（小镇一日）

收割机(秋[断章])

收割机,象征推翻一切破坏一切的力量。(秋[断章])

手(手;诗四首;饥饿的中国;冥想)

手,提喻,以手代替行动的人或人的行动。有单复数,可为善为恶。有万能的手,有沉默的手,等等。(手)　手,代表文明的传承机制,"世界还是只有一双遗传的手"。(诗四首)　手,代表希望。"希望的手握在一起"。(饥饿的中国)　脏污的手,"政治说,美好的全在它脏污的手里"。(诗四首)　紧握着钱的手,"到处把我们挡住"。(手)　腐烂的手,比喻人的死亡,那"默默生存在一张破纸上"的字,"会把腐烂的手抛开",比手更长久,健壮。(冥想)

手指(诗[1948];合唱二章)

手指,人体最敏感的器官所在。"那多年的对立和万物的不安/都要从我温存的手指向外死去"。(诗[1948])　手指,人体最细腻的行动器官。"它柔光的手指抓起了神州的心房"。(合唱二章)

叔父(七七;我的叔父死了)

叔父,反讽,指战争。(七七)　叔父,抒情主人公的叔父。"我的叔父死了,我不敢哭"。(我的叔父死了)

鼠(鼠穴)

鼠,真实和象征,象征阴暗,腐朽,死亡,破坏,有软骨,无正义感,凭嗅觉,忌异味,背后议论,不容异己。(鼠穴)

树,巨树,小树(诗八首;我的叔父死了;智慧之歌;冥想)

树,来自西方神话中伊甸园的人类祖先之树,老根代表人类起源和始祖,人性由此发展而出。在爱情主题里,"巨树永青",代表爱情起源于人性而又和生命一起交还给自然或上帝,归于宁静。(诗八首)　树,平衡的象征:"平衡把我变成了一棵树"。隐喻生命的动力——汁液从根部向叶子的上升与循环以至于归于平衡的过程。(我的叔父死了)　树,智慧之树,是对伊甸园智慧之树的发挥和改造,以诗人的生命的苦汁为营养。叶子代表欢喜,但终于会枯黄,飘落,其花会受到秋的打击而凋落。与荆棘同生,与痛苦相伴随。(智慧之歌)　小树,比喻人的生命轻贱,而命运多舛。"今天你摇摇它,优越地微笑,/明天就化为根下的泥土。"(冥想)

思想(海恋)

思想,鲜活的思想。"比现实更真的梦,比水/更湿润的思想,在这里枯萎"。(海恋)

死,死亡,死神(发现;葬歌;活下去;在旷野上)

死,本义。"直达死的面前"。(发现)　死亡,死的可能性。"在这死亡底一角,/我过久地漂泊,茫然"。(葬歌)　死亡,本义。"活在成群死亡的降临中"。(活下去)　死神,"O,仁慈的死神呵,给我宁静。"(在旷野上)

T

他(从空虚到充实;防空洞里的抒情诗)

他,抒情主人公的角色之一。"*他*的血沸腾,他把头埋进手中。"(从空虚到充实)　"但是*他*拉住我,这是不是你的好友"。(防空洞里的抒情诗)

他们(他们死去了)

他们,抒情主人公之一。"*他们*躺在苏醒的泥土下面,茫然的,/毫无感觉"。(他们死去了)

它(好梦)

它,抒情主人公之一。"*它*开始以魔杖指挥我们的爱情"。(好梦)

它们("我"的形成)

它们,抒情主人公之一。"等我需要做出决定时,*它们*就发出恫吓和忠告"。("我"的形成)

太阳(老年的梦呓;云;停电之后;夏;秋;奉献;反攻基地;祭;去学习会)

太阳,真实的太阳。年轻的太阳,和天空与"灿烂的希望"相联系。(老年的梦呓)　太阳,"触没于柔和的*太阳*"。(云)　太阳,虽最好,会下沉,可憧憬;也可用于比喻义。(停电之后)　太阳,拟人,有强烈的感情,热闹的故事,有文字,无思想,要写一篇伟大的史诗。(夏)　太阳,拟人,"处身在太阳建立的大厦,连你的忧烦也是他的作品"。(秋)　太阳,拟人,"那做母亲的*太阳*,看他长大,/看他有时候为阴影所欺,/如今却全力的把他拥抱"。(奉献)　太阳,拟人。"*太阳*走下来向每个人歌唱"。(反攻基地)　复仇的太阳。(祭)　太阳,心中的太阳。"心里是*太阳*,脚步是阳光下的草"。(去学习会)

天,天空(去学习会;秋;轰炸东京;智慧之歌)

天,自然的天空,蓝色,晴朗,"多蓝的天呵!"(去学习会)　天空,与大地相对。(秋)　天空,拟人,"天空说些什么"。(去学习会)　天空,比喻义,想象空间。"我们的常识却布满你们可怜的天空"。(轰炸东京)　天空,与作为基础的"荒原"相对,"那绚烂的天空都受到谴责"。(智慧之歌)

天堂(问;暴力)

天堂,与"地狱"相对的概念,但并不完全等同于光明,因为"现在,黑暗却受到光明的礼赞:/心呵,你可要追求天堂?"(问)　天堂,期望中的理想止境。"明日的难产的天堂"。(暴力)

痛哭（赞美）

痛哭，比哭泣更强烈的痛快的苦难宣泄。"痛哭吧，让我们在他的身上痛哭吧，/因为一个民族已经起来。"（赞美）

痛苦（春[1942]；出发；赞美）

痛苦，痛苦是穆旦诗的主题之一。痛苦，成长的痛苦。"痛苦着，等待伸入新的组合"。（春[1942]） 痛苦，皈依宗教般的痛苦。"你给我们丰富，和丰富的痛苦"。（出发） 痛苦，民族的心灵的苦难。"我们无言的痛苦是太多了，然而一个民族已经起来"。（赞美）

突泉（冥想）

突泉，捧在手掌中，如浓烈的酒，而那流经园地的"曲折灌溉的悲喜/都消失在一片亘古荒漠"，比喻滋润生命的动力消失殆尽。（冥想）

土地（甘地；奉献；控诉；活下去）

土地，自然之一部分。"安详的土地，大河流贯，森林里游走着狮王和巨象"。（甘地） 土地，指人归于尘土的归宿之处。"其余的，都等着土地收回"。（奉献） 土地，与所有权有关的土地。"而有些走在无家的土地上"。（控诉） 土地，现实的生存困境。"活下去，在这片危险的土地上"。（活下去）

推草机（华参先生的疲倦）

推草机，固执的象征。"我曾经固执着像一架推草机"。（华参先生的疲倦）

W

蛙，蛙声（夏夜；冬）

蛙，有洪亮的叫声。青蛙跳进泥塘："夜风好！"（夏夜） 蛙，蛙声，代表民众的声音。"盛夏的蝉鸣和蛙声都已沉寂，/大地一笔勾销它笑闹的蓬勃"。（冬）

王朝（自己）

王朝，比喻自我，"仿佛一个王朝被自己的手推翻，……但他失掉的不过是一个王冠"。（自己）

王国（春[1976]）

王国，比喻自我，春意聚会在我的早年，"散发着/秘密的传单，宣传热带和迷信，/激烈鼓动推翻我弱小的王国"。（春[1976]）

微笑（蛇的诱惑；"也许"和"一定"；野外演习）

微笑，往往有贬义，尤其在前期的诗作里，如"痛楚的微笑，微笑里的阴谋"。(蛇的诱惑) 微笑,官僚主义,"它微笑,戴有'正确'底面幕"。("也许"和"一定") 微笑,实则嘲笑。"敌人呵,快张开你的血口微笑,/对准我们,对准这火山口冷嘲。"("也许"和"一定") 眼泪和微笑,合而为人生。(野外演习)

未来(裂纹;反攻基地;诗四首)

未来,与明天同义,与过去和现在相对。"谁顾惜未来?没有人心痛:那改变明天的已为今天所改变"。(裂纹) 未来,与此时和此地相对。"这里不过是朝'未来'的跳板"。(反攻基地) 未来,以现在迎接未来。"为了到达迂回的未来/对垒起'现在'"。(诗四首)

文明(森林之魅;暴力;诗二章;甘地)

文明,反讽。"离开文明,是离开了众多的敌人"。(森林之魅) 文明,与野蛮和暴力相对,"文明的精密的计算"。(暴力) 文明,文明社会的效果。"这一片地区就是文明的社会/所开辟的。"(诗二章) 文明,惑乱人心安宁的源泉。"现代文明有千万诱惑,然而,他只寻求贫穷"。(甘地)

我(防空洞里的抒情诗)

我,抒情主人公的角色之一。"我是独自走上了被炸毁的楼,/而发现我自己死在那儿/僵硬,满脸上是欢笑,眼泪,和叹息。"(防空洞里的抒情诗)

我们(从空虚到充实)

我们,抒情主人公之一。"让我们在岁月流逝的滴响中/固守着自己的孤岛。"(从空虚到充实)

乌鸦(流浪人;荒村)

乌鸦,比喻不幸和饥饿。"像乌鸦。/昏沉着的头,苦的心"。(流浪人) 乌鸦,"春归的乌鸦/用力的聒噪,绕着空场子飞翔",与荒村的颓墙、破屋相联系,强化了发现那"倔强的人间的沉默的败溃"。(荒村)

五月(五月)

五月,借用西方文学中"堕落的五月"概念和中国古典诗词中盲目乐观的五月形成对照,以仿拟的古体诗和具有批判性的现代诗形成对照,构成整体上的歧义意象。"五月里来菜花香","而谋害者,凯歌着五月的自由"。(五月)

X

希望(前夕;裂纹;葬歌;时感四首)

希望,人对未来的心理能量。"希望像一团热火,/尽量地烧/个不停。"

（前夕） 希望，新生的力量。"新生的希望被压制，被扭转，/等粉碎了他才能安全"。（裂纹） 希望，象征义，指向未来，但也不可靠。认为"过去只是骷髅"，"七窍流着毒血"，冷酷而迷惑。（葬歌） 希望，"我们希望我们能有一个希望，/然后再受辱，痛苦，挣扎，死亡"。（时感四首）

牺牲（牺牲）

牺牲，以寒冷与饥荒为标志，更有那灵魂陷入毁灭的人群为承当者，"这苍白的世界正向我们索要屈辱的牺牲"。（牺牲）

洗衣妇（洗衣妇）

洗衣妇，劳工苦难形象之一。在重复的、痛苦的洗刷里过活，但"你比你的主顾要洁净一点"。（洗衣妇）

夏（夏；秋）

夏，与特定的时代相联系，意味着空虚与暴乱，炽热与谎言。（夏） 狂想，扩张，紊乱，激愤。（秋） 夏雨的惊涛。（秋）

仙子（森林之魅）

仙子，"仙子早死去，人也不再来"。（森林之魅）

现在（农民兵；牺牲）

现在，与过去相对。"美丽的过去从不是他们的，现在的不平更为显然"。（农民兵） 现在，与明天相对。"一切丑恶的掘出来/把我们钉住在现在，/一个全体的失望在生长/吸取明天做它的营养"。（牺牲）

乡村（在寒冷的腊月的夜里）

乡村，沉睡，贫穷，以北中国为典型，是真正的中国的来源和底层。（在寒冷的腊月的夜里）

小彼得（美国怎样教育下一代）

小彼得，美国男童名字，不学无术，演习战争，有贬义。（美国怎样教育下一代）

小店（自己）

小店，比喻生活中的自我，曾经"辉煌而富丽"，但终于破产。（自己）

小屋（老年的梦呓）

小屋，个人生存的小世界。"我的小屋被撤去了藩篱，/越来越卷入怒号的风中。"（老年的梦呓）

小张（去学习会；九十九家争鸣记）

小张，抒情主人公的同事。（去学习会） 与老李、钱、孙、周同志，还有"应声虫""假前进"等一样，都是虚构的人物。（九十九家争鸣记）

小镇(小镇一日)

小镇,渺小,安定,平庸,酣睡,重复的生活,但有历史深度的重复的故事。(小镇一日)

笑,笑声,谈笑(不幸的人们;忆;苦闷的象征;从空虚到充实;五月;问[1957];三门峡水利工程有感;赠别)

笑,人的笑,笑过了,一笑而过。"笑过了千年"。(不幸的人们) 主的笑,"主呵!掩没了我爱的一切,你因而/放大光彩,你的笑刺过我的悲哀。"(忆) 笑过去,"最初的爱情人们已经笑过去"。(苦闷的象征) 笑声,"传开的笑声,粗野,洪亮",而我们的笑声疲乏。(从空虚到充实) 谈笑,笑的变体。"在我交换着敌视,大声谈笑"。(五月) 空中的笑声,与原野的风相对,不易聚敛在笔端。(问[1957]) 晴朗的笑,与心窝相对,"将化为晴朗的笑"。(三门峡水利工程有感) 空灵的笑,"你的空灵/的笑,我徒然渴想拥有"。(赠别)

心(问;世界;演出;城市的街心;诗[1976];通货膨胀;神的变形;好梦;老年的梦呓;甘地)

心,在追求天堂与唾弃地狱之间徘徊,"心呵,你竟要浪迹何方?"(问) 心,认知试探之器官。"这颗心还在试探那不见的门"。(世界) 黄金的心,在赝币流通的世界上被背弃。(演出) 可承受之心,车水马龙如符号,"密密排列着在我的心上流过去"。(城市的街心) 老迈之心,"感到自己的心比街心更老"。(城市的街心) 不堪重负之心,企图与幻想稍许分担我心上的重载。(诗[1976]) 充血的心,影射通货膨胀。"我们以充血的心沉着地等待"。(通货膨胀) 受骗的心,"心呵,心呵,你是这样容易受骗"。(神的变形) 心,终于"粉碎而苏醒"。(好梦) 记忆之心,"还活在我的心上,等着我的心慢慢遗忘埋葬"。(老年的梦呓) 心,比喻义,与物质相对而有了精神信仰的本体意义。"他是指挥被压迫的心,向无形而普在的物质征服。"(甘地)

信念(苦闷的象征)

信念,"枯干的是信念,有的因而成形,/有的则在不断的怀疑里丧生"。(苦闷的象征)

星(理智和感情)

星,夜空的寒星,"像孤零的眼睛,燃烧在苍穹","放出光明","固执着自己的轨道/把生命耗尽"。(理智和感情)

旋转(春底降临;黄昏)

旋转,"它留下了无边的空壳,/无边的天空和无尽的旋转"。(春底降临) 旋转,"当太阳,月亮,星星,伏在燃烧的窗外,/在无边的夜空等我们一

块儿旋转。"(黄昏)
旋风(他们死去了)

　　旋风,明喻。"死去,……像旋风,忽然在墙外停住——"。(他们死去了)
血,血液(饥饿的中国;原野上走路;我向自己说;忆;诗[1948];沉没;冬;给战士;夏)

　　血,血液,"志士的*血*/快乐的溢出"。(饥饿的中国)　欢畅的血,"在我们的*血*里流泻着不尽的欢畅"。(原野上走路)　仅存的血,"我仅存的*血*正恶毒地澎湃"。(我向自己说)　血,象征生命或激情。"乐声,我的*血*追寻它跳动"。(忆)　血液,拟人的血,"听!他们的*血液*在和原野的心胸交谈"。(原野上走路)　"你我的*血液*流向无形的大海"。(诗[1948])　血液,象征欲望。"*血液*的欲望,给空洞的青春描绘五色的理想。"(沉没)　血液,能闭塞欲望。"*血液*闭塞住欲望"。(冬)　血,血脉。"大家的*血*里复旋起古代的英灵"。(给战士)　红色的血,拟人,"绿色要说话,红色的*血*要说话,浊重而喧腾,一齐说得嘈杂!"(夏)

Y

言语(诗八首)

　　言语,比喻义,"那窒息着我们的/是甜蜜的未生即死的*言语*","静静地,我们拥抱在/用*言语*所能照明的世界里"。(诗八首)
岩石(隐现;我歌颂肉体)

　　岩石,象征稳固的基础,有宗教意味。脚下的路程不能站稳,"而*岩石*突然不见了"。(隐现)　岩石,象征肯定和稳固,与海、岛屿、大陆相联系。"我歌颂肉体,因为它是*岩石*/在我们的不肯定中肯定的岛屿。"(我歌颂肉体)在比喻人的肉体时,岩石还象征人与自然之间的距离和界限,而且是自然对人有所寄托的实体。"是在这块*岩石*上,成立我们和世界的距离,/是在这块*岩石*上,自然寄托了它一点东西"。(我歌颂肉体)
眼睛(诗八首;演出;野兽)

　　眼睛,代表恋爱中的对方。"你底*眼睛*看见这一场火灾,/你看不见我,虽然我为你点燃"。(诗八首)　眼睛,代表观众,"慷慨陈词,愤怒,赞美和欢笑/是暗处的*眼睛*早期待的表演"。(演出)　野兽的*眼睛*,"它是以如星的锐利的*眼睛*,/射出那可怕的复仇的光芒。"(野兽)
燕子(园;春的降临)

　　燕子,寄托认同感的鸟。"如同我匆匆地来又匆匆而去,躲在密叶里的陌生的*燕子*/永远鸣啭着同样的歌声。"(园)　燕子的呢喃。"而金盅里装满了*燕子*底呢喃"。(春底降临)

阳光(诗八首；裂纹)

阳光，象征穿过心灵枝叶的爱情的本体。"只有*阳光*透过缤纷的枝叶／分在两片情愿的心上，相同。"(诗八首) "最初的*阳光*"，纯洁而无污染。"每日的*阳光*"，相当于时光。(裂纹) 阳光，比喻有利条件。"有翅膀的飞翔，有阳光的／滋长，他追求而跌进黑暗"。(裂纹)

妖女(在旷野上；妖女的歌)

妖女，唱歌的妖女，其原型也许来自海上唱歌引诱水手的西方古代传说，在艾略特和济慈的诗中都有。但穆旦改造为在山后唱歌的妖女，唱的是"诱惑的歌"。(在旷野上) 妖女，以爱情为诱饵，"索要自由、安宁、财富"，其歌声会归于沉寂，而妖女则始终在山后没有露面。(妖女的歌)

野兽(野兽；诗八首；在旷野上；童年；春底降临；出发)

野兽，作为战争中中华民族的象征，是受伤的、反抗的、呐喊的、呼叫的野性形象。但有中华文化的来源，那青铜样的皮，坚实的肉，翻白的花，紫色的血，锐利的眼睛，复仇的光芒，给人以极深刻的印象。(野兽) 野兽，寂寞，而哭泣，"那最寂寞的*野兽*一生的哭泣"。(在旷野上) 小小野兽，在爱情诗篇里，象征人的原始冲动和生命活力，有可爱、疯狂而不甘驯育的意思。(诗八首) 野兽，在幻想中，"无数荒诞的*野兽*游行云雾里"。(童年) 野兽，"人性里的*野兽*"，即人的兽性的一面。(春底降临) 野兽，明喻，描写无头脑的军人"排成机械的阵式，／智力体力蠕动着像一群*野兽*"。(出发)

夜神(合唱二章)

夜神，夜晚。"当夜神扑打古国的魂灵，／静静地，原野沉视着黑空"。(合唱二章)

夜莺(问[1957])

夜莺，婉转能鸣，为心灵歌声的象征。艾略特《荒原》中有"夜莺的神圣不可侵犯的歌声充满了荒漠"的诗句。"可是如今，那婉转的*夜莺*／已经飞离了你的胸怀。"(问[1957])

衣衫，衣裳，外衣(听说我老了；我歌颂肉体；诗四首)

衣衫，真实但有比喻义，又受叶芝《驶向拜占庭》影响，与老年相联系，比喻自我的伪装。"我穿着一件破衣衫出门"，"我只不过随时序换一换装，参加这场化装舞会的表演"。(听说我老了) 衣裳，比喻思想，薄弱，褪色，不能保护肉体。(我歌颂肉体) 外衣，"僵死的外衣"。(诗四首)

阴影(被围者；通货膨胀；"也许"和"一定"；葬歌；秋)

阴影，有比喻意义。"在*阴影*下／你终于生根，在不情愿里，／终于成形。"

(被围者) 阴影,与光彩相对,指阴暗的影响。"他们受辱而死:却由于你的*阴影*。"(通货膨胀) 阴影,与光亮相对,与诽谤相生。("也许"和"一定") 阴影,自我的阴暗的灵魂,"我过去的自己"。(葬歌) 阴影,比喻死亡,"死亡的*阴影*还没有降临,一切安宁"。(秋)

银行(友谊;爱情)

银行,比喻心灵的财富。"我的心灵投资的*银行*已经关闭,/留下贫穷的我,面对严厉的岁月,/独自回顾那已丧失的财富和自己。"(友谊) 石筑的银行,比喻所有爱情的婚姻归宿:虽然忠诚包围着笑容,"行动的手却悄悄地提取存款"。(爱情)

英雄(鼠穴;诗二章;给战士;隐现)

英雄,反讽。"我们是/不败的*英雄*,有一条软骨"。(鼠穴) 英雄,指人子。"那永不甘心的刚强的*英雄*"。(诗二章) 英雄,人民英雄。"为自己牺牲,人民里有了自己的*英雄*"。(给战士) 英雄,偶像。"或者我们使用大理石塑像,崇拜我们的英雄与美人,看他终竟归于模糊"。(隐现)

影子(冬夜;黄昏;三十诞辰有感;从空虚到充实)

影子,身影,"寂寞笼罩在墙上凝静着的*影子*"。(冬夜) 影子,半比喻义,"逆着太阳,我们一切*影子*就要告别了。"(黄昏) 影子,人之具体的存在,与绝对概念相对。"一个没有年岁的人站入青春的*影子*,/重新发现自己,在毁灭的火焰之中。"(三十诞辰有感) 影子,人的精神的存在。"一些*影子*,愉快又恐惧,/在无形的墙里等待着福音"。(从空虚到充实)

硬壳(隐现;冬)

硬壳,比喻义,"习惯的*硬壳*"。(隐现) 硬壳,老年的硬壳,"年轻的灵魂裹进老年的*硬壳*"。(冬)

幽灵(更夫;漫漫长夜;诗八首)

幽灵,比喻黑暗中无声的人影。"怀着寂寞,像山野里的*幽灵*"。(更夫) 幽灵,如鬼魂,"庄严的/*幽灵*,拖着僵尸在街上走"。(漫漫长夜) 幽灵,指言语,"它底*幽灵*笼罩,使我们游离"。(诗八首)

友谊(友谊)

友谊,是一件艺术品,在生活的列车上悬挂,一尊雕塑,在老年的窗口摆放。但衰老的心如石门,关闭了,只有孤独。(友谊)

语言(秋;我歌颂肉体)

语言,拟物,"然后他的*语言*就纷纷凋谢;/为何你却紧抱着满怀浓荫,/不让它随风飘落,一页又一页?"(秋) 语言,语义认知系统。"它的秘密远在我们所有的*语言*之外"。(我歌颂肉体)

园门（赠别）

园门，庭园的门。"多少次了你的园门开启，/你的美繁复，你的心变冷"。（赠别）

原野（线上；原野上走路）

原野，多方向的开阔地带。"摆着无数方向的原野"。（线上） 原野，"自由阔大的原野"，"澎湃着丰盛收获的原野"。（原野上走路）

圆（被围者）

圆，指包围圈，也可泛指文化怪圈。"一个圆，多少年的人工，/我们的绝望将使它完整。"（被围者）

云（云）

云，比喻义，是幻想的船，自由的家乡，暴风雨的种子，向更高处飞翔，暗含泪雨的洒落。（云）

Z

葬歌（葬歌；森林之魅）

葬歌，自我更新埋葬旧我更换新我的歌。"而我呢，这贫穷的心！只有自己的葬歌。"（葬歌） 葬歌，《森林之魅》中的一个部分，是纪念抗日英雄的葬歌。（森林之魅）

债务（秋）

债务，土地的债务。"土地把债务都已还清，/谷子进仓了，泥土休憩了，/自然舒一口气，吹来了爽风。"（秋）

战争（退伍；隐现）

战争，特指。"从战争回来的，你得到难忘的光荣。"（退伍） 战争，泛指。"我们已经有太多的战争，朝向别人和自己"。（隐现）

帐篷（自己）

帐篷，搭在沙上，临时的，仰望可见星空，比喻自我。（自己）

朝露（老年的梦呓）

朝露，比喻生命的短促。（老年的梦呓）

真理（农民兵；出发；暴力）

真理，真相。"但若有一天真理爆炸，/我们就都要丢光了脸面。"（农民兵） 真理，有序陈述。"让我们相信你句句的紊乱/是一个真理"。（出发） 真理，揭露的本性与认知的功能。"从真理的赤裸的生命/到人们憎恨它是谎骗"。（暴力）

正义(野外演习;通货膨胀)

正义,反讽。"残酷总嫌不够,全世界的正义都这么要求。"(野外演习) "在你的光彩下,正义只显得可怜"。(通货膨胀)

智慧(理想;控诉;隐现;智慧之歌;赠别)

智慧,作为知识,来源于怀疑。"我们的智慧终于来自疑问"。(理想) 智慧,但与意志相比,"智慧使我们懦弱无能"。(控诉) 智慧,智者的一种能力。"智者让智慧流过去"。(隐现) 智慧之树,经过了爱情、友谊、理想,与痛苦相伴随,在幻想的终点,是智慧之树,"以我的苦汁为营养"。(智慧之歌) 神的智慧,"它们来了又逝去在神的智慧里,/留下的不过是我曲折的感情"。(赠别)

猪(还原作用)

猪,"污泥里的猪梦见生了翅膀"。比喻旧社会青年人生活的肮脏和苦恼,学习社会,但迟缓,想飞翔,但枉然,与理想的天鹅相对。(还原作用)

蛛网,蛛丝,尘网(通货膨胀;有别;还原作用)

蛛网,象征衰败,比喻现实之网。"你是一面蛛网,居中的只有蛆虫,/如果我们要活,他们必须死去"。(通货膨胀) 蛛丝相交,左右羁绊,比喻生活中的人际之网,使人烦恼,无望,苍老,僵硬。(有别) 尘网,尘世的网罗。"荡在尘网里,害怕把丝弄断,/蜘蛛嗅过了,知道没有用处。"(还原作用)

主,救主(隐现;忆)

主,近于上帝,可作呼语,可指生命的源泉。"主呵,生命的源泉,让我们听见你流动的声音。"(隐现) 主,反讽。"主呵!……你的笑刺过我的悲哀。"(忆) 救主,即主,救世主。"让我们看见吧,我的救主。"(隐现)

子宫(我;诗八首)

子宫,本义,"从子宫割裂,失去了温暖"。(我) 子宫,比喻义,死的子宫。"而我们成长,在死底子宫里"。(诗八首)

紫色(野兽;古墙)

紫色,形容血。"从紫色的血泊中/它抖身,它站立,它跃起"。(野兽) 紫色,形容夕阳。"晚霞在紫色里无声地死亡,/黑暗击杀了最后的光辉"。(古墙)

自然(自然底梦)

自然,与社会"人群"相对的自然界,但在更大的系统内,人仍然归于自然。人对自然的依恋,与"人世的智慧"相对,此"迷误"的觉醒也是自我意识的一部分。(自然底梦)

自我(葬歌；自己)

自我，有多重含义。自我的冲突，包含希望、回忆、爱情、信念，而以"我"为核心，不能失掉。(葬歌) 自我，如宗教，如语言，可以选择，但不能交易，寄托于偶像的膜拜，几非自我，或许有传记可传。(自己)

自我之歌(听说我老了)

自我之歌，大意为：自我不受时间限制，有伪装层面，内心翻腾如蛟龙，翱翔入碧空，也渴望梦乡。(听说我老了)

自由(海恋；隐现；五月)

自由，人的抽象价值，尤指活动潜力之发挥，以海鸥飞翔为象征。"*自由*一如无迹的歌声，博大/占领万物，是欢乐之欢乐"。(海恋) 自由，反讽。"强权的*自由*，/伸出脏污的手来把障碍摒除"。(隐现) 自由，反讽。"而谋害者，凯歌着五月的*自由*，/紧握一切无形电力的总枢纽。"(五月)

总枢纽(五月)

总枢纽，借用技术语言，表示权力，霸权。"而谋害者，凯歌着五月的自由，紧握一切无形电力的总枢纽。"(五月)

走(我想要走)

走，出走，逃离。"我想要走，走出这曲折的地方"。(我想要走)

组合，结合，糅合，合一(春；祈神二章；隐现；诗八首；诗[1948])

组合，与结合、糅合、整合、合一等，同为意象组合方式。"呵，光，影，声，色，都已经赤裸，/痛苦着，等待伸入新的*组合*。"(春) 结合，"如果我们不是自禁于/ 我们费力与半真理的密约里/ 期望那达不到的圆满的结合"。(祈神二章) 糅合，"这里是我们枯竭的众心/ 请你糅合，主呵，生命的源泉，让我们听见你流动的声音。"(隐现) 合一，"它对我们的不仁的嘲弄 /(和哭泣)在合一的老根里化为平静。"(诗八首) "世界正闪烁，急躁，在一个谎上，/而我们忠实沉默，与原始合一"。(诗[1948])

昨天(饥饿的中国)

昨天，与今天和明天相对。"*昨天*已经过去了，*昨天*是田园的牧歌，/是和春水一样流畅的日子，就要流入/意义重大的明天：然而今天是饥饿。"(饥饿的中国)

四、穆旦(查良铮)怀念诗选

重读《智慧之歌》
——遥祭穆旦
巫宁坤

廿年生死两茫茫,
遗篇泣血自难忘。
流星繁花原是梦,
迷人理想更荒唐。
万里跋涉寻好梦,
半世苦辛入膏肓。
羁旅悲君亦自悲,
智慧树下独彷徨。

九六年于华府猎人森林

穆旦赞
——纪念他的逝世20周年
唐湜

1

呵,穆旦,我在呼唤
你雄浑的气魄,沸腾的心,
我要跟着你上帕米尔高原,
倾听那峰顶上静穆的歌音;

以海波样的激情拥抱神州,
我要跟着你去大声欢唱,
拿钢铁把亚洲的海棠铸就,
跟天穹下野性燃烧的海洋!

当我举起你诗的大旗,

在美的祭坛前作穆肃的献祭，
我可为自己：黄帝的子孙，
感到雄鹰样无比的骄矜：
呵，穆旦，你泱泱的大风里
可有着东方的阔大的智慧！

2

呵，穆旦，我在谛听
你伟大的爱，对人民的爱，
你那么深沉地爱着人民
预言了这民族已经起来；

你描绘了佝偻的贫困农人，
默默地担负起这民族的悲剧的
一切灾难，有太多的苦涩，
你要拥抱饥饿着的农人们！

是他们、他们的母亲孩子呵，
在田野间黑暗的茅屋里聚集，
忍耐着饥饿，期待着饥饿，
为了要拯救这崩溃的民族，
他们走了，从没有流过泪，
离开家，却从未回过头诅咒！

3

呵，穆旦，你自己可身经
野人山的溃败，见胡康河上
有无数的白骨蔽遮着丘冈，
"欢迎你们来，把血肉脱尽！"

是你，伟大的自然，在欢迎
苦难的战死者，来这儿静卧，
叫英灵们进入深心的迷惑，

化入片绿色的生命地振奋;

"以自然之名,无始也无终",
他们会得到"自然的崇奉"!
把人类的一切灾难遗忘,
庄严地接受广阔的荒凉,
进入个自然的新的旅程,
一个永恒的沉默的生命!

   4

呵,穆旦,你可从早年
那歌唱小野兽的爱情年代,
就感到黑夜里野性地呼喊,
那一团猛烈的火焰的大海;

这忽儿到了生命的秋天,
张望着远方灰白的霭雾
掩遮着闪耀的旅行的终点,
就忘却了少年的狂暴:漂浮?

可天空还是有飞腾的霹雳,
你就与树叶、小虫、飞鸟们
一样取得了那生的胜利,
严冬仍然会突然来冻凝
你秋之港湾里的一片恬静,
叫你呵,过早地离开了我们!

怀念穆旦（诗三首）

朱墨

穆旦印象

想象中的你
从绿色的诗句中渗出
凝重而清新——好酷
如今来到你曾是的所在
冬日里你的形象
反而这般模糊

每一片叶子都留有你的踪迹
风，却不指点迷津

可你那不屈的灵魂
和诗性的智慧一道
早已飞上九天的高度
一颗明星在天边闪烁
闪烁着新诗的桂冠
多少年来
仍然难以有人企及
无论是在诗坛
在译苑

故园的思索

我知道你曾经痛苦于民族的困境
你背负着十字架终究难于远行
你一生在挣扎在观望在思考在徘徊
直到有一天生命丰富在幻灭中

今天，诗歌仍然是一个难圆的梦

这荒芜的故园就是历史的明证
向四面八方都可以踩出一条小径
只是我们永远走不出眼前的黎明

第一片叶子落下
——穆旦之死的意义

爆裂不是你的声音
你无数次地让它炸毁在内心
而这一次,你是第一片
飘落的叶子,当前一年
地动山摇的震撼渐次平息

你的血肉化作微尘渗入泥土
那回归生命本源的逻辑
又一次挥动它的魔杖
而你被缓慢地沉痛思念着
像丝丝神经抽离出一个时代

悲歌一曲
——纪念亡友诗人穆旦

罗寄一

诗人是一架竖琴,
风雨的吹打,鸟雀的飞翔,
百花的摇曳,盛夏的虫鸣,
白日的辉煌与夜晚的精灵,
狂暴的,轻盈的,苦涩的与甘美的
声音,都从他那里发出,
又回到万籁的和鸣……

诗人是血肉的机器,

他不息地转动,耗尽了血汗和生命,
去探索无限和有限,"上帝"和众生。
那笔立的小林啊,长大了又逐渐枯黄
渐渐地,灵与肉的搏斗终于两败俱伤,
那"年龄里的野兽"已经衰老,
只剩下他,在漫漫长路上停下来
告别这昨日的战场。

午夜的原野上我听到了世界的交响,
那里面有你智慧的、典丽的、忧愁的歌唱。
变了味的怀疑、痛苦、希望和绝望。
可是仍然是水一样的月光,
一样的灼热的爱,和苦斗,
去捕捉那人间的欢乐,
瞬息即逝,永不再现;
去采摘善良与纯美,奔跑啊,攀登啊,
去追寻那彩虹飘落的地方。

大地上狼藉着勇士与无辜者的尸体,
到处是角斗:邪恶与正义,
崇高与卑鄙,美丽与丑陋,
正直的劳动,肮脏的劫夺,
魑魅魍魉刚刚被摧毁,
为牺牲者的纵横泪水,
为胜利者的畅朗欢笑,
给我们增加了聪明和勇气,
可是却突然失去了你,我心中的兄弟。
"上帝在玩弄他自己"?
难道不是世界在辩证地行进?
探索不会停止,可是你已经安息。
似乎有崇山峻岭的相隔,
但我们的根茎却连接在一起。
喜怒哀乐在宇宙中联成一气,
勇士们在理出线索,使人类得以
升华、解脱、拥抱在灿烂的光明里。

可是诗人,你的竖琴哑了,
你的和鸣中断了,
你的欢笑与悲哀都没入了无边的静寂。

在我们曾经聚首的地方,
空气里又洋溢着夏日的荣光。
我静默地垂下我谦卑的旗,
向着枝叶繁茂的白杨和絮柳,
向着满池塘盛开的荷花,
向着你,安息了的诗人,
献上我刻骨的纪念。
爱是不能熄灭的,
一如既往,当我们并肩缓步,
高高地君临于你我之上的
依然是悠悠的白云和永恒的蓝天。

　　　　一九七八年写于诗人逝世一周年之时

主要参考书目
（按出版时间排序）

1. 〔俄〕季摩菲耶夫:《文学概论》,查良铮译,上海,平明出版社,1953。
2. 〔俄〕季摩菲耶夫:《怎样分析文学作品》,查良铮译,上海,平明出版社,1953。
3. 〔俄〕季摩菲耶夫:《文学发展过程》,查良铮译,上海,平明出版社,1954。
4. 〔俄〕普希金:《青铜骑士》,查良铮译,上海,平明出版社,1954。
5. 〔俄〕普希金:《波尔塔瓦》,查良铮译,上海,平明出版社,1954。
6. 〔俄〕普希金:《欧根·奥涅金》,查良铮译,上海,平明出版社,1954。
7. 〔俄〕季摩菲耶夫:《文学原理》,查良铮译,上海,平明出版社,1955。
8. 〔俄〕别列金娜(选辑):《别林斯基论文学》,梁真译,上海,新文艺出版社,1958。
9. 〔俄〕普希金:《普希金抒情诗》(一集),查良铮译,上海,新文艺出版社,1958。
10. 〔俄〕普希金:《普希金抒情诗》(二集),查良铮译,上海,新文艺出版社,1958。
11. 〔英〕拜伦:《唐璜》,查良铮译,北京,人民文学出版社,1980。
12. 辛笛等:《九叶集:四十年代九人诗选》,南京,江苏人民出版社,1981。
13. 〔俄〕普希金:《普希金抒情诗选(上、下集)》,查良铮译,南京,江苏人民出版社,1982。
14. 〔俄〕普希金:《欧根·奥涅金》,查良铮译,成都,四川人民出版社,1983。
15. 〔俄〕普希金:《普希金叙事诗选集》,查良铮译,成都,四川文艺出版社,1985。
16. 〔俄〕丘特切夫:《丘特切夫诗选》,查良铮译,北京,外国文学出版社,1985。
17. 查慎行:《敬业堂诗集》,周劭标点,上海,上海古籍出版社,1986。
18. 杜运燮等(编):《一个民族已经起来》,南京,江苏人民出版社,1987。
19. 〔英〕伊格尔顿:《二十世纪西方文学理论》,伍晓明译,西安,陕西师范大学出版社,1987。
20. 陈玉刚(编著):《中国翻译文学史稿》,北京,中国对外翻译出版公司,1989。
21. 钱锺书:《钱锺书论学文选》,舒展选编,广州,花城出版社,1990。
22. 马君武:《马君武集》,莫世祥编,武汉,华中师范大学出版社,1991。
23. 柳无忌:《苏曼殊传》,北京,三联书店,1992。
24. 邓蜀生:《美国历史与美国人》,北京,人民出版社,1993。
25. 庞秉钧等(编译):《中国现代诗一百首》,北京,中国对外翻译出版公司,1993。
26. 王佐良(主编):《英国诗选》,上海,上海译文出版社,1993。
27. 艾山:《艾山诗选》,澳门国际名家出版社,1994。

28. 王圣思(选编):《九叶之树长青——"九叶诗人"作品选》,上海,华东师范大学出版社,1994。
29. 王文俊(主编):《南开人物志》(第一辑),天津,南开大学出版社,1994。
30. 臧棣编:《里尔克诗选》,北京,中国文学出版社,1996。
31. 穆旦:《穆旦诗全集》,李方编,北京,中国文学出版社,1996。
32. 穆旦:《蛇的诱惑》,曹元勇编,珠海,珠海出版社,1997。
33. 谭楚良:《中国现代派文学史论》,北京,学林出版社,1997。
34. 杜运燮等(编):《丰富和丰富的痛苦》,北京,北京师范大学出版社,1997。
35. 王佐良:《英国诗史》,南京,译林出版社,1997。
36. 王小波:《沉默的大多数》,北京,中国青年出版社,1997。
37. 张炯、邓绍基、樊骏(主编):《中华文学通史》(十卷本),北京,华艺出版社,1997。
38. 何香久(选编):《历届诺贝尔文学奖获得者诗歌金库》,北京,人民日报出版社,1998。
39. 吴宓:《吴宓日记(第 6 册):1936-1938》,吴学昭整理,生活·读书·新知三联书店,1998。
40. 佛雏:《王国维诗学研究》,北京,北京大学出版社,1999。
41. 洪子诚:《中国当代文学史》,北京,北京大学出版社,1999。
42. 穆旦:《穆旦代表作》,梦晨编选,北京,华夏出版社,1999。
43. 孙绳武、卢永福(主编):《普希金与我》,北京,人民文学出版社,1999。
44. 孙玉石:《中国现代主义诗潮史论》,北京,北京大学出版社,1999。
45. 谢冕:《20 世纪中国新诗:1949-1978》,载《当代学者自选文库:谢冕卷》,合肥,安徽教育出版社,1999。
46. 谢天振:《译介学》,上海,上海外语教育出版社,1999。
47. 郑敏:《诗歌与哲学是近邻》,北京,北京大学出版社,1999。
48. 江弱水:《卞之琳诗艺研究》,合肥,安徽教育出版社,2000。
49. 〔俄〕普希金:《普希金诗选》,查良铮译,南京,译林出版社,2000。
50. 曾思艺:《丘特切夫诗歌研究》,长沙,湖南文艺出版社,2000。
51. 张铁夫(主编):《普希金与中国》,长沙,岳麓出版社,2000。
52. 高怀英(主编):《南开校友通讯》,天津,南开大学出版社,2000 年 23 期。
53. 〔英〕马丁·吉尔伯特:《二十世纪世界史》(第三卷,下),西安,陕西师范大学出版社,2001。
54. 谢冕、杨匡汉(主编):《中国新诗萃》(台港澳卷),北京,人民文学出版社,2001。
55. 黄延复:《水木清华——二三十年代清华校园文化》,南宁,广西师范大学出版社,2001。
56. 来新夏:《且去填词》,天津,天津古籍出版社,2002。
57. 胡适:《张伯苓先生传》,见《胡适传记作品全编》(第三卷),东方出版中心,

2002。
58. 薛范：《歌曲翻译探索与实践》，武汉，湖北教育出版社，2002。
59. 张育仁：《鲲鹏之梦：毛泽东诗化哲学评传》，沈阳，沈阳出版社，2003。
60. 〔俄〕普希金：《普希金诗选》，卢永选编，北京，人民文学出版社，2003。
61. 唐湜：《九叶诗人："中国新诗"的中兴》，上海，上海教育出版社，2003。
62. 张曼菱（编撰）：《照片里讲述的西南联大故事》，北京，人民文学出版社，2003。
63. 张洁宇：《荒原上的丁香：20世纪30年代北平"前线诗人"诗歌研究》，北京，中国人民大学出版社，2003。
64. 〔英〕菲力普·肖特：《毛泽东传》，仝小秋、杨小兰、张爱茹译，北京，中国青年出版社，2004。
65. 刘文飞：《文学魔方：二十世纪的俄罗斯文学》，北京，中国社会科学出版社，2004。
66. 肖福堂（主编）：《南开外语历程》（1919-2004），2004。
67. 陈伯良：《穆旦传》，杭州，浙江人民出版社，2004。
68. 董洪川：《"荒原"之风：T. S. 艾略特在中国》，北京，北京大学出版社，2004。
69. 贾长华（主编）：《品味南开》，天津，百花文艺出版社，2004。
70. 南开大学史研究室（编）：《联大岁月与边疆人文》，天津，南开大学出版社，2004。
71. 王宏印：《穆旦诗英译与解析》，石家庄，河北教育出版社，2004。
72. 朱自清：《朱自清散文选集》，蔡富清编，天津，百花文艺出版社，2004。
73. 穆旦：《穆旦译文集》（第1-8卷），北京，人民文学出版社，2005。
74. 罗达仁：《亲历中印缅抗日战场》，北京，中国文联出版社，2005。
75. 穆旦：《穆旦诗文集》（第1-2卷），北京，人民文学出版社，2006。
76. 穆旦：《穆旦精选集》，北京，燕山出版社，2006。
77. 陈伯良：《穆旦传》，北京，世界知识出版社，2006。
78. 魏朝勇：《民国时期文学的政治想像》，北京，华夏出版社，2006。
79. 高秀芹、徐立钱：《穆旦：苦难与忧思铸就的诗魂》，北京，文津出版社，2007。
80. 窦忠如：《王国维传》，天津，百花文艺出版社，2007。
81. 巫宁坤：《一滴泪：从肃反到文革的回忆》，台北，允晨，2007。
82. 黄仁宇：《缅北之战》，北京，新星出版社，2007。
83. 张建华：《俄国知识分子思想史导论》，北京，商务印书馆，2008。
84. 卢洁峰、蒋大宗（编著）：《中国驻印军印缅抗战》，北京，团结出版社，2009。
85. 田晓菲：《留白：写在〈秋水堂论金瓶梅〉之后》，天津，天津人民出版社，2009。
86. 谢冕：《新世纪的太阳》，北京，中国人民大学出版社，2009。
87. 杨正润：《现代传记学》，南京，南京大学出版社，2009年。
88. 张松建：《现代诗的再出发：中国四十年代现代主义诗潮新探》，北京，北京大学出版社，2009。

89. 廖七一:《中国近代翻译思想的嬗变》,天津,南开大学出版社,2010。
90. 天津市鲁藜研究会(编):《天津现当代诗选》,西宁,青海人民出版社,2010。
91. 张寄谦(编):《联大长征》,北京,新星出版社,2010。
92. 〔英〕拜伦:《拜伦诗选》,杨德豫译,北京,外语教学与研究出版社,2011。
93. 穆旦:《穆旦作品新编》,李怡编,北京,人民文学出版社,2011。
94. 〔英〕泰奥菲尔·戈蒂耶:《回忆波德莱尔》,陈圣生译,上海,上海译文出版社,2011。
95. 张旭:《中国英诗汉译史论》,长沙,湖南人民出版社,2011。
96. 〔英〕华兹华斯:《华兹华斯诗选》,杨德豫译,北京,外语教学与研究出版社,2012。
97. 易彬:《穆旦评传》,南京,南京大学出版社,2012。